A mon pa
d'amour que j'aime
beaucoup
Monique
xxx

# J'AI SERRÉ LA MAIN DU DIABLE

Lieutenant-général
Roméo Dallaire
avec la participation du major
Brent Beardsley

# J'ai serré la main du diable

## La faillite de l'humanité au Rwanda

Traduit de l'anglais par Jean-Louis Morgan

Libre Expression
QUEBECOR MEDIA

**Catalogage avant publication de la Bibliothèque nationale du Canada**

Dallaire, Roméo A
J'ai serré la main du diable : la faillite de l'humanité au Rwanda
Traduction de: Shake hands with the devil.
ISBN 2-7648-0072-X
1. Rwanda – Histoire – 1994 (Guerre civile) – Atrocités. 2. Génocide – Rwanda.
3. Forces de maintien de la paix – Rwanda. I. Beardsley, Brent. II. Titre.
DT450.435.D3414    2003 967.57104    C2003-941686-0

Une partie des droits d'auteur est versée à la Fondation Lieutenant-général Roméo
Dallaire qui oeuvre entre autres auprès des enfants.

TITRE ORIGINAL
*Shake hands with the devil*
RÉVISEURE
ANNICK LOUPIAS
MAQUETTE DE LA COUVERTURE
FRANCE LAFOND
INFOGRAPHIE ET MISE EN PAGES
LUC JACQUES

Les Éditions Libre Expression remercient le ministère du Patrimoine canadien, le Conseil
des arts du Canada, la Société de développement des entreprises culturelles du Québec
(SODEC) et le Programme de crédit d'impôt du Gouvernement du Québec du soutien
accordé à son programme de publication.

Éditions Libre Expression          Distrubution au Canada
Groupe Librex                      Messageries ADP
La Tourelle                        2315, rue de la Province
1055, boulevard René-Lévesque Est  Longueuil (Québec) J4G 1G4
Bureau 800
Montréal (Québec) H2L 4S5          Diffusion en Europe : Interforum

Dépôt légal : 4ᵉ trimestre 2003

Édition revue et corrigée.

ISBN 2-7648-0072-X

*À mon épouse Élizabeth, mes trois enfants Willem, Catherine et Guy ainsi qu'aux familles dont des membres ont servi au Rwanda, avec ma plus profonde gratitude.*

*Bienheureux ceux qui procurent la paix,*
*car ils seront appelés enfants de Dieu.*

MATTHIEU, 5, 9

Aux Rwandais abandonnés à leur sort, qui ont été massacrés par centaines de milliers.

Aux quatorze soldats des Nations unies servant sous mes ordres, morts au champ d'honneur au service de la paix et de l'humanité.

| | | |
|---|---|---|
| Lieutenant Lotin | Belge | tué au combat, le 7 avril 1994 |
| 1er Sergent Leroy | Belge | tué au combat, le 7 avril 1994 |
| Caporal Bassine | Belge | tué au combat, le 7 avril 1994 |
| Caporal Lhoir | Belge | tué au combat, le 7 avril 1994 |
| Caporal Meaux | Belge | tué au combat, le 7 avril 1994 |
| Caporal Plescia | Belge | tué au combat, le 7 avril 1994 |
| Caporal Dupont | Belge | tué au combat, le 7 avril 1994 |
| Caporal Uyttebroeck | Belge | tué au combat, le 7 avril 1994 |
| Soldat Debatty | Belge | tué au combat, le 7 avril 1994 |
| Soldat Renwa | Belge | tué au combat, le 7 avril 1994 |
| L.-caporal Ahedor | Ghanéen | tué au combat, le 17 avril 1994 |
| Soldat Mensah-Baidoo | Ghanéen | tué au combat, le 9 mai 1994 |
| Capitaine Mbaye | Sénégalais | tué au combat, le 31 mai 1994 |
| Major Sosa | Uruguayen | tué au combat, 17 juin 1994 |
| Capitaine Ankah | Ghanéen | tué au combat, le 8 juillet 1994 |

À Sian Cansfield, recherchiste, journaliste et amie très chère, décédée le 1er juin 2002 alors qu'elle travaillait avec acharnement sur le présent témoignage.

# Table des matières

# Préface

Ce livre a trop tardé, et je regrette sincèrement de ne pas l'avoir écrit plus tôt. Lorsque je suis revenu du Rwanda en septembre 1994, mes amis, mes collègues ainsi que des membres de ma famille m'ont encouragé à raconter ma mission, dont j'avais encore tous les détails en mémoire. Depuis, des livres ont paru, qui prétendaient raconter les événements du Rwanda : ce n'était pas le cas. Même lorsque ces ouvrages étaient le fruit d'une recherche soigneuse et que leur contenu se voulait fidèle à la réalité, aucun ne la reflétait véritablement. Je fus en mesure d'aider de nombreux auteurs, mais j'ai toujours noté des manques dans leur analyse finale. Les bruits, la pestilence, les ravages, les scènes d'actes inhumains étaient largement absents de ces lignes. Malgré cela, je ne pouvais me résoudre à combler les lacunes de ces récits, car, pendant des années, le dégoût, l'écœurement, l'horreur, la peur me collèrent à la peau, et je trouvais des excuses pour ne pas me charger des rectifications nécessaires.

Le camouflage était à l'ordre du jour, et je devins un expert dans ce domaine. Semaine après semaine, j'acceptais toutes les invitations à faire des conférences sur le sujet. En tardant à me commettre par écrit, je ne gagnais pas de temps mais sombrais plus profondément dans un labyrinthe de sentiments et de souvenirs liés au génocide. Le processus officiel se mit alors en route. L'armée belge commença par faire passer en cour martiale le colonel Luc Marchal, l'un de mes collègues les plus proches au Rwanda. Son pays cherchait quelqu'un à blâmer pour la perte de dix militaires belges morts au combat au cours des premières heures du conflit. Les supérieurs de Luc étaient prêts à sacrifier un des leurs, un soldat courageux, pour m'atteindre à travers lui. Le gouvernement belge avait décidé que j'étais le vrai coupable ou du moins le complice de la mort de ses ressortissants. Un rapport émanant du Sénat belge soutenait l'idée que je n'aurais jamais dû permettre à ses soldats de se placer dans une position où ils auraient à se défendre, et ce, malgré la responsabilité que nous avions envers les Rwandais et la mission elle-même. Pendant un certain temps, je devins un bouc émissaire commode pour tout ce qui avait mal tourné au Rwanda.

Le travail me servit de baume pour apaiser le sentiment de culpabilité que j'éprouvais devant l'échec de ma mission, et de protection contre les reproches que l'on m'adressait. Tout en restructurant l'armée, en commandant une division des Forces terrestres canadiennes dans la région de Québec ou en collaborant à la réforme du corps des officiers, j'acceptais toutes les tâches et travaillais comme un fou. Je me surmenais tellement qu'en septembre 1998, quatre ans après mon retour du Rwanda, mon corps et mon esprit déclarèrent forfait. Cette même année, je suis retourné en Afrique afin de témoigner devant le Tribunal pénal international pour le Rwanda. Ce fut la goutte qui fit déborder le vase. Les souvenirs, les exhalaisons et le sens du mal me revinrent comme pour se venger. En l'espace d'un an et demi, on me renvoya à la vie civile. Comme trop de soldats ayant servi au Rwanda, je souffrais de troubles consécutifs à un stress post-traumatique. La retraite me donnait l'occasion de penser, de parler et peut-être aussi d'écrire. J'entretenais l'idée de faire un livre mais retardai une fois de plus ce projet.

Depuis mon retour du Rwanda, en 1994, je maintenais des relations avec le major Brent Beardsley, qui avait servi en qualité de premier membre de ma mission. Il avait travaillé avec moi de l'été 1993 jusqu'à ce qu'on l'évacue de Kigali pour raisons de santé le dernier jour d'avril 1994. Brent profita de toutes les occasions pour m'inciter à rédiger mon témoignage. Il finit par me persuader que si je ne consignais pas ma version des faits sur papier, nos enfants et nos petits-enfants ne sauraient jamais quel avait été vraiment notre rôle dans la catastrophe du Rwanda. Comment sauraient-ils exactement le pourquoi et le comment de ce que nous avions accompli? Il me fit également remarquer que nous avions l'obligation de faire connaître ce que nous avions vécu aux futurs militaires susceptibles de se retrouver dans la même situation que nous. En effet, notre expérience pouvait leur être de quelque utilité. Brent a participé à chaque étape de la rédaction de ce livre. Je le remercie pour m'avoir incité à produire ce récit et, en général, pour son fidèle appui. Je remercie également son épouse, Margaret, ainsi que ses enfants, Jessica, Joshua et Jackson; je les ai privés de sa compagnie tout au long du travail de recherche initial, de la première ébauche du manuscrit, de la relecture des textes et, plus récemment, au moment de mettre la dernière main à cet ouvrage. Brent a joué le rôle de catalyseur, de maître d'œuvre et de rédacteur prolifique. Jour après jour, il s'est engagé dans ce projet afin que je puisse le mener à bien. Même au cours des périodes de souffrance considérables qu'il vivait à la suite de surmenage, de manque de sommeil, ou encore lorsqu'il était en proie à un stress consécutif aux traumatismes qu'il avait subis, Brent a fourni des efforts immenses, dépassant largement le mandat qu'on attendait de lui. Il a été mon âme sœur pour tout ce qui était rwandais. Il apporte une réflexion et un témoignage pondérés sur la catastrophe rwandaise. Sa volonté d'être un témoin de la poursuite devant les interminables procédures du Tribunal pénal international pour le Rwanda et la manière dont il soutient mon engagement ont cimenté nos vies selon la meilleure tradition des compagnons d'armes revenant du front. Il m'a sauvé de moi-même, je lui dois la vie et, du moins en partie, l'essentiel de ce livre.

Je suis particulièrement reconnaissant envers Random House Canada, pour avoir misé sur un auteur non confirmé et sur un ancien combattant à la santé chancelante. Je remercie cette maison d'édition pour sa compréhension, son encouragement et son soutien. J'adresse des remerciements particuliers à mon éditrice et amie, Anne Collins. Sans ses conseils, son encouragement et sa rigueur, ce projet n'aurait pas vu le jour. Elle me rappelait constamment que ce livre devait être écrit et qu'il le serait. Alors que, pendant de longs mois, je n'investissais pas l'énergie nécessaire pour compléter ce travail, elle tint bon, s'inquiéta sincèrement de mon état de santé et se montra l'une des personnes les plus patientes que j'aie connues. Elle n'hésite pas à prendre des risques, et j'admire son courage et sa détermination. Je remercie également mon agent, Bruce Westwood, pour avoir cru que, quelque part en moi, existait un homme capable d'écrire ce récit. Il m'a toujours traité de façon amicale et m'a encouragé à chaque étape de ce travail. Il est devenu un proche collègue dont je respecte les compétences et l'expérience dans le monde complexe de l'édition.

Pour mener à bien ce projet, j'ai mis sur pied une équipe ad hoc, dont les membres ont merveilleusement travaillé de concert dans un respect mutuel des plus complets. Le major James McKay, un chercheur de la première heure, fut mon collaborateur dans mes contacts auprès du tribunal et dans des questions de résolution de conflits. Il s'est montré mon spécialiste des « marchés à terme », et je le remercie de son appui. Le capitaine de corvette Francine Allard, une chercheuse opiniâtre et une archiviste très compétente, a travaillé avec moi alors que je servais dans les Forces armées canadiennes. Parlant couramment six langues, elle a démontré un vif intérêt pour ce livre, et je la considère comme un membre très apprécié de mon équipe. J'adresse des remerciements particuliers au major (à la retraite) Phil Lancaster, qui a remplacé Brent au Rwanda en qualité d'adjoint militaire au cours des derniers mois de ma mission dans la région. Il m'a permis de rédiger le premier jet des chapitres portant sur la guerre et le génocide. Depuis sa retraite, ce soldat, qui se double d'un docteur en philosophie, est un humaniste rempli de compassion qui travaille pratiquement à temps complet auprès des enfants victimes de la guerre dans la région des Grands Lacs africains. Il n'est jamais vraiment revenu du Rwanda... Sa personne et son travail méritent toute mon admiration.

Serge Bernier, directeur Histoire et patrimoine au ministère de la Défense nationale, et un de mes condisciples au temps où j'étais élève-officier, m'a encouragé de façon très personnelle et soutenu tout au long du projet. Il a vérifié la version française et m'a également fourni des ressources et son appui pour le rapport officiel de la mission basé sur le compte rendu oral que j'en ai donné au recteur Jacques Castonguay. Dans mon existence, M. Bernier demeure une voix représentant un élément de stabilité.

D'autre part, de nombreux membres de ma famille, des amis, des collègues et même des étrangers m'ont encouragé tout au long de l'élaboration de ce livre. J'ai souvent eu besoin de cet encouragement opportun et je leur en serai éternellement reconnaissant.

Aujourd'hui, au Rwanda, des millions de gens demandent encore pourquoi la Mission d'assistance des Nations unies au Rwanda (MINUAR), l'Organisation des Nations unies (ONU) et la communauté internationale ont permis qu'un tel désastre survienne. Je suis loin d'avoir toutes les réponses ni même la plupart d'entre elles. Tout ce que je peux offrir aux survivants et aux générations futures du Rwanda, c'est ma propre histoire et le meilleur de mes connaissances. J'ai en effet conservé des notes quotidiennes sur mes activités, mes réunions, sur des commentaires et même sur mes songeries d'alors, mais il y eut plusieurs jours, particulièrement durant la première phase du génocide, où je n'avais pas le cœur à noter les détails. Ce récit s'appuie sur mes souvenirs des faits, tels que j'en ai été témoin. Je les ai vérifiés en m'appuyant sur des documents comme les câbles codés, les communications de l'ONU, ainsi que mes propres notes, qui m'ont été remises par les autorités militaires canadiennes. Si certains noms de personnes ou de lieux sont épelés de façon erronée, s'il y a des erreurs de dates, je m'en excuse d'avance auprès de mes lecteurs. Je demeure pleinement responsable de chaque décision prise et de chaque action accomplie en qualité d'ancien chef de mission et commandant à plein temps des forces de la MINUAR.

Mon épouse, Élizabeth, a fait preuve d'une générosité que je ne serai jamais capable de lui rendre. Beth, je tiens à te remercier pour ces jours, ces semaines, ces mois, ces années où, alors que j'étais absent, tu veillais et tu assurais la cohésion de la famille pendant que moi, je servais sous les drapeaux aux quatre coins du monde, ou bien je m'isolais pour travailler ou je me trouvais tout simplement en manœuvres non loin de là, tandis que la maisonnée était tirée de son sommeil par le bruit des détonations. Merci de ton appui pendant cette dernière mission, qui s'est révélée l'une des tâches les plus complexes et les plus éprouvantes de mon existence. Merci à mes enfants – Willem, Catherine et Guy –, qui ont grandi sans la présence constante de leur papa. Ils représentent ce dont je suis le plus fier. Ils ont fait leurs preuves et s'imposent dans ce monde. Soyez naturels et remerciez votre mère. J'ai, entre autres, écrit ce livre pour mes proches, afin qu'ils puissent trouver dans ces pages quelque consolation pour les dommages qu'ils ont subis – et subissent encore – à la suite de mon expérience au Rwanda. Une expérience bien au-delà de ce que mon devoir m'imposait, pour le meilleur et pour le pire. Je ne suis plus le même homme que celui qui s'embarquait pour l'Afrique voilà dix ans, mais vous êtes tous demeurés fidèles au vieux baroudeur, même lorsque les autorités et la communauté militaires vous ont abandonnés aux heures les plus sombres du génocide. Vous avez été aux premières loges pour constater ce qui arrive aux conjoints et aux familles des soldats de la paix. Je vous serai toujours reconnaissant de m'avoir si bien ouvert les yeux sur la situation critique des familles de cette nouvelle génération d'anciens combattants. Vous êtes, au fond, à l'origine de l'initiative destinée à améliorer la qualité de vie dans les Forces canadiennes[1].

Je dédie ce livre à quatre groupes de personnes. D'abord et avant tout aux 800 000 Rwandais qui sont morts et aux millions d'autres qui ont été blessés, déplacés ou sont devenus des réfugiés à cause du génocide. Je souhaite ardemment que ce livre vienne s'ajouter à la mine d'informations qui permettront de contribuer à l'élimination des génocides au XXIe siècle. Puisse cet ouvrage inspirer, aux quatre coins de la planète, des gens qui n'hésiteront pas à voir plus loin que leurs intérêts personnels ou nationaux et qui reconnaîtront l'humanité pour ce qu'elle est, c'est-à-dire un amalgame d'êtres humains qui, dans leur essence, sont semblables.

Je dédie aussi ce livre aux quatorze militaires sous mes ordres qui ont péri au Rwanda au service de la paix. Rien n'est plus difficile pour un commandant que d'assigner à des hommes des tâches dans lesquelles ils sont susceptibles de perdre la vie et, le jour suivant, d'en envoyer d'autres affronter un péril similaire. Perdre un soldat constitue l'un des souvenirs les plus pénibles, mais de telles décisions et de tels gestes font partie de la responsabilité finale du commandement. J'offre ce livre aux familles de ces militaires courageux et dévoués afin de leur expliquer le contexte dans lequel nous devions travailler. Quand le reste du monde se gardait d'offrir ne serait-ce qu'un peu d'espoir, vos chers disparus servaient la paix avec honneur, dignité et loyauté, et ils ont payé ce service de leur vie.

---

1. Selon cinq thèmes proposés par le Comité permanent de la Défense nationale et des Anciens combattants. (N.D.T.)

Je dédie également ce livre à Sian Cansfield. Sian en fut l'éminence grise mais n'a pas vécu suffisamment longtemps pour en voir la fin. Pendant presque deux ans, elle s'est littéralement plongée dans tout ce qui pouvait avoir quelque rapport avec le Rwanda. Sa mémoire incroyable constituait un rêve pour tout chercheur. J'ai apprécié son esprit pétillant, son enthousiasme, son amour du Rwanda et de son peuple, qu'elle a connu sur le terrain quelques années après la guerre. Son mordant journalistique lui permettait de faire sortir la vérité avec énergie et empressement pour exposer le fond d'un problème, vivacité qui lui a mérité de la part de notre équipe le titre de « sergent-major régimentaire ». Nous avons travaillé de concert, partagé des rires et versé aussi trop de larmes en me rappelant des centaines d'expériences et d'incidents, tour à tour tragiques, révoltants, écœurants et douloureux. Aux dernières étapes, alors que le livre prenait forme, je remarquai qu'elle se fatiguait facilement, tandis que le contenu de l'ouvrage et que le travail lui-même érodaient son sens de l'humour et son objectivité. Comme je le faisais souvent pour des officiers et des soldats qui affichaient ce genre de symptômes, je l'envoyai en permission pour un week-end prolongé, afin qu'elle puisse se reposer, dormir, manger, bref, reprendre des forces. Le matin suivant son départ en week-end, un coup de fil m'apprit la sinistre nouvelle : elle s'était suicidée. Depuis le Rwanda, rien ne m'affecta plus que la mort de Sian. Il me semblait que la MINUAR continuait à tuer des innocents. La semaine suivante, je rencontrai sa famille pour assister à ses obsèques et pleurer sa disparition. Le sens de la précarité des choses et le choc que provoquait sa mort firent germer en moi des idées qui n'ont cessé de me hanter depuis 1994. Je voulais tout abandonner et laisser mon histoire pourrir avec moi. Encouragé par sa famille ainsi que la mienne – tout particulièrement Beth –, poussé par le reste des membres de l'équipe et par mes amis, j'ai pris conscience que la meilleure façon de rendre hommage à Sian consistait à terminer le livre et à raconter comment le monde a abandonné à son triste sort des millions de Rwandais et la petite force de maintien de la paix qui les défendait. Sian, je te dédie la plus grande partie de ce travail ; ton esprit continue à vivre pour moi comme si tu étais un autre vétéran du Rwanda. Puisses-tu trouver dans le repos éternel cette paix insaisissable que la vie te refusait.

Je dédie également ce livre à un quatrième groupe de personnes : aux familles de ceux et celles qui servent sous les drapeaux, au pays comme à l'étranger. Être la conjointe, le conjoint ou l'enfant d'une personne servant dans les Forces canadiennes terrestres, navales ou aériennes n'a rien d'ordinaire. Ces proches vivent des moments enthousiasmants, mais aussi des heures épuisantes et exigeantes. Dans le passé, ce mode de vie était très riche et significatif. Toutefois, depuis la fin de la guerre froide, la nature, le rythme et la complexité des missions confiées aux membres des Forces canadiennes ont sérieusement ébranlé les unions conclues au sein de cette collectivité. Les exigences inhérentes aux familles monoparentales, la fatigue et la solitude, l'impact audiovisuel des reportages provenant 24 heures par jour en direct des zones de combat où se trouvent des êtres chers engendrent un stress considérable. Aussi ne faut-il pas s'étonner si certaines personnes disjonctent. Nos familles vivent les missions comme si elles nous accompagnaient et subissent les mêmes traumas que nous, avant, pendant et après nos campagnes. Elles se sentent liées de manière intrinsèque à nos missions et doivent recevoir un soutien moral en conséquence. Jusqu'à ces dernières années, la qualité de vie de nos membres et de leurs familles était cruellement insuffisante. Il a fallu presque neuf ans de souffrances dans la collectivité militaire pour que le gouvernement commence à prendre ses responsabilités à ce chapitre. Si l'on en juge par la profonde émotion et l'authentique compassion qu'ont manifestées les Canadiens pour nos soldats tués ou blessés en Afghanistan, j'ai bon espoir que l'ensemble de notre nation acceptera finalement et pleinement ses responsabilités envers ces jeunes et loyaux anciens combattants et leurs proches. Je souhaite que ce livre puisse aider les Canadiens et leur pays à comprendre quelles sont leurs obligations envers nos soldats et leurs familles.

Les pages qui suivent sont ma version des faits survenus au Rwanda en 1994. J'y raconte la trahison, l'échec, la naïveté, l'indifférence, la haine, le génocide, la guerre, l'inhumanité, le mal. Malgré l'établissement de liens solides et la manifestation fréquente de comportements moraux, déontologiques et courageux, le tout a été assombri par l'un des génocides les plus expéditifs, les plus efficaces et les plus évidents de l'histoire contemporaine. En l'espace de cent jours seulement, 800 000 hommes, femmes et enfants rwandais ont été massacrés brutalement tandis que le monde, impassible, imperturbable, regardait au petit écran l'apocalypse qui se déroulait sous ses yeux ou, tout simplement, changeait de chaîne. Presque cinquante ans après que mon père et que mon beau-père eurent contribué à libérer l'Europe, qu'on eut découvert l'existence des camps d'extermination nazis et que l'humanité eut annoncé à l'unisson « Plus jamais cela ! », nous sommes restés assis dans nos fauteuils et avons permis à l'indescriptible horreur de se manifester une fois de plus. Nous avons été incapables de trouver la volonté politique ou les ressources nécessaires pour mettre un terme à cette boucherie. Depuis lors, on a abondamment écrit, filmé, discuté, péroré, argumenté sur la question du Rwanda, mais j'ai la profonde conviction que l'on est en train d'oublier cette catastrophe récente et que les leçons que l'on devrait en tirer se trouvent submergées par l'ignorance et l'apathie. Le génocide au Rwanda s'est révélé un échec de l'humanité, et un événement aussi affreux pourrait survenir encore.

Au terme d'une des conférences que j'ai donnée à mon retour du Rwanda, un aumônier des Forces canadiennes m'a demandé si, après tout ce que j'avais vu et tout ce que j'avais vécu, je pouvais encore croire en Dieu. Je lui ai répondu que je savais que Dieu existait, parce qu'au Rwanda j'avais serré la main du diable. Je l'ai vu, je l'ai senti, je l'ai touché. Connaissant l'existence du démon, celle de Dieu allait de soi.

*Peux ce que veux. Allons-y.*


Roméo Dallaire
Lieutenant-général
Juillet 2003

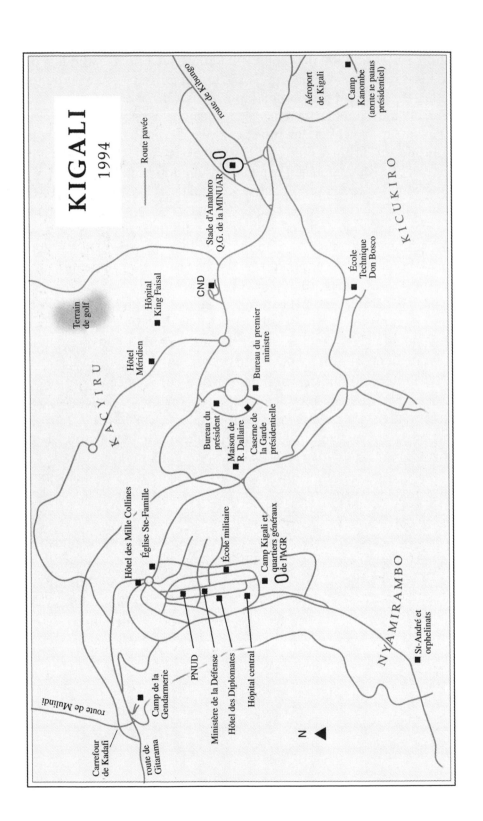

KIGALI
1994

—— Route pavée

route de Kimburo

Aéroport
de Kigali

Camp
Kanombe
(abrite le palais
présidentiel)

KICUKIRO

Stade d'Amahoro
Q.G. de la MINUAR

École
Technique
Don Bosco

Terrain
de golf

Hôpital
King Faisal

CND

KACYIRU

Hôtel
Méridien

Bureau du premier
ministre

Bureau du
président

Maison de
R. Dallaire

Caserne de
la Garde
présidentielle

Hôtel des Mille Collines
Église Ste-Famille

École militaire

Camp Kigali et
quartiers généraux
de l'AGR

NYAMIRAMBO

St-André et
orphelinats

PNUD

Ministère de la Défense

Hôtel des Diplomates

Hôpital central

route de Mulindi

Camp de la
Gendarmerie

Carrefour
de Kadafi

route de
Gitarama

N

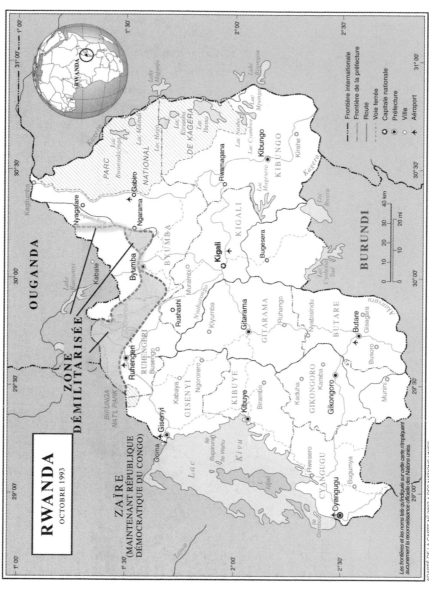

# RWANDA
## OCTOBRE 1993

Les frontières et les noms tels qu'indiqués sur cette carte n'impliquent
aucunement la reconnaissance officielle des Nations unies.

**ZAÏRE**
(MAINTENANT RÉPUBLIQUE
DÉMOCRATIQUE DU CONGO)

**OUGANDA**

**BURUNDI**

ZONE
DÉMILITARISÉE

PARC
NATIONAL
DE KAGERA

Frontière internationale
Frontière de la préfecture
Route
Voie ferrée
Capitale nationale
Préfecture
Ville
Aéroport

0    10    20    30    40 km
0    10    20 mi

BIFUNGA
NATL PARK

KIGALI
KIBUNGO
RUHENGERI
GISENYI
KIBUYE
GITARAMA
GIKONGORO
CYANGUGU
BUTARE
BYUMBA

Kigali
Kibungo
Ruhengeri
Gisenyi
Goma
Kibuye
Gitarama
Gikongoro
Cyangugu
Butare
Byumba
Nyagatare
Gabiro
Ngarama
Rwamagana
Kirehe
Kabale
Rushashi
Murambi
Kyumba
Ruhango
Nyabisindu
Gisagara
Busoro
Murindi
Bugesera
Kabaya
Ngorerero
Birambo
Katuha
Karaba
Riwesero
Bugumya
Ile
Bugarura
Île
Idjwi
Île
Gombo
Buberuka

Lac Burera
Lac Ruhondo
Lac Muhazi
Lac Mugesera
Lac Cyambwe
Lac Nasho
Lac Rwanyakizinga
Lac Mikindi
Lac Hago
Lac Ihema
Lac Kivu
Lac Rweru
Lac Cyohoha Sud

Nyabarongo
Kagera
Akanyaru
Akagera

RWANDA

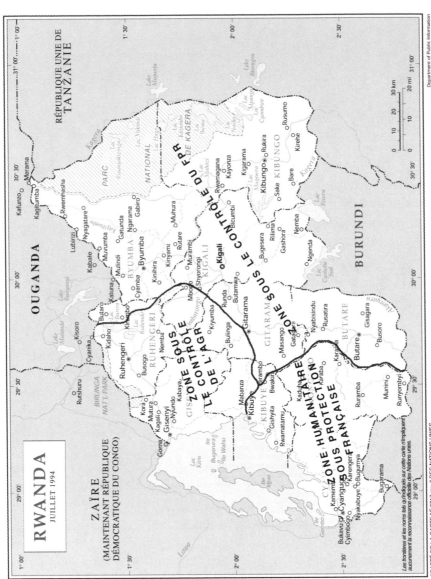

RWANDA
JUILLET 1994

ZAÏRE
(MAINTENANT RÉPUBLIQUE
DÉMOCRATIQUE DU CONGO)

OUGANDA

RÉPUBLIQUE UNIE DE
TANZANIE

BURUNDI

ZONE SOUS LE CONTRÔLE DE L'AGR

ZONE SOUS LE CONTRÔLE DU FPR

GITARAM SOUS LE CONTRÔLE

ZONE HUMANITAIRE
SOUS PROTECTION
FRANÇAISE

RUHENGERI
BYUMBA
KIGALI
GISENYI
KIBUYE
GITARAMA
BUTARE
KIBUNGO

PARC NATIONAL DE KAGERA

BIRUNGA NAT'L PARK

Department of Public Information
Cartographic Section

Les frontières et les noms tels qu'indiqués sur cette carte n'impliquent
aucunement la reconnaissance officielle des Nations unies.

# Introduction

Ce jour de mai 1994 était absolument radieux. Le ciel bleu était sans nuages, et une légère brise se faisait sentir dans les frondaisons. Difficile de croire qu'au cours des semaines passées un mal inimaginable avait transformé les vallées verdoyantes et les collines couronnées de brume du Rwanda en un cauchemar nauséabond de corps en décomposition – un cauchemar avec lequel il nous fallait vivre chaque jour, un cauchemar pour lequel, en qualité de commandant de la force de maintien de la paix des Nations unies, je ne pouvais m'empêcher de me sentir responsable.

Cette journée avait été relativement bonne. Sous la protection d'un cessez-le-feu précaire et limité, mes hommes avaient escorté environ deux cents civils parmi les milliers qui avaient trouvé refuge chez nous à Kigali, la capitale du Rwanda. Ces malheureux étaient passés par plusieurs postes de contrôle de la milice et du gouvernement afin de se mettre en sécurité derrière les lignes du Front patriotique rwandais (FPR). Le génocide se déroulait déjà depuis sept semaines tandis que le FPR, une armée rebelle disciplinée (composée largement de fils de réfugiés rwandais qui avaient vécu de l'autre côté de la frontière dans des camps en Ouganda après avoir été chassés de leurs terres par l'indépendance), se rabattait du nord vers Kigali dans un mouvement en tenailles, ce qui ajoutait la guerre civile au chaos et aux massacres qui sévissaient dans le pays.

Après avoir livré notre précieuse cargaison d'âmes innocentes, nous nous dirigions vers Kigali dans un Land Cruiser blanc des Nations unies dont le capot s'ornait de mon fanion de commandant tandis qu'en arrière, à droite du véhicule, flottait le drapeau bleu de l'ONU. Armé d'un nouveau fusil canadien C-7, mon tireur d'élite ghanéen occupait la banquette arrière alors que mon aide de camp sénégalais, le capitaine Faye, était assis à ma droite. Nous conduisions sur une section de route particulièrement dangereuse, propice à l'embuscade d'un tireur isolé. La plupart des gens dans les villages avoisinants avaient été massacrés ; les survivants avaient pris la fuite avec rien d'autre que leurs vêtements sur le dos. En quelques semaines, ce lieu était devenu un triste terrain vague.

Soudain, un enfant déboucha devant moi sur la route. J'arrêtai le véhicule près de lui. Je m'attendais à ce qu'il soit effrayé, mais il ne broncha pas. D'environ trois ans, il était vêtu d'un tee-shirt sale ressemblant à des restes de sous-vêtement et d'un pagne qui retombait sur son ventre hydropique. Il était sale, ses cheveux blanchis et feutrés par la poussière. Un nuage de mouches l'enveloppait, s'attaquant avidement aux plaies dont son corps était couvert. Il nous regarda en silence, tout en suçotant quelque chose qui me sembla être un biscuit à haute teneur protéique. Où donc avait-il pu trouver cette nourriture dans un pareil désert ?

Je sortis du véhicule et me dirigeai vers lui. Peut-être était-ce dû à l'état pitoyable dans lequel il se trouvait, mais, pour moi, cet enfant avait le visage d'un ange, et ses yeux reflétaient l'innocence même. J'avais vu tant d'enfants taillés en morceaux que ce petit être perplexe, encore entier, fut pour moi une vision d'espoir. Il était évident qu'il n'avait pu survivre par ses propres moyens. Je fis signe à mon aide de camp de klaxonner dans l'espoir de faire venir les parents du bambin, mais ce bruit n'eut pour effet que d'effrayer quelques oiseaux, pas davantage. L'enfant demeurait paralysé. Il ne disait rien, ni ne pleurait. Il se contentait de suçoter son biscuit en nous observant d'un air grave. Espérant toujours qu'il n'était pas seul, j'envoyai mon aide de camp et le tireur d'élite essayer de découvrir quelque signe de vie.

Nous nous trouvions dans un ravin plein de bananiers et de repousses de bambous formant une voûte de feuillage assez dense. Une longue enfilade de huttes désertées s'étendait des deux côtés de la route. Seul à côté du petit garçon, je sentis mon estomac se nouer en me rendant soudainement compte que cet endroit était propice à une embuscade. Mes collègues, qui n'avaient vu personne, revenaient vers nous lorsqu'un bruit de feuillage se fit tout à coup entendre dans le sous-bois, nous faisant sursauter. Saisissant le garçonnet, je le serrai fermement contre moi tandis que nous prenions instinctivement des positions défensives autour du véhicule et dans le ravin. La végétation s'écarta, et nous pûmes alors apercevoir un soldat du FPR solidement armé qui ne devait avoir guère plus de quinze ans. Il reconnut mon uniforme et me salua de façon réglementaire en se présentant. Il faisait partie d'un poste d'observation avancé situé dans les collines avoisinantes. Je lui demandai qui était le garçon et s'il y avait encore quelqu'un de vivant dans le village, susceptible de prendre soin de lui. Le soldat répondit que l'enfant n'avait ni nom ni famille, mais que lui et ses camarades s'en occupaient. Cela expliquait le biscuit mais ne diminuait en rien mes inquiétudes à propos de la sécurité et de la santé du gamin. Je protestai en soulignant que l'enfant avait besoin de soins ; que nous étions en mesure de les lui donner puisque nous protégions et entretenions des orphelinats à Kigali, endroit où il serait certainement davantage en sécurité que dans un tel contexte. Calmement, le soldat me répéta que le petit garçon devait demeurer où il était, parmi les siens.

Je continuais à discuter, mais mon jeune interlocuteur n'avait nullement envie de poursuivre la conversation. D'un air hautain et péremptoire, il déclara que son unité s'occuperait de l'enfant. Rouge de colère et de frustration, je remarquai alors que notre petit protégé s'était sauvé pendant que nous discutions de son sort. Dieu seul savait où il pouvait se trouver. Finalement, mon aide de camp l'aperçut à l'entrée d'une case non loin de là, en train d'essayer d'enjamber un billot qui en obstruait l'entrée. Je courus après lui, suivi de mon adjoint et de l'enfant soldat du FPR. Le temps d'arriver près de la hutte, l'enfant avait disparu à l'intérieur. Ce que je pensais être un billot se révéla alors être le cadavre d'un homme qui avait dû mourir plusieurs semaines auparavant, car sa chair, rongée par les vers, commençait à se détacher des os.

Tandis que je trébuchais sur le corps et pénétrais dans la case, un essaim de mouches m'envahit les narines et la bouche. Tout était si sombre à l'intérieur qu'en premier, ce fut la puanteur plutôt que l'horreur du spectacle qui m'assaillit. La hutte se composait de deux pièces, dont l'une servait de cuisine et de salle à manger et l'autre de chambre commune. Deux ouvertures grossières avaient été pratiquées dans les murs de torchis. Il faisait très sombre, mais mes yeux s'accoutumèrent à l'obscurité. Je pus voir, disposés de façon plus ou moins circulaire, les corps décomposés d'un homme, d'une femme et de deux enfants. Les ossements blanchis des morts ressortaient d'une sorte de cuir racorni qui avait naguère été de la peau. Le garçonnet accroupi près des restes de sa mère, suçotait toujours son biscuit. Je m'approchai de lui lentement et aussi silencieusement que possible, le prit dans mes bras et l'emmenai à l'extérieur.

Il se blottissait contre moi et la chaleur de son corps émacié m'emplit d'un sentiment de paix et de sérénité qui m'éleva au-dessus du chaos. Quoique affamé, cet enfant était vivant ; quoique couvert de saleté, il était beau ; quoique abasourdi, il n'avait pas peur. Je pris une décision : cet enfant serait le quatrième de la famille Dallaire. Je ne pouvais pas sauver le Rwanda, mais je pouvais sauver un innocent.

Avant de tenir cet enfant dans mes bras, je m'étais entendu avec les travailleurs sociaux et les représentants des deux armées rivales sur mon intention d'interdire l'exportation d'orphelins rwandais à l'étranger. Si des organisations humanitaires me l'avaient demandé, je leur aurais répliqué que les dépenses afférentes au transport aérien d'une centaine d'orphelins vers la France ou la Belgique étaient équivalentes aux frais de construction et au traitement du personnel d'un orphelinat pouvant accueillir trois mille enfants. Mais la présence de ce petit malheureux balayait tous mes arguments. Je me voyais déjà arrivant à l'aéroport de Montréal comme un saint Christophe moderne, le petit garçon dans les bras, et ma femme Beth prête à l'accueillir, à l'embrasser.

Ce beau rêve prit fin de façon brutale lorsque le petit soldat du FPR, rapide comme un loup, m'arracha l'orphelin des bras et disparut sous le couvert de la forêt. Ignorant le nombre de tireurs de son unité pouvant faire feu sur nous, je remontai à bord du Land Cruiser et, tandis que nous roulions, je ne cessai de songer à cet incident.

Il est indéniable qu'en prenant la décision de partir, nous avions fait le bon choix. J'avais évité de mettre en danger la vie de mes deux hommes dans un affrontement dont l'enjeu était un jeune orphelin. Mais, à cet instant, il me sembla avoir capitulé en évitant de me battre pour quelque chose de bien. Cet échec symbolisait tous ceux que nous allions essuyer au Rwanda.

Qu'est-il arrivé à ce bel enfant? A-t-il été accueilli par un orphelinat derrière les lignes du FPR? A-t-il survécu aux batailles qui ont suivi? Est-il mort ou est-il devenu lui-même un enfant-soldat, prisonnier des interminables conflits qui minent son pays?

L'instant où le garçonnet fut saisi par le jeune soldat qui aurait pu être son frère et où il se retrouva happé par la forêt me hante encore. C'est un souvenir qui m'empêche d'oublier à quel point nous nous sommes révélés inefficaces et irresponsables en promettant aux Rwandais de rétablir une atmosphère de sécurité qui leur permettrait de vivre en paix. Voilà bien neuf ans que j'ai quitté l'Afrique, mais, alors que j'écris ces lignes, je réalise que les bruits, les odeurs et les couleurs me reviennent à l'esprit avec une précision numérique. Comme si quelqu'un m'avait ouvert la cervelle et greffé sur le cortex une image ensanglantée de cette horreur qui a pour nom le Rwanda. Même si je le voulais, il me serait impossible d'oublier. Toutes ces dernières années, comme un pèlerin à la recherche du pardon, j'ai souhaité retourner au Rwanda pour me fondre dans les collines bleu-vert de ce pays en compagnie de mes fantômes. Mais je sais que le temps est venu d'entreprendre un pèlerinage plus mystérieux: voyager intérieurement à travers tous ces souvenirs terribles et sauver mon âme.

En septembre 1994, peu après mon retour du Rwanda, j'ai essayé d'écrire ce récit. Je tâchai alors de trouver quelque apaisement en tentant de comprendre en quoi mon propre rôle, en qualité de commandant des forces de la MINUAR, avait quelque lien avec l'apathie internationale, les complexes manœuvres politicardes, l'insondable mine de haine et de barbarie qui avait engendré le génocide de plus de 800 000 personnes. Au lieu de cela, je me suis trouvé plongé dans un tourbillon désastreux au milieu duquel le surmenage et la tension nerveuse me poussèrent à commettre plusieurs tentatives de suicide. Le tout déboucha sur mon licenciement des Forces canadiennes pour raisons médicales, un diagnostic de désordres post-traumatiques, une kyrielle de séances de thérapie et de lourdes médications qui occupent encore une place importante dans ma vie quotidienne.

Finalement, il m'a fallu sept ans pour retrouver le désir, la volonté et la vigueur de commencer à décrire en détails les événements de cette année-là au Rwanda, pour me remémorer le point de vue d'un témoin de l'intérieur, pour me rappeler comment un pays a pu, en partant d'une promesse de paix relative, sombrer dans les intrigues, la fomentation de haines raciales, les assassinats, la guerre civile et le génocide. Comment aussi la communauté internationale, en s'appuyant sur un mandat inepte de l'ONU, sur ce que l'on pourrait qualifier d'indifférence, de vils intérêts personnels, de racisme, a pu contribuer à favoriser et à encourager de tels crimes contre l'humanité. Bref, comment nous avons pu engendrer le lamentable fiasco au cours duquel des millions de personnes ont été assassinées ou déracinées. Un échec qui a déstabilisé toute l'Afrique centrale.

De plus en plus de livres et d'articles traitent sous des angles différents les événements tragiques du Rwanda. On y trouve des témoignages de premier plan, une analyse des médias, une critique de l'administration américaine de l'époque, une condamnation de la stupidité apparente de l'ONU. Toutefois, même au cours des enquêtes nationales et internationales lancées à la suite du génocide, on exonère apparemment de tout blâme, pour des raisons peu claires, certains pays membres des Nations unies, en particulier des nations influentes possédant des représentants permanents au Conseil de sécurité. Je citerai par exemple les États-Unis, la France et le Royaume-Uni, qui se contentèrent d'observer, de s'abstenir de faire quoi que ce soit, de rappeler leurs soldats ou tout simplement de ne pas les envoyer en premier lieu. Certains officiers belges furent traînés devant les tribunaux pour expier les crimes du Rwanda. C'est ainsi que mon commandant de secteur à Kigali, le colonel Luc Marchal, passa en cour martiale à Bruxelles. Les accusations dont il fut l'objet étaient clairement formulées de manière que le gouvernement belge soit exempté de toute responsabilité dans la mort de dix soldats de la paix qui se trouvaient sous mon commandement. Le juge rejeta la totalité des accusations et accepta le fait que Marchal avait accompli son travail de manière exemplaire dans des circonstances quasi insupportables. Toutefois, on se garda de mettre au grand jour les raisons pour lesquelles le colonel ainsi que le reste des effectifs de la MINUAR s'étaient retrouvés dans une situation aussi périlleuse.

Il est temps que je raconte ce qui s'est passé. J'ai occupé un poste d'observation pendant plusieurs semaines d'affilée, littéralement plongé au milieu des massacres. Exposer publiquement mes actions, mes décisions et les erreurs que j'ai pu commettre au cours de cette terrible année jettera un nouvel éclairage sur la question pour les personnes qui tenteront de comprendre la tragédie rwandaise, peu importe qu'elles l'envisagent sur un plan intellectuel ou affectif. Je sais que je ne cesserai jamais de porter le deuil de tous ces Rwandais qui avaient placé leur foi en nous, qui pensaient que les forces de maintien de la paix de l'ONU étaient là pour mettre un terme à l'extrémisme, aux tueries, et pour les aider au cours de leur périlleux voyage vers une paix durable. La mission de la MINUAR s'est soldée par un échec. Personnellement, je ne connais que trop le coût en vies humaines que l'on peut imputer au mandat inflexible du Conseil de sécurité des Nations unies, à la gestion financière mesquine des administrateurs de la mission, à la paperasserie tatillonne de l'ONU, aux manipulations politiques et à mes propres limites. Ce dont j'ai finalement pris conscience, c'est qu'à la source de tout cela réside l'indifférence fondamentale de la communauté internationale envers la situation critique de sept ou huit millions de Noirs africains dans un minuscule pays n'ayant aucune valeur stratégique et aucune ressource naturelle susceptible d'intéresser une puissance mondiale. Un petit pays surpeuplé s'automutilait en détruisant son propre peuple, tandis que le monde le regardait faire et ne manifestait aucune volonté politique d'intervenir. J'ai encore en mémoire le jugement d'un groupe de bureaucrates venus pour «évaluer» la situation pendant les premières semaines du génocide : «Nous recommanderons à notre gouvernement de ne pas intervenir, car les risques sont élevés, et il n'y a ici que des êtres humains», ont-ils conclu.

Mon récit n'est ni un compte rendu strictement militaire ni une froide recherche de type universitaire sur les raisons de l'effondrement du Rwanda. Ce n'est pas non plus une mise en accusation simpliste des nombreux ratés de l'ONU dans son rôle de gardienne de la paix dans le monde. Il ne faut pas chercher ici une histoire de héros et de salauds, même si on pourrait facilement l'écrire. Ce livre est un *cri du cœur* pour les milliers de personnes qui ont été massacrées, un hommage envers tous ceux et celles qui furent démembrés à coups de machette à cause de leurs prétendues différences avec ceux qui s'accrochaient au pouvoir. C'est le récit d'un chef militaire qui, confronté à un défi ne ressemblant en rien à ce que contenaient les codes de procédures rédigés durant la guerre froide pour guider les forces de maintien de la paix, n'a pas réussi à trouver de solution et, en guise de punition, a été témoin de la perte de plusieurs de ses hommes, de la tentative d'anéantissement d'une ethnie, de l'assassinat d'enfants à peine sortis du ventre de leur mère, de l'empilage de membres sectionnés, comme s'il s'agissait de cordes de bois, de tas de corps en décomposition rongés par le soleil.

Ce livre n'est rien de moins que le témoignage de quelques êtres humains mandatés pour aider leurs semblables à recueillir les fruits que la paix devait leur apporter. Au lieu de cela, nous avons vu le diable étendre son emprise sur le paradis terrestre et se nourrir du sang des gens que nous étions censés protéger.

# 1

# Trois choses que m'a apprises mon père

Mon premier amour a toujours été l'armée. Elle a été ma maîtresse, ma muse, ma famille. Dès mon plus jeune âge, je n'ai eu aucun doute sur mes orientations ou sur ce que je voulais faire dans la vie. Après la Deuxième Guerre mondiale, lorsque ma mère et moi quittâmes la Hollande ravagée par le conflit pour retrouver mon père cantonné au Québec, je ramenais avec moi mon premier jouet, une copie grossière d'une jeep de l'armée canadienne. Petit garçon, je m'amusais à créer une scène de combat imaginaire sur le tapis du salon pendant que mes parents faisaient les courses. L'été, au chalet, je construisais de grandes forteresses et des ouvrages défensifs en sable. Absorbé par les manœuvres de mes nombreux Dinky Toys et de mes centaines de soldats en plastique, je rêvais des champs de bataille de naguère, où les canons faisaient la loi. J'ai toujours été un artilleur dans l'âme et je mitraillais mon intrépide et vaillante cavalerie ainsi que mon infanterie de généreuses poignées de sable.

Je ne jouais pas à la guerre. Je la vivais seul, dans un temps révolu, mais qui, pour moi, existait véritablement. Lorsque je ne dirigeais pas de campagne sur le tapis ou dans le sable, je consultais des livres d'histoire militaire et je rêvais que j'étais capitaine, sanglé dans un rutilant uniforme bleu et rouge, commandant une batterie de bouches à feu et d'artillerie légère pendant les guerres napoléoniennes. Ces scènes étaient si réelles pour moi que je sentais l'odeur de la poudre à canon et entendais les hennissements des chevaux. Ces situations guerrières m'électrisaient et me transportaient loin de la grisaille déprimante de l'est de Montréal, où je grandissais.

Je suis né dans une famille de militaires, l'aîné de trois enfants et l'unique garçon. On ne s'étonnera guère que la vie de soldat ait pu devenir ma profession; mieux, ma passion. Mon père était sous-officier dans l'armée canadienne et ma mère, une «mariée de guerre» originaire des Pays-Bas. Mes parents s'étaient rencontrés à Eindhoven, une ville de garnison, pendant que les Alliés menaient une guerre de positions au cours de l'hiver 1945. Ma mère étudiait pour être infirmière et, lorsqu'elle traversait la grand-place de la ville, elle passait près des cantonnements temporaires. Elle pouvait se rendre compte des conditions précaires dans lesquelles vivaient les Canadiens: sous la tente, sans chauffage et sans eau courante, sinon la pluie glaciale. Aussi avait-on demandé aux familles locales, y compris celle de ma mère, d'héberger des soldats canadiens. Le sergent-chef Roméo Louis Dallaire ne passait pas inaperçu. C'était un homme de taille imposante, aux yeux bleus perçants. Ma mère, toujours célibataire à vingt-six ans, le remarqua et, de fil en aiguille, sans tambour ni trompette, je vis le jour en juin 1946.

Mon père avait alors quarante-quatre ans. C'était un gaillard bien charpenté, qui paraissait plus jeune que son âge. Il avait mené une vie difficile et plutôt solitaire. Il était né en 1902 dans la ville minière d'Asbestos, en Estrie, au Québec. Ses parents étaient morts jeunes, et on l'avait envoyé dans l'Ouest chez une tante célibataire, glaciale et avare, qui vivait bien du rapport d'une ferme à North Battleford, en Saskatchewan. La vie chez cette parente comportait de durs travaux manuels. Afin de pouvoir se nourrir convenablement, de temps à autre, mon père attrapait un poulet, lui tordait le cou et le jetait sur le tas de fumier. Il racontait ensuite à sa tante que le volatile était mort de froid. Afin de ne rien perdre, elle le faisait cuire pour le dîner. Cette existence était si intolérable qu'à sa majorité, il quitta la ferme et entreprit de revenir par étapes au Québec.

Au cours de la vingtaine, il pratiqua toutes sortes de petits métiers. Il était robuste mais portait déjà les stigmates des durs travaux qu'il avait pratiqués. En 1928, alors âgé de vingt-six ans, il choisit la carrière militaire et s'engagea comme simple soldat au

Royal 22ᵉ Régiment. À cette époque, les anglophones appelaient « The Vandoos » cette unique unité francophone de l'armée canadienne.

Dans le 22ᵉ, mon père trouva enfin une famille, et il apprécia l'esprit de corps et les liens robustes qui se tissent au sein d'une unité militaire. En 1931, on l'affecta à l'*Army Service Corps,* une section logistique chargé de l'entretien, de la solde et de l'acheminement du matériel militaire, bref, de tout ce qui assure le bon fonctionnement d'une armée. À cette époque, cette unité était encore hippomobile. Papa se trouvait dans son élément puisqu'il avait eu l'occasion de se familiariser avec les chevaux en s'occupant des bêtes de labour de sa tante.

Lorsque la Deuxième Guerre mondiale éclata, on l'envoya outre-mer, tout d'abord dans le nord de l'Écosse, où il entraîna les parachutistes de la France libre du général de Gaulle. Le froid et l'humidité étaient déprimants, ce qui atténua sensiblement son plaisir à effectuer ce travail. On l'affecta finalement à la 85ᵉ Compagnie de pontonniers du Deuxième corps et, après d'interminables manœuvres sur terrain sec dans le sud de l'Angleterre, son unité débarqua en Normandie un mois plus tard, le 6 juin 1944, le célèbre jour J. Au cours de l'hiver 1944-1945, l'armée canadienne se maintint sur une ligne de 322 kilomètres s'étendant approximativement de la frontière allemande au sud de Nimègue, le long de la Meuse, des îles hollandaises jusqu'à Dunkerque, sur les côtes de la Manche. Pendant cet hiver long et froid au cours duquel les Alliés menèrent une bataille désespérée pour repousser l'ennemi de l'autre rive du Rhin, mon père vit plusieurs de ses compagnons déchirés par la mitraille et devenir de pitoyables masses informes de chair hurlante.

Papa était alors sergent-chef responsable d'un atelier qui assurait l'entretien de 250 véhicules et de l'équipement nécessaire pour construire des ponts. Déjà dans la quarantaine, il était « le vieux », le patron de l'atelier. Son habileté à maintenir en état de marche et à réparer à peu près n'importe quelle machine de guerre lui avait assuré une réputation enviable. Il n'avait pas son pareil pour récupérer discrètement du matériel – une qualité essentielle chez les sous-officiers les plus âgés de l'armée canadienne, une armée très mécanisée, mais qui, par rapport aux autres unités combattantes, semblait toujours manquer de pièces détachées. Les soldats canadiens devinrent célèbres dans l'art du marchandage, échangeant n'importe quoi pour aider leur unité. Trente ans plus tard, le long de la frontière entre l'Allemagne de l'Est et celle de l'Ouest, j'ai été témoin des mêmes traficotages de la part de mes propres sous-officiers, généralement au détriment des Américains qui n'y voyaient que du feu. Ils échangeaient des moteurs entiers pour une bouteille de whisky Canadian Club. À une certaine occasion, il a suffi de garantir une semaine de repas chauds dispensés par la cuisine roulante de mon unité pour me donner accès à des systèmes de missiles de défense aérienne pendant toute une semaine. Ce genre de troc possède ses propres lois : tout militaire qui se fait prendre en train de trafiquer pour son bénéfice personnel est mis au ban de son régiment. Pour papa, utiliser des combines pour se remplir les poches équivalait à voler ses camarades – le pire crime que l'on puisse commettre dans l'armée.

Après la guerre, mon père demeura en Hollande pendant à peu près un an. Il travaillait sur un programme d'aide qui supervisait le don de véhicules canadiens aux gouvernements belge et hollandais. Son travail lui donna l'occasion de visiter Eindhoven et la ô combien ravissante Hollandaise qui allait devenir ma mère.

Lorsqu'il revint au Canada, la démobilisation allait bon train. Papa fut immédiatement rétrogradé. Il passa du rang de sergent, qu'il occupait avant la guerre, à celui de caporal à deux galons. Ma mère fut profondément choquée par ce traitement cavalier. Elle se rendit jusqu'à Ottawa pour se battre bec et ongles avec l'adjudant-général de l'Armée canadienne. Peu après, mon père retrouva son rang. Malgré cela, il laissa passer l'occasion de se recycler ou d'obtenir une promotion et parcourut pendant dix ans les routes du Québec afin d'inspecter l'équipement militaire. En 1957, après sa retraite, il prit un emploi civil et supporta pendant dix années supplémentaires les dures conditions de travail d'un atelier de matériel militaire lourd, dans l'est de Montréal.

Certaines périodes de la guerre le hantaient encore, même s'il les évoquait rarement, sauf à l'intérieur d'un cénacle restreint d'anciens combattants. Le père que j'ai connu était sévère et taciturne. Il passait de longues heures à broyer du noir et à faire de l'introspection.

La famille avait appris à l'éviter lorsqu'il était en proie à ce genre de cafard.

Ma mère, Catherine Vermaesen, était très hollandaise, pieuse et excellente maîtresse de maison. Elle avait quitté sa nombreuse famille pour traverser l'océan avec un bébé de six mois afin de rejoindre un homme de quinze ans son aîné, dont le principal lien émotionnel était surtout celui qu'il entretenait avec l'armée. Semblable à des milliers de mariées de guerre, elle avait débarqué avec moi sur le quai 21 à Halifax et était montée dans l'un des trains de la Croix-Rouge. Ils transportaient les femmes et les enfants qui devaient rejoindre des maris et des pères parfois très peu enthousiastes. Une hostilité latente perçait à l'endroit des mariées de guerre et de leur progéniture. Même si ma mère était une maîtresse femme, elle ne s'acclimata jamais au petit monde de type paroissial de l'est de Montréal. Elle était un peu perdue dans une culture qui la considérait comme une «importée», une personne pas comme les autres, aux idées de «l'aut' bord».

Sur le plan émotionnel, ce n'était pas le genre de femme à parler pour ne rien dire, mais la guerre avait laissé en elle de très profondes cicatrices. Souffrant peut-être de solitude, elle se confiait parfois à moi : sa mémoire bouillonnait. Ses souvenirs me ramenaient dans les rues sombres et dangereuses de la Hollande au temps de la guerre. Elle me parlait des amis qu'elle avait perdus. Elle se rappelait particulièrement d'un jeune juif arrêté en pleine nuit par la Gestapo et qui avait disparu dans le cauchemar de l'Holocauste. Chaque fois qu'elle faisait revivre cette tragédie, j'entendais les cognements secs à la porte ; je voyais nettement les bottes des Allemands luire au clair de lune, le visage livide, le regard fixe et les yeux noirs et horrifiés du jeune homme.

Elle me racontait le fracas, la peur mais aussi l'espoir provoqués par les bombardiers alliés qui pilonnaient villes et campagnes pour préparer la progression de l'armée canadienne vers le Rhin. Elle me décrivait le son des avions de transport et le spectacle de milliers de parachutistes constellant le ciel lors de l'offensive alliée vers Nimègue et Arnhem. Je revivais avec elle l'horreur qu'elle avait ressentie lorsque, en compagnie de sa famille, elle avait vu les flammes engloutir les tours centenaires et les élégantes cathédrales, points de repère de son enfance. Elle m'expliquait les conséquences désastreuses de la guerre. Malgré cela, dans ses récits, les soldats canadiens étaient toujours représentés comme des héros, des sauveteurs plus grands que nature, qui avaient ramené un rayon d'espoir et la joie de vivre dans son pays déchiré. Elle m'a inculqué la fierté d'appartenir à un pays comme le mien, une nation non menacée par la guerre, mais qui, pourtant, n'avait pas hésité à sacrifier sa jeunesse pour tirer l'Europe du monde des ténèbres nazies. Ces récits m'influencèrent beaucoup. Contrairement à plusieurs de mes contemporains qui devinrent des activistes pacifistes décidés à mettre un terme à la guerre, j'adoptais l'attitude inverse. Je voyais chez mes parents un immense courage. Grâce à lui, ils avaient dépassé leurs intérêts personnels et avaient mis leur vie en danger pour terrasser un mal qui avait menacé la paix et la sécurité d'une grande partie du monde. Devant mes yeux, j'avais un modèle de sacrifice de soi que j'essayais d'insuffler à mes soldats pendant que je jouais sur le tapis.

Notre premier logement fut un baraquement provisoire en forme de H, aux murs de papier goudronné, que nous partagions avec deux autres familles. Papa et quelques copains du train des équipages parvinrent à récupérer des matériaux de construction afin de diviser les pièces pour avoir plus d'intimité. Malheureusement, les salles de bain et les lieux d'aisance demeuraient communs. Nous avons vécu là jusqu'en 1951, année où mon père fut en mesure de se payer son propre logement.

Sa solde était plutôt maigre. Pour alimenter sa nichée en pleine croissance, papa faisait parfois quelques dollars supplémentaires en réparant les voitures des voisins. Il avait cinquante ans lorsque Yolande, ma sœur cadette, vint au monde. Nous vivions dans un logement de guerre, collé sur des raffineries de pétrole et des usines de produits chimiques qui vomissaient leur pollution sous forme d'épais nuages obscurcissant le quartier. À cette époque, l'est de Montréal était l'un des centres de l'industrie pétrochimique nord-américaine. Certains jours, l'air était si pollué que nous ne pouvions pas jouer dehors, car il nous brûlait la gorge et nous forçait à rentrer dare-dare en toussant. Construite à la va-vite avec des matériaux bon marché, la maison n'avait ni cave ni chauffage central, seulement un poêle à mazout alimenté par un énorme baril à l'extérieur. En hiver, la glace s'amoncelait le long des appuis de fenêtres et gelait les serviettes que nous y disposions pour éviter les courants d'air. Ceux-ci finissaient quand même par s'insinuer sous les portes et autour des cadres, jusque dans nos lits.

C'était un quartier de rudes cols bleus ; pour y survivre, il fallait être coriace. Notre voisinage était divisé en deux paroisses : l'une était catholique, l'autre anglaise, protestante et allophone (c'est-à-dire composée d'immigrants ayant choisi l'anglais comme langue seconde). Chacune avait ses écoles, ses églises et ses institutions, et les gens avaient tendance à demeurer dans leur clan. Cependant, même si nous dépendions de la paroisse française et étions des catholiques pratiquants, ma mère, qui parlait couramment l'anglais, se trouvait plus à l'aise avec les anglophones ; certains étaient, comme elle, des néo-Canadiens. Nostalgique du mouvement scout de son pays, elle ne tarda pas à s'impliquer dans les Scouts du Canada, qui se réunissaient dans l'école protestante. Elle m'y traîna de force en m'avouant sèchement que l'unique raison de mon inscription dans ce mouvement était d'améliorer mon anglais. J'adorais les louveteaux, parmi lesquels je comptais de nombreux copains, mais, en ce temps-là, il s'agissait d'une organisation anglicane et anglophone. J'avais l'habitude de dire en blaguant qu'après les louveteaux le mardi soir, le mercredi matin, au lever du jour, je devais me rendre à confesse.

Être un louveteau avait des conséquences sociales autant que religieuses. Les enfants francophones et anglophones formaient des bandes de quartier et étaient des ennemis jurés. Le fait d'avoir des copains dans les deux factions me reléguait à un rôle de suspect, sinon de traître, ce qui ne me rendait pas la vie facile. Je me souviens que ma sœur Juliette, alors âgée de cinq ou six ans, s'était fait prendre dans une bagarre à coup de cailloux entre des bandes de Français et d'Anglais dans la ruelle derrière chez nous. Mes camarades franco-phones se lancèrent à son secours, et je la tirai de ce mauvais pas. Elle avait été blessée derrière la tête et saignait. Après l'avoir mise à l'abri derrière une clôture, nous avons lancé une contre-attaque qui poussa les Anglais à se retrancher dans un cabanon en papier goudronné auquel nous avons tenté de mettre le feu. Le siège cessa brusquement lorsque ce qui nous sembla être une gigantesque matrone mit fin aux hostilités. Quelques jours plus tard, je poursuivis de nouveau ces Anglais qui avaient osé toucher à ma petite sœur. Nous avons finalement conclu un cessez-le-feu et, lors de la bagarre suivante, je me retrouvai dans le camp des anglophones. Ces allers et retours d'un camp à l'autre étaient courants.

Je fréquentais l'école catholique de garçons du quartier, administrée par les Frères de Saint-Gabriel. Ces messieurs passaient souvent chez nous, généralement à l'heure du souper, pour saluer mes parents. Mon père était membre des Chevaliers de Colomb, aussi un militant de base et un organisateur respecté du Parti libéral. Ma mère s'impliquait généreusement dans l'organisation des Femmes libérales et les œuvres de charité. La visite des bons frères ne tournait pas toujours à mon avantage, car ils se plaignaient souvent de mes piètres résultats en classe.

Heureusement, j'étais soliste dans la chorale, ce qui me rachetait à leurs yeux. Quoique sévère, le frère Léonidas, le maître de chapelle, était un musicien de talent. Il fut ravi de constater que j'étais capable de chanter les quelques morceaux en langue anglaise de notre répertoire. Il nous faisait constamment participer à des concours où nous nous défendions honorablement.

J'obtins également la position convoitée d'enfant de chœur, un à-côté non négligeable qui me donnait vingt-cinq cents par semaine, plus dix cents, voire davantage, pour les mariages et les enterrements. Je ne tardai pas à remarquer que le rituel des enterrements était souvent plus complexe que celui des mariages et, par conséquent, plus lucratif, et que la musique était également plus recherchée.

Toutefois, ce furent mes qualités de danseur qui me firent monter d'un cran dans l'estime des filles qui fréquentaient le couvent situé de l'autre côté de la rue. Mais il ne fallait surtout pas que je me fasse prendre par les frères en train de tenir la main de l'une de ces demoiselles. Ce genre de fraternisation était sanctionné sur-le-champ : on forçait l'élève à transcrire des pages entières du dictionnaire, à genoux dans un coin de la classe. Les frères et les sœurs se postaient dans des embrasures stratégiques pour surveiller tout batifolage potentiel, à l'entrée comme à la sortie des classes. Les répétitions du club de danses folkloriques organisées et lourdement supervisées par la paroisse et, plus tard, par les écoles, étaient les seuls moments où garçons et filles pouvaient se retrouver. Nous apprenions toutes les danses traditionnelles canadiennes-françaises, mais aussi celles des autres pays. Je me souviens avoir particulièrement aimé les danses juives. En effet, pour faire couleur locale, nous dansions pieds nus en nous imaginant le dur et froid plancher du gymnase recouvert de sable doux et chaud, comme dans le désert. Le frisson que nous causait la vue des pieds et des chevilles dénudées des filles était presque insupportable.

Au secondaire, je continuai à me montrer un élève ordinaire, plus intéressé par les sports que par l'étude, jusqu'au jour où un vieil ami de mon père lui rendit visite. C'était un major qui avait servi sous les drapeaux avec lui pendant la guerre. Ils parlèrent métier toute la soirée, tandis que j'écoutais derrière la porte. Le rêve de devenir soldat ne m'avait pas quitté. J'étais entré dans les cadets et je passais déjà tous mes étés sous la tente à Farnham, au sud de Montréal, dans un vieux camp militaire datant de la Première Guerre mondiale. On m'y enseignait les manœuvres tactiques, et des anciens de la dernière guerre et de la guerre de Corée m'avaient montré comment me servir d'une mitrailleuse. Ces vétérans étaient mes idoles.

Entre deux souvenirs, mon père mentionna à son ami que j'avais l'intention d'aller étudier au collège militaire.

Le major se retourna, me sourit et me dit :

– C'est bien, fiston, mais quelles sont tes notes ?

Après lui avoir fourni les informations désirées, il me répondit :

– Mon petit gars, ce ne sont pas des notes comme ça qui t'ouvriront les portes du collège. Tu dois avoir partout 80 % – et bien plus – pour que l'on daigne seulement examiner ta candidature.

Cette remarque avait d'autant plus de poids que, pour la génération de mon père, le collège militaire était réservé aux fils des officiers ; l'enfant d'un militaire du rang ne pouvait y accéder.

Probablement afin de me ménager, mon père n'ajouta pas grand-chose après le départ du major. Toutefois, je décodais un autre message dans la façon dont le vieil officier m'avait parlé et fixé : j'étais certain qu'il me pensait capable d'entrer au collège militaire et qu'il me lançait un défi. Avec l'aide de mon ami Michel Chevrette, dont l'éthique du travail surpassait alors largement la mienne, je m'attelai à la tâche. À ma grande surprise, comme à celle de ma famille d'ailleurs, la moyenne de mes notes se mit à grimper pour atteindre 72 % en 9e année et 91 % en 10e, 11e et 12e années. Je fermais la porte de ma chambre, mettais la radio et m'enfermais dans ma bulle. Les fins de semaine, il arrivait que Michel et moi étudiions pendant douze heures d'affilée. Alors que je me trouvais en 11e année, un beau dimanche après-midi, mes parents me sortirent de mon refuge. Ils me firent remarquer que je semblais ne plus faire partie de la famille et qu'ils en avaient assez de me voir uniquement à l'heure des repas. Ils avaient raison : je mangeais sur le pouce, lavais ma vaisselle et disparaissais dans ma chambre. J'avais toutefois décrypté le code : j'avais trouvé la volonté de m'enchaîner à mon bureau, de travailler d'arrache-pied, et ce n'était pas maintenant que j'allais abandonner.

Juste avant la remise des diplômes, les frères envoyèrent les élèves en retraite fermée afin que nous puissions méditer et demander à la divine providence de nous inspirer pour notre future carrière. Pour la plupart d'entre nous, aller en retraite fermée signifiait bourrer nos bagages de magazines *Playboy* et de tablettes de chocolat. Mais, durant ce séjour, une sage remarque me marqua profondément. En allant à confesse, je me retrouvai avec un vieux prêtre assez corpulent, un ancien aumônier de l'armée. Il n'était guère soigné de sa personne. Sa soutane noire était tachée de ketchup, il était mal rasé et avait les yeux injectés de sang. J'étais là, agenouillé sur le sol de pierre froide, les rotules douloureuses, ne sachant trop que dire. Après un long et pénible silence, il me regarda à travers ses lunettes mal nettoyées et me demanda ce que j'avais l'intention de faire dans la vie. Je lui répondis que j'avais postulé pour entrer au collège militaire et que je voulais devenir soldat, tout comme mon père. Il se cala dans sa chaise et, d'une voix mélancolique, me dit : « Ah ! les militaires… Tu sais, ce sont des gens qui sortent vraiment de l'ordinaire. En apparence, ils sont très durs et très exigeants, mais, sous cette carapace, on retrouve les êtres les plus humains, les plus fidèles qui existent sur le plan affectif. » Ces mots exprimaient clairement la profondeur des rapports entre mon père et ses compagnons d'armes et confirmaient le message transmis par le vieux major. Ce même genre d'estime existerait plus tard entre mes hommes et moi. Oui, je voulais vivre ces émotions.

J'ai atteint ma majorité à l'époque de la Révolution tranquille du Québec. Comme mes parents, j'adhérais avec enthousiasme à la vision de Jean Lesage, le premier ministre québécois du début des années soixante. Après la disparition de Maurice Duplessis, qui avait dirigé la province pendant vingt ans comme si elle était son fief, le Québec s'extirpa avec audace et énergie de sa « grande noirceur » et de l'isolation, isolement imposé par un certain clergé dans les années quarante et cinquante. Cet affranchissement répondait parfaitement aux aspirations de l'époque. À l'école, je faisais partie d'un mouvement populaire animé par nos enseignants, appelé « Le bon parler français[2] ». Il prônait le respect et l'amour de la langue française et menait une guerre féroce aux anglicismes qui l'envahissaient. Ma génération luttait avec passion et confiance pour la reconnaissance de l'égalité des droits de la minorité canadienne-française dans le pays. Comme le disait Jean Lesage : « Au Canada, les mots ''français'' et ''anglais'' constituent nos prénoms, mais le mot ''Canadien'' est notre nom de famille. Nous devons être fidèles envers notre héritage, mais nous devons également l'être envers notre prénom, car il représente notre individualité et notre âme, et il importe de ne pas entretenir à ce propos de complexe d'infériorité ou de supériorité. »
J'étais à la veille de découvrir une culture militaire qui traînait loin derrière le reste du pays en matière de reconnaissance des droits et des particularités des Canadiens de langue française. Dans les années cinquante, les Forces canadiennes avaient lancé une campagne de recrutement pour répondre aux besoins de la guerre de Corée et de l'Organisation du traité de l'Atlantique Nord (OTAN), qui venait d'être mise sur pied. Le nombre de recrues en provenance du Québec était très bas, ce qui était gênant pour les autorités militaires. Il faut dire que ces recrues n'éprouvaient guère d'attirance pour une

---

2. Il existait alors la Société du bon parler français, qui publiait régulièrement des cahiers. (N.D.T.)

armée dominée par des Anglais qui faisaient preuve d'intolérance envers les Canadiens français. En 1952, un courageux membre de l'opposition, Léon Balcer, de Trois-Rivières, se leva à la Chambre des communes et lança un défi au premier ministre Louis Saint-Laurent, francophone comme lui. Il lui demanda la raison du faible niveau de recrutement chez les Canadiens français et particulièrement du manque d'officiers francophones dans l'ensemble des Forces canadiennes. Cette intervention souleva un débat politique musclé qui eut un impact considérable au Québec. À la suite d'une série d'études et de travaux par des commissions d'enquête, on fonda le Collège militaire royal de Saint-Jean en 1952. Des visionnaires comme le major-général J. E. P. Bernatchez et le général Jean Victor Allard, les seuls francophones qui avaient atteint ces échelons supérieurs à l'époque, travaillèrent en coulisse afin de faire disparaître les inégalités, d'éduquer et d'encourager les officiers de langue française. Je fus l'un des bénéficiaires de ces efforts monumentaux pour éliminer les politiques rétrogrades qui avaient régi les Forces armées canadiennes jusque-là.

Le soir de mon départ pour le collège militaire, mon père et moi fîmes un tour dans le quartier. À dix-huit ans, je m'apprêtais à quitter le cocon familial pour de bon. Selon lui, j'étais prêt à recevoir le conseil le plus judicieux qu'il pouvait m'offrir. Même s'il était excessivement fier que le fils d'un militaire du rang ait été accepté dans un collège militaire, il me confia que, si je tenais à faire carrière, j'allais devoir changer mon nom de famille Dallaire pour Dallairds. L'artillerie me passionnait et, d'après son expérience, aucun Canadien français n'avait réussi à s'y distinguer. Il me donna ce conseil sans trace d'amertume, comme si changer de nom n'était qu'une démarche d'ordre pratique. Il ajouta que si je décidais de faire carrière dans l'armée, je ne devais pas m'attendre à m'enrichir. Par contre, je pouvais être certain de mener un mode de vie des plus valorisants. Puis, il me mit en garde : j'allais devoir payer très cher pour les satisfactions que je tirerais de mon travail, et ma future famille n'échapperait pas à ce tribut. Je ne devais pas non plus m'attendre à des remerciements. Pour être heureux, un soldat devait tenir pour acquis que nul civil, nul gouvernement, parfois nulle autorité militaire ne reconnaissait la nature des sacrifices consentis.

Je décidai de garder mon nom, mais j'ai essayé de comprendre et de vivre selon les préceptes d'une sagesse que mon père avait chèrement payée.

Au collège militaire, un autre monde s'ouvrit à moi. L'établissement avait été érigé sur le site du vieux fort Saint-Jean où, en 1775, le major Charles Preston et sa cohorte, composée de miliciens canadiens-français, d'Indiens et de quelques membres des troupes régulières britanniques, résistèrent à l'assaut du général américain Richard Montgomery. Ils mirent hors de combat un nombre suffisant d'Américains et les retardèrent si bien qu'ils purent finalement les battre à plate couture aux portes de Québec, à la faveur d'une tempête de neige qui s'abattit la veille du Nouvel An. Depuis sa construction, en 1666, le fort a été continuellement occupé par des militaires. Les ombres des combattants du passé semblaient hanter les vieilles pierres, et je me promenais avec délice dans les couloirs et dans les salles de ce lieu historique.

Les fins de semaine, mes condisciples et moi partions à Montréal, une ville très différente de celle que j'avais connue dans le cadre étroit de ma paroisse de l'Est. Dans les années soixante, la métropole était en ébullition, pleine de bistros, de théâtres et de boîtes à chansons. De jeunes artistes et des intellectuels canadiens-français, résolument fiers de leur culture et de leur différence, créaient une atmosphère bohème des plus sympathiques. Nous allions danser dans les bars disco après nous être affublés de perruques afin de dissimuler nos coupes militaires et ainsi réussir à franchir le barrage des videurs qui nous prenaient pour des flics de l'Escouade de la moralité ou encore des agents de la Gendarmerie royale. Nous tombions bien sûr sur les nationalistes québécois et nous nous lancions alors dans des discussions animées sur la raison pour laquelle nous étions entrés dans ce bastion anglophone qu'étaient les Forces canadiennes. Nous rencontrions aussi des pacifistes du genre *peace and love* qui s'opposaient à tout ce qui était militaire à cause de la guerre du Vietnam et de la prolifération des armes nucléaires consécutive à la guerre froide. Parfois, nous nous faisions évincer des boîtes et cafés les plus marginaux et, à d'autres occasions, nos opposants nous soumettaient des arguments si convaincants que nous étions prêts à changer d'idées. Fortement influencés par l'alcool, les jolies filles et l'âcre fumée de substances illicites, nous choisissions à certains moments de faire des compromis. Nous profitions de chaque instant de permission accordée pour nous échapper d'un campus peuplé exclusivement d'individus de sexe masculin afin de plonger dans la jeune culture bouillonnante qui occupait, à cette époque, les rues de Montréal.

Mes trois années au collège militaire furent des années de bonheur, même si je traînais la patte dans mes études. En vérité, je me classais bon dernier, mais je parvins tout de même à décrocher mon diplôme. J'étais arrivé là vierge dans tous les sens du terme, bien décidé à remédier à mon manque d'expérience dans les délais les plus brefs. Je me perdais (ou me retrouvais) dans les sports universitaires, les débats politiques, la sexualité, l'alcool et le rock'n'roll. Ma morale du travail en prenait un sacré coup.

J'avais toutes sortes de compagnons. Certains d'entre eux prenaient la carrière militaire très au sérieux, mais d'autres s'en moquaient. On notait même chez nous la présence de hippies clandestins qui se débrouillaient pour garder les cheveux aussi longs que possible et qui séchaient les cours pour aller écouter Gilles Vigneault ou Tex Lecor, dans des boîtes à chansons enfumées. Ces gars faisaient autant partie de ma bande que les plus machos qui, comme moi, choisissaient comme disciplines les sciences ou le génie. Il était très stimulant de se frotter à des gens provenant de milieux totalement différents du mien, des gens qui appréciaient les arts et la littérature, et aux opinions diamétralement opposées aux miennes.

En 1970, 70% de la population étudiante du collège était francophone, 30% anglophone, mais je naviguais avec autant d'aisance d'un groupe à l'autre que dans le quartier de mon enfance. Connaissant bien les malaises qui affligeaient ce que l'écrivain Hugh McLennan appelait «les deux solitudes» – en particulier lorsqu'une minorité d'anglophones étaient forcés de vivre dans un environnement majoritairement francophone –, je défendais chacun des groupes sans jamais appartenir complètement à aucun. Je n'étais pas assis entre deux chaises, mais je prenais toujours mes distances. J'avais fréquemment le dessous dans une discussion et j'étais furieux contre moi-même de ne pas avoir réussi à trouver le mot juste, en français ou en anglais. Toutefois, en n'appartenant à aucun parti, cela me permettait de saisir des nuances qui passaient inaperçues chez mes condisciples plus radicaux.

Plus d'une centaine d'entre nous – la classe, au départ, comptait 183 élèves – décrochèrent leur diplôme et furent envoyés au Collège militaire royal de Kingston, en Ontario, pour y poursuivre leurs études pendant deux ans. Nous avons alors dû composer avec un environnement très différent et pas toujours sympathique. À Kingston, nous étions au cœur du Haut-Canada, une région très attachée à son passé colonial. Même si l'enseignement était censé être bilingue, il existait un profond fossé entre les anglophones et les francophones. Les Québécois formaient une confrérie « tricotée serrée ». Nous restions entre nous, la plupart du temps, et acceptions facilement les charmes indiscutables d'un week-end à Montréal pour échapper aux Orangistes intégristes de Kingston et aux persiflages continuels de nos camarades anglais.

Malgré tout cela, nous étions probablement les Canadiens français les plus sûrs d'eux que l'institution hyperconservatrice ait jamais accueillis en ses murs. Nous ne reculions pas et refusions de nous assimiler. Enfants des temps nouveaux, nous n'hésitions pas à livrer des batailles apparemment futiles pour obtenir l'égalité.

Au cours de l'été 1967, alors que mes amis logisticiens pouvaient suivre leur formation militaire à Montréal, s'imprégner de la vie de la métropole et s'immerger dans l'euphorie de cette fête que fut l'Expo, je me retrouvai à Shilo, au Manitoba, au beau milieu des Prairies. C'est là que se confirma ma vocation d'officier de terrain et d'artilleur. J'y avais déjà séjourné à l'été de 1965. À cette occasion, les officiers nous avaient installés sur le flanc d'une colline pour observer une séance de tir à projectiles réels. Le lieu s'avérait idéal : il s'agissait du désert de Carberry – l'unique désert canadien. Les dunes de sable blanc scintillaient sous un ciel sans nuage. Un jeune officier, sorti l'année précédente du collège militaire, nous expliqua quelles étaient ses fonctions. Il était responsable du tir à projectiles réels par des pièces d'artillerie lourde et dirigeait environ quatre-vingt-dix personnes sur le terrain. Brûlant d'enthousiasme, il était en proie à cette émotion profonde et à cette concentration que le commandement apporte. Il désirait nous montrer comment ses canonniers opéraient lors d'un déploiement rapide de ses batteries. Nous avons aperçu les canons surgir de derrière une colline à notre gauche et s'installer pour viser un objectif censé représenter des troupes du Pacte de Varsovie, à trois kilomètres de là environ. Tel un chef d'orchestre à son pupitre, le jeune officier se tenait sur un camion au milieu de ce déploiement. Il ordonna aux chefs de pièces de prendre position, fit avancer les véhicules qui transportaient les munitions, les équipes d'évaluation et les mitrailleuses lourdes qui assuraient la défense. Une fois tout en place, il hurla : «Feu!» On entendit un bruit de tonnerre tandis que le canon crachait son obus qui explosa dans un panache de fumée à droite de l'objectif. Presque immédiatement, il reprit : «À gauche, 200. Feu!» Les canonniers rectifièrent leur tir en souplesse, avec efficacité et un minimum de bruit. Ils se mirent à tirer plusieurs fois, suivant les ordres de leur officier. J'étais abasourdi par le bruit et l'effrayante destruction causée par les obus, intoxiqué par l'odeur de la cordite brûlée. Voyant comment un jeune officier pouvait déclencher une telle puissance de feu, je décidai sur-le-champ que l'artillerie était l'arme dans laquelle je voulais servir.

Ainsi, tandis que quelques-uns de mes amis rentraient chez eux à Montréal pour l'été, je retournai à Shilo, même si un échec pouvait signifier mon renvoi du collège. Chaque été, je parvins à survivre dans ce milieu grâce à l'aide de mes camarades de classe qui me firent connaître les subtilités de la terminologie propre à l'artillerie. L'été 1967 se révéla particulièrement difficile, car j'étais le seul Canadien français dans une classe de 40 élèves. Pour compliquer les choses, l'officier qui nous enseignait, un pointeur qui détestait ce qu'il appelait «les petits cons du collège», décida de me mener la vie dure. Il me fit passer devant l'instructeur en chef qui me réprimanda et m'accusa, entre autres choses, d'être *cavalier*. Persuadé de mon futur échec, j'avalai ses reproches, le saluai et réintégrai mes quartiers. Je n'avais aucune idée de ce qu'il voulait dire. Mon compagnon de chambre me persuada de ne rien faire d'irrémédiable. Finalement, après avoir demandé à mon instructeur ce qu'il entendait par *cavalier*, il me répondit : «Suffisant.» Perplexe, je n'en poursuivis pas moins mes activités.

Puis, le soir du 24 juillet, la situation empira. Comme j'étais un peu en retard pour le dîner, en arrivant au mess je trouvai une place non loin de la porte, près de la salle de télévision. Au journal télévisé, j'aperçus le président français Charles de Gaulle saluer une vaste foule du haut du balcon de l'hôtel de ville de Montréal aux cris de « Vive le Québec ! Vive le Québec libre ! ». La foule se mit à jubiler avec une ostensible satisfaction tandis que, dans le mess, on aurait pu entendre une mouche voler. Seul le grincement des sièges se fit entendre. Leurs occupants se tournèrent vers moi pour me fixer : j'étais le seul Québécois présent. J'eus l'impression que l'on avait retransmis la séquence une vingtaine de fois et que, chaque fois, les yeux de mes compagnons lançaient des poignards. Lorsque le journal prit fin, la salle de télévision se vida lentement. Personne ne s'approcha de moi, ni ne m'adressa la parole. Je faisais partie de l'Empire du mal qui menaçait de démembrer le Canada. Ce silence dura deux jours. On me fuyait non pour ce que j'étais, mais pour ce que j'étais censé représenter. Cette expérience demeure gravée dans ma mémoire.

En rentrant au collège militaire en cette fin d'été 1967, mon avenir semblait loin d'être prometteur. Les notes plutôt médiocres récoltées durant l'été et mes performances encore plus piteuses au collège laissaient présager un échec inévitable. Mais, à la dernière minute, je repris ma vieille habitude de m'isoler dans ma bulle et, lentement, je me tirai du pétrin.

Au cours de l'automne 1968, avec l'élection de Pierre Elliott Trudeau et la publication du Rapport préliminaire sur le bilinguisme et le biculturalisme, la question linguistique devint de plus en plus prépondérante au collège. En novembre, à la demande du commandant, quatre de mes camarades francophones convoquèrent un comité sur le bilinguisme et préparèrent une note de service soulignant les problèmes éprouvés par les francophones dans cette institution. Après l'avoir présentée au commandant, les membres du comité furent appelés devant lui pour s'expliquer : une expérience effrayante pour des aspirants officiers accusés d'entretenir des penchants nationalistes. Mais leur logique irréfutable et leur engagement eurent gain de cause, et la direction commença à effectuer certains changements dans l'établissement. Ceux d'entre nous qui demeurèrent dans les Forces canadiennes continuèrent à suivre le dossier et à défendre les droits des francophones dans l'armée. Au collège militaire, nous étions les premières classes de Canadiens français à bien vivre leur identité culturelle. Malgré cela, seulement 58 aspirants francophones sur les 130 qui étaient entrés au collège en même temps que moi y terminèrent leurs études. Pour ma part, je reçus mon diplôme au printemps 1969.

On m'affecta à l'une des premières unités francophones d'artillerie, le 5ᵉ Régiment d'artillerie légère du Canada, à Valcartier. Le général Allard et le premier ministre Pearson l'avaient créée au cours du printemps 1968. Le démantèlement d'anciens régiments anglophones au profit d'unités francophones avait engendré une grande acrimonie. Nous recommencions à zéro, car il nous fallait mettre le régiment sur pied. Nous disposions de locaux empruntés, mal équipés et d'un personnel de bureau restreint. Parmi les quelque quatre mille artilleurs des Forces canadiennes de l'époque, seulement quelques centaines parlaient français. Nous nous sommes donc retrouvés avec un nombre appréciable de soldats canadiens-anglais dont les noms de famille avaient une consonance française, mais qui ne parlaient pas la langue de Molière, et de Canadiens français qui avaient vécu si longtemps hors du Québec et tellement travaillé en anglais qu'ils en avaient oublié leur langue maternelle. La situation était souvent déprimante, parce que je devais traduire toute sorte de paperasse en français. Toutefois, à Valcartier, je me fis une idée de ce que représentait ma participation à la création d'une unité.

Vers 1969, le ciel du Québec commença à s'obscurcir. Les grèves et les manifestations étudiantes – dont certaines étaient violentes – contribuèrent à créer un vent de colère qui balaya la province et enflamma les cœurs et les esprits. Certaines factions séparatistes et extrémistes transformaient les luttes complexes des Canadiens français pour affirmer leur identité linguistique et culturelle en une lutte des classes visant les patrons anglophones. On aurait cru que le Québec était au bord de l'insurrection. Qu'ils soient chauffeurs de taxi ou employés d'hôpitaux, les gens descendaient dans les rues pour participer à des grèves et à des manifestations de masse qui paralysaient la vie économique.

Puis, il y eut des actes terroristes. Le Front de libération du Québec (FLQ) était actif au Québec depuis 1963. Il prônait le démantèlement du système capitaliste par la violence et l'établissement d'une nation indépendante et socialiste de langue française. Le FLQ se signala à l'attention de la population en posant une série de bombes dans trois manèges militaires de la région de Montréal, ainsi qu'en organisant un attentat avorté contre le train du premier ministre John Diefenbaker. Un autre attentat se solda par des blessures très graves à un artificier militaire qui tentait de désamorcer une bombe. Les nombreuses et violentes interventions armées se poursuivirent au cours des années 1969 et 1970.

À Valcartier, nous nous entraînions tranquillement à résister à toute révolte armée. Nous savions tous que les probabilités d'être appelés afin d'aider les autorités civiles à contenir tout acte séditieux étaient fortes, mais personne ne pouvait connaître la gravité de la situation. Au cours de ma première année avec le 5ᵉ Régiment, nous nous sommes exercés à contrôler les foules, à protéger des personnes importantes ainsi que des lieux stratégiques. On nous a appelés plusieurs fois pour rétablir l'ordre dans des prisons dont les gardiens étaient en grève et pour disperser des attroupements d'envergure, dont la manifestation à la compagnie d'autobus Murray Hill Limousine Company, au cours de laquelle on tira des coups de feu[3]. Lorsque trois mille policiers montréalais abandonnèrent leur poste en octobre 1969, on nous appela pour rétablir l'ordre. Cette grève dura cinq jours. Plus tard, au cours du même mois, nous fûmes mis en état d'alerte lorsque quarante mille manifestants marchèrent sur l'Assemblée nationale à Québec. Nous passâmes plusieurs nuits et plusieurs week-ends à dormir dans des hangars afin de surveiller nos armes. Les troupes étaient en état d'excitation permanente et faisaient preuve de nervosité. Nous avions le sentiment que, tôt ou tard, on nous mettrait à l'épreuve.

Le 5 octobre 1970, le délégué commercial britannique James Richard Cross fut kidnappé devant son domicile de Westmount.

---

3. Le Mouvement de libération du taxi avait organisé une manifestation pour protester contre le monopole du transport de la compagnie Murray Hill à l'aéroport de Dorval. (N.D.T.)

Le FLQ demanda qu'on lise son manifeste en direct, en français et en anglais, sur les ondes de Radio-Canada. Afin de sauver la vie de Cross, le gouvernement accepta. Le manifeste parlait d'« indépendance totale pour tous les Québécois » et de libération des « prisonniers politiques ». Les membres d'une cellule du FLQ filèrent le général Allard, ex-chef d'état-major de la Défense, et sa famille, et des rumeurs transpirèrent à propos d'un complot d'assassinat contre Trudeau. Il était difficile d'imaginer que de tels événements puissent se dérouler au Canada. Personne ne pouvait dire si le FLQ n'était qu'un ramassis de têtes brûlées ou s'il représentait un mouvement plus sérieux. Puis, le 10 octobre, l'enlèvement de Pierre Laporte aggrava sensiblement la situation.

C'était la fête de l'Action de grâces, et il faisait un froid glacial à Montréal. Je passais un week-end prolongé dans la métropole avec ma famille. Le lundi, mon père me déclara qu'on ferait certainement appel à nous. À ce point-ci, je ne pensais toujours pas que la situation était aussi sérieuse qu'on le prétendait. Ce soir-là, je pris ma voiture pour rentrer à Québec et arrivai dans mon petit pied-à-terre en sous-sol vers 22 h 30. Je venais à peine de m'installer que le téléphone sonna. J'étais appelé. Je me mis en treillis et grimpai à l'étage pour annoncer à mon propriétaire et à sa femme que j'allais m'absenter quelque temps et pour leur demander de garder mon courrier. Je peux seulement imaginer ce qui traversa l'esprit de ces deux personnes respectables et d'âge mûr en m'apercevant en tenue de combat, casque sur la tête. La dame poussa un cri et faillit s'évanouir. Elle était persuadée que la guerre civile avait éclaté au Québec. Je m'empressai de la rassurer.

À Valcartier, nous nous sommes entraînés pendant trois jours, puis on nous donna l'ordre de nous mettre en route. Le gouvernement avait invoqué la Loi des mesures de guerre, qui suspendait les droits civils pendant la durée de la crise. Les règles gouvernant notre intervention incluaient l'utilisation de nos armes afin de prévenir des actes d'insurrection. Cela voulait dire que nous pouvions fort bien ouvrir le feu et tirer sur des gens. J'avais vingt-quatre ans, et cette situation représenta le dilemme déontologique et moral le plus déchirant de ma carrière militaire. Des membres de ma famille élargie ainsi que des amis soutenaient l'idéologie indépendantiste. À tout instant, je pouvais reconnaître un visage familier dans la foule que l'on me demandait de maîtriser. Quelles seraient alors mes réactions? Allais-je ouvrir le feu sur mes proches?

À titre de jeune lieutenant, j'avais quarante et un soldats sous mon commandement. Si je donnais l'ordre de tirer, je ne pouvais leur laisser sentir la moindre hésitation de ma part quant à la légitimité de cette demande. Tout flottement dans ma décision se répercuterait sur mes hommes, toute indécision de leur part engendrerait le chaos et causerait d'innocentes victimes. En une fraction de seconde, je devais être en mesure de mettre de côté mes sentiments personnels pour donner préséance à la mission que l'on m'avait confiée. Je passai de longues heures à débattre intérieurement de la question avant de me décider à faire abstraction de ma fidélité à mes origines pour accepter de tout cœur le mandat que la nation m'avait confié. Je devais décider de m'engager plus profondément, au-delà de mes amitiés, de mes liens familiaux, de mes origines ethniques, et me persuader que ce que l'on me demandait d'accomplir était juste et conforme à mon devoir.

Le 17 octobre, l'ensemble de l'armée canadienne se déploya. Des effectifs en provenance de l'Ouest furent envoyés dans la région d'Ottawa-Hull; des unités de Petawawa s'installèrent à Montréal; le Régiment aéroporté du Canada arriva d'Edmonton et fut mis en réserve au Collège militaire de Saint-Jean; enfin, le gros de notre brigade prit position dans la ville de Québec. Mon régiment fut affecté à la protection de l'Assemblée nationale et autres édifices gouvernementaux, ainsi qu'à celle de personnalités politiques provinciales. D'interminables convois militaires firent leur apparition à Montréal, tandis qu'on entendait le grondement de douzaines d'avions de transport de type Hercule à l'aéroport d'Ottawa. Nous venions de Valcartier en longues colonnes en empruntant différentes routes vers le centre-ville. Je me souviens, alors que je me trouvais en tête du convoi, que les gens klaxonnaient, nous saluaient de la main ou nous regardaient passer, bouleversés, n'en croyant pas leurs yeux, ne pouvant s'imaginer que de tels événements pouvaient survenir au Canada.

Plus tard cette journée-là, on retrouva le corps du ministre québécois du Travail, Pierre Laporte, dans le coffre d'une voiture abandonnée en banlieue de Montréal : il s'agissait de la réponse violente et sans équivoque du FLQ en réaction au déploiement massif de nos troupes.

Lorsque celles-ci prirent position, nous avons établi l'emploi du temps. Pendant trois mois, nous avons constamment travaillé par quarts de six heures : six heures de garde et six de repos, avec une journée de congé toutes les trois semaines. Les lits de camp n'avaient pas le temps de se refroidir. À peine les militaires qui nous relevaient avaient-ils pris leur poste que nous installions nos sacs de couchage là où ils avaient dormi. Mes hommes se relayaient pour monter la garde entre l'Assemblée nationale et le vieux palais de justice, près du Château Frontenac, au cœur de la vieille ville. Malgré le froid intense qui sévissait cet automne et cet hiver-là, nous prenions des quarts de six heures avec seulement vingt minutes de repos à l'intérieur pour nous réchauffer. Nous avions coutume de dire que si quelqu'un voulait commencer à tirer, nous ne pourrions tout simplement pas assumer le travail supplémentaire ainsi créé. Des tenants de la séparation du Québec nous interpellaient régulièrement, se moquaient de nous et nous importunaient. Certains soldats anglophones étaient sans protection réelle contre les semeurs de discorde qui les traquaient et les harcelaient. Les soldats n'avaient que de brèves permissions et s'inquiétaient pour leur famille. La tension se traduisait par des accrochages disgracieux avec leurs jeunes camarades canadiens-français. Quant aux soldats francophones, ils prenaient des coups de tous les côtés. Certains d'entre eux venaient de familles pro-indépendantistes qui les considéraient comme des traîtres, et, en plus, quelques camarades les qualifiaient de *frogs* («mangeurs de grenouilles») sur lesquels on ne pouvait pas compter.

Je faisais ma ronde avec un vieux sergent bourru qui s'appelait Roy Chiasson. Il avait fait la guerre de Corée. Étant donné qu'il ne se passait pas grand-chose, il fallait garder les soldats sur le qui-vive en leur rappelant constamment le pourquoi de leur présence. Toutefois, ils avaient également besoin de parler de leurs problèmes. Le sergent et moi passions des heures à nous entretenir avec les hommes et à les encourager. On m'a souvent reproché d'être un chef trop «émotif», pas suffisamment macho. Même aux premiers temps de ma carrière, j'ai toujours cru que la magie du commandement s'appuyait sur la franchise : je devais me montrer ouvert envers mes hommes tout en gardant mes distances, afficher une confiance sans faille dans mes possibilités et aussi dans les leurs afin que nous soyions capables, ensemble, d'accomplir les tâches les plus ardues, peu importe lesquelles.

Fort heureusement, la crise d'octobre n'atteignit jamais le point où il nous fallut faire usage de nos armes. Nous eûmes à affronter certaines situations délicates qui nous donnèrent des sueurs froides. Un soir de novembre, mes hommes montaient la garde devant le ministère de la Justice du Québec et le palais de justice ; pour ma part, je me trouvais à l'intérieur des lieux en compagnie de cinq ou six hommes. Tout était tranquille, si tranquille en fait que les agents de police de la ville de Québec qui montaient la garde avec nous s'ennuyaient à mourir. Soudain, une voiture descendit la rue et, dans un crissement de pneus, s'arrêta pile devant l'un de mes soldats. Le conducteur descendit en blasphémant et, rapide comme l'éclair, sans provocation aucune de la part du planton, il commença à le battre de manière si hargneuse que ce dernier dut être hospitalisé. Les sentinelles étaient disposées tout autour de l'édifice de façon à se couvrir mutuellement et à ne pas se retrouver isolées. Aucun soldat ne pouvait toutefois venir en aide à son camarade au cas où cette agression n'aurait été qu'un piège ou une manœuvre de diversion. Quelqu'un transmit un message radio pour demander de l'aide, mais la police, qui était branchée sur la même fréquence que nous et qui ne demandait qu'à se dégourdir les muscles, le capta. Une douzaine de voitures de patrouille arrivèrent tous feux allumés, dans le hurlement des sirènes. Des agents au gabarit impressionnant eurent tôt fait de soulever l'individu de terre et de lui faire regretter son idée malencontreuse d'avoir malmené l'un des nôtres. Comme devait le déclarer plus tard un des agents : « Y a personne qui touchera nos soldats et s'en tirera aussi facilement… » En somme, la police protégeait les soldats censés protéger la loi et l'ordre !

J'étais fier de mes hommes. Ils avaient enduré des provocations incroyables et réagissaient exactement comme on leur avait appris à le faire. J'étais satisfait de constater que le sergent Chiasson et moi avions réussi à inculquer une telle technique et un tel sens de la discipline chez les hommes ; ils avaient fait preuve de jugement tout en respectant les ordres. Ce fut ainsi que, pour la première fois, je goûtai aux joies d'un vrai commandement.

Le 3 décembre 1970, une unité des services de renseignements de l'armée découvrit approximativement où se trouvait la cachette de la cellule du FLQ qui maintenait James Cross prisonnier. La quasi-totalité d'un bataillon du Royal 22e encercla un groupe d'immeubles d'apparence anodine situés dans le nord de la métropole. Tandis que le pays attendait, les autorités entamèrent de délicates négociations afin de permettre la résolution de la crise. Quelques heures plus tard, un James Cross émacié sortait du bâtiment avec ses ravisseurs. Ces derniers prirent place à bord d'un avion de transport militaire Yukon et furent envoyés à Cuba. La crise était terminée. En janvier, j'étais de retour à Valcartier pour reprendre les activités qui sont celles d'un soldat en temps de paix.

# 2

# « Le Rwanda..., c'est en Afrique, n'est-ce pas ? »

Chaque régiment des Forces canadiennes comporte son conseil des anciens. Il s'agit d'une association non officielle d'officiers supérieurs ou de gradés à la retraite qui demeurent intimement liés à la vie du régiment. Ces conseillers déterminent la culture et la personnalité régimentaires. L'une de leurs responsabilités est de sélectionner les *streamers,* les jeunes officiers prometteurs ayant, selon eux, le potentiel pour devenir généraux. Ce processus de sélection n'est jamais annoncé ni confirmé, mais dès que vous y êtes soumis, c'est comme si une main invisible vous guidait, suivait votre carrière en vous confiant une série de commandements et de postes administratifs soigneusement choisis pour vous mettre à l'épreuve et vous préparer à occuper des postes au sommet de la hiérarchie. Être ainsi choisi ne veut pas dire que vous êtes assuré du succès, bien au contraire. Si dans les postes que l'on vous offre vos performances laissent à désirer, votre carrière tombe à l'eau ou, du moins, dans un cul de sac.

Ma première opportunité de rentrer dans le club des *streamers* me fut offerte au printemps 1971. J'étais en manœuvres avec le régiment depuis trois semaines lorsque, le dernier jour, deux chasseurs CF5 qui s'exerçaient au combat aérien se percutèrent en plein vol au nord de Bagotville, au Québec. Les pilotes devaient se trouver quelque part dans cette épaisse forêt. On essaya de monter une expédition de secours à la base de Bagotville, mais l'un des hélicoptères affectés à cette opération s'écrasa à l'atterrissage, ce qui occasionna d'autres victimes. Pour précipiter les recherches, on appela mon régiment en renfort.

La soirée précédente, nous avions fêté la fin des manœuvres par une fiesta monstre ; la nourriture avait été abondante et l'alcool avait coulé à flots grâce aux profits de la cantine. Pas un homme de la batterie n'échappa à une solide gueule de bois, et j'étais personnellement en train de soigner un mal de tête carabiné lorsque le commandant de la batterie, le major Bob Beaudry, me convoqua. Il s'agissait d'un gentilhomme aux manières dignes, peu disert, qui s'adressa à moi d'emblée : « On vous a choisi pour diriger l'équipe de reconnaissance, me dit-il. Des hélicoptères vous attendent à Valcartier. Ils vous conduiront dans le Nord où vous ferez la liaison avec l'aviation et commencerez les recherches. Le reste du régiment vous rejoindra dans à peu près deux jours… »

Je n'en croyais pas mes oreilles. Gueule de bois ou non, on m'offrait là un commandement indépendant. Même si la mission comportait un aspect sinistre, elle donnait au régiment la possibilité de faire ses preuves.

Une quarantaine d'entre nous embarqua dans deux hélicoptères et se rendit près d'un camp de bûcherons isolé, près de l'endroit où un des appareils avait signalé sa position la dernière fois. J'ai rapidement fait dresser un camp de base, et nous commençâmes à effectuer des recherches exténuantes dans la dense forêt, dépourvue de pistes, du Nord québécois. Au bout du troisième jour, nos muscles étaient si douloureux à cause des efforts déployés pour franchir les troncs d'arbres morts et les souches pourries que nous ne pouvions plus lever les jambes : nous devions rouler par-dessus les troncs et les amoncellements de broussailles.

Entre-temps, le reste du régiment nous avait rejoints, mais nous avions adopté un tel rythme d'enfer pour progresser dans les bois que nous prenions toujours de l'avance. Finalement, le cinquième jour, l'un de mes hommes lâcha un cri. Il avait trébuché sur le casque de l'un des pilotes manquant à l'appel. Jusqu'à la tombée de la nuit, nous avons patrouillé dans ce secteur, mais sans succès. Le lendemain matin, une équipe de recherche et de sauvetage volant à basse altitude découvrit le corps du pilote, debout dans un arbre, accroché par les sangles de son parachute. Toute flambée de satisfaction que nous aurions pu ressentir pour avoir mené à bien notre mission s'éteignit rapidement en pensant à ce jeune corps disloqué. Je me souviens encore du silence de plomb qui tomba sur nous à l'annonce de la nouvelle. Nous ne connaissions pas cet homme, mais ce soldat était mort en servant son pays. Pas un seul d'entre nous ne manqua d'adresser une prière à son intention ou à celle de sa famille.

Un autre groupe localisa le corps du deuxième pilote, et on nous ramena à Bagotville avant le reste du régiment. Nous y restâmes pour la nuit. Mes soldats reçurent des billets de logement, et on m'assigna une chambre dans le mess des officiers. Je rangeai mon attirail et me dirigeai vers le bar, toujours dans la tenue de combat que je portais depuis près d'un mois. Tout comme moi, elle aurait eu besoin de passer à l'eau et au savon. Au bar, de nombreux pilotes étaient en deuil de leurs collègues. Ces hommes savaient qui j'étais. Ils savaient aussi que mes soldats avaient passé les cinq derniers jours à ratisser les bois pour retrouver leurs copains. Au lieu de m'offrir une bière, ils se dispersèrent, me laissant seul dans la salle. Personne ne m'avait approché ou ne m'avait adressé la parole. Devant un tel traitement, je sentis la moutarde me monter au nez. Après avoir vidé la moitié de mon verre, je le déposai si brutalement sur le comptoir que son contenu se répandit partout. Puis je sortis en trombe. Une fois calmé, les paroles de mon père me revinrent à l'esprit : «Pour être heureux dans la vie militaire, on ne doit s'attendre à aucun remerciement de la part de qui que ce soit.» Même les frères officiers ne parviendront peut-être pas à transgresser la stupide rivalité interarmes pour tendre la main et assurer de leur amitié.

Que représente une carrière militaire en temps de paix? Comment pouvez-vous vous affirmer comme chef lorsqu'il n'y a aucun conflit pour vous mettre à l'épreuve? Vous recevez de la formation, encore et encore et, ensuite vous formez les autres. On me confia un certain nombre de missions intéressantes, sans doute en partie parce que j'étais célibataire et disponible, ce qui n'était pas le cas de mes semblables, déjà mariés avec de jeunes enfants. Pour certains d'entre nous, l'armée devait être une vocation supérieure. La vieille attitude à adopter semblait être la suivante : si l'armée avait voulu que vous éleviez une famille, elle vous en aurait assigné une lors de votre engagement. J'étais plus que prêt à me dévouer corps et âme, mais, bientôt, l'armée me donna une autre leçon : même en manœuvres, les erreurs peuvent se solder par des pertes de vie.

J'avais été affecté pendant deux ans à des unités de milice dans la région de Québec. Au cours de l'été 1971, nous gérions l'important programme Katimavik. On offrait aux jeunes la formation de base des forces de réserve. Les militaires qui avaient des enfants purent partir en permission en priorité, et plusieurs des officiers supérieurs en profitèrent pour prendre des vacances. Il fallait donc que je travaille d'arrache-pied pour démarrer le programme – une initiative de dernière minute imposée par le ministre fédéral responsable des emplois jeunesse. Presque du jour au lendemain, je devais organiser la formation de près de six cents jeunes et assurer le soutien logistique. Aveuglé par mes multiples occupations, je ne me rendais pas compte que j'étais complètement débordé.

L'un de mes anciens camarades de classe, qui était alors réserviste, avait été engagé pour commander environ soixante recrues potentielles. N'ayant pu trouver un terrain convenable d'entraînement près de la garnison selon les normes, il était parvenu à faire des arrangements avec un cultivateur de la région de Charlevoix, au nord de Québec. Il avait besoin de mon accord, et après qu'il m'eut assuré qu'il s'occuperait des problèmes de logistique, je lui donnai le feu vert.

Il prit la route avec trois camions de l'armée. Dans chacun d'eux, une vingtaine de candidats s'entassaient jusqu'à la limite permise, assis sur les bancs métalliques. Malheureusement, les chauffeurs manquaient d'expérience, et la vieille route qui, par endroits, longeait le Saint-Laurent avec des virages en S et des côtes n'était pas sans péril. L'un des chauffeurs rata un virage, son camion fit une embardée, précipitant la plupart des jeunes gens le long du talus, proche du fleuve. Six d'entre eux perdirent la vie.

Six jeunes vies fauchées à cause d'une décision stupide. J'étais au trente-sixième dessous. On procéda à une enquête de grande envergure, et le blâme fut réparti entre plusieurs personnes. Je reçus un rapport circonstancié, mais je ne pouvais m'ôter de l'idée que, peut-être, j'aurais dû – surtout avec mon expérience – prévoir l'imprévisible, poser davantage de questions. La douleur de ces six familles hante encore ma mémoire et me rappelle constamment les obligations qui vont de pair avec le commandement.

J'ai rencontré Élizabeth Roberge au mariage d'un camarade de régiment, et nous avons commencé à nous fréquenter. Beth enseignait à la maternelle de l'une des écoles de la base de Valcartier. Ses collègues et elle venaient dîner au mess, et je fus séduit par son charme et son entrain. C'était la fille du lieutenant-colonel Guy Roberge, qui avait servi au 22e avec mon père entre la fin des années vingt et le début des années trente, et avait commandé l'ancien et prestigieux régiment canadien-français Les Voltigeurs de Québec. J'étais un jeune subalterne vivant « à demeure », c'est-à-dire au mess des officiers, et j'envoyais une partie de ma maigre solde à mes parents. Issue de deux générations de militaires, Beth comprit qu'un bon repas serait toujours apprécié par un jeune officier pratiquement impécunieux.

Pour l'instant, je franchissais le seuil de la belle demeure des Roberge, qui fleurait bon les épices et le linge fraîchement amidonné, et qui était remplie de précieux souvenirs de famille. Je me sentais chez moi. La mère de Beth était une dame distinguée, très cultivée et un cordon bleu hors pair. Mais c'est surtout M. Roberge qui me devint cher. Il fut pour moi un mentor et un second père. Les Roberge avaient quatre filles et pas de fils : à la maison, il n'avait pas grand monde avec qui parler de l'armée. Il semblait attendre depuis longtemps l'occasion d'aborder ce sujet, chez lui, avec un autre soldat.

Chez les Roberge, le dîner dominical était une réunion de famille assez traditionnelle. Autour de la jolie table en bois massif, chacun avait un siège réservé. Pour ma première participation à ces agapes, le colonel avait fait disposer les chaises de façon que j'occupe la place d'honneur, à sa droite. Je l'ai conservé toutes les années de mes affectations à Québec.

Mon beau-père avait eu une carrière impressionnante. Il avait commandé un régiment et, au cours de la campagne d'Italie, il fut l'officier de liaison entre les forces de la France libre et le

1er Corps d'armée canadienne. Il avait observé les généraux de niveau supérieur planifier les engagements de la campagne, et le récit de ces événements me fascinait. De retour au pays, en 1943, il avait préparé et formé deux régiments d'infanterie de réserve mobilisés à prendre du service outre-mer. Ses conceptions perspicaces du commandement m'aidèrent à former les miennes et à établir mes propres méthodes. Nous fûmes très proches toutes ces années-là, et il me prodigua une foule de sages conseils. Juste avant que je sois promu brigadier-général, mon beau-père se mourait dans le vieil hôpital pour anciens combattants – cet hôpital est devenu le Centre hospitalier de l'Université Laval (CHUL). Lorsque je le vis pour la dernière fois, il avait le souffle court, les yeux fermés, et il était évident que ses heures étaient comptées. Je me penchai sur lui et lui chuchotai à voix basse que je venais d'être promu général. Il battit des paupières, et je peux jurer avoir entrevu l'ombre d'un sourire sur ses lèvres. Il était aussi fier de moi que si j'avais été son fils. Deux jours plus tard, il s'éteignait dans son sommeil.

Depuis 1970, Élizabeth enseignait à la base canadienne de Lahr, en Allemagne. Elle adorait vivre là et m'y invita pour des vacances. Nous avons passé des heures inoubliables à skier dans les Alpes suisses et à nous promener en auto dans sa Peugeot 504 toute neuve. Toutefois, j'avais aussi une autre idée en tête en me rendant en Europe. Au quartier général, le bruit courait qu'en tant que l'un des rares officiers canadiens-français du régiment, il n'était pas question pour moi d'être affecté dans un régiment aéroporté ou à la 4e Brigade en Allemagne. Je décidai donc de faire antichambre chez l'officier qui commandait le régiment d'artillerie pour solliciter une affectation. Je frayai avec les soldats et m'amusai beaucoup avec mes collègues officiers au mess. J'ai dû faire bonne impression, car l'officier responsable, le lieutenant-colonel Harry Steen à l'époque, se souvient encore de ce cinglé de Canadien français qui mettait tant d'ambiance. C'est ainsi qu'il devint l'un de ceux qui appuyèrent le plus ma demande d'affectation en Allemagne.

Nous étions en 1973, c'est-à-dire encore en plein milieu de la guerre froide. L'Allemagne était, sans contredit, un théâtre opérationnel, avec les réalités qui allaient de pair. Après mon arrivée, nous prîmes part sans arrêt à d'impressionnantes manœuvres de l'OTAN qui duraient des semaines, puis nous fîmes plusieurs exercices de tir à charge réelle. La vie de garnison était des plus agréables. Heureusement, car nous n'avions ni télévision ni téléphone, seulement une station de radio débutante diffusant les programmes des réseaux français et anglais de Radio-Canada. Les animateurs de la chaîne française étaient des Québécois de gauche, des pacifistes, à deux doigts de se déclarer militants nationalistes confirmés. Je ne pouvais résister à passer du temps en leur compagnie. En 1976, à l'élection du gouvernement souverainiste de René Lévesque, nous avons eu une partie de plaisir mémorable dans les locaux de la radio, et je regardais constamment derrière moi afin de m'assurer que mes hommes ne me voyaient pas. C'est à Lahr que j'ai rencontré Maurice Baril, un homologue dont le rôle devait se dévoiler crucial lors de mon affectation au Rwanda. Il venait du légendaire 22ᵉ. De quelques années mon aîné, Maurice était major et commandant en second de son bataillon.

J'ai épousé Beth le 26 juin 1976, après sept ans de fréquentations. Le mariage se déroula dans l'intimité, car la plus grande partie du régiment de Valcartier se trouvait à Montréal pour assurer la sécurité des Jeux olympiques. Six semaines plus tard, après notre retour de voyage de noces en Allemagne, je fus repris dans un tourbillon d'activités. Je suivais des cours tout en participant à des manœuvres de l'OTAN. Beth reprit son emploi d'enseignante à Valcartier. J'étais censé être affecté au quartier général de l'armée à Montréal lorsque, à la dernière minute, on m'envoya à Gagetown, au Nouveau-Brunswick, comme responsable d'un programme national intitulé « Francotrain » mis sur pied pour traduire de l'anglais au français tous les manuels et documents pédagogiques utilisés par les Forces. Beth vécut alors des moments pénibles. Au milieu de ce remue-ménage et de cette incertitude, elle fit une fausse couche la nuit où je m'envolais pour l'Allemagne afin de participer à des exercices. Seule, elle fit face courageusement, comme tant de femmes de militaires ont coutume de le faire.

Située dans la petite ville d'Oromocto, sur la rivière Saint-Jean, la base de Gagetown avait un aspect sympathique, mais, après l'Allemagne, cela faisait toute une différence. Pendant mon séjour à Gagetown, je fus promu major. Je n'avais que trente-deux ans, ce qui faisait dire aux plus anciens que l'on m'avait parachuté sur la voie rapide parce que j'étais francophone. Pour la première fois, je touchais du doigt l'amère jalousie qui peut empoisonner la vie de garnison.

Dix-huit mois après cette affectation, Willem, mon fils aîné, vint au monde et, du moins pendant un certain temps, cet événement familial me fit oublier les médisances. Mon père jubilait. Pour quelqu'un qui avait grandi hors de toute véritable famille, voir la troisième génération de son sang était de la plus haute importance. Je ne l'ai jamais vu aussi débordant d'amour et de fierté que lorsqu'il prit le bébé dans ses bras pour la première fois. Il mourut soudainement d'une attaque d'apoplexie quelques mois après la naissance de Willem.

On m'affecta de nouveau à Valcartier en 1978 pour assurer le commandement d'une batterie de 120 canonniers. J'étais dans mon élément. Je remarquai alors que ma batterie et, en fait, l'ensemble du régiment, ne développait pas son plein potentiel au cours des exercices, parce que beaucoup de signaleurs étaient des Canadiens français unilingues. Or, les ordres de la discipline de tir étaient toujours donnés dans un jargon particulier exigeant une maîtrise de l'anglais militaire. Les canonniers francophones étaient simplement désorientés. C'est pourquoi j'exigeai des réformes, principalement pour pouvoir faire donner les ordres en français. Presque onze ans après l'adoption de la Loi sur les langues officielles, nous en étions encore à nous bagarrer contre ces restrictions linguistiques ineptes avec, comme résultat, qu'en tant que régiment d'artillerie, nous étions dans l'incapacité d'atteindre notre plein potentiel opérationnel.

Heureusement, le commandant était un homme raisonnable, à l'esprit ouvert. Il s'appelait Tim Sparling. Sous toutes réserves, il nous donna le feu vert pour donner des ordres en français sur le terrain. Je structurai alors un cours dans lequel on avait traduit toute la terminologie technique en français. Cela fonctionna à merveille, et notre efficacité augmenta de manière très appréciable. Les signaleurs étaient ravis, parce qu'ils comprenaient enfin ce qu'ils disaient. Au fil des années, bien des gens m'avaient qualifié de Canadien français nationaliste, mais les résultats étaient là. Dès que les soldats purent se battre dans leur langue, le moral et l'efficacité des troupes firent un bond en avant.

On me donna bientôt l'occasion de me rendre en Virginie au U. S. Marine Corps Command and Staff College. Même si ma famille et moi prîmes un peu de temps pour nous habituer à la culture américaine, ce fut une année formidable. Nous étions parrainés par le major Bob List et son épouse Marty. List était un pilote de chasseur bombardier A-6 Intruder. Au cours de ses deux longues affectations au Vietnam, il avait opéré à partir d'un porte-avions. Sa femme et lui furent quelque peu surpris lorsque leur petite fille, en entendant Willem parler français, s'exclama : « Mais il ne parle pas anglais ! » Ce à quoi je répondis, sans trop réfléchir : « Il ne parle pas américain non plus… ». Cela donna un ton bon enfant à nos futures relations.

Au collège de l'état-major, en Virginie, je fus témoin du terrible prix à payer par les militaires pour la guerre du Vietnam. Tous mes instructeurs ou collègues officiers portaient d'affreuses cicatrices de ce conflit. Les blessures étaient également morales. Elles se révélaient dans les véhéments reproches qu'ils adressaient aux généraux américains qui avaient merdé, ou encore qui étaient restés planqués confortablement chez eux. Je me demandais si, à leur place, après avoir perdu 63 % de mes camarades de promotion au combat, je n'aurais pas également entretenu de sérieux soupçons sur les politicards, les stratèges en chambre et les pousseurs de crayons du quartier général de la Défense nationale.

Je mis la main à la pâte et me distinguai raisonnablement sur le plan des études. Je produisis un rapport sur les menaces circumpolaires et sur la nature de la guerre en Arctique. Ce travail servit ultérieurement au quartier général de la Défense nationale qui étudiait alors fortement la possibilité d'installer une garnison permanente comprenant des éléments des trois armes le long du passage du Nord-Ouest.

Dès mon retour au Canada, on me nomma adjoint exécutif du commandant en second de l'armée, le major-général Doug Baker – une affectation privilégiée. Tout le monde le connaissait sous le nom de *Two Gun* Baker à cause de son style sans détour. À titre de plus ancien artilleur encore en service, il était en quelque sorte notre parrain à tous. Nous étions en pleine guerre des Malouines, et il semblait que nous passions notre temps à faire des aller-retour entre chez nous et la Grande-Bretagne ou les États-Unis. Le général consommait force tablettes de chocolat et se plongeait dans l'un des nombreux livres d'histoires de cow-boys qu'il transportait toujours avec lui. Pendant ce temps, je lisais avec attention *De la guerre* de Clausewitz.

Le général Baker était un bourreau de travail, un chef très exigeant qui ne jurait que par les normes les plus élevées. Il ne comptait pas ses heures, et j'appris rapidement à faire de même. Autant que possible, la paperasse ne devait être remplie qu'en dehors des heures habituelles de travail, ces dernières étant réservées aux prises de décision et à ses hommes.

Durant l'été 1982, je fus promu lieutenant-colonel, et notre fille Catherine vint grossir les rangs de la famille Dallaire. Je devais passer moins d'un an comme chef d'état-major adjoint au quartier général de la milice à Montréal. En mars 1983, on me renvoya à Valcartier comme commandant du 5e Régiment d'artillerie légère du Canada, avec des effectifs de plus de six cents personnes. Cela différait beaucoup du régiment atteint de troubles de croissance que j'avais connu à l'époque où j'étais jeune lieutenant. Pour le quinzième anniversaire de cette unité, le Régiment devait être honoré du Droit de cité par la Ville de Québec. Dans l'histoire de la vénérable garnison de cette ville, il y avait eu des artilleurs depuis 1608. Le jour de l'événement, nous avons défilé avec nos armes dans les vieilles rues pour recevoir notre distinction des mains du maire, Jean Pelletier.

Toutefois, dans certains milieux, on estimait que le 5e était un régiment francophone nouvellement créé et qu'il n'avait jamais vraiment été mis à l'épreuve. En avril 1985, des manœuvres d'envergure, dont le nom de code était RV85, devaient avoir lieu à Wainwright, en Alberta. J'avais décidé que, durant ces deux mois, mes soldats prouveraient qu'ils savaient mieux tirer et manœuvrer que tous les autres artilleurs canadiens.

Neuf mois avant ces exercices, je fis venir deux de mes officiers d'état-major aux opérations, le capitaine André Richard et le capitaine

Michel Bonnet, afin d'élaborer un programme de formation qui prouverait que notre régiment d'artillerie était le meilleur de notre armée. Au cours des premières semaines de septembre, j'ai rassemblé les membres du régiment dans la grande salle de spectacle de la base. Une fois installés, je leur ai annoncé qu'il était temps de montrer au reste de l'artillerie que nous n'étions pas des citoyens de seconde zone. Un silence de mort plana sur la salle. Même si les soldats m'approuvaient par des marmonnements, nul officier supérieur n'avait eu la témérité de se lever et de parler publiquement de la manière dont nous étions considérés. À la fin de mon allocution, je déclarai : «J'ai besoin de chacun d'entre vous, corps et âme, pour cet exercice et je préférerais que personne ne s'absente parce que sa femme est enceinte...» Les rires fusèrent, mais ces mots devaient me hanter longtemps.

Au cours des neuf mois suivants, nous avons travaillé très dur. Je parvins à rabioter des munitions et de l'équipement supplémentaires et à obtenir plus de temps pour effectuer des exercices de tir en hiver. Je poussais les troupes au-delà de leurs limites afin qu'elles atteignent le potentiel que j'estimais être le leur. Mes soldats se comportèrent merveilleusement. Ils firent preuve de concentration, de diligence et d'un engagement absolu.

Lorsque nous arrivâmes à Suffield, en Alberta, où se trouve le plus grand terrain de manœuvres du pays, nous étions fins prêts sur les plans technique et tactique. Tandis que les préparatifs entraient dans leur deuxième mois, l'armée ainsi que les chefs de divisions me confirmèrent que mon régiment n'était pas seulement le meilleur de toute l'artillerie canadienne, mais l'une des plus efficaces unités de combat de la division.

Deux jours avant la fin des manœuvres, je reçus un coup de fil de Beth. Elle était enceinte de Guy et souffrait de complications. Craignant qu'elle ne fasse une fausse couche, le médecin l'avait fait hospitaliser. Il fallait que je sois près d'elle. C'est pourquoi je décidai de m'adresser à tous les soldats du régiment sur notre réseau radio pour les prévenir de mon départ. La voix brisée, je savais pertinemment que je faisais exactement ce que je leur avais suggéré de ne pas faire. Plus tard, de retour à Valcartier, je perdis le compte du nombre d'artilleurs qui vinrent me trouver et me remercier d'avoir su me montrer humain en partageant avec eux une situation personnelle difficile à ce moment là.

Guy naquit quelques jours plus tard. La mère et l'enfant étaient en bonne santé et, à cette occasion, je payai la tournée à chaque membre de notre régiment.

En 1986, je fus muté comme chef de section au quartier général de la Défense nationale à Ottawa. J'y appris les subtilités de la gestion de projets et des approvisionnements en matériel militaire, et je fus promu colonel. J'avais le titre de directeur du programme d'équipement et de recherche de l'armée, un emploi qui me plaisait particulièrement. Parmi les problèmes majeurs éprouvés par les autorités militaires canadiennes, il y avait la minceur des budgets et l'absence de plan rationnel permettant d'acquérir la technologie nécessaire pour demeurer opérationnel. Il s'agissait d'un boulot parfait. Le patron, le major-général Richard Evraire, était tolérant : il nous donnait des orientations précises, une équipe composée de bourreaux de travail et les conseils d'un mini-cabinet interne qui nous aidait à conserver une certaine bienséance dans la guerre de friction nous opposant à l'aviation, à la marine et aux bureaucrates fédéraux.

En réponse aux pressions croissantes des États-Unis qui, sous l'administration Reagan, dépensaient des sommes faramineuses pour remporter la guerre froide, le gouvernement conservateur de Brian Mulroney annonça qu'il s'engageait à augmenter le budget de la Défense. Le gouvernement commanda un livre blanc dans lequel il fallait élaborer une stratégie portant sur quinze années et au terme desquelles les Forces canadiennes auraient les ressources essentielles pour atteindre le niveau opérationnel voulu par l'OTAN. Au quartier général de la Défense, nous étions aux anges. Finalement, nous pouvions enfin penser sérieusement à des budgets un peu plus conséquents, peut-être dans les 18 milliards de dollars pour la seule Force terrestre et la possibilité d'augmenter les effectifs de 72 000 à 90 000 membres réguliers et de doubler la réserve de 45 000 à 90 000 membres. Au lieu de faire figure de forces armées de vitrine, dont la viabilité était constamment remise en question, nous avions la possibilité de devenir une force militaire crédible, en mesure de remplir nos obligations envers l'OTAN.

Nous travaillâmes d'arrache-pied sur ce projet. Nous étions certains qu'en soumettant des arguments valables dans un cadre fiscal adéquat, nous persuaderions le gouvernement et le pays de la sagesse de soutenir une armée plus importante, mieux équipée et dotée d'un meilleur budget. Je travaillais avec un petit groupe interne d'une soixantaine d'officiers d'état-major dévoués – des capitaines, des majors et des lieutenants-colonels, mon adjoint, Howie Marsh, un homme de confiance. Pendant huit mois, nous y avons passé des nuits, des week-ends et des jours fériés. Certains d'entre nous avaient même installé des lits de camp dans leur bureau.

Puis, le 17 mars 1987, la nouvelle tomba au ministère de la Défense nationale : le cabinet avait décidé que notre plan était d'un coût inabordable. Quelques hommes se mirent à pleurer de rage et d'incrédulité. Pourtant, Perrin Beatty, le jeune et ambitieux ministre de la Défense nationale, décida qu'il continuerait à travailler à ce projet et, malgré la certitude que ce dernier ne serait pas mis en œuvre, de le présenter à la Chambre des communes. Nous nous attendions à une levée de boucliers de la part des généraux et des amiraux les plus haut placés, ce qui ne vint jamais. Ils nous avaient fait croire que ce combat pour une nouvelle politique de base des Forces armées et pour la planification de son financement était presque l'équivalent d'une mobilisation générale pour défendre la patrie en danger.

Je n'ai jamais vu le moral tomber si bas et si brusquement au sein d'un groupe d'officiers expérimentés qu'en ce fameux jour de mars 1987.

Le 5 juin, je me trouvais assis dans les tribunes de la Chambre des communes lorsque Beatty présenta un document édenté et hypocrite. Au cours des deux années suivantes les conservateurs sabrèrent dans ce qui restait de notre programme d'acquisition. Dégoûté, je quittai finalement Ottawa au cours de l'été 1989. Je ne pouvais pas dire que j'étais désillusionné, mais je venais de perdre une part d'innocence.

Ma famille et moi avons redéménagé dans la région montréalaise. Je fus promu brigadier général pour prendre le poste de commandant du Collège militaire royal de Saint-Jean. J'adorais ce travail. En plus d'être un défi magnifique, cela me ramenait à mes débuts et me donnait l'occasion de me réévaluer. Les obligations courantes me permirent de panser certaines des blessures morales que j'avais subies à Ottawa. De plus, ma femme et moi appréciâmes grandement la vie mondaine du lieu, avec son mélange peu ordinaire d'officiers et d'universitaires intégrés dans la même institution et dont l'objectif premier était la formation de futurs chefs. Le recteur, Roch Carrier, était un écrivain reconnu qui dissimulait sa forte volonté et sa détermination derrière des manières calmes et sereines. Les deux ans passés ensemble furent un pur bonheur.

Mon intérêt principal portait sur l'amélioration de la formation des futurs chefs. En arrivant, les aspirants officiers recevaient très peu de cours sur le leadership ou son application. La tâche était phénoménale, car les Forces canadiennes de l'époque ne possédaient que peu ou pas de matériel – surtout officiel – sur le sujet. Ma génération avait bénéficié de l'expérience des aînés, lesquels l'avaient acquise des vétérans de la Seconde Guerre mondiale et de la guerre de Corée. Alors que les anciens combattants médaillés prenaient leur retraite et que leur expérience n'avait été quasiment pas consignée sur papier, la formation au commandement devint de plus en plus difficile pour ceux qui n'étaient pas allés au feu. Il était plus aisé d'enseigner l'éducation physique ou la «conciergerie». Bref, les principes du leadership militaire demeuraient ardus à transmettre.

Avant que mon travail au collège ne prenne fin, je fus choisi pour suivre le cours de haut commandement et d'état-major à Camberley, en Angleterre. La guerre du Golfe venait de débuter, et nous avions surnommé le cours «Comment faire le job de Schwarzkopf».

Une fois rentré au Canada, on me nomma commandant du 5e Groupe-brigade mécanisé du Canada à Valcartier. J'étais responsable de 5 200 militaires et de 1 200 membres du personnel de soutien civil. Mes obligations allaient de pair avec l'administration de l'historique garnison de la ville de Québec, la plus vieille capitale d'Amérique du Nord. J'étais le premier officier ayant commencé sa carrière avec le 5e et à en assurer désormais le commandement. En plein milieu de la guerre du Golfe et au début d'une nouvelle époque consacrée au maintien de la paix et à la résolution de conflits, Valcartier représentait une affectation opérationnelle idéale pour des soldats canadiens.

Je travaillais sans relâche. Nous vivions dans la résidence officielle du commandant de la brigade, un lieu historique situé sur les plaines d'Abraham. Mes enfants fréquentaient des écoles privées catholiques, tenues par des religieux dans la vieille ville; on me conduisait à la base, à 26 km de chez moi, dans une voiture de fonction noire; ma femme était une personne clé de la collectivité et travaillait avec acharnement pour aider les familles des soldats partis en mission. J'étais enthousiasmé par les possibilités qui s'offraient à moi. Mais il me semblait n'avoir jamais un seul instant à consacrer à mes enfants. C'est seulement maintenant que je me rends compte combien ils souffraient de me voir travailler à mon bureau ou sur la table de la salle à manger les rares fois où j'étais à la maison.

Commander un nombre important de soldats dans une partie du Québec sympathique au nationalisme constituait un numéro d'équilibriste. Cela n'a jamais été autant évident pour moi et pour mon personnel d'état-major que durant un exercice bien précis: l'objectif était de former un contingent de 1 600 personnes pour une très dangereuse mission de maintien de la paix en ex-Yougoslavie. Nous entraînions les soldats à accompagner et à protéger des convois. Afin de rendre la situation un peu plus réaliste, nous avions prévu, un jour donné, que des mouvements de troupes auraient lieu dans des municipalités; les corps policiers et les conseils municipaux en avaient été avertis. Le jour J, le premier ministre Mulroney était à Québec avec ses homologues provinciaux pour négocier les accords du lac Meech, destinés à inciter le Québec, en tant que société distincte, à demeurer au sein de la Confédération avec un statut particulier. Quelqu'un suggéra aux médias que le premier ministre était en train d'intimider les indépendantistes en ordonnant un déploiement de troupes des plus imposants.

On me demanda de mettre un terme à l'exercice et de consigner piteusement mes soldats dans leurs baraquements. Plus tard dans la journée, pris à parti par des journalistes, je causai apparemment des remous à Ottawa en accusant les médias d'entretenir la paranoïa au Québec et de sauter aux conclusions sans faire l'effort de chercher ce qui s'était véritablement passé. Quelqu'un a dû me soutenir dans la capitale fédérale, car je n'entendis plus jamais parler de cette affaire.

De 1991 à 1993 la brigade envoya dans le monde plus de 4 000 soldats dans des missions de maintien de la paix : au Cambodge, aux Balkans, au Koweït. À un moment donné, ayant le sentiment d'être le seul à demeurer au Canada, j'appelai le commandant de l'armée pour lui suggérer de nous déménager à l'étranger moi et mon quartier général de brigade. Il me remercia pour mon sens de l'humour en me signalant que je devais justement me préparer pour d'autres missions de l'ONU. Je n'avais aucune idée de l'endroit où je devais faire intervenir mes troupes.

Nous avions coutume d'envoyer outre-mer des soldats formés en vertu des dispositions du chapitre VI de la *Charte des Nations Unies,* mais ils arrivaient dans un monde de moins en moins disposé à faire l'objet de telles interventions. Le fameux chapitre VI traite des menaces envers la paix et la sécurité internationales. Dans les années cinquante, Lester B. Pearson, alors ministre canadien des Affaires étrangères, avait formulé un concept de maintien de la paix que l'on appliqua pendant la guerre froide dans des régions où sévissaient des conflits. Pour cette initiative, il avait reçu le prix Nobel de la paix. Au cours de ces opérations, des soldats de la paix de nationalités diverses, neutres et impartiaux, munis d'armes légères et portant des casques bleus, se déployaient et intervenaient entre les ex-belligérants, avec leur consentement. C'est ainsi qu'ils étaient intervenus dans le Sinaï, entre 1956 et 1967, ou encore entre les parties négociant un accord de paix, comme au Cambodge. De telles opérations reposent sur l'impartialité, la neutralité et le consentement. Le maintien de la paix sous sa forme classique avait convenablement fonctionné à l'époque de la guerre froide, lorsque les deux camps avaient eu recours à cette technique pour diminuer la gravité de conflits susceptibles de conduire les superpuissances à déclencher un holocauste nucléaire. Il s'agissait là du type d'opération pacifique pour laquelle j'avais été formé et de principes que je connaissais parfaitement.

Toutefois, nous étions de moins en moins assurés de l'efficacité de l'approche classique. Non seulement le manque flagrant de personnel se faisait sentir, mais, pour couronner le tout, nous commencions à subir des pertes, parfois même dans des conditions de combat. C'est ainsi que le 18 juin 1993, l'un des éléments de notre brigade, le caporal Daniel Gunther, mourut en service commandé en Bosnie. À cette époque, le rapport que je reçus laissait entendre qu'une charge de mortier avait explosé près du véhicule blindé du militaire, qui avait été tué par des éclats d'obus. Beth et moi sommes allés à son enterrement, que je trouvai d'une simplicité frisant l'irrespect. En effet, le caporal Gunther fut enterré avec un minimum d'honneurs, comme on en rend en temps de paix, et l'on traita sa famille comme s'il avait perdu la vie dans un accident de la route. Je me souviens que son père, terrassé par la douleur, était venu me trouver après le service funèbre pour me demander pour quelle cause – si cause il y avait – son fils était mort. Je n'ai malheureusement pas eu de réponse à lui donner, pas plus qu'à ses proches éplorés et en état de choc.

Selon les témoignages souvent déchirants de mes jeunes soldats, les situations sur le terrain étaient beaucoup plus dangereuses et complexes que celles auxquelles nous nous attendions. Par exemple, j'appris beaucoup plus tard que le caporal Gunther avait, en fait, reçu en pleine poitrine une roquette antichar tirée par le lance-roquettes d'un tireur qui avait délibérément visé son char. Pourtant, le type de formation que j'étais censé offrir à ces militaires avant qu'ils ne se rendent sur le théâtre des opérations était basé sur le modèle dépassé d'une armée de bérets bleus légèrement armés, qui surveillaient un cessez-le-feu offrant des garanties de stabilité. Nous apprenions progressivement nos leçons, mais trop lentement et sans les moyens d'implanter de véritables changements. J'étais bouleversé par l'impact que pouvaient avoir sur mes troupes le stress extrême et la violence sauvage qu'ils devaient affronter sur le terrain. Je harcelais les autorités militaires pour qu'on nous envoie des psychologues afin qu'ils puissent trouver des solutions. En guise de réponse, on me répliqua qu'étant donné la réduction des effectifs, on manquait déjà de soldats pour faire le travail et encore plus de temps ou de ressources à accorder à une question somme toute mineure, et qu'un commandant devait savoir ce qu'il avait à faire.

Le 27 juin 1993, j'assistais à la cérémonie de changement de commandement dans l'une de mes unités, la 430e Escadrille tactique d'hélicoptères. C'était une journée ensoleillée avec une légère brise qui permettait aux soldats de se sentir à l'aise dans leurs uniformes. J'avais prononcé mon allocution, remercié l'ex-commandant et souhaité la bienvenue à son remplaçant. Je descendais à peine de l'estrade lorsqu'un aide de camp se précipita vers moi pour m'annoncer que le major-général Armand Roy, le commandant de la Région militaire de Québec – et mon patron à cette époque – désirait me parler sur-le-champ au téléphone, dans ma voiture de fonction. Je me hâtai de prendre la communication. Le général me demanda si j'avais quelque réserve à formuler quant à mon éventuelle participation à une mission de paix outre-mer. Je lui répondis que je n'en avais aucune. Il m'apprit alors qu'au siège des Nations unies, on pensait organiser une mission au Rwanda. Mon cœur se mit à battre la chamade, et je m'arrangeai pour bredouiller : « Le Rwanda…, c'est en Afrique, n'est-ce pas ? » Il se mit à rire et me mentionna qu'il m'appellerait le lendemain et me donnerait plus de détails. Enivré par cette perspective, je suis revenu à ma cérémonie flottant sur un nuage. Je me suis penché vers Beth en lui murmurant : « Je pense que je vais aller en Afrique ! »

# 3

# « Voyez ce qui se passe au Rwanda : vous êtes le patron... »

Je dois avouer qu'au moment de l'appel du général Roy, je ne savais pas où se trouvait le Rwanda, pas plus que le genre de problème dans lequel se débattait ce pays. Le jour suivant, il me parla de cette nation africaine très peuplée. Le Rwanda était en train de négocier un traité de paix pour mettre fin à deux ans et demi d'une guerre sans merci entre des forces rebelles, le Front patriotique rwandais (FPR) et le gouvernement. Le mouvement rebelle était issu d'une population de Rwandais qui s'étaient réfugiés au nord, en Ouganda, au début des années soixante, lors de l'indépendance de ce pays. Ce déplacement avait changé l'équilibre politique. Au début des années quatre-vingt-dix, l'armée rebelle avait effectué deux percées dans le nord du Rwanda. Elle se trouvait immobilisée derrière une zone militarisée surveillée par un groupe d'observateurs militaires sous les auspices de l'Organisation de l'unité africaine (OUA). Pendant que les parties négociaient les termes d'un traité de paix à Arusha, en Tanzanie, le président de l'Ouganda, Yoweri Museveni, avait demandé aux Nations unies de dépêcher un petit contingent de Casques bleus pour surveiller la frontière entre l'Ouganda et le Rwanda, et pour s'assurer que ni des armes ni des soldats ne la franchissent pour renforcer le FPR.

On me confiait ce qu'on appelait la Mission d'observation des Nations unies Ouganda/Rwanda ou MONUOR. Le général Roy me la décrivit comme une opération classique de maintien de la paix, un exercice destiné à établir un climat de confiance entre les belligérants et à veiller au règlement pacifique du conflit. Cette mission était des plus modestes quant à son mandat et à ses effectifs : on me confiait 81 observateurs militaires non armés, qui devaient travailler du côté ougandais de la frontière.

J'allais entamer une troisième année à titre de commandant du 5e Groupe-brigade – un événement sans précédent –, et, dans quatre jours, nous devions célébrer le vingt-cinquième anniversaire de sa fondation, avec un défilé comprenant un millier de soldats. Le 5e avait encore nombre de défis à relever, en particulier dans le secteur du maintien de la paix. La plus grande partie de notre formation portait en effet sur les initiatives permettant de neutraliser des situations de conflits classiques. En ce qui me concernait, nous ne possédions pas encore la doctrine nécessaire pour faire face à ces missions beaucoup plus complexes que celles du passé. On me demandait pourtant – ou plus précisément on m'ordonnait – de déployer mes troupes. Qu'il s'agisse d'effectifs importants, moins importants ou que je sois seul, une chose était certaine : je devais m'exécuter.

Sachant que le major-général Maurice Baril dirigeait la partie militaire du Département des opérations de maintien de la paix (DOMP) des Nations unies, je me doutais que cette mission comportait beaucoup plus de facettes qu'elle ne le laissait présager au premier abord. En fin de compte, je conclus que c'était là une chance unique d'apprendre de première main ce qui pouvait fonctionner dans la nature mal définie des conflits de l'après-guerre froide.

Toutefois, j'appris avec stupéfaction que le Canada avait l'intention de n'envoyer qu'un seul soldat. Oui, un seul : moi. Je protestai auprès du ministère de la Défense nationale qui demeura inflexible jusqu'à ce que je découvre une minuscule lacune dans leurs arrangements. J'étais engagé par l'ONU aux termes d'un contrat civil. Autrement dit, pour servir sous la bannière des Nations unies, je devais être dégagé par le gouvernement canadien. Ainsi, le ministère de la Défense nationale était dans l'obligation de me fournir l'officier canadien dont la candidature avait été acceptée par la MONUOR. Le directeur des Opérations canadiennes de maintien de la paix au quartier général de la Défense nationale me soumit une liste de dix noms parmi lesquels je devais choisir l'officier qui serait mon adjoint militaire. Cette mission était si minuscule que le choix de cet adjoint était de la plus haute importance. Il devait s'occuper de la paperasse et des obligations administratives de manière que je puisse me concentrer sur les opérations, la formation et les questions politiques.

Je ne reconnus aucun nom parmi les dix de la liste. Je dois avouer que j'étais contrarié de ne voir mentionné aucun des officiers de ma brigade. Les Rwandais parlaient le français et le Kinyarwanda ; pour leur part, les gens du FPR parlaient l'anglais. Je voulais que mon adjoint militaire soit bilingue, mais pas un seul des officiers proposés ne l'était. Le prétexte boiteux fourni avec empressement par le ministère était le manque de temps et le peu d'enthousiasme des candidats à postuler pour ce travail. Un nom retint tout de même mon attention : celui du major Brent Beardsley, du *Royal Canadian Regiment*, le plus ancien régiment d'infanterie de l'armée. Âgé de trente-neuf ans, il était en train de préparer une ébauche de manuel destiné aux soldats de la paix appartenant aux Forces canadiennes. En consultant les documents, je remarquai qu'il semblait avoir les antécédents nécessaires pour compenser mon manque d'expérience auprès des autorités de l'ONU et dans les questions de maintien de la paix. Heureusement, son patron était un vieux collègue, Howie Marsh, et je savais qu'il ne me raconterait pas d'histoires. Lorsque je l'appelai, il me répondit que Brent était non seulement un officier sur lequel on pouvait compter, mais aussi un homme d'une grande intégrité dans son travail et, plus important encore, un être perspicace qui alliait le discernement à la prévoyance.

Le 1er juillet 1993, à la grande surprise de l'assistance réunie pour les fêtes commémoratives du 5e, je remis mon commandement à mon successeur, le brigadier général Alain Forand. Comme ma famille devait quitter la résidence officielle du commandant, Beth chercha un nouveau logement dans le même quartier, afin que les enfants n'aient pas à changer d'école. Les mutations qui suivraient mon retour d'Afrique m'étaient inconnues, je ne souhaitais donc pas acheter de maison. C'est ainsi que nous avons décidé de déménager dans les appartements réservés aux familles des militaires, près du vieux Club de la Garnison.

J'étais déjà engagé corps et âme dans ma mission au Rwanda. J'installai temporairement mon quartier général dans le Salon des artilleurs du Club de la Garnison. Construit vers 1820 par les ingénieurs de l'armée britannique, ce club leur avait servi de Q.G. pour organiser la défense de la vieille capitale. Les fenêtres donnaient sur les plaines d'Abraham, où des générations de chefs militaires français, anglais et canadiens avaient organisé leurs campagnes. Avec son lourd et vénérable ameublement en chêne et ses gravures du XIX<sup>e</sup> siècle illustrant des scènes de manœuvres ou de batailles auxquelles la garnison avait participé, cette salle m'émouvait toujours. Je pouvais presque sentir la présence des chefs militaires ou politiques qui m'avaient précédé ; je les voyais arpenter la pièce devant la cheminée, en train de réfléchir à des stratégies ou de résoudre d'épineux problèmes tactiques.

Ma mission était loin d'atteindre le niveau de leurs campagnes, mais je me laissai emporter par l'exotisme et l'idée d'aventure que l'Afrique représentait à mes yeux. Ayant été élevé dans la foi catholique des années cinquante, les récits des missionnaires portant sur le « Continent noir » me fascinaient. Par conséquent, mes connaissances rudimentaires sur l'Afrique étaient démodées et teintées d'eurocentrisme. Je fouillai dans les bibliothèques dans l'espoir de trouver de la documentation sur le Rwanda et la région des Grands Lacs du centre du continent, mais ne trouvai pas grand-chose. Le travail sérieux devait se faire sur le terrain, et le temps pressait.

J'avais parlé une seule fois au major Beardsley. Je lui avais parlé au téléphone pour qu'il m'apporte à Québec le plus de documentation possible et à jour sur les opérations de maintien de la paix, sur leur évaluation après leur mise en œuvre et sur leur philosophie. Je lui demandai aussi de joindre les résultats des deux brèves missions de reconnaissance du DOMP au Rwanda, ainsi que toute information utile sur ce pays. J'espérais que le quartier général de la Défense nationale à Ottawa nous ferait parvenir un rapport détaillé provenant des services de renseignements. Dès mon premier contact avec Brent, je sus que j'avais fait le bon choix. Il représente la quintessence de ce que l'on appelle « le Canadien tranquille ». Réfléchi, d'une modestie presque caricaturale, ses yeux noisette pétillent d'enthousiasme, de détermination et d'humour. Munis de quelques textes télécopiés, en provenance de New York, sur le concept d'opération de la mission présenté au Conseil de sécurité des Nations unies quelques jours plus tôt, nous nous sommes mis au travail et avons formé aussitôt une véritable équipe. Affamé de travail, Brent était doué d'une fabuleuse capacité d'anticiper les objectifs imminents. Toutefois, la qualité qui m'impressionna le plus fut sa confiance dénuée de toute prétention.

Au cours des trois semaines qui suivirent, Brent s'acquitta de son travail et rassembla des documents pour moi dans la capitale fédérale. Je me rendis une ou deux fois à New York et à Ottawa, mais j'y obtins très peu de directives. Je travaillais à la fois avec l'officier aux affaires courantes du DOMP, le major Miguel Martin – un Argentin qui s'occupait également des missions en Angola, au Mozambique, en Amérique centrale, au Liberia et dans un certain nombre d'autres endroits –, et avec Izel Rivero, un ancien combattant de la liberté cubain, officier aux affaires politiques centrafricaines. Tous quatre, nous représentions donc tout le personnel assigné par l'ONU à la MONUOR. De plus, Martin et Rivero ne nous aidaient qu'à temps partiel. Il était clair que cette petite mission ne pouvait exercer aucune influence sur qui que ce soit aux Nations unies ou au quartier général de la Défense nationale à Ottawa. Elle était très éloignée des autres missions, crises, problèmes et compressions budgétaires dont ils avaient à s'occuper à longueur de journée.

Nous avons essayé d'apprendre le plus de choses sur la région des Grands Lacs ainsi que sur le centre de l'Afrique. Le Rwanda, un tout petit pays privé d'accès à la mer, se trouve coincé entre le Zaïre à l'ouest, la Tanzanie à l'est, l'Ouganda au nord et le Burundi au sud. Peu d'universitaires occidentaux l'ont considéré comme suffisamment important pour lui consacrer d'études sérieuses. Brent et moi, nous nous sommes débrouillés pour rassembler des éléments historiques à partir de coupures de presse et de quelques articles de chercheurs qui réduisaient une situation politique et sociale des plus complexes à un simple conflit intertribal. Avec cette belle confiance en nous que confère l'ignorance, nous avons tout de même persévéré dans nos recherches.

Nous avons découvert que les hostilités en cours étaient imputables aux événements survenus au début du XXe siècle, sous l'administration coloniale belge. En 1916, lorsque les Belges chassèrent les Allemands du territoire, ils découvrirent que deux groupes ethniques se partageaient le pays. Les Tutsis, des hommes de grande taille, à la peau assez claire, étaient des pasteurs ; les Hutus, plus petits, d'un teint plus sombre, étaient cultivateurs. Les Belges virent dans la minorité tutsie des gens plus proches des Européens et leur accordèrent une position de pouvoir sur la majorité hutue, ce qui exacerba l'état féodal déjà existant où de petits seigneurs tutsis réduisaient en servitude les Hutus. Cette situation avantageait les Belges qui purent ainsi développer et exploiter un vaste réseau de plantations de théiers et de caféiers sans les inconvénients d'une guerre ni les frais occasionnés par le déploiement d'une administration coloniale de grande envergure.

En 1962, le Rwanda accéda à l'indépendance, après un soulèvement populaire qui entraîna le massacre et l'élimination de l'élite tutsie ainsi que l'instauration d'un gouvernement à dominance hutue, sous la direction d'un chef charismatique, Grégoire Kayibanda. Au cours de la décennie qui suivit, la population tutsie du Rwanda fut l'objet d'une série de violentes persécutions, et de nombreux membres de cette ethnie se réfugièrent dans les États voisins, en Ouganda, au Burundi et au Zaïre, où ils menèrent l'existence précaire des personnes déplacées et apatrides.

En 1973, le major-général Juvénal Habyarimana, un Hutu, renversa Kayibanda à l'occasion d'un coup d'État et instaura une dictature qui devait durer vingt ans. Cette situation procura un certain degré de stabilité que l'on enviait dans la région des Grands Lacs, toujours prête à exploser. Mais l'expulsion et la persécution des Tutsis du pays semaient en permanence la discorde. Lentement, la diaspora tutsie devint une force avec laquelle il fallait compter. Alimentée par l'oppression constante qui se manifestait au Rwanda et par les durs traitements infligés par les pays d'accueil qui l'hébergeaient à regret, la diaspora se regroupa dans un mouvement militaire et politique très efficace : le Front patriotique rwandais ou FPR. Malgré la taille réduite de ses effectifs, le FRP fut capable d'affronter et de battre l'Armée gouvernementale rwandaise ou AGR, soutenue par les Français. Dès 1991, le gouvernement du Rwanda se trouva pris entre une armée rebelle, dont la puissance augmentait constamment, et les réformes démocratiques suscitées par la pression internationale. Le président Habyarimana entama alors des négociations intermittentes qui formèrent la base des pourparlers de paix en cours à Arusha, en Tanzanie, en 1993.

Le fait de grappiller en quelques semaines du matériel et de l'information plutôt sommaires n'allait pas faire de Brent et moi de grands africanistes.

Manhattan à la mi-juillet était étouffante et les rues envahies de touristes. Ce n'était pas le meilleur moment de l'année pour se trouver à New York, mais la miroitante tour de verre du siège des Nations unies semblait me faire signe. Je dus me pincer pour constater que je ne rêvais pas.

Comme beaucoup de personnes qui mettent les pieds pour la première fois à l'ONU, l'Assemblée générale et le Conseil de sécurité m'impressionnèrent, mais je ne tardai pas à apprendre que le travail véritable se déroulait dans une série de bureaux alignés comme des clapiers dans des endroits interdits au public. Les plus sinistres et les plus exigus semblaient être ceux du Département des opérations du maintien de la paix ou DOMP. Le personnel travaillait dans des conditions vraiment pitoyables : l'ameublement ne laissait que très peu de place pour circuler, les téléphones n'arrêtaient pas de sonner, des ordinateurs antédiluviens ne cessaient de « se planter » (dans certains cas, les employés préféraient utiliser de vieilles machines à écrire), et les gens ne pouvaient obtenir les fournitures de bureau les plus élémentaires. Sans insister lourdement, le DOMP n'était rien de moins qu'une espèce d'officine perchée au 36e étage, qui rappelait certains ateliers clandestins. L'état de sous-équipement flagrant de ce département faisait peut-être partie de l'image publique que l'ONU tenait à projeter de façon à déjouer la colère de certains médias charognards ainsi que celle de vautours politiques internationaux prêts à trouver n'importe quelle excuse pour accuser l'organisme de « gaspiller de l'argent ». Cependant, je ne tardai pas à remarquer que d'autres agences de l'ONU, comme le Fonds des Nations unies pour l'enfance (UNICEF) ou le Haut Commissariat pour les réfugiés (HCR), n'étaient pas seulement mieux logées, mais jouissaient d'une meilleure qualité de vie.

Maurice Baril faisait partie d'un triumvirat qui dirigeait le DOMP. Les autres membres étaient Kofi Annan, le sous-secrétaire général au maintien de la paix, et Iqbal Riza, le numéro deux d'Annan et secrétaire général adjoint du département. La nomination de Baril, en juin 1992, avait été célébrée comme un coup de maître pour le Canada, mais l'objectif du major-général, soit celui de faire du bureau une entité où l'on pourrait gérer à la fois la stratégie et les opérations militaires, constituait un défi gigantesque. Certains critiques soutenaient que le DOMP se composait d'éléments peu brillants qui se contentaient d'assurer un minimum d'heures de travail et qui se défilaient dès que les choses se corsaient. Le major-général canadien Lewis MacKenzie, qui avait dirigé le contingent de l'ONU chargé de maintenir la paix à Sarajevo, avait attiré un certain mépris sur le DOMP en critiquant l'attitude négative du département envers les personnes de terrain, le manque de réponses aux besoins exprimés, et la manière dont son personnel et la direction étaient perpétuellement indisponibles au moment de prendre des décisions urgentes. Les reproches de MacKenzie avaient fait les manchettes au Canada, dans la plupart des capitales mondiales, et ébranlé le moral du DOMP.

Maurice avait mis sur pied un centre d'opérations dont le personnel se composait de jeunes officiers brillants et dévoués travaillant jour et nuit. Il avait fallu qu'il supplie les missions permanentes des différentes nations de lui prêter ces personnes, et il s'était arrangé pour que les frais afférents soient couverts par les pays dont elles étaient originaires. Il posait la question de confiance en ces termes : « Si vous me prêtiez un ou deux de vos meilleurs officiers pour nous aider à structurer le quartier général du DOMP, ne pensez-vous pas que cette formation enrichissante serait pour eux une occasion unique de se perfectionner ? » Y voyant à juste titre leur intérêt, de nombreux pays répondirent immédiatement de manière positive. Il commença aussi à « emprunter » des officiers provenant des missions sur le terrain, de façon à ramener leur compétence à New York, et il leur confia la responsabilité de résoudre les problèmes qu'elles éprouvaient sur les lieux des opérations.

Au sein de ce personnel provenant des horizons les plus divers, il avait créé une atmosphère où régnait la bonne humeur, où l'on accomplissait un travail acharné et où l'on faisait preuve d'une coopération remarquable, compte tenu des circonstances. En l'espace de quelques années, les missions avaient pratiquement triplé pour atteindre le chiffre de 17. Plus de 80 000 soldats en provenance de plus de 60 pays y participaient. Cela sous-entendait d'incroyables problèmes de logistique, de déontologie et de formation, le tout administré depuis New York avec les moyens du bord par un département manquant de personnel et de financement. Je me souviens d'une fois où j'attendais dans le bureau de Maurice. Il était en train d'organiser la liaison d'un groupe de tankistes d'une certaine armée, équipée d'anciens chars de modèle M-48, avec un bataillon d'une autre armée qui se trouvait à la frontière de la Croatie. Ce bataillon avait non seulement besoin de chars d'assaut, mais de formation dans le maniement et l'entretien de ces machines de guerre. Sur un autre appareil téléphonique, il réclamait à des personnalités de l'armée américaine en Allemagne de fournir des munitions et des pièces détachées pour les tanks, se demandant toujours d'où viendraient les mécaniciens qui devaient assurer la formation des intéressés.

Poussés à leur maximum, les officiers qui travaillaient pour Maurice admiraient particulièrement la manière dont il manœuvrait pour contourner les lourdes procédures bureaucratiques de l'ONU et sa façon de protéger son personnel afin que celui-ci puisse faire son travail. On l'admirait surtout parce qu'il ne semblait pas se laisser impressionner par les tout-puissants Américains. Il était capable de négocier avec eux et, si les intérêts du DOMP étaient en jeu, il était capable de les acculer un par un dans un coin. Maurice se trouvait sans contredit dans son élément. Il se servait de son humour teinté d'autodérision pour obtenir la collaboration des plus encroûtés des fonctionnaires onusiens. Des amis m'avaient prévenu que travailler pour les Nations unies pouvait se révéler un cauchemar, mais constatant l'estime véritable que Maurice avait su se gagner dans l'organisation en l'espace de un an seulement, cela me porta à penser que je serais capable de m'acquitter de ma tâche.

Annan et Riza m'impressionnèrent aussi au plus haut point. Annan était un être affable, à la voix douce, un chic type jusqu'au bout des ongles. J'ai découvert qu'il était totalement acquis aux principes de base des Nations unies. Il se montrait également infatigable dans ses efforts pour sauver l'organisation de ses propres démons à une époque exceptionnellement trouble, où les conflits et les catastrophes humanitaires se déclaraient aux quatre coins du monde. Contrairement à ce que prétendait George Bush père, deux ans auparavant, nous n'avions pas affaire à un nouvel ordre mondial mais à un désordre planétaire avec, en « temps de paix », un niveau de destruction de vies humaines sans précédent.

Riza n'avait pas la prestance de son patron, mais il évaluait rapidement ses interlocuteurs et savait donner le ton à toute rencontre. Grand, mince, concentré, il ne tolérait pas les imbéciles et, à l'occasion, ne se gênait pas pour faire remarquer leur présence. L'arrogance intellectuelle qu'il manifestait parfois était contre-balancée par son solide bon sens et sa sophistication politique.

La relation entre ces deux hommes constituait le noyau du DOMP, du moins celui que j'ai connu : Annan, très humain, avec un grand sens des responsabilités, et Iza, froid, calculateur, parfait maître de cérémonies. Clair, efficace, direct, Riza imposait au DOMP son éthique de travail. Annan, Baril et Riza semblaient bien décidés à engager des changements de garde et à faire oublier les cafouillages consécutifs aux récents échecs en Somalie et dans les Balkans.

On évoqua la possibilité de monter une mission de paix plus importante au Rwanda même, mais ce ne fut qu'une velléité. Certaines personnes à l'intérieur du DOMP pensaient qu'une intervention rapide et réussie au Rwanda pourrait inciter les nations membres à faire davantage confiance aux efforts de maintien de la paix de l'ONU et, ainsi, se montrer moins avares de leurs ressources militaires et finan-cières. L'embêtant – et on me l'a souvent répété sans ménagement –, c'est que seuls les Français, et peut-être aussi les Belges, manifestaient quelque intérêt pour cette partie du monde. D'où viendraient donc la volonté politique et les ressources nécessaires ? Telle était du moins l'orientation de Hedi Hanabi, le chef de la section africaine de la division politique du DOMP. Néanmoins, dans la mesure de ce que je connaissais – et comme Brent le découvrit –, les parties étaient à la veille de s'entendre à Arusha et de mettre la dernière main à un traité de paix. Cela fait, on demanderait soit à l'OUA soit à l'ONU d'en faire appliquer les termes. Maurice ne croyait pas que l'Organisation de l'unité africaine possédait l'expertise, les ressources ou même le désir de monter une pleine opération de maintien de la paix au Rwanda : il était convaincu qu'on demanderait au DOMP de combler les lacunes. À ce point-ci, ma toute petite équipe représentait les seules personnes prêtes à passer quelque temps sur des activités préliminaires en vue d'une telle mission au Rwanda.

À partir de mes entretiens avec Maurice, je travaillai graduellement sur les rapports de force subtils avec lesquels nous allions devoir traiter. Le DOMP se trouvait indubitablement plus bas dans l'organigramme de l'ONU que le Département des affaires politiques (DAP), placé sous la direction du D$^r$ James Jonas, de la République de Sierra Leone. Le DAP baignait véritablement dans la politique. Plusieurs officiers y faisaient étalage de leurs relations, particulièrement avec le secrétaire général, Boutros Boutros-Ghali. Maurice m'avait expliqué que l'un des problèmes les plus épineux auxquels ses collègues et lui avaient à faire face était l'ingérence constante du DAP, ainsi que les manœuvres menées par celui-ci sans consultations préalables avec le personnel politique du DOMP qui, lui, était en contact direct avec la mission sur le terrain.

Maurice et moi étions devenus des intimes lors de nos combats contre les mandarins d'Ottawa à la fin des années quatre-vingt : je pensais que je le connaissais bien. Cependant, New York l'avait changé d'une manière presque indéfinissable. Son robuste sens de l'humour se manifestait encore, mais l'environnement commençait à déteindre sur lui. Il devenait plus prudent et plus sensible sur le plan politique. Ainsi, lui et son état-major s'habillaient toujours en civil. Il m'expliqua qu'il avait recommandé cette façon de faire parce que les uniformes mettaient mal à l'aise le personnel des Nations unies, ce qui créait d'inutiles frictions. Le Maurice Baril des Nations unies avait compris que pour bien se faire valoir dans cette institution, il devait posséder plus de souplesse que celle que sa formation militaire lui avait fournie. Il essaya de me communiquer sa philosophie sur ce point, si bien que Brent et moi nous nous habillâmes aussi en civil, mais à reculons.

Maurice était-il devenu plus avisé ? Avait-il atteint le niveau de maturité exigé d'un stratège international ? Chose certaine, il était devenu maître dans l'art de marier les impératifs politiques, diplomatiques, humanitaires et militaires dans une organisation pleine de frictions autodestructrices. Avec autant de facteurs créateurs d'ambiguïtés au moment de prendre des décisions, jusqu'à quel degré son esprit combatif de militaire avait-il été affecté ? Il restait un ami proche, même s'il avait acquis un certain usage du monde avec lequel les soldats ont toujours un peu de difficulté à composer.

Le Conseil de sécurité des Nations unies avait approuvé la constitution de la MONUOR en juin, mais nous ne pouvions faire quoi que ce soit avant que le gouvernement ougandais signe l'Accord sur la situation de la mission, entente qui devait autoriser nos troupes à opérer dans ce pays. Le Mozambique avait retardé la signature de cet accord pour la mission de maintien de la paix qui fonctionnait chez lui ; ainsi, lorsque les Nations unies y avaient envoyé les Casques bleus, avant l'obtention de cette signature, elles furent soumises à une série de taxes paralysantes sur les soldats et sur leur équipement dès l'arrivée de ces derniers dans le pays. Au Conseil de sécurité, les Britanniques refusèrent le déploiement de ma mission tant que l'ONU n'aurait pas paraphé l'accord. Brent devint très habile dans l'art de collecter les rumeurs de couloirs. Certaines personnes soutenaient que les Ougandais refusaient de signer parce qu'ils étaient terriblement pressés de trouver d'autres routes pour alimenter le Front patriotique rwandais, tandis que d'autres estimaient de manière cynique que tout cela n'était qu'un stratagème pour essayer d'extorquer de l'argent aux Nations unies.

Nous avions fourni la plupart des papiers nécessaires à la mission, y compris les documents opérationnels qui devaient recevoir confirmation une fois sur place. Nous avions tiré tous les cordons de sonnettes possibles, mais nous nous étions révélés incapables de persuader les officiers administratifs des départements en cause de tenir une réunion finale de coordination sur notre mission. Une telle réunion était à peu près impossible à organiser, étant donné que la culture de copinage des Nations unies était l'un des fiefs les plus jalousement gardés, où l'information était synonyme de pouvoir. Ce n'était pas le meilleur moyen de faire fonctionner une organisation multinationale, complexe, pluridisciplinaire et internationale, qui se trouvait toujours au bord de la faillite.

Faire le pied de grue en attendant que l'Accord sur la situation de la mission soit paraphé constituait une perte de temps des plus précieux. J'avais laissé tomber ma famille pour ce que je croyais être quelque chose qui nous dépassait tous. Du jour au lendemain, on avait demandé aux miens de quitter la résidence du commandant de la garnison et d'aller s'installer dans un appartement en mal d'une mise à jour, réservé aux familles de militaires, situé dans des bâtiments construits en 1804. En outre, la femme de Brent était enceinte de son troisième enfant et traversait des moments difficiles. En fin de compte, je demandai à Maurice une permission, ce qu'il m'accorda sur-le-champ.

En me rendant chez moi, je m'arrêtai à Ottawa pour me mettre à jour sur le plan administratif et sur des questions de renseignements, mais la mise à jour était simple : le ministère de la Défense nationale était loin d'être convaincu que la région des Grands Lacs africains représentait une quelconque priorité.

À Québec, je trouvai difficile de minimiser la situation en agissant comme si la séparation qui guettait ma famille n'était qu'une affectation parmi d'autres. Au premier abord, nous formions la parfaite famille militaire : trois beaux enfants, une femme aimante qui, après avoir enseigné douze ans, avait choisi de ranger ses craies et ses manuels pour élever ses enfants et créer un foyer accueillant pour les siens. Sous cette apparence, le feu couvait sous la cendre. Mon aîné, Willem, âgé de 14 ans, éprouvait des difficultés à l'école ; ses professeurs, prosouverainistes, le tourmentaient parce qu'il avait un père résolument fédéraliste. Je voyais que cela le mettait en rage, le perturbait et qu'il se sentait isolé. D'autre part, je n'avais ni le temps ni la patience d'établir une communication avec lui. J'en trouvais pourtant pour les jeunes officiers que j'avais formés, conseillés et guidés au fil des ans. En même temps, je demeurais incapable d'offrir le même genre d'aide à mon propre fils. Je m'occupai en priorité de détails superficiels relatifs à l'installation de ma famille dans son nouveau logement.

J'aurais dû également m'apercevoir que Beth avait des problèmes. Après avoir connu les avantages d'une femme de commandant de garnison, elle se retrouvait brutalement évincée de la communauté militaire qui s'empressait d'accueillir mon remplaçant à bras ouverts. Quel genre de réconfort pouvais-je offrir à mon épouse lorsque mon désir de me rendre en Afrique ainsi que mon devoir constituaient les raisons qui l'avaient placée dans une telle situation ?

Le week-end du 8 août, Brent m'appela d'urgence. Les Rwandais venaient tout juste de signer le traité de paix d'Arusha : on exigeait le déploiement rapide d'une force internationale de maintien de la paix afin de garantir le fragile cessez-le-feu sur lequel s'appuyaient les accords. Au DOMP, c'était le branle-bas de combat et l'on réagissait à la nouvelle, toutes affaires cessantes. Bref, on avait besoin de moi à New York. Je jetai quelques vêtements dans une valise et m'en allai.

De retour aux Nations unies, nous nous sommes plongés immédiatement dans le texte de l'accord d'Arusha, qu'un colonel fidjien du nom d'Isoa Tikoka nous avait fourni. Ce dernier avait été l'observateur militaire de l'ONU lors des négociations d'Arusha. La présence de ce Mélanésien se révéla une surprise, car personne n'avait pensé à nous informer de la présence d'un militaire à l'ONU. Si on nous avait mentionné son existence, nous aurions pu obtenir de lui de précieuses informations pendant notre séjour dans la métropole américaine. Tiko – c'est ainsi que nous ne tardâmes pas à le surnommer – était un vétéran des pourparlers de paix. D'une taille gigantesque, il avait un cœur d'or et était plein de vie. On lui avait demandé d'abréger sa mission en Somalie pour devenir observateur à Arusha. En Somalie, plusieurs véhicules dans lesquels il se déplaçait avaient sauté sous lui. On l'avait souvent dévalisé sous la menace d'une arme à feu et il avait même perdu son fourniment. Au cours des mois qui suivirent, il devait devenir pour moi un conseiller des plus précieux.

Le traité de paix était un document complexe, le résultat d'arbitrages méticuleux effectués par le président de la Tanzanie Ali Hassan Mwinyi à Arusha pendant presque deux années de négociations chicanières. Pour nous, à New York, rien n'était évident. Si, sur papier, les accords faisaient dûment état des problèmes concernant le partage du pouvoir entre les différents belligérants, ils ne les résolvaient pas. Ainsi, on n'y évoquait aucune solution pour rapatrier les réfugiés rwandais. Certains d'entre eux avaient quitté leur pays une trentaine d'années auparavant et avaient maintenant des enfants et des petits-enfants qui revendiquaient la nationalité rwandaise. Certaines autres questions nous échappaient pour le moment, dont l'état précaire dans lequel se trouvaient les droits de la personne dans ce pays. Ces informations étaient disponibles à New York, mais étant donné que les différents départements, agences et organisations non gouvernementales (ONG) des Nations unies se gardaient de les partager, personne ne nous avait mis au courant. Nous fûmes placés devant le fait accompli dès notre arrivée au Rwanda, en octobre 1993.

Au départ, les accords prévoyaient un rigoureux calendrier de 22 mois au terme desquels les différents partis politiques, incluant le FPR et l'ancien parti au pouvoir, le Mouvement républicain national pour la démocratie et le développement (MRND), devaient former un gouvernement de transition à base élargie. Ensuite, le pays devait s'acheminer vers une série d'élections libres, démocratiques et multiethniques. Entre-temps, le gouvernement de transition devait trouver le moyen de rapatrier les réfugiés et le FPR, de démobiliser les deux armées, de créer une force militaire nationale, de rédiger une nouvelle constitution, de revitaliser la police civile et de restructurer l'économie bouleversée du pays en faisant appel à des sources mondiales de financement et d'entraide. Cet apport de fonds devait permettre de résoudre les problèmes complexes du pays. Tous ces projets dépendaient d'une force internationale qui devait se déployer immédiatement pour faciliter la mise en œuvre des accords. La date limite prévue lors des pourparlers d'Arusha pour la présence d'une telle force était le 10 septembre. Il ne nous restait que cinq semaines.

Le DOMP avait décidé de se lancer dans une troisième opération de reconnaissance au Rwanda. Généralement, chaque département envoyait sa propre équipe nantie de son propre emploi du temps. Cette fois-ci, nous avons essayé d'accélérer le mouvement en décidant que des représentants de chaque département en cause partiraient en même temps.

Brent et moi, nous nous sommes immédiatement mis au travail pour produire un plan d'attaque concentré sur les opérations militaires mais qui tenait compte également de l'aspect humanitaire de la mission. L'aspect politique relevait de la compétence du DAP. Brent opéra sans bureau, sans l'aide d'un quelconque personnel ni même de cartes d'état-major de la région. Nous étions deux serviteurs de la paix travaillant jour et nuit sur des ordinateurs portables… empruntés, et nous partions en reconnaissance avec une carte touristique du pays.

Le 10 août, Brent et moi fûmes convoqués en hâte à une réunion avec d'autres membres de la mission chargés de la reconnaissance afin de discuter de la planification et des besoins. Personne n'eut de suggestion utile à apporter à la table. La plupart des participants semblaient être carrément à côté de la question. Même Macaire Pédanou, un Africain à l'air méditatif, ancien observateur politique de l'ONU à Arusha et chef actuel de la mission de reconnaissance, avait peu à offrir en fait de plan d'action. Même si Maurice et les autres parlaient du Rwanda en termes d'occasions de racheter la réputation des forces de maintien de la paix de l'ONU, il était clair que ma mission n'était rien d'autre qu'une attraction, et que l'événement principal se déroulait toujours dans quelque région du monde plus importante que le Rwanda, comme la Bosnie, Haïti, la Somalie ou le Mozambique. Bref, n'importe où ailleurs que dans ce minuscule pays du centre de l'Afrique, que la plupart des gens auraient eu du mal à repérer sur une carte.

Quelques jours avant mon départ pour le Rwanda, Maurice me fit mander au rapport dans son bureau. Son espace de travail était fonctionnel mais plutôt déprimant et complètement dénué de confort. Il passait tellement de temps aux quatre coins du monde, et dans un nombre incalculable de réunions à New York, qu'il ne pouvait que mettre rarement les pieds dans cette pièce. On n'y trouvait que quelques bibelots et souvenirs du genre de ceux qui s'accumulent généralement dans les bureaux des officiers supérieurs. Le placage de bois sur les murs datait des années soixante et aurait eu besoin d'être rénové. Quant à l'ameublement, il aurait pu être envoyé au dépotoir municipal.

J'avais grandement confiance dans notre plan de reconnaissance ou, comme on disait en langage onusien, notre « mission technique ». Maurice m'écouta attentivement et me demanda de ne pas revenir lui réclamer une mission de la taille d'une brigade. Il me déclara à peu près ceci : « Cette affaire-là doit être de taille réduite et coûter le moins cher possible… Autrement, ça ne passera jamais au Conseil de sécurité. » Je restai interdit. Comme nous disons dans l'armée, il me demandait de « situer l'analyse », c'est-à-dire, de préparer la mission en fonction de ressources limitées plutôt que de répondre aux exigences réelles de la situation qu'on nous envoyait évaluer.

Je me débattis avec ce nouveau contexte, tandis que Brent s'attaquait à la bureaucratie de l'ONU afin de libérer des fonds pour notre mission technique. J'en déduisis qu'en tant que soldat d'une armée chroniquement à court d'effectifs et d'équipement, ce n'était pas la maigreur des budgets qui m'impressionnait. Cela faisait partie de la description de tâches du parfait soldat. Je me trouvais cependant devant un sérieux dilemme. Si je comprenais bien, l'accord d'Arusha exigeait que l'ONU mandate de façon urgente une mission pour respecter un échéancier très court. Pourtant, si le rapport de ma mission technique demandait davantage que ce que les nations étaient prêtes à octroyer, il n'y aurait pas de mission du tout. Avant même que nous ayons quitté New York, je me retrouvais donc avec un sacré problème moral sur les bras.

Puis nous avons reçu la nouvelle que Pédanou s'était fait porter malade pour des problèmes oculaires. Il ne pouvait nous rejoindre au Rwanda, car il devait se faire opérer d'urgence. Ce n'est que lorsque j'eus les billets d'avion en main que Maurice m'apprit que personne au DAP n'était capable de remplacer Pédanou comme chef de mission. Par conséquent, je devenais le responsable par défaut et j'étais encore suffisamment naïf pour me satisfaire de cette situation.

# 4

# Des ennemis qui se tiennent par la main

Nous avons atterri à Kigali, la capitale du Rwanda, le 19 août 1993. Dès que j'ai aperçu ses montagnes noyées de brume, j'ai aimé ce pays dont l'altitude tempère le climat presque équatorial. Une agréable brise rafraîchit l'atmosphère, et la végétation est d'un vert extraordinaire. Avec ses minuscules champs en espaliers, à flanc de collines, le Rwanda m'est apparu comme une sorte de paradis terrestre, malgré le peu de temps dont je disposais pour me laisser charmer par la géographie des lieux. Dès que nous posâmes le pied sur la piste, nous fûmes pris dans un tourbillon d'activités diplomatiques, et je participai à une première conférence de presse, plutôt bien couverte par les médias locaux et internationaux.

L'atmosphère était bon enfant, et l'attitude des participants généralement positive. À l'aéroport, Anastase Gasana, le ministre des Affaires étrangères du gouvernement de coalition, conduisait le comité de réception auquel participaient également Jean-Damascène Bizimana, l'ambassadeur du Rwanda auprès des Nations unies, ainsi que l'ambassadeur du Rwanda en Tanzanie. Parmi les représentants du Rwanda aux pourparlers d'Arusha, Gasana s'était révélé l'un des plus fervents partisans de la paix. On l'avait d'ailleurs nommé agent de liaison officiel auprès de la mission technique. D'un naturel affable, dénué de prétentions, ce politicien appartenait au Mouvement démocratique républicain (MDR), un parti qui s'opposait au régime d'Habyarimana. Gasana estimait que le traité de paix d'Arusha était l'amorce de la démocratie dans son pays. Il ne craignait pas que le Rwanda retombe dans la guerre civile, mais il reconnaissait le péril que représentait le passage à un régime démocratique multipartite destiné à se partager le pouvoir. Il insistait sans fléchir pour que le contingent de l'ONU soit mis sur pied dans les plus brefs délais afin d'assurer le maintien de la paix en toute neutralité.

L'optimisme de Gasana me transportait ; il m'était difficile de demeurer impassible et de m'abstenir de commentaires. C'était une autre paire de manches avec Bizimana : il observait et écoutait attentivement sans rien dire. Son mutisme était d'autant plus inquiétant qu'il représentait le Rwanda à New York et, ce jour-là, notre interlocuteur devant la presse. À ce moment précis, j'ignorais qu'il se trouvait du côté des partisans de la ligne dure.

Fidèle à mon scénario, je fis remarquer que je devais d'abord entreprendre une mission exploratoire en insistant sur le fait que notre présence ne garantissait aucunement que l'ONU s'engageait pleinement dans une opération de maintien de la paix, tel que prévu aux termes de l'accord d'Arusha. Bien des journalistes soulevèrent la question de la mise en place du gouvernement de transition à base élargie (GTBE), prévue pour le 10 septembre. Je me souviens avoir levé la main pour bien souligner que notre présence ne constituait qu'une première étape et que l'ONU ainsi que les nations participantes devaient prendre toute une série de décisions avant d'envoyer des troupes au Rwanda. Par conséquent, il ne fallait absolument pas s'attendre à ce qu'une mission des Nations unies puisse être sur le terrain avant le 10 septembre. Toutefois, je promis que, si une mission recevait l'approbation des parties en cause, nous ferions tout ce qui serait humainement possible, quitte à transgresser certaines règles, pour nous trouver le plus rapidement sur les lieux. Ces mots soulevèrent l'enthousiasme de l'assistance.

À cette occasion, je fus surpris de constater que le programme ne prévoyait aucune visite au président Habyarimana. J'avais l'impression que ce dernier aurait tenu à se faire une idée personnelle de l'homme dirigeant l'équipe de représentants des Nations unies, lesquels allaient avoir leur mot à dire quant à la décision d'envoyer une mission ou de s'en abstenir. Lorsque j'en touchai mot à Gasana, il m'assura que le président désirait me voir. Pour l'instant, j'en restai là, et lui aussi.

En l'espace de douze jours, ma petite équipe de dix-huit membres et moi-même dûmes évaluer les aspects politiques, humanitaires, administratifs et militaires de la future mission de maintien de la paix de l'ONU. Étant maintenant à la tête de la mission, il fallait que je partage mon temps entre le politique, l'humanitaire et le militaire, et prévoir des rencontres avec les principaux politiciens des sept partis devant participer à la formation du gouvernement de transition. Il me fallait aussi rencontrer les membres de la communauté diplomatique de Kigali, ainsi que le représentant sur place du Programme des Nations unies pour le développement (PNUD), Amadou Ly, un Sénégalais personnalisant la présence emblématique de l'ONU dans le pays.

Cette situation me forçait à déléguer plusieurs tâches de reconnaissance militaire à Brent, à Tiko, à Miguel Martin et au brigadier Paddy Blagdon, un officier de l'armée britannique à la retraite, expert dans le déminage auprès des Nations unies. Je me réservais les rencontres avec les autorités militaires de toutes les factions. De plus, je ne devais pas perdre de vue les organisations humanitaires et d'entraide dont l'importance serait primordiale pour aider les réfugiés, les personnes déplacées et les populations souffrant de famine, au Rwanda comme dans les pays limitrophes, sans oublier, à plus long terme, la réintégration dans le civil des soldats démobilisés. Par ailleurs, une sécheresse très sévère sévissait dans le sud du Rwanda et ne semblait laisser aucun répit.

La Division des opérations de terrain (l'agence des Nations unies responsable des questions administratives et logistiques) devait examiner les communications, les infrastructures, le personnel, la logistique locale, les transports et tous les aspects du soutien administratif dont la mission aurait besoin dans ce pays isolé, privé d'accès à la mer.

Même pour la mission technique, il nous fallait des véhicules, du personnel local, des téléphones et toutes sortes d'équipements. Nous avons établi notre Q.G. dans la salle de réunion de l'hôtel des Mille Collines, où nous devions affronter une myriade de problèmes logistiques ; j'enrageais de constater le temps perdu à simplement nous préparer. Nous disposions de quelques cartes touristiques épinglées aux murs, de rares ordinateurs sur les bureaux, d'une table de conférence et de chaises. À la fin de ce bref voyage, nous devions soumettre pour approbation par l'ONU mes recommandations, ainsi que le concept opérationnel de la mission. Je remarquai que, déjà, des problèmes administratifs et des pénuries à l'intendance nous faisaient perdre notre temps et détournaient notre attention des vrais problèmes.

Fort heureusement, Amadou Ly se trouvait au Rwanda depuis deux ans et connaissait la topographie du pays. Contrairement à plusieurs Onusiens, il n'était ni cynique ni blasé, même s'il avait été témoin de beaucoup d'incompétences et de gâchis. Son comportement réservé dissimulait un amour effréné du travail, une attitude qui inspirait son personnel, peu nombreux mais très dévoué. Celui-ci parvenait à accomplir de véritables miracles avec des moyens très limités. Même si cela ne relevait pas de ses fonctions et que son bureau n'avait pas le budget nécessaire pour nous fournir ce que nous demandions, il se débrouillait pour nous obtenir toutes sortes de services et de fournitures : des crayons, du papier, l'accès à des lignes interurbaines internationales ou encore des véhicules avec chauffeur.

Dans le même esprit, Ly était l'une des rares personnes au Rwanda à nous prévenir de l'agitation inquiétante des éléments extrémistes ou de la présence des milices qui avaient réussi à s'infiltrer parmi les jeunes éléments des différents partis politiques, même modérés. Il me prévint que le temps pressait et qu'il importait que les Nations unies fassent intervenir leur mission le plus rapidement possible sur le terrain afin d'empêcher les forces hostiles à la paix d'accroître leur emprise.

Ma première réunion eut lieu avec la première ministre du gouvernement intérimaire, Agathe Uwilingiyimana, ainsi que Faustin Twagiramungu, le premier ministre désigné, qui avait été aussi choisi à Arusha pour diriger le GTBE. Nous nous sommes rencontrés dans le vaste bureau de «madame Agathe», comme on l'appelait. C'était une femme maternelle, mais qui savait aussi se révéler une «dame de fer» lorsqu'il s'agissait d'appuyer la force de maintien de la paix.

« L'avenir du Rwanda est dans la balance, disait-elle, et nous ne devons pas manquer l'occasion historique d'établir une démocratie à cause de quelques personnages intransigeants qui refusent de partager le pouvoir. »

Twagiramungu avait étudié au Québec de 1968 à 1976. Il avait vécu sous la Loi des mesures de guerre, observé la prise de pouvoir démocratique par les indépendantistes du Parti québécois de René Lévesque et participé au grand rassemblement pour un « McGill français ». Il estimait que ces expériences l'avaient beaucoup aidé dans sa vie politique. Pas aussi inspirant que « Madame Agathe » et moins enclin à être un centriste de premier plan, il était néanmoins très partisan du GTBE. Avant d'entrer en politique, il avait été directeur général d'une société d'État qui avait le monopole du fret international au Rwanda. Twagiramungu avait déjà été accusé d'empocher des pots-de-vin et avait été brièvement incarcéré – un incident de parcours qu'il mettait sur le compte de la persécution politique. Cette aventure expliquait peut-être son attitude froide et aigrie. Même s'il secondait bien madame Agathe pour soutenir la médiation des Nations unies, il le faisait sans la passion qui animait cette femme.

Par moments, je trouvais les détours que prenaient les politiciens rwandais plutôt agaçants. Toutefois, j'en vins à me rendre compte qu'en arrêtant de poser des questions et en prêtant une oreille attentive, j'étais souvent récompensé : l'histoire, la culture du pays, ainsi que les maux qui l'affligeaient s'imposaient à moi de manière de plus en plus intelligible. Ainsi, chez les Rwandais des deux ethnies, on discernait une peur maladive de l'avenir et, en même temps, le désir que les accords de paix soient mis en vigueur. Ils traînaient derrière eux un sentiment d'injustice datant des traitements qui leur avaient été infligés dans le passé. Allié à l'incertitude due au chaos et à leur méfiance envers les autorités, ce sentiment se muait en autant d'obstacles qui les empêchaient de saisir l'incroyable chance offerte par le processus de paix. Globalement, ce peuple souffrait de dépression psychologique à cause de torts légitimes ou appréhendés. Ces personnes avaient une vision pessimiste, quoique pragmatique peut-être, de l'avenir.

Je fus surpris du nombre de gens qui avaient soit étudié au Canada, soit bénéficié de l'enseignement de professeurs canadiens au

Rwanda. Ces personnes avaient également conservé des liens étroits avec la Belgique, l'ancienne puissance coloniale, ou encore avec les milieux universitaires et militaires français. Les rares informations que j'avais recueillies avant d'arriver à Kigali ne parlaient guère des relations qui existaient depuis des décennies entre les Rwandais francophones, surtout d'origine hutue, et le Québec, grâce à ses deux plus importantes universités de langue française, l'Université de Montréal et l'Université Laval. Le chef du Parti libéral – un parti modéré – Landoald Ndasingwa, était marié à une Québécoise, Hélène Pinsky. Ils formaient un couple original et charismatique : Lando, charmeur et jovial, et Hélène, qui rappelait Bella Arzug[4] en plus survoltée. Ministre des Affaires sociales dans le gouvernement intérimaire, Landoald espérait obtenir un poste de ministre dans le GTBE. Hélène gérait le commerce familial, Chez Lando, un établissement hôtelier prisé des expatriés européens autant que des Rwandais.

Avec Hélène, il était facile de voir comment la culture canadienne-française par sa langue, sa musique, sa littérature et son penchant pour les débats sociopolitiques animés, trouvait des échos au Rwanda. Au fil de ma mission, je me sentis de plus en plus à l'aise dans cette nation francophone. Peut-être étais-je une victime consentante succombant aux charmes de cet environnement, mais les luttes de ce petit pays d'Afrique provoquèrent chez moi des réactions de sympathie intenses. Mes yeux s'ouvraient sur des réalités éloignées du domaine militaire et j'essayais de saisir chaque nuance de la culture locale, chaque subtilité du langage ambigu des politiciens rwandais.

Après l'abandon de Pédanou, Boutros Boutros-Ghali n'avait pas nommé de nouveau chef politique de la mission. Le DOMP avait envoyé Rivero et Martin pour m'accompagner dans toutes mes réunions diplomatiques et politiques, et le DAP m'avait dépêché

---

4. Activiste américaine, ancien membre de la Chambre des représentants, présidente des Femmes pour l'environnement et le développement et co-présidente de l'Assemblée des promoteurs et partisans du microcrédit. (N.D.T.)

une conseillère politique de niveau intermédiaire pour me donner un coup de main. Elle était l'assistante du sous-secrétaire général James Jonah. Soignée de sa personne, hautaine et dégourdie, elle excellait dans les mondanités du milieu diplomatique, se débrouillant pour garnir mon calendrier d'une interminable série de réunions, tout en tentant de me faire assister aux cocktails d'usage. C'est ainsi que nous avons rencontré les Allemands, les Belges, les Américains, les Russes, le nonce apostolique, l'ambassadeur du Burundi et, bien sûr, les Français – deux fois en fait, à leur propre demande. Aucun de ces pays ne me présenta une analyse politique approfondie de la situation. Tous ces diplomates semblaient s'être donné le mot : selon eux, les Nations unies devaient déployer leurs forces le plus rapidement possible. Personne ne proposait d'envoyer de soldats, mais la plupart se permettaient d'ergoter sur la taille potentielle et le budget d'une telle mission.

La conseillère politique, une Française, m'arrangea deux rendez-vous avec l'ambassadeur de France : l'un au commencement de ma mission exploratoire et, l'autre, la journée précédant mon départ. Depuis le milieu des années soixante-dix, les Français entretenaient des relations étroites avec le régime d'Habyarimana. Au cours des années, le gouvernement français avait effectué d'importants investissements au Rwanda sous forme d'armes et d'expertise militaire. En octobre 1990, puis en février 1993, une escalade transforma cet appui en une intervention déclarée contre les forces du FPR. Mais le Front patriotique rwandais était un ennemi coriace et persistant. En fin de compte, les Français firent cause commune avec les Américains et entreprirent des démarches diplomatiques qui menèrent à un cessez-le-feu et à l'accord d'Arusha. Les Français maintenaient toujours la présence d'un demi-bataillon de para-chutistes à Kigali pour protéger, disaient-ils, les expatriés européens. Ils fournissaient également des conseillers militaires, en uniforme et en civil. La France était le seul membre du Conseil de sécurité de l'ONU qui ait démontré quelque intérêt pour le Rwanda. Il était donc important de tenir l'ambassadeur de France au courant de la situation, car les possibilités d'un déploiement des forces des Nations unies étaient en jeu.

Je fus ravi de constater que, durant notre première rencontre à sa résidence, l'ambassadeur Jean-Philippe Marlaud se montra ouvert et charmant. Il n'affichait pas l'arrogance habituelle que j'avais pu relever à plusieurs occasions chez des représentants du gouvernement français. Au Rwanda seulement depuis mars 1993, il semblait bien déterminé à poursuivre les objectifs de l'accord d'Arusha. Il m'écouta attentivement, fit preuve d'un sincère enthousiasme pour mes idées en gestation et examina même mon plan de reconnaissance. Mis à part Ly, c'était la seule autre personne au Rwanda qui manifestait quelque intérêt pour mon travail et qui se donnait la peine d'entrer dans les détails. Il croyait fermement qu'il était impératif de trouver un moyen de rassurer les Rwandais sur la date butoir du 10 septembre, et qu'un simple geste pouvait atténuer leurs craintes.

Tandis que je survivais aux tournées de rencontres politiques, Brent et Tiko évaluaient la situation militaire. L'imposant Fidjien, qui avait, entre autres choses, servi au Cachemire, dans le Sinaï, au Liban et en Somalie, avait en réserve une série inépuisable d'histoires de guerre et affichait une bonne humeur que rien ne pouvait ternir. Alors que nous étions sur place depuis quelques jours, nous avons cheminé ensemble pour rencontrer les principaux dirigeants du FPR au nord de la zone démilitarisée à Mulindi, à 60 kilomètres au nord de Kigali. Alors que nous cheminions dans ce paysage bleu-vert, mes pensées allèrent vers Paul Kagame, le chef militaire du FPR. J'étais curieux de rencontrer l'homme qui avait réussi à transformer une horde de guérilleros loqueteux en une force capable de donner à deux reprises du fil à retordre aux soldats français sur le terrain.

Nous croisions un flot continu de piétons. Des femmes en boubous aux couleurs vives ondulaient gracieusement sous les grands ballots en équilibre sur leur tête. Souvent, des petits enfants étaient blottis contre leur dos dans des châles fixés à leurs épaules. Les hommes pédalaient sur des bicyclettes artisanales rafistolées avec de vieux morceaux de bois et surchargées de toutes sortes de primeurs. Des bandes de garçons souriants vêtus de shorts de coton conduisaient leurs bêtes. La route était parsemée de jolis villages composés de cottages en briques de terre cuite au soleil, mais la beauté du paysage dissimulait une désespérante pauvreté.

Soudain, au beau milieu de ce tableau idyllique, nous sommes tombés sur un rappel infernal de cette longue guerre civile.

Nous avons senti le camp bien avant de pouvoir l'apercevoir. C'était un horrible amalgame d'excréments, de pissat, de vomi et de mort. Une forêt de bâches en plastique bleu recouvrait toute une colline où 60 000 personnes déplacées provenant de la zone démilitarisée et du secteur du FPR avaient été parquées dans un espace de quelques kilomètres carrés. Lorsque nous nous sommes arrêtés et que nous sommes sortis de nos véhicules, un dense essaim de mouches nous a assaillis et aveuglés. Les insectes se collaient sur nos lèvres, pénétraient dans nos narines et nos oreilles. Il était difficile de ne pas suffoquer à cause de la puanteur, mais si nous voulions respirer par la bouche, celle-ci était immédiatement envahie par les mouches. Une jeune intervenante de la Croix-Rouge belge nous remarqua et interrompit sa tournée pour nous guider à travers le camp. Les réfugiés s'agglutinaient autour de maigres feux, foule silencieuse et spectrale qui nous suivait des yeux d'un air apathique alors que nous tentions de nous frayer un chemin au milieu de la désolation du camp. Je fus vivement impressionné par la calme compassion de la jeune Belge alors qu'elle dispensait des soins à ces âmes en détresse. Il était flagrant qu'elle était capable de faire abstraction de la saleté et du désespoir pour se préoccuper seulement de l'humanité de ces gens.

La scène était profondément troublante. Pour la première fois, j'étais témoin d'immenses souffrances autrement qu'à travers le filtre de la télévision. Le spectacle d'une vieille femme seule attendant tranquillement la mort me bouleversa. Elle ne devait guère peser plus de douze kilos. La douleur et le désespoir étaient inscrits dans chacune des rides de son visage. Elle gisait parmi ce qui restait de son abri déjà dépouillé de sa bâche et de tous ses objets personnels. Dans la sinistre réalité du camp, elle comptait déjà comme morte, et on avait redistribué ses pauvres biens à ses voisins en meilleure santé. La jeune fille de la Croix-Rouge me chuchota à l'oreille que la femme ne passerait pas la nuit. À la seule idée qu'elle allait mourir seule et que personne ne lui offrirait un peu d'affection, des larmes me montèrent aux yeux.

Tandis que je luttais pour retrouver mon sang-froid, un groupe d'enfants du camp m'entoura. Ils riaient de bon cœur ou souriaient timidement en regardant cet étrange Blanc qui leur rendait visite. Ils jouaient au soccer avec un ballon fait de brindilles enchevêtrées et tiraient sur mon pantalon pour m'inviter à me joindre à eux. J'étais éberlué par leur capacité à transcender leur état, à rebondir. Il était trop tard pour la vieille femme, mais ces enfants avaient le droit d'avoir un avenir. Je ne voudrais surtout pas avoir l'air mélodramatique, mais c'est à ce moment précis que ma résolution d'amener une mission de l'ONU pour maintenir la paix dans ce pays s'est renforcée. Jusquelà, toute cette affaire s'était révélée comme un défi intéressant et le chemin potentiel vers un commandement opérationnel. En remontant dans mon véhicule, je savais que ma mission première consistait à faire de mon mieux pour que la paix s'établisse au Rwanda, ne seraitce que pour ces enfants et pour alléger leurs souffrances.

Nous n'avons pas tardé à atteindre le poste de contrôle de l'AGR et sommes passés à travers un champ de mines balisé qui délimitait les premières lignes et qui servait en quelque sorte de porte d'entrée dans la zone démilitarisée. C'était un endroit inquiétant, plein de villages désertés par les personnes déplacées que nous avions aperçues dans le camp. Chassées par les combats en 1990, leurs champs et leurs fermes commençaient à être envahis par la luxuriante végétation de la jungle. Le chant tapageur des gobe-mouches et des fauvettes égayait l'atmosphère. J'aurais adoré descendre de voiture et explorer les lieux, mais on nous avait prévenus que ce secteur était lourdement miné. Nous avonc donc décidé de demeurer sur la chaussée jusqu'à ce que nous ayons traversé la zone et atteint le territoire du FPR.

Le FPR nous accueillit avec une garde d'honneur d'une trentaine d'Intorés ou danseurs guerriers. Chacun d'entre eux portait une sorte de jupon de coton écarlate et était drapé dans une pièce de tissu à motifs de peau de léopard. Ils portaient des coiffures impressionnantes confectionnées avec de longues fibres flottant au vent et rappelant la crinière du lion. Leurs torses nus étaient ornés de perles, et ils portaient des bracelets de clochettes aux chevilles. Brandissant des boucliers et des lances de cérémonie, hochant la tête et se tortillant, ils sautaient apparemment sans effort dans les airs comme une volée d'oiseaux géants. Leurs corps, ruisselants de sueur, brillaient au soleil. Ils dansèrent, chantèrent et jouèrent du tambour ainsi pendant une vingtaine de minutes avant de nous présenter leurs armes dans un geste symbolique. Leur danse de guerre s'était déroulée avec la discipline et la précision de soldats modernes bien entraînés, mais avec les traditions des guerriers ancestraux. Cette manifestation devait donner le ton à ce qui allait suivre.

Le FPR utilisait un grand ensemble de bâtiments ayant naguère servi à l'administration d'une plantation de thé. En voiture, nous avons monté une colline d'arbres à thé dont on n'avait pas fait la récolte depuis quelque temps. Nous nous sommes arrêtés devant une jolie maison ancienne dont l'énorme véranda surplombait un jardin en friche. L'air était chargé d'effluves odoriférants. À l'intérieur, la direction politique et militaire du FPR nous réserva un accueil chaleureux. Son président, Alexis Kanyarengwe, un homme replet, souriait rarement. Son premier conseiller politique, Pasteur Bizimungu, était à la fois impatient et éloquent. Quant à Paul Kagame, il ressemblait davantage à quelque austère professeur d'université qu'au chef de guerre redoutable qu'il était. Ils nous conduisirent à un vaste salon dont on avait enlevé les meubles pour en faire une salle de réunion.

Le trio composé de Kanyarengwe, Bizimungu et Kagame représentait un intéressant assortiment de personnalités dont chacune était très efficace à sa manière. Kanyarengwe, le dirigeant titulaire du FPR, était un Hutu. Il se sentait un peu mal à l'aise dans son rôle de chef et, après chaque remarque qu'il faisait, vérifiait constamment les réactions de ses collègues. Malgré tout, on pouvait compter sur lui, car il était sérieux et bien organisé. Bizimungu représentait la facette politique du FPR. Il avait été fonctionnaire sous le gouvernement d'Habyarimana et, à ce titre, avait été enfermé et torturé lorsqu'il avait pris l'initiative de dénoncer les pires excès du régime. Lui aussi était Hutu : passionné, raisonneur, inflexible, sans réel charisme. Et puis, il y avait Kagame, le plus réservé, quoique le plus intéressant des trois. Tutsi jusqu'au bout des ongles, il était d'une incroyable minceur et faisait plus d'un mètre quatre-vingts. Il dominait l'assemblée en conservant un air studieux, mais qui dissimulait mal sa concentration de faucon prêt à attaquer. Derrière ses lunettes, ses yeux d'un noir intense étaient pénétrants et reflétaient sa maîtrise de la situation.

La plupart des personnes du groupe, y compris les officiers supérieurs, se comportaient avec une confiance sereine et une indéniable dignité. Lors de nos pauses, loin d'être oisifs, ils discutaient entre eux. L'atmosphère était spartiate : ni drapeaux, ni gravures, ni décorations de quelque sorte que ce soit, et on ne trouvait autour de la table pas plus de boissons alcoolisées que de cigares. Nous nous assîmes autour d'une longue table s'étalant au milieu de la pièce, tandis que les officiers d'état-major et les personnalités civiles chargés d'observer la réunion prenaient place sur des bancs.

Le FPR consentait à soutenir les termes de l'accord d'Arusha. Le président nous fit remarquer qu'il nous fallait agir rapidement pour éviter ce qu'il appelait « la gangrène », c'est-à-dire le pourrissement de cet accord fragile. Il nous fit également part de ses inquiétudes quant à la multiplication des activités de groupes paramilitaires à l'intérieur du Rwanda. Il ajouta que si les Nations unies avaient à former la force neutre de maintien de la paix mandatée par Arusha, l'ONU devait garantir la sécurité des leaders du FPR lorsqu'ils se présenteraient pour faire partie du gouvernement de transition. Il insista pour que les Nations unies fassent pression sur la France, afin que ce pays évacue ses soldats du Rwanda le plus tôt possible. Il eut la délicatesse de ne pas nous souligner que le FPR, résolument africain, aurait préféré l'idée d'une force de maintien de la paix sous les auspices de l'OUA plutôt que de l'ONU.

Le FPR se décrivait comme une association de réfugiés rwandais désirant simplement rentrer chez eux pour y vivre en paix, et ses membres soutenaient vouloir établir une société démocratique et multiethnique au Rwanda. Même si je me gardais de mettre en doute leur sincérité, j'étais conscient du fait qu'après avoir remporté des victoires dans cette guerre civile, ils n'avaient rien à craindre et tout à gagner dans l'application de l'accord de paix. Nous nous sommes toutefois heurtés à un obstacle caché : le président exprima son inquiétude du fait que, depuis la signature de l'accord d'Arusha, au début d'août, la population chassée de la zone démilitarisée – environ 600 000 personnes – avait recommencé à traîner dans la région. Ces nouvelles alarmaient le FPR qui craignait pour sa sécurité. Ayant été témoin de l'enfer dans lequel vivaient les personnes déplacées, je fis remarquer que ces pauvres gens désiraient désespérément retrouver leur foyer et leur petit lopin de terre, et que l'une des priorités serait de déminer la région afin que ces exclus puissent être rapatriés. Bizimungu s'opposa à cette idée. Aux termes de l'accord d'Arusha, la force internationale devait, en toute neutralité, garder cette zone interdite à toute population. À l'époque, j'avais mis ce refus sur le compte de la crainte maladive de l'émergence d'une force composée d'insurgés rebelles. Plus tard, il me vint à l'esprit que la raison invoquée par le FPR était moins en rapport avec la sécurité qu'avec les ambitions de repeuplement des réfugiés tutsis, alors parqués en Ouganda.

Notre inspection de l'armée du FPR se fit à bord d'un convoi très protégé circulant sur des pistes défoncées. Cette tactique m'apparut comme une volonté délibérée de nous faire perdre notre temps et de nous empêcher de bien observer le quartier général et les unités du FPR. Cependant, sans hélicoptère pour survoler cette région très boisée et montagneuse, nos moyens d'inspection de leurs forces demeuraient très limités. Les officiers excellaient dans l'art de paraître coopérer pleinement, mais ils ne dévoilaient que très peu d'informations sur la structure de leurs effectifs et sur leurs véritables capacités. Les militaires que nous rencontrions étaient, de toute évidence, bien commandés, bien entraînés et motivés. Ils étaient vêtus d'une curieuse combinaison d'uniformes d'été provenant d'Allemagne de l'Est et de bottes en caoutchouc, mais ils étaient toujours propres et professionnels. Les simples soldats étaient plutôt jeunes, parfois même des enfants. Les officiers, jeunes également, savaient commander leurs hommes. Lorsqu'ils ne s'entraînaient pas, ils devaient assister à des cours, nettoyer et entretenir leur armement. Il s'agissait vraiment d'une armée endurcie, prête au combat.

Les seules limites du FPR se situaient dans le support logistique. Ces militaires possédaient très peu de véhicules, et si leurs troupes avaient l'air bien alimentées, en forme et assez bien armées, il s'agissait néanmoins d'une infanterie légère qui devait combattre et se réapprovisionner à pied ou à bicyclette. Pourtant, cette force avait remporté tous les récents combats. Sa supériorité se manifestait par le leadership, la formation, l'expérience, la frugalité, la mobilité, la discipline et un bon moral. Kagame était l'animateur de cette force, et il est indéniable que nous avions affaire à un chef impressionnant qui, peut-être, méritait le sobriquet dont l'avaient affublé les médias : le Napoléon de l'Afrique.

L'Armée gouvernementale rwandaise (AGR) présentait un contraste saisissant par rapport à son adversaire. Son chef d'état-major, le général Déogratias Nsabimana, était un homme corpulent dont les expressions trahissaient une nature trompeuse. Ce n'était pas un militaire très impressionnant, et il avait prouvé son inefficacité au printemps 1993, lors de la dernière campagne contre le FPR. Il resta à sa position après la fin des hostilités à cause de ses accointances très proches avec le président Habyarimana. Malgré la présence d'un gouvernement intérimaire, l'armée ainsi que des contingents importants de la Gendarmerie (la police rwandaise) étaient toujours contrôlés par le régime. En effet, les intégristes du parti présidentiel, le MRND, s'accrochaient au pouvoir au ministère de la Défense.

Parmi les officiers supérieurs de l'AGR, une poignée de colonels semblaient soutenir l'accord d'Arusha et souhaitaient la fin d'un conflit qu'ils avaient perdu sur le champ de bataille. Mais, parmi les officiers, il s'en trouvait plusieurs – particulièrement les natifs du nord du pays – qui donnaient l'impression de moins apprécier l'accord de paix et ne cachaient pas leur haine du FPR. Il apparaissait clairement qu'il était possible de travailler avec l'un des deux groupes tout en se méfiant de l'autre.

Je visitai le territoire de l'AGR situé dans la zone démilitarisée, ainsi que la partie sud du pays dans un hélicoptère Gazelle. Je me rendis aussi au nord par la voie des airs afin de visiter les camps d'entraînement des troupes d'élite de l'AGR à Ruhengeri, près du lieu de naissance d'Habyarimana. Alors que nous approchions de Ruhengeri, les montagnes de Virunga se dressèrent devant nous comme des géants bleus dans une mer de collines verdoyantes. Ce paysage à couper le souffle, rendu célèbre par le film *Gorilles dans la brume*[5], faisait partie du territoire qui constituait le château fort de l'ancien régime.

Les unités d'élite du secteur étaient cantonnées dans un camp de commandos ; un détachement du Groupe d'intervention rapide de la Gendarmerie ainsi que quelques unités militaires d'élite occupaient

---

5. Réalisé par Michael Apted, en 1988.

l'école de la Gendarmerie, à Ruhengeri. Tous ces combattants étaient formés par des conseillers militaires français et belges.

D'un autre côté, les unités de première ligne se composaient de recrues pauvrement entraînées qui manquaient d'armes, d'aliments, de fournitures médicales et, par-dessus tout, de leadership et d'un bon moral. Les conditions de vie abominables de ces personnes provoquaient nombre de désertions, et la malaria forçait les autorités à effectuer un constant roulement dans les unités. Dans cette armée, il y avait deux poids, deux mesures : tous les avantages allaient aux unités d'élite, les autres devant se contenter des restes.

L'unité de l'AGR qui me causait le plus d'inquiétude était la garde présidentielle, que Brent et Tiko avaient soigneusement observée dans son camp de Kigali, près de l'hôtel Méridien. Elle se composait d'officiers, de sous-officiers et de soldats très entraînés. Elle était non seulement la mieux pourvue et la mieux équipée des unités d'élite, mais aussi la plus agressive. Il s'agissait en fait de la garde prétorienne d'Habyarimana, et ses membres se comportaient avec une arrogante assurance. Je n'appréciais guère leur forme de discipline. Si les hommes se montraient respectueux et obéissants envers leurs propres officiers, ils traitaient par contre les autres membres de l'AGR – y compris les intervenants dans mon genre – avec un mépris manifeste. Il était clair qu'il fallait les ménager. Démobiliser de tels personnages ou les réintégrer au sein d'une nouvelle armée rwandaise se révélerait pour le moins délicat. Leur cas devait être traité en priorité au cours de la phase de démobilisation, et j'étais persuadé que, pour les mater, nous allions avoir besoin de l'intervention personnelle du président.

Pour leur part, les conscrits de l'AGR ne vivaient que pour leurs deux bières par jour et étaient au bord de la mutinerie lorsqu'on leur diminuait cette ration de moitié. En revanche, les jeunes officiers qui les commandaient étaient généralement endurcis et dynamiques. Un commandant aguerri de la garnison de Ruhengeri m'expliqua ce qui provoquait l'écart considérable entre les officiers et les conscrits. Selon lui, le seul moyen pour les officiers d'obtenir de l'avancement était de « se faire un nom ». Il n'entra pas dans les détails, mais il ajouta « sur le terrain ». Voilà qui n'était guère rassurant pour un potentiel soldat de la paix, car cela signifiait que les jeunes officiers n'ayant rien à perdre étaient prêts à risquer la vie des hommes sous leur commandement pour poursuivre des objectifs carriéristes.

Une autre constatation me dérangeait et m'enrageait : l'AGR utilisait des enfants en première ligne. Au Rwanda, j'avais rapidement pris l'habitude de voir des enfants accomplir de lourdes besognes, mais en inspectant les forces gouvernementales, je me rendis compte que les soldats utilisaient les enfants comme serviteurs pour laver leur linge, faire la cuisine ou nettoyer. En outre, les hommes témoignaient envers eux d'un penchant un peu trop évident lorsqu'ils n'étaient pas en service. On me répéta plus d'une fois que le sort de ces malheureux petits était sans nul doute beaucoup plus enviable que celui de leurs camarades, car, au moins, à l'armée, on leur donnait à manger. Malgré cela, les rapports intimes que les soldats entretenaient avec ces enfants étaient simplement inacceptables. Je n'ai jamais vu d'enfants aussi jeunes dans les rangs du FPR, même si un nombre appréciable de ses soldats avaient moins de 18 ans.

Certains officiers de l'AGR nous expliquèrent franchement combien la solde des troupes – lorsqu'ils en recevaient une – pouvait être modique, la formation plutôt sommaire et les taux de désertion, élevés. Ils nous donnèrent les raisons du manque de confiance des hommes envers leurs chefs : ces derniers les avaient lancés dans la bataille contre les éléments bien entraînés du FPR, et ils avaient subi de lourdes pertes, surtout lors du dernier assaut du Front, en février 1993. Une armée dans un tel état de désordre pouvait présenter un très grand danger. Dans le cas où un leader charismatique réussirait à en rassembler les éléments, elle pourrait se transformer en une populace sauvage et impitoyable. Aussi décidai-je qu'au cours de l'éventuel déploiement de toute mission, il serait important que le gros des forces de l'ONU soit déployé au sud de la zone démilitarisée, dans le secteur d'opérations de l'AGR.

Organisée selon le modèle paramilitaire français, la Gendarmerie constituait la troisième force structurée au Rwanda et comptait environ six mille hommes. Son chef d'état-major, le colonel Augustin Ndindiliyimana, était sous les ordres du ministre de la Défense pour tout ce qui touchait les tâches opérationnelles et le soutien logistique, et sous ceux du ministre de l'Intérieur pour ce qui concernait le travail de police quotidien dans le pays. Bizimana, le ministre de la Défense, avait la main haute sur la Gendarmerie qui pouvait être mobilisée pour augmenter les effectifs de l'armée régulière pendant les périodes de conflits. Avant la dernière guerre locale, la Gendarmerie comptait un peu moins de deux mille membres, mais l'engagement de jeunes recrues avait permis de tripler ses effectifs. Au cours de ce processus, elle avait perdu de la cohésion, de la discipline, de l'entraînement, de l'expérience et de la crédibilité. De toutes les personnalités avec lesquelles j'ai eu à travailler au cours de ma mission, Ndindiliyimana était de loin le plus coopératif, le plus franc, le plus ouvert.

Tiko et le major Eddy Delporte, un officier de la police militaire belge détaché de la mission de l'ONU au Sahara occidental, procédèrent à l'analyse des structures de la Gendarmerie. L'étude démontra qu'il s'agissait d'un ramassis d'éléments indisciplinés où des policiers vraiment professionnels ne côtoyaient rien d'autre que des criminels en uniforme. Même si les effectifs de la Gendarmerie étaient théoriquement disséminés dans tout le pays, le gros des forces se trouvait à Kigali et à Ruhengeri. En règle générale, la plupart des gendarmes semblaient plus éduqués que leurs camarades de l'armée et avaient de la fierté. Delporte confirma que la France et la Belgique déléguaient des conseillers militaires auprès de l'AGR et de la Gendarmerie, au quartier général, dans les établissements de formation et dans les unités sur le terrain. Ce réseau de conseillers était beaucoup plus élaboré que ne le laissaient entendre leurs ambassadeurs ou leurs attachés militaires. Delporte tenta d'obtenir plus de renseignements de ses compatriotes, mais se heurta à un mur que nous n'avons jamais réussi à franchir. Quelle était donc la véritable mission de ces deux pays au Rwanda ? Mystère.

Notre état-major établit des contacts avec le bataillon de parachutistes français à Kigali, mais la rencontre donna peu de résultats à part l'obtention de quelques repères cartographiques sur les positions de l'AGR autour de la ville. Ce bataillon faisait également preuve de mutisme quant à ses effectifs et à sa véritable mission au Rwanda. Nous n'apercevions que rarement des soldats français, sauf à l'aéroport ou la nuit, lorsqu'ils patrouillaient ou établissaient des barrages autour de la capitale. En gros, la situation de la ville était tranquille et bien en main, une atmosphère à laquelle les parachutistes n'étaient pas étrangers. À Kigali et dans tout le centre de l'Afrique, les nuits sont généralement extrêmement sombres, et l'activité de la ville s'arrête à peu près avec l'extinction des dernières lumières. J'ai trouvé que les nuits d'Afrique présentaient un contraste frappant entre la paix et la tranquillité d'un côté, l'obscurité et le danger de l'autre.

Malgré les signes avant-coureurs du comportement de l'AGR, plus nous arrivions vers la fin de notre mission technique, plus je pensais que le Rwanda pouvait bénéficier d'une classique mission de paix du type de celles relevant du chapitre VI[6] de la *Charte des Nations Unies*, à condition de pouvoir l'accomplir en étant conscient de son urgence. L'opération consistait à jouer le rôle d'arbitre entre les ex-belligérants afin de s'assurer que l'accord de paix soit convenablement mis en œuvre et que toutes les parties en cause en respectent les règles. La force de l'ONU devait consister en une combinaison de soldats armés et d'observateurs non armés déployés avec soin dans les secteurs névralgiques et avec de strictes règles d'engagement : nous ne devions utiliser nos armes qu'en cas de légitime défense. La solution de remplacement à une opération de type « chapitre VI » consistait à essayer de contenir le conflit par les voies diplomatiques (en cela, nous n'avions pas l'ombre d'une chance au Rwanda), ou alors de passer à une opération musclée de type « chapitre VII[7] ». Dans ce cas, les Nations unies appuieraient une coalition de nations afin d'envahir le pays et d'imposer la paix aux belligérants. Aucune nation n'était prête à contribuer à une mission de type « chapitre VII » dans un pays dénué d'intérêts stratégiques nationaux ou internationaux et qui ne présentait aucune menace pour la paix et la sécurité internationale. On avait appliqué ce chapitre de la charte seulement en Corée, au début de la guerre froide et, plus récemment, dans la guerre du Golfe et en Somalie. Les recommandations du chapitre VII épouvantaient les pacifistes libéraux, majoritaires au sein des gouvernements des principales

---

6. Chapitre VI : « Règlement pacifique des différends » (articles 33-38).
7. Chapitre VII : « Action en cas de menace contre le pays, de rupture de paix et d'acte d'agression » (articles 39-51).

puissances. Tout cela avait pour eux des relents colonialistes, violait la souveraineté des États, finissait par se révéler coûteux en termes d'argent et de vies humaines. Si j'avais seulement osé suggérer que l'on envoie une mission de type «chapitre VII» au Rwanda, on se serait empressé de me ramener à Ottawa, sans espoir de retour. Le chapitre VI était donc la seule option possible.

Cependant, étant donné la nature du conflit, la personnalité des opposants à l'accord et la possibilité de voir réapparaître des actes de banditisme et des massacres ethniques causés par une éventuelle démobilisation, je devais être en mesure de pouvoir réagir au moyen d'une force militaire. Par conséquent, dans les règles d'engagement que je proposai pour cette mission (règles largement calquées sur le modèle appliqué au Cambodge), je prévoyais, au paragraphe 17, une disposition qui nous permettait d'utiliser la force, y compris l'usage de nos armes, pour prévenir des crimes contre l'humanité. À l'époque – nous ne le savions pas –, nous innovions en nous acheminant vers une sorte de «chapitre VI et demi», une approche nouvelle dans les résolutions de conflits.

Au cours de cette douzaine de jours d'août au Rwanda, je découvris une foule de raisons de me montrer optimiste. Les réunions les plus productives et les plus informatives que j'ai tenues furent les sessions conjointes entre le FPR et l'AGR, convoquées à Kinihira, au cœur de la zone démilitarisée, à l'endroit où l'on avait approuvé le mois précédent un certain nombre d'articles faisant partie de l'accord d'Arusha. Le FPR avait délégué Pasteur Bizimungu en tant que principal porte-parole. Son homologue de l'AGR était le colonel Théoneste Bagosora, le chef de cabinet du ministre de la Défense, un ex-militaire rondelet à lunettes, que les procédures semblaient quelque peu amuser. Il prétendait qu'il appuyait les décisions prises à Arusha, mais, le plus souvent, il se plaçait en situation conflictuelle, tout particulièrement avec la délégation du FPR.

Les questions de langue causaient de véritables casse-tête. La délégation du FPR, composée principalement de réfugiés rwandais ayant grandi en Ouganda – un pays où l'anglais était très utilisé –, s'exprimait principalement dans cette langue, alors que les représentants de l'AGR étaient exclusivement francophones. Je mis à profit mon expérience de médiateur entre les locuteurs des deux langues officielles du Canada pour agir à titre d'interprète tout désigné. Je me demande cependant si je serais parvenu à saisir plus des subtilités sous-jacentes qui circulaient autour de la table de négociation si je n'avais pas dû jouer ce rôle. D'autre part, en agissant comme interprète, je me devais d'être attentif à chaque mot prononcé.

Nous nous sommes rencontrés dans la maison du directeur d'une vaste plantation de thé. De la véranda, la vue sur les collines en escaliers et les habitations de terre cuite était spectaculaire. Je regardais surtout avec fascination, d'un air incrédule, des membres des délégations antagonistes se promener la main dans la main et discuter de tout et de rien. Des vétérans de la mission des Nations unies à Chypre m'avaient rapporté des anecdotes époustouflantes sur les comédies que se jouaient les Chypriotes grecs et turcs au cours des négociations. À un certain moment, les parties avaient insisté pour que les salles de réunion aient des portes séparées pour les délégations, afin que celles-ci n'aient pas à se croiser. Au cours des pourparlers, les participants faisaient preuve de froideur et d'agressivité, mais, lors des pauses-café et aux heures des repas, la plupart d'entre eux se révélaient rien moins que fraternels ! Bagosora, les chefs d'état-major de l'AGR et de la Gendarmerie ne participaient cependant pas à cette fraternisation.

Au cours des sessions officielles, les deux parties m'expliquèrent les aspects de l'accord de paix que je ne comprenais pas ou encore qui avaient besoin d'être clarifiés. Cela me permettait de m'assurer que tout le monde saisissait bien les termes de chaque article des ententes. Nos discussions portèrent sur des points aussi prosaïques que la composition du bataillon léger du FPR. Celui-ci devait compter 600 soldats en garnison à Kigali afin de protéger les dignitaires au cours de l'établissement du GTBE. Cette portion de la réunion prit beaucoup de temps, car chaque détail était fignolé, depuis le calibre des armes jusqu'aux quantités de munitions. Bagosora souleva la question de la défense antiaérienne. Seules des mitrailleuses lourdes sur affût de DCA étaient permises. Les missiles étaient interdits. Le FPR avait déclaré être en possession d'un certain nombre de missiles à courte portée en provenance des pays de l'Est, alors que l'AGR soutenait n'en posséder aucun, même si ses forces avaient des batteries antiaériennes à l'aéroport de Kigali et un nombre indéterminé de missiles SA-7. Le fait que nous devions trouver un emplacement au cœur de Kigali pour y cantonner un bataillon du FPR et que les deux parties aient accepté cette option d'un commun accord ne fit sourciller personne. L'AGR soutenait qu'elle avait confiance dans les Casques bleus pour maîtriser la situation.

J'anticipais un problème plus important : la démobilisation des armées rivales et de la Gendarmerie, et la création d'une nouvelle force nationale. Il ne suffisait pas de désarmer ces gens et de les laisser partir. Nous devions être sûrs que chaque soldat reçoive la pension promise à Arusha et une nouvelle formation lui permettant de se réinsérer dans le marché du travail. La démobilisation devait commencer dès la mise en place du GTBE, le 10 septembre, treize jours plus tard. Or, il était peu probable que notre rapport technique soit même terminé à cette date.

Au cours des réunions, je soulevai à maintes reprises auprès des différentes missions diplomatiques cette question primordiale : comment allions-nous trouver les ressources nécessaires pour assurer sans anicroche la démobilisation et la réintégration dans la vie civile de tous ces Rwandais ? On se garda bien de relever le gant... Au-delà de toute considération, ma déception résidait dans le fait que personne aux Nations unies n'était capable de me fournir des informations sur la manière dont les autres missions avaient résolu ce problème. Placé dans une situation cruciale, avec un échéancier très serré, je me voyais obligé de réinventer la roue. Avec son optimisme coutumier, Amadou Ly me suggéra de faire intervenir le Fonds monétaire international (FMI) ainsi que la Banque mondiale, et ensuite d'utiliser leur influence pour réunir les gouvernements prêts à fournir de l'aide. Faute de quoi, l'autre option consistait à jumeler la démobilisation au plan d'aide général proposé par les organisations humanitaires, à qui l'on pourrait demander d'opérer sous le parapluie des Nations unies pour la durée de la mission.

Dans cet esprit, au cours des derniers jours de notre mission technique, nous avons consacré du temps à nous mettre au diapason des principales organisations humanitaires au Rwanda. Cela représentait un exploit en soi, puisque chacune d'entre elles essayait de fonctionner au rythme de ses propres animateurs et résistait à toute forme d'intégration dans le plan général d'une organisation extérieure. Le Rwanda était l'un des pays les plus densément peuplés de l'Afrique subsaharienne. Tandis que l'accord d'Arusha garantissait le rapatriement des réfugiés, aucun des termes de leur réimplantation – comme la question de la propriété des terres ou celle des compensations pour l'expropriation de propriétés – n'avait été évoqué, même par le Haut Commissariat des Nations unies pour les réfugiés (HCR).

Jour après jour, après chaque compte rendu de mon équipe d'experts, il devenait de plus en plus évident que cette mission allait exiger davantage d'argent que les 50 millions de dollars américains qui avaient été prévus. Lors de ces rencontres quotidiennes, j'insistais sur le fait qu'il n'était pas question de quitter Kigali avant la rédaction d'un rapport intégral. J'avais imposé ce rythme infernal en partie pour être sûr de couvrir tous les points en litige pendant que nous étions sur place et de récolter le plus d'informations possible. En outre, je savais également que tous mes spécialistes ne tarderaient pas à reprendre leurs anciennes occupations, et je ne tenais pas à avoir à pourchasser de visqueux bureaucrates aux quatre coins du siège social de l'ONU pour qu'ils daignent me fournir leur partie du rapport. Ils connaissaient la bâtisse beaucoup mieux que moi et, par conséquent, savaient où se planquer. C'est pourquoi je leur imposai une date limite malgré leurs raisons pas très originales pour se retirer prématurément du dossier et retarder ainsi la rédaction de leur rapport. Ces raisons allaient du « Je suis trop fatigué » en passant par « Ne pouvons-nous pas prendre un moment pour aller voir les gorilles ? » jusqu'à l'argument absolument imparable : « J'ai besoin de temps pour réfléchir… »

Notre salle de réunion aux Mille Collines comportait un grand rectangle de tables au centre et des postes de travail installés le long de trois murs. Brent et quelques autres avaient enfin réussi à se procurer une très grande carte d'état-major et l'avaient accrochée sur le quatrième mur. Y étaient indiqués la zone démilitarisée, les nouveaux champs de mine, les camps militaires et certains camps de personnes déplacées, et elle était mise à jour grâce aux informations qui nous parvenaient.

Le 28 août, quatre jours avant notre départ, Brent, Miguel Martin, Paddy Blagdon, Tiko et Marcel Savard, un ancien officier des Forces canadiennes spécialisé en logistique et chef de l'équipe de la Division des opérations de terrain, m'aidèrent à consigner mon concept des opérations pour une mission de type «chapitre VI» au Rwanda. Je voulais présenter trois options. Brent et Miguel avaient procédé à une évaluation très claire de la situation : ils avaient déterminé nos besoins en cas de fonctionnement dans un monde idéal, soit en obtenant tous les effectifs nécessaires. Les deux missions techniques précédentes, la première sous la direction du colonel canadien Cameron Ross, et la seconde sous celle de Maurice Baril, avaient estimé la force initiale à 8 000, puis à 5 500 personnes. Notre recommandation, disons «idéale», fixait la force à 5 500 Casques bleus : trois bataillons de 800 hommes chacun dans la zone démilitarisée et deux avec une capacité de réaction rapide pour protéger Kigali. Il fallait ajouter à cela 350 observateurs militaires non armés pour sillonner le pays et être les yeux et les oreilles de la mission, ainsi qu'un appui logistique avec des hélicoptères, des véhicules blindés de transport de troupes, un hôpital et tout le bazar. Après avoir soulevé la question avec Maurice Baril, je savais pertinemment que cette recommandation ne franchirait pas le cap du DOMP.

Quant à la deuxième évaluation, nous l'avons surnommée «l'option raisonnablement viable». Elle comportait une force beaucoup plus petite d'environ 2 500 personnes et exigeait que la mission prenne beaucoup plus de risques. Toutefois, les chances que les bureaucrates l'acceptent et qu'elle soit éventuellement effectuée étaient plus grandes. Cette deuxième option nous a demandé plus de temps de mise au point. En discutant avec Maurice par la ligne téléphonique sécuritaire du PNUD, il me suggéra d'essayer de déployer les troupes par étapes, de manière à mettre le moins possible les Nations unies et les nations participantes dans l'embarras.

Enfin, la dernière option était conçue pour répondre aux inquiétudes des États-Unis, de la France et de la Russie. Leurs ambassadeurs auprès de l'ONU avaient insisté pour que la mission ne comporte qu'entre 500 et 1 000 personnes. Je ne pouvais voir comment cette option permettrait le succès de la mission et dans notre ébauche, nous avons concentré nos efforts à décrire les innombrables risques qu'elle comportait.

Avec l'appui de Maurice, nous nous attendions à ce que « l'option raisonnablement viable » soit approuvée. Même avant de quitter le Rwanda, Brent et les autres commencèrent à travailler sur la manière dont nous pourrions accélérer l'approbation du mandat et être prêts pour un déploiement rapide.

La journée précédant mon départ, je profitai de ma réunion avec l'ambassadeur de France pour lui dévoiler certaines de mes découvertes. Il trouva mon rapport raisonnable, mais dès que je commençai à parler chiffres, l'attaché militaire français présent descendit dans l'arène. Il déclara qu'il comprenait mal mon si grand besoin d'hommes. La France avait un bataillon de seulement 325 hommes dans le pays et, selon lui, la situation était maîtrisée. Il y eut un moment de silence, puis l'ambassadeur réitéra son appui à mon plan, tandis que l'attaché militaire, calé dans sa chaise, ruminait sa rage, n'en pensant pas moins. Son attitude n'avait pour moi aucun sens. J'en conclus qu'il se livrait à de l'obstruction systématique et qu'il existait en France une sérieuse divergence d'opinions entre la politique suivie par le ministère des Affaires étrangères et celle de la Défense nationale. Il y avait là matière à réflexion.

J'étais inquiet de ne pas encore avoir rencontré le président Habyarimana. Son régime et lui avaient signé l'accord d'Arusha sous la contrainte des circonstances. Habyarimana me fit finalement savoir qu'il me verrait au palais le jour même de mon départ du Rwanda. Notre chargée d'affaires du DAP ainsi que Ly devaient m'accompagner ; nous nous sommes tous habillés de manière très officielle.

Le palais présidentiel comprenait un ensemble d'appartements modernes, à la fois discrets et élégants avec, aux murs, des tableaux d'un prix sans nul doute appréciable. On nous fit entrer dans un patio où nous trouvâmes le président en chemise à manches courtes, le col ouvert, assis sous un parasol publicitaire de Cinzano. Près de lui se trouvaient son chef de cabinet, Enoch Ruhigira, ainsi que Nsabimana, le chef d'état-major de l'AGR. Il y avait aussi Ndindiliyimana, de la Gendarmerie, un autre colonel de l'AGR et Bagosora, que j'avais rencontré durant les deux jours de pourparlers entre l'AGR et le FPR. À ma plus grande surprise, ni le premier ministre ni le premier ministre désigné, pas plus que le ministre de la Défense ou celui de la Justice n'étaient présents.

Habyarimana avait dû être très bel homme lorsqu'il était jeune ; sa stature et son apparence en imposaient toujours. Il nous accueillit chaleureusement. Je lui fournis un bref compte rendu de mes conclusions et lui fis part de mes recommandations. Il m'écouta attentivement et ne sembla trouver aucune faille dans mon rapport. Il me pressa de déployer un contingent des Nations unies le plus rapidement possible, car nul GTBE ne pouvait être établi à Kigali sans la présence des Casques bleus. Nous nous sommes entretenus pendant environ 45 minutes, tandis que les autres gardaient le silence. Habyarimana souriait volontiers et parlait ouvertement des problèmes des personnes déplacées et de la sécheresse. Il me signala que le pays avait maintenant entrepris un cheminement très complexe sur la route de la paix, et que la communauté internationale devait réagir favorablement à mon rapport, qui préconisait le déploiement d'une mission de paix des Nations unies au Rwanda. Je m'inquiétais toujours de ce qu'il n'ait pas appuyé notre mission publiquement, mais je n'avais aucune raison de mettre en doute ses bonnes intentions.

Alors que nous nous apprêtions à quitter le Rwanda, rien de ce que j'avais vu ou entendu ne pouvait ébranler mon évaluation initiale de la situation, c'est-à-dire qu'une mission était possible et essentielle. Brent et le reste de l'équipe de reconnaissance rentrèrent à New York, tandis que je continuais vers la Tanzanie pour rencontrer le président Ali Hassan Mwinyi, le facilitateur des pourparlers d'Arusha, puis, en Éthiopie, pour m'entretenir avec Salim Ahmed Salim, le secrétaire général de l'OUA. Ces deux hommes avaient été à la base de l'accord d'Arusha. J'espérais qu'ils confirmeraient mes impressions et qu'ils me permettraient de brosser un tableau plus détaillé de la réalité. Il nous fallait également régler un litige : savoir si, comme le souhaitait certainement le FPR, l'OUA tenait à jouer un rôle dans la mise en œuvre des ententes.

À ma grande surprise, Pédanou, qui avait bien récupéré de son urgente opération, me retrouva à Dar es-Salaam. Il assuma immédiatement le rôle de chef de mission en me reléguant au deuxième rang. Je décidai de ne pas m'en froisser outre mesure, me disant qu'après tout il connaissait déjà bien Mwinyi depuis les pourparlers d'Arusha et que, même s'il y avait de quoi être ulcéré, il paraissait logique qu'il prenne quelque initiative.

Nous avons rencontré le président de la Tanzanie à l'ancien palais du gouverneur, un lieu splendide. Impressionné par un tel environnement, je m'attendais à rencontrer un despote africain arrogant et hautain, mais je me trompais lourdement. Mwinyi était en tous points un homme d'État mûr, digne et courtois, d'une cordialité et d'un charme qui mettaient tout de suite à l'aise. Il m'écouta attentivement lui faire mon rapport et le jugea comme une évaluation raisonnable de la situation. Il fut le premier à m'expliquer le choix mûrement réfléchi de la date butoir du 10 septembre. Elle marquait le début de l'année scolaire et de la saison des semailles. Il était donc vital de tirer avantage des changements qui étaient dans l'air et de l'idée que ce mouvement vers un Rwanda unifié et démocratique était naturel et irréversible. J'étais pratiquement prêt à exulter, car la bénédiction officielle de mon plan d'opération par Mwinyi s'annonçait comme de très bon augure.

Le jour suivant, nous nous sommes rendus à Addis-Abeba et à la Commission économique des Nations unies pour l'Afrique (CEA), logée dans un édifice ressemblant fortement à un palais. Le stationnement contenait plus de Mercedes en rang d'oignons que je n'en avais jamais vues dans un tel lieu. Des membres du personnel des Nations unies évoluaient gracieusement, vêtus de complets faits sur mesure chez les meilleurs tailleurs ou de robes de grands couturiers. On se serait cru au cœur de Genève plutôt qu'en plein milieu du tiers monde. Je fus frappé par l'insensibilité de ces gens envers la pauvreté qui les entourait. Si vous aviez la témérité d'aborder la question, ils pouvaient vous dévisager avec un tel cynisme et un tel air arrogant qu'ils vous glaçaient d'effroi.

Lors de notre rencontre avec Salim, Pédanou ne fit rien de moins que de se présenter comme le grand expert de la mission exploratoire. À Dar es-Salaam, j'avais fait preuve de patience, mais le temps était venu de le faire taire. J'attendis qu'il reprenne son souffle et profitai de la pause pour commencer à parler sans interruption jusqu'à ce que le secrétaire général de l'OUA entende intégralement mon rapport et mes propositions. Salim m'écouta attentivement, puis me déclara sans ménagement que, bien que la situation rwandaise l'inquiétât au plus haut point, l'OUA n'avait ni les ressources, ni l'argent, ni l'équipement nécessaires pour pouvoir subvenir, après la fin octobre, aux besoins des cinquante-cinq observateurs militaires de cet organisme, ainsi qu'à ceux de la compagnie d'infanterie légère tunisienne qui s'occupait alors de surveiller l'application du cessez-le-feu dans la zone démilitarisée. Il faisait tout ce qui était en son pouvoir pour rassembler une force de 300 membres pour le Rwanda, mais il ne pouvait y arriver sans l'assistance des Nations unies. En d'autres termes, il avait hâte de nous voir prendre le relais dans les délais les plus expéditifs.

Je me rappelle qu'en empruntant le chemin du retour, je m'étais calé dans mon fauteuil d'avion avec un certain contentement. J'estimais avoir travaillé très fort pour structurer un projet de mission susceptible de bien tenir la route. J'avais tenu compte de tous les aspects politiques, militaires et humanitaires, et obtenu des réactions de toutes les parties en cause aux pourparlers d'Arusha. Un sentiment de paix et de satisfaction du travail accompli ne tarda pas à m'envahir. Je ne me doutais aucunement que le diable était déjà du voyage.

Je n'avais pas compris que je venais de rencontrer au Rwanda les hommes qui participeraient au génocide. Pendant que je pensais bien évaluer la situation, je ne me rendais pas compte que j'étais celui qu'on évaluait soigneusement pour mieux le manipuler. Je pensais toujours que, dans la plupart des cas, les gens parlaient en toute franchise, et que je n'avais aucune raison de ne pas les croire. Les partisans de la ligne dure que j'avais côtoyés au cours de ma mission exploratoire au Rwanda avaient fréquenté les mêmes écoles occidentales que la majorité d'entre nous, ils lisaient les mêmes livres, regardaient les mêmes nouvelles télévisées. Ils avaient conclu d'avance que le tiers monde africain, représenté par l'OUA, n'aurait ni les ressources ni les moyens de déployer une force au Rwanda. Ils avaient décidé que l'Occident était suffisamment obsédé par l'ancienne Yougoslavie et par la réduction de ses forces militaires, à la suite de la diminution des grandes tensions internationales, pour s'impliquer à fond au centre de l'Afrique. Misaient-ils déjà sur le fait que les nations occidentales de race blanche en avaient assez sur les bras pour refuser d'intervenir en Afrique noire ? Les extrémistes nous prenaient-ils – moi y compris – pour des imbéciles ? Peut-être que oui. Je pense qu'ils avaient déjà conclu que l'Occident n'avait pas la volonté de consacrer des ressources ou de sacrifier de ses soldats pour s'assurer un rôle de police planétaire, celui qu'il avait joué en Bosnie, en Croatie et en Somalie. Ils avaient calculé que l'Occident ne déploierait qu'une force symbolique et qu'à la moindre menace elle s'aplatirait mollement et s'esquiverait. Ils nous connaissaient mieux que nous nous connaissions nous-mêmes.

# 5

# Compte à rebours

Dévoré par un sentiment d'urgence, je revins à New York le 5 septembre. La première date limite de l'accord d'Arusha tombait six jours plus tard. On ne pouvait se permettre de ralentir l'élan du processus de paix. Je croyais toujours que toutes les parties faisaient preuve de bonne volonté et que les opposants aux ententes prises à Arusha n'auraient pas le temps de consolider leurs positions. Le compte à rebours avait commencé, et le moment de passer à l'action était pratiquement échu.

Le jour suivant, je me suis joint à Kofi Annan, à Maurice Baril, à Iqbal Riza et à d'autres membres du DOMP pour leur fournir un bref compte rendu de la situation au Rwanda. Tout en m'écoutant attentivement et en me donnant à penser que j'abordais le problème de la bonne manière, ils faisaient preuve d'une grande réserve devant mon insistance à passer le plus rapidement possible à l'action. Ils me rappelèrent que le processus d'approbation de la mission et de déploiement des troupes pourrait prendre trois mois ou plus – ce que je savais déjà. Ce à quoi je n'étais pas préparé, c'était l'irritation contenue dont ils faisaient preuve à l'évocation de toute cette affaire. Certains participants ne se gênèrent pas pour émettre des commentaires négatifs du genre : « Qui donc a eu l'idée saugrenue d'oser soumettre cette date limite du 10 septembre ? » Il était évident que personne n'avait hâte de retrousser ses manches pour tenter de faire bouger les lourdes instances financières et administratives de l'ONU et de lancer enfin une autre mission.

Pendant le déjeuner, Maurice m'expliqua qu'il nous fallait trouver un pays prêt à fournir à la mission un contingent de militaires solide et qui servirait de chef de file : à partir de cet engagement, nous pourrions recruter d'autres contingents et nous attaquer aux longues et ardues procédures bureaucratiques onusiennes. La Belgique s'était présentée, mais, en tant qu'ancienne puissance coloniale au Rwanda, elle ne recueillait guère les suffrages des Nations unies. Baril me fit remarquer que démarrer une mission à partir de rien, avec seulement quelques officiers expérimentés mais pleins de bonne volonté, de gens qui utilisent leur propre papier, leurs crayons et leurs ordinateurs portables dans une salle de conférences prêtée, exigeait un zèle extraordinaire, de la volonté, la patience de Job et beaucoup de chance. Mon sens du devoir parvint à survivre à cette dure réalité. Je résumai la situation à Brent et à Miguel Martin par ces mots : « Ils sont sceptiques et ne croient même pas à la possibilité que cette mission voie le jour. L'idée qu'il puisse s'agir d'une urgence ne semble même pas les effleurer. Nous avons donc beaucoup de travail devant nous. Allons-y. »

Lors d'une deuxième réunion, le triumvirat du DOMP me poussa à compléter le rapport de la mission technique rapidement et à y inclure une recommandation demandant le déploiement d'une petite force au Rwanda. Ce document devait former la base d'un rapport officiel pour le secrétaire général qui, à son tour, constituerait un rapport incluant ses propres recommandations au Conseil de sécurité. Ce rapport final formerait – c'est du moins ce que j'espérais – l'essentiel d'une résolution du Conseil de sécurité mandatant notre mission.

Je pensais qu'il fallait trouver le moyen d'accélérer le processus, mais cela risquait de présenter des problèmes. Brent et moi n'avions pas accès à des modèles doctrinaux de quelque type que ce soit touchant le processus de mise en œuvre et d'approbation d'une mission de paix aux Nations unies, même si nous avions demandé à plusieurs reprises la marche à suivre. Empêtré dans la jungle de la tactique pour tenter de rassembler les pièces d'un rapport le plus persuasif possible défendant l'idée d'une mission de l'ONU, je n'avais guère le temps de penser à en accélérer le processus. Comme je l'avais pressenti, dès notre retour à New York, les autres membres de la mission technique disparurent dans leurs bureaux respectifs ou s'en allèrent en congé. Je demeurai simplement avec Brent, plus Miguel à temps partiel et un autre agent politique – mais pas Rivero, qui était venue au Rwanda avec moi. Elle aussi avait pris congé.

Miguel commençait à être un supporter convaincu de notre mission. Cet officier de commando était doué d'un sens inflexible du devoir qui lui permettait de résister à des mois de pression et à des victoires incertaines. Son perpétuel froncement de sourcils reflétait sa vraie nature, celle d'un homme qui ne parlait pas pour ne rien dire. Avec son air renfrogné, Miguel semblait ordonner de se retirer de son chemin, mais, en dépit de son aspect rébarbatif, il croyait profondément dans la justice et dans les droits humains. Je ne pense pas qu'il ait jamais raconté quelque blague que ce soit, mais il aimait en entendre. Nous lui soumettions chaque jour nos questions et nos problèmes ; chaque fois qu'il pouvait se soustraire à la demi-douzaine d'autres missions dont il était responsable, il nous faisait bénéficier de son temps et de son expertise sans rechigner.

Brent et moi comptions énormément sur l'appui de Miguel pendant que nous finissions le rapport de mission technique, établissions les normes destinées aux pays qui devaient envoyer des soldats, peaufinions nos règles d'engagement, ainsi que nos plans opérationnels logistiques et personnels. Étant donné que nous n'avions pas de bureau permanent, je devais constamment partir à la chasse d'un téléphone libre. Brent et moi faisions du camping dans l'une des grandes salles de conférences du 36e étage, car il n'existait aucun endroit réservé au personnel chargé d'organiser de nouvelles missions. En comparaison du tohu-bohu et des dérangements que nous devions subir durant la semaine, nous ne tardâmes pas à apprécier le silence, la sérénité et l'air plus respirable des petits matins et des week-ends. Épuisés par le défilé constant des gens et l'atmosphère bruyante du DOMP, nous cessions généralement de travailler vers 18 heures. Nous ramenions notre travail dans nos chambres d'hôtel afin de continuer en soirée.

J'estimais toujours que l'option «idéale» de 5 500 soldats et auxiliaires constituait le choix le plus judicieux, mais il n'existait aucun moyen pour ouvrir les discussions. Après une semaine au siège social de l'ONU, je pris conscience du fait que nous devrions vivre avec «l'option raisonnablement viable». Il nous fallait rassembler une force d'au plus 2 600 soldats, incluant une réserve mobile équipée de transports de troupes blindés et d'hélicoptères capables de neutraliser rapidement les flambées de violence, où qu'elles puissent survenir dans le pays. Une force de cette taille pouvait s'occuper de la surveillance de la zone démilitarisée et de la région de Kigali. J'étais capable de couvrir le reste du pays avec de petites équipes d'observateurs militaires non armés au lieu de garnisons de Casques bleus en tenue de combat. Ces observateurs militaires – qu'on appelle MILOBs dans le métier – pourraient toujours, dans les situations de crise, demander du renfort à notre petite force de réaction rapide, qui serait très bien entraînée et équipée pour réagir rapidement. Toutefois, je devais consentir à de sérieux compromis pour atteindre ce niveau de force et maximaliser le nombre de fusils à ma disposition. Je voulais un quartier général et un escadron de transmissions, mais Maurice me prévint qu'aucun pays pourvoyeur de troupes ne me fournirait cela. Aussi acceptai-je l'option d'une section restreinte de communications composée de civils onusiens. Cela voulait dire en clair que je devais me passer de personnel de soutien au quartier général ainsi que de signaleurs dans les postes de commandement et le centre des opérations – scénario qui allait d'ailleurs me coûter très cher par la suite. Les compagnies de génie et de logistique devaient également être des plus réduites et équipées au rabais, un plan périlleux pour une force devant être déployée en terrain montagneux, avec un nombre limité de routes pavées et aucune infrastructure.

Par la suite, une question ne cessa de me hanter : «Étais-je allé trop loin en acceptant de tels compromis ? N'avais-je pas pris un risque inacceptable par crainte de ne jamais mettre sur pied une telle mission ? » Lors d'un de nos échanges impromptus, Maurice m'avait rassuré en me faisant remarquer que toutes les missions – et particulièrement les petites missions dans le genre de la mienne – devaient vivre avec des budgets très modiques. Bref, nous devions subsister avec ce que l'on voulait bien nous donner. Il me conseilla de ne pas prendre le manque de ressources comme excuse pour ne pas m'engager. Bien des officiers auraient donné un bras pour ce travail, et pas précisément parce qu'ils croyaient au processus de paix au Rwanda. À partir de là, je m'assurai et indiquai dans toutes les communications et les documents concernant cette entreprise qu'il s'agissait là de *ma* mission. Au lieu d'abandonner cette tâche impossible, j'étais fermement décidé à faire de mon mieux pour assurer la paix au Rwanda.

Le 10 septembre, nous avons terminé notre rapport technique et l'avons envoyé afin qu'il soit distribué et étudié par le personnel de Kofi Annan. Plus tard dans la journée, le président du Conseil de sécurité émit une déclaration tiédasse laissant entendre que les États-Unis étaient en train d'étudier les options possibles. De toute évidence, son attitude déclencha un signal d'alarme à Kigali. Le mercredi 15 septembre, une délégation conjointe du gouvernement rwandais et du FPR débarqua à New York pour inciter l'ONU à agir. La délégation du FPR avait à sa tête Patrick Mazimhaka, et le gouvernement intérimaire était représenté par Anastase Gasana. Je n'avais pas eu l'occasion de rencontrer Mazimhaka en Afrique, mais il était habituellement le chef négociateur du FPR dans les situations délicates. Il avait, lui aussi, certaines attaches au Canada. Il y avait émigré, poursuivi ses études à l'Université de la Saskatchewan et milité dans un mouvement anti-apartheid avant de rentrer en Afrique et d'adhérer au FPR. Sa femme et ses enfants vivaient toujours à Saskatoon, où elle étudiait en vue d'obtenir un doctorat.

Débarquer ainsi à l'ONU représentait pour les Rwandais un acte courageux. Ils eurent cependant le bon sens de ne pas trop forcer la note. Lors d'une réunion avec tous les gros bonnets du DOMP, qui se tenait dans une salle de conférences adjacente au bureau de Kofi Annan, Gasana expliqua en long et en large la nécessité d'une approbation rapide du déploiement d'une force internationale neutre. Mazimhaka se montra plus bref, mais non moins éloquent. À la fin de leur intervention, on aurait pu entendre une mouche voler. Visiblement touché, Annan décida de passer immédiatement à l'action. Il prit rapidement des notes sur mon plan de mission et exhorta la délégation à rencontrer les ambassadeurs qui siégeaient au Conseil de sécurité.

Étant donné que les Rwandais avaient pris l'initiative de façon aussi spectaculaire et bénéficié d'une bonne couverture de presse pour cet exploit, j'espérais que le processus d'approbation passerait à la vitesse supérieure. On ne m'invita jamais à parler avec Boutros Boutros-Ghali ou à tout autre membre du Conseil de sécurité. Je ne suis pas demeuré inactif pour autant et j'ai couru les antichambres pour que la mission prenne enfin corps. Les portes des pays qui détenaient le plus d'influence au Conseil, c'est-à-dire celles des États-Unis et de l'Angleterre, demeurèrent soigneusement fermées. J'ai fini par pouvoir dire un mot au sous-secrétaire d'État américain pour l'Afrique, mais son seul souci semblait être le coût prévu de la mission. En réalité, les Américains ne prirent jamais le Rwanda – pas plus que ma propre personne d'ailleurs – très au sérieux. Ils continuaient à soutenir que le travail pouvait être accompli par un personnel beaucoup plus réduit. Me souvenant de la réponse très positive que j'avais reçue de l'ambassadeur Marlaud à Kigali, je m'adressai donc aux Français. J'ai alors réalisé que l'attaché militaire avait plus d'influence que son patron, car la France me fit savoir qu'une force de 1 000 hommes suffirait amplement. Le seul pays membre de l'OTAN prêt à engager résolument des troupes était la Belgique, dont l'offre était sur le bureau de Miguel Martin avant même mon retour du Rwanda. Toutefois, étant donné le passé colonialiste des Belges dans ce pays, leur proposition pouvait donner lieu à des réserves. Malgré cela, la Belgique tenait mordicus à cette mission. Je me demande si une entente n'est pas intervenue avec la France pour que les troupes belges protègent les intérêts de celle-ci à Kigali après le départ du bataillon de paras français.

Au cours de la deuxième moitié de septembre, Brent et moi nous attelâmes à la tâche de dresser la liste des hommes et du matériel dont la mission aurait besoin. Il s'agissait en fait d'une ligne directrice pour les nations participantes. Ce document très détaillé indiquait, par exemple, la quantité de munitions requise par chaque unité et chaque bataillon. S'il nous fallait travailler avec un nombre aussi restreint de soldats, je tenais à ce qu'ils soient au moins convenablement armés. Cependant, cette liste devait leur sembler extravagante, car Maurice me prit à part et m'expliqua aussi diplomatiquement que possible que les commandants des forces de l'ONU – et je n'en étais pas encore un – dépendaient de la générosité des nations participantes, aussi bien pour les effectifs humains que pour l'équipement. On ne pouvait jamais être sûr de la qualité ou de la quantité de ce que l'on recevait. Au mieux, il y avait toujours moyen d'attirer l'attention d'un membre de l'OTAN aux poches bien garnies, mais seule la Belgique s'était portée volontaire.

Espérant que le fait de graisser les rouages de mon propre pays inciterait peut-être d'autres membres de l'OTAN à nous imiter, j'entrepris des manœuvres d'approche auprès du Canada. Louise Fréchette, alors ambassadrice du Canada auprès de l'ONU, se montra enthousiaste. Je l'avais rencontrée la première fois en 1992 au Cambodge, à l'occasion d'un dîner organisé par mes troupes dans notre camp aux abords de Phnom Penh, pratiquement en ruine. Deux cent cinquante de mes hommes se trouvaient là pour assurer le transport de matériel lourd devant servir à l'imposante mission des Nations unies dans ce pays. Cordiale et dynamique, madame Fréchette s'adressa aux soldats comme si elle travaillait depuis longtemps avec des militaires. (Plus tard, elle devint sous-ministre de la Défense nationale et, ensuite, sous-secrétaire générale à l'ONU.) Je l'avais toujours considérée comme un appui en haut lieu et j'étais persuadé qu'elle m'appuierait à fond dans mes démarches. C'est sans doute pourquoi je fus doublement choqué par la réponse du ministère de la Défense nationale : on rejetait ma modeste demande pour un peloton de 30 soldats destiné à assurer le contrôle des déplacements. Son rôle aurait consisté à surveiller le chargement et le déchargement du personnel et du matériel nous parvenant par voie aérienne. On refusait aussi de mettre à notre disposition davantage d'officiers d'état-major et de militaires. La raison était que les Forces canadiennes étaient déjà très impliquées dans les Balkans et ailleurs.

Peu après, j'eus vent d'une rumeur voulant que les bureaucrates du ministère des Affaires étrangères et ceux du ministère de la Défense nationale se livraient une guéguerre territoriale. Le ministère de la Défense appuyait la présence d'un contingent des Nations unies au Rwanda. En effet, il est courant qu'une nation fournisse un appui militaire substantiel lorsqu'un de ses généraux occupe le poste de commandant de la force d'intervention. Il y a une bonne raison à cela : les autres pays n'aiment guère risquer la vie de leurs soldats sous les ordres d'un commandant étranger, à moins que le pays d'origine de ce dernier n'engage également ses propres troupes. Notre ministère des Affaires étrangères s'opposait à l'envoi d'un contingent canadien au Rwanda parce qu'il s'ingéniait alors à réorienter l'attention diplomatique du Canada vers l'Europe orientale et les Balkans, et à se dégager de l'Afrique. Les Affaires étrangères voulaient bénéficier du prestige de l'intervention sans risquer des pertes de vies humaines parmi nos troupes. Étant donné que ce ministère a, de par ses fonctions, l'habitude d'occuper l'avant-scène publique, il n'eut aucune difficulté à remporter la victoire sur son rival.

Il était difficile de ne pas se laisser engloutir par des futilités. Les accrochages administratifs étaient interminables. Brent a dû remplir l'équivalent d'un gros livre pour obtenir les hélicoptères dont nous avions besoin, mais nos demandes ne cessèrent de tourner en rond. (En fait, les hélicoptères n'arrivèrent au Rwanda qu'à la fin de mars 1994, et ils quittèrent la mission le jour où la guerre éclata, en avril…)

Nous avons continué à faire antichambre et à travailler sur le plan de la mission durant le mois de septembre. Plusieurs collègues du DOMP me firent remarquer qu'il restait encore des questions en suspens au sujet de ma nomination à la tête de la mission. Ils se demandaient probablement pourquoi j'étais si intéressé par ce travail. À l'ONU, il existe une règle non officielle voulant que, dans la mesure du possible, les missions de maintien de la paix en Afrique soient conduites par des Africains. L'un des favoris était le général nigérian qui commandait le groupe d'observateurs de l'OUA surveillant l'application du cessez-le-feu dans la zone démi-litarisée. Je l'avais rencontré au cours de la mission technique, et ses qualités de militaire et de meneur d'hommes m'avaient très peu impressionné. Ses propres soldats avaient confié à mon personnel qu'au moment des combats dans la zone démilitarisée, en février, le groupe d'observation s'était retrouvé au beau milieu de l'action. Le général avait alors abandonné ses troupes et s'était terré dans son quartier général de Kigali en refusant de donner des directives ou d'appuyer ses combattants.

Au cours des dix derniers jours de septembre, je passai le gros de mon temps à informer les délégations officielles de l'ONU ainsi que toutes les instances susceptibles de m'ouvrir quelques portes.

En plus du sous-secrétaire d'État américain aux affaires africaines, je mis également au courant une importante délégation de Paris, les très influents chefs de départements aux affaires politiques, aux affaires humanitaires et au DOT, ainsi que les moins influents mais tout aussi importants chefs de service dans les secteurs du personnel, de l'aviation, des finances, du transport, etc.

Avec Annan, Riza et Baril préoccupés en priorité par la situation dans les Balkans, le principal responsable du DOMP pour les affaires africaines était Hedi Annabi, qui semblait porter sur ses épaules tous les malheurs du continent noir. Son bureau ressemblait à l'officine d'un alchimiste médiéval. Les piles de papiers étaient si hautes qu'on se demandait quand elles s'effondreraient, compliquant ainsi le parcours d'obstacles que constituait la circulation dans la pièce. Dans ce bureau, il était impossible de déplier une carte, car aucune surface horizontale n'était libre. Annabi était la seule personne à l'ONU à exprimer quelque septicisme quant aux possibilités de l'accord d'Arusha. Il me signala que les Hutus purs et durs n'avaient signé cet accord qu'à la suite de pressions considérables. Je mis ses réserves dans ma poche, avec mon mouchoir par-dessus, et poursuivis ma route.

Le concept opérationnel que nous avons mis au point sous la direction du DOMP s'étendait sur une période de 30 mois. Il préconisait un travail en quatre étapes et l'engagement d'une force maximale de 2 548 personnes qui ne devaient être déployées qu'en cas de nécessité absolue.

Telle qu'elle avait été définie à Arusha, l'étape n° 1 serait enclenchée le jour où le Conseil de sécurité approuverait la mission. Elle devait durer 90 jours et exiger le concours de 1 200 personnes. À Arusha, on avait aussi prévu que la première tâche consistait à assurer la sécurité de la ville de Kigali et le retrait des soldats français. Ce retrait se révélait des plus importants, car le FPR considérait les paras français comme une force partisane, alliée à l'AGR, et refusait d'entrer en ville s'ils s'y trouvaient encore.

Ensuite, notre rôle était de transformer Kigali en un secteur où l'armement serait contrôlé. Nous devions négocier une entente aux termes de laquelle l'AGR et le FPR mettraient leurs armes à l'abri et ne les déplaceraient, ainsi que leurs troupes, qu'avec l'approbation et sous bonne escorte des Nations unies. À titre de conciliateurs, il nous fallait savoir où se trouvaient les armes. Avec le départ des Français et Kigali déclarée ville désarmée, le FPR pouvait y installer ses chefs politiques et les bataillons de soldats nécessaires à leur protection. Tel qu'il avait été convenu à Arusha, on pouvait y assermenter les membres du GTBE, même s'il y avait encore bien des discussions quant à la composition exacte de ce gouvernement.

Au cours de la phase I, nous devions également assurer la surveillance de la zone démilitarisée et mettre sur pied des équipes d'observateurs militaires afin de parcourir les territoires des dix préfectures (ou provinces) composant le pays et garder ainsi un œil sur de possibles échauffourées.

Au sud du Rwanda, le Burundi venait tout juste de tenir ses premières élections démocratiques depuis l'indépendance. La population avait assisté à une transition pacifique entre une dictature militaire imposée par une minorité tutsie et la nomination du premier président hutu à diriger le gouvernement de ce pays. Je ne m'inquiétais pas pour la sécurité de cette région du Rwanda considérée comme étant la plus modérée. J'étais persuadé que mes équipes d'observateurs militaires non armés y effectueraient un travail efficace. Le Rwanda oriental, vers la Tanzanie, était également assez calme, tandis que du côté occidental, près du Zaïre, mieux valait faire preuve de prudence. Le noyau des radicaux se trouvait au nord-ouest du pays, et l'on rapportait le passage d'armes en contrebande en provenance du Zaïre. De toute manière, j'étais sûr de pouvoir accomplir mon travail avec ce premier contingent de 1 200 soldats.

Ainsi que l'accord d'Arusha le demandait, une fois le gouvernement de transition mis en place et Habyarimana en poste en qualité de chef d'État temporaire, nous devions passer à la phase II, d'une durée de 90 jours, en exigeant le déploiement d'une force totalisant au maximum 2 548 membres. Je pensais que cette partie allait être la plus périlleuse de la mission. Un bataillon d'environ 800 soldats appuyé par une compagnie de génie de 200 autres militaires devait prendre position dans la zone démilitarisée pour créer une zone tampon entre le FPR et l'AGR, pendant que chaque armée se retirerait sur ses positions défensives vers les centres de démobilisation. Les armées devaient être rassemblées dans des lieux de cantonnement.

Pour cette phase, j'estimais avoir besoin de l'appui d'éléments de soutien, comme huit hélicoptères équipés de dispositifs de vision nocturne afin de patrouiller la zone démilitarisée. Sur cette question, Brent possédait d'ailleurs un dossier considérable. La frontière ougandaise était difficile à surveiller à cause de son altitude, de son type de terrain et de ses vallées noyées dans la brume. Il eut été normal que le FPR passât en contrebande dans le pays toutes sortes de marchandises en recourant à un vieux truc viêt-cong. Celui-ci consistait à charger des bicyclettes et à les pousser sur les pistes de montagne sillonnant la frontière dans tous les sens. La mission de la MONUOR était d'exercer un contrôle sur ces voies d'approvisionnement éventuelles. Pour poursuivre le processus de paix, il fallait mettre un terme à cette infiltration, et si je désirais acheminer rapidement des troupes pour contenir des hostilités, la force devait avoir également à sa disposition une vingtaine de blindés légers, la plupart des routes aux alentours de Kigali étant dans un état déplorable.

Pour instaurer un climat de sécurité dans la zone démilitarisée, je préconisais la politique de la carotte et du bâton. Je disposerais un bataillon armé entre les belligérants. Puis, derrière chaque force, je placerais mes observateurs militaires. Le bataillon comme les observateurs ne devaient pas se montrer menaçants mais plutôt mettre l'accent sur la bonne volonté et sur de saines relations de travail entre les factions comme à l'intérieur de chacune d'entre elles. Le bâton était symbolisé par la présence de la force de réaction rapide, qui pouvait intervenir pour décourager toute agression. La mission devrait être dotée de solides règles d'engagement afin que nous puissions utiliser la force requise pour nous permettre de remplir le mandat qu'on nous donnait.

La phase III consistait en un processus de démobilisation et de réintégration dans la vie civile d'une durée de dix mois. Elle débouchait sur la création de la Garde nationale, une nouvelle force intégrant des éléments du FPR, de l'AGR et de la Gendarmerie. Nous devions suivre les directives d'Arusha en reconstruisant la nouvelle armée rwandaise. La majorité des soldats des deux forces devaient recevoir une pension et passer par une nouvelle formation pour être réintégrés dans le civil. Tandis que ce processus suivait son cours, on avait ramené mes propres forces à environ 1 000 personnes

– un chiffre que j'avais recommandé après avoir subi les pressions de l'ONU. Je n'étais guère à l'aise avec un nombre aussi restreint de militaires, mais je n'avais pu faire mieux.

La phase finale de la mission était la tenue de premières élections démocratiques au Rwanda, une tâche particulièrement délicate dans un tel pays. J'espérais que le contingent des 1 000 Casques bleus serait renforcé par des éléments de la nouvelle armée rwandaise que nous aurions créée, et que celle-ci aurait suffisamment de cohésion pour contrer le retour éventuel d'un conflit ethnique. La phase IV devait durer douze mois. Après quoi, nous devions lever le camp et rentrer chez nous.

Dans le jargon de l'ONU, la mission devait être petite, peu coûteuse, brève et facile.

Mon rapport technique exigeait un déploiement urgent. Pour réussir cela, il nous fallait l'engagement d'une puissance militaire occidentale ayant des capacités de transport suffisantes pour pallier le fait que le Rwanda était un pays enclavé, que ses aéroports étaient rudimentaires et que le port de mer le plus proche, Dar es-Salaam, se situait à environ 1 000 km de Kigali au bout de routes à peu près impraticables. Seuls les Belges répondirent : « Présent ». À cette époque-là, je m'interrogeai sur les véritables raisons de cette abstention quasi générale. Nous avions affaire à une petite mission classique de type « chapitre VI », une victoire pour l'ONU et pour le monde. Je me demandais alors ce qui pouvait bien retenir les grandes nations. Si l'on se fiait aux bavardages des officiers de race blanche appartenant aux nations occidentales, la rumeur voulait que celles-ci manifestaient un certain ras-le-bol pour tout ce qui concernait les opérations de maintien de la paix et n'avaient plus le cœur à s'embarquer pour des missions lointaines. Tout cela était bien beau, sauf que Maurice et sa suite continuaient à obtenir avec une relative facilité un apport appréciable en troupes et en équipements pour les Balkans et la Somalie.

En août, lors de ma rencontre avec le corps diplomatique à Kigali, j'avais réussi à percevoir d'autres raisons de désintérêt. Tout d'abord, le Rwanda ne se trouvait sur aucune liste prioritaire en tant que lieu d'intérêt stratégique. On n'y trouvait aucune ressource naturelle notable, et son importance sur le plan militaire était

132

limitée. Ce pays dépendait de l'aide de l'étranger pour sa subsistance et de l'aide internationale pour éviter la faillite. En cas de réussite de la mission – une éventualité qui avait de fortes chances de se réaliser dans le contexte de l'époque –, les nations participantes n'escomptaient guère en tirer quelque bénéfice politique que ce soit. Seules les Nations unies seraient couvertes de lauriers après une telle intervention. Or, pour la plupart des pays, servir les objectifs de l'ONU n'a jamais semblé valoir la peine de prendre le moindre risque. Malgré toutes leurs déclarations hypocrites prétendant le contraire, les nations membres de l'ONU ne tiennent aucunement à ce que cette organisation soit forte, indépendante et à ce que sa réputation soit enviable. Ses membres veulent un organisme faiblard, redevable envers eux, un bouc émissaire endetté qu'on peut blâmer pour ses échecs ou dont on peut, le cas échéant, s'attribuer les victoires.

Le pire, c'est que je soupçonne ces puissantes nations d'avoir refusé de s'impliquer parce qu'elles connaissaient beaucoup mieux que nous les menaces qui pesaient sur l'application des ententes d'Arusha. Il est évident que la France, le Royaume-Uni, la Chine, la Russie et les États-Unis – en d'autres termes, les cinq membres permanents du Conseil de sécurité – possèdent tous des ambassades au Rwanda, y compris des attachés militaires et des agents de renseignements. À l'exception de quelques unités au sein du FPR, la hiérarchie politique ou militaire rwandaise ne recourait pas aux techniques de codage. À moins d'avoir été dans un état d'hébétude avancée, ce qui est fort douteux, entre les signaux humains, les renseignements recueillis sur le terrain et les moyens aériens et spatiaux, les grandes nations connaissaient en détail ce qui se passait. Les Français, les Belges et les Allemands avaient des conseillers militaires par douzaines à tous les niveaux de commandement des forces militaires, de la Gendarmerie, ainsi qu'au sein des structures de formation militaire rwandaises.

Cependant, depuis mon départ de Kigali, en août, je n'avais aucune source de renseignements sur le Rwanda. Pas un seul pays n'accepta de fournir à l'ONU, ou à moi-même de l'information précise et à jour. L'une des restrictions imposées à une mission de type «chapitre VI» est l'interdiction de monter sa propre unité de renseignements. Dans un esprit d'ouverture et de transparence, la mission doit être totalement dépendante de la bonne foi des antagonistes afin que ceux-ci préviennent le commandement de la mission des problèmes et des menaces qui se profilent à l'horizon. Le manque de services de renseignements et même d'information opérationnelle de base qui nous affligeait s'ajoutait à la répugnance de toutes les nations à nous en fournir. Cette attitude souleva mes premiers soupçons et me fit pressentir que si je devais avoir besoin d'aide sur le terrain, j'allais me retrouver dans une situation des plus délicates.

Ainsi, en dépit des efforts du personnel du DOMP, de tous les pays développés seuls les Belges voulaient encore s'engager, tandis que les Français manifestaient quelque intérêt sur le plan politique. Les autres engagements me parvinrent de plusieurs pays en voie de développement disséminés sur trois continents. Ces troupes tiers-mondistes étaient assez mal équipées et éprouvaient de sérieux problèmes logistiques et financiers. Il n'existait qu'une petite liste de nations pacificatrices capables de déployer des unités avec assez de matériel pour être indépendantes de l'appui des Nations unies, pendant que l'ONU établissait sa base logistique. En général, ces nations étaient occidentales et développées. Le nombre toujours croissant de pays prêts à s'engager dans une mission au Rwanda faisait partie d'une nouvelle génération de nations pourvoyeuses d'effectifs militaires. Celles-ci disposaient de vastes réserves de soldats mais se montraient complètement déficientes en matériel de guerre, en formation et en soutenabilité – éléments inhérents aux conflits complexes et aux vastes catastrophes humanitaires. De plus, de telles troupes provenaient parfois de pays assez peu respectueux des droits de la personne, et cette situation provoquait toutes sortes de problèmes.

Septembre s'égrenait, et je ne tardai pas à constater que ma présence et mon insistance commençaient à irriter bon nombre de fonctionnaires supérieurs de la Division des opérations de terrain (DOT) et du Service du personnel. La DOT exerçait un contrôle total sur l'équipement dont nous avions besoin. Elle décidait du nombre de personnes qu'on nous accordait et avait le dernier mot pour ordonner le déploiement des employés des Nations unies sur le terrain. Je m'inquiétais du fait qu'en insistant autant pour accomplir une mission pas encore mandatée et dont je n'avais pas encore le commandement, je compromettais la cause que je défendais.

Entre-temps, l'Ouganda avait finalement signé l'accord sur la situation de la mission pour la MONUOR, et les premiers observateurs arrivaient déjà sur les lieux. De toute évidence, ma place était parmi eux. Tout en faisant confiance aux experts de New York pour assurer l'avenir de la mission au Rwanda, je tenais à pouvoir suivre de près ce qui se passait à l'ONU. Je décidai donc de laisser Brent sur place pendant au moins un mois afin qu'il continue à travailler avec Miguel. La femme de Brent devait accoucher en novembre. En demeurant quelque temps à New York, il avait ainsi l'avantage de se trouver plus près d'elle.

À la fin septembre, les Nations unies nommèrent le D$^r$ Abdul Hamid Kabia, diplomate de carrière et expert politique de la Sierra Leone possédant une vaste expérience du terrain et des Nations unies, en qualité d'attaché de mission politique de l'Ouganda. Dès que l'on me demanda de me mettre à jour avec lui, je me rendis immédiatement dans son bureau au Département des affaires politique (DAP). Craignant d'avoir affaire à un dandy ambitieux et hautain, ou encore à un vieux politicien grognon et prétentieux qui refuserait d'écouter les recommandations d'un militaire, je fus agréablement surpris. Le D$^r$ Kabia me reçut de manière empressée et ne ressemblait en rien à ces clichés. Son bureau était sobre, avec des meubles d'un gris métallique classique et une table de travail surchargée de documents sans ordre apparent. Je sentis toutefois qu'il savait parfaitement où chaque dossier se trouvait.

Il me confia son étonnement qu'on le demandât pour travailler sur le terrain. Il avait toujours pensé qu'il terminerait sa carrière onusienne dans quelque emploi de bureau à New York. Il ne montra aucune réticence ou hésitation. Il devait devenir l'un de mes collègues et conseiller parmi les plus fiables. À la mi-octobre, il s'envola pour l'Ouganda et prit son poste au quartier général de la MONUOR.

Toutefois, le vent avait tourné au 36$^e$ étage, et les meilleurs renseignements recueillis par Brent laissaient présager que l'on prévoyait fortement faire appel à moi pour commander les forces de la mission au Rwanda. Avant de quitter New York, l'une de mes dernières tâches consista à créer le nom de la mission. Dans ce nom, les mots «Nations unies» allaient de soi. Étant donné que notre travail consistait à assister les parties à mettre en œuvre les accords d'Arusha, le mot «assistance» représentait un bon choix. Finalement, vu que nous faisions tout ça «pour le Rwanda», ces derniers mots résumaient bien notre action, sauf que l'acronyme MINUPR était quelque peu rocailleux[8]. C'est ainsi que le P se trouva remplacé par un A. Le nouvel acronyme fut trouvé et griffonné sur une serviette en papier dans un restaurant de Manhattan. Pendant des années, j'ai entendu des officiels, des universitaires, des bureaucrates – tous des experts – expliquer l'acronyme en parlant de la Mission d'assistance des Nations unies *au* Rwanda mais, à mon avis, les mots «pour le» étaient plus importants.

Je rencontrai le triumvirat du DOMP en compagnie de Hedi Annabi afin de recevoir mes dernières instructions. Ils me demandèrent de monter la mission en Ouganda, de la rendre opérationnelle et d'être ensuite disponible pour la déployer rapidement à Kigali dès que la MINUAR serait officiellement créée. Je devais garder le contact par l'intermédiaire de Miguel et de Maurice. Tout le monde me souhaita bonne chance. Lorsque Kofi Annan me serra la main, je sentis de sa part une chaleur et une bienveillance qui, pendant quelques instants, m'envahirent. Il ne ressemblait en rien à un de ces quelconques politiciens qui envoient l'un de leurs généraux en campagne en prononçant des platitudes avec un aplomb de circonstance. Même si son maintien était mesuré, la bonté rayonnait de ses yeux. Annan projetait un humanisme et un sens de l'engagement que j'ai rarement rencontrés ailleurs. En me fondant sur chacune de ses phrases, il était clair que, pour mon chef, la mission était juste, que j'étais un bon choix pour la diriger et que tout cela aiderait les Africains luttant pour la liberté et la dignité.

Le 30 septembre, je quittai New York en fin d'après-midi. Le soleil arborait ses teintes automnales et baignait les murs-rideaux de la forêt de gratte-ciel de Manhattan d'une lumière orangée. Je me sentais plein d'énergie, d'optimisme, avec l'impression de servir à quelque chose. J'allais enfin être mis à l'épreuve et donner la pleine mesure

---

8. Sigle officiel : MINUAR. En anglais, le sigle est UNAMIR – United Nations Assistance for Rwanda.

de ma profession : on m'avait confié un commandement de théâtre opérationnel. Les stratégies et les tactiques des grands généraux de l'histoire que j'avais étudiées pendant des années me revinrent en mémoire avec vivacité. Toute mon expérience, depuis mes batailles de soldats de plomb sur le tapis du salon jusqu'au commandement du 5e Groupe-brigade, se concrétiserait sur le terrain.

Je pris une brève permission pour me rendre à Québec afin de dire au revoir à ma famille, ramasser mes effets personnels et tout l'équipement que l'armée canadienne m'avait fourni pour ce voyage dans des pays chauds et dangereux, infestés de maladies tropicales. Je dois avouer que lorsque j'ai rendu visite à ma famille, j'ai vu ce que je voulais bien voir. Elle s'était installée dans son nouveau logis et se débrouillait très bien sans moi. Je ne savais pas qu'à la garnison, pour Beth et les enfants, l'atmosphère était déjà empoisonnée par une jalousie alimentée par ma nomination outre-mer. Seule une intervention en très haut lieu pouvait améliorer cette situation. Au cours de la plus grande partie de mon séjour au Rwanda, on sevra Beth et les enfants de toute véritable information concernant ma sécurité et mon bien-être. Pleins d'appréhension, isolés, les membres de ma famille devraient se contenter de rester collés à l'écran de télévision en regardant la chaîne CNN.

J'étais à l'aéroport, prêt à partir pour une durée indéterminée en Afrique. Je me suis penché vers Willem et, plutôt que de le serrer dans mes bras, car il avait besoin de ce contact, je lui ai tenu le genre de discours que les soldats adressent généralement à leur aîné : « Mon fils, je pars en opérations. Étant donné que tu es le plus vieux, je te confie la responsabilité de la famille et de ta mère. Tu dois l'aider en tout. » Je n'avais pas réalisé l'effet que pouvaient produire sur un adolescent ces quelques mots assez mal choisis. Dès que l'avion a décollé, ma famille est passée au second plan dans mes pensées et je me suis concentré sur la mission que j'allais accomplir. C'est ce que doivent faire les soldats.

Douze heures plus tard, j'étais à l'autre bout du monde ou presque, et j'avais reculé de vingt ans dans le temps. En atterrissant à Entebbe, l'avion a survolé l'ancien aéroport. Sur le tarmac, on pouvait voir l'ancien DC8 d'Air France que les terroristes palestiniens avaient détourné au cours de l'été 1976. La vue de cet avion m'a donné froid dans le dos lorsque j'ai repensé au raid audacieux et réussi qu'avaient lancé les commandos israéliens, il y a si longtemps. Je me suis demandé pourquoi on avait conservé intact ce sinistre souvenir. En avaient-ils fait un lieu de recueillement ou s'agissait-il d'un avertissement?

J'ai tout de suite aimé l'Ouganda. Kampala était une ville bourdonnante d'activité et, bien qu'étant moins imposante qu'Addis-Abeba, elle paraissait prospère. Le représentant local du PNUD était venu m'accueillir à l'aéroport. Il avait organisé très efficacement mes rencontres avec les chefs politiques et militaires, ainsi que celle avec le président de la république d'Ouganda. Nous sommes allés voir Yoweri Museveni dès mon arrivée. Il nous a reçus dans l'ancienne demeure du gouverneur général britannique, une immense maison blanche qui donnait directement sur le lac Victoria. On nous a conduits à travers des pièces vastes et claires encombrées d'objets d'art africain jusqu'à l'extérieur, où le président siégeait en dessous d'un arbre énorme. Museveni était un homme grand, complètement chauve, dont le tour de taille était appréciable. Bref, une présence sans nul doute imposante. Bien qu'il parût être bien informé, il ne m'offrit aucun renseignement spécial sur la situation au Rwanda. J'en ai été étonné et très déçu. Je n'avais aucune attente particulière en le rencontrant, mais j'ai eu l'impression qu'il ne m'accordait guère plus d'attention qu'à un simple représentant d'une multinationale souhaitant lancer une entreprise dans son pays.

Le chef d'état-major de l'armée ougandaise me troubla un peu. Il m'a assuré que les Ougandais étaient très engagés envers la MONUOR, la mission d'observation de l'ONU en Ouganda, mais j'ai tout de suite perçu qu'il gardait pour lui certaines informations dont j'aurais eu besoin pour faire un bon travail. Mes soupçons se sont confirmés en arrivant à la ville frontière de Kabale, où était localisé mon quartier général. Dans mon agenda, le premier rendez-vous était avec le commandant de l'armée de la région sud pour discuter de ma stratégie d'intervention. Nous nous sommes rencontrés à mes quartiers généraux temporaires situés au White Horse Inn, une jolie petite auberge nichée dans les collines. C'était un homme sérieux, un professionnel qui semblait décider à coopérer avec la MONUOR. L'officier de liaison de l'Armée nationale de résistance de l'Ouganda (ANR[9]), qui était assigné à ma mission, est venu me rendre visite un peu plus tard et m'a averti que toutes nos futures patrouilles devaient être planifiées d'avance, car il avait besoin de douze heures pour organiser l'escorte militaire qui devrait nous accompagner. Je l'ai regardé avec le plus grand étonnement. L'idée même de patrouille était de provoquer un élément de surprise pour liquider toute activité frontalière peu souhaitable. Il m'a fixé droit dans les yeux et a insisté en me disant, de sa voix douce et polie, que quantité de terrains minés n'avaient pas été répertoriés, et que ses soldats devaient escorter les patrouilles de la MONUOR pour des raisons de sécurité. Je lui ai alors répondu que nous devrions aussi contrôler cinq points de passage différents, vingt-quatre heures par jour. Sa seule réponse fut qu'il essaierait d'y poster ses soldats. J'aurais pu protester, mais cela se serait révélé inutile.

J'étais quand même heureux d'être éloigné du quartier général de l'ONU et de me retrouver sur le terrain, en train de commander mes troupes et de commencer le travail de surveillance des 193 kilomètres de frontière non balisée. La ville de Kabale se situe au milieu de collines verdoyantes, un vrai paradis miniature sur terre. Elle est constituée d'une rue principale, de quelques boutiques et de plus d'églises que l'on ne peut en compter. La population indigène semblait tout à fait apprécier l'injection de dollars américains dans l'économie locale. Comme quartier général, nous avons loué un grand bungalow d'un des hommes d'affaires du coin. Le bâtiment se trouvait à la lisière de la ville et possédait suffisamment de terrain autour pour pouvoir construire un petit héliport.

L'officier en second sous mon commandement était un colonel zimbabwéen qui se nommait Ben Matiwaza. Ce Zoulou avait combattu pendant plusieurs années contre les Rhodésiens lors de la guerre d'indépendance de son pays. En tant qu'ancien membre des forces rebelles, il savait pressentir les allées et venues du FPR et était terriblement perspicace quant à leur psychologie. Willem de Kant, un jeune capitaine néerlandais faisant partie du centre d'opérations, me mit au courant du statut de la mission très peu de temps après mon arrivée. Il m'a tout de suite fait une excellente impression.

---

9. En anglais, NRA – National Resistance Army.

La frontière était une passoire, sillonnée de petits sentiers millénaires qui passaient à travers les montagnes. Étant donné ma petite troupe de quatre-vingt-un observateurs et le fait que nous n'avions pas accès à des hélicoptères équipés de dispositifs de vision nocturne, la tâche qui nous était assignée, c'est-à-dire surveiller la frontière, était plutôt symbolique. Les troupes, qui venaient de Hollande, de Hongrie, du Bangladesh, du Zimbabwe et de neuf autres pays, ont travaillé avec beaucoup de détermination et de courage pendant des mois avec ou sans l'aide de l'ANR et du FPR.

Il y avait un autre inconvénient, et j'aurais peut être dû le prendre comme signe avant-coureur des événements futurs. Mon mandat, signé par le gouvernement ougandais, me donnait la permission de me déplacer dans un rayon de cent kilomètres à l'intérieur de l'Ouganda, ce qui plaçait la ville d'Embarara dans mon aire de contrôle. Pourtant, l'armée ougandaise insistait pour réduire mon rayon d'action à vingt kilomètres. J'ai continué de négocier. Embarara ressemblait à une ville du Far West, avec ses rues poussiéreuses bordées d'immeubles à un étage, de grands entrepôts et de quelques bars. Plaque tournante pour tous les transports, elle pouvait servir pour arrêter le trafic d'armes à la frontière. Des informations nous avaient signalé la présence de cachettes d'armes dans cette région. Si nous avions pu les découvrir, nous aurions pu renforcer la sécurisation de la frontière et aider le président Museveni à éliminer la rumeur selon laquelle il était en train d'aider le FPR à se réapprovisionner en armes. Une telle action faisait partie de notre mandat, et mes troupes avaient la compétence pour l'assumer. Après de nombreuses palabres stériles et beaucoup de messages au DOMP, j'ai reçu l'ordre d'abandonner. Je devais laisser Embarara tranquille.

Le Conseil de sécurité approuva le mandat de la Mission d'assistance des Nations unies au Rwanda le 5 octobre et me nomma officiellement commandant en chef. On m'avait dit et redit que l'ONU avait besoin de six mois environ pour envoyer une mission sur le terrain *après* l'approbation du mandat, à condition qu'une infrastructure suffisante pour travailler existe sur place. Ce n'était certainement pas le cas au Rwanda : le carburant, la nourriture et les pièces détachées se trouvaient entre les mains de quelques individus bien placés qui s'attendaient à ce que l'ONU en paye le prix fort. En ce qui me concernait, nous avions déjà dépassé le délai de presque un mois pour Arusha, et ça ne faisait pas mon affaire. J'étais resté assez longtemps à Kabale à diriger la MONUOR pour savoir que mon équipe y était excellente et que je pouvais compter sur elle. Elle était capable d'agir dans les limites qu'on nous imposait et avec les rares ressources qui nous étaient imparties. Le temps était venu de diriger mon attention vers le Rwanda.

À Kigali, je n'avais pas de quartier général ni de chef d'état-major, et le personnage politique à la tête de la mission n'avait pas encore été désigné. Cependant, j'avais avec moi de bons officiers déjà au courant des acteurs qui participaient à ce conflit et qui sauraient m'appuyer à coup sûr. J'ai pensé que si je pouvais envoyer quelques-uns d'entre nous à Kigali, je pourrais peut-être faire accélérer l'ONU, de sorte que la mission soit mise en place plus rapidement. Étant donné que j'étais déjà dans le théâtre, j'ai insisté avec succès pour que mes supérieurs du DOMP me donnent la permission d'aller au Rwanda.

Je réservai plusieurs places pour un vol qui partait de Kampala le matin du 21 octobre. J'emmenais avec moi le capitaine Willem de Kant, en tant qu'aide de camp, et deux autres officiers compétents, triés sur le volet. Avant d'aller à notre hôtel, nous nous sommes rendus à l'aéroport pour vérifier l'heure du départ et pour confirmer notre voyage. Nous avons découvert que nous avions été mis sur une liste d'attente, même si nous avions nos billets en main. Je suis parti à la recherche d'un employé de l'aéroport et lui ai glissé un billet de cinquante dollars dans les mains en lui disant: «Nous devons partir sur ce vol. Arrangez-vous pour que nous y parvenions…» Un peu plus tard, au cours de la soirée, nous avons reçu un appel pour la confirmation de notre enregistrement.

En arrivant à l'aéroport, le lendemain matin, nous avons appris que l'avion était presque vide. Il y avait eu un coup d'État au Burundi pendant la nuit, et donc le vol n'irait pas plus loin que Kigali. Tout avait basculé. Cet événement ne ferait pas seulement que fragiliser la situation politique déjà délicate qui prévalait au Rwanda, il faisait aussi disparaître le flanc sud stable sur lequel je comptais pour ma mission.

Je ne ressentais ni mélancolie ni peur au cours de cette dernière portion de mon périple aérien, un voyage qui allait modifier ma vie tout entière ainsi que celle de ma famille. J'avais désiré ce commandement et j'allais maintenant m'y impliquer à fond. Au moment où nous atterrissions au moderne aéroport de Kigali, j'ai pensé à mon père et au père de Beth, le colonel. Je me suis demandé quelles avaient été leurs pensées, il y a cinquante et quelques années, alors qu'ils se préparaient à atterrir en Angleterre et à sauter à pieds joints dans la guerre.

# 6

# Les premières bornes

À l'aéroport de Kigali, nous avons été accueillis par le ministre des Affaires étrangères, Anastase Gasana, quelques dignitaires et de rares journalistes. Nous n'étions pas vraiment le centre d'attraction. Tout le monde suivait plutôt avec appréhension les progrès du coup d'État. Le gouvernement élu démocratiquement au Burundi et dirigé par un Hutu modéré avait été renversé par un chef militaire tutsi. Le président et plusieurs membres de son cabinet avaient déjà été tués, et le pays s'en allait vers un massacre ethnique. Les retombées sur le Rwanda ne se sont pas fait attendre. À Kigali se répandaient rumeurs et soupçons, et les médias locaux rapportaient des discours hystériques au sujet de l'hégémonie tutsie. Il ne pouvait y avoir de plus grand contraste entre la capitale ensoleillée et joyeuse que j'avais connue en août et celle que je retrouvai lors de mon arrivée, le 22 octobre. L'atmosphère y était lourde et sinistre.

Les bras d'Amadou Ly étaient chargés de rapports indiquant l'arrivée massive de réfugiés venant du Burundi, mais, comme toujours, il a fait tout son possible pour nous aider à nous installer. L'ONU avait finalement désigné un responsable à la tête de la mission : Jacques-Roger Booh-Booh. Son titre exact était représentant spécial du secrétaire général des Nations unies (RSSG). Ancien diplomate camerounais, il était un ami de Boutros Boutros-Ghali. Je demeurais toutefois en charge des aspects politiques et militaires de la mission jusqu'à son arrivée. Pendant ce premier week-end, j'ai fait des pieds et des mains pour mettre en place des quartiers généraux temporaires à l'hôtel des Mille Collines tout en me gardant informé de la situation au Burundi. Amadou nous a trouvé quelques véhicules et des chauffeurs pour nous aider à circuler, ainsi que de l'argent dont nous avions terriblement besoin. (S'il n'avait pas constamment contourné les règlements de l'ONU, nous n'aurions jamais pu atteindre les objectifs de la phase I.)

Au cours des jours qui ont suivi mon arrivée, un premier groupe d'officiers venant de l'Uruguay, du Bangladesh et de Pologne, et qui avaient servi au Cambodge, nous a rejoints. Ces officiers avaient fière allure. Ils étaient placés sous le commandement d'un Uruguayen aussi bel homme qu'ingénieux, le colonel Herbert Figoli. Jusqu'à ce qu'il retourne en Uruguay, trois mois plus tard, ce dernier a servi en tant que commandant de la zone démilitarisée. Les autres officiers seraient appelés à devenir l'épine dorsale de la mission jusqu'à la fin. Je les ai conduits à la salle de conférences et leur ai fait un exposé très détaillé sur mon concept des opérations et de nos tâches. Très attentifs, ils m'ont posé des questions intéressantes et perspicaces. Un lien s'est immédiatement noué entre nous. J'ai consigné par écrit l'essentiel de notre discussion sous le titre de « Première directive du commandement de la force d'intervention ». Il s'agissait en fait du plan qui nous servirait de guide durant la phase I. Par la suite, j'ai défini les règles intérimaires d'engagement et je les ai intitulées « Deuxième directive du commandement de la force d'intervention ». J'en avais préparé l'ébauche avec Brent, lorsque celui-ci était revenu en septembre. Je les ai fait parvenir à New York et dans les différentes capitales des pays dont les troupes contribuaient à la force de l'ONU. Je leur ai demandé que me soient confirmées les règles d'engagement. Non seulement n'ai-je jamais reçu l'approbation de la part de l'ONU, mais je n'ai également reçu aucun commentaire, soit négatif soit positif, d'aucun des pays concernés, à l'exception de deux d'entre eux : la Belgique, qui avait des appréhensions concernant le contrôle des foules, et le Canada, qui a protesté contre le fait que nous envisagions d'utiliser nos armes pour protéger les biens de l'ONU. Nous avons fini par apporter des amendements à ce document pour répondre aux inquiétudes de ces deux pays, et estimé que le silence des autres nations signifiait un accord tacite de leur part.

C'est au cours des premières journées de mon séjour que j'ai rencontré Per O. Hallqvist, un employé de l'ONU à la retraite rappelé pour servir d'agent d'administration principal à la MINUAR. Un jour ou deux avant mon arrivée, il avait atteint Kigali avec un petit groupe de civils pour commencer à mettre sur pied l'infrastructure de notre mission. Dès le début, la position d'Hallqvist fut très claire : il serait très pointilleux sur la marche à suivre et il m'a annoncé que cela pourrait prendre jusqu'à six mois avant que le système logistique et administratif de la MINUAR soit véritablement fonctionnel. Il m'expliqua qu'étant donné que l'ONU n'avait pas de ressources propres, elle devait quémander tout ce dont ses missions avaient besoin, au contraire de ce qui existait à l'OTAN qui pouvait fournir le matériel nécessaire aux opérations. À l'ONU, si l'on ne demandait rien, on n'obtenait rien. Les soldats, par exemple, doivent manger et boire. Avec un organisme comme l'OTAN, les aliments et l'eau sont fournis automatiquement. Dans une structure comme l'ONU, il faut quémander les rations alimentaires. Le bon sens semblait totalement inexistant. Lorsque nous demandions des lampes de poche, il était préférable de préciser que nous voulions des piles et des ampoules en même temps, sinon les lampes de poche seraient arrivées vides. Rien que l'obligation de demander représentait un désavantage. C'est un civil de l'ONU responsable de la logistique qui détient le pouvoir sur les approvisionnements et non le commandant en charge des opérations. Si ce bureaucrate juge que l'objet de notre demande est nécessaire, il nous le fournira. Sinon, nous devrons nous en passer.

Nous allions bientôt connaître quelques-unes de ces dures réalités. Lors de notre première rencontre, l'indifférence totale de Hallqvist envers nos besoins les plus urgents m'a stupéfié. Nous devions être totalement opérationnels dans les jours qui allaient suivre, et non pas quelques mois plus tard. J'ai décidé de défier les règlements, de passer par-dessus la paperasserie, de faire plier les règles et de faire tout en mon pouvoir – sauf entrer dans l'illégalité – pour arriver à poser les premiers jalons de la mission.

Le 1er janvier 1994 se trouvait être le dernier jour du mandat du gouvernement provisoire. Nous avions planifié qu'à partir de cette date, nous devrions inclure dans notre mission toutes les tâches à terminer permettant d'installer le gouvernement de transition à base élargie (GTBE) sur lequel reposait le processus de paix d'Arusha. J'ai divisé mon équipe en trois groupes et ai subdivisé notre grande salle de réunion en plusieurs cellules ad hoc autour de tables rectangulaires. En entrant dans cette pièce, un beau matin, j'ai été frappé par une sensation de déjà-vu : la situation répliquait exactement les postes de commandement des jeux de guerre que nous organisions au Canada avant les manœuvres, sauf qu'ici les ennemis n'étaient pas vraiment définis, pas plus que les amis, d'ailleurs.

Un des groupes avait comme mission de s'occuper de la réception et de la logistique des troupes, c'est-à-dire trouver où les cantonner, dénicher de l'équipement et le moyen de les payer et de les nourrir. Ces pauvres gars devaient se battre constamment avec Hallqvist et son équipe. Le deuxième groupe devait élaborer des plans opérationnels, comme les moyens à prendre afin que Kigali soit une ville désarmée. Le troisième groupe était chargé de collecter des renseignements en faisant des patrouilles de reconnaissance dans tout le pays. Nous devions, par exemple, évaluer quel effet la situation au Burundi pourrait avoir sur nos plans.

Le lundi 25 octobre, Amadou Ly me fit part de sa propre interprétation de l'état actuel des événements. Le fait que le président Habyarimana n'avait pas encore pris le temps de me rencontrer ou d'accueillir de façon officielle la MINUAR me mettait mal à l'aise. J'avais besoin de savoir où l'on se situait politiquement, surtout que, jusqu'à présent, je n'avais pas d'équipe politique pour me conseiller. Amadou n'a pas mâché ses mots. La Radio-télévision libre des Mille Collines (RTLM), une station de partisans de la ligne dure, s'attirait des auditeurs à Kigali grâce à la musique rock africaine et aux propos racistes qu'elle colportait. Le jour suivant, nous attendions un groupe de reconnaissance de l'armée belge, comprenant quinze officiers et des sous-officiers. Amadou m'a informé que RTLM menait une véritable campagne publique contre l'arrivée des anciennes troupes coloniales dans la capitale. Il a voulu me faire comprendre que le paysage politique n'était pas tel qu'il paraissait ; l'implantation du gouvernement transitoire s'en trouvait bloquée et avait besoin de conseils habiles pour pouvoir redémarrer sur la bonne voie, faute de quoi la mission au complet serait compromise.

Je savais tout cela, mais ces manœuvres n'étaient pas de mon ressort. J'étais avide de comprendre les subtilités des événements qui se déroulaient, mais, au Canada, les généraux se tiennent le plus possible à l'écart de la politique et de ce qui se passe sur la colline parlementaire. Je m'étais attendu à avoir un diplomate à mes côtés dès le début. En ce qui concernait les aspects logistiques et militaires, je n'avais encore aucun chef d'équipe ni commandant en second pour m'assister, alors que moins d'une semaine plus tard, le 30 octobre, le contingent du maintien de la paix de l'OUA, qui avait patrouillé la zone démilitarisée, devait passer sous le commandement de la MINUAR. Réaliser tout en même temps représentait un vrai défi. Je dois admettre que j'adorais cela, bien que je ne me retrouvais pas en terrain connu : la géographie, la culture, la politique, la brutalité, l'extrémisme, la profonde duperie que certains Rwandais avaient élevée au niveau d'un art, tout cela était nouveau à mes yeux. Cependant, je connaissais les susceptibilités qu'une minorité peut entretenir et les conséquences que pouvait avoir le fait d'être différent, du point de vue du style ou de l'attitude. Je suis de nature modérée et un conciliateur dans l'âme, et je brûlais d'un désir ardent de mettre en œuvre l'accord d'Arusha – ce qui était la meilleure chance d'obtenir un nouveau contrat social pour le peuple rwandais. Je me trouvais dans la position d'un chef d'orchestre qui doit donner un concert cinq jours plus tard et qui insiste pour respecter son engagement, même si ses musiciens n'ont pas encore d'instruments de musique. Je mettais sur pied mon orchestre à partir de rien, juste un groupe d'officiers qui non seulement n'adhéraient pas aux mêmes doctrines du maintien de la paix que moi, mais qui, en plus, ne parlaient pas la même langue. J'étais décidé à présenter ce concert, même si l'ONU semblait avoir bien peu de pouvoir pour réagir devant une situation urgente.

Ces premières journées m'ont fait découvrir, à la limite de l'inimaginable, ce que quémander et emprunter voulaient dire. J'ai passé beaucoup trop de temps à régler des détails de fonctionnement de la force, dans des discussions interminables avec Hallqvist à propos de tout et de rien, en passant de la quantité de papier hygiénique disponible jusqu'à la façon d'écrire les communiqués officiels. Je commençais à me rendre compte que discuter avec lui était une perte de temps, parce que, même lorsqu'il était d'accord avec moi, il n'avait aucun pouvoir discrétionnaire. Mon esprit était constamment occupé par des problèmes militaires, et je me demandais en même temps comment faire pour diminuer les problèmes politiques qui stoppaient la mise en place du GTBE, pour régler des détails futiles tels que mon impossibilité de payer la facture des appels téléphoniques que j'avais passés à New York, ou encore le fait que ma marge de crédit personnelle était presque épuisée. Pour couronner le tout, la mission se déroulait jusqu'à maintenant à l'insu des Rwandais. Une grande partie de la population ne semblait pas savoir qui nous étions et ce que nous faisions, alors qu'outre-Atlantique, quelques reporters traînant leurs guêtres à l'ONU avaient déjà commencé à critiquer sournoisement notre prétendue « inaction ». Je devais à tout prix trouver le moyen d'annoncer la présence de la MINUAR. J'ai eu alors l'idée d'organiser une cérémonie, un lever de drapeau qui aurait lieu dans la zone démilitarisée pour marquer la passation des pouvoirs du contingent de l'OUA, dont le commandant était toujours de mauvaise humeur parce qu'il n'avait pas été nommé commandant de la force. Le drapeau de l'ONU était déjà respecté au Rwanda, car on associait cette organisation à des domaines comme l'éducation, les soins de santé et l'aide alimentaire. Notre nouveau rôle allait devoir s'ajouter à cette liste.

Pour patrouiller la zone démilitarisée, longue d'environ 120 km et qui, à son point le plus large, faisait 20 km, je devais avoir environ quarante observateurs non armés et un contingent de soixante hommes, des Tunisiens légèrement armés. Toutefois, leur action était restreinte par la pénurie de transport, par un équipement rudimentaire et un manque de financement. J'étais en train de changer le mandat de ces troupes qui, jusque-là, se contentaient de faire respecter le cessez-le-feu dans un endroit limité. Désormais, elles allaient devoir participer à l'implantation des accords de paix dans le pays tout entier, ce qui augmenterait le niveau de risque auquel elles seraient exposées. Je n'avais aucune idée du moment où je pourrais améliorer leur situation générale, mais je devais envoyer un signal très sérieux aux Nations unies pour leur dire que nous étions totalement engagés dans la mission, que nous étions entrés en « risque opérationnel » et que le DOMP devait activer le pas pour déployer les troupes et le support logistique. À vrai dire, ma cérémonie du drapeau constituait une arme diplomatique de dernier recours.

J'avais choisi Kinihira comme lieu de cérémonie parce qu'un grand nombre des protocoles ayant constitué l'accord d'Arusha avaient été négociés à cet endroit même, et que ce site était bien connu, sur le plan national et international. Le village se trouve au sommet d'une montagne arrondie d'où l'on peut voir le confluent de deux petites rivières qui alimentent les sources du Nil. Le long des versants jusqu'aux rives, des rangées verdoyantes de caféiers alternent géométriquement avec des plantations de thé.

Kinihira est très rapidement devenu l'un de mes sites préférés au Rwanda. Dans l'école du village, un bâtiment rectangulaire d'une seule pièce en terre et en brique, la lumière du soleil pénétrait par des trous dans le toit en tôle ondulée causés par les violents vents d'hiver. Un coin de mur peint en noir, craquelé et zébré de craie blanche, servait de tableau. Le matin et l'après-midi, une cinquantaine d'élèves du primaire venaient s'asseoir à tour de rôle sur des pierres plates placées en rangées et gribouillaient sur des ardoises sous la supervision de deux professeurs. Ceux-ci n'avaient reçu aucun salaire depuis des mois et ne possédaient aucun papier ni fourniture scolaire. Comme seul outil de travail, ils disposaient d'un vieux livre : un manuel de lecture venant de France. En arrière de l'école, un minuscule terrain de jeux poussiéreux surplombait un paradis de verdure qui semblait vivre sous un ciel bleu éternel. C'est l'un des endroits les plus paisibles que j'aie connu.

Dès mon plus jeune âge, j'avais démontré un goût prononcé pour les productions cinématographiques de Cecil B. DeMille représentant la vie militaire, des films prestigieux bien faits pour influencer et impressionner la population en relatant la symbolique des événements. Je n'ai jamais eu les possibilités des cinéastes, mais j'ai toujours profité des avantages que procurent les défilés militaires pour divertir, passionner et motiver les foules. Je voulais qu'à cette cérémonie – lorsque le drapeau de l'ONU serait hissé –, le peuple rwandais nous perçoive comme une force amicale. Je souhaitais en même temps que les belligérants se rendent compte que notre présence n'était pas une plaisanterie. Le fait que cela se passe au sommet d'une montagne se trouvant désormais en territoire neutre et utilisée auparavant pour négocier la paix me semblait une bonne chose.

Le jour choisi, le 1er novembre, était parfait : un jour radieux et ensoleillé avec une légère brise, bien que la saison des pluies fût déjà avancée. Les habitants de tous les villages voisins arrivaient en foule. Les enfants couraient partout et semblaient bien s'amuser, mais les adultes paraissaient, du moins au début, exceptionnellement réservés et curieux. Les soldats tunisiens et les observateurs militaires désarmés avaient reçu leurs bérets bleus, après deux semaines de harcèlements constants pour les obtenir. À mes yeux, le fait d'avoir obtenu quatre-vingt-dix bérets bleus avec l'insigne de l'ONU ne représentait rien de miraculeux, mais les vieux routiers des Nations unies ont été impressionnés par la « vitesse » avec laquelle Brent et Miguel, sur place au DOMP, avaient réussi à se les procurer. L'effort en valut la peine : disciplinés et professionnels, les Tunisiens et les observateurs avaient fière allure.

N'ayant pas de fanfare militaire, nous avons installé des haut-parleurs et fait jouer l'hymne national et beaucoup de musique populaire africaine. Cette solution de remplacement a permis d'atténuer la tension et a conféré à l'événement un air de fête – objectif difficile à atteindre étant donné que les forces belligérantes des deux côtés avaient accompagné les dignitaires en visite. La plupart d'entre eux se trouvaient en présence les uns des autres pour la première fois, et mon souci principal était de voir leur réaction. J'ai insisté pour que les soldats des deux clans demeurent à côté de leurs véhicules, un peu éloignés de la foule, ce qu'ils ont fait. Malgré tout, leurs armes demeuraient bien en évidence.

Nous avions envoyé des invitations au président, au chef du FPR et à ses représentants haut placés, à des ministres en poste au gouvernement, aux représentants des différents partis politiques, au corps diplomatique et aux chefs militaires. Assez importante, la délégation du FPR, qui incluait son président et Pasteur Bizimungu, est arrivée avec vingt minutes de retard en affichant un air maussade. J'ai été content d'apercevoir ses membres l'air plus épanoui au fur et à mesure du déroulement de la cérémonie. Madame Agathe, Faustin Twagiramungu et Anastase Gasana étaient présents. Une fois de plus, Habyarimana brillait par son absence, tout comme Paul

Kagame. Pour être honnête, cela me soulageait quelque peu, car, dans ce contexte, je n'aurais pas pu leur assurer le niveau de sécurité souhaité. Cependant, je m'étais attendu à ce qu'Augustin Bizimana, le ministre de la Défense, ainsi que des membres clés du parti au pouvoir, le Mouvement républicain national pour la démocratie et le développement (MRND), se joignent à nous. J'ai été très troublé de constater leur absence, absence qui ne passa pas non plus inaperçue aux yeux des membres du FPR. J'ai interprété cela comme une insulte délibérément adressée à la MINUAR. À leurs yeux, nous n'étions pas plus importants que ne l'était la paix.

Pourtant, la cérémonie, simple et respectueuse, s'est déroulée sans la moindre anicroche. Nous avons hissé le drapeau, et la brise constante qui nous accompagnait l'a fait se déployer majestueusement. Ce drapeau bleu d'assez grande taille, en symbiose avec le bleu du ciel rwandais, constituait une prise de position. Les discours, y compris le mien, étaient empreints d'optimisme. La MINUAR a reçu un appui sans équivoque des chefs rwandais présents. Les artisans principaux de cette cérémonie, le colonel Figoli et ses observateurs militaires, étaient fiers d'eux et ont mérité mon admiration et ma gratitude.

Les discours terminés, la foule s'est rapprochée pour prendre les quelques rafraîchissements que nous pouvions leur offrir – des boissons gazeuses chaudes. Les différents participants se sont mêlés avec bonne humeur, alors que toute personne chargée de la sécurité aurait envisagé une telle situation comme un vrai cauchemar. Les membres du FPR furent les premiers à partir. L'événement était en train de devenir un peu trop festif à leur goût, et leurs soldats étaient tendus ; les autres dignitaires les suivirent. Après avoir passé un peu de temps à jouer au soccer avec une bande d'enfants – la balle était faite de feuilles de bananier et de ficelle –, je suis finalement reparti pour Kigali. Mes inquiétudes au sujet de l'avenir de notre mission et de ce pays se résumaient à un bruit sourd : l'insulte du MRND. La presse locale et internationale nous a quittés avec d'excellentes photos et, pour changer, un reportage positif en provenance d'Afrique centrale.

De retour à Kigali ce soir-là, j'ai décidé de consulter le D$^r$ Kabia. En place à Kabale, il effectuait un excellent travail politique pour la MINUAR ; il négociait auprès des responsables du gouvernement ougandais afin d'obtenir plus de liberté de mouvement pour nos soldats et un rayon de surveillance plus étendu. Je voulais savoir si je devais insister sur l'absence des extrémistes à la cérémonie du drapeau. Kabia m'a fait remarquer, avec une très grande sagesse, que si je me plaignais publiquement de cet état de choses, tous les fanatiques répondraient que la MONUAR ne pouvait garantir leur sécurité. La mission s'en trouverait embarrassée, et je ne serais pas plus avancé.

Au cours des semaines suivantes, j'ai souvent demandé l'avis du D<sup>r</sup> Kabia, alors que la mission prenait de plus en plus un aspect politique. Ayant la réputation d'être un homme franc et d'avoir de très bons contacts avec le DAP à New York, il me donnait toujours d'excellents conseils. Dès qu'une autre personne compétente a pu occuper son poste en Ouganda, il s'est envolé pour Kigali pour devenir mon conseiller politique et, plus tard, le chef d'état-major du RSSG.

Le groupe de reconnaissance belge avait fait ses paquets et était reparti, tout en laissant derrière lui quelques officiers chargés de continuer les préparatifs pour le contingent principal. Un peu partout en ville, la présence des Belges avait été visible pendant les cinq jours qu'ils avaient passés à glaner des renseignements. Quelques petites manifestations contre eux, surtout celle organisée par la RTLM, avaient attiré l'attention. J'expliquais leur rôle en faisant remarquer que, malgré l'uniforme de l'armée belge, les soldats se trouvaient néanmoins sous les ordres des forces de l'ONU, et que le signe de l'autorité était l'insigne des Nations unies et le béret bleu. De plus, le FPR et le gouvernement rwandais avaient eu en main et examiné la liste des pays capables de nous fournir des troupes ; nous l'avions envoyée au Conseil de sécurité pour approbation. Pas un des belligérants n'avait soulevé d'objection à la présence de soldats belges. Je pense qu'ils s'étaient résignés à accepter ces derniers, car organiser un autre contingent aurait pris des mois. Maurice Baril avait été très clair : pas un autre pays «blanc et développé» n'avait envie de se mouiller. J'ai cru que, tant que les troupes belges continuaient à bien se conduire et les Rwandais à faire preuve de bonne volonté, la situation demeurerait gérable.

En gros, nous avions trois semaines pour nous préparer à recevoir le contingent belge, et chaque journée amenait son lot, toujours croissant, d'observateurs militaires. J'ai passé la première moitié du mois de novembre à travailler comme un fou avec mes cinquante et quelques officiers afin de rendre notre quartier général un minimum opérationnel. Nous étions de moins en moins les bienvenus à l'hôtel des Mille Collines. Le mélange de touristes en vacances et de soldats en mission étant loin d'être idéal, j'ai chargé Hallqvist de nous trouver un local pour installer de façon permanente notre Q.G., un lieu qui abriterait à la fois les sections militaires et administratives. J'ai également pensé que si nous plantions le drapeau de l'ONU à Kigali, il en résulterait le même effet que lors de la cérémonie à Kinihira. Cela prouverait notre engagement à aider le pays afin qu'il s'achemine vers une paix durable.

Sans arrêt, nous étions confrontés à des problèmes administratifs. Je me rappelle avoir envoyé un message par radio au colonel Figoli, alors en zone démilitarisée, pour lui dire que j'avais absolument besoin de rapports écrits sur ce qui se passait là-bas. Il m'a répondu par radio qu'il n'avait ni papier ni quoi que ce soit pour écrire, et que Hallqvist avait rejeté sa requête pour en obtenir pour des raisons budgétaires...

Ce qui se produisait dans l'attribution des véhicules était encore plus exaspérant. L'ONU possédait comme moyens de transport et de communications des milliers de véhicules japonais quatre par quatre, fournis pour la mission au Cambodge. Assez résistants pour survivre aux routes épouvantables et au terrain rocailleux, ils étaient équipés de radios convenables (malheureusement, sans système de codage et donc peu sûres) et étaient climatisés (selon moi, un désavantage, car les utilisateurs militaires ont tendance à garder les fenêtres fermées, ce qui rend difficile l'établissement des contacts avec la population locale rencontrée durant les déplacements). La distribution de ces véhicules relevait de la compétence de l'agent d'administration principal, et Hallqvist nous laissait sous l'impression que les besoins en véhicules des civils l'emportaient sur ceux des militaires. Il est même allé jusqu'à accuser les observateurs militaires de gaspiller du carburant en faisant de petits trajets à l'intérieur de Kigali, alors que lui n'hésitait pas à brûler de l'essence les week-ends en partant observer les gorilles au parc national Volcano ou visiter d'autres endroits au Rwanda.

J'étais furieux de me voir forcé de mener une guerre interne mesquine pour obtenir des véhicules ou de l'équipement. Avec une détermination à couper le souffle, Hallqvist a bien failli faire avorter toute l'opération. Des centaines de soldats allaient arriver, et je ne possédais ni cuisine, ni nourriture, ni aucun endroit où les héberger. La réponse de cet individu à mes plaintes n'a jamais changé : les contingents étaient censés arriver avec deux mois de ravitaillement et être autosuffisants. C'était le règlement. Et si ce n'était pas le cas, il lui suffirait de hausser les épaules en disant qu'il n'y pouvait rien. Ce serait alors à moi d'improviser. Des pays occidentaux comme le Canada et la Belgique pouvaient se permettre d'apporter leurs ressources, mais les pays pauvres en étaient incapables. Ils louaient souvent leurs soldats à l'ONU contre des devises fortes. Il en résultait – et c'était épouvantable quand on voulait mettre sur pied une force de maintien de la paix unifiée – que les soldats des pays occidentaux avaient une vie relativement confortable en mission, alors que ceux venant du tiers monde vivaient pratiquement dans l'indigence.

Étant donné la pression imposée par les événements ainsi que par les repères de plus en plus flous de l'accord d'Arusha, mon équipe travaillait nuit et jour. Hallqvist avait une politique de neuf à cinq, du lundi au vendredi. Son explication était simple : lui et son équipe se trouvaient au Rwanda pour une période relativement longue, alors que le personnel militaire ne faisait que passer. C'étaient des soldats, et ils devaient se débrouiller. Malgré tout, à cause de mon rang et de mon affectation du Canada, Hallqvist s'attendait à ce que je profite de tous les avantages, à-côtés et privilèges possibles : une voiture de luxe, une grande maison et tous les à-côtés auxquels pouvait prétendre une personne dans ma position. J'étais en désaccord avec cette façon de penser. Un commandant rend un mauvais service à sa mission s'il mène un grand train de vie, alors que ses soldats subsistent avec de maigres rations préparées par des cuisiniers s'affairant sous la pluie dans des abris de fortune. Je pense même avoir choqué Hallqvist en lui renvoyant la Mercedes qu'il m'avait assignée plutôt que la classique Land Cruiser à quatre roues motrices de l'ONU. Ce fut la même chose lorsque j'ai envoyé Willem de Kant louer un petit bungalow pour son usage et le mien, ainsi que pour Brent et mon chauffeur personnel qui devaient arriver sous peu. Je ne voulais surtout pas l'un de ces palais que tant de membres de l'ONU se procuraient, parce que cette condition privilégiée envoyait un curieux message au peuple rwandais, soit que nous placions notre confort devant leurs intérêts. Et ça, je ne pouvais le digérer. J'ai adoré la maison que Willem nous a trouvée. Située sur une des collines de Kigali, elle était confortable et propre, derrière ses murs et son simple portail en métal. Je prenais mon thé sur la terrasse tous les matins, et j'admirais la vue de la ville à mes pieds. Il m'est arrivé d'éprouver de la difficulté à quitter cet endroit si tranquille pour aller affronter les problèmes de la journée.

Lorsque je me suis plaint à Maurice et à Riza de la situation créée par Hallqvist, ils se sont montrés sympathiques à ma cause, mais m'ont avoué leur incapacité à changer l'homme ou à corriger le système. Hallqvist fonctionnait avec zèle dans le cadre des directives de l'ONU. Lui et moi étions condamnés à vivre ensemble ; nous avions des impératifs très différents qui affectaient le cœur même de la mission.

Le travail militaire a continué envers et contre tout. Au fur et à mesure que mes observateurs militaires de la MINUAR arrivaient, nous les regroupions dans des équipes multinationales. Dès que nous obtenions des véhicules et des radios, je faisais partir les équipes dans tout le pays en reconnaissance, pour localiser des lieux où elles pourraient stationner, pour rencontrer les personnages politiques, les militaires, les personnes chargées de la sécurité dans les préfectures, pour arborer le drapeau et faire savoir qui nous étions et pourquoi nous étions là.

Lorsque le colonel Tikoka est arrivé, il a pris en charge le commandement du groupe des observateurs militaires. Au mois d'août, Tiko avait participé avec Brent à de nombreuses estimations militaires. Tous ceux qui ont travaillé avec Tiko en ont long à raconter sur sa bravoure et son audace. Lors de sa dernière mission pour l'ONU, en Somalie, on attaquait tellement les voitures dans lesquelles il se trouvait que même les soldats les plus aguerris refusaient de monter avec lui. Il agissait en bon soldat qui ne connaît pas la peur et qui a grand cœur, en chef qui adore ses troupes et qui est capable de gagner leur loyauté, même dans les circonstances les plus extrêmes. Sa seule faiblesse était son aversion totale pour la paperasserie. Cela signifiait que mon quartier général pouvait fort bien ne pas recevoir les renseignements vitaux nécessaires pour se faire une idée de la situation dans la région qu'il couvrait, c'est-à-dire un peu partout à l'extérieur de Kigali. Ses hommes patrouillaient sans arme dans un pays encore récemment en guerre. Quelques-uns étaient plus courageux et plus compétents que d'autres, mais Tiko était excellent pour évaluer le potentiel humain et le déployer le mieux possible pour parer aux situations les plus compliquées. Il a même fini par se corriger de son allergie pour les formalités administratives en mettant au point une série de procédures standard parmi les équipes en opération dans le pays.

Après des recherches frustrantes, Hallqvist a fini par dénicher des locaux permanents pour les quartiers généraux de la MINUAR au stade d'Amahoro (« de la Paix ») et à l'hôtel pour athlètes qui y était attaché. Les Chinois avaient construit ce complexe pour l'offrir en cadeau au Rwanda. Le bâtiment se trouvait dans un endroit tactique exceptionnel, un peu à l'extérieur de la route principale menant à l'aéroport, dans la partie orientale de la ville de Kigali. Le stade fermé pouvait convenir à un bataillon de soldats au complet, véhicules et équipement y compris. L'hôtel, quant à lui, offrait suffisamment de place pour les bureaux et les salles de conférences.

Le 17 novembre, j'ai inauguré de façon officielle les quartiers généraux de la mission. Je faisais accélérer le pas – mon contingent belge n'arriverait que deux jours plus tard et je devais utiliser les observateurs militaires pour contrôler les opérations –, mais nous avions besoin de couverture médiatique, que ce soit dans la presse locale ou internationale. Nous avions pris du retard dans les objectifs de la phase I, et je voulais montrer que j'étais prêt à rattraper le temps perdu. Finalement, le président Habyarimana s'est décidé à exprimer en public son soutien envers la MINUAR. Le FPR nous a également appuyés, bien qu'il ait délégué seulement le commandant Karake Karenzi, leur officier de liaison auprès de la MINUAR. La raison en était le manque de sécurité adéquate pour un plus grand nombre de personnes auparavant ennemies.

J'ai rencontré le président Habyarimana à l'entrée principale du complexe hôtelier. Je portais mon uniforme de général de l'armée canadienne, avec, sur les épaules, les insignes de l'ONU, et aussi mon béret bleu. Dans son costume noir impeccable et ses chaussures si bien astiquées qu'elles ressemblaient à des souliers vernis, le président était imposant. Il m'a serré la main avec beaucoup de dignité, a gardé avec lui quelques gardes du corps habillés en civil, laissant les autres à l'extérieur, puis il a pénétré avec moi dans le hall d'entrée.

Nous avons été accueillis par des applaudissements nourris, des acclamations et des rires. L'atmosphère était à la célébration, malgré notre incapacité à rassembler le nécessaire pour offrir un cérémonial digne de quartiers généraux internationaux importants. Les personnes étaient assises sur environ deux cents chaises pliantes empruntées et des bancs en bois. J'ai conduit le président à sa place en avant de la salle, derrière une table pliante bien ordinaire de un mètre quatre-vingt recouverte de tissu. Les drapeaux de l'ONU et du Rwanda avaient été accrochés côte à côte sur le mur en arrière de lui, dans une harmonie toute symbolique.

J'ai été le premier à parler et je me suis lancé en prononçant quelques phrases en Kinyarwanda, que notre équipe locale avait écrites phonétiquement. Des rires enthousiastes m'ont accueilli, mais la tentative – et le reste de mon discours en français pour expliquer la présence de la MINUAR au pays – n'a pas vraiment eu l'air de retenir l'attention de la foule. Le président a ensuite prononcé un excellent discours en français, un discours plein d'espoir pour la paix, la coopération et la réconciliation, ce qui m'a surpris, car il rompait ainsi avec la doctrine habituelle de son parti.

Les médias ont fait leur travail, et de nombreuses photos ont été prises. Le gouvernement a même fait imprimer une affiche-calendrier officielle pour souligner l'événement ; on peut y voir le président et moi, assis, nous serrant les mains sous les drapeaux rwandais et onusien. Habyarimana n'a cependant pas répondu aux questions et, bien vite, je l'ai reconduit jusqu'à sa Mercedes blindée au milieu de la foule qui applaudissait et qui chantait.

Aussitôt après, nous avons donné une petite réception pour les personnes qui étaient restées. Cependant, Hallqvist a refusé de payer pour les rafraîchissements; il soutenait ne pas avoir le pouvoir de dépenser de l'argent pour des événements sociaux. Amadou Ly a été une fois de plus l'ange gardien de la mission en puisant dans ses fonds personnels. D'une façon générale, nous avons été satisfaits de la journée. Grâce à cette inauguration officielle, les quartiers généraux étaient bien en place, notre drapeau flottait sur Kigali et notre mandat semblait avancer. L'atmosphère de paix et d'optimisme devait être troublée par une explosion de violence vingt-quatre heures plus tard.

À six heures du matin, le 18 novembre, le bourgmestre de la commune de Nkumba a appelé pour informer le gouvernement et les médias de Kigali qu'une série d'assassinats s'était produite à la frontière de la partie mal définie de la zone démilitarisée, au nord de Ruhengeri. Il a pu nous fournir des détails: des incidents avaient eu lieu en cinq endroits différents entre 23 h 30 et 2 h 30, ce matin-là. Deux de ces endroits n'étaient même pas sous sa juridiction, et l'on ne pouvait faire confiance aux communications téléphoniques dans le pays. Nous nous sommes donc demandé comment le maire avait pu être informé aussi rapidement. Les meurtres semblaient avoir été très bien planifiés. Les victimes étaient des hommes, des femmes et des enfants – il y avait eu vingt et un morts, deux blessés graves et deux personnes enlevées. Ces victimes appartenaient au MRND, le parti au pouvoir. Parmi ces morts, certains avaient remporté les élections locales et d'autres étaient candidats pour les élections à venir – celles menées avec l'aide du colonel Figoli et ses troupes dans la zone démilitarisée.

Les médias locaux ont sauté sur l'occasion en faisant grimper le nombre de victimes à quarante et en accusant le FPR d'être l'auteur de ces meurtres. À mon avis, ces derniers se produisaient un peu trop rapidement après les plaintes formulées par le gouvernement, par l'intermédiaire d'Augustin Bizimana et Déogratias Nsabimana, selon lesquelles des troupes ougandaises et des renforts du FPR se massaient au sud de Kabale et dans la région des montagnes de Virunga. J'avais pris contact avec Ben Matiwaza, de la MONUOR, afin qu'il enquête puisque ses troupes patrouillaient sans cesse le secteur.

Selon Matiwaza, il n'y avait eu aucun signe de mouvements de troupe importants. Lorsque j'ai demandé à Bizimana et Nsabimana d'où ils avaient obtenu leurs informations, ils se sont montrés très évasifs, citant des contacts à Washington dont ils refusaient de divulguer les noms.

Que cela ait été intentionnel ou pas, ces massacres défiaient la MINUAR. Nous venions de déclarer notre présence de façon officielle sous des applaudissements, des chansons et des acclamations, et, maintenant, on testait notre capacité à instaurer une atmosphère de sécurité dans le pays. (Curieusement, les hypothèses sur les meurtres et le sensationnalisme qui allait de pair remplirent les pages des journaux, qui auraient dû être consacrées aux reportages sur notre inauguration officielle.) Si nous faisions une enquête et que nous obtenions la preuve certaine que le FPR avait commis ces crimes, nous risquions de nous aventurer sur un terrain miné puisqu'un des ex-belligérants paraîtrait vouloir délibérément déstabiliser la nation. En revanche, si nous nous trouvions dans l'impossibilité de désigner le FPR comme étant l'auteur de ces crimes, les médias et tout spécialement la station RTLM nous jugeraient soit de mèche avec le FPR, soit d'une incompétence totale.

J'ai immédiatement nommé une commission d'enquête en ébruitant la nouvelle le plus possible, mais on a entravé ma démarche. Je n'ai pas reçu de contingent de police civile ou de conseillers juridiques (l'ONU n'a jamais nommé de conseiller juridique au sein de la MINUAR, ce qui allait plus tard créer beaucoup de complications, lorsque le monde entier tergiverserait afin de savoir si, oui ou non, un génocide était en train de se produire). Les meurtriers avaient laissé suffisamment d'indices derrière eux pour suggérer qu'ils appartenaient au FPR (des vêtements, les bottes de combat standard du FPR, même de la nourriture), mais pas assez pour dissiper la possibilité que ces articles aient pu être déposés là pour faire incriminer quelqu'un. Ne pouvant pas désigner avec certitude les auteurs de ces meurtres, nous avons invité tous les partis à participer à l'enquête. Je signale que le gouvernement s'est montré lent à envoyer un représentant, que le processus a traîné en longueur et qu'il n'a jamais abouti.

D'une certaine façon, on avait découvert mon bluff. J'avais pris un risque en ouvrant nos quartiers généraux d'une manière aussi publique avant que tout notre personnel soit en place. Par conséquent, notre crédibilité en prenait un sérieux coup. Notre échec pour trouver les responsables du massacre de la nuit du 17 au 18 novembre fut aux yeux des partisans de la ligne dure la « preuve » que la MINUAR n'était pas impartiale et qu'elle appuyait en cachette le FPR. Ma demande expresse de personnel qualifié en droit, en journalisme, en politique et pour mener des enquêtes a été systématiquement ignorée. Peu importe que le DOMP se soit montré sympathique au fait que je reçoive des coups à cause de ces incidents, il ne pouvait amener le service du personnel de l'ONU à combler ces postes. Heureusement, deux pensées me réconfortaient : Brent Beardsley, qui avait contribué avec moi à la bonne marche de cette mission, devait arriver le 22 novembre et Jacques-Roger Booh-Booh devait atterrir à Kigali un jour après.

Le 19 novembre, le premier avion belge de transport de troupes a atterri et déchargé sa cargaison humaine – environ 75 membres du 2ᵉ Bataillon de parachutistes que nous avons installés temporairement au stade Amahoro. Je ne peux pas dire qu'entre les Belges et moi l'entente se soit révélée des plus cordiales lors de la cérémonie de bienvenue le lendemain matin. Ne sachant pas qu'ils représentaient l'avant-garde de la dernière unité bilingue – flamande et wallonne – de l'armée belge, je fis mon discours en français. Le commandant du bataillon, le lieutenant-colonel LeRoy, un parachutiste plein d'assurance, n'était pas des plus enthousiastes face à la mission.

L'ONU avait demandé un bataillon motorisé de 800 hommes, dont une compagnie – 125 d'entre eux – équipée de véhicules blindés légers. Cela n'allait pas être le cas. À la place, on nous fit savoir en septembre que la Belgique enverrait un bataillon de 450 commandos parachutistes, plutôt que les 800 demandés, bien entraînés et possédant des armes légères, quelques véhicules, une poignée de tout-terrains ainsi qu'une petite unité de logistique, une équipe médicale et un Q.G. (Finalement, nous avons dû combler la différence en faisant venir un bataillon de 400 hommes du Bangladesh. Il est certain que ces deux demi-bataillons n'eurent jamais la force et la cohésion d'un bataillon entier.) Beaucoup de ces soldats belges venaient de terminer leur mission en Somalie. La MINUAR se trouvait être leur septième mission, et ils sont arrivés avec une attitude très agressive. Mon équipe en a très vite surpris certains en train de se vanter dans les bars locaux que leurs troupes avaient tué plus de deux cents Somaliens et, selon leurs propres termes, qu'ils connaissaient la façon de «botter le cul des négros» en Afrique. Je me suis trouvé obligé de convoquer leurs chefs pour les mettre au courant de nos règles d'engagement, pour exiger qu'ils changent totalement d'attitude envers les gens du pays et qu'ils travaillent en accord avec l'esprit du chapitre VI de la *Charte des Nations Unies*. Je les quittai en ne laissant planer aucun doute quant à ma tolérance vis-à-vis des propos racistes, de toute agression inutile ou de tout autre abus de pouvoir.

Une grande partie de l'équipement belge arrivait directement de la Somalie sans avoir été ni nettoyé ni réparé et se trouvait dans un état pitoyable. Mais les Belges allaient s'avérer mes troupes les mieux entraînées et les plus expérimentées. J'ai décidé de les déployer dans la ville de Kigali, étant donné qu'au Rwanda, toutes les routes mènent à cette ville. Quiconque a le contrôle sur Kigali a également le contrôle sur tout le pays. Au sein de l'ONU, il est courant de désigner les unités par leur pays d'origine ; dans ce cas, les Belges auraient dû s'appeler BELBAT. J'ai passé outre cette coutume, pensant avoir ainsi plus de chance de créer un sentiment d'unité au sein de ma force. Je souhaitais diriger leur attention vers les objectifs de leur mission commune : les Belges s'appelèrent donc KIBAT, le bataillon de Kigali.

Dans la partie sud du Rwanda, nos renseignements provenaient à ce moment-là de rapports peu officiels des équipes d'Amadou Ly qui se trouvaient sur le terrain, de quelques politiciens à tendance modérée, d'organisations non gouvernementales et de rares journalistes. Toutes les informations reçues signalaient que la tension montait dans la région depuis le coup d'État au Burundi. On estimait le nombre des réfugiés ayant traversé la frontière du Rwanda à 300 000, et les rivières à l'intérieur du Burundi charroyaient de grandes quantités de cadavres gonflés par les eaux. Les réfugiés vivaient dans des camps de fortune et ravageaient les petites forêts que des dizaines d'années de travail avaient réussi à faire pousser sur les flancs des montagnes pour lutter contre l'érosion du sol. En outre, pour une deuxième année consécutive, une sécheresse avait frappé cette région, provoquant la perte d'une grande partie des récoltes et forçant ses habitants à dépendre de l'aide humanitaire. Le Haut-Commissariat des Nations unies pour les réfugiés (HCR) est rapidement entré en action pour faire parvenir le minimum essentiel aux réfugiés Burundais, mais étant donné que son mandat est de s'occuper seulement des réfugiés ayant traversé la frontière, il ne pouvait procurer la même aide aux Rwandais affamés ou déplacés. Cela signifiait que ces derniers voyaient les réfugiés manger, alors qu'eux et leurs enfants mouraient de faim.

Nous recevions des rapports des organismes non gouvernementaux (ONG) signalant l'introduction d'armes dans les camps de réfugiés au sud. Il se produisait un nombre alarmant d'attaques et de vols dans et près des camps, et on signalait aussi la contrebande d'armes. Pour mettre un terme à cette montée de violence, le gouvernement rwandais a décidé de déménager les camps de réfugiés et de les diviser par groupes ethniques. D'une part, cela diminuait les possibilités d'agression entre ethnies, mais, d'autre part, cela fournissait un terrain fertile aux radicaux qui pouvaient entrer dans ces camps et inciter à la violence. Nous ne pouvions pas faire grand-chose, si ce n'est maintenir une présence symbolique dans cette région – en espérant que cela refroidirait les passions – et envoyer quelques-uns de nos précieux observateurs militaires vers le sud pour inspecter sporadiquement ces camps.

Le 23 novembre, le représentant spécial du secrétaire général des Nations unies est finalement arrivé. J'ai fait préparer une garde d'honneur à mes Tunisiens qui étaient en train de devenir des experts du défilé militaire, mais j'ai eu l'impression que Jacques-Roger Booh-Booh s'attendait à une manifestation plus élaborée.

Lors de notre première rencontre, mon chef de mission m'est apparu très impressionnant. Booh-Booh était un homme de haute stature, un peu corpulent, qui marchait d'un pas assuré. Rasé de frais, il portait un costume bleu pâle et avait les cheveux gris coupés très court. Il était le portrait même du diplomate ou de l'homme d'affaires. En fait, depuis qu'il a pris sa retraite du corps diplomatique, il est devenu un important homme d'affaires dans le domaine de la production et de la vente des bananes. (Une fois, il m'a montré des photos de son empire bananier au Cameroun et a exprimé le regret de ne pas y être pour s'en occuper personnellement.) Booh-Booh m'a confié qu'il avait fallu un appel de Boutros Boutros-Ghali en personne pour le forcer à accepter ce poste. Étant donné ses antécédents en politique, en diplomatie, dans les affaires et dans les champs d'activité de l'ONU, il semblait être l'homme tout désigné pour ce travail et certainement quelqu'un avec qui je pensais pouvoir travailler. Bien que sa présence ait signifié que je ne dirigeais plus la mission, je n'en étais pas moins heureux de son arrivée. J'espérais qu'il pourrait mettre fin aux querelles intestines et s'opposer aux individus qui faisaient obstruction à toutes les initiatives pour mettre en place un gouvernement de transition à base élargie.

Le D$^r$ Kabia et moi l'avons mis au courant de la situation au meilleur de nos possibilités. Au mois de septembre, deux des partis modérés les plus importants, le MDR et le PL rwandais, s'étaient scindés en deux ailes, une modérée et une extrémiste : le Pouvoir hutu. Chaque faction avait ensuite exigé des ministères, et, selon les ententes d'Arusha, des sièges leur avaient été accordés. Bien entendu, le FPR préférait les candidats modérés de chacun de ces partis ; le parti du président et un parti extrémiste hutu extrêmement visible, le Parti radical hutu ou Coalition pour la défense de la République (CDR), préféraient les candidats au pouvoir. Ces intrigues ne faisaient que remonter maintenant à la surface et demandaient à être traitées avec beaucoup de doigté politique. Ce n'était pas mon domaine d'expertise; avec l'arrivée de Booh-Booh, qui s'en occuperait, je pouvais désormais me concentrer sur les questions militaires et de sécurité.

L'arrivée du RSSG a coïncidé avec une détérioration du temps et une recrudescence de rapports faisant état d'assassinats et de fusillades dans tout le pays. De gros nuages mauves obscurcissaient le ciel tous les après-midi avec, en fond sonore, le grondement du tonnerre. Puis juste avant la nuit la pluie tombait à torrents, trempant tout le monde jusqu'aux os. Les éclairs zébraient le ciel et baignaient la ville dans une lumière sinistre.

La journée suivant l'arrivée de Booh-Booh à Kigali, nous avons reçu un rapport : des inconnus avaient attaqué un village situé au nord-ouest du Rwanda et un grand nombre de civils hutus avaient été assassinés. Une nouvelle avait rapidement suivi : des enfants avaient disparu alors qu'ils étaient allés chercher de l'eau dans les montagnes de Virunga. Je me suis aussitôt rendu dans cette région avec une escorte de soldats tunisiens et j'ai confirmé les morts. La rumeur voulant que le FPR soit l'auteur de ces attaques circulait. J'avais donc décidé de faire enquête et d'identifier les responsables de ces crimes monstrueux. Nous avons interrogé les villageois et le personnel ; tous accusèrent le FPR sans que nous ne puissions trouver une seule preuve ni un seul témoin. Ensuite, j'ai pris la tête d'une patrouille dans la forêt de bambous du flanc du volcan éteint, le mont Karisimbi. Nous avons trouvé quelques bidons d'eau, mais aucune trace des enfants manquants. Comme le soir tombait, j'ai demandé à mes hommes de continuer leur recherche plus haut sur la montagne le lendemain matin. Pour ma part, je suis rentré à Kigali pour tenter d'apaiser les tensions et d'arrêter les rumeurs.

Les Tunisiens ont retrouvé les enfants le jour suivant. Ils avaient tous été assassinés, à l'exception d'une petite fille, qu'ils ont amenée dans un hôpital proche. J'ai envoyé Brent, un autre officier et un traducteur sur les lieux. Après une longue marche, ils sont arrivés à l'endroit où un petit garçon de huit ans et cinq petites filles de huit à quatorze ans avaient été étranglés à mort à l'aide de cordes. Des marques de strangulation violet foncé étaient visibles sur leurs cous. Ils avaient tous des blessures à la tête, et les fillettes avaient subi un viol collectif avant leur assassinat. Un gant appartenant à l'uniforme du FPR se trouvait à côté des corps. Brent l'a ramassé, tout en se demandant pourquoi quelqu'un avait fait exprès d'apposer une telle signature.

Un petit groupe de civils, qui avaient déclaré être de la famille des enfants assassinés, était aussi présent sur le site. Après avoir terminé ses premiers examens des lieux, Brent s'est tourné vers ces gens. Avec l'aide du traducteur, il a demandé aux villageois s'ils savaient qui étaient les auteurs du massacre. Le traducteur faisait partie du bureau des affaires publiques de notre mission à Kigali et aurait dû être fiable. Mais Brent a noté que, lorsque cet homme s'adressait aux villageois, il répétait sans cesse le mot *Inkotanyi*. Brent connaissait cette expression argotique locale pour désigner le FPR. (La traduction approximative de ce mot est « combattant pour la paix », terme sérieux pour le FPR, mais que les opposants de ce parti utilisaient de façon sarcastique.) Se retournant vers Brent, le traducteur lui a dit que les villageois croyaient le FPR responsable des meurtres. Brent demeura cependant sceptique, persuadé que cet homme avait influencé leur témoignage. À partir de ce jour, nous n'avons plus jamais fait confiance à cet intermédiaire. Plus tard, nous l'avons fortement soupçonné d'être un espion de l'AGR ayant pour objectif d'infiltrer notre mission. (Après la guerre, le FPR a identifié dans notre équipe locale six espions de l'AGR. Nous avons découvert que mon premier chauffeur civil était un membre de la milice, et on a prétendu qu'un des membres francophones de l'équipe du représentant spécial du secrétaire général des Nations unies était un informateur du MRND.)

La fin de l'après-midi était arrivée. Brent souhaitait que lui-même et les personnes qui l'accompagnaient quittent la montagne avant la tombée de la nuit. Il s'est tourné vers les parents des enfants et leur a demandé de nous aider à redescendre les corps au village. Les villageois l'ont regardé avec des yeux effrayés et ont refusé de toucher aux cadavres. Brent a dû abandonner les morts, pensant que les parents voulaient ainsi plaire aux esprits, ou pour toute autre raison religieuse. Il a découvert par la suite que les villageois pensaient que les corps avaient été piégés et qu'ils préféraient que quelqu'un d'autre prenne le risque.

En bas de la montagne, Brent et son groupe d'hommes rencontrèrent une importante patrouille du gouvernement. Les soldats de l'AGR portaient de grosses cordes de couleur autour de leur ceinture et de gros coutelas de combat, en plus d'autres armes. Brent a informé l'officier responsable de ce qu'ils avaient trouvé et a annoncé qu'une patrouille de la MINUAR retournerait sur les lieux le jour suivant pour ramasser les corps et les rendre à leurs familles. Sans qu'on le lui demande, leur commandant a accusé, lui aussi, le FPR d'avoir perpétré ces meurtres. Toutefois, Brent ne comprenait pas les motivations du FPR à commettre un tel forfait. Quel pouvait donc être l'avantage tactique de parcourir de quarante à soixante kilomètres sur de très mauvais chemins pour pénétrer en pays hutu et y accomplir des crimes aussi atroces ? Brent et ses hommes ont pris congé et se sont dirigés vers l'hôpital de Ruhengeri pour rencontrer la petite fille qui avait survécu au raid.

Elle ne devait pas avoir plus de six ans et se trouvait dans un coma profond dû à de sévères blessures au cerveau. Quelques semaines auparavant, Brent était au Canada près de sa femme qui venait de mettre au monde leur troisième enfant, et, maintenant, il se trouvait au chevet de cette fillette rwandaise, priant pour elle. Il était vraiment perplexe au sujet de tout ce qu'il avait vu et entendu cette journée-là. Il ne pouvait se débarrasser du sentiment que cette scène de meurtres avait quelque chose de très bizarre. Pourquoi, par exemple, le FPR laisserait-il une preuve aussi accablante qu'un gant ? Ses membres n'avaient pas la réputation d'être stupides. Était-il possible que ces assassinats aient été commis pour jeter le blâme sur le FPR ? Brent se souvenait des cordes qui se balançaient à la taille des soldats de l'AGR, ainsi que des gros couteaux de combat. Espérant que la fillette sortirait de son coma et qu'elle serait capable de lui raconter les événements, Brent a posté un garde à son chevet avec comme instructions de le mettre au courant de tout changement dans l'état de la petite fille. Cependant, elle ne reprit jamais conscience et est morte le jour suivant. Brent est retourné à Kigali, très ébranlé par ce qu'il avait vu et frustré de ne pouvoir mener son enquête plus loin. J'ai été aussi coincé dans mes recherches que lors des massacres précédents, mais, cette fois, j'étais décidé à aller jusqu'au bout pour connaître l'auteur de ces infanticides. J'ai invité le FPR et l'AGR à s'unir à nous dans une commission d'enquête. Le FPR a immédiatement nommé deux avocats chargés de l'investigation. L'AGR a hésité en disant qu'elle devait étudier le cas. Malgré mes demandes répétées, plusieurs mois se sont écoulés avant que l'AGR finisse par nommer ses représentants. Mais il était déjà trop tard : la piste était froide, et la mort de ces enfants a nourri la propagande des extrémistes. Cependant, même la RTLM a été forcée de reconnaître que nous avions invité les deux partis à collaborer de façon égale à l'enquête et ne m'a pas attaqué personnellement. Si nous nous montrions attentifs et agissions rapidement, peut-être pourrions-nous empêcher de futurs dommages.

À ma grande surprise et à ma profonde déception, Jacques-Roger Booh-Booh s'est avéré un gentilhomme dégagé des contraintes de ce bas monde, continuant de travailler selon l'horaire des diplomates. Il n'a manifesté aucun intérêt pour m'aider à m'occuper des consé-quences des massacres et de la guerre de propagande qu'ils avaient provoquée. Il arrivait très rarement à son bureau avant dix heures, prenait deux heures pour déjeuner et quittait son travail à cinq heures précises. Il avait très bien fait comprendre que l'on ne devait pas le convoquer ni le déranger pendant les week-ends, à moins d'une extrême urgence. Pis encore, il n'apportait rien de neuf concernant les connaissances du Rwanda, le conflit en cours ou les ententes d'Arusha. De plus, il ne manifestait aucun talent pour déceler et s'occuper des intrigues sous-jacentes. Il n'avait absolument pas l'intention d'être à la tête de l'effort politique international, même si le mandat et l'énorme pouvoir qui lui avaient été conférés par l'ONU faisaient de lui la personne toute désignée pour cette tâche. Ses rencontres avec le président, la première ministre Agathe et le FPR dans les jours suivant son arrivée avaient été beaucoup plus des rencontres de courtoisie que des discussions importantes. Habyarimana s'épanchait sur le RSSG d'une façon incroyable, paraissant beaucoup plus à l'aise aux côtés de cette présence africaine francophone qu'il ne l'avait jamais été avec moi. La réunion, qui eut lieu sous les parasols Cinzano de la terrasse du président, a été cordiale. De façon très candide, Habyarimana a fait connaître sa méfiance vis-à-vis du FPR, sa perception que le MRND était la cible d'intrigues et de menées sourdes injustifiées, et l'injustice qu'il ressentait du fait que le seul parti politique existant au Rwanda avant l'accord d'Arusha ne semblait avoir aucun poids dans les mesures qui étaient prises. Booh-Booh n'a posé aucune question et n'a fait aucune promesse. Il a simplement affirmé au président qu'il pouvait compter sur lui. Quant au FPR, le fait que Booh-Booh n'ait qu'une piètre connaissance de la langue anglaise n'a certainement pas facilité les rapports. Lors de la première rencontre de ce dernier avec le FPR à Mulindi, les représentants de cette formation politique l'ont supplié d'exposer les grandes lignes d'un programme qui les sortirait de l'impasse actuelle et qui leur permettrait de s'établir à Kigali. N'ayant aucune stratégie à leur proposer, Booh-Booh ne fit pas grande impression sur le FPR.

De plus, le RSSG n'a entrepris aucun effort pour rencontrer les différents ministres, les militaires, la Gendarmerie ni les chefs des partis politiques modérés. Des semaines après être arrivé à Kigali, Booh-Booh ne les reconnaissait toujours pas et ne les comprenait pas plus. Il ne m'a jamais demandé de l'accompagner ni de le mettre au courant de ce que je savais de la situation, pas plus qu'il ne s'est offert pour me faire un compte rendu des sessions de travail importantes qu'il avait eues. Il avait son propre conseiller et ne partageait ses réflexions qu'avec ses conseillers politiques les plus proches, qui étaient tous des Africains francophones gardant leurs commentaires pour eux. Sa mainmise sur son équipe politique était inébranlable.

Le fait qu'il m'ait exclu, m'attristait et me frustrait à la fois. Il était évident qu'il n'avait aucunement l'intention de collaborer avec moi pour mener le pays vers la paix en toute sécurité. Heureusement, après la nomination du D\u02b3 Kabia comme chef d'équipe de la MINUAR, ce dernier me tint discrètement au courant de ce que mon chef de mission faisait ou… ne faisait pas.

Pendant la première semaine de décembre sont arrivés les derniers soldats des forces belges, ainsi que la dernière personne de mon équipe personnelle, mon chauffeur militaire, le caporal-chef Philippe Troute, qui est venu rejoindre ma maisonnée. Au début de sa carrière dans l'armée, Troute avait été soldat dans les troupes mécanisées, mais, à cause de la réduction des effectifs des forces de l'OTAN à la fin de la guerre froide, il avait été muté, contre son gré je pense, dans les commandos parachutistes. C'était un excellent chauffeur, un soldat solide et mûr aux bras recouverts de tatouages, et dont le regard pouvait vous glacer. D'origine wallonne, il s'enorgueillissait de ne parler que le français, jamais le flamand, et il ne savait pas un mot d'anglais. N'ayant jamais été absent de chez lui pendant plus de trois semaines, il éprouvait quelque nervosité, se demandant comment sa femme et son enfant supporteraient la séparation.

Le colonel Luc Marchal, le futur commandant du secteur de Kigali, a atterri le 4 décembre, son béret bleu posé crânement sur sa tête, prêt à l'action. Ce colonel d'expérience possédait une bonne connaissance de l'Afrique et savait tout de la mission, car il avait été chef de cabinet du ministre de la Défense belge. J'étais très content de l'avoir à mes côtés.

À la différence de plusieurs de ses compatriotes, Luc ne traînait avec lui aucun passé colonial. Il est arrivé à très bien réussir au sein de ma force ad hoc multiethnique et multilingue, et il possédait un grand talent pour travailler avec des troupes venant d'armées aux moyens rudimentaires. Il s'est vraiment intéressé au Rwanda, a construit des liens très positifs avec les chefs locaux et le peuple. Lors de notre première rencontre, j'ai insisté sur le fait que la mission était là pour soutenir le processus politique qui était enclenché et que, pour cette raison, il était très important de suivre à la lettre le mandat de type «chapitre VI». Dès qu'une zone de sécurité démilitarisée aurait été négociée – la première tâche de Luc en tant que commandant du secteur de Kigali serait d'assurer son maintien –, le FPR enverrait un bataillon armé vers la capitale. J'avais souhaité une force de réaction rapide pour faire face à ce genre de défi, mais, comme la Belgique avait interdit qu'on utilise ses troupes pour contrôler les foules, nous devions mettre cette force sur pied avec des troupes du Bangladesh. Et Luc allait m'aider.

Malheureusement, très peu de temps après son arrivée, Luc a connu de gros ennuis concernant l'hébergement des troupes belges. J'ai demandé au commandant du bataillon belge, le lieutenant-colonel LeRoy, que son contingent au complet occupe l'aéroport comme premier lieu à défendre et qu'il y établisse sa garnison. Dans un pays enclavé, où le seul moyen possible et efficace d'y entrer et d'en sortir est l'avion, l'aéroport est un endroit crucial. Je voulais aussi que les troupes constituent une présence en ville pour assurer une atmosphère de sécurité nécessaire au processus du maintien de la paix, ainsi que pour apaiser les craintes de la population locale relatives à la présence armée du FPR au cœur de la ville. Pour y arriver, j'avais besoin que les Belges soient prêts à vivre en garnison.

Dans les directives adressées aux pays qui contribuent à envoyer des troupes, j'avais ordonné que les contingents apportent leur équipement de bivouac (tentes, réchauds, le nécessaire pour permettre aux soldats de se laver, etc.), mais LeRoy m'a informé que non seulement ils n'avaient rien apporté, mais qu'en plus ils n'avaient aucune intention de vivre sous la tente. Un règlement national exigeait que les soldats belges soient installés dans des bâtiments en dur. J'ai demandé à lire ce règlement et, au cours des semaines suivantes, j'ai beaucoup discuté à ce sujet avec Luc et les commandants belges. Ils ont fini par me montrer une directive de l'armée belge déclarant qu'en Afrique les soldats belges ne devraient jamais vivre sous la tente, mais dans des immeubles, pour des raisons d'hygiène et de sécurité. En sous-entendu, la troupe comprenait qu'il était impératif de conserver un certain décorum vis-à-vis des Africains.

Pour remuer le couteau dans la plaie, une fois que les Belges eurent trouvé à se loger un peu partout à Kigali, ils voulurent que l'ONU règle la facture. C'est Luc qui m'a apporté cette nouvelle. Il se trouvait pris entre moi, les exigences de la MINUAR pour fonctionner – il savait que le fait d'avoir les Belges éparpillés dans la ville constituait un danger, ce qui a été prouvé sans aucun doute après le 6 avril – et la loyauté qu'il devait avoir vis-à-vis de ses supérieurs, de la politique de l'armée et de son gouvernement. Nous avons fait de notre mieux pour que ces accrochages au sujet de l'hébergement ne deviennent pas une source de conflit entre nous et n'altèrent en rien le respect mutuel que nous n'avons pas tardé à développer.

Ma petite force opérait au maximum de sa capacité. Je n'avais toujours pas reçu d'effectifs de réserve qui me permettraient de faire face à des actes impromptus de violence, et nous commencions à percevoir les signes d'une mystérieuse troisième force qui semblait être l'auteure de tous les meurtres et de tous les assassinats. Le 3 décembre, j'ai reçu une lettre signée par un groupe de vétérans de l'AGR et d'officiers de la Gendarmerie. Elle m'informait de l'existence d'éléments proches du président qui avaient décidé de saboter le processus de paix, ce qui entraînerait des conséquences potentiellement désastreuses. Le premier acte de cette conspiration allait être un massacre de Tutsis.

Pour découvrir et faire sortir de leur cachette les agitateurs, j'ai créé une petite section de renseignement sous l'autorité du capitaine belge Frank Claeys, aidé par un capitaine sénégalais, Amadou Deme. Claeys était jeune, intelligent, sûr de lui sans être arrogant. Né en Afrique, cet officier expérimenté avait servi dans les commandos parachutistes et les forces spéciales. Il était tout aussi dévoué à sa mission que l'était son partenaire qui, lui aussi, était tout aussi doué, et multilingue par surcroît. Selon les termes du «chapitre VI» du mandat, je devais me fier à la bonne volonté des belligérants pour obtenir mes renseignements, mais étant donné l'apparition de morts mystérieuses sur la scène politique, il aurait été extrêmement stupide de se fier strictement aux différents partis en lutte pour recueillir des informations. Cette petite équipe n'ayant pas d'existence officielle, j'ai dû payer de ma poche leurs dépenses, et souvent Deme et Claeys ont puisé dans leurs fonds personnels.

Très vite, ils ont rassemblé des renseignements au sujet des massacres des 17 et 18 novembre. Selon ces informations, les assassinats avaient été commis par des commandos de parachutistes du camp de Bagogwe, la grande base d'entraînement de l'AGR, au nord-ouest. Ces bribes de renseignements et le fait qu'ils aient découvert des caches d'armes dans la ville natale du président m'ont empêché de dormir pendant de nombreuses nuits. Il se préparait quelque chose de vicieux, c'était certain. J'ai décidé de parler à Booh-Booh de ma découverte pour lui suggérer de lancer une opération pour rechercher les armes et s'en emparer. Cette idée l'a alarmé et il a déclaré qu'en faisant cela, nous risquerions de compromettre le processus politique, mes seules cibles se trouvant chez les extrémistes. C'est à regret que j'ai dû me dire d'accord avec lui.

Le 7 décembre, le D$^r$ James Jonah, sous-secrétaire général du DAP, est venu au Rwanda et a eu une série d'entretiens avec le président Habyarimana. Je n'y ai pas été invité, mais j'ai remarqué une recrudescence d'activité au bureau de Booh-Booh. Le jour suivant, j'ai reçu un message du RSSG disant qu'il allait organiser une réunion très importante à Kinihira le 10 décembre, pour essayer de débloquer l'impasse politique. Cette réunion a été si rapidement arrangée que je n'ai pas eu le temps d'organiser d'escortes convenables ou de prendre des mesures adéquates de contrôle des armes. En arrivant à Kinihira, juste au moment où je pensais que les choses ne pouvaient être pires, le D$^r$ Kabia m'expliqua qu'il avait manqué de temps pour préparer un groupe de traducteurs, et que Booh-Booh comptait personnellement sur moi pour aller lui donner un coup de main. Comme je devais traduire pour tout le monde, je me suis retrouvé coincé dans cette réunion pendant cinq heures d'affilée et parfaitement incapable d'avoir l'œil à d'éventuels troubles. Nous, les militaires, avons sué sang et eau : le nombre de personnes importantes réunies faisait de cette rencontre une cible très attirante pour les groupes d'extrémistes.

Bien que le délai entre l'annonce de la réunion et la réunion elle-même ait été très bref, beaucoup de gens étaient présents, en particulier de nombreux représentants de la presse internationale. Les choses ne se sont pas bien déroulées. L'organisation de la salle faisait plus penser à une confrontation qu'à une résolution de conflit. Le FPR et les autres chefs politiques modérés étaient assis d'un côté et les représentants du gouvernement, de l'autre. Au lieu d'essayer de les aider à surmonter leur méfiance les uns envers les autres, Booh-Booh a joué un rôle de médiateur. Ce que tout le monde dans cette pièce avait besoin d'entendre, c'était que les partis modérés étaient strictement non alignés et qu'ils n'étaient affiliés ni au FPR ni au régime au pouvoir. Il aurait fallu qu'une voix s'élève pour demander que tous les partis donnent la priorité au Rwanda.

La personne la mieux placée pour cela aurait été le premier ministre désigné, Faustin Twagiramungu, mais, pour une raison inconnue, il a choisi de s'abstenir. Le seul à avoir soulevé ce point fut Lando Ndasingwa, du Parti libéral. Cependant, aucun autre participant n'a soutenu sa position. Comme la réunion traînait en longueur, les représentants ont commencé à ressasser leurs vieilles histoires d'oppression et de marginalisation. Voyant l'heure passer et les représentants de la presse de plus en plus agités, Booh-Booh a décidé d'emmener un certain nombre de chefs avec lui dans une autre pièce, où ils ont réussi à produire une déclaration faiblarde réaffirmant leur engagement à l'accord d'Arusha. J'étais très déprimé lorsque j'ai quitté la réunion. Plutôt que de s'occuper des problèmes fonda-mentaux, les partis avaient choisi de camoufler leurs différences aux yeux du public tout en continuant à rester accrochés à leurs griefs.

Ce fut l'impasse tout au long du mois de décembre, alors que les partis politiques tentaient de constituer des listes des membres qu'ils voulaient présenter au GTBE. Booh-Booh ne m'a pas demandé conseil sur ce sujet, ni sur aucun autre d'ailleurs. Je me suis tenu au courant de toutes les disputes politiques grâce au Dr Kabia. Des amis en place dans les cercles diplomatiques m'ont également fourni des informations. Il me paraissait évident, comme à d'autres d'ailleurs, que des intransigeants avançant les arguments ethniques et des peurs commençaient à dominer le cours des discussions. Le ton des discours politiques devenait de plus en plus violent, violence nourrie par les émissions de la RTLM. Bref, l'atmosphère était très tendue à Kigali.

Je savais que les troupes du bataillon du Bangladesh n'avaient que peu ou pas d'équipement ni appui, mais j'avais espéré qu'elles avaient de bons chefs et qu'elles étaient bien entraînées. J'avais hâte de les mettre sur le terrain pour permettre au bataillon de parachutistes français de quitter Kigali, comme il avait été stipulé dans les ententes d'Arusha. Les Français maintenaient que leurs soldats se trouvaient à Kigali pour protéger la communauté d'expatriés, mais, étant donné la présence des bataillons belges et du Bangladesh déployés en ville, cette excuse n'existerait plus, et ils pourraient rentrer chez eux.

Lorsque les Bangladais ont atterri à l'aéroport de Kigali, à la mi-décembre, ils n'avaient pour tout bagage que leurs armes et leur fourbi. Ils s'attendaient à ce que l'ONU s'occupe d'eux et leur fournisse tout ce dont ils pourraient avoir besoin – de leur premier repas sur le terrain jusqu'aux abris de toile. La charge supplémentaire de logistique qu'a représentée la prise en compte de cette force a empoisonné la mission.

Pour pouvoir les installer au stade d'Amahoro, nous avons dû déménager les derniers éléments du bataillon de Kigali. Nous avons commencé un programme d'entraînement très intense que les soldats du Bangladesh ont exécuté de mauvaise grâce. Au quartier général, ils me harcelaient, ainsi que leurs supérieurs immédiats, avec leurs demandes continuelles, que ce soit pour du savon, des munitions, des véhicules ou des sacs de sable. Il avait été convenu avec eux qu'ils déploieraient d'abord leur bataillon d'infanterie et qu'ils enverraient ensuite, au cours de la phase II, les autres unités promises, c'est-à-dire une compagnie d'ingénieurs, une de logistique, un hôpital, une division de police militaire et un peloton de contrôle des mouvements. Un bataillon de 400 hommes est, en général, dirigé par un lieutenant-colonel, voire un major. Ils étaient sous les ordres d'un colonel en titre, de pas moins de six lieutenants-colonels, d'une douzaine de majors et d'un nombre incalculable de capitaines et de lieutenants. J'avais besoin de fantassins sur le terrain, et non d'une pléiade d'officiers traînant au mess ou au quartier général.

Les Français ayant plié bagage à la mi-décembre, il était temps de mettre un point final à l'Accord sur la zone sécurisée de Kigali, ce qui devait représenter une étape de plus vers l'instauration du GTBE. Cet accord était une innovation de ma part pour pallier un de mes problèmes, celui d'avoir un bataillon armé de soldats du FPR basé en plein centre-ville, encerclé par des milliers d'anciens ennemis. Selon l'entente, chaque parti devait mettre ses armes en sécurité et ne les déplacer, ainsi que ses soldats, qu'avec notre permission et sous notre escorte. Une fois ces conditions remplies, le FPR devait envoyer son personnel politique et administratif au GTBE, à Kigali, en compagnie d'un bataillon de sécurité. Ces derniers installés, on pourrait alors assermenter le nouveau gouvernement. Cet acte constituerait le signal de la fin de la phase I de nos objectifs militaires.

Lors des semaines qui ont précédé Noël, j'ai été monopolisé par les préparatifs pour assurer la sécurité de la signature de l'Accord de la zone sécurisée de Kigali et par l'arrivée de la délégation et du bataillon du FPR dans cette ville. Le 23 décembre, j'ai organisé une réunion très animée qui s'est terminée tard dans la nuit : j'étais décidé à ne laisser partir personne avant que les parties en cause aient été d'accord sur les termes d'une entente. Nous avons tenu cette réunion en un lieu que nous avons nommé Kilomètre 64, sur la route qui mène de Kigali à Kabale, en Ouganda, exactement à soixante-quatre kilomètres de la capitale. Cet endroit était parfait avec seulement quelques vieilles cabanes en retrait de la route, et des collines environnantes où je pouvais déployer des soldats pour prévenir tout ennui. Nous avons dû apporter un générateur, car il n'y avait pas d'électricité. Un menuisier de l'endroit nous a fabriqué une table et des chaises à très bon prix. Je voulais que les meubles soient très rudimentaires afin que personne ne se pense dans une réunion soporifique. Et que tout le monde se mette vite au travail et négocie le plus rapidement possible.

Le colonel Théoneste Bagosora et le lieutenant-colonel Ephrem Rwabalinda, l'officier de liaison de l'AGR auprès de la MINUAR, étaient là pour représenter le gouvernement. Le FPR avait envoyé une délégation d'officiers supérieurs qui se sont présentés en n'utilisant que leur prénom – le commandant Charles, le commandant André, et ainsi de suite. Le plus gros point en litige a été le suivant : le FPR voulait que toutes « les entreprises de sécurité privées » soient inscrites et incluses dans l'accord. Bagosora a refusé en alléguant que ces entreprises ne faisaient pas partie des forces militaires. Nous savions tous très bien que nous ne parlions pas de sociétés commerciales s'occupant de sécurité, mais de forces de milice, toujours croissantes, et de prétendus groupes de défense qui existaient dans le pays. Je voulais que ces deux entités fassent partie de l'accord, car elles tomberaient ainsi sous notre commandement. La réunion a débuté à trois heures de l'après-midi et je l'ai fait se poursuivre jusqu'à trois heures du matin, jusqu'à ce que Bagosora fléchisse.

Nous étions tous à moitié endormis quand nous avons regagné nos véhicules pour le long chemin de retour jusqu'à Kigali. Heureusement, Willem a remarqué que quelqu'un avait miné la route pendant la nuit. Il a été capable de me prévenir ainsi que la plupart des autres participants. Cependant, le colonel Bagosora avait été beaucoup plus pressé de partir, et il se trouvait dans sa voiture sur la route en compagnie de Rwabalinda. Nous avons tous klaxonné pour arrêter leur chauffeur, ce qu'il a fait juste à temps. Ils se sont alors rendu compte qu'ils roulaient au milieu d'un champ de mines. Je n'ai pu m'empêcher de rire aux dépens de Bagosora. L'AGR avait la mauvaise habitude de miner leur partie de zone démilitarisée, même si nous les avions avertis de nombreuses fois de ne pas le faire. Il était certain que des troupes de Bagosora étaient à proximité. Nous avons klaxonné et crié autant que nous le pouvions pour les alerter. Mais cela prit plus d'une heure avant qu'un soldat de l'AGR apparaisse. Il fut horrifié de voir la voiture de Bagosora prise ainsi au milieu des mines. Grâce à la lumière des phares de mon véhicule, j'apercevais son visage pétrifié par la peur. Il était furieux d'avoir été pris à l'un de ses propres jeux. Ce n'est qu'au lever du jour que nous avons pu régler ce cafouillage.

Même après la signature de l'Accord sur la zone sécurisée de Kigali, nous avons fait face à de gros problèmes pour en faire respecter les termes, ce dont je n'ai pas été surpris. Mes troupes ont rapporté que le FPR faisait avancer de l'armement lourd jusqu'à la frontière de la zone, et j'avais aussi entendu dire que des milices s'entraînaient à l'intérieur de la zone elle-même. À mes demandes, je n'ai obtenu aucune réponse satisfaisante de la part du chef d'état-major ou du ministre de la Défense, seulement quelques haussements d'épaules et des réponses évasives. Tout ce que je pouvais faire était de continuer à surveiller la situation avec l'aide de mes observateurs de l'ONU et d'envoyer des rapports à New York.

L'opération militaire de loin la plus significative que nous ayons eu à accomplir au cours de cette première phase fut l'opération appelée «Clean Corridor». Il s'agissait de préparer une route sûre pour le bataillon du FPR et les politiciens qui voyageaient vers Kigali, et de leur trouver un endroit où rester. Depuis mon arrivée à Kigali, je n'avais pas arrêté de talonner le ministre de la Défense afin qu'il m'aide à choisir un lieu de cantonnement pour le FPR, mais il avait toujours éludé mes demandes, laissant cette décision cruciale pour la fin. Malgré ma proposition de quatre options convenables, les deux parties ont fini par s'entendre sur un site que je considérais comme étant le pire choix possible : le Conseil national pour le développement (CND), qui était en fait le bâtiment où siégeait l'Assemblée nationale et qui était combiné à un complexe hôtelier et à un centre des congrès. La personne qui contrôle le parlement contrôle la nation : ma grande peur était que les extrémistes déclarent que la MINUAR livrait l'âme de la nation au FPR. Imaginez qu'une organisation rebelle prenne le contrôle des ailes est et ouest de la colline parlementaire à Ottawa ou une partie du Capitole à Washington. Les apparences étaient vraiment contre nous.

Les bâtiments du CND étaient situés sur une petite colline en plein cœur de la ville et surplombaient les deux plus grandes artères menant à Kigali. Ils étaient entourés par une clôture en fer. D'un côté se trouvait l'Assemblée nationale rwandaise et des bureaux gouvernementaux, dont les Tunisiens occupaient déjà une partie comme quartier général. De l'autre côté, un complexe hôtelier de deux cents chambres avait sa propre entrée et allait devenir le nouveau foyer du FPR. Pas très loin, sur un plateau, se situaient les quartiers généraux de la Garde présidentielle. Les deux groupes pouvaient donc se surveiller étroitement. De sa colline, le FPR pouvait contrôler les artères les plus importantes de la ville. En considérant cela du point de vue de l'AGR, le fait de loger le FPR sur l'emplacement du CND signifiait qu'on le confinait à une colline facilement attaquable. Si l'on devait en arriver là, l'AGR pouvait entourer, isoler et assiéger ses ennemis. Une fois la décision prise, j'ai déployé des gardes tunisiens et bangladais autour du complexe, formant ainsi une ligne de trêve pour séparer les anciens belligérants.

Au mois d'août, les deux parties en présence s'étaient mises d'accord sur un point : le petit bataillon qui accompagnerait les hommes politiques du FPR serait équipé de mitraillettes montées sur des affûts antiaériens ainsi que de mortiers légers. J'ai été forcé d'admirer le cran du major Paul Kagame, qui devait avoir vu l'avantage tactique d'un tel emplacement et qui a sauté sur l'occasion.

L'Accord sur la zone sécurisée de Kigali a été signé le 24 décembre. Nous avions choisi le 28 du même mois pour escorter le FPR à sa garnison de Kigali et prévu passer le pire Noël de nos vies. De Kant était parti en permission au Kenya pour retrouver son amie et entreprendre un safari. Il était évident que Brent et Philippe s'ennuyaient de leurs femmes et de leurs enfants. En effet, Brent ne serait pas chez lui pour le premier Noël de son nouveau fils.

La veille de Noël, nous sommes arrivés chez nous après une journée normale de travail et avons eu des spaghettis pour dîner. Notre cuisinier, Tiso, nous avait donné un petit bananier, et le major Arthur Godson, du Ghana, une guirlande de Noël ; Brent a uni ces deux cadeaux pour faire le « sapin » le plus étrange à voir. Après le repas, nous avons échangé quelques cadeaux, ouvert un certain nombre de lettres d'écoliers canadiens et des colis de Noël, que nos compatriotes envoient tous les ans aux troupes en mission depuis la Première Guerre mondiale. Le sirop d'érable, les gâteaux aux fruits, le jambon, le cheddar et les autres gâteries nous ont remonté le moral. Cependant, nous étions tous couchés à neuf heures.

Lorsque nous nous sommes réveillés, le bananier était mort. Nous en avons déduit que les bananiers ne supportent pas les guirlandes électriques. Nous avons passé la matinée à essayer de faire revivre le pauvre arbre, ennuyés que Tiso, à son retour de ses vacances, découvre notre négligence. Philippe et moi avons décidé qu'il ne nous restait qu'une solution : faire porter le chapeau par Brent.

Le soir de Noël, Philippe est allé rejoindre le contingent belge pour dîner avec ses camarades. Brent et moi avions été invités chez le consul du Canada, Denis Provost, pour un repas de Noël canadien en compagnie de sa famille, d'un certain nombre d'expatriés et avec des Rwandais en liens étroits avec notre pays. À la maison, Beth et moi aurions organisé un grand rassemblement familial autour de notre table, et j'aurais découpé la dinde. Je me suis demandé comment elle et les enfants allaient sans moi, mais j'ai tout de suite chassé cette pensée. Je devais me satisfaire de ce que j'avais et ne pas désirer ce qui était au loin. Je me souviens avoir longuement parlé avec Hélène Pinsky. Elle était certaine que la situation au Rwanda allait s'améliorer et que de beaux jours nous attendaient, alors que le respect des droits de l'homme et un certain honneur feraient leur apparition dans le pays. En fait, comme nous le verrions par la suite, pas un seul des Rwandais présents ce soir-là et liés au Canada, soit par le mariage, soit par l'amitié, n'allait survivre au génocide.

Comme prévu, nous avons lancé l'opération « Clean Corridor » le 28 décembre. Luc Marchal et les contingents du secteur de Kigali devaient jouer un rôle clé dans cette tâche difficile et dangereuse, l'opération principale de la MINUAR. Nous nous sommes réveillés à l'aurore. J'ai déposé Brent au CND pour qu'il supervise les derniers préparatifs en vue de l'arrivée du FPR. Hallqvist et son second étant en vacances pour Noël, les membres les plus professionnels et coopératifs de son équipe sous la supervision de Phillip Mitnick, avaient travaillé durant toute la période des fêtes, et nous étions prêts. Troute et moi avons roulé jusqu'au camp de réfugiés de Ngondore, près de la zone démilitarisée, où nous avons vérifié l'état des communications et le déploiement dans le camp des troupes de la MINUAR, des soldats de l'AGR et des gendarmes rwandais. Puis nous avons attendu. Le convoi des forces du FPR était censé avoir quitté Mulindi à l'aube, traversé les lignes de l'AGR à l'heure du petit déjeuner et être arrivé à Kigali pour midi. Bien après le lever du soleil, les mots de code annonçant le départ des troupes n'avaient pas été donnés. J'ai téléphoné à Luc qui m'a averti d'un retard. Il a ajouté que les soldats du FPR avaient été très lents pour charger leurs véhicules et pour s'organiser, mais qu'il s'attendait à ce que le départ ait lieu dans l'heure suivante. L'heure s'est écoulée. Il m'a rappelé pour me dire que les soldats refusaient de partir parce que la MINUAR n'avait pas fourni de véhicule convenable pour faire voyager le chef du FPR à Kigali. Personne ne nous avait demandé de voiture officielle. Ils ont insisté : pas question pour eux de quitter Mulindi tant que nous n'aurions pas fait parvenir le véhicule en question. Nous avons rapidement trouvé une Mercedes et un chauffeur et les avons envoyés sous escorte vers le nord. Il était presque midi lorsqu'ils sont arrivés à Mulindi. Après beaucoup de pression de la part de Luc, le convoi finit par partir. Il devait absolument arriver au Conseil national pour le développement avant la tombée de la nuit. Le temps se faisait court, mais tout s'est bien déroulé. Le convoi a franchi les lignes de l'AGR et a avancé vers Kigali.

Tout était calme à l'intérieur du camp de réfugiés. Aux environs de midi, nous avons appris que le CND était prêt, que la route de Kigali était sécurisée et que tout au long de celle-ci des foules heureuses s'étaient massées. Hutus et Tutsis étaient ravis de voir arriver le FPR à Kigali. On ne voyait pas l'ombre d'un extrémiste. Nous étions particulièrement satisfaits de constater l'absence des Interahamwe. Il s'agissait d'un groupe de jeunes rattachés à l'aile jeunesse du MRND, le parti au pouvoir. On les remarquait de plus en plus lors de rassemblements politiques. Ils étaient vêtus de façon assez bizarre, en tenues de combat sur lesquelles ils apposaient toutes sortes de signes symboliques rouge, vert et noir, les couleurs du drapeau rwandais. De plus, ils portaient toujours sur eux des machettes ou des copies de kalachnikovs ornées de décorations tarabiscotées. Au début, nous avons trouvé ces jeunes plutôt drôles, parce qu'ils ressemblaient à des clowns et se conduisaient comme tels, mais nous avons vite découvert que partout où ils passaient, ce n'étaient que violence et grabuge.

J'ai rejoint le convoi à son arrivée au camp de réfugiés. Aucun incident n'a eu lieu le long de la route. J'ai finalement compris pourquoi le convoi du FPR avait tant traîné pour partir. Si des fauteurs de troubles avaient détenu des renseignements sur l'heure exacte du départ, ils auraient pu monter une embuscade. Étant donné le retard du départ de plusieurs heures, les éventuels tireurs embusqués auraient abandonné leurs positions de peur d'être découverts par nos patrouilles, nos hélicoptères ou les postes d'observation. Ou encore ils auraient tout simplement pensé que l'opération avait été annulée. Seuls des soldats très disciplinés peuvent demeurer en embuscade pendant des heures, et le manque de soldats disciplinés, au sein de l'AGR comme au sein des groupes d'extrémistes, était flagrant.

Un seul coup de feu ou une grenade venant de la foule qui se tenait des deux côtés de la route de Kigali aurait eu des conséquences désastreuses. Mais nous ne fûmes témoins que de scènes d'euphorie tout au long de notre progression vers la capitale. Les soldats du FPR se faisaient applaudir, et on leur lançait des fleurs. Le convoi est arrivé au milieu de l'après-midi dans le périmètre du complexe du CND. À Kigali, j'ai personnellement accueilli le colonel Alexis Kanyarengwe, le président du FPR, en lui offrant un drapeau rwandais pour qu'il puisse le faire hisser au sommet du CND. Après que les soldats du FPR eurent déchargé leurs véhicules, ils se sont déployés en position de défense autour du complexe, relevant ainsi mes soldats qui assuraient la sécurité. Cette passation de pouvoirs accomplie, mes troupes se sont retirées à l'extérieur du complexe pour s'interposer entre le FPR et la Gendarmerie, qui essayait de retenir la foule en train d'applaudir.

J'ai passé la soirée au sein du CND avec Luc à observer l'installation du Front patriotique rwandais. Des ambassadeurs de la communauté diplomatique sont venus l'un après l'autre saluer le chef du FPR. J'ai été surpris de voir arriver l'ambassadeur de France, car ce pays avait fait beaucoup pour empêcher l'avènement de cette journée-là. Peut-être les Français acceptaient-ils ce nouveau Rwanda.

Brent passa l'après-midi et la soirée à surveiller les soldats du FPR et le déploiement de leurs forces autour du CND. Le commandant, qui se faisait appeler par son nom de guerre – le commandant Charles –, n'était âgé que de 25 à 30 ans, mais il était évident que ce chef était très compétent et de solide stature. L'occupation du CND avait été bien orchestrée : le FPR s'était déployé par compagnies, pelotons et petits groupes, de manière précise et directe. L'endroit au complet avait été fouillé en quelques minutes. Les commandants avaient été mis en liaison, avaient donné leurs ordres, et les troupes se sont placées immédiatement en position défensive et ont commencé à creuser. Une fois l'endroit sécurisé, ils ont remplacé les forces de la MINUAR et ont pris en charge la sécurité de l'intérieur du vaste complexe. Le FPR n'a pas arrêté de renforcer ses positions pendant les quatre mois qui ont suivi. De simples trous aux gourbis, ils ont creusé de véritables tranchées, ensuite, ils les ont couvertes pour les protéger de l'artillerie et du feu des mortiers. Puis, ils ont creusé des excavations pour enfouir les câbles de communications entre les tranchées individuelles, et des bunkers qui se sont transformés en cavernes. Fin avril, lorsque la guerre a repris, ils avaient construit sous le CND un véritable complexe souterrain. Il était clair que, parallèlement à la progression du processus de paix, ils se préparaient pour une solution de rechange. Mais j'étais fermement décidé à ce qu'on n'en arrive pas là.

Un peu plus tôt, au mois de décembre, Brent et moi, nous nous sommes rencontrés pour préparer le premier rapport trimestriel destiné à Boutros Boutros-Ghali, qui devait le soumettre au Conseil de sécurité le 30 décembre. En gros, nous étions satisfaits, peut-être même un peu euphoriques. Malgré le manque d'intérêt que nous portait le monde, le manque d'équipement et la propension procédurière chronique de notre agent d'administration principal, nous allions arriver à atteindre les objectifs de la phase I dans les délais fixés. Le terrain était prêt pour que le gouvernement intérimaire entre en action et pour que le gouvernement de transition à base élargie soit assermenté.

Cependant, notre situation était difficile. Maintenant que le FPR était à l'intérieur de la capitale et que des délais répétés entravaient la nomination du gouvernement transitoire, j'avais besoin que les troupes de la phase II soient déployées de toute urgence, en avance sur le plan prévu. Je devais concentrer les troupes à Kigali aux dépens de la zone démilitarisée, ce qui me forçait à m'inquiéter de deux fronts éventuels, avec juste assez de troupes pour m'occuper d'un seul. J'ai été très franc en soulignant à l'intention du secrétaire général que le manque de logistique exposait mes troupes à des risques inutiles. Les retombées du coup d'État au Burundi avaient fait augmenter les exigences de la partie militaire de la mission. J'avais demandé des effectifs supplémentaires pour pouvoir contrôler la situation au sud, mais le DOMP m'avait répondu négativement parce que ma demande n'avait pas été consignée dans un rapport de mission de reconnaissance. Comment aurais-je pu satisfaire à de telles exigences alors que le coup d'État n'avait pas encore eu lieu ? Je leur avais écrit un rapport leur expliquant qu'à l'heure actuelle je m'arrangeais en éparpillant le plus possible mes observateurs militaires non armés, afin que la MINUAR puisse au moins être présente dans le sud. Nous avons tenté de formuler le tout de manière optimiste, tout en essayant de leur faire comprendre l'urgence de nous envoyer des renforts militaires au lieu de nous engueuler concernant un ancien rapport qu'ils estimaient incomplet. Une fois le nouveau rapport terminé, je l'ai envoyé à Booh-Booh afin qu'il l'intègre au rapport général de la mission.

Un peu plus tard, lorsque j'ai reçu copie du document qui avait été présenté au Conseil de sécurité, j'ai été vraiment scandalisé : là où Brent et moi avions présenté une vision réaliste de la situation, un portrait fidèle des défis énormes auxquels la mission devait faire face, Booh-Booh et son équipe avaient livré à nos supérieurs à New York un rapport modifié, présentant un portrait rassurant de la situation décrivant un progrès « lent mais constant ».

Au cours des derniers jours de décembre, Faustin Twagira-mungu est venu à plus d'une occasion me rendre visite à mon bureau à Amahoro. Nous nous asseyions sur le balcon et parlions tard dans la nuit. Le balcon faisait face au nord-ouest, et, lorsque le soleil descendait sous la ligne d'horizon, illuminant le ciel d'une lumière rouge, nous regardions les collines et les vallées qui s'animaient grâce à des centaines de petits feux de camp. Nous devinions à peine les contours du gros cube blanc du CND et les silhouettes des soldats du FPR montant la garde. Le silence du crépuscule était quelquefois ponctué de bruits de coups de feu inexpliqués.

Faustin était un autre de ces leaders rwandais venus étudier au Québec pendant la Révolution tranquille des années soixante. Il avait été très proche des étudiants radicaux et des intellectuels qui, par la suite, ont épousé la cause indépendantiste du Parti québécois. Entre autres, il avait rencontré René Lévesque qui, par la suite, est devenu le chef du PQ. Tout au long de nos conversations, il me relatait sa vie d'étudiant au Canada et me parlait du radicalisme de sa jeunesse. Je pense que le fait de partager un passé historique commun lui permettait de discuter de la situation complexe de son pays plus facilement et de manière plus naturelle.

Il était déjà tard lorsqu'il est venu me voir le 30 décembre. Il était en route pour une de ces interminables réunions que les politiciens avaient organisées pour décider de la liste définitive des représentants du gouvernement provisoire. Selon l'accord d'Arusha, le GTBE devait être une coalition des six partis politiques au Rwanda : le Mouvement démocratique républicain (MDR) de Faustin, le Mouvement républicain national pour la démocratie et le développement (MRND) – le parti au pouvoir dirigé par Habyarimana –, le Parti libéral (PL) de Lando, le Parti démocrate chrétien (PDC) et le Parti social-démocrate (PSD), ces deux partis à tendance modérée étaient dirigés par Jean-Népomucène Nayinzira et un triumvirat composé de Frédéric Nzamurambaho, Félicien Gatabazi et Théoneste Gafarange, enfin le Front patriotique rwandais ou FPR. Cependant, la Coalition pour la défense de la république et de la démocratie (CDR), un parti extrémiste dirigé par des individus comme Jean Shyirambere Barahinyura, Jean-Bosco Barayagwiza et Martin Bucyana, dont l'idéologie était manifestement fasciste et raciste, avait refusé de signer l'accord d'Arusha et, par conséquent, se trouvait à ne pas faire partie du gouvernement transitoire. Cela n'a pas empêché ses membres d'infiltrer les partis officiels et d'attiser la paranoïa et l'hystérie publique en diffusant leur propagande grâce à leur feuille de chou, *Kangura,* ainsi qu'à RTLM.

Au cours des négociations d'Arusha, le PL de Lando avait reçu le très puissant portefeuille de la Justice et le FPR, celui du ministère de l'Intérieur qui, en théorie, lui permettrait de faire des enquêtes, d'accuser et de juger des individus pour corruption, meurtre et tout autre crime. Cette possibilité inquiétait sans aucun doute de nombreuses personnes de pouvoir au Rwanda, des gens dont les poches étaient pleines d'argent et les mains, maculées de sang. Selon Faustin, la plus grande peur de l'ancien parti au pouvoir, le MRND, était que, une fois le gouvernement transitoire installé, le Parti libéral et le FPR s'arrangeraient pour emprisonner le président et une grande partie de son entourage pour des crimes commis pendant leur règne politique. Cette nuit-là, Faustin m'a aussi raconté que le président Habyarimana était en train d'essayer de magouiller à propos de l'installation du gouvernement provisoire, et que son ingérence était l'un des facteurs les plus importants de l'impasse politique.

Je me rappelle la voix de Faustin qui devenait plus forte à cause de la peur et de l'anxiété, alors qu'il décrivait les façons dont se déroulaient les manœuvres et les raisons pour lesquelles les listes des représentants du gouvernement provisoire n'arrêtaient pas de changer. Une femme du nom d'Agnès Ntambyauro faisait des pieds et des mains pour obtenir le ministère de la Justice, tentative qu'avait bloquée Lando, peu importe que cette femme ait été membre du Parti libéral ou non. Lando avait également des problèmes avec le chef de son parti, Justin Mugenzi. Ce dernier, tout comme Ntambyauro, était connu comme faisant partie des extrémistes qui avaient joint un groupe obscur « le Pouvoir » ou « Pouvoir hutu ». Des rumeurs couraient voulant que Mugenzi soit payé par les hommes de main d'Habyarimana pour faire de l'agitation au sein du PL.

J'ai déclaré à Faustin que je comprenais ses inquiétudes, mais je l'ai supplié de trouver un moyen pour tenter de rassembler les éléments modérés des autres partis afin de placer le processus politique sur la bonne voie. Si l'instauration du gouvernement provisoire se trouvait retardée, il risquait de perdre l'appui de ces modérés à l'intérieur de l'armée, de la Gendarmerie et de la police municipale qui, nous le savions, appuyaient les accords d'Arusha. De nombreuses personnes à l'intérieur de l'armée et de la Gendarmerie prenaient de grands risques en faisant leur possible pour soutenir la MINUAR. Lui, comme les autres politiciens, devait agir de la même façon si nous voulions avoir des chances de réussir. J'avais espéré le motiver, mais j'ai pu constater, ce soir-là, que je n'y étais pas parvenu.

La période des Fêtes avait été une succession de réunions où tout le monde faisait le maximum pour atteindre tous les objectifs possibles en vue de l'installation du gouvernement provisoire. Cette dernière ronde de discussions officielles avait lieu à la rotonde, à l'intérieur du complexe d'Amahoro. J'ai participé à toutes les réunions et j'ai même accepté d'en présider quelques-unes. Avant son départ en vacances, Booh-Booh avait été incapable de faire progresser les choses. La veille du jour de l'An, les désaccords entre le PL et le MDR de Faustin se firent encore plus apparents, et les débats prirent un ton menaçant. Je sentais mon énergie et mon optimisme décliner au fur et à mesure que l'on se rapprochait de la nouvelle année. J'étais las lorsque la réunion a pris fin, vers minuit. N'ayant pas beaucoup dormi au cours des dernières semaines, j'avais une seule idée en tête : retourner à la maison et m'écrouler dans mon lit.

J'étais en train de ranger mes affaires lorsque Brent est entré dans mon bureau et a suggéré que nous allions au réveillon organisé par nos officiers à l'hôtel Méridien. Je n'en avais pas vraiment envie, mais je devais le faire. Dès notre entrée dans la salle où avait lieu la fête, les gens ont commencé à applaudir. Mes collègues officiers avaient loué les services d'un orchestre, et les magnifiques mélodies africaines m'ont relancé. Je n'ai pu résister à la musique et je me suis joint à quelques-uns de mes officiers, qui dansaient déjà, et n'ai pas arrêté pendant deux heures. Plusieurs autres nous ont rejoints par la suite, un peu surpris de me voir danser et un peu nerveux. Au petit matin, toute la tension des derniers jours m'avait abandonné, pendant que je me débarrassais de mes frustrations et déceptions en dansant. Peu importe l'avenir : rien ne viendrait entraver ou défaire les liens qui existaient entre mes hommes et moi.

# 7

# La force des ténèbres

L e lendemain, jour de l'An, j'étais au bureau à sept heures trente. Mes employés civils étaient en congé, et tout était calme au deuxième étage de l'Amahoro. Je jetais un coup d'œil sur mon bureau : il représentait tout ce qui pouvait mal tourner pendant la mission. Je devais manier le téléphone avec précaution à cause du brouilleur qui y était attaché, mais qui ne marchait jamais correctement. Pour acheter les meubles, nous avions mendié, emprunté, gratté les fonds de tiroir et parfois même vidé nos poches pour trouver l'argent nécessaire. Le papier du télécopieur avait été accordé au compte-gouttes par l'agent d'administration principal, comme si c'était de l'or. Dans cette mission, tout était une lutte permanente.

J'avais poussé mon petit nombre de militaires jusqu'à la limite pour être prêt pour le premier jalon de quatre-vingt-dix jours fixé par l'accord d'Arusha et, pourtant, où étions-nous rendus, le Rwanda et nous ? Nous étions encore enlisés dans des imbroglios politiques qui menaçaient de compromettre la mission. Nous possédions moins de trois jours de réserves d'eau, de rations et de carburant. Nous n'avions aucun outil de défense (fil de fer barbelé, sacs de sable, bois de charpente, etc.). Nous n'avions aucun équipement pour voir la nuit ; nous étions en manque de radios et de véhicules. Les officiers devaient travailler à plat ventre sur le plancher parce qu'il n'y avait pas assez de bureaux ni de chaises. Nous n'avions aucun classeur, ce qui signifiait que tous les renseignements concernant la mission et toute notre planification n'étaient jamais en lieu sûr. Dans notre rapport hebdomadaire, et tous les jours au téléphone, nous demandions tout ce qui nous manquait, en sachant que tout l'équipement nécessaire était dans des entrepôts de l'ONU, à Pise, en Italie. Toutefois, l'évidence sautait aux yeux : nous ne faisions pas partie des priorités, et tous les équipements semblaient partir pour des missions, comme celle dans l'ancienne Yougoslavie. Un commandant obtient très rarement tout ce dont il a besoin pour mener sa mission à bien et il doit accepter l'insuffisance de moyens qui, en elle-même, crée certains risques. Le chef sait gérer les risques. Mais, absolument tout ce que nous faisions au sein de la MINUAR constituait un risque, parce que nous ne disposions pour ainsi dire de rien !

Je suis allé sur le balcon où j'ai allumé un cigare et observé le complexe du CND qui grouillait d'activités. Pendant quelques instants, j'ai envié l'organisation du FPR, l'énergie et la détermination de ses hommes. Notre mission avait commencé depuis trois mois, et nous n'avions toujours pas de commandant en chef adjoint, ce qui revenait à dire que toutes les tâches journalières et les décisions au sujet de nos ressources m'incombaient. Je ne savais pas combien de temps j'allais pouvoir tenir ce rythme et vivre avec les tracas administratifs qui me dévoraient une partie de mon temps.

Au cours de la première semaine de janvier, j'ai eu une engueulade avec Hallqvist que tout le quartier général doit avoir entendue. L'agent d'administration principal m'a accusé d'avoir manipulé son équipe pendant ses vacances de Noël et du Nouvel An, de façon à ce qu'elle approuve les réparations, le nettoyage et l'équipement du CND en vue d'y accueillir le FPR, sans oublier la construction du périmètre de sécurité autour du complexe. Je lui ai répondu sur le même ton qu'il avait déserté son poste pour partir en vacances sans s'assurer que les exigences avaient été remplies, même s'il savait très bien que la crédibilité et la sécurité de notre entière mission de paix était en jeu. Il a rétorqué qu'il n'avait aucune autorité pour faire avancer les choses et qu'il n'avait pas d'argent non plus. Finalement, j'ai claironné que ce n'était pas moi qui posais les jalons, mais les hommes politiques et les accords – et que nous serions damnés si nous laissions tomber ce pays. D'une certaine façon, cette dispute qui a fait rage pendant l'une des plus longues heures de ma vie a permis d'assainir la situation entre nous deux. Hallqvist et moi avons trouvé un moyen, par la méthode forte, de travailler ensemble, même si l'administration et la logistique de l'ONU continuaient à représenter de colossales sources de frustration.

Une date avait été fixée pour la cérémonie d'assermentation du GTBE. Après les débats acrimonieux des derniers jours de décembre, il n'existait toujours pas de consensus sur le cabinet de ce gouvernement, mais Booh-Booh a suggéré de conserver la date du 5 comme prévu. Cela permettrait au moins d'assermenter Habyari-mana : ensuite, il serait toujours temps de résoudre le problème des ministres et des représentants. Je n'étais pas certain qu'il s'agisse là d'une bonne idée. Depuis l'arrivée du RSSG, j'avais juré de ne pas m'impliquer directement dans l'aspect politique des choses. Le 2 janvier, je fus donc surpris de recevoir la visite d'Enoch Ruhigira, ancien premier ministre du Rwanda mais actuel chef de cabinet et confident d'Habyarimana.

Nous nous sommes assis dans la petite salle de conférences à côté de mon bureau et avons parlé de l'impasse politique qui existait. Brent avait fait le schéma du GTBE sur une grande feuille collée au mur. Je me rappelle l'avoir regardée et, ce faisant, m'être rendu compte que je ne pouvais qu'être d'accord avec Ruhigira. On aurait dit que les dés avaient été pipés contre les personnes appartenant à l'ancien régime. Les modérés semblaient vouloir s'emparer des porte-feuilles les plus importants du gouvernement. Aux yeux de Ruhigira, ces modérés étaient des « sympathisants du FPR ». Il a laissé entendre qu'une fois le GTBE en fonction, le FPR et ses « sympathisants » pourraient très bien envoyer Habyarimana et son entourage en prison pour des crimes commis par le régime.

Et il avait totalement raison. Lors des négociations en vue de l'accord d'Arusha, l'ancien régime – et tout spécialement Habyari-mana – avait voulu qu'on prévoie une clause d'amnistie. Selon moi, afin de conclure une paix durable, ils auraient dû avoir cette clause. À la place, le FPR avait réussi à obtenir la mise au point d'une procédure juridique grâce à laquelle deux tiers des votes à l'Assemblée nationale étaient nécessaires pour entamer une mise en accusation contre un président ou un ministre. Le FPR croyait que tous les partis poli-tiques l'appuieraient dans un nouveau gouvernement ; les modérés et le FPR prendraient le contrôle de certains postes ministériels clés, ouvriraient les registres, sans aucun doute y trouveraient des cas de corruption, les présenteraient à l'Assemblée nationale et exigeraient un vote. Ils demanderaient ensuite la levée de l'impunité de l'individu, le mettraient en accusation et pourraient ainsi discréditer et punir le MRND. Tout à coup, cela m'a frappé de constater que toutes les manœuvres d'Habyarimana, depuis l'accord d'Arusha, avaient eu comme objectif de bloquer l'assermentation du gouvernement provisoire jusqu'au moment où des factions hutues auraient pu infiltrer les partis modérés, prendre le contrôle d'au moins 40 % de l'assemblée, et, de ce fait, bloquer toute possibilité de levées d'impunité. Si l'amnistie avait été incluse à l'intérieur de l'accord, cela n'aurait jamais pu se produire. Cependant, que pouvais-je dire à Ruhigira ? Mon seul argument fut qu'en raison de l'implication de la communauté internationale, l'application de la loi selon les procédures prévues serait observée, et tout ce qui avait trait à l'impunité parlementaire aurait besoin d'années pour s'organiser. Les attitudes s'adouciraient certainement avec le temps, et le processus politique prendrait de la maturité. De plus, ai-je ajouté, le paysage politique pouvait changer de façon significative au moment des élections démocratiques, prévues deux ans plus tard. À ce moment-là, faire un procès à Habyarimana pourrait s'avérer contre-productif.

Après le départ de Ruhigira, je suis resté dans la salle de conférences, ai regardé les diagrammes du gouvernement provisoire sur le tableau et me suis demandé s'il existait un moyen de faire plier un peu le FPR et d'accorder quelques concessions à l'ancien régime. Mais le FPR n'avait montré que peu d'enthousiasme pour les négociations, étant donné les arrangements avantageux dont il avait bénéficié lors des négociations d'Arusha. À mon avis, introniser le gouvernement provisoire dans de telles circonstances nous conduisait au désastre. Malgré tout, le RSSG a insisté et, après avoir rencontré tous les partis concernés ainsi que la communauté diplomatique, le jour de la cérémonie d'intronisation a été confirmé.

Le matin du 5 janvier, une énorme foule s'est rassemblée autour du CND, là où devait se dérouler la cérémonie. Les gens étaient bruyants mais pas particulièrement menaçants, que ce soit les uns vis-à-vis des autres ou contre les soldats de la MINUAR qui assuraient la sécurité en compagnie de la Gendarmerie. Habyarimana est alors arrivé avec une escouade motorisée de gardes présidentiels ; ils conduisaient tellement vite et imprudemment qu'ils ont presque renversé quelques spectateurs et quelques Casques bleus. Les gardes sont descendus de leurs véhicules, l'air sévère, arrogants, armés jusqu'aux dents. Au moment où Habyarimana a été poussé à l'intérieur de l'Assemblée nationale, le commandant de la Garde présidentielle est resté à l'entrée et a donné des ordres à certains de ses hommes en civil. Ils ont dispersé la foule, mais, quelques instants plus tard, la situation s'est envenimée lorsque des spectateurs ont commencé à menacer les délégués modérés qui tentaient de suivre Habyarimana. Lando Ndasingwa et le contenu d'un bus entier de délégués du Parti libéral ont été entourés. On les a empêchés d'entrer et on les a intimidés. Lorsque nous avons demandé à la Gendarmerie d'intervenir, c'est à contrecœur que ses membres ont essayé de contrôler la foule. Je ne voulais pas créer d'incident en envoyant les troupes armées de la MINUAR s'en mêler seules ; nous avons protégé les délégués qui se sont réfugiés près de nous, un peu à l'écart de la foule. Je devais rejoindre Booh-Booh, les ambassadeurs et d'autres personnalités pour assister à la cérémonie, mais quelque chose en moi se rebellait. Je me suis fait excuser de ne pas y assister, sous prétexte que je devais surveiller la situation à l'extérieur.

Pendant ce temps-là, à l'intérieur du CND, Habyarimana se faisait assermenter en grande pompe. Puis, la cérémonie a été interrompue pour permettre la distribution de la liste des ministres et des délégués. La délégation du FPR s'est alors rendu compte que le document avait été changé à la dernière minute. Des membres des ailes du Pouvoir hutu du MDR et du Parti libéral étaient sur la liste, alors que les modérés avaient été éliminés. La délégation du FPR a quitté les lieux en furie, et la cérémonie s'est terminée dans un climat de tension. Un vrai fiasco. Néanmoins, le président assermenté est sorti du bâtiment, le visage rayonnant pour les caméras de télévision qui l'attendaient. Un cordon de gardes présidentiels l'a vite entouré, puis il est remonté dans sa Mercedes noire qui a démarré sur les chapeaux de roue. Booh-Booh et son équipe se sont évanouis, me laissant la tâche d'expliquer au FPR et aux médias ce qui venait de se produire.

Le lendemain, au cours des interviews et des réunions, le RSSG des Nations unies a qualifié cette assermentation bâclée d'immense pas en avant. Le délai nécessaire pour installer le cabinet du gouvernement provisoire n'était, selon lui, qu'un problème mineur qui serait très vite réglé, car Habyarimana avait montré son engagement à respecter l'accord d'Arusha en acceptant d'être assermenté. Booh-Booh et le reste de la clique politique avaient l'air persuadé qu'Habyarimana serait capable de conclure un accord qui les sortirait de l'impasse. Ils ne pouvaient se tromper davantage.

J'ai été beaucoup plus inquiet de constater à quelle vitesse et avec quelle habileté les gardes présidentiels avaient provoqué la foule. Pour la première fois, j'avais été témoin de l'excellente organisation des extrémistes et de la Garde présidentielle, et j'avais pu voir leur facilité à coordonner des opérations d'envergure. Cela représentait un tout nouveau défi à surmonter pour assurer la sécurité. Cet après-midi-là, j'ai eu un entretien au quartier général avec Luc, Tiko et des officiers principaux. Nous avons élaboré une stratégie en vue d'éventuelles cérémonies du même genre. Nous bloquerions la Garde présidentielle dans son cantonnement, contrôlerions les routes principales menant au CND et à l'entrée du complexe, escorterions les modérés jusqu'au CND et enlèverions toute barricade qui apparaîtrait spontanément sur leur chemin.

Sur le plan politique, le reste de la semaine a été occupé à tenter d'obtenir un accord sur la question des représentants. À un moment donné, je suis entré dans l'arène et j'ai envoyé un rapport à Booh-Booh sur mon entretien avec Enoch Ruhigira. J'ai suggéré que si le FPR et les modérés pouvaient s'entendre sur les concessions à faire sur la question de l'amnistie ou même sur le choix du portefeuille de la Justice, nous pourrions peut-être sortir de ce bourbier.

Lors d'une nuit au cours de la même semaine, Lando m'a téléphoné. Il souhaitait que je me rende chez lui pour discuter de la situation. Je suis parti avec Brent et Philippe Troute. Lando, Hélène et quelques autres membres du Parti libéral tenaient une réunion impromptue dans son salon. Quelques députés poussaient Lando afin qu'il obtienne un compromis quelconque avec Justin Mugenzi, qui avait divisé le Parti libéral et qui se dirigeait vers l'aile extrémiste ou l'aile du Pouvoir. Mugenzi était un charmeur, aimable et plein de doigté, mais enfoncé jusqu'aux yeux dans la saleté et la corruption du régime. Il avait néanmoins le contrôle des purs et durs à l'intérieur du Parti libéral. Il était donc crucial de l'avoir de notre côté pour nous sortir de l'impasse. Ni Lando ni moi n'étions assez aveugles pour ne pas voir les risques d'une telle alliance. Cependant, Mugenzi et sa faction représenteraient un danger beaucoup plus grand si on les maintenait à l'extérieur du processus et s'ils continuaient à flirter avec des éléments beaucoup plus volatils tels les Interahamwe.

Cette réunion s'est avérée laborieuse. J'ai cependant mis l'accent sur le fait que l'installation du GTBE n'était qu'une étape sur la route vers la liberté et des élections libres, et que d'en retarder la mise en œuvre donnerait une image négative à la communauté internationale, dont le Rwanda dépendait. Ce soir-là, je pense que mon argument a porté auprès de Lando. Dans d'autres réunions, il avait été extrêmement volubile, ne laissant pas la parole aux autres et n'écoutant pas ce qu'ils avaient à dire. Il savait à quel point la situation était devenue sérieuse et connaissait les enjeux en cause. On ne pouvait pas en dire autant d'Hélène. Elle avait eu de nombreuses prises de bec avec le régime, au cours des années, et était bien décidée à faire entendre de nouveau ses revendications. Je n'ai pas pu m'empêcher de me demander si l'intransigeance de Lando n'était pas due, en grande partie, à son influence. Pourtant, nous nous sommes mis d'accord pour inviter Mugenzi à la réunion, et j'ai envoyé Brent et Troute le chercher. La maison de Mugenzi était entourée de miliciens qui, soit le protégeaient, soit l'empêchaient de sortir de chez lui. Lorsque Brent a finalement réussi à entrer après maints arguments, la femme de Mugenzi a déclaré que son mari n'était pas là. Brent l'a soupçonnée de mentir, car il avait entendu des voix d'hommes à l'intérieur.

Malgré l'absence de Mugenzi, j'ai continué à penser que nous y arriverions et j'ai suggéré d'appeler le RSSG pour avoir son opinion. Cette idée n'a pas été reçue avec beaucoup d'enthousiasme. Cependant, étant mal à l'aise d'agir comme médiateur dans une réunion politique importante en son absence, j'ai envoyé Brent le chercher à sa suite aux Mille Collines. Il était très tard, et Booh-Booh n'a pas aimé être dérangé, mais il a fini par venir, et nous avons poursuivi la réunion pendant une autre heure. Bien que rien de tangible n'ait été acquis, j'ai toutefois remarqué une fêlure dans la carapace de Lando. Je me suis senti un peu plus optimiste que ces derniers temps.

Les joueurs politiques – le président, les deux premiers ministres et le FPR – avec le concours du RSSG ont décidé d'organiser une nouvelle tentative d'assermentation des représentants pour le gouvernement provisoire, le samedi 8 janvier. À toute vitesse, nous avons mis en place les dispositifs visant à assurer une sécurité maximum. Cependant, ce jour-là, nous avons été surpris de voir Kigali aux prises avec une série de violentes manifestations. Beaucoup de manifestants étaient armés de machettes, et leur colère semblait dirigée contre les membres modérés ou non alignés du Parti libéral, du MDR et du PSD. Une foule en furie empêchait les politiciens d'entrer dans le CND, où devait se tenir la cérémonie. La populace s'est rapidement agitée et, là encore, un certain nombre de membres de la Garde présidentielle en civil, des individus que nous avons reconnus, ont incité la foule à la violence.

La cérémonie d'assermentation fut également entachée par des tractations en coulisse concernant les listes de nominations des ministres et des membres de l'Assemblée, et par une lutte acharnée entre le président et Faustin. Au dernier moment, le président a décidé de ne pas participer à la cérémonie, et lorsque les hommes politiques, la communauté diplomatique et les représentants du FPR l'ont appris, la cérémonie a dégénéré en une querelle monstre.

Dans l'après-midi du 10, Faustin est arrivé à mon bureau sur le tard et a insisté pour avoir un entretien privé avec moi. Il tremblait d'énervement et de peur. Je l'ai emmené sur le balcon où nous pouvions parler en étant assurés de ne pouvoir être entendus par qui que ce soit. Pratiquement sans reprendre sa respiration, il me dit être en contact avec quelqu'un au sein de l'Interahamwe qui avait des informations à me remettre en personne. J'ai connu un instant de folle euphorie lorsque j'ai réalisé que nous avions peut-être là une ouverture pour savoir qui était la mystérieuse Troisième force, ce regroupement de milices qui n'avait fait que prendre de la vigueur depuis mon arrivée au Rwanda.

Après le départ de Faustin, j'ai immédiatement appelé Luc Marchal pour lui demander de venir me rencontrer à mon bureau. Je l'ai mis au courant de ce que Faustin m'avait dit et je lui ai suggéré d'essayer de s'arranger un rendez-vous pour le soir même. Bien qu'étant aussi emballé que lui, j'ai prévenu Luc que l'homme venu rencontrer Faustin pouvait mentir et qu'il s'agissait peut-être d'un piège. Je lui ai suggéré d'emmener avec lui mon officier du renseignement au cas où il y aurait du grabuge. J'ai travaillé aussi tard que j'ai pu et j'ai fini par rentrer à la maison. Brent et moi étions très tendus pendant cette attente, et nous avons très peu parlé. J'ai fait du thé et je me suis assis pour regarder la télévision tout en essayant de relaxer le plus possible, mais pas moyen d'y parvenir. Luc a fini par arriver à la maison vers 22 heures avec Claeys et avec le major Henry Kesteloot, l'officier chargé des opérations pour le secteur de Kigali.

Se reportant à ses nombreuses notes, Luc a décrit sa rencontre avec l'informateur auquel nous avons donné le nom de code « Jean-Pierre ». Ce dernier avait confié à Luc qu'après avoir été officier dans les commandos et dans la Garde présidentielle, il avait quitté l'armée pour devenir l'entraîneur en chef des Interahamwe. En 1993, il avait commencé à entraîner des cellules de jeunes combattants dans les communes du Rwanda, dans le but initial de préparer une milice civile pour combattre le FPR, si ce dernier repassait à l'offensive. Jean-Pierre a déclaré que son supérieur immédiat était Mathieu Ngirumpatse, le président du MRND, et qu'il dépendait et prenait ses directives directement de lui. Il recevait un salaire de 150 000 francs rwandais par mois (ce qui revenait, à l'époque, à 1 500 dollars US). Il a ajouté qu'au cours des derniers mois le vrai plan derrière l'entraînement des Interahamwe commençait à se profiler.

Lui et ses semblables avaient reçu comme ordre que les cellules organisées recensent tous les Tutsis dans les différentes communes. Jean-Pierre soupçonnait que ces listes allaient servir, le moment venu, pour rassembler et exterminer facilement les Tutsis, ou *Inyenzi,* comme les surnommait la radio haineuse du Rwanda (le mot signifie « cafard » en Kinyarwanda). Jean-Pierre a déclaré qu'il haïssait le FPR et qu'il percevait ses membres comme des ennemis du Rwanda, mais qu'il avait été horrifié d'avoir été attiré dans une telle machination.

Le but de celle-ci était de former d'efficaces escadrons de la mort qui, lorsqu'ils seraient appelés, pourraient éliminer des milliers de Tutsis dans Kigali dans les vingt minutes suivant l'ordre d'exécution. Il a décrit en détail l'entraînement des Interahamwe dans des bases de l'armée et en divers endroits du pays, avec des instructeurs de cette même armée. Il a raconté que, chaque semaine, un certain nombre de jeunes gens étaient rassemblés et transportés pour un entraînement paramilitaire de trois semaines. On leur apprenait le maniement des armes et l'on insistait sur différentes techniques d'assassinat. Puis, ces jeunes reprenaient le chemin de leurs villages avec l'ordre de recenser tous les Tutsis et d'attendre le signal pour prendre les armes.

Frappé par la densité et la réalité de ces renseignements, j'ai gardé le silence. C'était exactement comme si Jean-Pierre, notre informateur, avait ouvert les vannes du monde occulte de cette Troisième force extrémiste, qui, jusque-là, n'avait été qu'une ombre que nous pouvions entrevoir, mais qu'il nous était impossible de saisir.

Luc nous a rapporté que les seules armes des Interahamwe étaient des lances traditionnelles, des gourdins et des machettes, mais Jean-Pierre lui avait déclaré que l'armée venait de transférer quatre cargaisons d'AK-47, de munitions et de grenades vers la milice. Ces armes étaient entreposées dans quatre cachettes différentes dans Kigali. Il nous a offert de nous en montrer une pour confirmer ainsi ses informations. Pour nous révéler les quatre endroits et absolument tout ce qu'il savait au sujet de l'Interahamwe, c'est-à-dire les noms de ses chefs, son financement, ses liens avec le MRND, le service civil, l'armée et la Gendarmerie, il exigeait que ses francs rwandais soient convertis en dollars US et que nous lui fournissions des passeports, pour lui et sa famille, afin de se rendre dans un pays occidental ami. Il nous a également avertis de faire très attention à qui nous parlerions de lui : non seulement l'équipe civile locale de la MINUAR était-elle infiltrée, mais, de plus, les extrémistes avaient mis un des leurs sur place, un civil franco-africain qui travaillait directement avec Booh-Booh. Jean-Pierre a déclaré qu'une quantité incroyable de renseignements sur des décisions prises au plus haut niveau était systématiquement transmise à Mathieu Ngirumpatse.

Pour nous prouver sa bonne foi, Jean-Pierre nous a déclaré avoir participé à l'organisation et au contrôle des manifestations violentes du samedi matin précédent. Il nous a expliqué que le but était de provoquer les troupes belges de la MINUAR. En chaque endroit, des personnes choisies devaient menacer les Belges avec des gourdins et des machettes pour les pousser à tirer des coups de feu d'avertissement. Si ce plan avait fonctionné aussitôt après les coups de feu, des membres de la Garde présidentielle, de la Gendarmerie et du régiment de commandos de l'AGR déjà mêlés à la foule auraient dégainé les armes qu'ils avaient cachées. Les alentours de l'enceinte de la Garde présidentielle étaient truffés d'armes cachées et de postes de radio. Cette embuscade n'avait qu'un seul but : massacrer des soldats belges.

Jean-Pierre nous a confié que le piège consistait à tuer dix soldats belges. Le commandement du Pouvoir hutu avait résolu que les Belges ne supporteraient pas d'avoir des soldats tués dans leur ancienne colonie et que, dans ce cas, ils quitteraient la MINUAR. Il a ajouté que les extrémistes savaient que les Belges possédaient le meilleur contingent au sein des forces de la MINUAR et qu'ils constituaient l'épine dorsale de la mission. Selon eux, si les Belges pliaient bagage, cela provoquerait la faillite de la mission. Jean-Pierre nous a avertis que le chef des extrémistes était sur le point de prendre la décision de distribuer des armes en cachette à chaque cellule de l'Interahamwe de Kigali. Si cela se produisait, il n'existerait aucune manière d'arrêter le massacre à venir.

Pendant l'écoute du compte rendu de Luc, j'ai pris la décision de m'attaquer aux cachettes d'armes. Je devais prendre ces types par surprise, leur montrer que je savais qui ils étaient et ce qu'ils allaient faire, et aussi leur signaler ma décision de les en empêcher. J'étais conscient que ce genre de raid comportait de gros risques et que nous pourrions avoir des morts, mais j'agissais dans le cadre de mon mandat. Le spectre des désastres vécus par les forces chargées de garder la paix en Somalie ne m'est même pas venu à l'esprit. Ces caches d'armes violaient l'accord de la zone sécurisée de Kigali : les milices armées violaient l'accord d'Arusha ainsi que notre mandat, et elles représentaient un énorme danger pour la sécurité de mes forces armées. J'avais le droit d'utiliser unilatéralement mes soldats, en cas de légitime défense, pour protéger mes troupes et pour empêcher les crimes contre l'humanité. Au cas où Jean-Pierre nous aurait tendu un piège, nous confirmerions l'existence de ces caches avant d'agir, mais, si notre informateur avait dit vrai, nous devrions passer à l'action.

À la fin du rapport de Luc, il y eut un moment de silence absolu. J'ai regardé Brent pour m'apercevoir que son visage était rouge à cause de ce que je peux décrire comme de l'exaltation. Il paraissait enfin possible d'identifier cette Troisième force, de nous en emparer et de la neutraliser. Après bien des mois de frustrations, après avoir été obligés d'agir une fois les faits accomplis, nous avions la chance de prendre l'initiative.

Le compte rendu de Luc avait duré plus de deux heures, et nous approchions de minuit. J'ai remercié Luc pour ce travail bien fait et lui ai donné l'ordre d'organiser une rencontre le jour suivant entre Jean-Pierre et le capitaine Claeys afin que ce dernier entre en possession d'informations supplémentaires. Puis j'ai mis au point ce que je pourrais qualifier un conseil de guerre. J'ai ordonné à Luc de préparer ses hommes afin qu'ils planifient quatre opérations de fouilles simultanées, là où se trouvaient les caches d'armes, dans les trente-six prochaines heures. Je lui ai également donné l'ordre de ne divulguer que le strict nécessaire de nos plans à l'intérieur du quartier général. Il devait y avoir une autre tentative de cérémonie d'assermentation, le mercredi 12 janvier. Jean-Pierre représentait une clairière sur notre route. Si nous agissions en tenant compte de ses renseignements, nous aurions la possibilité de stimuler le processus politique ou de le dénoncer comme une imposture.

Une fois Luc parti, j'ai décidé de mettre au courant Booh-Booh, le RSSG, dès le lendemain matin, et d'envoyer au général Baril un câble soigneusement codé le plus tôt possible. En agissant ainsi, je rompais totalement avec le protocole. La procédure standard voulait que toutes les communications importantes entre un commandant en poste et le DOMP passent obligatoirement par la hiérarchie civile et politique – dans le cas présent, par Booh-Booh et son bureau. Un commandant en poste ne peut traiter directement avec le conseiller militaire ou tout autre service concerné de l'ONU que dans le cas de questions purement administratives ou d'intendance. Le 11 janvier, ma décision d'envoyer ce câble avec ma signature à un conseiller militaire – Maurice Baril en l'occurrence – était absolument sans précédent. J'ouvrais une ligne de communication dans un domaine où je n'avais aucune autorité pour le faire. Cependant, j'ai cru que les révélations de Jean-Pierre exigeaient une action immédiate[10]. J'ai terminé mon message en accolant la devise de mon école secondaire à celle de la 5e Brigade : « Peux ce que veux. Allons-y ! »

Ce geste n'était toutefois pas sans risques. Les documents étaient certains d'arriver à New York sans être interceptés, mais ils passeraient par plusieurs mains avant d'atteindre le bureau de Baril, de Riza et d'Annan. Ironie du sort, la rotation des nations membres de l'ONU siégeant de façon temporaire au Conseil de sécurité, aux côtés des membres permanents, faisait que, depuis le 1er janvier, le régime rwandais possédait un siège au Conseil de sécurité de l'ONU. Il en résultait que les Rwandais avaient maintenant accès à une foule de documents confidentiels qui concernaient la mission chez eux.

J'avais besoin que New York prenne conscience d'une chose : bien que désirant faire diligence, je n'étais pas aveuglé au point de ne pas entrevoir la possibilité d'un piège bien orchestré qui ferait passer les forces de la MINUAR à l'offensive et compromettrait notre rôle de gardiens d'une paix bien fragile. Je voulais que mon message soit bien clair : je ne demandais pas la permission d'effectuer ces raids, mais je souhaitais donner à New York une longueur d'avance sur les événements, rôle qui me revenait en qualité de commandant en poste. Brent et moi avons pesé nos mots pendant plus de deux heures. Lorsque la rédaction du document nous a satisfaits, Brent s'est précipité à Amahoro pour l'imprimer et l'envoyer. Je suis allé me coucher avec la ferme conviction que, finalement, nous avions la main haute sur une situation qui avait échappé à notre contrôle, comme happée par un cyclone.

---

10. Pendant toute la durée de la mission, j'ai continué de communiquer des renseignements et mes intentions directement au DOMP, à leur demander leurs avis et leurs conseils sans me rapporter au représentant spécial du secrétaire général des Nations Unies ou à l'autorité de son bureau. Étant donné que j'avais été à la tête de la mission et également une des personnes qui l'avait conçue, j'ai tout simplement continué à utiliser les voies de communication qui m'avaient été ouvertes avant que le RSSG arrive à Kigali. En aucun temps, je n'ai été avisé par ce dernier ou par le DOMP de stopper cette pratique, bien qu'il ait pu arriver que la réponse à un de mes câbles soit arrivée chez le RSSG.

Lorsque je me suis réveillé, le matin suivant, après un court sommeil agité, j'avais l'impression d'être au septième ciel. Il me semblait que nous étions sur le point de reprendre l'initiative ou au moins de déséquilibrer les extrémistes, ce qui les rendrait vulnérables aux défections, à la panique et aux fautes stupides. J'étais bien loin de me douter, au moment où je saluais les gamins sur la route de terre qui me conduisait à mon bureau, que New York était déjà en train de saboter mes plans.

Le câble codé venant de Kofi Annan et signé par Riza m'est parvenu à moi, ainsi qu'au représentant spécial du secrétaire général des Nations unies. Son contenu m'a totalement pris au dépourvu. Il me réprimandait pour avoir seulement pensé à faire les raids contre les caches d'armes et me donnait l'ordre de suspendre immédiatement l'opération. Annan m'a expliqué dans les moindres détails les limites que New York m'imposait en tant que commandant en chef d'une opération de paix entreprise selon les dispositions du chapitre VI de la *Charte des Nations Unies*. Ainsi, non seulement n'avais-je aucun droit de mener des opérations dissuasives pour appuyer la MINUAR, mais, en plus, dans l'intérêt de la « transparence », je devais communiquer immédiatement au président Habyarimana tous les renseignements fournis par Jean-Pierre ! J'étais hors de moi tellement je me sentais frustré. Les massacres du mois de novembre, la présence de milices fortement armées, une presse ignoble et enragée qui hurlait contre les Tutsis *Inyenzi* et qui voulait voir le sang couler à flots, l'impasse politique et la tension qui en résultait, voilà bien des signes que notre opération de maintien de la paix ne correspondait plus à une situation de « chapitre VI » classique. Jean-Pierre n'avait fait que glaner des renseignements qui révélaient que la mission – et l'accord de paix d'Arusha – était en grand danger. Il fallait tenter quelque chose pour éviter la catastrophe. Pendant tout le reste de la semaine, je n'ai cessé de téléphoner à New York, discutant avec Maurice de la nécessité d'entreprendre ces raids contre les caches d'armes. Pendant tous ces échanges, j'ai eu l'impression qu'on me percevait comme un peu dangereux et non comme un commandant en chef proactif mais prudent.

Le fait de ne pas avoir réussi à persuader New York à agir me hante encore. Si seulement j'avais pu avoir Maurice de mon côté, comme ami, afin qu'il persuade Annan et Riza que je n'étais pas une sorte de cow-boy à la détente chatouilleuse. À l'heure actuelle, je sais que le DOMP n'était pas encore remis de la débâcle subie par les Américains en Somalie, lorsque dix-huit de leurs soldats avaient été tués pendant la tentative d'arrestation d'un seigneur de la guerre dans les rues de Mogadiscio. Cependant, je leur avais présenté un plan raisonnable, préparé avec attention, et qui était cohérent avec mon approche depuis le début : c'est-à-dire développer au maximum nos règles d'engagement pour assurer l'atmosphère de sécurité exigée par l'accord de paix. Le ton du câble du DOMP suggérait une coupure totale entre New York et moi ; ils n'avaient plus confiance en mon jugement pour mener une opération qui, si elle était risquée, n'était jamais aussi dangereuse que l'opération Corridor ouvert que j'avais conduite sans un accroc. À mon avis, les renseignements obtenus grâce à la complicité de Jean-Pierre représentaient notre dernier espoir de sortir la mission de l'enfer. La réponse du DOMP me coupait l'herbe sous le pied.

Les mortalités et les blessures infligées aux troupes de Casques bleus pakistanais et américains, en Somalie, avaient eu un énorme impact, non seulement sur le triumvirat du DOMP, mais aussi sur de nombreux autres pays. À cette époque, il n'y avait aucun désir de s'engager dans des opérations pouvant conduire à des pertes au sein des forces de maintien de la paix. L'atmosphère qui prévalait au sein du DOMP et de son entourage en était une où aucun risque ne devait être pris. Le câble codé que j'avais envoyé parlait d'une offensive potentiellement à haut risque, ce qui était diamétralement opposé au climat régnant à l'ONU. Pas étonnant que la réaction ait été aussi rapide, réfléchie et sans équivoque. Bien que la décision de l'ONU ait été compréhensible, elle n'en était pas moins inacceptable pour nous qui étions sur le terrain. Si nous ne réagissions pas à la réalité que représentaient les caches d'armes, ces dernières pouvaient se retourner contre nous et contre beaucoup de Rwandais innocents.

Le matin du 11 janvier, j'ai fait mon compte rendu au D$^r$ Kabia et au RSSG ; le D$^r$ Kabia m'a appuyé totalement, et Booh-Booh est demeuré évasif. J'avais espéré que ce dernier m'aiderait en faisant un dernier appel à New York, mais je m'étais trompé. Il a repoussé totalement l'idée et m'a suggéré de suivre les instructions de New York à la lettre. Avant de rejoindre Habyarimana, le matin du 12 janvier, Booh-Booh, le D$^r$ Kabia et moi avons intégralement mis au courant de la situation les ambassadeurs de Belgique et des États-Unis ainsi que le chargé d'affaires de l'ambassade de France. Ils nous ont tous remerciés pour les renseignements et ont déclaré qu'ils allaient informer leurs gouvernements respectifs. Aucun d'entre eux n'a vraiment eu l'air d'être surpris, ce qui m'a permis de conclure que notre informateur ne faisait que confirmer ce qu'ils savaient déjà. Je les ai suppliés de nous aider à trouver un endroit d'accueil pour Jean-Pierre et sa famille, mais les Américains, comme les Belges et les Français ont tous refusé. Nous avions pu vérifier la plus grande partie des renseignements de Jean-Pierre en lui faisant prendre, ainsi qu'à ses proches, des risques considérables. Je savais que la communauté diplomatique avait déjà aidé d'autres informateurs précieux dans des circonstances dangereuses. Je ne pouvais donc comprendre – et ne le peux toujours pas – les raisons de leur refus.

Normalement, lorsqu'on demandait une audience au président Habyarimana, celui-ci nous faisait poireauter pendant quelques jours avant de daigner nous recevoir. Le RSSG et moi avons été très surpris lorsqu'il a accepté de nous rencontrer immédiatement. Il nous a accueillis sur sa terrasse ensoleillée, entouré d'Enoch Ruhigira, de Bizimana, le ministre de la Défense, du major général Déogratias Nsabimana, le chef de l'armée, et du major général Augustin Ndindiliyimana, le chef de la Gendarmerie. Des cinq hommes présents, quatre d'entre eux étaient des purs et durs, et Ndindiliyimana était inclassé pour le moment. Je ne faisais confiance à aucun, et nous allions leur livrer les meilleurs renseignements obtenus jusqu'à maintenant. Booh-Booh a pris les commandes et a fourni au président une revue détaillée de ce que nous savions des activités de son parti, y compris les distributions d'armes illégales à l'intérieur de la zone sécurisée sans armes de Kigali, l'implication du MRND au sein de l'Interahamwe et leurs tentatives pour compromettre l'accord d'Arusha. C'est avec une certaine satisfaction que j'ai vu l'expression du visage du président changer pour passer d'une indifférence fatiguée à une incrédulité totale. Habyarimana a nié toute connaissance de l'existence de ces caches. Il était difficile de savoir s'il avait été surpris par les informations ou parce que la MINUAR les avait en sa possession. Booh-Booh a dit à Habyarimana que New York s'attendait à ce qu'une enquête exhaustive ait lieu dans les quarante-huit heures et l'a averti que toute violence ultérieure qui se produirait à Kigali serait immédiatement portée à l'attention du Conseil de sécurité. Le président a promis d'agir sur-le-champ, et Booh-Booh était persuadé qu'il avait bien reçu le message. Moi, je n'étais pas certain de la teneur de ce message. Ces informations l'avaient-elles pris par surprise ? Faisait-il partie des machinations ou était-il en train de perdre le contrôle de ses séides ? La seule chose dont j'étais sûr, c'était que les renseignements de Jean-Pierre allaient être livrés aux extrémistes et que les caches d'armes seraient déménagées immédiatement ou, pis encore, que les armes seraient distribuées.

À la fin de l'audience, Habyarimana nous a demandé de façon spontanée si le RSSG et moi pouvions mettre au courant le président du MRND au quartier général de son parti. À cette demande inhabituelle du chef du MRND, nous avons deviné que le parti était peut-être, comme la rumeur l'avait laissé entendre, en train de se scinder : d'une part, les membres purs et durs du MRND et, d'autre part, les extrémistes. Lorsque nous sommes allés rencontrer Mathieu Ngirumpatse (que Jean-Pierre avait désigné comme étant son patron) et le secrétaire général du parti, Joseph Nzirorera, nous leur avons dévoilé nos renseignements au sujet de l'entraînement des Interahamwe et des caches d'armes illégales à l'intérieur de la zone sécurisée. Ils ont tous les deux essayé de bluffer, mais comme nous protestions affirmant avoir vu des membres de l'Interahamwe lors des violentes manifestations du samedi précédent, ils ont admis que quelques-uns de leurs membres y avaient participé. Cependant, ils ont fait porter le blâme de cette violence à des personnes ou à des bandits portant l'insigne du MRND qui se seraient infiltrés.

Ce soir-là, Jean-Pierre est arrivé en retard à un rendez-vous avec Claeys. Il avait été retardé, lui a-t-il dit, par une réunion urgente avec Ngirumpatse. Il a expliqué que son patron avait paru secoué par notre visite, et avait exigé de distribuer les armes immédiatement. Puis, Jean-Pierre est allé montrer l'emplacement d'une des caches d'armes au capitaine Claeys et au capitaine Deme, comme il l'avait promis. Deme était Sénégalais, parlait un excellent français et était habillé en civil. Il y avait deux gardes à la cache. Claeys est donc resté dans la voiture, et Jean-Pierre est entré avec Deme, le présentant aux gardes comme un ami africain. La cache se trouvait dans le sous-sol du quartier général du MRND, le même immeuble où j'étais allé un peu plus tôt avec Booh-Booh. Il y avait là au moins cinquante fusils d'assaut, des boîtes de munition, des chargeurs et des grenades. L'immeuble appartenait à Ndindiliyimana, le chef de la Gendarmerie, qui avait toujours voulu donner l'image d'un modéré. On le voyait cependant en compagnie d'extrémistes, ses gendarmes avaient été impliqués dans des actions avec les extrémistes et, à l'heure actuelle, le bâtiment qu'il louait au MRND possédait une cache d'armes dans son sous-sol. Vers qui donc allait sa loyauté?

Je me demandais si Jean-Pierre arrêterait de nous parler lorsqu'il apprendrait que nous avions transmis ses informations à Habyarimana et à Ngirumpatse. Il a continué malgré tout à nous fournir des renseignements vérifiables de valeur. Je voulais lui assurer le moyen de sortir du pays en toute sécurité, mais les gens de New York ont soutenu qu'ils ne voulaient pas s'impliquer dans nos actions «souterraines» ou lui fournir des papiers pour voyager. Bref, ils se lavèrent les mains de toute l'histoire.

Avant que Jean-Pierre ne nous laisse définitivement tomber et qu'il coupe toute communication avec nous, il nous a fourni des renseignements vitaux. Ces informations m'ont permis de voir encore plus clairement les menaces contre la mission, surtout celles qui venaient de l'intérieur. Il nous a déclaré que des agents secrets travaillaient grâce à des contrats civils à l'intérieur même du quartier général de la mission à Amahoro, et que l'un d'entre eux avait été mon chauffeur avant d'être remplacé par Troute. Il nous a révélé qu'à au moins quatre occasions on l'avait appelé pour écouter des enregistrements d'entretiens entre une personnalité officielle du MRND et un Africain francophone non rwandais ayant fourni des renseignements politiques et administratifs concernant la MINUAR. Il nous a expliqué en détail la méthodologie de la planification et de l'encadrement des extrémistes. Grâce à Jean-Pierre, nous avions, à la mi-janvier, toutes les informations nécessaires pour confirmer qu'il s'agissait d'une conspiration bien organisée à l'intérieur du pays, dont le but était de détruire par tous les moyens possibles l'accord de paix d'Arusha. Jean-Pierre a disparu à la fin février. A-t-il réussi à trouver tout seul un moyen pour se sauver ou a-t-il été découvert et exécuté? On n'a jamais réussi à le savoir. La possibilité la plus dérangeante est qu'il se soit de nouveau évanoui à l'intérieur de l'Interahamwe, par mécontentement et parce qu'il avait perdu ses illusions devant nos hésitations et notre inefficacité, et qu'il soit devenu une des personnes ayant participé au génocide...

La sécurité a continué à se détériorer autour de Kigali. Des incidents se produisaient ici et là, le long de la frontière de la zone démilitarisée et dans les camps de réfugiés au sud. Étant donné que j'avais reçu l'ordre de New York de ne rien faire au sujet des caches d'armes, le 18 janvier, j'ai ordonné à tous les quartiers généraux de secteur et à toutes les garnisons d'améliorer leurs défenses et d'adresser des requêtes pour obtenir les abris défensifs nécessaires. J'ai, par la suite, signé ces demandes et les ai envoyées au DOP à New York. Ce dernier n'y a jamais répondu. Résultat: nous n'avons jamais reçu le matériel pour construire des abris défensifs dans nos campements, et cela aurait des conséquences tragiques au mois d'avril. Nous nous attendions aussi à voir arriver le reste du bataillon du Bangladesh ainsi que celui du Ghana sur le théâtre des opérations, à partir du début de janvier et jusque dans la deuxième quinzaine du même mois. Cependant, aucun d'entre eux ne se montra (en fait, ils n'arrivèrent qu'au début de février). Les forces que je possédais à l'heure actuelle étaient en train de s'épuiser, car nous tentions de couvrir le maximum de terrain en raison de l'augmentation des opérations.

Pendant ce temps-là, le brigadier à la retraite Paddy Blagdon, qui était à la tête du programme de déminage de l'ONU, avait terminé son estimation des risques de mines au Rwanda et dressé son plan de déminage. J'ai été un peu choqué lorsqu'il m'a annoncé que les 30 000 mines terrestres du Rwanda – la majorité était antipersonnel – ne représentaient qu'un danger somme toute mineur. Comme chaque mine a la possibilité de tuer ou de mutiler un homme, une femme ou un enfant, j'ai été outré que l'on considère 30 000 engins de mort comme un problème «mineur». Toutefois, après que

Paddy m'a présenté des cas de pays comme le Cambodge, l'Angola, le Mozambique et la Bosnie ainsi que d'autres points chauds dans le monde, j'ai compris pourquoi il s'était exprimé ainsi. Il a dit qu'il essayerait d'obtenir des fonds et un contrat de déminage, mais que cela prendrait du temps. Quatre mois plus tard, lorsque la guerre a repris, nous n'avions toujours pas vu un seul dollar ou un seul démineur opérationnel au Rwanda, et civils et militaires continuaient à perdre leurs vies ou leurs membres quotidiennement.

Le soir du 18 janvier, j'ai organisé un rare dîner officiel. Il était donné à l'hôtel Méridien où, avec mes officiers supérieurs, nous honorions le colonel Figoli, qui quittait la mission. Figoli avait été à mes côtés depuis le mois d'octobre. Plus que tout autre, il avait contribué à maintenir la paix dans la zone démilitarisée avec l'aide d'à peine une centaine d'observateurs militaires et de soldats, et un manque total d'équipement et de logistique. Il allait nous manquer terriblement. Booh-Booh, le RSSG, était présent et j'avais également invité Per Hallqvist.

Ce même jour, j'avais également dit au revoir à la moitié de la compagnie tunisienne ayant travaillé sous les ordres de Figoli et qui était relevée pour être remplacée par une autre. Les Tunisiens étaient tous des conscrits qui s'étaient portés volontaires pour allonger leur période de service militaire et aller servir au Rwanda. Mais ils se comportaient en véritables soldats professionnels conduits par un officier exemplaire, le commandant Mohamed Belgacen. Cette petite unité, très soudée, était (et est restée) ma brigade de choc. Dès que j'avais un problème, que celui-ci survienne dans la zone démilitarisée, au CND, à Kigali, ou plus tard pendant la guerre, je me tournais vers les Tunisiens qui ne m'ont jamais laissé tomber. En disant au revoir à trente de ces soldats sur le tarmac de l'aéroport, je les ai félicités pour leur service et pour les sacrifices qu'ils avaient faits dans la zone démilitarisée pendant les journées dangereuses de la fin de 1993. Si notre force militaire complète avait été composée de personnes de leur qualité, nous aurions pu faire face à n'importe quel défi dans la région des Grands Lacs. En geste de gratitude envers les soldats qui nous quittaient, j'ai donné au commandant Balgacen le drapeau de l'ONU qui avait flotté sur leur garnison. Ils m'ont demandé de le signer et, par la suite, j'ai su qu'ils l'avaient exposé au Musée militaire de Tunis au cours d'une cérémonie. Quelques jours après l'arrivée de nouveaux soldats, le commandant Balgacen les avait totalement intégrés dans son unité, maintenant ainsi son très haut standard d'efficacité opérationnelle. Les Tunisiens sont demeurés, par la suite, l'une de mes cartes maîtresses.

À l'époque, j'avais commencé à subir des pressions de Paul Kagame à cause de la lenteur d'escargot du processus de paix. Il m'a déclaré manquer d'argent pour la nourriture et le carburant dont ses hommes avaient besoin. Résultat, ses soldats du FPR avaient opéré des incursions dangereuses dans la zone démilitarisée, à la recherche d'aliments et d'eau. S'il notait déjà de sérieux manques, comment ses troupes allaient-elles pouvoir survivre jusqu'au moment de la démilitarisation, trois mois après l'assermentation du GTBE ? Kagame m'a aussi déclaré que, son armée étant sur le terrain depuis les quatre dernières années, la situation avait un effet néfaste sur les hommes célibataires dans la vingtaine. Ceux-ci n'avaient qu'un seul désir : se fixer quelque part. Chez eux, on disait que si un homme n'était pas marié á l'âge de trente ans, il ne vivrait pas assez longtemps pour connaître ses petits-enfants ou pour bénéficier des avantages que leur société offrait aux aînés. Il s'agissait d'une pression sociale supplémentaire imposée à cette force.

Je me demandais comment le processus de démobilisation allait pouvoir s'amorcer alors que personne ne s'était offert pour fournir les fonds nécessaires. Comme tout le monde s'était concentré sur l'impasse politique, personne à l'extérieur de la division militaire n'avait passé de temps à préparer cette phase très importante. Aucun fonds de l'ONU, même très modeste, n'avait été dégagé, et la seule personne qui tentait encore de collecter des fonds auprès de la communauté internationale était Amadou Ly. Je suis allé rencontrer Booh-Booh pour lui faire part de ces besoins urgents. Comme d'habitude, il m'a écouté mais n'a toutefois jamais pris conscience qu'en tant que représentant spécial du secrétaire général des Nations unies il devait prendre la responsabilité de faire avancer le dossier.

Ben Matiwaza, de la MINUAR, avait signalé qu'un grand nombre de réfugiés quittaient l'Ouganda pour entrer dans la zone contrôlée par le FPR, au nord du Rwanda, ainsi que dans la zone démilitarisée. Nous avions également reçu des rapports – non confirmés – que Radio Muhaburu, un poste appartenant au FPR, encourageait les Rwandais de la diaspora à profiter de l'avantage que l'accord d'Arusha leur offrait pour rentrer dans la mère patrie. Il m'a semblé que Kagame profitait des incursions de ses troupes et des réfugiés dans la zone démilitarisée pour exercer des pressions sur la MINUAR afin que celle-ci procède à l'installation du gouvernement provisoire. Le 20 janvier, à la demande de Kagame, nous nous sommes rencontrés à Mulindi pour pouvoir discuter de ces problèmes, et bien d'autres.

Je suis allé à Mulindi à bord de l'un des deux hélicoptères ; modèles des années cinquante, appartenant aux troupes belges. Je m'étais arrangé avec elles pour pouvoir en utiliser un lorsque je devais faire une visite rapide à Mulindi ou pour me rendre à l'extérieur de Kigali. Dans ces vieux coucous plutôt asthmatiques, seuls le pilote et deux passagers pouvaient prendre place ! Cependant, j'aimais beaucoup le vol vers Mulindi. Nous volions à basse altitude (comme toujours, pour éviter les tirs) au-dessus des collines ondulées de couleur émeraude. Nous avons atterri sur un mauvais terrain de football entouré d'une lisière d'arbres. On avait l'impression que cet endroit avait été creusé au flanc de la montagne. Les troupes du FPR étaient éparpillées un peu partout. Elles utilisaient ce lieu comme terrain de manœuvres, et, en tout temps, une centaine d'hommes s'entraînaient.

Une escorte est venue à ma rencontre et m'a conduit jusqu'au quartier général du FPR. Kagame habitait dans un bungalow de taille modeste, un petit peu à l'écart. Les seuls bruits perceptibles étaient les chants d'oiseaux et le murmure du vent dans les arbres. Quand je suis arrivé, il était installé sur une petite terrasse adjacente à la maison. Il a déplié lentement son corps long et anguleux d'une des chaises pour se lever et m'accueillir. Il possédait des yeux incroyablement pénétrants qu'il plongeait dans ceux de son interlocuteur pour sonder, chercher, tester. Il ne perdait pas grand temps en mondanités. Dès que nous nous sommes assis, il est entré dans le vif du sujet, c'est-à-dire la situation des réfugiés du Burundi qui était devenue insoutenable depuis le coup d'État du mois d'octobre. Il m'a déclaré que beaucoup avaient fui vers des refuges sécurisés comme des écoles ou des missions pour échapper aux foules armées qui voulaient venger l'assassinat du président du Burundi. De nombreux réfugiés n'avaient d'autre choix que de fuir vers le Rwanda ou d'affronter une mort certaine. Il m'a fait remarquer que les réfugiés rwandais à l'intérieur de l'Ouganda faisaient face – bien que de façon moins extrême – aux mêmes pressions de la part de leurs hôtes ougandais, pressés de les voir partir. De nouvelles réformes agraires avaient donné à des squatters ougandais le droit d'occuper les terres que les réfugiés rwandais avaient occupées pendant presque trente ans, et ces derniers avaient été obligés de s'en aller. Lui et d'autres chefs du FPR essayaient d'endiguer le flot de réfugiés qui revenaient au Rwanda, mais il a avoué que c'était difficile à faire. Après tout, le FPR avait fait cette guerre pour permettre aux Rwandais itinérants de rentrer chez eux.

Lorsqu'il a parlé de la situation critique des réfugiés, il a perdu un peu de sa réserve habituelle, puisant dans son expérience personnelle pour souligner ou pour illustrer ce qu'il avançait. De temps à autre, il se levait et marchait de long en large, décrivant son enfance dans un camp de réfugiés en Ouganda en tant qu'étranger, membre d'une minorité tolérée, mais jamais acceptée comme étant égale. Alors qu'il revivait sa lutte pour garder son estime de soi et sa dignité malgré le défaitisme écrasant qui règne dans les camps, la colère lui montait au visage. Quant à lui, il s'était battu pour s'améliorer. Il m'a raconté comment il s'y était pris pour aider l'Ouganda à se débarrasser du dictateur Milton Obote en se joignant aux rangs de l'ANR, en s'entraînant en Tanzanie et en combattant en Ouganda sous l'actuel président Yoweri Museveni. Bien qu'il ait été un officier très bien considéré, il m'a déclaré n'avoir jamais pu atteindre son vrai potentiel au sein de l'ANR parce que personne ne pouvait oublier qu'il était Rwandais.

Je savais que l'ANR avait accepté des réfugiés tutsis, comme Kagame, dans ses rangs. Ils avaient combattu parce qu'ils avaient cru qu'une fois Obote défait et Museveni porté au pouvoir, ce dernier les aurait traités avec équité. Cependant, Museveni avait dû former des alliances avec d'autres tribus et d'autres groupes aux dépens de la très grande population de réfugiés tutsis qui l'avaient aidé à parvenir à la tête du pays. Cela m'a rappelé l'histoire que Karenzi, un officier de liaison du FPR, avait raconté à Brent pour décrire les expériences vécues par les Tutsis en Ouganda. Karenzi avait dit que lorsque le chasseur et le chien courent après le gibier, ils sont égaux. Mais, lorsqu'ils ont attrapé leur proie, le chasseur a droit à la viande et le chien, aux os. C'est exactement ce que les Tutsis, en Ouganda – qui avaient combattu dans des conditions difficiles pour l'ANR –, ont ressenti après que Museveni eût pris le pouvoir. Le fait d'avoir pris conscience qu'ils seraient toujours les chiens en Ouganda avait donné l'impulsion à la formation du FPR. Les Tutsis voulaient rentrer chez eux et être traités comme des égaux dans leur propre pays.

Kagame m'a expliqué que la seule façon de résoudre la situation des réfugiés était de relancer le processus politique qui était bloqué. Il m'a regardé droit dans les yeux et m'a dit que, dans le cas contraire, la situation se détériorerait. Des individus désespérés avaient l'intention de prendre les armes pour réclamer leurs droits. Vers la fin de la réunion, il s'est penché vers moi et a ajouté d'un ton tout à fait convaincu : « Si les choses se poursuivent ainsi, nous allons nous trouver dans une situation dont quelqu'un devra sortir vainqueur. » En d'autres termes, si jamais on ne pouvait sortir rapidement de l'impasse, l'accord d'Arusha serait balayé, et le FPR reprendrait le combat et se battrait jusqu'à l'obtention de la victoire. À deux reprises, dans les dernières années, il avait presque réussi, mais, chaque fois, les Français étaient intervenus aux côtés de l'Armée gouvernementale rwandaise.

J'ai fini par me lever et lui ai expliqué à regret que mon hélicoptère n'était pas équipé d'un dispositif de vision nocturne et que je devais partir. C'était stupéfiant de voir Kagame baisser sa garde pendant quelques heures, d'apercevoir le feu sacré qui animait cet homme extraordinaire.

Le jour suivant, le vendredi 21 janvier, je suis allé à l'aéroport de Kigali pour accueillir mon commandant adjoint et chef d'état-major, le brigadier général Henry Anyidoho, du Ghana, qui avait enfin été nommé. Anyidoho était un homme imposant qui mesurait plus de un mètre quatre-vingts et qui pesait plus de cent dix kilos. Sa présence impressionnante n'avait d'égal que son appétit féroce pour le travail. C'était un commandant-né. Tout comme moi, il était passé par le collège d'état-major et de commandement du U.S. Marines, à Quantico, Virginie. Il possédait aussi une très grande expérience, ayant participé dans les années soixante à beaucoup d'opérations au Congo, au Liban, au Cambodge, sans oublier son propre pays. Henry était sûr de lui, entreprenant, compétent, et il s'est impliqué dans la mission dès le début. Nous avons sympathisé au premier contact.

Un peu plus tard, le même jour, une des équipes d'observateurs militaires en poste à l'aéroport a fouillé un DC8 qui venait d'arriver à Kigali alors qu'il n'était pas prévu. L'avion transportait des tonnes d'obus, d'artillerie et de mortier. Les papiers de l'avion – son enregistrement, le propriétaire, les assurances et le manifeste – faisaient état de sociétés en France, en Angleterre, en Belgique, en Égypte et au Ghana. La plupart des nations mentionnées sur la liste avaient engagé des troupes dans la MINUAR. Brent a demandé à un officier belge comment il se sentait à risquer sa vie au Rwanda pendant que son pays vendait des armes qui pourraient servir à le tuer. L'homme a répondu que le maintien de la paix était une chose, mais que les affaires étaient les affaires. Et pour la Belgique, les affaires, c'était de vendre des armes. J'ai maudit les ex-puissances coloniales d'avoir deux poids deux mesures. J'ai donné l'ordre de confisquer les armes et d'exiger des explications du ministre de la Défense. J'ai envoyé Brent livrer le message de confisquer les armes au colonel Marchal, dans ses quartiers de l'hôtel Méridien. Luc a demandé si nous étions autorisés à effectuer une telle saisie. Brent lui a confirmé ce que je pensais : cette intervention faisait partie de mon mandat et de l'accord sur la zone sécurisée de Kigali. Luc a transmis les ordres en conséquence.

Sur le chemin du retour au quartier général, Brent et Troute ont dû traverser un attroupement à l'extérieur du CND. L'AGR et le ministre de la Défense se plaignaient régulièrement de la quantité de visiteurs qui venaient au CND depuis que le FPR était entré à Kigali. Ils accusaient ce dernier de faire entrer des soldats et des munitions à l'intérieur du complexe. L'AGR, la Garde présidentielle et l'Interahamwe mettaient d'habitude en poste des individus pour contrôler les allées et venues, et ils arrêtaient et intimidaient souvent les visiteurs. Il n'était donc pas inhabituel de rencontrer des gens en colère à cet endroit. Mais, au moment où ils passaient, Brent et Troute se sont rendu compte que la foule était armée de machettes tachées de sang et que des hommes invectivaient les gardes du FPR à l'intérieur du complexe. Brent a donné l'ordre à Troute de s'arrêter pour voir ce qu'il se passait. Il était tout à fait évident que des personnes au sein de la foule avaient attaqué un couple qui avait rendu visite au CND et qu'ils étaient maintenant en train de railler les gardes du FPR qui essayaient de sauver les malheureux.

Brent a pris conscience que ce genre de situation pouvait très vite se détériorer. Il est intervenu en ordonnant au FPR de demeurer à l'intérieur du complexe sans répondre à la provocation. Puis, lui et Troute ont plongé dans la foule, certains d'être appuyés par les huit gardes bangladais en faction à l'entrée du CND. Ils ont découvert par terre un homme couvert de sang. Son visage avait été pratiquement tranché en deux, et l'on apercevait le blanc bleuté de l'os de sa mâchoire. À côté de lui était allongée une femme à la veille d'accoucher, son bras tranché jusqu'à l'os et cassé. Brent a pris l'homme sur son épaule et l'a aussitôt transporté à la voiture. Alors qu'il avançait avec l'homme ensanglanté dans les bras, un agité armé d'une machette est sorti de la foule et lui a barré le chemin. Sans réfléchir une seconde, Brent a levé le poing, a frappé l'individu en plein plexus solaire et l'a projeté par terre. Troute a levé son fusil d'assaut, et la foule a reculé, lui laissant suffisamment d'espace pour relever la femme et la mettre en sécurité. De retour à leur véhicule, Brent et Troute ont découvert que les soldats du Bangladesh brillaient par leur absence. Ils s'étaient cachés dans leur bunker adjacent au CND.

Brent et Troute sont allés directement à l'hôpital King Faisal, un superbe établissement hospitalier que l'Arabie Saoudite avait construit et offert au Rwanda au début des années quatre-vingt-dix. Le problème, c'est qu'il n'y avait jamais eu assez de personnel médical ni d'argent pour le faire fonctionner. Les Rwandais l'avaient donc fermé à clé, laissant la poussière s'accumuler. Étant donné que je me retrouvais coincé sans hôpital de campagne, j'avais eu l'idée d'installer mon personnel médical à l'hôpital King Faisal, et le gouvernement avait sauté sur l'idée. Le peloton médical du Bangladesh était mené par un lieutenant-colonel reconnu comme un chirurgien hors pair qui se montrait reconnaissant de pouvoir opérer dans les installations d'un établissement de première catégorie.

Lorsque Brent est arrivé avec les blessés, il fut accueilli par le tohu-bohu traditionnel des salles d'urgence. La femme enceinte, qui n'avait jamais arrêté de parler en Kinyarwanda pendant toute la route vers l'hôpital, s'est soudain mise à pleurer de façon incontrôlable. Un jeune garçon, engagé par les soldats du Bangladesh parce qu'il parlait anglais, a traduit les pleurs angoissés de la femme. D'après ce qu'il nous a dit, elle avait un bébé dans les bras au moment de l'attaque, et elle n'avait aucune idée de l'endroit où il pouvait se trouver ni s'il avait été blessé. Brent a fait volte-face, a pris Troute avec lui, et ils sont retournés au CND.

Au moment de leur arrivée, quelques gendarmes étaient présents. Ils avaient dispersé la foule. Les agresseurs étaient partis, mais une femme recroquevillée contre un mur de l'autre côté de la rue berçait un bébé. Brent lui a demandé en français si l'enfant était celui de la femme blessée par la foule, et elle a fait oui de la tête. Brent et Troute ont aussitôt pris le bébé et l'ont conduit à l'hôpital près de ses parents. Plus tard, dans la semaine, Brent leur a rendu visite et les a retrouvés en convalescence. Le chirurgien, reconnu dans son pays pour avoir sauvé la vie d'un premier ministre du Bangladesh blessé dans une tentative de coup d'État, avait effectué un travail remarquable en recousant le visage de l'homme. Il avait aussi réussi à sauver le bras de la femme ainsi que son enfant à venir.

Ce n'était pas la première fois que la MINUAR était témoin d'attaques lancées par une foule armée de machettes et assoiffée de sang tutsi, massacrant ou blessant des civils innocents. Cependant, au cours des jours suivants, ce genre d'incident s'est reproduit à un rythme alarmant L'échec essuyé pour instaurer le gouvernement provisoire provoquait de la frustration contre la MINUAR et l'accord d'Arusha. Par conséquent, les milices devenaient de plus en plus agressives. Comme si elles avaient reçu le signal de débuter un cycle d'agitation chez les civils au cours duquel elles pouvaient allègrement tuer ou blesser.

Manfred Bleim, le chef de la division de police civile de l'ONU, était arrivé à la fin du mois de décembre. J'avais espéré qu'il se mettrait rapidement au travail pour stimuler la police civile de Kigali et pour la persuader de coopérer davantage avec la MINUAR. J'avais également espéré qu'il serait capable de dénicher au sein de la Gendarmerie et de la police municipale les éléments qui appuyaient de façon tacite – s'ils ne le faisaient pas de façon active – la recrudescence de la violence ethnique. Le rapport de ma mission de reconnaissance stipulait que la division de police civile devait être placée sous mes ordres, puisque, au Rwanda, la Gendarmerie était un organisme paramilitaire. Cependant, plutôt que travailler en collaboration avec nous, Bleim et son équipe ont créé une bureaucratie totalement à part qui a entravé les moyens de communication avec la Gendarmerie. Ils n'ont guère fait progresser l'enquête portant sur les assassinats du mois de novembre, fait que les extrémistes aimaient citer en exemple pour démontrer non seulement l'inefficacité de la MINUAR, mais aussi son favoritisme envers le FPR. Bleim et ses hommes n'ont jamais développé de bonnes relations de travail avec la Gendarmerie et avec la police municipale ; ils n'ont jamais réussi à rassembler des renseignements sur les modérés et les extrémistes à l'intérieur des rangs de la police rwandaise et encore moins à avoir de l'influence sur eux. L'objectif de Bleim était de constituer une police civile de l'ONU complètement indépendante et, pour atteindre cet objectif, il entretenait des relations professionnelles étroites avec le RSSG.

Le matin suivant l'attaque du couple à l'extérieur du CND, nous nous sommes levés et sommes partis pour Amahoro. Sur notre chemin, tous les croisements de route étaient barrés par des jeunes armés de machettes et de gourdins. Nous avons rencontré une foule particulièrement hostile aux alentours de l'hôtel Méridien. Elle avait entouré un véhicule transportant quatre employés civils. Je suis immédiatement sorti de notre voiture, suivi de Brent et de Kant. Troute, fusil armé, est resté à côté de notre véhicule. Nous sommes entrés dans la foule, et j'ai ordonné de laisser passer le véhicule, ce qui a été fait, l'attention de tous étant désormais reportée sur moi. J'ai harangué ces fomentateurs de troubles en leur disant qu'ils violaient l'accord de la zone sécurisée de Kigali et que la Gendarmerie allait venir s'occuper d'eux. Nous sommes retournés à notre véhicule sous un torrent d'insultes et de gestes non équivoques.

Lorsque nous sommes arrivés à Amahoro, des rapports affluaient de tous les coins de la ville, faisant état d'un blocage de tous les carrefours principaux. Brent a pris un autobus de l'ONU et un chauffeur pour aller chercher tous les civils qui avaient accepté de travailler ce samedi matin. Sur son chemin, il a trouvé un homme grièvement blessé à coups de machette et l'a transporté à l'hôpital. Cependant, aucune négociation n'a permis d'assurer un passage sécuritaire de l'autobus à travers la foule. Brent a décidé de déposer le personnel à l'hôtel Méridien et de prendre une route détournée pour retourner à Amahoro. Il tomba de nouveau sur un homme et une femme en train de se faire extirper de leur voiture par une foule déchaînée. Le capitaine Claeys passait par hasard en même temps et il s'est arrêté, lui aussi. Brent, Claeys et Troute se sont précipités vers les assaillants qui se sont enfuis en courant, abandonnant le couple derrière eux. Il s'agissait d'un médecin tutsi et de sa femme, une infirmière. Ils tentaient de se rendre à l'hôpital de Kigali, car la radio avait annoncé un grand nombre de blessés dans toute la ville.

Pendant ce temps-là, au quartier général, beaucoup de mes commandants subalternes et de mes officiers recommandaient que nous intervenions et que nous arrêtions les manifestations en utilisant la force si nécessaire. Cependant, personne appartenant à la MINUAR ne s'était fait directement attaquer, et nous n'avions pas reçu de rapports confirmant que des civils travaillant pour nous l'aient été. Je n'ai pas voulu me laisser entraîner dans ces échauffourées, car un tir malencontreux aurait pu compliquer la mission. J'ai pensé que débloquer les intersections était une tâche simple relevant de la Gendarmerie, qui devrait être aidée, dans ce travail, par Bleim et son équipe. Mais ces derniers demeuraient introuvables. La division de la police civile de l'ONU ne travaillait que le jour, du lundi au vendredi. Aucun policier n'était en faction au quartier général, le samedi. Les gendarmes étaient tout aussi absents.

Luc Marchal était déjà au travail pour nous tirer de ce bourbier. Il est parti à la recherche de Ndindiliyimana, l'a retrouvé et lui a demandé d'intervenir pour faire respecter l'accord sur la zone sécurisée. Le chef de la Gendarmerie donna son accord au milieu de la matinée et, à midi, il avait déployé ses hommes. Les manifestations avaient perdu de leur vigueur, et la foule s'était dispersée. J'ai été satisfait d'avoir poussé la Gendarmerie à faire son travail et heureux que la MINUAR n'ait pas été entraînée dans des échanges de coups de feu avec une bande hurlante de civils peu armés. Au cours de la semaine qui a suivi, j'ai pu constater le bien-fondé de cette décision. Jean-Pierre a raconté au capitaine Claeys qu'il s'agissait là d'une autre tentative des extrémistes pour forcer les soldats belges à utiliser la force. Des embuscades bien préparées avaient été placées sur les lieux des manifestations et, une fois de plus, notre retenue avait sauvé la vie de soldats de la MINUAR.

En raison de la détérioration de la sécurité au cours de la dernière semaine de janvier, nous avons placé des soldats de la MINUAR pour monter la garde près des demeures de madame Agathe ; de Joseph Kavaruganda, le directeur de la Cour constitutionnelle ; de Faustin ; de Lando et de quatre autres ministres modérés, à leur demande. Le secteur de Kigali a mis de cinq à huit hommes pour protéger chaque maison, et ces gardes veillaient sur ces personnalités vingt-quatre heures sur vingt-quatre. Même si je n'avais pas les moyens de mobiliser toutes ces troupes à des fins de garde, les menaces de mort étaient bien réelles et confirmées. Étant donné que ces personnes étaient vitales pour l'avenir du Rwanda, avais-je un autre choix ? À cette époque, je n'avais que trois compagnies à Kigali – deux de Belges et une de Bangladais – desquelles je pouvais prendre des hommes pour monter la garde.. L'une d'entre elles était en faction à l'aéroport, et il m'était impossible d'y toucher. Une compagnie pouvait assurer la protection de neuf personnalités tout au plus. En approuvant la protection de ces personnalités, je venais de mobiliser une compagnie entière de soldats. Mais des demandes pour obtenir des gardes de la MINUAR commencèrent à affluer. Elles venaient d'autres personnalités politiques modérées, de défenseurs des droits de l'homme, d'officiels moins importants de plusieurs partis politiques, même de civils travaillant pour l'ONU, dont les bureaux étaient éloignés des quartiers généraux et qui souhaitaient la protection de mes soldats. Je savais que des gardes pouvaient en faire reculer plusieurs, mais pas une bande d'assaillants déterminés. Je n'ignorais pas non plus que fournir autant de soldats ne pouvait que diminuer les capacités de la MINUAR à remplir toutes ses autres tâches. J'ai donc refusé de répondre à toutes les demandes, excepté une : celle du RSSG. On avait tiré sur la résidence de Booh-Booh, et il avait réclamé la présence d'une section pour le protéger. Une fois de plus, j'ai senti que nous étions en train de perdre l'initiative des événements. Nous accourions pour protéger des cibles menacées, plutôt que de nous attaquer aux menaces elles-mêmes, ce qui affaiblissait notre capacité à atteindre nos autres objectifs. À la fin de janvier, je n'avais toujours pas reçu les effectifs de la phase II et, par conséquent, une de mes compagnies à Kigali faisait le travail de quatre.

* * *

Au milieu de cette tempête, j'ai reçu une invitation étrange. André Ntagerura, le ministre des Transports et le doyen du MRND, voulait me rencontrer. J'ai accepté de le faire à un dîner, le 24 janvier, au restaurant Péché Mignon, qui se trouvait tout à côté du quartier général du MRND. Perché sur une colline, cet établissement avait une excellente réputation pour sa cuisine et pour sa très jolie cour qui donnait sur un jardin et une fontaine. Lorsque je suis arrivé avec Willem de Kant (qui devait assurer une surveillance discrète) un peu après vingt et une heures, le restaurant était presque vide. J'ai trouvé Ntagerura assis à une table isolée. Cet homme était petit, grassouillet, au visage jovial et exceptionnellement rond. Il avait des traits inhabituels, avec des courbes accentuées. Il pouvait vous écraser par la force de ses expressions, qu'elles soient de joie ou de colère. Impliqué dans le régime politique d'Habyarimana depuis plus de treize ans, Ntagerura avait été à la tête des ministères les plus importants et les plus influents. Il avait fait partie du petit cercle des intimes d'Habyarimana, et son motif à vouloir me rencontrer m'intriguait. En acceptant son invitation, je m'inquiétais d'être perçu comme un de ses partisans.

Lorsque Ntagerura n'a pas commandé ni ne m'a offert d'alcool, j'ai compris à quel point cette rencontre était importante pour lui.

Il s'est avéré être un autre de ces politiciens rwandais ayant passé beaucoup d'années au Québec. Il pouvait « sacrer » en québécois mieux que moi et connaissait très bien la politique de ma province natale et du Canada. Après avoir passé un moment à me charmer, il en est venu à la raison de notre entretien. Le président n'avait plus le contrôle du gouvernement, a-t-il dit, et le MRND fonctionnait indépendamment de lui. L'inflexibilité de Faustin Twagiramungu, quant aux nominations au sein du gouvernement provisoire de membres de son propre parti, était la source de la plus grande partie de l'impasse politique. Il s'est penché vers moi, tout en faisant attention de se taire à l'approche du serveur, et il a insisté sur le fait qu'il ne servait à rien d'insister auprès d'Habyarimana pour que ce dernier trouve des solutions à l'impasse. La meilleure façon d'agir serait de persuader Twagiramungu que les nominations de son parti au GTBE reflètent les désirs dudit parti plutôt que les siens. Il a continué en parlant des problèmes du Parti libéral et en disant que Lando et Justin Mugenzi devraient seulement s'entendre pour ne pas être d'accord.

Au fur et à mesure que Ntagerura s'enthousiasmait en parlant de ce sujet, la virulence de son esprit a commencé à transparaître. Il a déclaré que le gouvernement transitoire devrait refléter l'image véritable de la nation et non pas être la résurgence d'une minorité ethnique cherchant à dominer la majorité existante. Il a suggéré que le FPR cherchait à prendre le contrôle du gouvernement provisoire en recherchant les faveurs de la majorité du cabinet, tout en isolant le MRND. D'après lui, cela semblait être un retour au système féodal d'avant l'indépendance.

Ses yeux sont devenus comme fous, et sa voix s'est élevée de façon alarmante lorsqu'il a insisté en disant que le FPR allait imposer une hégémonie tutsie sur la région des Grands Lacs d'Afrique. Il a prétendu que le nombre de soldats appartenant au FPR à l'intérieur du complexe du CND avait augmenté depuis le mois de décembre pour dépasser le millier, et que des agents du FPR essayaient d'influencer la population locale et de distribuer des armes. Je lui ai fait remarquer que, selon l'accord d'Arusha, le FPR avait la liberté d'agir à sa guise, comme tout autre parti politique, et que cela incluait le droit de tenir des réunions politiques et de faire passer son message à la population locale. Il m'a jeté un regard sceptique et m'a déclaré que la MINUAR, tout particulièrement le contingent belge, avait une attitude bien trop tolérante envers le FPR. Tout en faisant une moue de désapprobation, il m'a affirmé que l'on avait vu des Belges courir après des femmes et causer des rixes dans les bars et les discothèques. Son doigt potelé se fit menaçant lorsqu'il a accusé la MINUAR de ne pas avoir encore trouvé les auteurs des meurtres du mois de novembre et de n'offrir de service d'accompagnement et de protection qu'aux Tutsis et à leurs partisans.

Il m'a averti que la situation était en train de devenir critique et que, bientôt, la MINUAR ne pourrait plus ménager la chèvre et le chou. La population locale ne comprenait pas bien la mission de la MINUAR et, à moins de prendre des initiatives, nous allions continuer d'être perçus par les yeux de la désinformation. Il a insinué que la violence et la presse négative ne feraient qu'augmenter si rien ne changeait.

Il était près de une heure du matin lorsque nous avons fini de discuter. Son côté fanatique avait disparu, et il était redevenu poli et charmeur. Je l'ai remercié pour sa franchise et j'ai ramassé ostensiblement toutes les notes que j'avais prises. Nous nous sommes levés. Il s'est alors approché pour me serrer la main presque affectueusement, puis il m'a tapoté le haut du bras avec son autre main. Il était évident qu'il était très content du déroulement de notre entretien. En rentrant avec Willem, j'ai repassé toute la conversation dans ma tête. L'attitude de Ntagerura ne faisait que confirmer les révélations de Jean-Pierre : le régime était en train de s'apercevoir que les événements tournaient contre eux. Je me suis aperçu qu'un grand gouffre était en train de s'ouvrir, et que le seul moyen de le combler serait une implication politique et diplomatique à un niveau plus haut que le bricolage pratiqué par la MINUAR : nous devions absolument trouver une façon de toucher les purs et durs sans pour cela nous plier à leur extrémisme ethnique. Ntagerura l'avait dit très clairement : le président n'avait plus le contrôle total du MRND. Mais qui donc conduisait le bal du côté des extrémistes ?

Le lendemain, j'ai mis Booh-Booh et quelques autres personnes de son équipe au courant de mon entretien avec Ntagerura et je lui ai remis une analyse écrite ainsi qu'un rapport de la conversation afin qu'il y donne suite. Je lui ai expliqué que nous devrions aller plus loin, mettre davantage de pression pour que les partis résolvent leurs mésententes et procèdent à l'installation du gouvernement provisoire. Booh-Booh a répondu sur un ton alarmé : « Au contraire, nous devrions *ralentir* le processus pour arriver à élaborer un consensus... » Il a fait référence à la correspondance entre Boutros Boutros-Ghali et Habyarimana, et a indiqué que nous devrions attendre pour voir si les efforts diplomatiques du président porteraient ses fruits. Je ne pouvais en croire mes oreilles : ne venais-je pas de lui dire que, selon le chef du MRND, le président n'avait plus le contrôle sur son parti ? Je suis retourné à mon bureau absolument furieux.

Le jour suivant, j'ai reçu du D$^r$ Kabia une copie de l'analyse faite par un des politiciens qui avait assisté à mon entretien avec le RSSG. Au lieu d'avoir compris qu'une des personnes les plus importantes du MRND avait parlé d'une perte de contrôle du président sur son parti, ce conseiller avait concentré ses commentaires sur le fait que ma rencontre avec Ntagerura avait été une procédure inopportune. « Selon les lignes de conduite et les procédures de l'ONU, les membres sont avertis qu'en cas de situations conflictuelles, comme celle que nous connaissons au Rwanda, ils ne doivent pas avoir de relations étroites avec des individus ou des organisations, des partis ou des factions, afin que leur impartialité et leur objectivité ne soient pas mises en doute lorsqu'ils doivent s'acquitter de leurs devoirs », mentionnait ce papier.

Le Rwanda était à la dérive. Personne ne semblait vouloir faire quoi que ce soit, ou ne se sentait capable de redresser le gouvernail.

Je recevais des rapports de la MONUOR en Ouganda révélant qu'il existait toujours davantage de mouvements d'entrées de nourriture, de carburant et de jeunes gens dans la zone contrôlée par le FPR au nord du Rwanda. Ben Matizawa et d'autres personnes avaient la certitude que le FPR se préparait à l'action. Les forces gouvernementales, elles aussi, se préparaient et étaient très occupées. Mes équipes d'observateurs militaires rapportaient des mouvements de troupes du secteur sud vers une région au nord de la zone sécurisée de Kigali, près du FPR et de la zone démilitarisée. À une réunion qu'il avait réclamée dans le bureau du ministre de la Défense, le chef d'état-major avait demandé la permission de renforcer Kigali avec des troupes de commandos d'élite, sous prétexte que l'AGR avait des problèmes de réapprovisionnement et qu'elle devait absolument se rapprocher de ses dépôts de Kigali. Le ministre de la Défense est alors intervenu, revendiquant le déploiement d'un bataillon de quatre cents hommes de la police militaire à l'intérieur de la zone sécurisée pour leur attribuer des tâches de garde et ainsi relever la Gendarmerie de ces corvées. Comme raison, le ministre a invoqué l'épuisement de la Gendarmerie et son besoin de renforts. J'ai repoussé les deux requêtes, car les forces de la Gendarmerie, bien qu'utilisées au maximum de leurs capacités, pouvaient encore déployer leurs deux compagnies de réaction rapide, et que le reste des troupes à l'intérieur de la zone sécurisée jouait largement en leur faveur. Même après avoir perdu le contact avec Jean-Pierre, nous avons continué à recevoir des rapports fiables affirmant que les milices armées ralliées aux partis du MRND et du CDR (Parti radical hutu) continuaient à stocker des armes et à les distribuer à leurs partisans. Les deux factions en présence se couvraient. Elles voulaient être prêtes à se battre si le processus politique échouait.

Les membres du bataillon du FPR, qui étaient presque séquestrés à l'intérieur du complexe du CND, commençaient à acquérir une mentalité d'assiégés. Récemment, en deux occasions, ils étaient sortis du CND et avaient tiré des coups de feu pour forcer leur chemin à travers les barrages de la MINUAR. Les troupes comme les chefs politiques avaient de plus en plus tendance à évacuer leurs frustrations contre la MINUAR, menaçaient les observateurs si ceux-ci arrivaient en retard pour les escorter ou désobéissaient de manière flagrante aux règlements de la zone démilitarisée en arrivant armés au quartier général d'Amahoro. Le bataillon avait été enfermé dans le complexe du CND pendant les six dernières semaines, avec des manifestants hostiles à leur porte. Aussi ai-je estimé qu'il n'arriverait rien de bon si l'impasse politique perdurait. À cette époque-là, le colonel Marchal est venu me visiter au quartier général pour m'informer qu'étant donné l'intensification des réunions du FPR autour de Kigali pour se préparer pour le GTBE, la MINUAR était submergée de demandes irraisonnables du FPR pour obtenir des escortes. À son avis, il s'agissait d'un stratagème de leur part pour faire pression sur la MINUAR afin qu'elle agisse plus rapidement pour sortir de l'impasse politique.

Pendant un certain temps, Justin Mugenzi a semblé être ouvert à un compromis politique pour inclure des représentants modérés du PL au GTBE. Mais sa voiture est tombée dans une embuscade alors qu'il rentrait chez lui, le 19 janvier, et un de ses gardes du corps a été tué. Mugenzi a donc repris sa position pure et dure. Nous n'avons jamais trouvé quels avaient été les auteurs de la tentative d'assassinat sur Mugenzi. Lorsque j'ai parlé de cet attentat à Paul Kagame, il m'a répondu que le FPR n'était pas impliqué, car, s'il l'avait été, Mugenzi serait mort.

Le Rwanda croulait sous les armes : on pouvait acheter des grenades dans tous les marchés pour trois dollars US. Au début janvier, on entendait des séries d'explosions de grenades une nuit sur deux à Kigali. Au milieu du mois, toutes les nuits, et, vers la fin janvier, plusieurs fois par nuit. Les attaques contre la MINUAR ou des gens qui en étaient proches avaient commencé. Le 29 janvier, des inconnus avaient essayé d'assassiner le major Frank Kamenzi, le nouvel officier de liaison du FPR auprès de la MINUAR, à l'aide d'une grenade. Le jour suivant, quelqu'un a lancé une grenade contre le quartier général du secteur de Kigali. Heureusement, il n'y a pas eu de blessés. Tous ces facteurs s'additionnaient comme du petit bois sec qui s'amoncelle pour préparer le brasier final, attendant juste une allumette.

Je devais trouver un moyen de prendre l'initiative. J'avais beau chercher, la seule solution à mes yeux pour y arriver était d'en appeler une fois de plus au RSSG. Je devais obtenir son feu vert pour lancer des opérations dissuasives dans le but de rentrer en possession des armes illégales. Cette fois-ci, j'avais l'intention de lui proposer une association de la MINUAR avec la Gendarmerie, et même le FPR si cela s'avérait nécessaire. Il nous fallait démontrer que nous contribuerions ainsi à créer une atmosphère de sécurité tout en abandonnant notre position de défense de type réactif.

Le 31 janvier, je me suis assis avec Brent pour élaborer une analyse détaillée de la situation de la sécurité, analyse que nous allions présenter à Booh-Booh. Depuis le début du mois, il s'agissait de ma troisième analyse officielle sur la situation politique et militaire. La première avait été envoyée le 5 janvier au DOMP avec l'appui de Booh-Booh ; la deuxième, le 21 janvier, n'a quasiment pas attiré l'attention de ce dernier et a été envoyée au DOMP avec seulement une annotation laconique du D<sup>r</sup> Kabia, spécifiant qu'elle était destinée au personnel de New York. Je n'ai jamais reçu de réponse de New York. J'en ai conclu que, soit le DOMP ne recevait pas mes documents, soit qu'il n'avait plus la capacité de réagir à de tels renseignements. J'ai décidé de mettre en place toutes les mesures qui s'avéraient nécessaires à Kigali et de mettre le D<sup>r</sup> Kabia et Maurice Baril au courant.

Dans mon troisième rapport, j'indiquais comment nous allions partir à la recherche des armes et les saisir, c'est-à-dire en agissant avec transparence et en coordonnant une campagne de relations publiques pour informer la population locale de nos intentions. J'ai demandé la permission de mettre sur pied une station de radio qui serait la voix de la MINUAR. Brent avait déniché tout un équipement radio de l'ONU, conservé dans la naphtaline, en Italie. Nous devions absolument faire échouer la désinformation sauvage distillée par les médias locaux. J'ai appuyé mon argumentation en me référant à l'accord de paix d'Arusha, et tout spécialement à l'article 56, qui donnait comme tâche aux forces de maintien de la paix « d'aider à la recherche de caches d'armes et de neutraliser les groupes armés dans tout le pays » et de « contribuer à la récupération de toutes les armes qui avaient été soit distribuées soit acquises illégalement ». Booh-Booh a répondu de façon positive à ma proposition et l'a envoyée au triumvirat de New York. La réponse signée de la main d'Annan est arrivée le 3 février. Ce fut un autre coup dur. Une fois de plus, il a préconisé une position passive pour la mission. Il a écrit : « [...] Nous sommes prêts à autoriser la MINUAR à répondre de façon positive, sur une base de cas par cas, aux demandes du gouvernement ou du FPR pour obtenir de l'aide dans des opérations de récupération d'armes. Cependant, il doit être bien compris que si la MINUAR est en mesure d'offrir de l'aide ou de l'assistance dans de telles opérations, elle ne peut pas, je le répète, elle ne peut pas jouer un rôle actif dans leur exécution. Le rôle de la MINUAR est strictement un rôle de surveillance. »

Mes mains étaient liées.

# 8

# Assassinats et embuscades

Le mois de février a marqué la fin de la saison sèche. Toute fraîcheur avait disparu de l'air, et le paysage était recouvert d'une fine couche de poussière rouge que des bourrasques subites de vent ramassaient et faisaient tourbillonner. Le climat politique était très lourd d'appréhension. Le 1er février, j'ai été invité par le ministre de la Défense, Augustin Bizimana, à une réunion à son bureau. Cet homme m'avait toujours frappé; il paraissait détenir une foule de secrets. Bien qu'il ait toujours tenté de passer pour un être d'un calme olympien, il semblait animé de forces intérieures. Elles transformaient les traits mobiles de son visage qui prenait l'air terriblement renfrogné. Aucune de mes réunions avec lui n'avait été ennuyeuse, parce que, à tout moment, il donnait l'impression que quelque chose allait se passer.

Ce mardi-là, Bizimana a décidé de se montrer communicatif comme il ne l'avait jamais été. Il a soulevé un sujet après l'autre, semblant passer en revue et cocher chacune de mes préoccupations quant à la sécurité de la zone sécurisée de Kigali. Il a même suggéré de travailler de concert avec moi sur tous ces problèmes. Le banditisme, les attaques à la grenade, les manifestations illégales, les occasionnelles émeutes. Il a dit que nous devrions forcer la Gendarmerie à faire sa part du travail pour contrôler la situation. Il venait juste d'arriver d'une réunion avec le chef du MRND, réunion qui avait porté sur les milices armées et la façon d'en prendre le contrôle. Il planifiait d'autres rencontres avec les autres partis politiques. Il a également proposé d'organiser un entretien entre la MINUAR et le commandement de l'Interahamwe afin qu'un début de dialogue s'établisse et peut-être même qu'ils jouent un rôle plus constructif dans la très fragile période de transition. Je l'ai écouté avec beaucoup d'attention pour être sûr de bien entendre. Je n'en croyais tout simplement pas mes oreilles.

La porte de son bureau était entrouverte : le colonel Ntwiragaba, le chef du Service de renseignement militaire, et Théoneste Bagosora étaient cachés mais entendaient tout. J'étais très mal à l'aise à cause du changement d'attitude soudain de Bizimana. En effet, quelques jours plus tôt, il avait calomnié la MINUAR dans les médias locaux. Cependant, j'ai profité de cette occasion pour solliciter une invitation pour Luc Marchal et moi-même à une réunion très importante sur la sécurité publique – tout le monde en avait entendu parler – qui inclurait tous les maires et tous les sous-préfets de la région et qui serait conduite par le préfet de Kigali. Le ministre a semblé être un peu décontenancé mais a donné son accord.

Sur le chemin du retour vers le quartier général, je me suis demandé ce qui avait pu pousser Bizimana à changer d'attitude de façon aussi spectaculaire. Le seul événement de quelque importance qui s'était produit dans les derniers jours était la visite de Doug Bennett, le secrétaire adjoint américain auprès des organisations internationales. (Il était habituel que le département d'État envoie une personnalité officielle dans les capitales des pays ayant un siège non permanent au Conseil de sécurité afin de mettre leurs leaders politiques et diplomatiques au courant de la politique américaine, et d'essayer de promouvoir les intérêts des États-Unis.) Bennett avait rencontré le président, le premier ministre intérimaire, le premier ministre désigné, le ministre des Affaires étrangères, le ministre de la Défense et autres. À chaque rencontre, il avait souligné l'importance de la fin de l'impasse politique au Rwanda et la mise en place du gouvernement transitoire.

Le lendemain, 2 février, j'ai eu la chance de pouvoir personnellement mettre Bennett au courant de la situation, dans la salle de conférences d'Amahoro, aux côtés de Booh-Booh et des représentants de diverses ONG. J'ai été très franc en décrivant les problèmes qui empoisonnaient le Rwanda, et je voulais être certain que Bennett comprenne bien que la MINUAR pouvait encore remplir sa mission si elle recevait les ressources promises. Cet homme agréable a écouté patiemment ce que j'avais à dire et m'a posé quelques questions pertinentes. Puis il est reparti, et je ne sais pas s'il a fait part de mon message à qui que ce soit en arrivant aux États-Unis. Dans tous les cas, cela n'a rien donné. Cependant, sa visite et le message qu'il a livré ont pu avoir quelque écho auprès des tenants de la position la plus inflexible, ce qui a pu provoquer des réactions chez Bizimana.

Plus tard, au cours de la même journée, j'ai fait le voyage jusqu'au kilomètre 64 pour une réunion de la Commission militaire conjointe[11]. Le seul aspect positif de l'impasse politique était qu'elle me laissait plus de temps pour travailler le processus très complexe de la démobilisation. Une des étapes – une étape critique – était de redéfinir la zone démilitarisée afin que les deux forces en présence soient assez loin l'une de l'autre et que leurs armes à longue portée ne constituent pas de menace pour l'autre camp. Avec la zone actuelle, il pouvait y avoir, à certains endroits, vingt kilomètres de distance entre les deux parties et à d'autres, seulement quelques centaines de mètres. L'accord d'Arusha donnait à la force neutre internationale le devoir de redéfinir la zone démilitarisée et de persuader les anciens belligérants de déplacer leurs troupes pour s'ajuster aux nouvelles limites. Cette zone devait être contrôlée par les troupes de la MINUAR. Voilà un nouvel exemple de cet accord qui, volontairement, avait laissé vague une question controversée. Bref, c'était à la MINUAR de se débrouiller.

J'avais réfléchi à ce problème en effectuant ma visite de reconnaissance au mois d'août. Sachant que tout changement

---

11. La MINUAR avait mis ce plan au point au mois de novembre conformément aux dispositions du chapitre VI de la *Charte des Nations Unies* et celles de l'accord d'Arusha. Il réunissait les personnes à la tête de l'AGR, de la Gendarmerie, du FPR et de la MINUAR dans le but de planifier et de faire approuver les détails du désengagement, de la démobilisation, de la réhabilitation et de la réintégration des forces de sécurité comme spécifié aux termes de l'accord d'Arusha.

de frontières de la zone démilitarisée serait matière à controverse, j'avais gardé mon plan confidentiel afin de ne le livrer qu'après avoir établi un rapport suffisamment fort entre le FPR et les forces armées gouvernementales pour qu'on puisse en discuter. J'avais rendu publiques mes idées de façon générale le 1ᵉʳ février, et ces responsables verraient sur une carte ce que ce plan proposait pour la première fois. La nouvelle ligne de séparation que j'avais imaginée demandait que l'AGR recule de quelques kilomètres les trois quarts de ses troupes, puisque je ne pouvais pas repousser davantage les troupes du FPR sans les faire entrer en Ouganda.

Il y avait environ vingt personnes autour de la table de bois ronde au kilomètre 64 : le major général Nsabimana, le major général Ndindiliyimana, le major général Kagame et des membres de leurs équipes respectives. Ces anciens ennemis mortels se rencontraient pour la première fois. Étant donné que Kagame ne parlait pas français et que Nsabimana ne parlait pas anglais, j'ai assumé à nouveau la traduction simultanée pour éviter toute mauvaise interprétation et perte de temps. Là encore, les différentes équipes se sont mélangées facilement ; j'ai aussi été frappé par la politesse et la courtoisie dont elles faisaient preuve les unes envers les autres. Cependant, lorsque j'ai déplié la carte dans la hutte de fortune servant à la réunion et que j'ai tracé les nouvelles lignes de démarcation, j'ai vu le visage de Nsabimana se décomposer. C'était lui qui avait dû prendre une grande partie du blâme de la défaite militaire de l'AGR au profit du FPR en février 1993, et il avait eu beaucoup de difficulté à conserver son poste. En face de lui se trouvait l'homme qui l'avait battu. Levant les yeux de la carte pour me confronter, Nsabimana a exigé de savoir pourquoi je lui demandais de reculer. Kagame a gardé le silence.

J'ai répondu à Nsabimana que je ne lui demandais pas de reculer mais plutôt de repositionner ses troupes afin que les deux armées se trouvent hors de portée des tirs de toutes les armes que chacun possédait et que mes propres troupes puissent s'interposer en toute sécurité. L'armée gouvernementale rwandaise devait déménager, parce que les troupes de Kagame n'avaient nulle part d'autre où aller. Cependant, au cas où ce scénario lui paraîtrait inadmissible, il existait une autre option. Si chaque armée acceptait de confier son armement lourd et semi-lourd, y compris les hélicoptères de l'AGR, aux soins de la MINUAR, nous n'aurions pas besoin de procéder à de tels repositionnements de troupes. D'après le silence lourd qui régnait dans la salle de réunion, il était clair que personne n'accepterait cette nouvelle version des plans aujourd'hui. Je leur ai demandé de l'emporter à leurs quartiers généraux respectifs et de revenir d'ici sept jours, délai avec lequel ils étaient tous d'accord. Cette période de délibération s'est transformée en semaines, et le problème de la nouvelle frontière de la zone démilitarisée n'a jamais été résolu.

Cependant, en quittant la réunion, je pensais que nous avions effectué une avancée capitale. Si les plus hautes autorités militaires des deux partis étaient d'accord pour discuter de la démobilisation, il existait encore une chance de nous acheminer vers un processus de paix. Je ne possédais toutefois pas les moyens de faire progresser ces petites percées militaires sur le plan politique. Le fait est qu'à toutes mes réunions – qu'elles se déroulent avec Kagame, Nsabimana ou Ndindiliyimana – j'ai pu remarquer que mes trois interlocuteurs étaient bien mieux informés que moi sur la situation politique. La relation que j'avais pu entretenir avec Booh-Booh à son arrivée a été perturbée lorsqu'il s'est entouré d'un groupe de conseillers franco-africains qui, à l'exception du D$^r$ Kabia et de Beadengar Dessande, m'étaient hostiles.

Le premier dans ce groupe était Mamadou Kane, le conseiller politique en chef de Booh-Booh et dirigeant de cette cabale. Dès l'instant où il a atterri à Kigali au milieu de décembre, il a manœuvré sans interruption pour accroître son autorité, son salaire et son rang. En seulement deux mois, il avait réussi à obtenir deux promotions, jusqu'à ce qu'il ait, en termes de l'ONU, un grade supérieur au mien et à celui de presque tout le monde au sein de la MINUAR, excepté Booh-Booh. Le résultat de cette politicaillerie fut l'isolation de Booh-Booh du reste de la mission. La main droite ne savait jamais et comprenait encore moins ce que la main gauche faisait.

Le lendemain, Luc et moi avons participé à la réunion sur la sécurité à Kigali et la sécurité publique. La mairie était pleine. Nous nous sommes assis à une longue table sur l'estrade à côté d'un rassemblement impressionnant de politiciens, de ministres et de personnalités officielles locales. La réunion a débuté vers 10 heures et a continué sans interruption jusqu'à 18 heures avec un nombre toujours croissant de personnes qui tentaient sans arrêt de se faufiler dans la salle. La MINUAR fut l'objet de beaucoup de questions, quelques-unes d'entre elles posées par des membres du grand public. Cela m'a permis de voir à quel point la stagnation politique affectait la vie des gens. Ils se plaignaient que le gouvernement ne gouvernait plus vraiment : de nombreux salaires n'étaient pas versés, les écoles publiques étaient fermées et le domaine médical relevant directement des instances gouvernementales manquait totalement de ressources. La population était extrêmement perturbée par l'augmentation du banditisme et le manque de respect des lois. Même là, les chefs locaux et les citoyens ordinaires ne renonçaient pas et voulaient que l'on trouve des solutions. Ils ont posé des questions intelligentes et ont écouté avec attention lorsque Luc et moi leur avons expliqué le mandat de la mission. Nous avons été le plus clair possible sur les raisons qui nous empêchaient d'accomplir tous les objectifs décrits dans l'accord d'Arusha. Ils désiraient plus d'efforts de notre part pour contrôler la violence, ils voulaient que nous nous occupions de la sécurité à Kigali et que la Gendarmerie travaille sous nos ordres. Ils ont été déçus en apprenant les limitations imposées à la mission.

Il était tout à fait clair que le public ne savait pas encore ce que représentaient tous ces hommes aux bérets bleus, un peu partout, dans des véhicules blancs. J'ai maudit le DOMP de ne pas comprendre que la mission avait un besoin vital d'une radio ou d'un bureau compétent pour informer la vaste majorité de Rwandais qui essayaient d'attraper la paix à deux mains. Après que la foule eût donné son appui à la MINUAR, les ministres autour de la table ont, chacun à son tour, fait de même, tout en nous encourageant à découvrir les caches d'armes afin de contrôler plus efficacement la zone sécurisée de Kigali. Ndindiliyimana m'a prié une fois de plus de demander à l'ONU de l'équipement anti-émeute à simple effet dissuasif. Ainsi, ses gendarmes pourraient contrôler les manifestations violentes sans utiliser d'armes meurtrières. Un des politiciens nous a même suggéré d'utiliser le ministère de l'Information et ses bureaux pour arriver à faire passer notre message.

Ensuite, je suis allé rendre visite à Booh-Booh pour le mettre au courant des temps forts de cette réunion, et il a paru assez encouragé par les nouvelles. Je lui ai alors une fois de plus demandé, à brûle-pourpoint, quand aurait lieu l'arrivée des autres membres de son équipe. Nous avions besoin de conseillers juridiques pour nous aider à faire avancer les enquêtes sur les meurtres du mois de novembre, qui étaient restées en panne, et pour nous guider sur le plan légal. Par exemple, nous ne savions pas si nos règles d'engagement nous autorisaient à défendre un ex-belligérant attaché à notre force. Je pensais à la tentative d'assassinat contre le major Frank Kamenzi, l'officier de liaison du FPR auprès de la MINUAR. Nous avions aussi besoin de personnes expertes en droits de la personne pour nous aider à trouver des solutions à la violence ethnique et pour faire la liaison avec les nombreux activistes et les organisations qui s'occupaient des droits humains au Rwanda ; ces personnes possédaient une mine de renseignements qu'elles se gardaient bien de partager avec nous. La plupart des ONG traitaient la MINUAR comme un des belligérants. Ses porte-parole offraient leurs renseignements aux médias internationaux mais pas à nous.

Par-dessus tout, nous avions besoin d'un coordonnateur en aide humanitaire et de personnes susceptibles d'aider les différentes ONG ainsi que les agences de l'ONU qui, non contentes d'avoir à s'occuper d'une foule de problèmes et de crises au Rwanda, devaient aussi gérer le défi qu'allait représenter le retour massif des réfugiés après l'installation du gouvernement de transition à base élargie. J'ai confié au RSSG que nous avions désespérément besoin de ces conseillers et de ces coordinateurs, car, avec eux, nous serions en mesure de répondre aux questions de manière professionnelle. Depuis plus de trois mois, nous étions sur le théâtre des opérations, et nous étions toujours aussi inefficaces dans des domaines critiques. Booh-Booh connaissait l'importance de ces problèmes mais semblait réticent à se servir de son influence pour faire progresser ce dossier. Je suis sorti de son bureau en pensant qu'il n'y aurait jamais aucun moyen de progresser.

J'ai décidé d'approcher les ambassadeurs français et allemand pour obtenir de l'équipement anti-émeute pour la Gendarmerie, mais pas un des deux pays concernés ne s'est montré d'accord pour fournir ces ressources. Cela m'a surpris, car ils étaient les premiers à condamner la violence civile et à supplier le gouvernement rwandais de ne pas réagir de manière trop violente. Cependant, au moment de joindre le geste à la parole, ils ne faisaient rien.

Entre-temps, l'échéance arrivait : le Rwanda devait payer la facture. L'impasse politique contrariait le principal créancier du pays, la Banque mondiale, qui menaçait de stopper le financement du Rwanda, si le GTBE n'était pas en place le 1er mars. Si la Banque mondiale décidait de couper le financement, cela prendrait ensuite six mois à l'institution pour le rétablir. La réaction en chaîne dans les autres pays et les organisations serait désastreuse. Cela pourrait mener à l'effondrement complet de l'économie rwandaise et risquerait d'entraîner encore plus de violence. Nous allions alors nous trouver dans une situation où les gens ordinaires, tels ceux qui étaient à la réunion, se demanderaient si un gouvernement oppressif mais stable, comme celui de Habyarimana, ne serait pas préférable à l'insécurité et aux épreuves qu'ils vivaient.

Une autre nouvelle économique désastreuse est arrivée avec le rapport préliminaire sur le processus de démilitarisation. L'étude menée par le Fonds monétaire international (FMI) et la Banque mondiale sur la mise en œuvre du processus de démobilisation ne se terminerait qu'à la mi-mars. Cela conduirait à d'autres exercices de planification et déboucherait sur d'autres études. Résultat : il n'était pas impossible qu'entre trois et six mois soient nécessaires pour obtenir le financement qui permettrait de démobiliser les troupes. Le FMI et la Banque mondiale ont aussi décidé de se décharger sur nous des coûts de l'entretien et des besoins de base des soldats démobilisés pendant les premiers quatre mois, un coût prévu à 12 millions de dollars US. Mais si toutes les troupes potentielles, soit quelque 40 000 hommes affamés et en colère, déferlaient en même temps sur les centres de démobilisation – situation plausible vu que le FPR et l'AGR ne les supporteraient plus, une fois la responsabilité de ces soldats entre nos mains –, nous pouvions estimer le coût de cette opération à environ 36 millions de dollars US. Bref, nous étions censés porter le fardeau de la démobilisation, du recyclage et de l'intégration de ces armées en neuf mois, alors que nous ne pouvions même pas obtenir le financement nécessaire pour notre force de maintien de la paix ! Manifestement, le FMI et la Banque mondiale n'avaient aucune idée des restrictions financières importantes imposées à la MINUAR, et ils étaient en train d'élaborer un plan qui ne pourrait jamais être mené à terme.

Pour tenter de gagner du terrain par le truchement de la Commission militaire conjointe, j'ai de nouveau proposé de rouvrir la route principale reliant le Rwanda à l'Ouganda aux transports commerciaux et humanitaires. Cette voie était fermée depuis les hostilités du mois de février 1993, sauf pour quelques convois exceptionnels d'aide humanitaire. C'était une route bien construite et en bon état, bien que le pont entre le Rwanda et l'Ouganda ait été endommagé pendant le conflit et qu'il avait besoin d'être réparé. Il fallait aussi débarrasser la route des mines. J'étais certain que les ingénieurs du Bangladesh, que j'avais installés à Byumba, près de la zone démilitarisée, pouvaient très facilement accomplir ces deux tâches. Comme cette route coupait en différents endroits les zones contrôlées par les deux parties, la rouvrir signifierait obligatoirement une bonne collaboration entre celles-ci.

Pour surveiller la voie, j'avais prévu d'organiser des patrouilles mixtes de soldats du FPR et de l'AGR supervisées par des observateurs de l'ONU. Le but le plus important dans cette opération étant de créer un vrai rapport entre les deux forces. Cette fois-ci, Bizimana a accepté mon plan immédiatement, tandis que le FPR l'a repoussé. Ses dirigeants ont affirmé refuser en raison de la situation politique actuelle, sauf si nous ouvrions la portion sud de la route en premier, de Mulindi jusqu'à leur enceinte à Kigali. J'ai été fâché de constater leur incapacité à voir plus loin que leur propre intérêt. Des citoyens rwandais ordinaires mouraient de faim parce que l'aide humanitaire ne pouvait pas être distribuée normalement et ce n'était pas le tronçon de route de Kigali à Mulindi qui était le goulot d'étranglement. J'ai finalement réussi à persuader les responsables du FPR de me laisser ouvrir la route aux convois d'aide humanitaire et aux équipes de l'ONU, mais ils ont conservé leurs postes de contrôle tout au long de la route et ont empêché le libre trafic des véhicules commerciaux ou civils. Une fois de plus, le FPR avait démontré sa volonté de garder tous ses atouts.

Aussi bien pour le Rwanda, en général, que pour la mission, en particulier, la situation devenait critique. Le 13 février, Per Hallqvist a présenté sa démission. Mamadou Kane avait mis Hallqvist hors de lui avec toutes ses commandes un peu frivoles. La résidence de Booh-Booh ressemblait de plus en plus à un palais. Kane insistait aussi pour que le RSSG soit transporté dans tout le pays avec les égards réservés aux grands diplomates. À un moment, Kane a commandé deux Daewoo « Super Salon », des meubles des tapis orientaux et des fauteuils très chers pour la résidence de Booh-Booh. Kane a commandé aussi une Land Rover avec un chauffeur pour que le personnel du RSSG puisse faire ses courses en toute commodité, alors que mes observateurs sur le terrain devaient vivre avec un manque sérieux de véhicules. Hallqvist avait refusé de faire une grande partie de ces achats et se plaignait continuellement de Kane auprès du RSSG. Cependant, Kane avait la protection de Booh-Booh, son amitié, sa confiance indéfectible. Exaspéré, ce dernier a demandé à Hallqvist de ne plus l'importuner avec ça et de se référer directement à Kane. Hallqvist est devenu furieux. Dans une longue lettre accablante, où il énonçait tous ses problèmes avec Kane, Hallqvist a présenté sa démission et a emporté ses griefs avec lui à New York.

Sa démission n'aurait pas pu se produire à un pire moment. Le contingent bangladais avait fini de se déployer le 30 janvier, et le contingent ghanéen avait débarqué le 9 février. Dans l'espace de deux semaines, 1 200 soldats étaient arrivés à l'aéroport de Kigali. Il fallait les loger et leur assigner leurs nouvelles tâches. J'étais personnellement présent à l'aéroport pour accueillir la majorité des vols et pour souhaiter la bienvenue aux soldats et à leurs officiers. À l'arrivée des troupes du Bangladesh, leur commandant, le colonel Nazrul Islam, m'a invité à leur faire un discours à leur quartier général, au stade d'Amahoro. Lui et ses soldats représentaient l'exemple parfait des standards d'habillement et de comportement de l'ancienne armée anglaise. En pénétrant dans le stade de soccer d'Amohoro pour m'adresser aux nouveaux arrivants, j'ai été très étonné d'apercevoir les six cents hommes assis dans un alignement sur le terrain et en tenue impeccable. Au fur et à mesure que l'on traduisait mes paroles, je me suis rendu compte qu'aucun d'entre eux ne comprenait ni le français, ni l'anglais, ni le kinyarwanda.

Seuls les officiers parlaient anglais. Les soldats ont fait preuve de beaucoup de discipline personnelle, de tenue et d'excellence dans leurs exercices. Toutefois, j'ai découvert que leur potentiel se limitait à cela. Ils ne présentaient pas d'unité, tout comme les membres de leur noyau précurseur venus visiter les lieux plus tôt, et ils se fiaient totalement sur la MINUAR pour leurs besoins essentiels d'hommes et de soldats.

Quant aux Ghanéens, c'était une tout autre histoire. Étant donné qu'ils partaient directement vers le nord pour rejoindre la zone démilitarisée, je me suis adressé à eux dès leur arrivée à l'aéroport. J'ai demandé à tout le groupe, environ deux à trois cents hommes, de se rassembler autour de moi, au grand étonnement de leurs officiers supérieurs et de leurs sous-officiers. J'ai pratiquement disparu à l'intérieur de ce cercle de bérets bleus pour leur parler de l'importance de leur mission au Rwanda et du rôle majeur qu'ils joueraient pour contribuer à son succès, en devenant mes yeux et mes oreilles à l'intérieur de la zone démilitarisée. En général, ces hommes étaient grands, bien bâtis et avaient l'air décidé. Bien que leurs techniques de parade n'aient pas été aussi perfectionnées que celles des Bangladais, ils présentaient tous des signes d'unité et de cohésion. Ils allaient se distinguer au cours des mois qui allaient suivre et, pendant la guerre, commenceraient à s'imposer. Ils étaient partant les premiers et n'ont jamais flanché. Ils n'attendaient pas que les approvisionnements arrivent jusqu'à eux (s'ils l'avaient fait, ils auraient pu attendre *ad vitam æternam*). Ils ont improvisé, troqué, emprunté et fait des entorses aux règlements. J'avais de nombreuses affinités avec ces hommes. Après l'indépendance de leur pays, dans les années soixante, l'armée ghanéenne avait été entraînée par des Canadiens, et ils partageaient notre capacité de fonctionner avec pratiquement rien.

Le valeureux successeur du colonel Figoli, le colonel Clayton Yaache, est arrivé avec eux. Il se distinguera pendant les événements à venir. Il était robuste, intelligent, enthousiaste et imperturbable. Il a très rapidement pris charge de la zone démilitarisée, et son arrivée au sein du groupe d'officiers dépendant directement de moi a été bienvenue. Grâce à son leadership, il se distinguera tout spécialement pendant le génocide en dirigeant la cellule d'urgence humanitaire qui se trouvera à l'intérieur de la MINUAR.

Heureusement que les Ghanéens se sont montrés des débrouillards de première classe. Bien que le personnel ait fait des efforts considérables pour déterminer les besoins provisoires de ces troupes, Hallqvist et son personnel civil avaient été incapables de s'occuper des besoins immédiats en nourriture et en hébergement. J'avais l'impression que nous étions revenus au mois de novembre, lorsqu'on s'arrachait les locaux et les approvisionnements pour les troupes et le personnel, et je supportais mal ce nouveau chaos. Les soldats du Bangladesh ne possédaient rien à l'exception de leur barda personnel et de leurs armes, et ils n'attendaient aucun envoi de leur pays. Dans l'enceinte du stade d'Amahoro, il n'y avait pas une seule cuisine convenable pour les six cents hommes; ils avaient dû se contenter d'un semblant de coin-repas en plein air et se passer de sanitaires. En vain, j'avais supplié Hallqvist de me procurer des fonds pour construire une structure convenable avec une plomberie de base. Et maintenant, il n'était plus là. Henry Anyidoho m'a assuré que les Ghanéens allaient éventuellement recevoir leur équipement. Ils seraient envoyés avec leurs approvisionnements par voie maritime lente du Ghana jusqu'à Dar es-Salaam et, de là, par convoi à travers toute l'Afrique orientale jusqu'à Kigali. Ce processus prendrait un minimum de trois mois. J'avais besoin de troupes équipées, fonctionnelles et déployées dans la zone démilitarisée le plus tôt possible. Ne pouvant les loger à Kigali, nous les avons envoyées à Byumba où nous les avons cantonnées dans une toute nouvelle école construite par l'Agence canadienne de développement international (ACDI). Nous avons bricolé ce que nous pouvions pour eux, dérogeant à tous les règlements de l'ONU, grâce à l'aide de Christine De Liso, une employée civile qui est devenue notre agente d'administration principale après le départ de Hallqvist.

Le soir du 13 février, tous les partis se sont de nouveau réunis à Amahoro. Le jour suivant était la date limite pour l'installation du GTBE. Aux événements exigeant un très haut niveau de sécurité – tel celui-là –, nous donnions le nom de code « Grasshopper » (sauterelle). Nous avons offert des escortes de la MINUAR à la plupart des représentants des partis modérés et du FPR ; l'AGR s'occupait du MRND ; le MDR, le Parti libéral et beaucoup de membres dissidents des partis extrémistes possédaient leurs propres gardes du corps. Je sortais souvent me promener durant les interruptions pour observer les différents groupes de soldats et de milices sur le parc de stationnement. Ils étaient tous armés jusqu'aux dents et très vigilants. Jamais un seul coup de fusil n'a été tiré au cours des réunions « Grasshopper » que nous organisions. La quantité de personnel requis pour ce genre d'événements rajoutait une pression supplémentaire sur la disponibilité de mes troupes stationnées à Kigali.

Au début de la réunion, Booh-Booh a annoncé qu'il n'y aurait plus d'autres rencontres : on devait sortir de l'impasse ce soir même. Puis il a quitté ses notes des yeux pour se rendre compte que les membres du MRND n'avaient pas jugé bon de se présenter. Après une pause bizarre et quelques rires réprimés, les politiciens ont repris leur calme et ont recommencé à se renvoyer les mêmes arguments éculés.

Pendant la discussion générale, une idée a été lancée – idée à laquelle j'avais déjà réfléchi et que j'appuyais. Pourquoi n'assermenterions-nous pas les ministres et les députés sur lesquels tout le monde tombait d'accord et ne les laisserions-nous pas instaurer le gouvernement de transition, tout en laissant vacants les quelques postes en litige ? Le nouveau gouvernement pourrait ensuite s'en occuper. Au moins, nous pourrions satisfaire à une partie des conditions imposées pour continuer de jouir du soutien financier de la communauté internationale. D'autre part, cela montrerait aux Rwandais que nous avancions vers une solution au lieu de rester coincés. Le Parti libéral et le MDR ont démoli cette idée : ils avaient peur que les puissances au pouvoir reçoivent les portefeuilles et les fauteuils qui leur étaient destinés à l'Assemblée. Après environ deux heures d'aigres querelles, Booh-Booh s'est clairement rendu compte qu'aucun progrès n'avait été accompli. Soudain, il a frappé du poing sur la table, nous faisant tous sursauter. Il s'est levé brutalement, renversant sa chaise dans sa précipitation. Cette réunion n'avançait pas, a-t-il annoncé d'un air théâtral, et il n'allait pas perdre une minute de plus de son temps. En vérité, il refusait de présider d'autres réunions. Il a rassemblé ses affaires et est sorti en trombe de la pièce, nous laissant tous confondus.

Il m'était apparu évident, comme pour toutes les autres personnes présentes, qu'il serait inutile de penser à une autre cérémonie d'assermentation. Or, Booh-Booh m'a contacté un peu plus tard pour s'assurer que toutes les mesures de sécurité étaient en place pour le lendemain. Je me suis préparé pour une autre journée d'escortes et de maintien de la foule, mais, cette fois-ci, aucun des partis ne s'est manifesté. Il a même été impossible de convaincre le FPR d'apparaître, alors qu'il se trouvait de l'autre côté du complexe. Les seules personnes présentes ont été Booh-Booh, quelques ambassadeurs et la presse.

Agités par l'Interahamwe et le cadre habituel des gardes présidentiels déguisés en civil, des manifestants s'étaient rassemblés autour du complexe. Le spectacle de la cérémonie leur étant refusé, ils commencèrent à se montrer hideux. Les brefs instants de franchise et de compromis dont nous avions été témoins au début du mois avaient maintenant totalement disparu.

Pendant la deuxième semaine de février, mes officiers chargés du renseignement avaient réussi à recruter un informateur au sein de l'Interahamwe. Il a apporté de nouvelles précisions aux révélations de Jean-Pierre quant aux caches d'armes et à l'entraînement des milices. Cet informateur nous a révélé que le MRND était en arrière d'une série d'attaques à la grenade menées contre des familles tutsies, des petits commerces, des quartiers généraux du secteur de Kigali et le major Kamenzi. Le 7 février, nous avons également reçu un rapport de la MONUOR selon lequel plusieurs sources dignes de foi de l'ANR avaient laissé entendre à des officiers de la MONUOR «que la reprise [des hostilités] entre le FPR et l'AGR pouvait fort bien se produire cette même semaine, étant donné [le] point mort où se trouvait l'assermentation» du gouvernement de transition à base élargie. Puis, nous avons reçu un autre renseignement: on avait formé des escadrons de la mort dans le but d'assassiner à la fois Lando Ndasingwa et Joseph Kavaruganda, le président de la Cour constitutionnelle. Lorsque la MINUAR a prévenu les deux hommes de ces menaces, aucun des deux n'a été vraiment surpris, étant donné qu'en général ces personnes connaissaient mieux que quiconque les menaces sérieuses auxquelles elles devaient faire face. Cet informateur nous a précisé que les cerveaux derrière les escadrons de la mort étaient les beaux-frères du président Habyarimana. Bien que nous ne possédions aucun moyen de confirmer cette information, j'étais persuadé qu'il existait plus qu'un grain de vérité dans ces allégations : tous les diplomates, les politiciens modérés, les ONG et les expatriés étaient au courant. Selon moi, il était impératif de montrer d'une façon quelconque que la MINUAR connaissait ces plans machiavéliques et qu'elle était déterminée à les faire échouer. Mais comment allais-je bien pouvoir y parvenir ?

Depuis mon dernier câble codé confidentiel à Annan, j'avais continué de talonner le DOMP au sujet de ce point important. Le 15 février, j'ai obtenu, d'une source tout à fait inattendue, de l'appui pour pratiquer ces opérations dissuasives. Le D$^r$ Kabia m'a présenté un câble codé de New York. On nous demandait d'aider l'ONU pour répondre à une lettre que le secrétaire général avait reçue. Elle provenait de Willy Claes, le ministre belge des Affaires étrangères. En réponse aux discussions convaincantes de Luc Marchal avec les autorités de Bruxelles, Claes appuyait ma demande pour des opérations dissuasives et prévenait que si la MINUAR ne jouait pas un rôle plus assuré, l'impasse politique pourrait conduire à « une irréversible explosion de violence ». Enfin, j'avais quelqu'un de mon côté pour m'aider à persuader New York de me donner plus de latitude.

J'ai rapidement fait le brouillon de ma réponse aux inquiétudes de Claes tout en ajoutant les mesures de sécurité publique aux plans que j'avais déjà conçus pour les opérations de récupération des armes, et je me suis présenté avec cette lettre au bureau de Booh-Booh. Le RSSG a semblé ouvert à mes suggestions, mais j'ai appris beaucoup plus tard qu'il avait envoyé ma proposition au bureau d'Annan, sans toutefois l'inclure dans sa réponse à Claes. À la place, Booh-Booh avait minimisé, à l'intention de Claes, l'importance des informations concernant la répartition des armes et l'entraînement des recrues des milices, et il avait mis un fort accent sur les strictes limites de la mission.

Deux jours plus tard, le triumvirat de New York, conseillé par Hedi Annabi, a envoyé un câble codé pour répondre à mon plan : il le démolissait de nouveau. La réponse insistait en ces termes sur notre politique de non-intervention : « La MINUAR ne peut pas et n'a probablement pas la capacité de s'occuper du maintien de l'ordre, que ce soit à l'intérieur ou à l'extérieur de Kigali. La sécurité publique et le maintien de la paix demeurent sous la responsabilité des autorités locales. Cela doit rester sous leur juridiction, comme c'est le cas dans toutes les autres opérations de maintien de la paix. » Je me souviens qu'au moment où, assis à mon bureau, je prenais connaissance de cette réponse, une bourrasque particulièrement violente est passée dans les corridors de l'Amohoro, faisant vibrer toutes les fenêtres et claquer toutes les portes sur son passage.

Plus le mois de février tirait à sa fin, plus je devenais inquiet au sujet des conditions d'existence de mes troupes. Les engins blindés pour le transport de personnel que j'avais demandés des mois auparavant étaient arrivés le 30 janvier, d'une mission de l'ONU au Mozambique. J'en avais commandé vingt. Seulement cinq des huit véhicules reçus étaient en état de marche. Ils nous arrivaient sans mécaniciens qualifiés pour les faire fonctionner, sans pièces détachées, sans les outils nécessaires et avec des manuels d'utilisation rédigés en russe ! Un peu plus d'une centaine de véhicules, principalement des utilitaires qui provenaient de la fermeture de la mission au Cambodge, avaient été envoyés par bateau au port de Dar es-Salaam, où on les avait vandalisés. Les Tanzaniens ne m'ont pas donné la permission d'envoyer des troupes de la MINUAR pour les surveiller, et l'ONU ne pouvait s'en charger. Cette dernière a engagé, chez le plus bas soumissionnaire, des chauffeurs inexpérimentés pour aller chercher ces véhicules et les conduire sur plus de mille kilomètres de routes africaines non macadamisées jusqu'à Kigali : environ dix de ces engins ont été perdus en route. Lorsque le convoi est finalement arrivé, un peu moins de trente de ces véhicules étaient en état de fonctionner, même s'il leur manquait de nombreuses pièces, des essuie-glace aux sièges. Dans la plupart d'entre eux, on avait volé les radios. Impossible de trouver les pièces détachées, et il n'y avait aucun mécanicien au Rwanda pour les réparer.

Luc et moi désirions tous les deux augmenter notre potentiel en armes, surtout à l'aéroport. J'ai demandé des munitions, de l'armement lourd, des mortiers, et ainsi de suite. Je n'ai jamais rien reçu. Les Belges avaient utilisé beaucoup de munitions au cours de manœuvres et ne les avaient jamais renouvelées, car ils ne s'étaient pas mis d'accord avec l'ONU pour savoir qui paierait la facture. L'aéroport était notre seule vraie voie de ravitaillement et il était vital pour l'aide humanitaire et les évacuations, en cas de nécessité. Je me suis dit que l'ONU et les Belges auraient dû me réapprovisionner et se disputer plus tard au sujet de la facture.

En décembre, j'avais demandé quarante-huit observateurs supplémentaires afin de pouvoir donner suite à des rapports, qui avaient été confirmés, faisant état de recrutement dans les camps de réfugiés du Burundi par le FPR et l'AGR. Le représentant spécial du secrétaire général des Nations unies n'avait pas appuyé ma demande et, par conséquent, je ne les avais pas reçus. Ainsi, je ne disposais que de six équipes d'observateurs militaires pour fouiller les camps ; ils ne pouvaient faire grand-chose d'autre que vérifier la véracité de ces rapports. De plus, le cessez-le-feu le long de la zone démilitarisée était de plus en plus fragile. Le 11 février, il avait été sérieusement violé à environ trente kilomètres au nord-est de Byumba, à l'endroit où les armées du FPR et de l'AGR tenaient garnison sur les deux rives d'une rivière. D'après ce que l'on racontait, un soldat du FPR aurait tiré sur un groupe de soldats de l'AGR en train de prendre de l'eau. Dans le bref échange de coups de feu qui s'ensuivit, trois soldats de l'armée gouvernementale furent tués et cinq, blessés. Un certain nombre de civils pris entre les deux furent aussi blessés, et l'un d'entre eux tué. Le colonel Tikoka a élaboré un nouveau plan pour déployer plus d'observateurs dans la zone démilitarisée, mais les changements prévus devaient se faire aux dépens des autres secteurs.

Lorsque je me suis adressé au général Baril pour lui exposer ces besoins, il m'a répondu que je ne devais pas faire de demandes aussi importantes de façon décousue. Afin qu'on les prenne en considération, il était préférable de les inclure dans le rapport de six mois, dû pour mars. Cela signifiait que, même si on acceptait mes demandes, je ne devais pas m'attendre à voir arriver de nouvelles troupes avant l'été.

Le 17 février, le général Uytterhoeven, l'inspecteur général de l'armée belge, et le colonel Jean-Pierre Roman, le commandant de la brigade des commandos parachutistes, sont arrivés à Kigali pour une visite de quatre jours. J'ai été très heureux de rencontrer ces messieurs. J'avais absolument besoin de parler avec le haut commandement belge et de résoudre les quelques problèmes que me causaient leurs troupes. On nous avait prévenus qu'en mars l'ONU avait l'intention de remplacer le demi-bataillon de commandos parachutistes de Kigali par un demi-bataillon ad hoc constitué de commandos parachutistes belges et de soldats autrichiens. J'étais bien décidé à faire avorter cette initiative, car elle pouvait détruire tout début de cohésion au sein de ma force, au moment où nos tâches augmentaient sans cesse.

Avec l'appui total de Luc Marchal, le commandant du contingent belge, j'ai abordé les sérieux handicaps provoqués par le manque de leadership, de discipline et d'entraînement du bataillon de son pays. Même après avoir parlé aux chefs militaires belges, spécialement à propos du changement d'attitude que leurs troupes devraient adopter pour mener à bien une mission conforme aux exigences du chapitre VI, le bataillon n'a nullement modifié sa façon d'être. Les hommes se montraient souvent frustrés par les patientes négociations qu'exigeaient les soldats de la paix. Dans un mandat comme le nôtre, il était tout aussi important de construire une relation de confiance et de coopération avec la population locale que de bâtir des barrages routiers pour vérifier les armes qui circulaient en douce. Les Belges se percevaient comme « la crème de la crème », bien supérieurs à leurs collègues de la MINUAR. Ils voyaient un peu la mission comme une affectation dans une sorte de Club Med où ils devaient retrouver de quoi combler leur soif de vacances et leurs besoins récréatifs, et où le but de l'entraînement était d'être fins prêts pour leur évaluation de commandos parachutistes qu'ils auraient à subir à leur retour en Belgique. Cette carence sérieuse de leadership ajoutée aux problèmes disciplinaires et au manque d'entraînement spécifique à la mission a créé des conflits entre la MINUAR, l'AGR et la population en général.

Des douzaines d'incidents causés par des infractions à la discipline ont eu lieu. Les Belges étaient constamment appréhendés dans des boîtes de nuit interdites à la troupe pour des questions de sécurité. Ils buvaient de l'alcool en patrouille, se trouvaient mêlés à des bagarres dans les bars, semblaient copier les soldats français qui allaient au *Kigali Nights,* le bar à la mode, pour boire et danser, en emportant avec eux leurs armes personnelles. Une nuit, quelques soldats belges complètement saouls ont démoli le hall d'entrée de l'hôtel Mille Collines, l'endroit préféré de la bonne société de Kigali. Les Belges refusaient souvent de saluer les officiers des autres contingents et de respecter leur rang, tout spécialement dans le cas des non-Européens. Certains soldats ont filé au Zaïre sans permission, où les autorités les ont faits prisonniers pour je ne sais quel forfait. L'un des incidents les plus sérieux a eu lieu à l'occasion d'une réception à l'hôtel Méridien, organisée par le commandant du bataillon, le lieutenant-colonel Leroy, pour célébrer la Journée de l'aéroporté belge. Il y avait invité toutes les personnalités importantes. À cette occasion, les pilotes des avions Hercule belges, stationnés à l'aéroport en cas de possibles évacuations médicales, ont décidé de prendre l'air, de voler en rase-mottes et de frôler l'hôtel. Alors qu'il passait au-dessus du Méridien, l'avion a également survolé le complexe du CDN, déclenchant une réaction immédiate de la part du bataillon du FPR, toujours sur ses gardes. Enfermés pendant près de deux mois et devenus quelque peu paranoïaques, les soldats du FPR se sont précipités sur le toit et ont commencé à tirer en direction de l'appareil. Dans ce cas-ci comme dans beaucoup d'autres, Luc Marchal a placé les coupables sous accusation et les a renvoyés en Belgique pour leurs procès militaires.

On a également porté à l'intention de Luc et à la mienne que quelques officiers belges fraternisaient avec des femmes tutsies. La radio RTLM et le journal extrémiste et diffamatoire *Kangura* avaient eu connaissance de l'histoire et l'avaient exploitée à fond. Ils avaient accompagné le texte à sensation de bandes dessinées obscènes insinuant que je me conduisais de manière similaire. À mon avis, il ne peut ni ne doit exister de relations sexuelles consensuelles entre des militaires et des femmes du pays pendant une guerre ou dans une zone de conflits. Les Belges sapaient également la crédibilité de la MINUAR en alimentant ainsi la rumeur que nous étions pro-Tutsis. Luc a convoqué ces officiers à son bureau, leur a servi le sermon approprié et les a consignés, eux et le bataillon au complet, à leur caserne. Quelques jours plus tard, certains officiers ont eu la témérité de venir à mon bureau pour protester contre la décision de Marchal. Je leur ai répondu que non seulement Luc avait mon appui inconditionnel, mais qu'en plus j'écrirais personnellement à leur chef d'état-major.

Pourtant, quelles que soient les mesures disciplinaires prises par Luc ou moi, rien ne semblait pouvoir nettoyer la pourriture qui rongeait ce contingent. Au début de février, une de mes patrouilles belges avait malmené Théoneste Bagosora à un des postes de contrôle de Kigali. Bagosora voyageait dans un véhicule militaire très bien identifié et avait présenté ses papiers d'identité à la patrouille. Cependant, les Belges l'ont forcé ainsi que son chauffeur et son garde du corps à sortir de voiture, puis ils ont effectué une fouille élaborée et humiliante tout en les menaçant de leurs armes. Un officier belge a fini par intervenir.

Le coup de grâce a été donné juste avant l'arrivée du général Uytterhoeven et du colonel Roman. Un groupe de soldats belges habillés en civils est entré de force dans la maison de l'un des chefs du parti radical hutu CDR, Jean-Bosco Barayagwiza, et l'a attaqué devant sa famille. Le CDR avait des liens étroits avec la station agitatrice RTLM, qui diffusait souvent des reportages négatifs sur les Belges. Les soldats ont battu sauvagement le politicien sur le pas de sa porte. Juste avant de partir, l'un d'entre eux a pointé son arme vers l'homme au sol et l'a prévenu que si lui, son parti ou la presse locale insultait ou menaçait une fois de plus la Belgique, les expatriés belges ou le contingent belge de la MINUAR, il reviendrait pour le tuer. Barayagwiza s'est empressé de divulguer l'incident, ce qui a balayé toute la sympathie que nous avions si difficilement acquise plus tôt dans le mois. J'ai demandé une enquête complète pour identifier et mettre en accusation les coupables, mais un mur de silence a entouré l'unité, et nous n'avons jamais pu identifier les contrevenants.

C'est avec un dossier rempli de rapports d'incidents que j'ai confronté le général Uytterhoeven et le colonel Roman. Je leur ai expliqué que non seulement leurs troupes discréditaient l'armée belge, mais qu'en plus elles minaient la crédibilité de la mission. Leur entraînement avant leur déploiement au Rwanda avait dû être totalement inadéquat pour qu'elles arrivent dans une mission de type «chapitre VI» avec des attitudes aussi agressives et destructrices.

Pis encore, malgré les instructions très claires que j'avais données à leur chef, rien n'avait changé. Je leur ai rappelé que, par l'intermédiaire de Luc Marchal, j'avais officiellement demandé une copie du programme d'entraînement suivi par le bataillon belge de remplacement afin d'être certain d'éviter ce genre de situation lorsque ces troupes arriveraient. Je savais que je risquais d'endommager mes relations avec le ministre de la Défense belge en faisant preuve de franchise aussi brutalement, mais je n'avais pas le choix : les commandos parachutistes belges mettaient la mission en danger.

Un peu plus tard, le colonel Roman est venu à mon bureau de sa propre initiative pour tenter d'arranger les choses et prendre la défense de ses hommes. Il pensait qu'il devait m'expliquer les particularités des forces aéroportées. On entraînait ses membres de manière qu'ils soient inventifs et autonomes, m'a-t-il confié, et, pour cette raison, ils avaient tendance à se montrer moins réceptifs aux ordres de leur corps d'armée que les troupes régulières d'infanterie. De plus, ils avaient besoin de passer du temps à l'entraînement pour conserver leur haut niveau d'efficacité. Il sous-entendait par là que j'avais réagi trop violemment, et qu'après tout « il fallait bien que jeunesse se passe ». Il s'agissait d'une notion totalement dépassée contre laquelle je m'élevais déjà au sein de l'armée canadienne. J'ai répliqué que ses troupes avaient passé tellement de temps à s'entraîner qu'elles avaient utilisé la plus grande partie de mes munitions, et que son gouvernement ne semblait pas vouloir remplacer ces stocks essentiels, ce qui nous mettait en danger. Je lui ai rapporté mon entretien avec le général Uytterhoeven : j'étais en train de considérer une mesure sans précédent. J'allais recommander à New York de retirer les troupes belges de la mission si celles-ci ne corrigeaient pas leurs terribles lacunes concernant leur entraînement, leur discipline, leur attitude et la façon dont elles étaient commandées. Lorsque j'ai terminé, le colonel fulminait.

Par coïncidence, Willy Claes était également à Kigali. Je me suis entretenu avec lui le dimanche 20 février, lors d'une table ronde avec des diplomates, des ONG, des expatriés et le RSSG. Je lui ai dit que nous devrions nous montrer plus fermes et plus actifs sur les plans militaire et politique, afin d'être sûrs de réussir notre mission dans les temps spécifiés par les accords. Je lui ai fait remarquer que les chefs des différents partis rwandais en émergence avaient démontré leur incapacité à dépasser leurs propres intérêts, car il n'y avait aucune personnalité politique assez forte parmi leurs partisans. Pour pouvoir sortir de l'impasse, nous devions hausser les enchères diplomatiques et faire en sorte que des partenaires internationaux comme la Belgique commencent à faire pression, non seulement sur Habyarimana, mais aussi sur tous ses partenaires politiques, y compris le FPR. Claes m'a écouté avec beaucoup d'attention et a complimenté la MINUAR pour ce qu'elle avait accompli jusqu'à ce jour. Il nous a quittés en nous donnant l'impression qu'il allait se battre pour notre mission à Bruxelles et à New York.

Ce jour-là, l'homme politique belge a été témoin de quelques leçons de politique rwandaise. Les dimanches avaient toujours été les jours les plus difficiles pour mes troupes, parce que les partis politiques choisissaient cette journée pour leur rassemblement. De petites camionnettes blanches Toyota, pleines à craquer de membres d'Interahamwe et de miliciens Impuzamugambi saouls, prêts à se battre, passaient en trombe dans les rues de Kigali, causant des incidents. En général, les rues grouillaient de promeneurs désœuvrés qui, justement, cherchaient quelque chose à faire, et cela ne prenait pas grand-chose pour les attiser. Ce dimanche précis a été l'un des pires. Le MDR avait planifié un rassemblement monstre au stade de Nyamirambo ; Faustin essayait encore de comprendre la scission entre lui et l'aile majoritaire de son parti, conduite par Froduald Karamira, le vice-président du MDR. D'après notre informateur, l'Interahamwe encourageait les personnes à se rendre à de telles réunions armées de DDT, selon eux, un « remède pour éradiquer les *Inyenzi* ». Dans l'après-midi, quand la manifestation a débuté, le stade était entouré par des membres de l'Interahamwe qui se mêlaient à la foule tapageuse, rendant pratiquement impossible l'entrée du chef du MDR. Lorsque madame Agathe est arrivée avec son escorte de soldats belges, la foule les a bombardés de pierres, et en a blessé certains. Les Belges ont dû tirer des coups de feu en l'air pour disséminer la populace.

Ce soir-là, à la résidence de l'ambassadeur de Belgique, au centre de Kigali, un dîner était donné en l'honneur de la délégation belge qui quittait le pays. Willy Claes allait être au premier rang pour connaître la nature explosive de la politique au Rwanda. La communauté diplomatique au grand complet, le RSSG, les chefs des partis politiques officiels, y compris le FPR, et moi-même, représentant la MINUAR, avions été invités. Les extrémistes étaient assis à côté des modérés. La soirée avait bien commencé. Grâce aux grandes quantités d'alcool et de nourriture, on bavardait sur un ton léger. Quelques vagues discussions politiques ont su rester optimistes. Nous avions décidé de faire une nouvelle tentative d'installation du gouvernement de transition la semaine suivante, mais, dans les conversations autour de moi, on évitait totalement de traiter de l'impasse politique. Une fois de plus, j'ai été surpris de constater comment les Rwandais faisaient front commun lorsque le regard de la communauté internationale tombait sur eux, exactement comme s'ils avaient fait partie d'une grande famille dysfonctionnelle conspirant pour sauver les apparences.

C'est alors que quelque chose de totalement inattendu s'est produit. J'étais assis près de Félicien Gatabazi – chef du très influent PSD (un parti encore uni), Hutu modéré bien connu du sud et très pro-FPR. Il avait un peu trop bu et est entré dans une très vive discussion avec des membres du MRND au sujet de leurs idées extrémistes. Plus Gatabazi buvait, plus il était bruyant jusqu'au point où il s'est mis à hurler. Il a commencé à insulter certains membres du MRND, les a accusés de manipuler le processus politique et d'être la cause de l'impasse. La pièce est devenue totalement silencieuse, les invités voulant tous entendre. Gatabazi avait déjà accusé publiquement la Garde présidentielle de procéder à l'entraînement de milices à la caserne de Kanombe et avait reçu un certain nombre de menaces de mort. Ce soir-là, il n'avait pas peur. J'ai essayé d'alléger le climat en l'interrompant pour changer de sujet de conversation, cependant, le dommage était fait.

Lorsque j'ai regardé dans les yeux des extrémistes du MRND, j'ai senti une haine incroyable nous submerger, Gatabazi et moi. Je n'avais aucun doute quant au fait que Gatabazi avait signé lui-même, ce soir-là, sa condamnation à mort. Pourtant, c'est Faustin Twagiramungu qui est tombé dans une embuscade en rentrant chez lui. Il s'en est sorti, mais un de ses gardes du corps a été tué.

J'avais l'impression qu'une puissance maléfique venait de s'abattre sur nous. Le jour suivant, des manifestants du CDR sont entrés de force dans le bureau de madame Agathe et ont pris huit otages. Après un moment d'incertitude désagréable, la Gendarmerie est arrivée pour aider mes troupes, et, après plusieurs heures de patientes négociations, nous avons réussi à faire libérer les otages.

Ce même soir, Brent essayait de profiter d'une soirée calme dans la maison que nous habitions, pendant que de Kant et moi étions allés à un dîner officiel à la résidence de l'ambassadeur des États-Unis. Brent venait de rentrer d'une permission de deux semaines et défaisait tranquillement ses valises lorsqu'une détonation semblant venir de derrière la maison a brisé d'un coup sec le silence de la nuit. Croyant à une attaque de notre domicile, Brent a fermé toutes les lumières et a rampé vers l'armoire où il pensait trouver le pistolet de Willem, mais ce dernier l'avait pris ce soir-là. Brent s'est alors emparé d'une machette canadienne (elle n'avait jamais été sortie de son étui et la lame n'était même pas aiguisée) et a marché à quatre pattes jusqu'au téléphone pour appeler le quartier général. Il a raccroché et, presque immédiatement, le téléphone a sonné. Félicien Gatabazi, qui habitait près de chez nous, avait été victime d'une embuscade et était blessé. Il haletait et devait souffrir énormément. Il avait réussi à rentrer chez lui et demandait à Brent d'envoyer de l'aide.

Brent a aussitôt rappelé le quartier général, a rapporté la fusillade et s'est assuré que l'on me transmettrait le message pendant le dîner. De Kant, Troute et moi nous sommes dépêchés de revenir vers la maison où nous sommes arrivés en même temps qu'une section de soldats belges. Dès que nous avons su que Brent allait bien, nous avons entrepris une fouille des environs. Sur la route, derrière la maison, nous avons trouvé une limousine criblée de balles. Les corps de deux gendarmes – l'escorte du politicien – gisaient à côté de l'auto et baignaient dans leur sang. Par la suite, nous avons appris que Gatabazi avait succombé à ses blessures peu de temps après le coup de téléphone à Brent.

Cette mort a peut-être été l'étincelle qui a déclenché une explosion de violence dans le pays entier. Le lendemain, 22 février, nous devions de nouveau tenter d'assermenter le gouvernement de transition. Redoutant le pire, j'ai donné l'ordre aux soldats qui n'étaient pas de garde de retourner à leurs casernes et ai annulé toutes les permissions. Avant le lever du jour, les forces étaient en état d'alerte et avaient été déployées.

Au matin, modérés et extrémistes étaient dans la rue pour manifester. Dans les médias extrémistes, la mort de Gatabazi faisait les manchettes. Ils la célébraient comme une victoire contre les traîtres hutus; l'Interahamwe était très présent. Les leaders politiques de toutes dénominations étaient invisibles et évitaient toutes mes tentatives de contact. La populace faisait la loi dans les rues, seules la MINUAR et la compagnie Jali (anti-émeute de la Gendarmerie) étaient là pour l'affronter. J'ai fait limiter tous les déplacements non nécessaires, mais j'ai intensifié notre présence et augmenté le nombre de patrouilles pour tenter de calmer la ville. Pour compliquer les choses, Luc Marchal devait conduire Willy Claes à l'aéroport au milieu de toute cette agitation. L'assermentation du gouvernement de transition fut annulée une fois de plus. Bien que le président ait réussi à se rendre au CND, le premier ministre désigné et le FPR avaient refusé de faire acte de présence en signe de protestation contre l'assassinat de Gatabazi.

Malgré les efforts de la police civile de l'ONU pour trouver les auteurs de ces actes de violence politique, pas une seule personne n'a voulu témoigner, à part Brent et la famille de Gatabazi. Toutes sortes de rumeurs circulaient dans Kigali, de la plus sensée à la plus invraisemblable. Certains disaient que les assassinats avaient été organisés par un escadron du Togo, mais la plupart des gens croyaient les extrémistes au sein du CDR responsables. (En fait, on n'a jamais retrouvé les coupables.)

Des manifestations monstres ont eu lieu à Butare, la ville natale de Gatabazi, située au sud. Un peu plus tard dans l'après-midi, nous avons entendu dire que, non loin de Butare, une foule de partisans du PSD s'était emparée de Martin Bucyana, le président national du CDR, et l'avait lynché. Lorsque cette nouvelle est arrivée à Kigali, les milices de l'Interahamwe se sont vengées en bloquant tous les croisements les plus importants des routes qui sortaient de la ville.

La MINUAR était dépassée par la quantité de civils violents et hystériques qui déferlaient dans les rues. Nous ne pouvions rien faire. Je voulais éviter à tout prix que des soldats armés de la MINUAR utilisent la force contre des civils désarmés ou armés de machettes. Si nous étions amenés à tirer sur quelqu'un, peu importe l'origine de la provocation, ce geste contribuerait à l'escalade de la violence. À la place, j'ai incité le gouvernement et la Gendarmerie à faire leur travail.

La première ministre Agathe a fait un discours à la radio exhortant la population à se calmer. J'avais l'impression que rien ne réussirait à faire bouger Ndindiliyimana. Le chef d'état-major de l'armée avait également – et très intelligemment – disparu. Quand j'ai fini par le trouver, il m'a répondu qu'il obéissait à l'accord de la zone sécurisée de Kigali selon lequel ses troupes ne devaient pas accomplir une tâche qui était sous la responsabilité de la Gendarmerie. Nous tournions en rond, pendant que la violence augmentait. Au cours des deux jours qui ont suivi, 35 personnes ont été tuées et 150 autres, blessées – la majorité d'entre elles étant des Tutsis et des Hutus modérés. Si jamais un doute avait persisté jusque-là, à l'heure actuelle il avait disparu : la marmite empoisonnée de la haine ethnique avait été bien brassée, et elle allait déborder.

À sa demande, je suis allé rendre visite à madame Agathe. Elle était au bord des larmes. Elle était très consciente que la MINUAR ne pouvait pas en faire davantage, mais elle m'a cependant supplié de ne pas retirer les gardes installés près des maisons des modérés. Je l'ai rassurée en lui disant que je continuerais à protéger vingt-quatre heures sur vingt-quatre tous les politiciens en danger, et ce, jusqu'à la maîtrise de la situation. Elle a insisté sur le fait que mes troupes devaient absolument prendre en main la sécurité à l'intérieur de la zone sécurisée, car la population avait peur. De nombreuses personnes abandonnaient leur maison dès la tombée de la nuit et se rendaient dans des églises pour y dormir, ou jusqu'à ce qu'elles se sentent assez en sécurité pour rentrer chez elles. Au Rwanda, les églises ont toujours été des sanctuaires, et, de plus en plus, elles devenaient des refuges pour les gens qui se sentaient menacés.

En parlant, madame Agathe marchait de long en large comme un lion fatigué et enfermé dans une cage trop petite pour lui. Elle m'a dit que les ministres extrémistes de son cabinet MRND refusaient de participer aux réunions qu'elle avait organisées et qu'ils ne répondaient même pas à ses coups de téléphone. Elle était en rage contre Habyarimana et sa façon de tripatouiller la situation politique. Elle ne me demandait ni conseils ni réponses. Aussi difficile que soit la situation, elle tenait seulement à être réconfortée et assurée que je ne la laisserais pas tomber, pas plus que les autres modérés.

Lorsque je me suis levé pour partir, des larmes coulaient sur son visage. La gorge nouée, j'ai fait le vœu que, peu importe ce qui arriverait, je n'abandonnerais pas le Rwanda. J'étais vraiment triste de la voir dans cet état, elle qui s'était montrée si inébranlable au cours des mois difficiles où je l'avais connue. Toutefois, le courage et la force de madame Agathe n'ont jamais vacillé, et la foi qu'elle avait en son pays et sa population n'a jamais manqué d'être pour moi une source d'inspiration. En quittant son bureau, ma mission avait repris tout son sens.

Un peu plus tard, au cours de la même journée, j'ai fini par rencontrer Bizimana et Ndindiliyimana, en compagnie du colonel Marchal. Faustin Munyazesa, le ministre de l'Intérieur et un extrémiste du MRND bien connu, nous a également rejoints. Je n'étais pas vraiment sûr si sa présence était voulue ou si elle était le fruit du hasard. Dès le début, je leur ai demandé pourquoi ils n'agissaient pas plus énergiquement pour calmer la situation. J'ai déclaré à Ndindiliyimana que ses gendarmes n'aidaient pas assez mes troupes à contrôler les émeutes. Il s'est défendu disant qu'il ne savait pas exactement quoi faire. Ses hommes étaient épuisés, leurs véhicules pour la plupart en panne et pratiquement sans carburant. En plus, a-t-il ajouté en jetant un regard qui en disait long vers le ministre de l'Intérieur, il n'avait reçu aucun ordre des politiciens quant à l'usage d'armes à feu. Ses hommes ne possédaient aucun autre moyen de disperser les manifestants : ni équipement anti-émeute, ni gaz lacrymogène, ni canons à eau. Lui aussi avait besoin de renforts pour affronter la crise. À ce moment-là, Bizimana est intervenu. Il a suggéré, d'une part, que l'AGR, stationnée au camp Kanombe, s'occupe de monter la garde chez les personnalités importantes et aux endroits critiques, et, d'autre part, de faire venir un bataillon de la police militaire à Kigali pour grossir les rangs clairsemés de la Gendarmerie. Grâce à ces nouvelles troupes, il serait en mesure d'établir un couvre-feu à 20 heures et de stopper une bonne partie de la violence. Il refaisait exactement la même demande que celle du début du mois ; j'avais refusé, convaincu que la grande préoccupation de Bizimana n'était pas la sécurité de ses concitoyens. Si j'acquiesçais à sa requête, il pourrait utiliser ces troupes pour renforcer Kigali, prendre le contrôle de la ville et peut-être aussi écraser le bataillon du FPR à l'intérieur du complexe du CND, ce qui provoquerait une nouvelle guerre.

J'ai répondu en lui recommandant de s'adresser aux extrémistes par le biais des médias pour leur demander de contrôler leurs milices et ainsi mettre un terme aux émeutes. J'ai ensuite pu observer le malaise des trois hommes qui gigotaient sans arrêt. Notre informateur nous avait prévenus que les milices de l'Interahamwe et de l'Impuzamugambi étaient liées, soit avec le MRND soit avec le CDR. Je savais très bien qu'en m'adressant aux ministres de la Défense et de l'Intérieur, je parlais à des extrémistes. Quant à Ndindiliyimana, je me trouvais encore devant une énigme. Je pensais pouvoir pressentir son ambivalence vis-à-vis de ses associés et de leurs suggestions. Me tournant vers lui, j'ai proposé d'organiser des patrouilles communes faites de gendarmes et de soldats de la MINUAR. Lorsqu'il a soulevé l'objection qu'il manquait de véhicules, j'ai suggéré que ses hommes voyagent avec mes troupes. J'ai alors évoqué la réussite de notre récente collaboration pour chasser les manifestants des bureaux de madame Agathe, au début de la semaine. Je les ai quittés en leur promettant d'établir un plan de patrouilles conjointes, pour assurer le couvre-feu, dès que j'aurais rassemblé hommes et véhicules. Pour le moment, il était totalement inutile que l'AGR fasse venir plus d'hommes à Kigali.

Vers 16 heures, je suis retourné à mon Q.G. Ce matin même, nous avions permis à un convoi d'approvisionnement et de liaison du FPR de partir, sous escorte armée et accompagné d'observateurs de l'ONU, pour effectuer son travail routinier de liaison avec Mulindi et ramener du bois, de la nourriture et le courrier. Le convoi a réussi à sortir de Kigali sans problème, mais plus tard dans la journée, des manifestants ont fermé la ville. Après avoir envoyé Tikoka constater l'état de la situation au nord du carrefour Kadafi, j'ai décidé qu'il ne serait pas sage que le convoi revienne à Kigali. Aussi lui ai-je donné l'ordre de rester à Mulindi en attendant le feu vert pour revenir en toute sécurité. Mais l'escorte belge a délibérément désobéi à mes ordres : elle a pris le risque de retourner à Kigali à la nuit tombée, accompagnée de l'escorte du FPR, plutôt que de passer une nuit inconfortable à camper dans ses véhicules.

Les soldats venaient tout juste de pénétrer dans la banlieue au nord du carrefour Kadafi – endroit particulièrement troublé toute la journée – lorsqu'une grenade a été lancée sur le véhicule de tête, suivie de tirs à la mitraillette. Les Belges ont répliqué et ont réussi à se sortir de l'embuscade. Un des véhicules des observateurs a fini dans le fossé, mais les deux hommes sont parvenus à s'extirper et à sauter à l'intérieur d'une des jeeps belges. L'autre véhicule des observateurs a pu faire demi-tour et s'enfuir. Les soldats du FPR ne sont pas arrivés à en faire autant. Ils ont tiré en retour, ont appelé à l'aide sur l'une de leurs radios portables, et une balle a atteint un des leurs à la tête. Lorsque les Belges se sont rendu compte que les soldats du FPR ne s'étaient pas échappés en même temps qu'eux, ils n'ont pas fait demi-tour pour leur porter secours. À la place, ils se sont dirigés vers le camp de la MINUAR à Byumba, au nord du Rwanda, pour se mettre en sécurité. Une fois le message du FPR parvenu à Kigali, deux unités de renfort du FPR se sont précipitées hors du complexe du CDN, passant outre les faibles protestations des gardes bangladais, et se sont déchaînés, tel un ouragan, à travers la ville pour porter secours à leurs camarades.

Nous venions de finir de dîner lorsque notre radio nous a appris l'embuscade. Quelques minutes plus tard, j'apprenais que le FPR était sorti de son enceinte. J'ai appelé Luc immédiatement pour lui demander d'agir, puis une demi-heure après pour obtenir un compte rendu : rien n'avait encore bougé. J'ai jeté un coup d'œil vers Brent et Willem, puis j'ai dit : « Allons voir ce qui se passe. » Nous nous sommes précipités dans ma voiture avec Troute au volant et avons roulé à toute allure vers le carrefour Kadafi.

Lorsque nous sommes arrivés, tout était calme. Malgré la présence de maisons tout autour, on ne voyait pas un être vivant. Personne, aucune lumière, aucun bruit. Du sang à profusion et une substance grise – nous savions, sans nous tromper, qu'il s'agissait de cervelle humaine – recouvraient une portion de la route. Nous avons repéré le véhicule des observateurs dans le fossé et, tout à côté, d'autres traces de sang. S'attendant au pire, Willem et Brent se sont mis à fouiller autour du véhicule à la recherche d'indices pour comprendre la chronologie des événements. Après être passé trois fois au même endroit, Willem a soudain crié à Brent de ne pas bouger. Juste à côté du pied de ce dernier se trouvait une grenade non explosée, goupille enlevée, poignée disparue. Il l'avait échappé belle. Luc est alors arrivé avec Kesteloot, suivis un peu plus tard par un escadron belge qui a sécurisé l'endroit. Brent et Kesteloot ont marché le long de la route et ont découvert un gros camion, plutôt ancien, abandonné dans un fossé. Brent a regardé à travers le hayon et s'est trouvé face à face avec un civil au crâne ouvert en deux à coups de machette.

C'est seulement là que j'ai appris par la radio la fuite des Belges. Non seulement ils avaient désobéi à mes ordres qui leur enjoignaient de passer la nuit à Mulindi, mais ils avaient fait preuve de la plus grande lâcheté en abandonnant le convoi du FPR qu'ils devaient protéger. Fait impardonnable : ils avaient placé leurs intérêts avant ceux de la mission. Leur comportement violait le code de la profession des armes. J'ai demandé la conduite d'une enquête complète et la punition des coupables. Très embarrassé et honteux, Luc s'est déclaré entièrement d'accord.

En sortant de son enceinte, le FPR a fait preuve d'un manque total de confiance envers la MINUAR, ce qui était alors tout à fait justifiable dans ce cas. Ce soir-là, j'ai ordonné à la compagnie de soixante Tunisiens de quitter la zone démilitarisée et de venir à Kigali pour prendre la responsabilité du CND, et à la troupe de Bangladais de retourner vers leur unité s'occuper de tâches moins exigeantes. Je me suis ensuite dirigé vers le CND pour tenter de clarifier la situation. Lorsque j'y suis arrivé, on transférait le soldat blessé du FPR vers notre hôpital pour y être opéré d'urgence. Il avait perdu une grande partie de son cerveau sur le lieu de l'embuscade. Le commandant Charles a reconnu avoir rompu l'accord sur la zone sécurisée de Kigali, mais seulement après que mes troupes aient failli à leur devoir de protéger ses hommes. J'ai été d'accord avec lui. Je suis rentré très tard à la maison, tourmenté par les manquements des troupes belges.

Ce même soir du 22 février, Habyarimana avait convoqué une réunion dans ses bureaux avec tous les partis politiques, à l'exception du FPR. Le D$^r$ Kabia m'a rapporté tous les détails de cette rencontre. La communauté diplomatique et Boutros Boutros-Ghali exerçaient beaucoup de pression sur le président afin qu'il résolve la crise politique. Ils n'avaient pas l'air de comprendre que, d'après l'accord de paix d'Arusha, le président avait renoncé à son autorité sur son gouvernement et que son nouveau rôle de chef d'État était plutôt protocolaire. Sa seule arme était la persuasion.

À ce point-ci, beaucoup de gens se demandaient qui était en possession du pouvoir. Qui était le responsable du gouvernement ? Était-ce madame Agathe avec son gouvernement intérimaire, dont le mandat était expiré depuis la fin du mois de décembre ? À qui revenait la responsabilité de trouver une solution ? À Faustin Twagiramungu ? Booh-Booh ?

Pendant la réunion, Habyarimana a exploité cette incertitude de façon très retorse en essayant d'imposer une solution. Selon son plan, les factions belligérantes à l'intérieur du PL et du MDR pourraient en venir à un compromis en se partageant de façon égale les postes de ministres et de députés. Dans le cas des députés dont l'aptitude à siéger était mise en cause à la suite de problèmes légaux, on laisserait aux tribunaux le soin de distribuer les postes. La proposition paraissait raisonnable, mais madame Agathe et les représentants du Parti libéral l'ont repoussée de manière catégorique, protestant avec véhémence et accusant Habyarimana de manipuler la situation à son avantage, bien qu'il ne possédât plus le pouvoir de dicter une telle solution. Selon plusieurs de ses collègues modérés, madame Agathe, avec son abus de langage dirigé sans crainte vers le président, a scellé son destin au cours de cette réunion. Faustin Twagiramungu, un peu assagi depuis qu'il avait frôlé la mort, semblait plus prêt d'accepter cette proposition. Cela dit, étant donné l'opposition de madame Agathe et du Parti libéral, cette réunion s'est soldée encore par un échec, sans la conclusion d'un accord.

Le 23 février, le couvre-feu a été déclaré à Kigali à partir de 20 heures. Grâce à la présence accrue de la Gendarmerie, les foules se sont dispersées, et un certain faux calme s'est abattu sur la ville. Une fois la violence et le grabuge un peu évanouis, je n'ai pu m'empêcher de sentir une puissance cachée orchestrant tout cela. Je ne remettais plus en question le fait que des liens très étroits existaient entre les ministres forts qui contrôlaient le gouvernement intérimaire et les milices, mais notre informateur a suggéré qu'une autre entité se cachait derrière, une entité dont les membres ne se présentaient pas aux réunions et dont les motifs ne faisaient que commencer à transparaître. À plusieurs reprises, j'ai tenté de traiter avec Luc de toutes les questions politiques et militaires, ainsi que de toutes les ambiguïtés qui existaient. Lui et moi avons passé des heures à essayer de trouver où conduisaient toutes sortes d'indices, mais dès que nous pensions avoir résolu le casse-tête, les pistes suivies s'évanouissaient.

Une chose était bien claire. Nous semblions toujours avoir un train de retard. Nous réagissions au lieu d'anticiper l'avenir. Il n'y avait là aucun mystère. Depuis le mois de janvier, l'ambassadeur rwandais à l'ONU, Jean-Damascène Bizimana, possédait un siège au Conseil de sécurité. Non seulement était-il au courant de tout ce qui concernait la mission mais, en plus, il connaissait l'attitude du Conseil de sécurité vis-à-vis de la mission et de ses nombreuses tribulations. Toutes ces informations arrivaient directement à cette entité qui avait l'air de mener le bal au Rwanda. J'ai protesté de nombreuses fois au téléphone contre cette situation auprès de Maurice, et il me répondait toujours que, oui, tout le monde était conscient du problème, mais qu'il était impossible d'écarter Bizimana. J'étais donc là avec ma toute petite unité de renseignement dont les membres risquaient leur vie pour glaner des bribes d'informations pendant que les extrémistes étaient branchés directement sur des sources de renseignements à caractère stratégique leur permettant de suivre tous mes mouvements sans problème.

Le jour suivant, j'ai appris que la haute direction du FPR avait été invitée à assister aux obsèques de Gatabazi à Butare. On avait choisi un stade de soccer pour la cérémonie, car l'événement était très important. J'ai été choqué que le FPR ait accepté l'invitation sans m'en parler. Une délégation de personnes importantes du FPR allait faire un parcours de cent kilomètres jusqu'à Butare, constituant ainsi une cible irrésistible pour les extrémistes. Nous ne pouvions pas nous permettre de perdre plus de crédibilité aux yeux du FPR. Avec mon équipe, j'ai donc monté une opération pour bâtir un corridor ressemblant à «Clean Corridor». La délégation pourrait ainsi se rendre en toute sécurité aux obsèques. Nous courions le risque d'une embuscade mais, cette fois, j'étais déterminé à utiliser la force s'il le fallait, et je commanderais moi-même l'opération.

Nous avons donc formé un gros convoi bien armé avec deux hélicoptères belges qui nous survolaient; j'avais fait aussi placer des véhicules blindés de transport de troupes tout au long de la route. Chaque fois que nous traversions des intersections critiques, nous retrouvions des soldats de la MINUAR qui contrôlaient bien la situation et qui avaient confiance en eux. J'étais vraiment impressionné de voir mes troupes ce jour-là, tout spécialement les Belges et les Bangladais.

Il a fallu trois heures pour arriver à Butare. On avait probablement annoncé notre passage, car, tout au long de la route, des foules de civils rwandais se massaient des deux côtés pour nous acclamer. Le FPR était enchanté de l'accueil. Voir que le peuple rwandais avait abandonné emplois et écoles de façon spontanée pour venir nous appuyer et nous soutenir m'a énormément encouragé. En arrivant à Butare, l'AGR et la Gendarmerie assuraient la sécurité. Nous avons assisté aux obsèques dans le stade alors que des milliers de participants acclamaient la délégation du FPR.

Assez émouvantes, les obsèques ont duré quatre heures. Cependant, toute mon attention était retenue par ce qui entourait le déroulement de l'événement qui, du point de vue de la sécurité, représentait un véritable cauchemar. Parmi la foule se trouvaient dix-huit de mes observateurs, vingt-cinq à trente para commandos belges, vingt membres du FPR, énormément de soldats de l'AGR et des gendarmes. Un soldat armé d'un AK-47 ou d'un lance-grenades était posté derrière chaque pilier du stade, et il y en avait beaucoup d'autres, tout aussi armés, à l'extérieur, dans le stationnement. Un seul coup de fusil – par exemple, un quidam dans la foule qui, pleurant le défunt, aurait tiré en l'air – aurait suffi pour déclencher un massacre. Les obsèques terminées, j'ai presque pleuré de soulagement.

L'après-midi était déjà avancé lorsque j'ai rassemblé le convoi pour le retour. Nous arriverions donc à Kigali à la tombée de la nuit. Une fois sorti de Butare, j'ai arrêté le convoi, j'ai sauté dans le véhicule du FPR dans lequel se trouvaient Pasteur Bizimungu et Tito Rutaremara (un député proposé par le FPR) et je me suis mis au volant. Je voulais que tout meurtrier potentiel observant la voiture avec des jumelles puisse me voir en premier. Quelqu'un désirant tuer Tito et Pasteur devrait me tuer d'abord. C'est ainsi que s'est effectué le voyage de retour vers Kigali, un voyage tout aussi émouvant qu'à l'aller. On aurait pu croire que les foules amassées le long des routes n'avaient pas bougé depuis le matin, comme si elles nous avaient attendus toute la journée. Elles étaient tout aussi débordantes d'excitation lorsque nous passions devant elles. Pasteur et Tito étaient grisés par la joie que le peuple rwandais leur exprimait, alors que nous faisions route vers le nord.

Après ce voyage, j'étais encore plus déterminé à lancer une campagne pour toucher la population locale et ainsi gagner son appui. Luc tenta de profiter de notre petit succès lors de la réunion à la mairie de Kigali, au début du mois. Il organisa des rencontres similaires dans les villes et les villages situés dans un rayon de vingt kilomètres de la zone sécurisée de Kigali. Il rencontra les autorités locales et les citoyens pour leur expliquer qui nous étions, ce que nous essayions de faire et comment ils pouvaient nous aider. La plupart du temps, il a été très bien accueilli. J'ai aussi demandé à mes observateurs de la zone sud du pays ou de la zone démilitarisée de ne pas seulement patrouiller dans ces lieux placés sous leurs responsabilités, mais également de faire connaissance et de parler à la population, de lui offrir leur aide et, là où cela était possible, de résoudre des problèmes pratiques, comme réparer une école démolie par des attaques à la grenade. Grâce à l'arrivée de matériel de déminage – de l'ancien ainsi que du nouveau envoyé à titre expérimental –, nous avons pu nettoyer des petites sections de la zone démilitarisée. Grâce à ce travail, beaucoup de personnes déplacées qui vivaient dans les camps de réfugiés ont pu retourner vivre dans leurs petites fermes ou dans leurs villages. De bien petits pas certes, mais des pas positifs.

Je pensais, depuis un moment, à ramener 225 soldats ghanéens de la zone démilitarisée vers Kigali pour y monter la garde. Cela libérerait les soldats belges, plus mobiles, que je garderais en réserve, prêts à être utilisés un peu partout en cas de besoin en attendant que les soldats bangladais aient terminé la formation nécessaire à les transformer en ma force de réaction rapide. J'avais donné les ordres à mes commandants et à mes principaux officiers d'état-major de préparer ces changements, lorsqu'un dernier incident me persuada du bien-fondé de ma décision. Le 26 février, toute la direction politique du FPR a décidé de quitter l'enceinte du CND et de repartir à Mulindi, ne laissant derrière eux que des subalternes et la garnison. Ils avaient déclaré se rendre à un congrès, mais ils ne sont jamais revenus. Le 27 février, j'ai informé New York de ma décision de déménager les Ghanéens avant la fin du mois. Nous avons mis sur pied un petit Q.G. chargé de la tactique et un groupe de support logistique pour le redéploiement des forces.

Ce même jour, Luc Marchal et moi avons donné une conférence de presse importante pour reprendre l'initiative du côté des médias. J'ai tout particulièrement attaqué la RTLM (Radio-télévision libre des Mille Collines, aussi appelée Radio-télé La Mort) ainsi que sa rhétorique implacable hostile à Arusha et aux Tutsis. J'ai laissé entendre que ses émissions n'étaient rien d'autre que de la propagande répugnante et qu'en tant que telles elles constituaient une agression contraire à l'éthique de l'idée même de la démocratie et de la libre expression. J'ai expliqué à la foule de journalistes que le peuple rwandais se faisait manipuler par une campagne bien organisée qui démolissait le processus de paix tout en provoquant des tensions ethniques. C'est alors que j'ai lancé un appel à l'unité au peuple du Rwanda, lui demandant, avec l'aide de la MINUAR, d'organiser une marche pour la paix. Il enverrait ainsi le message aux extrémistes et aux forces violentes disant que leurs idées diaboliques n'avaient pas leur place dans un Rwanda renouvelé. Ce concept a plu, et, en mars, une très grande marche pour la paix à travers Kigali a connu un immense succès. Malgré nos initiatives positives pour établir la paix et une situation calme en apparence, les incidents et les indices inquiétants continuaient à se manifester.

À la toute fin de février, un de nos observateurs africains, qui avait enseigné avant d'entrer dans l'armée, a commencé à visiter les écoles dans les régions éloignées du pays. Au cours d'une de ces visites, il a remarqué que les maîtres étaient occupés par une tâche administrative : ils inscrivaient les élèves selon leur origine ethnique et les asseyaient en conséquence, c'est-à-dire les Tutsis avec les Tutsis, les Hutus avec les Hutus. Cela lui a paru bizarre puisque, au Rwanda, les enfants n'étaient pas obligés d'avoir de papiers d'identité. Il a découvert l'application de la même procédure dans d'autres établissements. Nous avons commis l'erreur de penser que ce geste était une autre manière de manifester son origine ethnique au Rwanda.

# 9

# Pâques sans résurrection d'espoir

En mars a commencé la saison des pluies, bienvenue et apaisante. Elle semblait prolonger l'accalmie qui avait suivi la flambée de violence suscitée par l'assassinat de Gatabazi. Le couvre-feu était maintenant à 22 heures plutôt que 20 heures, et la ville avait repris vie, mais il était clair que, sous le manteau, se préparaient et se déroulaient des activités aux desseins inavouables.

L'AGR renforçait ses positions défensives dans des casernes, juste au-dessous de la zone démilitarisée et dans un rayon de 10 kilomètres autour de la zone sécurisée de Kigali. Un dimanche, à la fin de février, je suis parti en hélicoptère en reconnaissance à la suite d'un rapport d'un informateur. L'un des observateurs de Tikoka, qui patrouillait autour des camps de réfugiés au sud de Butare, avait repéré deux autobus verts de la ville de Kigali que l'on remplissait de jeunes garçons et de jeunes hommes. Il avait suivi les autobus aussi loin qu'il avait pu. Selon lui, ils se dirigeaient vers le camp de l'AGR à Gabiro, dans la partie orientale de la zone démilitarisée, près du parc national de Kagera, le poste le plus isolé des forces gouvernementales dans cette partie du Rwanda.

J'ai ordonné au pilote d'atterrir à l'extérieur des portes du camp de Gabiro. Ma visite-surprise a rendu le major qui m'a ouvert la barrière particulièrement nerveux, car son commandant était absent. Il m'a fait faire un tour du camp relativement complet. La journée était douce, et il ne se passait strictement rien en ces lieux. Nous sommes entrés à l'infirmerie. Les étagères étaient vides à l'exception de quelques bouteilles d'alcool et de rouleaux de gaze. Le sol jonché de pansements sales était couvert de mouches. Le major m'a déclaré que le camp n'avait reçu aucun approvisionnement en médicaments, que 20 % de ses soldats étaient victimes de la malaria tous les mois et qu'il devait effectuer un roulement. En marchant vers les quartiers des soldats, j'ai remarqué un groupe d'une centaine de jeunes gens habillés en civil, assis sur le côté. J'ai demandé au major qui ils étaient. En haussant les épaules, il m'a répondu qu'on était dimanche, et que la troupe préférait s'habiller en civil ce jour-là.

Nous avons continué jusqu'à la cuisine du camp, qui se trouvait sous un auvent en chaume. Les installations culinaires se bornaient à quatre foyers à l'air libre. Sur chacun d'entre eux était suspendue une énorme marmite, sale et noire. À ce moment-là, un certain nombre de soldats sont sortis de leurs quartiers pour venir vers nous. Ils étaient sales, négligés et portaient des treillis usés. Ils avaient l'air fatigué et sans énergie. Ils m'ont observé lorsque j'ai ouvert l'une de ces horribles marmites. Elle était remplie d'un gruau plein de grumeaux brunâtres. J'ai fait une grimace, et ils ont tous ri.

Derrière cet auvent, on avait creusé un trou pour déverser les résidus de cuisine et les eaux usées. J'ai regardé par ce trou et j'ai vu quelque chose bouger. J'ai remué l'eau de la flaque avec mon soulier, et les eaux sales se sont mises à frémir. Quelle ne fut pas ma surprise d'apercevoir un énorme cochon ! Je l'ai taquiné avec mon pied, et il a grogné avant de disparaître et de reprendre son état semi-comateux. Je me suis tourné vers les soldats en leur demandant s'ils avaient prévu de le manger au repas du soir, et ils ont ri de nouveau. Cependant, la chose la plus drôle a été ma question concernant le nom du cochon : «S'appelle-t-il Charles, Henri ou peut-être Pierre ?» Ils ont éclaté de rire à l'idée qu'un animal puisse porter le nom d'un être humain.

J'ai repéré deux autobus verts à l'extrémité du camp.

Chez le FPR avait également lieu une recrudescence d'activités. Le 28 février, je suis parti dans un hélicoptère belge faire une reconnaissance aérienne de la zone contrôlée par le FPR. En survolant les collines verdoyantes – parfois tellement bas que je pouvais croiser les regards des soldats –, j'ai vu de grandes quantités d'hommes à l'entraînement. J'ai constaté aussi qu'ils creusaient des tranchées et des positions de défense au nord-ouest de la frontière de la zone démilitarisée, près du bastion présidentiel de Ruhengeri. Au milieu de la zone, là où elle mesure moins d'un kilomètre, à côté de Byumba, des soldats s'agglutinaient autour de monticules de terre ocre fraîchement retournée ; des fourmilières géantes semblaient encadrer la ville. Cela donnait à penser que Kagame était en train de réaligner ses forces et préparait une bonne ligne de départ d'où il pourrait lancer son offensive.

Lorsque je suis allé, seul, aux quartiers généraux de Kagame à Mulindi, je lui ai parlé de mes observations. J'ai soulevé avec lui le problème des nombreux viols de cessez-le-feu par ses troupes, leurs incursions dans la zone démilitarisée et les déplacements d'armes et de munitions entre l'Ouganda et le Rwanda (il était évident qu'il approvisionnait ses troupes) et il m'a parlé avec grand calme des problèmes de discipline causés par la situation politique stagnante. Il a ajouté qu'il continuerait d'en avoir jusqu'à la mise en place du gouvernement de transition et jusqu'à ce que la MINUAR joue son rôle en maintenant son armée. J'ai répondu qu'il se trouvait sans nul doute dans une position difficile, mais que, selon moi, l'intransigeance de ses hommes politiques provoquait en partie l'impasse du moment. J'ajoutai qu'il allait devoir mieux contrôler ses soldats, démanteler ses défenses et arrêter toute incursion dans la zone démilitarisée. Il a acquiescé, mais a précisé qu'en tant que militaire il devait se préparer à l'éventualité d'un échec complet du processus politique.

Je lui ai rappelé que mille de mes soldats étaient éparpillés dans la zone démilitarisée et que, s'il déclenchait une offensive, mes hommes seraient pris en étau. Il m'a promis que, si la situation se détériorait à ce point là, il m'avertirait vingt-quatre heures avant, car il ne voulait pas que le personnel de l'ONU soit blessé. Je savais cependant que la conduite lamentable des Belges durant l'embuscade du carrefour Kadafi avait démoli la confiance essentielle qui avait existé entre les forces de Kagame et les miennes, et je n'étais pas certain de pouvoir croire tout ce qu'il me disait.

Le jour suivant, j'ai reçu un rapport du nouveau commandant de secteur de la MONUOR, le colonel Azrul Haque, confirmant des envois d'armes et de munitions entre l'Armée nationale de résistance de l'Ouganda (ANR) et le FPR. Au même moment, l'équipe de renseignements de Claes a envoyé un rapport stipulant que des officiers de l'armée ougandaise avaient tenu des réunions pour supporter l'offensive du FPR qui devait commencer à Byumba ou à Ruhengeri. Claes avait également entendu parler d'un bateau chargé d'armes pour le FPR que les autorités avaient saisi à Goma, sur la rive zaïroise du lac Kivu. D'après les rapports, des réfugiés tutsis, vivant à l'intérieur de la frontière du Zaïre, près de Gisenyi, avaient contacté les soldats qui gardaient la cargaison de quatre tonnes d'armements, et tenté d'en soudoyer certains pour obtenir quelques armes. Certains membres de la population hutue locale ont suivi en faisant une surenchère.

Le 1er mars, j'ai reçu un appel du cabinet du président Habyarimana qui disait qu'il était concerné par l'état de la sécurité et qu'il voulait en discuter de façon urgente avec moi. Je pouvais compter sur les doigts d'une seule main le nombre de fois où nous avions eu une conversation « sérieuse », aussi ai-je décidé d'emmener avec moi Henry et Luc en tant que témoins. Nous avons trouvé le président assis sur la terrasse attenante à son palais, en compagnie de Bizimana, Nsabimana et Ndindiliyimana. Il m'a dit avoir appris le déplacement de certaines de mes troupes, de la zone démilitarisée vers Kigali. J'ai été un peu surpris. Henry, Luc et moi avions parlé, il y a peu de temps, de déplacer 225 Ghanéens de Byumba vers Kigali, mais nous n'avions pas encore agi. Je savais que les informations fuyaient de mon quartier général comme à travers une passoire, et j'en avais là une preuve supplémentaire.

Si nous procédions à cette mutation d'effectifs, Habyarimana pensait que mes troupes seraient trop disséminées et pas assez nombreuses dans la zone démilitarisée. Selon lui, nous manquerions de prudence en agissant ainsi, car le cessez-le-feu avait été violé de nombreuses fois dans cette région de la faute du FPR, qui se montrait de plus en plus agressif. Je lui ai répondu que la situation explosive dans la zone sans armes de Kigali m'inquiétait davantage. Mes troupes n'avaient ni le mandat ni la possibilité d'arrêter le FPR au cas où celui-ci déclencherait une attaque.

Cependant, mon mandat exigeait que j'assure la sécurité des citoyens de Kigali. À ce moment de la discussion, Bizimana s'en est mêlé : il avait reçu de nombreux rapports indiquant que le FPR procédait au renforcement du complexe du CDN, faisant de ce bâtiment une forteresse. C'était tout à fait vrai, et pas une personne faisant partie de l'accord sur la zone sécurisée de Kigali ne se surprendrait d'une telle nouvelle. Nous nous attendions à ce que les troupes du FPR défendent le complexe du CDN après y avoir été installées. Puis Ndindiliyimana a insisté de nouveau pour que je permette à ses troupes de la Gendarmerie d'unir leurs forces à celles de l'AGR. J'ai répondu par la négative, car cette action contrevenait aux accords sur la zone sécurisée de Kigali.

Bizimana croyait arriver à me convaincre de remettre à l'AGR la cargaison aérienne de bombes, de mortiers et d'obus d'artillerie que nous avions saisie à l'aéroport de Kigali en janvier. Il s'est obstiné me disant que cette commande avait eu lieu avant la signature du traité de paix, en me montrant les documents comme preuve. Je lui ai rétorqué qu'il n'en était pas question. Un tel geste n'aurait pour résultat que de déstabiliser encore plus le cessez-le-feu et, la démobilisation étant imminente, je n'en voyais pas l'utilité. Nous étions supposés avancer vers la paix et non nous préparer à la guerre.

Quelques jours après cette réunion, Nsabimana s'est tout à coup intéressé à mes petites forces de façon toute particulière. Lui et Bizimana ont commencé par rendre visite à Luc à son quartier général de Kigali, ce qu'ils n'avaient jamais fait auparavant, puis ils ont visité les bataillons belges et celui du Bangladesh. Peut-être voulaient-ils me rendre la monnaie de ma pièce pour toutes mes tournées dans leurs campements. Ou, peut-être, essayaient-ils d'estimer le potentiel de mes forces. Cela m'était tout à fait égal. Je voulais agir ouvertement et avec le plus de transparence possible. Cependant, cet intérêt accru envers nous après des mois d'indifférence totale avait quelque chose de déstabilisant, d'autant plus que mes observateurs m'informaient qu'on déplaçait l'armement lourd qui, nous le savions, se trouvait à l'intérieur du complexe présidentiel près de Ruhengeri. (Nous n'avons jamais pu vérifier ces informations, Booh-Booh nous ayant strictement interdit de conduire des recherches dans ce lieu.)

Pendant que les deux grandes forces en présence augmentaient leurs armements, j'ai examiné nos propres ressources. Je pouvais répondre aux exigences toujours croissantes qu'imposaient les accords sur la zone sécurisée en affectant à Kigali le bataillon tunisien et les 225 Ghanéens. Cependant, je continuais à être empoisonné par des problèmes de logistique, de transport et de manque d'équipement adéquat pour mes forces. Il m'était difficile d'envoyer des messages à mes troupes cantonnées à l'extérieur de Kigali. La plupart de nos civils effectuaient des travaux de secrétariat, et les officiers d'état-major disponibles étaient des Bangladais n'ayant qu'une piètre connaissance de l'anglais ou du français.

Faire parvenir des messages aux différents quartiers généraux n'était pas évident. Ils devaient être remis en mains propres, ce qui s'avérait difficile compte tenu de la carence en carburant et en véhicules. On pouvait aussi nous les transmettre par radio. Malheureusement, nos postes de radio Motorola (contrairement à ceux utilisés par le FPR et l'AGR) ne codaient pas les messages que nous envoyions. Nos troupes étaient au courant de cette lacune. Ainsi, il est souvent arrivé que des renseignements importants soient interceptés par des oreilles indiscrètes. Plusieurs fois, mes observateurs ont dû emprunter des téléphones du FPR ou de l'AGR pour signaler leurs positions à leur poste de commandement ! Et pour accroître nos ennuis avec la sécurité, nous devions travailler avec des civils que l'on avait engagés sans vraiment avoir contrôlé leur passé. Que le président ait été familier avec mes plans démontrait clairement que certains de ces civils étaient en fait des informateurs.

Je ne possédais que dix camions pour les quelque mille hommes installés à l'intérieur de la zone démilitarisée. Cela m'a pris presque dix jours pour retirer les 225 Ghanéens et les amener à Kigali. Le manque de véhicules forçait nos troupes à l'intérieur de la zone démilitarisée à monter la garde à des endroits bien précis, à demeurer à des postes d'observation et de contrôle. Je n'avais aucun moyen pour les faire sortir de leur immobilité : j'attendais toujours mes hélicoptères.

Et, bien sûr, je devais toujours faire face au problème de l'incompétence des troupes bangladaises. Le 8 mars, Luc et le bataillon du Bangladesh m'ont invité à une démonstration de la force de réaction rapide. Depuis le mois de décembre, elle avait suivi des entraînements intensifs afin d'être capable de dégager avec célérité et habileté des personnalités coincées au milieu d'une foule hystérique et armée – exactement le genre de situation que mes soldats de Kigali avaient déjà connu.

Les troupes du Bangladesh avaient choisi un camp d'entraînement militaire situé à côté de l'aéroport de Kigali. On nous avait même érigé un auvent sous lequel nous pouvions nous asseoir pendant la durée de l'exercice, et on nous a servi des boissons froides. Le commandant nous a expliqué comment ses 35 hommes (et non les 120 dont j'avais besoin, je tiens à le préciser) se précipiteraient dans cinq véhicules blindés de transport de troupes pour entourer la foule (des huit véhicules blindés arrivés en février trois étaient hors service). Une fois les soldats en position, ils devaient sortir et former un cordon serré, se placer face à la foule et la repousser. Ensuite, ils devaient isoler les personnalités et les faire monter dans les véhicules blindés pour s'en aller au plus vite. Ils souhaitaient se servir de l'effet de choc et de surprise pour montrer à la population la puissance de leur action, et accomplir ce dégagement sans avoir à tirer un seul coup de feu.

Alors que Luc et moi les observions, les soldats sont arrivés en hésitant dans leurs véhicules blindés et se sont dirigés vers la fausse foule en colère, composée de Casques bleus volontaires. Mais les Bangladais ont eu besoin de beaucoup trop de temps pour positionner leurs véhicules. Ce n'était que le début de cette comédie. Les soldats possédaient des fusils SKS, très longs, presque des antiquités, et les transporteurs de troupes sont des blindés d'où il est difficile de s'extirper. Donc, au lieu de sortir en force, ils ont trébuché, se sont empêtrés dans leur équipement et se sont cognés les uns aux autres. Je ne savais pas si je devais rire ou pleurer, mais j'ai tout de suite su que ces soldats seraient incapables d'agir dans une vraie situation d'urgence.

J'ai repensé avec une certaine amertume aux paroles du chef de l'état-major de l'armée du Bangladesh au mois de février pendant sa mission d'inspection : « Vous devez vous rendre compte que votre mission ici est de faire en sorte que tous mes hommes retournent sains et saufs chez eux. » Il a ajouté qu'il tenait à ce que l'expérience que prendraient ses officiers et ses sous-officiers au Rwanda leur permette de « prendre de la maturité ». En somme, il était trop orgueilleux pour avouer qu'il aurait préféré que ses troupes n'aient pas été appelées à faire partie de la force de réaction rapide. Cela m'avait profondément choqué. Dans mon éthique professionnelle, placer la sécurité de ses soldats au-dessus des intérêts de la mission était une hérésie. Son point de vue a confirmé le but tout à fait égoïste du Bangladesh en envoyant des troupes : s'entraîner gratuitement et rapatrier du matériel. Je ne devrais donc compter que sur les Tunisiens.

Bien que la situation militaire en général ait été tendue, mon espoir de voir se dénouer la situation politique avait grandi. L'assassinat de Gatabazi avait galvanisé la communauté internationale pour sortir de ce bourbier policard. Personne n'a appuyé la solution préconisée par Habyarimana. L'ensemble de la communauté diplomatique de Kigali, secondée par New York, était convaincu que le président essayait tout simplement de se raccrocher à quelques vestiges de pouvoir afin d'éviter la prison ou pire. Les diplomates dirigeaient plutôt leur attention vers le FPR et faisaient pression sur Lando afin qu'il s'occupe de la scission du Parti libéral. Au cours de la deuxième semaine de mars, un pas semblait avoir été franchi dans le règlement du problème politique. La réunification du Parti libéral était remise à plus tard, après l'installation du gouvernement de transition. On annonça une nouvelle date pour l'assermentation du gouvernement : le 25 mars.

Étant donné cette éclaircie dans la situation politique, j'ai décidé de partir en permission pendant deux semaines. Je n'avais cessé de repousser ces vacances depuis Noël, les cérémonies d'assermentation s'étant toutes révélées des échecs ou remises chaque fois à une date ultérieure. Je savais aussi que cette assermentation accomplie, nous devrions procéder à la démobilisation de près de 30 000 soldats. Bien que toute la planification, les ressources et tous les financements n'aient pas été encore totalement en place, on avait signé un contrat pour obtenir de la nourriture pour les soldats après leur démobilisation, et des cargaisons de vivres commençaient à arriver à Dar es-Salaam. Nous nous étions préparés pour héberger temporairement les soldats et nous avions trouvé des lieux pour garder en toute sécurité les armes qui nous seraient remises. Le véritable processus de réintégration qui offrirait une formation autre que militaire aux soldats n'était qu'à un stade embryonnaire mais, une fois le GTBE assermenté, j'espérais voir la communauté internationale s'investir. Je ne pensais pas qu'une des armées déclencherait des hostilités au moment où le processus politique progressait et je faisais confiance à Henry pour qu'il continue à s'occuper de tout pendant mon absence. Je dois admettre qu'il a été un peu surpris en lisant la liste des trente-neuf actions à entreprendre pendant mon absence, y compris un aperçu militaire de la situation à présenter au ministre belge de la Défense, Léo Delcroix, qui devait arriver à Kigali la nuit de mon départ. Selon ma demande, formulée par écrit, je voulais qu'Henry s'assure auprès de Delcroix du maintien de Luc comme commandant du secteur de Kigali pendant six mois de plus, malgré qu'on ait prévu son remplacement. Luc, tout comme Henry, comprenait et vivait pleinement cette mission, et je ne pouvais me permettre de le perdre à l'heure actuelle.

Quand, le 10 mars, je suis monté à bord de l'avion qui quittait le Rwanda, j'ai eu l'impression d'être transporté dans une troisième dimension, celle des familles heureuses et des chaudes plages inondées de soleil. Douze heures plus tard, je serrais mon épouse et mes enfants dans mes bras : mon comportement m'apparaissait toutefois bizarrement emprunté. Juste avant de quitter le Rwanda, je pensais à eux et, maintenant que j'étais là, je ne pouvais m'empêcher de penser au Rwanda. J'ai téléphoné à Henry pratiquement tous les jours au cours de la première semaine, puis j'ai enfin cédé à l'épuisement et j'ai cessé ces appels. J'ai dû dormir pendant la majeure partie de la deuxième semaine que j'ai passée chez moi, à Québec. Ma seule obligation envers le Rwanda a été de marcher à cinq coins de rue de la maison pour apporter à la fille du président Habyarimana un message de son père.

Je devais retourner au Rwanda en passant par Ottawa et New York. À Ottawa, j'ai tenté d'obtenir un peu plus d'appui du Canada et ait fait pression pour obtenir les dix officiers bilingues dont j'avais désespérément besoin. Le 28 mars, je me suis adressé, lors de la réunion quotidienne, à la haute direction du ministère, y compris le sous-ministre de la Défense, Bob Fowler, le chef d'état-major de la

Défense, le général John de Chastelain, les généraux à trois étoiles à Ottawa, le directeur du Service de renseignements militaire et les sous-ministres adjoints civils. J'ai eu dix minutes pour exposer mon point de vue. Comme symbole de la pauvreté et de l'état d'esprit du Rwanda, j'avais apporté avec moi un ballon de soccer que les petits Rwandais font à partir de feuilles de bananier. J'ai surpris De Chastelain en le lui lançant au moment où je prenais la parole. J'ai expliqué comme j'aurais souhaité qu'un avion Hercule, rempli de ballons de soccer sur lesquels serait imprimé le logo de l'ONU ou la feuille d'érable du Canada, atterrisse à Kigali. Mes hommes sur place pourraient ensuite les distribuer aux enfants en signe de notre bonne volonté. La situation actuelle, bien que tendue, était relativement calme, leur ai-je dit, mais elle ne tarderait pas à devenir catastrophique si une solution politique n'était pas bientôt trouvée : l'accord de paix serait un échec et la guerre civile reprendrait de plus belle.

Ils m'ont accordé mes dix minutes, mais je me suis aperçu que mon exposé était considéré comme secondaire à côté des autres crises que devait régler le ministère. L'époque lui était particulièrement difficile. On venait d'élire un gouvernement libéral dont le nouveau budget prévoyait des coupes sombres dans beaucoup de domaines : le secteur de la Défense devait être durement touché. Les militaires canadiens étaient également engagés en ex-Yougoslavie, où la situation était très grave. Et commençaient à émerger les détails d'une bavure : l'assassinat d'un adolescent somalien, un certain Shidane Arone, par des soldats canadiens au cours de la malheureuse mission en Somalie. Cependant, avant même la fin de la réunion, on m'a accordé les dix personnes bilingues, spécifiant qu'elles seraient au Rwanda d'ici le mois de juin[12]. J'ai dû m'en contenter, car il était évident que je n'obtiendrais rien de plus. Personne ne s'est porté volontaire pour me livrer les ballons de soccer.

---

12. La décision du Canada de fournir à ma mission deux avions Hercule au cours de la guerre, nous a permis de demeurer au Rwanda, car ils me procuraient un moyen de transport suffisant pour les évacuations sanitaires et le soutien logistique de ma petite force. Le Canada fut également le seul pays à renforcer ma mission en avril et en mai 1994, grâce à l'envoi d'excellents officiers d'état-major et d'observateurs militaires.

Je suis arrivé à New York le 29 mars, assez tôt pour pouvoir participer à la réunion matinale du DOMP. L'espoir est un sentiment inépuisable : ce jour-là, je suis arrivé à l'ONU pour chercher une aide véritable pour résoudre les éternels problèmes et les pénuries critiques de la MINUAR. Où se trouvaient donc mes hélicoptères, mes approvisionnements défensifs, mes munitions, mes approvisionnements en médicaments, mes pièces détachées, mes mécaniciens et mes experts en questions juridiques et humanitaires ? Nos réserves en eau, en vivres et en carburant étaient limitées. Mais, il s'est passé exactement la même chose qu'à Ottawa. Des crises beaucoup plus connues éclipsaient ma mission au Rwanda : l'ex-Yougoslavie, le Mozambique, Haïti, le Cambodge et la Somalie. Tour à tour, j'ai observé les visages d'Annan, de Baril et de Riza. Je pouvais y lire qu'ils étaient tous des gens bien essayant de m'appuyer le mieux possible, mais aussi que je n'étais pas le seul pion sur l'échiquier. Pas un seul des membres du DOMP n'était allé à Kigali pour constater de ses propres yeux le surréalisme d'un quartier général infiltré d'espions, le manque général de sécurité, la confusion totale provoquée par la quantité de dialectes africains. Lors d'une réunion privée avec le triumvirat après l'assemblée du matin, Maurice m'a déclaré que le contrat des hélicoptères avait enfin été signé, et que je devrais recevoir les quatre premiers au cours de la semaine suivante. Quant à mes autres demandes, ils se montrèrent très préoccupés et compatissants mais ne purent absolument pas confirmer quoi que ce soit au sujet des divers réapprovisionnements. En fait, ils ont insisté : dans les termes particuliers à l'ONU, la mission progressait bien, et ils m'ont suggéré d'aller à la Division des opérations de terrain (DOT) pour remercier en personne les officiers chargés des commandes pour m'avoir livré rapidement ce dont j'avais besoin. Ce n'était pas exactement le genre de message que je souhaitais transmettre à la DOT.

J'étais dans une impasse, car je ne savais pas comment leur faire comprendre l'état complexe de la situation. Au cours des trois derniers mois, j'avais envoyé au DOMP des rapports très détaillés, y compris sur tous les incidents spéciaux, et des analyses politiques et militaires de façon très régulière. J'avais accordé des entrevues aux médias. J'avais fourni au RSSG des Nations unies des analyses politiques et militaires très détaillées de la situation, incluant des options et des recommandations pour lui permettre d'agir. J'ai très rarement reçu de réponses. Qui donc avait lu mes rapports à New York et qu'en avaient-ils fait? Maurice m'a confié au cours du déjeuner qui a suivi la réunion matinale qu'il avait reçu seulement un ou deux de mes rapports. Le RSSG avait-il transmis tous mes rapports? J'envoyais des rapports directement à Maurice, rompant ainsi toutes les règles non écrites de l'étiquette du DOMP – ce que personne ne m'avait jamais reproché – mais atterrissaient-ils sur le bureau de Maurice? Ou bien sur celui de Miguel ou de Hedi Annabi? Combien de ces rapports arrivaient jusqu'au Conseil de sécurité de l'ONU, là même où notre mission était examinée? Maurice m'a assuré qu'il ferait enquête.

Aucune progression, par ailleurs, en ce qui concernait les questions les plus cruciales. Ainsi, nous avions dépassé notre champ de responsabilités en nous occupant de la situation des réfugiés du Burundi. Henry et moi avions appuyé l'idée qu'il serait utile d'envoyer une mission de maintien de la paix dans ce pays, et que Henry pourrait fort bien la commander. Annan m'a répondu que l'armée burundaise avait refusé l'offre d'une force de l'ONU, et qu'il n'y en aurait donc pas. Je voulais 48 observateurs supplémentaires pour m'aider à endiguer le flux constant d'hommes et de matériel qui traversaient les frontières, contribuant ainsi à renforcer une organisation militaire de moins en moins clandestine. À la fin du mois de février, un camion qui avait voulu forcer un barrage routier installé par une patrouille belge à l'intérieur de Kigali – au cœur même de la zone réputée sécurisée – s'était renversé et son contenu, des fusils et des grenades, s'était déversé sur la route. Maurice m'a tout de suite arrêté: aucun soldat supplémentaire ne serait envoyé. Lorsque j'ai mentionné les opérations dissuasives que je continuais d'appuyer, ainsi que mon plan mis au point avec Luc pour entraîner des gendarmes à travailler avec des soldats de l'ONU dans le but d'accomplir ces tâches, Riza m'a rappelé, une fois de plus, quelles étaient les limites de mon mandat. Nous avions prévu faire notre premier raid le 1$^{er}$ avril: chaque raid devra être approuvé par l'ONU avant son exécution, m'a dit Riza.

Autant que je me souvienne, c'est Riza qui m'a mis au courant des intentions du Conseil de sécurité concernant l'avenir de la

MINUAR. La position sans équivoque des États-Unis indiquait que si le GTBE n'était pas assermenté d'ici peu, la mission devrait simplement être retirée. Cependant, les Français, tout comme les Belges, ne tenaient absolument pas à retourner au Rwanda, parce que l'ONU l'aurait quitté au moment d'une catastrophe appréhendée. Les États-Unis semblant prêts à consentir à une prolongation de soixante jours de la mission, la France et la Belgique avaient accepté ce compromis.

Ce soir-là, j'ai rejoint Maurice et son épouse Huguette pour dîner dans leur appartement spacieux du quarante-deuxième étage d'un immeuble élégant pas loin des bureaux de l'ONU. Au début, nous avons tenté de simplement nous en tenir à nos conversations amicales d'antan, mais le terrain a vite glissé, et nous nous sommes remis à parler du DOMP. Maurice me raconta des histoires d'horreur concernant d'autres missions. Un peu plus tard, au cours de la soirée, nous avons promené son chien dans un parc non loin de là. Il a été un peu plus éloquent et a parlé du malaise grandissant de l'ONU au sujet de ma mission, tout spécialement du côté de la France et des États-Unis. Malgré le délai supplémentaire de soixante jours qui semblait devoir être accordé à ma mission, le Conseil de sécurité considérait l'impasse politique comme un drapeau rouge. Si la situation actuelle devait perdurer, le Conseil nous retirerait du Rwanda et abandonnerait le pays à la guerre civile et au chaos, s'en lavant les mains. J'ai rétorqué à Maurice que nous ne pouvions permettre cet abandon qui serait totalement immoral. Mais selon lui, quelqu'un devrait céder ou quelque chose devrait changer rapidement. Je n'avais absolument rien à redire.

J'ai quitté New York le jour suivant. Au cours de ma permission, j'avais vu toutes sortes de visages comme dans un brouillard et ressenti plein de sensations, certaines agréables, d'autres remplies d'amour, d'autres frustrantes et choquantes, mais aucune n'avait la profondeur et la complexité de celles que m'avait laissées le Rwanda jusque-là. Au cours de mon voyage, j'avais appris quelque chose de troublant, bien que je sois incapable de me rappeler qui m'en avait parlé en premier. La France avait écrit au gouvernement canadien pour demander mon retrait du commandement de la MINUAR. Il était évident que quelqu'un avait lu mes rapports et n'avait pas apprécié que je mentionne clairement la présence des soldats français au sein de la Garde présidentielle, une instance qui entretenait des liens étroits avec les milices de l'Interahamwe. Le ministre français de la Défense était certainement au courant, mais pratiquait la politique de l'autruche. Mon franc-parler avait dû irriter suffisamment les Français pour qu'ils prennent cette mesure insolente et tout à fait inhabituelle de demander mon renvoi. Il était tout à fait clair que je possédais encore l'appui d'Ottawa et du DOMP. Toutefois, j'avais pris note du fait qu'il me faudrait surveiller attentivement les Français du Rwanda, continuer à questionner leurs motifs et enquêter sur la présence des conseillers militaires français au sein des unités d'élite de l'AGR et leur implication possible dans l'entraînement de l'Interahamwe.

Malgré tout cela, je n'ai pas regretté un seul instant de laisser derrière moi les lumières de Manhattan pour retrouver les nuits d'Afrique, tellement noires que les étoiles ressemblaient à des lampadaires. Dans l'avion, en respirant l'air recyclé pendant le long voyage de retour, j'ai senti à quel point le Rwanda m'avait manqué : sa terre rougeâtre, l'odeur de ses feux de bois et sa population tellement attachante.

Je suis arrivé à Kigali le mardi 31 mars au matin. Le paysage politique du pays avait totalement changé pendant mon absence. Henry est venu m'accueillir à l'aéroport. Il m'a tendu un rapport détaillé, qu'il m'a demandé de lire avant de le compléter de façon verbale. Pendant le trajet vers la maison, où je pourrais me doucher et changer de vêtements, Brent m'a exposé la situation. De nouvelles complications s'étaient produites autour de l'installation du gouvernement, ce qui avait provoqué une nouvelle détérioration de la sécurité. Le président avait insisté pour que le CDR, le parti extrémiste, fasse partie du gouvernement. Toutes les personnalités politiques étrangères, le RSSG en tête, avaient accepté cette initiative dite d'«inclusion» et, maintenant, plutôt que de s'attaquer aux extrémistes et au président, elles faisaient pression sur le FPR pour qu'il accepte ce compromis.

Peu de temps après mon départ du Rwanda, le 10 mars, le président Habyarimana et le FPR étaient allés demander de l'aide à Mwinyi, le président de la Tanzanie, qui avait facilité les ententes d'Arusha, afin qu'il arbitre une possible solution. Mwinyi avait envoyé son ministre des Affaires étrangères à Kigali. Si la scission au sein du Parti libéral constituait le point important de l'impasse, il préconisait de résoudre le problème en partageant les tâches ministérielles et celles des députés de façon égale entre les deux factions. Ensuite, il avait proposé que Faustin Twagiramungu ait le dernier mot quant à la liste des ministres proposée et que la première ministre Agathe ait le même pouvoir pour la liste des députés. Toutefois, ils devraient consulter toutes les personnes concernées par la liste, y compris le président.

Dans un discours radiodiffusé à l'échelle nationale, le soir du 18 mars, Faustin a fait la lecture de la liste définitive des candidats aux différents ministères du prochain GTBE et a tenu à rassurer fermement les citoyens en leur confirmant la fin de toutes les tergiversations politiques : aucun obstacle ne barrerait la route au nouveau gouvernement qui devait être assermenté le 25 mars. Le lendemain soir, la première ministre Agathe avait divulgué la liste des députés à l'Assemblée.

Prudence Bushnell, la ministre adjointe américaine aux Affaires africaines, a choisi ce jour précis pour arriver à Kigali afin de rencontrer à la fois Kagame et Habyarimana. Que leur a-t-elle dit ? Était-elle venue tout simplement pour leur livrer un message de la communauté internationale, qui commençait à perdre patience ? Elle a également rencontré Booh-Booh et lui a annoncé qu'il pourrait être difficile de renouveler le mandat de la mission lors de la prochaine séance du Conseil de sécurité si l'installation du GTBE ne progressait pas ou si des scènes de violence avaient lieu.

Habyarimana n'était pas satisfait des listes et avait publiquement réprimandé les premiers ministres, parce qu'ils ne l'avaient pas consulté avant de les lire à la radio. Le 21 mars, il a convoqué Faustin à son bureau pour lui faire part d'une lettre des membres du Parti libéral qui se plaignaient du choix du ministre de la Justice. Il a suggéré à Faustin de continuer ses consultations auprès du Parti libéral. Habyarimana lui a également annoncé que le CDR et le minuscule parti démocratique islamique (PDI) se déclaraient prêts, par écrit, à signer l'accord d'Arusha et le code politique d'éthique, et que, par conséquent, ils réclamaient leurs sièges à l'Assemblée nationale. Dans un esprit de réconciliation, le président a ajouté que le gouvernement de transition devrait faire plus que son possible pour inclure des membres de tous les partis identifiés lors de l'accord d'Arusha. Faustin savait très bien qu'il était tout à fait inacceptable d'inclure le CDR dans le nouveau gouvernement. Cette organisation politique ouvertement fasciste épousait des idées fanatiques pro-hutues et anti-tutsies, et était aussi intimement liée avec les milices de l'Impuzamugambi et l'infâme station RTLM. Bien entendu, le FPR refusait totalement l'entrée des membres du CDR à la Chambre des députés et accusait Habyarimana d'ajouter des obstacles insurmontables à un processus politique déjà stagnant.

Un effort politique énorme avait été entrepris en vue de préparer l'assermentation du gouvernement provisoire, le 25 mars. Le ministre de la Défense et Enoch Ruhigira avaient affirmé à plusieurs reprises qu'aucune manifestation ne viendrait bloquer la cérémonie. Mais, là encore, le tout s'est soldé par un échec désastreux, cette fois-ci, à cause de la non-participation du FPR. Le 28 mars, même revers déclenché par une recrudescence du banditisme et des attaques armées contre les éléments les plus modérés de la population. Les gendarmes possédaient des moyens de transport très limités et ne pouvaient contrôler la situation. Pendant la nuit, les églises servaient de refuge à un bon nombre de personnes.

Le corps diplomatique de Kigali, dirigé conjointement par le Nonce apostolique et le RSSG, endossaient la proposition du président, qui soutenait la présence au sein du GTBE de tous les partis qui avaient été reconnus à Arusha. Ils ont produit une déclaration conjointe signée aussi par des représentants du Zaïre, de l'Ouganda, du Burundi et de la Tanzanie – en fait par tous les pays de la région des Grands Lacs. De main de maître, Habyarimana avait réussi à isoler le FPR, à en faire le seul parti entravant le succès politique. Le département des Affaires politiques (DAP) à New York, l'ONU et l'entière communauté politique et diplomatique sont tombés dans son piège. La communauté internationale tout entière a causé la mort d'Arusha le jour où ses membres, les diplomates, le RSSG des Nations unies en tête, ont été dupes de la ruse du président. Pendant les délibérations du Conseil de sécurité sur l'avenir de la mission, les États-Unis voulaient forcer le Conseil à fixer une limite de temps très serrée pour l'assermentation du GTBE. Le FPR manquerait ainsi de marge de manœuvre pour une contre-réaction politique. Il possédait, cependant, une excellente position militaire et un pouvoir offensif très rapide. Personne à l'ONU n'avait pensé à me mettre au courant de ces événements alors que j'étais à New York, et je me suis demandé une fois de plus si quelqu'un prêtait vraiment attention aux événements qui se déroulaient au Rwanda.

Sur le plan de la sécurité, la situation s'était énormément détériorée, et le chaos politique s'était intensifié, m'avait déclaré Brent. De nombreux hommes politiques à tendance modérée avaient reçu des menaces de mort. Henry faisait camper en permanence certains de nos hommes dans les jardins de cinq politiciens importants : le juge Kavaruganda de la Cour constitutionnelle, qui allait devoir trancher la question des postes de députés les plus contestés, Lando Ndasingwa, Anastase Gasana et les deux premiers ministres. Le 15 mars, lors d'un incident semblable à celui qui avait causé la mort de Gatabazi, la sœur d'Enoch Ruhigira et son mari avaient péri dans leur voiture lors d'une embuscade. Tous les deux étaient des modérés et avaient de l'influence. « Chez Lando » avait subi une attaque à la grenade le 19 mars, un samedi soir, alors que la discothèque de l'hôtel était comble. Huit personnes avaient été blessées.

Des nouvelles très inquiétantes arrivaient aussi du sud du pays. Mes équipes d'observateurs et les personnes qui travaillaient pour le Haut Commissariat des Nations unies pour les réfugiés (HCR) rapportaient que l'AGR continuait de recruter des jeunes gens dans les camps de réfugiés de Ruheru et Shororo. On conduisait ces recrues dans une forêt voisine où elles s'entraînaient en utilisant des fusils et des grenades en bois. Dans les régions du nord de la zone démilitarisée, le FPR empêchait mes observateurs de faire leurs patrouilles.

J'ai dû m'attaquer à tous ces fronts, mais, en tout premier lieu, j'ai dû aborder mon supérieur politique. Ma première information en arrivant au Q.G., le jour même de mon retour, fut que Booh-Booh avait accepté l'invitation du président d'aller passer les fêtes de Pâques dans sa retraite, près de Gisenyi. En plus, le RSSG demandait une escorte de la MINUAR pour l'accompagner. Le D$^r$ Kabia et moi sommes allés aussitôt le rencontrer dans son bureau vierge de tout papier. Nous avons essayé d'être diplomates en lui faisant remarquer que le seul aspect positif de son voyage serait, peut-être, l'obtention de renseignements et d'éclaircissements sur les événements. Il a répondu que tel était justement son but; il connaissait le président depuis l'époque où il avait été ministre des Affaires étrangères du Cameroun et était bien placé pour découvrir les véritables intentions d'Habyarimana. Nous lui avons vite fait remarquer que les bénéfices retirés seraient vite dépassés par les répercussions plutôt négatives qu'un tel geste pourrait provoquer. Le FPR et les modérés pourraient fort bien s'imaginer qu'il prenait parti pour le président. Booh-Booh a haussé les épaules, répétant que, pendant cette fin de semaine de travail, il travaillerait à appliquer sa stratégie pour d'obtenir l'installation des institutions transitoires. Rien de ce que le D$^r$ Kabia et moi avons pu lui dire n'a réussi à le faire changer d'avis. De plus, il a insinué que nos hésitations étaient le résultat d'une compréhension erronée de la philosophie de l'Afrique francophone.

Le jour suivant était le Vendredi saint. L'odeur des feux de charbon de bois que j'aime tant ainsi que la cacophonie des superbes oiseaux m'ont réveillé. Ma première pensée a cependant été pour le départ imminent et si peu approprié du chef de la mission, vers midi. Répondant à un élan compulsif désastreux, Booh-Booh est bien sûr parti avec l'escorte de la MINUAR, et Kane dans son sillage. Le jour suivant, nous avons reçu une protestation officielle émanant du FPR qui remettait en question l'impartialité de Booh-Booh.

Je devais absolument entrer en contact avec les chefs militaires des deux partis pour pouvoir me faire une idée de la situation. Le samedi matin, le 2 avril, j'ai rencontré le ministre de la Défense. J'avais emmené Brent avec moi pour qu'il prenne des notes. Je pense que Bizimana voulait évaluer la résolution de la MINUAR après mon passage à New York. Grâce à l'ambassadeur du Rwanda, il avait certainement été mis au courant du statut de la mission au Conseil de sécurité. Je suis arrivé en lui débitant à toute allure la liste de ses omissions et de ses engagements non remplis. Pourquoi n'avait-il pas apporté son concours lors de l'enquête qui avait suivi l'assassinat de Gatabazi? Pourquoi ne m'avait-il pas donné la liste des personnes ayant une permission spéciale de porter des armes pour leur propre protection à l'intérieur de la zone sécurisée de Kigali? Ou encore la liste des armes légères livrées dans les campagnes lors des deux dernières années? Il n'avait pas fait déminer le corridor de Gatunda à Kigali. Il avait fait obstruction lors de toutes les réunions de la Commission militaire conjointe qui tentait de planifier la démobilisation. Je lui ai enfin demandé pourquoi ses soldats empêchaient les transports humanitaires de se rendre jusqu'aux camps de réfugiés à l'intérieur de la zone contrôlée par le FPR. À cette dernière question, il a répondu que, oui, il avait promis de laisser passer les ONG et l'aide humanitaire, mais qu'une partie de ces secours avaient été ponctionnés par les soldats du FPR, et qu'il ne pouvait tolérer une telle action. Ni lui ni moi ne sommes sortis satisfaits de cette réunion.

Après l'avoir quitté, j'ai pris un hélicoptère pour Mulindi pour rencontrer Kagame après le déjeuner. Il m'a paru distant et un peu renfermé lorsque je lui ai posé la même longue liste de questions épineuses. Il a réagi à peine, même lorsque je lui ai annoncé que j'avais reçu mes hélicoptères et que nous allions commencer nos opérations de reconnaissance de façon régulière au-dessus de tout le pays, y compris de sa zone d'opérations. Son attitude était un peu surprenante, étant donné qu'il s'ingéniait à garder le secret sur les mouvements des troupes du FPR et leurs capacités de frappe. Je l'ai réprimandé au sujet de l'augmentation constante des violations de cessez-le-feu dans la partie orientale de la zone démilitarisée, là où les deux opposants étaient souvent à moins de cent mètres de distance. Il avait fait changer le commandant à l'intérieur de sa zone et, depuis ce moment-là, quatre altercations avaient eu lieu, au cours desquelles pas moins de six soldats du FPR avaient été tués et plusieurs autres, blessés. Moins d'une heure après les incidents récents, mon équipe d'observateurs était allée sur place, et il était apparu que l'échange de coups de feu avait débuté du côté des soldats de Kagame. Il a promis de faire enquête.

Finalement, je lui ai demandé s'il avait des questions à me poser. Il a voulu savoir ce qui se passait relativement à la proposition concernant l'admission du CDR et du PDI. J'ai regardé son visage. Jamais, je ne l'avais jamais vu aussi sombre. Il a seulement ajouté que nous étions à la veille d'un cataclysme et qu'une fois enclenché, aucun moyen ne permettrait de le contrôler.

Dans l'hélicoptère vers Kigali, je me suis rendu compte que, cette journée-là, j'avais rencontré deux hommes qui avaient l'air de mettre au point une situation que je n'étais tout simplement pas prêt à envisager de mon côté : l'effondrement de l'accord d'Arusha. Je devais absolument rencontrer Luc. Le secteur de Kigali serait la clé de notre sécurité si le pire venait à se produire, mais je devais aussi rencontrer tous les commandants qui dépendaient de moi pour obtenir une estimation juste de nos quelques rares points forts et de nos faiblesses manifestes.

Un peu plus tard, au cours de la même journée, Luc est entré dans mon bureau, enthousiaste et confiant comme toujours, même si ses yeux trahissaient une grande fatigue. J'ai été heureux de le rencontrer. Le 1er avril, tel que planifié, le premier raid conjoint pour trouver les caches d'armes avait eu lieu. Les soldats de la MINUAR avaient fourni le cordon de sécurité et les gendarmes avaient procédé à la fouille, dont ils étaient sortis les mains vides : il était évident que des fuites avaient eu lieu et que les armes avaient été prestement déménagées. Cependant, Luc ne perdait pas confiance. Il avait lui-même entraîné la Gendarmerie et était sûr de sa bonne foi. Selon lui, si l'on arrivait à cacher un peu plus longtemps l'endroit où aurait lieu le prochain raid, nous finirions par remporter quelque succès. Nous avons fixé la date de la prochaine tentative : le 7 avril.

Cependant, d'autres problèmes perturbaient son sommeil. Nous savions tous les deux à quel point nous utilisions au maximum nos soldats, et Luc m'a déclaré que si l'un des deux partis décidait de lancer une action d'envergure contre la capitale, ses troupes n'auraient pas plus la capacité de se défendre que de protéger les civils appartenant à l'ONU, ainsi que les étrangers. Les 225 Ghanéens n'avaient pas terminé de se déployer, le nouveau bataillon belge ne s'était pas encore habitué à ses responsabilités ni aux règles d'engagement du chapitre VI de la mission. Et puis, il y avait le contingent du Bangladesh. Leur commandant avait exigé que tous les ordres soient écrits et lui soient livrés en mains propres. Il essayait par tous les moyens d'éviter que ses hommes soient utilisés durant les opérations. Un seul côté positif : nous avions avancé de façon significative la planification des évacuations médicales, sans toutefois avoir reçu de matériel médical. New York pas plus que Bruxelles n'avaient résolu notre problème de munitions, et personne ne voulait payer pour remplacer celles utilisées par le premier contingent belge pour son entraînement. Nos soldats possédaient chacun deux chargeurs de quarante ou soixante coups – une quantité vraiment insuffisante. Cela leur permettrait de répondre à un échange de coups de feu d'une durée de une à trois minutes. Après cela, ils en seraient réduits à lancer des cailloux.

Ce soir-là, je suis arrivé exténué à la maison. Ma tête bourdonnait de tous les signes avertisseurs qui arrivaient de tous côtés. Malgré cela, j'étais heureux d'être de retour. Les Rwandais n'étaient pas une masse informe de Noirs démunis vivant dans un endroit dénué d'intérêt, mais des gens normaux, tout comme ma famille et moi, possédant tous les droits et toutes les attentes des êtres humains qui appartiennent à notre espèce déchirée. J'étais bien déterminé à persévérer dans mon travail.

Le 3 avril, jour de Pâques, j'ai pris un hélicoptère pour Byumba pour passer en revue le gros de mes forces qui se trouvait dans la zone démilitarisée, soit le gros du bataillon ghanéen et la compagnie de génie militaire bangladaise. Le vol de cinquante minutes à basse altitude a été superbe, car nous avons survolé les sommets arrondis des montagnes du Rwanda central. En regardant en dessous de moi, il m'a semblé voir tous les villageois revêtus de leurs plus beaux costumes et se dirigeant comme en procession vers leurs églises. Voila le résultat de mon expérience au Rwanda : je suis incapable de me rappeler la sérénité et la beauté de cette scène sans que des images d'horreur s'y substituent automatiquement. En ce jour de Pâques, les extrémistes, les modérés, les simples villageois et les fervents pratiquants étaient tous à l'église et chantaient la résurrection du Christ. Exactement une semaine plus tard, ces mêmes bons chrétiens deviendraient des meurtriers et des victimes, et les églises des lieux où se commettraient de sauvages actes de boucherie planifiés avec soin.

Nous avons atterri à Byumba au milieu d'un immense nuage de poussière. L'architecture moderne de cet endroit était remarquable ; ce vaste complexe se trouvait sous la gouverne de religieuses qui, l'année suivante, y inaugureraient une école. Un exemple de l'aide substantielle canadienne qui avait été fournie à ce petit pays franco-africain. Toutes proportions gardées, le Rwanda avait reçu la majeure partie de l'aide canadienne de tous les pays de l'Afrique situé au sud du Sahara. Les religieuses avaient mis au travail les sapeurs du Bangladesh qu'elles logeaient en leur faisant accomplir différentes tâches. C'était en quelque sorte le prix de la location. Sur chaque porte, il y avait des autocollants très discrets de l'ACDI comportant une feuille d'érable. Je me suis de nouveau demandé pourquoi Brent et moi étions les uniques militaires canadiens dans ce pays, en ce moment si périlleux. Un bataillon ou même une compagnie de soldats canadiens-français auraient eu un peu plus de sens. Le ministère des Affaires internationales et l'ACDI avaient un passé important au Rwanda. Cependant, aucun contact n'avait été établi entre ces deux agences et moi avant mon départ du Canada, et aucun partage de renseignements, qu'ils soient historiques ou culturels, n'avait eu lieu alors que je me préparais à tenter d'assurer à ce pays un avenir de paix[13].

J'ai été accueilli par le commandant du secteur de la zone démilitarisée, Clayton Yaache, ainsi que par les commandants des compagnies ghanéennes et bangladaises. Depuis ma dernière visite, le mois précédent, les ingénieurs du Bangladesh avaient reçu environ un tiers de l'équipement nécessaire pour être opérationnels. Parmi leurs tâches se trouvaient la construction et la réparation de ponts pour permettre le déplacement des troupes et des patrouilles, et pour servir plus tard aux Rwandais. Le pont de Gatuna était prioritaire, car je voulais toujours ouvrir un corridor entre Kabale et Kigali. Ils devaient aussi s'occuper du déminage et de la préparation des campements pour les soldats qui seraient démobilisés. Comme toujours, toutes sortes de difficultés entravaient les tâches habituelles des Ghanéens qui patrouillaient la zone. Yaache était très préoccupé par le fait qu'il n'avait, selon lui, aucun plan fonctionnel

---

13. Le Canada n'avait pas de politique cohérente et intégrée envers le Rwanda. Seules étaient prises des initiatives ministérielles isolées qui, en temps de crise, n'avaient guère de consistance. Howard Adelman, un universitaire canadien, a écrit un excellent chapitre sur la politique canadienne au Rwanda dans *The Path of a Genocide: The Rwandan Crisis from Uganda to Zaire* (Howard Adelman, Astri Suhrke, 1999), qui reflète sans nul doute mon expérience ambiguë quant aux rapports de mon pays avec le Rwanda.

pour procéder à une évacuation médicale. Une petite équipe médicale permettait de stabiliser les grands blessés, mais le transport par la route vers Kigali prendrait au moins deux heures. Il n'y avait aucune ambulance, mais l'arrivée toute récente des hélicoptères fournirait une méthode d'évacuation. J'ai décidé d'en consacrer un aux évacuations médicales. Les deux brigades demeuraient enthousiastes, et leur moral était bon malgré le manque de véhicules, d'équipements et d'approvisionnements.

Je suis allé à la chapelle participer à la messe de Pâques. Entendre la fanfare ghanéenne – je l'avais déjà entendue interpréter des marches militaires et des airs de danse – jouer de la musique religieuse de manière extraordinaire m'a bien impressionné. Pendant quelques instants, mes pensées se sont dirigées vers le Québec. Le dimanche de Pâques est une fête familiale importante et, à cette heure-là, elle était déjà terminée. Il n'y aurait pas de course pour trouver les œufs de Pâques avec les enfants, pas de repas de Pâques. Seule une immense distance contre laquelle on ne pouvait rien.

Le lundi de Pâques, je me suis levé un peu plus tard que d'habitude et j'ai pris le temps de m'asseoir sur la véranda. Je devais rencontrer Henry pour une longue session de travail ce matin-là, mais je n'avais pas besoin de me dépêcher. Le personnel au quartier général était à son minimum, car mes hommes avaient pu prendre leur première fin de semaine de congé. La maison semblait vide sans Willem de Kant, muté dans une école d'état-major en Hollande, juste avant mon départ en vacances. De plus, le zoo d'animaux de compagnie qu'il s'était constitué s'ennuyait de lui. Il y avait un bouc nommé Gaétan (Willem parti, nous avions décidé de bien le nourrir et de le déguster pour la fête du Canada, le 1er juillet, car personne, excepté son propriétaire, n'aimait beaucoup cette bête), un coq nommé Rusty et deux poules – Helen et Henrietta – qui nous fournissaient en œufs frais. Le plus exigeant de ces animaux était un chiot noir que nous avions affectueusement appelé Shithead. Cet incroyable corniaud courait constamment après le coq ou le bouc et ne recueillait que coups de bec et de corne. Chaque matin, quand j'étais absorbé par les soucis de la mission, il me volait ma rôtie dès la sortie du grille-pain qui était par terre. Le capitaine Robert van Putten avait remplacé de Kant comme aide de camp. Il avait bien hâte de remplir ses tâches, cependant il avait moins d'expérience que de Kant et ne parlait pas français ce qui, au Rwanda, représentait un sérieux désavantage.

Je ressassais mes soucis et l'incompréhension que je ressentais tout en observant la ville. Au Canada, il m'était souvent arrivé d'être témoin de l'impact que pouvaient avoir les décisions prises par une organisation majoritairement anglophone sur une minorité. La différence entre l'acceptation et le rejet pouvait provenir de la façon dont les nuances culturelles et linguistiques sont comprises et dont les ordres sont transmis et reçus. Dans mon pays, j'avais toujours été fier de faire attention à ces nuances. Cependant, pas une seule personne de la mission ne possédait ce genre de sensibilité vis-à-vis du Rwanda. Étant bilingue, je comprenais les mots prononcés par les différents acteurs, mais pas leur véritable signification. Il était indéniable que les tensions politiques, militaires et diplomatiques s'aggravaient dues à une armée de spectres que je cherchais à attraper dans le noir le plus total.

Depuis mon retour, Henry et moi nous nous rencontrions pour la première fois. Nous avons établi nos priorités de travail au cours d'une réunion assez longue. La confiance que j'avais dans sa capacité de commander et dans sa compréhension de la situation s'est de nouveau confirmée. Pendant mon absence, il s'était très bien occupé de toutes les affaires courantes, mais il avait été troublé par le fait que le RSSG l'avait mis, lui et les militaires, à l'écart de la politique (il n'y avait pas à être surpris), et aussi que ni la Gendarmerie ni le chef d'état-major de l'AGR pas plus que le ministre de la Défense n'avaient demandé à le rencontrer. Il s'était inquiété des conséquences de ce manque de contact sur la suite des événements.

Après le départ d'Henry, je suis allé à la soirée offerte par le contingent sénégalais pour fêter leur fête nationale. Ce contingent comprenait trente-neuf officiers, tous des observateurs militaires, bilingues pour la plupart. Avec l'aide de Motkar Gueye, le porte-parole de la mission, ils avaient organisé un buffet à l'hôtel Méridien avec de la musique, le tout suivi d'une soirée dansante. Des représentants de tous les partis, le gouvernement, la communauté diplomatique et une délégation de chaque contingent de la MINUAR avaient été invités. Il y avait énormément de monde. Quelques officiers sénégalais avaient organisé une collecte pour les Rwandais et ils m'ont littéralement déversé une pile de billets entre les mains. Je les ai remerciés pour leur générosité, puis j'ai tendu l'argent à Brent en lui ordonnant de le reverser à une organisation charitable appropriée[14].

En me faufilant vers le buffet à travers les personnes qui dansaient, dont quelques hommes en groupe, j'ai remarqué Luc assis à côté de Mamadou Kane et de quelques Rwandais. J'ai été surpris d'apercevoir le colonel Bagosora accompagné de sa femme. Il m'a accueilli à sa table. Il avait bu et se montrait plus loquace que d'habitude. L'orchestre faisait beaucoup de bruit, et nous devions crier pour nous entendre. Lorsque nous avons commencé à parler d'Arusha, Bagosora s'est mis à répéter la vieille rengaine voulant que les Tutsis essaient d'exercer une hégémonie sur toute la région des Grands Lacs. Pour tenter de le distraire de son discours anti-tutsi, je lui ai demandé si le président avait désigné quelqu'un pour être son « dauphin ». C'est avec légitimité que je me montrais curieux de connaître le successeur, au cas où il arriverait quelque chose à Habyarimana. Étant donné les événements des jours à venir, ma question, bien innocente, a dû faire l'effet d'une bombe aux oreilles de Bagosora. Il a répondu par la négative, rajoutant que ce n'était pas dans les habitudes du président de penser à de telles choses. Il est ensuite retourné à sa théorie de l'hégémonie tutsie – une rengaine éculée. Étant souvent interrompu par d'autres convives, je n'avais pu suivre tout ce que Bagosora disait. Mais Luc se souvient de la confidence de ce dernier. D'une voix avinée, il avait prétendu que la seule manière de s'occuper des Tutsis était de les éliminer complètement, en les éradiquant de la carte.

L'avenir de la participation de la MINUAR quant à l'implantation de l'accord de paix d'Arusha allait être décidé à New York,

---

14. Brent n'a pas eu le temps de s'occuper de cette question avant le début de la guerre. Lorsque que le désastre s'est enclenché, il a remis l'argent à nos serviteurs, l'un hutu, l'autre tutsi, pour les aider à tenir le coup pendant les heures qui s'annonçaient difficiles avant que nous reprenions éventuellement le contrôle de la situation. Tiso et Célestin allaient tous deux être arrêtés à des barrages et assassinés. Tiso, parce qu'il était tutsi, et Célestin, parce qu'il avait une somme d'argent appréciable sur lui.

dans l'arrière-salle de celle où le Conseil de sécurité se réunissait. La décision serait prise par quinze hommes dont l'un était un extrémiste rwandais pur et dur. Au Rwanda, il représentait un groupe opposé à l'accord d'Arusha et, à l'heure actuelle, il se retrouvait à la même table que les Américains, les Russes et les Chinois, qui tous voulaient en finir avec la mission. Le matin du 6 avril, nous avons reçu la résolution 909 du Conseil de sécurité qui prolongeait notre mandat de six semaines. Si le GTBE n'était pas en place avant la fin de ce délai, la mission serait «réexaminée» ce qui était la façon de l'ONU pour dire qu'elle y mettrait un terme. Comment allions-nous nous en sortir? Quelle serait notre crédibilité? Allions-nous devoir évacuer tous les civils appartenant à l'ONU ainsi que les personnes expatriées? J'ai continué à lire. La résolution n'ajoutait pas de restrictions nouvelles à notre modus vivendi, mais elle ne nous donnait pas plus d'espace pour manœuvrer et organiser des opérations de dissuasion. De plus, on nous demandait de trouver des moyens pour réduire nos coûts de fonctionnement. Ce dernier point était totalement absurde. L'ONU dépensait des millions de dollars par jour pour l'ex-Yougoslavie, et j'avais reçu seulement 50 millions de dollars pour l'année. En plus, j'avais dû faire venir absolument tout par avion: il n'y avait pas de ports, un unique aéroport, trois routes conduisant aux frontières et aucune ligne de chemin de fer.

Le rapport avait envoyé le mauvais message et les conséquences étaient tout à fait dévastatrices. Il a confirmé à tous les Rwandais – aux modérés qui tentaient de survivre comme aux extrémistes qui ne pensaient qu'à comploter l'extermination – que le monde entier se moquait royalement du Rwanda.

Le jour du 6 avril allait devenir le jour le plus long de ma vie. Le président était à Dar es-Salaam pour rencontrer les chefs régionaux qui faisaient pression sur lui pour qu'il fasse assermenter le GTBE. J'ai espéré, contre tout espoir, que cela le ferait fléchir – c'est-à-dire, qu'il finisse par contrôler les purs et durs et les extrémistes de son parti et du CDR. Il possédait encore un grand nombre de partisans et il contrôlait l'armée et la Gendarmerie grâce à Nsabimana et Ndindiliyimana. Je devais envisager cette initiative diplomatique comme étant la dernière carte.

Pour faire suite à la résolution 909, le DOMP voulait obtenir mes plans d'évacuation. La MINUAR serait l'outil principal. Elle assurerait la coordination de toutes les armées étrangères qui viendraient chercher leurs expatriés. Travailler sur un plan d'évacuation jetait l'anathème sur mes priorités. Je me suis demandé qui allait évacuer les Rwandais. La réponse était : «personne».

Je suis rentré à la maison en pensant aux moyens à prendre pour faire fonctionner l'accord d'Arusha. Je n'avais pas rencontré Booh-Booh, le RSSG, depuis sa visite chez le président, et nous devions absolument nous entretenir des ordres du Conseil de sécurité. Nous avions planifié un raid sur une cache d'armes pour le lendemain matin : avec un peu de chance, j'aurais de bonnes nouvelles pour lui. En même temps, à Dar es-Salaam, un avion faisait réchauffer ses moteurs à l'aéroport. Il allait ramener le président à Kigali. Cet avion et tous mes espoirs se trouvaient sur une route conduisant à une collision qui plongerait le Rwanda dans les abysses.

# 10

# Une explosion à l'aéroport de Kigali

Le soir du 6 avril, l'officier de garde nous a transmis une nouvelle inquiétante qui émanait des observateurs militaires à l'aéroport : «Une explosion s'est produite à l'aéroport de Kigali.» Un avion s'était écrasé au sol, mais on n'avait pas pu confirmer si Habyarimana était à bord. À l'aéroport, la garde présidentielle et les membres du bataillon des commandos de parachutistes de l'AGR du camp de Kanombe s'étaient mis à courir dans toutes les directions, menaçant tout le monde de leurs armes : les observateurs avaient dû se cacher. J'ai adressé un message par radio à Luc lui demandant d'envoyer une patrouille sur le lieu de l'accident afin de sécuriser la zone pour que nous puissions enquêter.

Notre téléphone s'est mis à sonner sans interruption. La première ministre Agathe, Lando Ndasingwa et de nombreuses autres personnes ont appelé pour avoir plus d'informations. Madame Agathe a annoncé qu'elle essayait de réunir son cabinet, mais que de nombreux ministres avaient peur et ne voulaient pas s'éloigner de leur famille. Elle a remarqué que tous les ministres des partis des «purs et durs» avaient disparu. Je lui ai demandé si elle pouvait se renseigner pour savoir si l'avion qui s'était écrasé était celui du président et s'il était à bord et, ensuite, de me rappeler. J'ai joint Booh-Booh pour le mettre au courant de la situation. Immédiatement après avoir raccroché, madame Agathe m'a rappelé pour me confirmer qu'il s'agissait bien de l'avion d'Habyarimana, et tout portait à croire qu'il était dedans.

Elle voulait avoir toute l'aide que la MINUAR pouvait lui apporter pour contrôler la situation politique. Étant donné que le président avait sans doute succombé dans l'accident, elle se retrouvait légalement désignée pour prendre sa succession. Cependant, plusieurs de ses ministres à tendance modérée avaient déjà abandonné leur maison pour aller se réfugier dans des endroits plus sûrs, et d'autres, qui avaient la protection de la MINUAR, de la Gendarmerie et même des gardes de l'AGR, ne se sentaient pas assez en sécurité pour aller la rencontrer afin de définir un plan d'action. Mais où étaient donc passés tous les politiciens extrémistes?

À partir de ce moment-là, nous avons reçu tellement de coups de téléphone et de messages radio que nous avons dû abréger toutes les conversations afin de garder les lignes libres. Je devais absolument recevoir des rapports exacts et détaillés pour pouvoir agir. Nous avons donc transmis tous les appels désespérés au Q.G., une option loin d'être idéale, car les officiers de garde venaient du Bangladesh et ne parlaient pas français.

Vers 22 heures, j'ai reçu un coup de fil d'Ephrem Rwabalinda, l'officier de liaison de l'AGR auprès de la MINUAR. Il m'a annoncé qu'un Comité de crise allait se réunir au quartier général de l'AGR et m'a demandé de venir. J'ai appelé Luc et lui ai conseillé de me rejoindre après s'être assuré que le secteur de Kigali serait en état d'alerte rouge. J'ai également joint Henry pour lui demander de se rendre au CND et de rester auprès du FPR. Il devait absolument les calmer jusqu'à ce que je puisse confirmer l'état de la situation. Riza a téléphoné de New York au moment où nous allions partir. Je l'ai mis au courant des événements du mieux que j'ai pu et lui ai dit que j'étais en route pour le quartier général de l'AGR.

Brent, Robert et moi sommes donc partis au milieu de la nuit. La ville se trouvait plongée dans un silence effrayant, et les lumières de la plupart des maisons étaient éteintes. Kigali était habituellement une ville très animée lorsque aucun couvre-feu n'était imposé. Or, nous n'avons même pas vu une seule patrouille de police. J'ai pensé que des éléments plutôt troubles de la garde présidentielle passeraient à l'action et je voulais éviter tout incident. Ils allaient certainement exploiter tout accroc éventuel avec la MINUAR pour leur propagande. Nous avons circulé le long des rues en prenant beaucoup de précautions.

Les portes d'entrée étaient sous la très haute surveillance d'un grand nombre de soldats armés jusqu'aux dents. À l'intérieur de l'enceinte, des troupes se déplaçaient en formation. J'ai laissé Robert dans la voiture avec la radio, pendant que Brent et moi entrions au Q.G. On nous a dirigés vers une salle de conférences à l'étage supérieur. Les ventilateurs de plafond ne fonctionnaient pas, et la pièce était presque dans l'obscurité, même si quelques tubes fluorescents diffusaient une lumière tremblotante. Nous avions l'impression d'avoir le plafond directement sur nos têtes.

Le colonel Bagosora était au centre d'une grande table de conférence en forme de fer à cheval. Le fait qu'il soit le responsable ne présageait rien de bon. D'un geste impatient, il nous a fait signe de nous asseoir. À sa gauche se trouvait Ndindiliyimana, le major général de la Gendarmerie. L'air réservé, il avait reculé sa chaise. Il était accompagné de quelques officiers de son état-major. À la droite de Bagosora se trouvait un officier haut placé de l'AGR qui – nous étions au courant – travaillait en étroite relation avec les conseillers militaires français et belges auprès de l'armée rwandaise. Ces derniers étaient toutefois absents. Cela m'a inquiété, car, de tous les étrangers présents au Rwanda, ils savaient mieux que quiconque ce que tramait l'armée rwandaise[15]. Rwabalinda était à l'extrême droite. Une douzaine d'autres personnes étaient présentes, dont une majorité d'officiers supérieurs de l'armée. S'agissait-il d'un coup d'État bien organisé ou ces officiers étaient-ils là pour maintenir la paix jusqu'à ce que soit choisie la personne qui prendrait le pouvoir ? La présence de Bagosora ébranlait le maigre espoir que j'entretenais : celui que

---

15. Même s'ils n'avaient jamais coopéré avec la MINUAR dans le passé – insistant pour dire qu'ils ne pouvaient servir en même temps le gouvernement de leur pays, le Rwanda et la mission de l'ONU –, peut-être ces conseillers auraient-ils pu se montrer plus coopératifs et nous fournir un point de vue d'initiés. Je me suis souvent interrogé en particulier sur la position du chef de la mission militaire belge. Je comprends qu'il devait se montrer loyal à sa mission originale, qui consistait à conseiller les hauts gradés de l'AGR, mais pourquoi a-t-il refusé d'aider la MINUAR et, tout spécialement, ses compatriotes ?

ce coup d'État – si coup d'État il y avait – ait été planifié par des éléments modérés de l'armée et par la Gendarmerie.

Bagosora nous a souhaité la bienvenue et nous a expliqué qu'étant donné le déplacement du ministre de la Défense à l'extérieur du Rwanda pour participer à une réunion du Comité olympique au Cameroun, le rassemblement des gradés présents dans la salle de conférences représentait le commandement en chef de l'armée et de la Gendarmerie. L'armée devait prendre le contrôle du pays en raison de l'insécurité causée par l'écrasement de l'avion du président. Bagosora m'a regardé sérieusement et a déclaré qu'il ne voulait pas voir le processus d'Arusha mis en péril. Il a insisté sur le fait que les militaires prendraient le contrôle un minimum de temps et que, ensuite, ils rendraient le pouvoir aux politiciens. Il voulait que la paix continue avec le FPR. Il a reconnu que certains éléments de l'AGR et principalement de la garde présidentielle avaient débordé, mais il m'a assuré qu'aucun effort ne serait épargné pour les faire rentrer dans leurs casernes.

Il venait de donner la parole à Ndindiliyimana lorsque le téléphone, qui devait dater des années cinquante, s'est mis à sonner tellement fort que nous avons tous sursauté. Un des officiers a répondu. Il a brièvement écouté et a calmement répondu en kinyarwanda. Après avoir raccroché, il nous a annoncé que non seulement Habyarimana avait été tué lors de l'accident, mais que Cyprien Ntaryamira, le président du Burundi, et Déogratias Nsabimana, le chef de l'état-major de l'armée, l'avaient également été. Il a ébauché un sourire en nous disant que l'avion s'était écrasé dans le jardin de la maison d'Habyarimana près du camp Kanombe, mais il s'est repris. Bagosora lui a jeté un regard furibond puis s'est tourné vers moi pour avoir une réaction.

Je ne me suis même pas arrêté pour leur offrir mes condoléances. Je leur ai dit qu'en ce qui concernait la MINUAR et le monde entier, le Rwanda avait encore un gouvernement dirigé par madame Agathe. Tout allait passer sous son contrôle. Bagosora a répliqué sèchement que madame Agathe ne possédait pas la confiance du peuple rwandais et qu'elle était totalement incapable de diriger le pays. Le Comité de crise devrait assumer le pouvoir jusqu'à ce qu'un nouveau groupe de politiciens puisse former un gouvernement. Bagosora avait demandé que le chef de l'AGR le rencontre le matin suivant à Kigali.

Je lui ai fait remarquer, une fois de plus, qu'il devait se soumettre à l'autorité de madame Agathe : elle devait s'engager résolument dans tout le processus dès maintenant. Elle devrait faire un discours à la nation par le biais de Radio Rwanda pour inciter la population au calme. La MINUAR et la Gendarmerie pourraient travailler conjointement pendant la nuit pour patrouiller dans les rues de Kigali et y faire régner l'ordre. Pour contrôler la situation, il était indispensable que Kigali demeure un endroit sûr.

Bagosora s'est levé et s'est penché vers moi, les jointures de ses doigts pressées sur la table. Il a réitéré avec force que la première ministre, madame Agathe, ne possédait aucune autorité. L'officier assis à côté de Brent empestait l'alcool et a marmonné une injure ordurière à la mention du nom de madame Agathe. Bagosora jurait sa solidarité à l'accord de paix d'Arusha et, pourtant, pas un seul des officiers présents dans la pièce ne respectait l'autorité de la première ministre.

Je me suis tourné vers Ndindiliyimana, qui annonçait son intention de placer des gardes de la Gendarmerie à Radio Rwanda, au central téléphonique, aux complexes pétroliers et aux divers lieux de service public. Il s'agissait d'endroits sensibles qu'il fallait protéger ; je lui ai cependant rappelé que tout devait être fait en respectant les règlements de l'accord sur la zone sécurisée de Kigali. Ndindiliyimana s'est montré d'accord. J'avais toujours estimé que sa loyauté possédait un côté énigmatique. Jusque-là, j'avais toujours pensé qu'il n'était pas un ami de Bagosora.

J'ai demandé que la MINUAR ait la permission de garder l'endroit de l'accident pour qu'une véritable enquête puisse avoir lieu. Bagosora a acquiescé tellement rapidement que j'ai immédiatement pensé que soit il n'avait rien à cacher soit il avait déjà caché ce qui devait l'être. Comme bon nombre de questions à aborder étaient de nature politique, j'ai suggéré que Booh-Booh soit associé à la discussion. J'ai demandé un téléphone pour pouvoir l'appeler et on m'a conduit dans la pièce voisine où il y en avait un.

Il devait être près de minuit, et mon appel a réveillé Booh-Booh. Je l'ai rapidement mis au courant de tout ce qui c'était passé jusque-là. Bagosora a passé sa tête dans l'entrebâillement de la porte et m'a interrompu, car il voulait savoir si Booh-Booh pouvait le rencontrer immédiatement. Après quelques mots avec le RSSG, j'ai dit à Bagosora que je pouvais l'emmener tout de suite chez Booh-Booh et j'ai raccroché. Bagosora avait une autre requête : pourrais-je approcher le FPR pour les avertir que tout ce qui s'était produit et allait se produire n'était autre chose qu'une tentative de maintien de l'ordre ?

J'ai appelé Henry au CND et lui ai donné l'ordre de dire au FPR qu'il devait absolument obéir aux règlements régissant la zone sans armes de Kigali et rester calme. Pendant que je lui parlais, les conseillers militaires belges et français sont arrivés à la porte du bureau et ont insisté pour que l'on procède immédiatement à l'enquête sur les causes de l'écrasement de l'avion. À Bangui, en République centrafricaine, les Français possédaient des spécialistes chargés d'analyser les accidents d'avions, qui pouvaient arriver dans les douze heures suivantes. Mon avis fut clair : pas question d'utiliser une équipe française. Les Français, nous le savions, étaient perçus comme étant favorables à l'AGR, et toute investigation menée par eux serait jugée partiale. Je leur ai déclaré que j'étais certain d'obtenir une équipe soit de l'OTAN, soit des Américains qui se trouvaient en Somalie, pour enquêter dans les quarante-huit heures. Ils sont partis vexés.

Luc est arrivé au moment où je sortais accompagné de Bagosora et de Rwabalinda pour rencontrer Booh-Booh. J'ai donné l'ordre à Brent de rester pour s'occuper du téléphone et pour garder le lien avec le Q.G. de l'armée. Au dire de Luc, la garde présidentielle élevait des barricades au centre-ville, mais les rues étaient calmes. Les hommes de Luc tentaient de retracer tout notre personnel du secteur de Kigali. Il avait envoyé une section de soldats belges pour assurer la sécurité du lieu de l'écrasement de l'avion, mais les membres de la garde présidentielle qui se trouvaient à l'aéroport leur en avaient refusé l'accès et, actuellement, les deux groupes étaient dans un face-à-face. J'ai demandé à Luc de rencontrer Ndindiliyimana pour mettre au point les détails des patrouilles mixtes et des contrôles à effectuer conjointement dans les endroits vitaux. Pendant ce temps, je ferais pression sur le Comité de crise pour qu'il fasse rentrer la garde présidentielle dans ses casernes. Nous allions minimiser nos mouvements de troupes pour éviter les situations conflictuelles et utiliser la négociation pour restaurer et maintenir le calme à l'intérieur de la ville. J'ai également envoyé une escorte à la maison de la première ministre Agathe. Une fois son intervention radiophonique prête, je souhaitais qu'elle se rende au poste de radio en toute sécurité.

Nous sommes donc partis pour rencontrer Booh-Booh, avec Robert au volant, Bagosora et Rwabalinda totalement muets sur le siège arrière. Pour nous rendre à la maison du RSSG, nous avons emprunté la route la plus directe, par des rues totalement désertes. Nous n'avons eu aucun problème jusqu'à notre arrivée à deux points de contrôle tenus par la garde présidentielle sur la route principale, près de leurs casernes, ce qui était en violation totale des règlements de la zone sécurisée de Kigali. Ils avaient arrêté quelques voitures et interrogeaient des civils. À la lumière d'un réverbère, nous avons pu voir, dans l'herbe du terre-plein, un homme allongé par terre et les mains au-dessus de la tête. J'ai demandé à mes compagnons du siège arrière d'enquêter pour connaître les intentions des soldats et d'intervenir pour qu'ils nous laissent passer. Bagosora a ouvert sa vitre et a aboyé d'un ton bourru en kinyarwanda vers le sous-officier de la garde présidentielle planté à la deuxième barrière. Très étonné en voyant qui était à l'arrière de la voiture en train de lui donner des ordres, l'homme s'est mis au garde-à-vous. Bagosora pouvait bien protester qu'il n'avait aucun contrôle sur la garde présidentielle, apparemment, il n'en était rien. On nous a fait signe de passer.

Pendant ce temps-là, au quartier général de l'AGR, Luc et Brent rassemblaient les morceaux du casse-tête. Brent avait remarqué que la troupe recevait l'ordre de sortir de l'enceinte et il a vu partir des véhicules blindés – ce qui constituait un autre viol des règlements de l'accord sur la zone sécurisée de Kigali. Chaque homme avait un fusil d'assaut RF4, arme que Brent n'avait jamais aperçue jusqu'à présent entre les mains des soldats du gouvernement rwandais. Les fusils étaient flambant neufs ; certains canons portaient encore la graisse dont on les avait enduits en usine. Luc s'est approché d'un officier de rang intermédiaire pour protester contre ce viol des règlements concernant la zone de sécurité de Kigali, mais il fut tout simplement ignoré.

Toutes les lumières étaient allumées à l'intérieur comme à l'extérieur de la maison de Booh-Booh, mais il n'y avait personne dehors. Nous avons frappé à la porte et des gardes de la MINUAR l'ont ouverte : nous sommes entrés dans la cour ceinte de murs. Le garde du corps de Booh-Booh nous a accueillis et nous a fait pénétrer dans la maison. Le RSSG étant dans sa chambre, nous avons dû attendre quelques minutes avant qu'il n'entre dans la pièce. Il a pris place en avant du rectangle formé par des canapés. Installé sur le sofa le plus éloigné de Booh-Booh, Bagosora paraissait tout petit au milieu de la grande étendue de coussins. Il s'est montré convaincant lorsqu'il a exposé la situation qui prévalait au pays. Il a demandé une aide accrue de la part de la MINUAR pour régler le débordement de quelques unités proches du président, unités qui avaient été, on le comprend, très perturbées par la mort de leur protecteur. Cependant, ses yeux contredisaient totalement ses paroles. Booh-Booh l'a écouté jusqu'au bout et a répété que la première ministre, madame Agathe, était la chef légitime du gouvernement et que l'on devait la consulter pour tout. C'était à elle de donner des ordres à l'armée, et non au Comité de crise. Bagosora a protesté et, pendant un certain temps, lui et Booh-Booh ont discuté de ce problème de façon polie.

Puis, tout à coup, Booh-Booh est parti à l'étage supérieur : bien qu'il n'ait rien dit, nous savions que nous devions l'attendre. Après quinze minutes, il est revenu et nous a annoncé qu'il avait communiqué avec quelques diplomates et qu'une réunion était prévue à 9 heures du matin à la résidence de l'ambassadeur américain. Invité à y participer, Bagosora a immédiatement accepté. Le regardant durement, Booh-Booh lui a signifié que cette invitation n'était en rien une reconnaissance du Comité de crise. La réunion était terminée.

Au moment où Booh-Booh nous raccompagnait vers la voiture, j'ai envoyé les autres en avant et ai demandé au RSSG quelques instants en privé. Il a approuvé mon plan pour organiser des patrouilles, pour surveiller les points névralgiques et pour monter des gardes chargées de protéger les personnalités importantes, conjointement avec la Gendarmerie. Lui aussi avait reçu des appels téléphoniques venant de madame Agathe, réfugiée dans sa maison. Pas une parole ne fut prononcée sur l'endroit où se trouvaient les ministres du MRND. La première ministre prévoyait toujours faire son discours à la nation le lendemain matin sur les ondes, lorsque la majorité des Rwandais, grands amateurs de radio, allumeraient leurs postes. Ce discours était notre meilleur espoir de voir la situation se stabiliser. Je lui ai annoncé notre décision de fournir une escorte à madame Agathe afin qu'elle se rende en toute sécurité à la station de Radio Rwanda. Booh-Booh m'a demandé une escorte pour se rendre à la résidence de l'ambassadeur américain, le lendemain matin.

Bagosora affichait son impatience de façon puérile. Il soupirait fortement en ouvrant et en fermant la porte de notre véhicule. J'ai donc quitté le RSSG des Nations unies et nous sommes retournés au quartier général de l'AGR. Nous n'avons pas eu à traverser de postes de contrôle ni de barricades. Tout était tellement calme que cela me faisait penser aux moments précédant un assaut lors de manœuvres militaires, lorsque les nerfs de tous sont tendus et que personne ne peut plus faire quoi que ce soit pour changer le déroulement des événements. Totalement engagé dans l'action, les muscles contractés, les yeux regardent la carte pour la dernière fois, puis scrutent la nuit. La bouche est sèche et les doigts serrent tellement l'arme que les mains sont exsangues. La respiration est difficile et le plus petit bruit ressemble à une déflagration nucléaire. À cet instant, je savais que le pays entier pouvait exploser.

Il était environ deux heures du matin à notre arrivée à l'enceinte du Q.G. de l'armée. Moins de soldat grouillaient dans les coins, mais toutes les positions de défense étaient protégées par des combattants en état d'alerte. Avec Ndindiliyimana, Luc avait mis au point un plan intelligent pour organiser des patrouilles conjointes. Il y avait un seul problème : cela exigeait le déplacement de nombreux soldats belges à l'intérieur de la ville pendant la nuit, mouvements qui pouvaient être considérés comme une provocation. Je lui ai demandé de réduire leur effectif, car nous n'avions pas besoin de ce genre de réaction. Luc savait aussi bien que moi que notre capacité à nous battre était pratiquement inexistante.

Brent et moi devions retourner à notre propre Q.G. pour envoyer notre rapport à New York et attendre les instructions. Le trajet à travers la ville s'est passé sans incident, et nous sommes arrivés vers trois heures du matin. J'ai demandé à Brent de faire le brouillon de notre rapport écrit pour le DOMP, puis j'ai rencontré le chef des opérations et le chef de la section de planification, le colonel Moen, du Bangladesh, et le lieutenant-colonel Ballis, de la Belgique. Ceux-ci avaient quitté leur cantonnement à l'hôtel Méridien en compagnie de quelques autres officiers et s'étaient rendus ici par des chemins détournés. Moen m'a livré une mauvaise nouvelle : moins d'une douzaine d'officiers étaient au travail, dont trois étaient des gradés bangladais non bilingues. Il essayait par tous les moyens de prendre le contrôle des réseaux de radio et d'obtenir des rapports de nos six secteurs opérationnels ainsi que de la MONUOR en Ouganda.

En revenant du CND, Henry avait manqué d'être une cible ; il avait eu beaucoup de chance de s'en sortir en passant au milieu d'un échange de tirs entre le FPR et la garde présidentielle. Il a insisté sur le fait que le FPR avait répondu à une provocation. Le vol hebdomadaire du Hercule belge, avec sa cargaison de soldats revenant de permission, avec de nombreux officiers qui détenaient des postes clés et mon chauffeur, avait été dirigé vers Nairobi. Il était prévu que le Hercule se pose avant l'avion du président, mais on l'avait fait reculer de sa position pour donner la priorité à l'appareil gouvernemental. Les contrôleurs aériens avaient fermé l'aéroport immédiatement après l'écrasement, obéissant ainsi aux ordres de la garde présidentielle. À l'heure actuelle, nous étions coupés du monde. Les soldats belges qui se trouvaient à l'aéroport étaient toujours immobilisés par la garde présidentielle, et des négociations étaient en cours pour arriver à réduire la tension dans ce secteur.

Tous inquiets, les chefs des partis modérés, des Rwandais ordinaires et des employés civils de l'ONU continuaient d'appeler pour obtenir des renseignements et exiger une protection. Nous n'avions qu'un nombre limité de soldats et chaque homme occupé à un poste de garde était un homme en moins pour patrouiller et pour s'occuper des urgences. Nous avons demandé aux personnes qui téléphonaient de demeurer chez elles ou de se cacher jusqu'à ce que la situation se stabilise.

J'ai finalement pu joindre New York en utilisant le téléphone par satellite. Ce n'était pas le moyen le plus sûr, mais je n'avais d'autre choix. Maurice était en permission (j'ai su par la suite qu'au moment où l'avion du président s'écrasait à Kigali, Maurice et son épouse se trouvaient chez moi, dans mon salon, à Québec, où ils rendaient visite à Beth pour la rassurer sur mon état). J'ai fait mon rapport à Iqbal Riza et il m'a répondu : « La MINUAR ne doit pas, je répète, ne doit pas tirer à moins qu'on ne lui tire dessus. » Je lui ai rappelé que nos règles d'engagement nous permettaient d'intervenir et de procéder à une escalade des moyens à employer, ce qui incluait l'utilisation de nos armes afin d'empêcher des crimes contre l'humanité. Il a répété que la MINUAR ne devait pas tirer sauf si on tirait sur elle. Nous devions négocier et, surtout, éviter les conflits. Il a ajouté qu'il avait tout à fait compris la crise à laquelle nous devions faire face, mais que nous ne devrions pas créer d'incidents exploitables. Pas moyen de le persuader. Je lui ai annoncé l'envoi de mon rapport écrit, et nous avons raccroché.

Brent avait laissé le carnet de Robert contenant une liste de contacts et d'adresses sur le bureau du conseiller militaire belge, au quartier général de l'AGR. Il a décidé de retourner le chercher, accompagné de Robert. Ils sont tombés sur un barrage établi par l'AGR, gardé par un groupe de soldats saouls et vociférateurs appuyés par un véhicule blindé. Brent est sorti de la voiture et a tenté de négocier avec eux mais, lorsque les soldats ont pointé leur fusil et la mitrailleuse de la voiture blindée vers eux, Brent et Robert se sont retirés et sont retournés à notre Q.G. Après ce récit de Brent, j'ai essayé d'appeler Bagosora, mais il n'était pas à son bureau au ministère de la Défense, ni au Q.G. de l'armée, ni chez lui. Voilà donc ce que valait sa promesse de rester en contact avec nous. Nous n'avons pas davantage localisé le moindre membre du soi-disant Comité de crise.

Le colonel Moen cherchait à mettre de l'ordre dans les réseaux radiophoniques, qui n'avaient jamais été vraiment opérationnels et qui, de plus, ne nous fournissaient aucune confidentialité. Nos nombreux postes avancés étaient munis de Motorola portables desservis par un nombre insuffisant de relais pour amplifier leur signal. Plusieurs contingents avaient apporté leurs propres appareils, alors que les postes standards que nous recevions de l'ONU étaient des Motorola peu fiables. Depuis notre Q.G. de Kigali, nous opérions sur l'une de ces casseroles. Le secteur de Kigali communiquait avec le bataillon belge sur les radios VHF de l'armée belge, qui étaient incompatibles avec nos Motorola. Les postes de commandement des unités belges, ghanéennes et bangladaises, ainsi que les sentinelles gardant des personnalités importantes communiquaient aussi avec leurs différentes unités, leurs patrouilles et leurs postes avancés sur différentes fréquences VHF et avec des appareils incompatibles. Chaque message important, qu'il me soit adressé personnellement ou destiné à la mission, pouvait passer par plus de quatre réseaux de radio distincts, par l'intermédiaire d'opérateurs qui parlaient différentes langues, avaient une foule d'accents, et utilisaient des techniques variées. À cet instant, Moen ne pouvait rien faire de plus pour que nous restions en liaison avec les quelques commandants de secteur qui parvenaient encore à nous joindre.

La première ministre Agathe a appelé au sujet du discours radiophonique. J'ai réussi à contacter le directeur de la station de radio du gouvernement au téléphone, et je lui ai annoncé que j'accompagnerais la première ministre à la station, d'ici une heure. Il m'a répondu qu'il devait me rappeler, ce qu'il a fait un peu plus tard. Il ne consacrerait du temps d'antenne à madame Agathe à la seule condition que la MINUAR assure sa sécurité à lui et celle de sa famille. Je lui ai répondu que j'allais voir comment je pourrais faire ça. Je l'ai joint dix minutes plus tard, mais il m'a alors déclaré ne pouvoir plus rien faire. La garde présidentielle était arrivée, bloquait les portes de la station et ne laissait personne entrer ou sortir. Je lui ai demandé s'il pouvait faire un raccord téléphonique avec la maison de madame Agathe. Il a murmuré d'une voix anxieuse qu'il ne pouvait absolument rien faire de plus, et il a raccroché.

J'ai prévenu madame Agathe de l'annulation du discours et je l'ai suppliée de rester chez elle, protégée par des murs et les soldats belges que j'avais envoyés en supplément. Elle a acquiescé. J'ai compté les hommes désignés pour sa protection : cinq Ghanéens, quelques gendarmes qui lui étaient restés fidèles, plus tous les hommes de Luc. À l'heure actuelle, il devait y avoir pas moins de vingt soldats bien armés auprès d'elle. Elle bénéficiait de toute la sécurité que nous pouvions lui offrir.

Cette nuit-là, nous n'avons pas dormi. Au fur et à mesure que le soleil se levait au-dessus des montagnes, les coups de téléphone de personnes nous suppliant de leur fournir aide et protection augmentaient. Brent s'est occupé de recevoir ces appels sans arrêt pendant les douze heures qui ont suivi. Il en a reçu jusqu'à cent par heure ! Moustache, l'officier chargé de la sécurité auprès du Programme des Nations unies pour le développement (PNUD), a appelé par radio pour nous apprendre qu'un « personnage important » avait cherché refuge auprès d'eux, mais sans vouloir nous donner son nom à la radio. Brent a transmis le message au secteur de Kigali, qui a envoyé au PNUD deux véhicules blindés du bataillon bangladais.

Puis, nous avons reçu des nouvelles plus inquiétantes selon lesquelles des éléments de la garde présidentielle, de l'armée, de la Gendarmerie et de l'Interahamwe allaient de maison en maison avec une liste de noms. Des cris et des coups de feu avaient été entendus. Il était terrifiant et totalement surréaliste de parler à des personnes que l'on connaissait, de les entendre supplier pour obtenir de l'aide et de ne pouvoir rien faire, sauf les rassurer en leur disant que les secours arrivaient et, ensuite, d'entendre des cris, des tirs et puis le silence au bout de la ligne. On raccrochait en état de choc. Le téléphone sonnait de nouveau et la même tragédie se répétait. Les secours arrivaient ou pas, cela dépendait si le secteur de Kigali avait reçu le message ou non, s'il pouvait envoyer une patrouille, et si la patrouille n'était pas arrêtée à l'un des barrages.

Les renseignements étaient peu détaillés, incomplets et difficiles à rassembler en raison d'une piètre discipline dans les transmissions radio. Tout le monde parlait anglais, que ce soient des civils appartenant à l'ONU ou des militaires. Il s'agissait de leur deuxième, troisième ou quatrième langue. Et ils essayaient tous de parler à la fois[16]. Brent était le seul des 2 538 personnes faisant partie du personnel militaire de la MINUAR dont la langue maternelle était l'anglais.

---

16. Même si nous nous trouvions dans un pays francophone, l'anglais était la langue de travail, comme il est de coutume lors des opérations de l'ONU. Il y avait eu certaines exceptions (par exemple, au Sahara occidental et en Amérique centrale, où le français et l'espagnol avaient été respectivement utilisés). Dans mon rapport technique, j'avais fortement recommandé que la langue de travail de la MINUAR soit le français. Le DOMP refusa en prétextant que je ne réussirais pas à trouver suffisamment de personnel parlant cette langue pour les besoins de la mission. Aujourd'hui, je regrette de ne pas avoir insisté davantage.

La panique gagnait, et seule l'intervention directe des officiers supérieurs réussissait à maintenir une certaine discipline sur les réseaux de radio. Les utilisateurs perdaient patience, criaient de plus en plus fort. On était en plein babélisme. Les renseignements se faisaient de plus en plus rares. Les messages très importants devaient, eux aussi, être répétés et répétés de nouveau jusqu'à ce qu'un Bangladais tente de les transmettre dans un anglais boiteux à un Uruguayen qui, lui, devait les répéter à un Ghanéen qui, à son tour, les communiquait à un Belge d'origine flamande.

Très tôt ce matin-là, j'ai reçu un appel au secours de Hélène Pinsky. Je lui ai dit de rester dans sa maison avec sa garde jusqu'à ce que nous puissions trouver un moyen d'aller la chercher, y compris sa famille, et de les ramener au Q.G. Déjà, cinq soldats de la MINUAR et deux gendarmes restés fidèles à Ndasingwa les protégeaient. Je les croyais plus en sécurité chez eux que sur la route. Elle avait très peur pour son mari et ses enfants, car elle avait appris l'attaque de quelques politiciens modérés, dans leur maison. Je l'ai assurée que nous arriverions dès que possible, et Brent a transmis le message au secteur de Kigali. Au moment même où je prononçais ces paroles, elle m'a arrêté pour me signaler qu'elle entendait des personnes à l'extérieur. Sa voix est devenue d'un calme indescriptible, comme si elle n'avait d'autre choix que de se résigner à son destin, et elle a raccroché. Le jour suivant, j'ai su que son mari avait appelé Luc Marchal et que, pendant cette conversation, la Garde présidentielle avait maîtrisé ses gardes et massacré la famille au complet. Comme tant d'autres, Hélène avait fait confiance à la MINUAR pour sa protection. Lorsqu'ils se sont fait assassiner, Luc a tout entendu au téléphone.

Je ne peux supporter de penser à la quantité de Rwandais à qui, ce jour-là, on a annoncé l'arrivée des secours et qui ont été massacrés par la suite. En quelques heures, la garde présidentielle avait suivi un plan bien organisé et bien exécuté. Le 7 avril, à midi, les leaders politiques modérés du Rwanda avaient été massacrés, ou bien s'étaient cachés. La possibilité d'un gouvernement modéré était perdue pour l'avenir.

Les états-majors de l'AGR et de la Gendarmerie se réunissaient ce matin-là, mais je ne savais pas où. Je devais absolument les trouver et j'ai demandé au major Peter Maggen, l'officier de service senior belge, de venir avec Robert et moi pour prendre des notes. Maggen était le seul officier supérieur disponible au quartier général qui parlait couramment français. Officier de défense aérienne, il était mince et réservé. Il avait acquis son expérience au service de l'OTAN sur le front central en Europe. Au cours de la nuit, apprenant ce qui était en train de se produire, il était venu jusqu'au quartier général en passant par des rues dangereuses de Kigali. Je pensais que si ce n'était que des unités militaires proches du président qui étaient devenues soudainement agressives, pourquoi ne pas faire intervenir mes soldats aux côtés de la Gendarmerie et tuer dans l'œuf le désordre qui commençait. S'il s'agissait cependant d'un coup d'État des fanatiques, machiné par Bagosora dans le but de faire échouer l'accord d'Arusha, alors je n'avais plus de mandat. La guerre civile était sur le point de se déclarer.

Booh-Booh a appelé pour se plaindre que le véhicule blindé qui devait le conduire à la réunion à la résidence de l'ambassadeur américain n'était pas arrivé. Je lui ai dit que je m'occuperais moi-même de cela et en ai fait la requête par le moyen de notre minable radio. Booh-Booh m'a rappelé dix minutes plus tard. Le véhicule n'étant toujours pas là, il allait rater sa réunion et il trépignait.

Avant de partir, j'ai appelé Riza à New York. Nous savions, à ce moment-là, que les modérés étaient ciblés, que des personnes, sous la protection de la MINUAR, avaient été attaquées. Et seul Dieu connaissait le sort réservé à nos gardes. Il était impossible de forcer les barrages routiers. Nous allions bientôt être dans l'obligation d'utiliser la force. Une fois de plus, Riza m'a répété son ordre : la MINUAR ne devait pas tirer à moins qu'on ne lui tire dessus. (Je cite le rapport que j'ai envoyé à New York ce jour-là : « Le commandant de la force a discuté des règles d'engagement avec monsieur Riza, et celles-ci ont été confirmées, c'est-à-dire que la MINUAR ne doit pas tirer à moins qu'on ne lui tire dessus. »)

À 9 h 30, le RSSG a appelé pour dire que la réunion diplomatique prévue avait été annulée, parce que les ambassadeurs ne pouvaient être escortés en toute sécurité. Nous avons perdu là une belle occasion d'influencer Bagosora. Je devais me rendre à la réunion militaire de l'AGR par les moyens les plus rapides.

À 10 h, j'ai rencontré les quelques officiers qui avaient réussi à atteindre le Q.G. L'immobilisme sur les lieux de l'écrasement de l'appareil présidentiel était toujours le même. Un peloton de soldats belges était tenu prisonnier au terminal principal de l'aéroport, mais les hommes possédaient encore leurs fusils. Il était difficile de circuler en ville. Nous ne possédions ni l'autorité ni la force de frappe pour forcer les barrages. Nos patrouilles ne pouvaient pas faire grand-chose d'autre que de chercher des chemins différents, qui, eux aussi, conduisaient à d'autres barrages. La situation était relativement calme à l'extérieur de Kigali.

J'ai demandé à Henry de ramener, de toutes les manières possibles, tous nos officiers d'état-major au Q.G., et de ramener l'ordre dans le centre des opérations, où le chaos régnait. J'ai souligné que Riza avait imposé une nouvelle limite à nos règles d'engagement et j'ai insisté pour que nous évitions à tout prix des incidents que les extrémistes pourraient exploiter afin de jeter contre nous l'armée, la Gendarmerie, les milices et même la population. J'ai ordonné que cette nouvelle directive soit transmise à tous les secteurs jusqu'au dernier maillon de la chaîne. J'ai envoyé Ballis au CND et lui ai ordonné de rester avec le FPR qui, pour l'instant, semblait respecter sa partie des accords sur la zone de sécurité de Kigali. Il devait les assurer que je maintenais un contact avec le Comité de crise et de mon intention de demeurer aux côtés de Bagosora jusqu'à la maîtrise de la situation. Je n'avais vraiment pas besoin que le FPR sorte en force du CND. Le cessez-le-feu et le traité de paix dans sa totalité tenaient à un fil. Brent devait finir son rapport écrit pour New York, mais attendrait mon retour avant de l'envoyer. Il devait également répondre à mon téléphone et maintenir le lien avec le DOMP, retransmettre les messages à moi ou à Henry, selon les besoins.

Robert, le major Maggen et moi sommes partis pour tenter de trouver l'emplacement de la réunion. Nous avions un poste mobile Motorola en plus de la radio à bord de la voiture. Robert possédait la seule arme : un pistolet. On pouvait entendre des coups de feu sporadiques en ville, mais les rues principales étaient désertes, excepté quelques véhicules de gardes présidentiels. Maggen conduisait,

Robert était sur le siège arrière, et j'étais à l'avant, l'oreille collée à la radio. Nous avons dû faire un grand détour en passant par le sud-ouest de la ville pour éviter les coups de feu entre le FPR et la garde présidentielle autour du CND. J'espérais que Ballis avait réussi à passer. En approchant du centre-ville, il y avait du monde dans les rues et dans les embrasures des portes ainsi que des groupes qui se rassemblaient autour des barricades. Les miliciens Interahamwe, bien distincts à cause de leurs vêtements amples – ils ressemblaient à des clowns –, des civils ordinaires, quelques militaires et gendarmes montaient la garde aux barricades, armés de machettes. Quelques-uns possédaient des fusils. Des jeunes, à moitié en uniforme, nous ont invectivés avant de nous laisser passer à contrecœur.

Près de l'hôtel des Mille Collines, au centre-ville, nous avons rencontré deux véhicules blindés appartenant au bataillon bangladais. Ils étaient arrêtés à une barricade de la garde présidentielle qui incluait un véhicule blindé de reconnaissance de fabrication française tenant mes hommes dans la mire de son canon de soixante-seize millimètres. Lorsque je suis sorti, le lieutenant bangladais a passé sa tête hors de la tourelle. Il m'a dit que lui et ses hommes étaient mal à l'aise. Ils n'avaient pas pu se rendre au complexe du PNUD pour faire sortir les Rwandais qui s'y trouvaient enfermés. Je lui ai dit de rester tranquille jusqu'à ce que je puisse faire passer ses véhicules. J'ai marché jusqu'au caporal qui montait la garde à côté du barrage routier et je lui ai dit de laisser circuler mon véhicule ainsi que les blindés bangladais. Il a refusé. Il avait reçu ordre de ne laisser passer personne vers le centre-ville, tout spécialement la MINUAR, et d'ouvrir le feu si nous essayions de forcer le passage. J'aurais voulu franchir son barrage, mais je me suis souvenu des directives de Riza. J'ai rebroussé chemin tout en évaluant la situation et j'ai remarqué que le canon et la mitrailleuse coaxiale moyenne du véhicule de reconnaissance m'avaient dans leur ligne de mire. J'ai marché en direction de ma voiture et j'ai ordonné au lieutenant bangladais de rester sur place avec ses blindés jusqu'à ce que je lui donne l'ordre d'avancer. Cela n'a pas fait grand-chose pour apaiser l'angoisse peinte sur son visage. Nos cinq véhicules blindés étaient notre dernier recours et s'ils ne parvenaient pas à franchir les barrages routiers, rien de ce que nous possédions n'y arriverait. Je devais m'arranger pour que Bagosora ou Ndindiliyimana fassent ouvrir les barrages.

Après avoir décidé de continuer à pied, j'ai dit à Robert de reculer et de prendre une rue vers l'ouest. Peut-être y trouverait-il un chemin pour nous rejoindre. J'ai ensuite dit à Maggen de venir avec moi vers le barrage routier. Le caporal nous observait pendant que nous avancions vers lui. Puis il a crié dans notre direction et a donné des ordres en kinyarwanda, ordres suivis par le cliquetis des armes que les soldats armaient. J'ai dit à Maggen que nous allions continuer à marcher. Le caporal a crié d'autres ordres, mais ses hommes n'ont pas tiré.

Nous devions progresser sur cinq cents mètres à travers le quartier des affaires et des administrations. On entendait de petites rafales d'armes qui venaient du nord de la ville, mais là où nous étions, nous avions l'impression que tout le monde avait fui ou se cachait. La garde présidentielle faisait du bon travail en isolant le centre-ville, relativement restreint. Mais qui donc donnait les ordres ? Pourquoi le reste de la ville était-il en pleine anarchie pendant que la Gendarmerie se croisait apparemment les bras ?

Nous nous sommes arrêtés au portail de l'enceinte du PNUD. C'était le désert et rien n'indiquait que quiconque était venu en ces lieux ce matin-là. Nous sommes retournés boulevard de la Révolution et avons continué à avancer d'un pas rapide. Les seuls bruits que nous pouvions entendre étaient le chant des oiseaux, l'écho de nos pas sur la chaussée et nos cœurs qui battaient la chamade. Maggen gardait ses pensées pour lui alors que je continuais, perdu dans les miennes. Devrais-je utiliser la force malgré l'ordre catégorique de Riza ? Étant donné les ressources dont nous disposions, je ne pouvais pas nous transformer en une force d'intervention. Mais jusqu'où pouvais-je aller ? Je possédais toujours un mandat puisque le FPR continuait de suivre les termes des accords : seules les unités délinquantes de l'AGR les transgressaient. Pour rétablir une situation stable, notre personne clé était Bagosora, car il détenait le commandement. Lui, tout comme Ndindiliyimana, devrait me prouver qu'il ne s'agissait pas d'un coup d'État.

Le ministère de la Défense n'était qu'à environ cent mètres de l'enceinte du PNUD et il était gardé par un peloton d'environ quarante personnes. La plupart étaient des soldats ne portant aucun insigne régimentaire. Quelques gendarmes étaient aussi présents. J'ai demandé au lieutenant en charge – il m'avait fait comprendre qu'il ne me laisserait pas entrer – où était le colonel Bagosora. Il m'a répondu qu'il n'était pas là. J'ai fait demi-tour, et Maggen et moi avons continué à marcher. Nous nous sommes dirigés vers l'ouest et l'entrée principale du Q.G. de l'armée au camp Kigali, environ quatre cents mètres plus loin dans la même avenue. Un major nous a appelés depuis le mur, alors que nous marchions le long de l'enceinte du ministère de la Défense. Il a crié qu'il n'était peut-être pas prudent de continuer à pied et qu'il allait nous conduire. Je lui ai répondu de ne pas s'en faire pour nous. Il est cependant arrivé en courant, suivi d'un petit véhicule militaire. Sur son insistance, nous sommes montés. Je lui ai dit que je devais trouver Bagosora et Ndindiliyimana.

Le quartier général de l'armée était juste à l'intérieur du camp Kigali. Lorsque nous sommes arrivés, le camp était tout à fait prêt pour le combat. Tous les bunkers étaient gardés et des mitrailleuses se trouvaient à l'entrée. Plusieurs rangées de barrières en fil barbelé avaient été érigées pour empêcher le passage de véhicules. Un très gros bunker construit à vingt mètres de la porte tenait le boulevard en enfilade dans sa ligne de feu. Un véhicule blindé était stationné à l'extérieur, sa caisse à moitié dissimulée et son canon dirigé vers la rue. Plusieurs soldats et des gardes présidentiels montaient la garde. Le major a sauté du véhicule et s'est approché d'eux. Au bout de quelques instants, il est revenu m'annoncer que la réunion avait lieu à l'École supérieure militaire.

Nous avons rebroussé chemin pour prendre l'avenue de l'Hôpital et nous nous sommes dirigés vers l'entrée de l'École militaire, en passant devant la deuxième entrée du camp Kigali. À l'intérieur, j'ai aperçu ce qui me semblait être deux soldats belges allongés par terre. Ce fut un choc brutal. Comment avaient-ils été capturés ? J'ai ordonné au major d'arrêter le véhicule, lui disant avoir vu certains de mes soldats sur le sol. Au lieu de stopper, le major a accéléré en tournant le coin de rue et est entré directement dans le stationnement de l'école. La manœuvre n'avait duré que quelques instants, qui m'avaient paru une éternité. La petite voiture m'emmenait de plus en plus loin de la deuxième barrière. Se faisant insistant, le major a déclaré que je ne pouvais pas pénétrer à l'intérieur du camp Kigali. Les soldats s'étaient mutinés et ils étaient hors de contrôle.

Je suis sorti de la voiture, Maggen à ma suite. Un certain nombre de soldats armés et de gendarmes, dont certains portaient des cartouchières sur la poitrine, se protégeaient des rayons du soleil de midi à l'ombre de gros arbres. Toutes leurs conversations se sont arrêtées lorsqu'ils m'ont aperçu. Un observateur militaire de la MINUAR, le capitaine Apedo Kodjo, du Togo, s'est soudainement détaché du reste des soldats qui le surveillaient et s'est approché de moi. Il avait la frousse. Il m'a désigné cinq soldats ghanéens que l'AGR surveillait. Ils avaient été amenés là du camp Kigali, où un groupe de soldats belges était encore détenu. Kodjo me précisa que ces Belges avaient été tabassés. J'ai remarqué que les Ghanéens étaient désarmés. Ils m'ont fait signe de la main, nerveusement. Les grognements dans le rang des soldats de l'AGR se faisaient plus forts, mais aucun d'entre eux n'a toutefois esquissé un geste.

J'ai ordonné au capitaine Kodjo de ne pas bouger jusqu'à mon retour. Ses yeux se sont agrandis lorsqu'il a entendu mon ordre, mais il a obéi. J'ai jugé que les Ghanéens et mon observateur militaire seraient en sécurité pour l'instant et je me suis rapidement dirigé vers l'amphithéâtre, où je soupçonnais que Bagosora siégeait.

Je suis entré dans une antichambre plongée dans le noir. Lorsque j'ai ouvert les lourds rideaux à l'extrémité, je suis tombé sur une pièce bien éclairée et pleine d'uniformes. J'ai tout de suite remarqué la surprise et le choc que produisait mon entrée sur le visage de Bagosora. Il m'a semblé le surprendre en plein discours. Il avait encore un bras en l'air pour ajouter de l'emphase à ses paroles. J'ai fait quelques pas en avant vers la petite estrade sur laquelle il se trouvait. Ndindiliyimana était assis à une table à sa gauche. La salle de conférences était devenue totalement silencieuse, et personne n'a bougé. Puis, Bagosora a baissé son bras et s'est dirigé vers moi, la main tendue. Il m'a déclaré que j'étais le bienvenu et que c'était vraiment une chance d'arriver maintenant, au moment où tous les principaux chefs de l'armée et de la Gendarmerie se trouvaient réunis.

On a vite placé une troisième chaise pour moi sur l'estrade. Mon regard a balayé la salle, et j'y ai remarqué quelques-uns des officiers supérieurs modérés avec lesquels j'avais eu plusieurs discussions sur l'avenir politique de la nation. Somme toute cependant, l'assemblée n'était pas vraiment sympathique. Bagosora a poursuivi son discours, a défendu la création du Comité de crise et a ajouté qu'un communiqué devrait être émis avant deux heures de l'après-midi pour calmer le pays et informer la population que la situation était parfaitement sous contrôle. Le plan de Bagosora a été approuvé, et le colonel Léonidas Rusatira, le plus ancien de l'armée portant ce grade, un homme bien connu pour sa modération, a été désigné directeur d'un sous-comité qui devait écrire l'ébauche de ce communiqué. Bagosora a insisté : il était très important que le FPR comprenne ce qui se produisait, et il espérait que je leur transmettrais l'information.

À cet instant-là, je ne croyais toujours pas à la fin de l'accord d'Arusha. Nous nous dirigions cependant vers une confrontation, compte tenu des soldats belges maltraités au camp Kigali et de tous les autres soldats dont nous étions sans nouvelle. Comment pouvais-je protéger les civils désarmés et le personnel militaire ? Nous avions aussi du personnel civil de l'ONU dans des régions éloignées, ainsi que des observateurs militaires non armés un peu partout dans le pays. Si je décidais de contrer la violence en utilisant la force, ils pouvaient devenir des cibles toutes désignées pour des représailles. En plus, il existait au Rwanda une communauté de diplomates et d'expatriés – environ cinq mille personnes – qui étaient éparpillés, ce qui les rendait vulnérables.

Bagosora s'est tourné vers moi et m'a demandé si je voulais parler aux commandants. J'ai alors découvert la présence dans mon abdomen de toute une nouvelle série de muscles qui tentaient de me faire plier en deux pendant que je me levais. La salle était totalement silencieuse. « Je regrette énormément la mort de votre président et celle du chef d'état-major de l'armée lors de l'écrasement de leur avion la nuit dernière, ai-je commencé. Je suis conscient que la douleur, la peur et la colère de certaines unités spécialement proches du président ont poussé des hommes à commettre des crimes très graves au cours des dernières douze heures. Vous qui êtes les commandants chargés de ces unités devez arrêter ces crimes dès maintenant. Nous, la MINUAR, nous ne bougerons pas. Je continuerai à vous donner mon appui pour éviter la destruction de l'accord d'Arusha et je vous aiderai à empêcher une nouvelle guerre civile avec le FPR. C'est le devoir des commandants des unités qui se trouvent dans la zone sécurisée de Kigali de reprendre le contrôle de leurs hommes, de retourner dans leurs casernes et d'obéir ainsi aux accords de la zone sans armes. Il est crucial que vous, les commandants de secteurs et des unités de ce pays, mainteniez le calme au sein de vos effectifs et de la population dans les secteurs qui sont sous votre responsabilité, jusqu'à ce que la situation politique et la sécurité soient rétablies. »

Il y eut quelques timides applaudissements à la fin de mon bref exposé. Ils avaient entendu de ma propre bouche que la MINUAR restait au Rwanda et que la mise en œuvre d'Arusha continuait à demeurer ma mission. Je ne pouvais abandonner la population qui avait fait confiance à la communauté internationale pour qu'elle lui vienne en aide. Avant l'allocution la plus lourde de conséquences qu'il m'ait été donné de prononcer au cours de ma vie, j'avais pris la décision de rester au Rwanda en un dixième de seconde. Je devais donc accepter que la MINUAR soit menacée et en danger.

Certains milieux ont beaucoup critiqué ma décision du 7 avril 1994. Je prends la responsabilité de chacune de mes décisions, de ce jour-là, des jours précédents et des jours suivants, ainsi que de ma conduite tout au long de la mission. Je vais tenter de vous raconter l'histoire comme elle s'est déroulée afin que vous compreniez que ce jour n'a pas été un jour ordinaire. Cette journée avait été aussi longue qu'une année ; des centaines d'incidents étaient survenus et des centaines de décisions avaient dû être prises en quelques secondes.

Au cours de ce discours, je n'ai pas soulevé le problème des soldats belges, parce que je désirais en parler en tête-à-tête avec Bagosora. Je voulais en estimer l'impact sur la mission au complet et parler à celui qui, je l'espérais, allait pouvoir sauver la situation. Cette décision a, en partie, causé la mort des dix soldats placés sous mon commandement. Je souhaitais agir en négociant, puisque que je ne pouvais utiliser la force sans provoquer, à coup sûr, davantage de morts. Je ne possédais pas la force de frappe nécessaire pour m'attaquer à une garnison de plus de mille hommes bien retranchés. J'estimais qu'une opération de sauvetage était irresponsable. Si nous nous étions servis de la force contre l'enceinte de l'armée gouvernementale, nous serions devenus une cible légitime et devenus le troisième belligérant. Mon but, ce matin-là, était de faire tout ce qui était en mon pouvoir pour éviter une confrontation, regagner le contrôle des unités hors-la-loi de Kigali et préserver le dialogue et les possibilités de paix.

Les commandants passent leurs carrières à se préparer pour le moment où ils devront, entre différentes situations sans issues, choisir celle qui sera la moins catastrophique pour leurs soldats. Indépendamment de cette décision, certains de leurs hommes vont mourir. Celle que j'ai prise a enlevé des fils à des parents, des maris à leurs épouses, des pères à leurs enfants. Je connaissais le coût à payer pour mon choix : je risquais la vie des Belges et de ceux qui se trouvaient au camp Kigali. Le nom de ces hommes est écrit sur la page de dédicace de ce livre. Ils ont été et restent des héros du Rwanda.

Il s'agissait exactement de la matérialisation du complot dont Jean-Pierre nous avait parlé quelques mois auparavant. Les soldats belges étaient devenus les cibles des extrémistes voulant instaurer un climat de peur. Le but de tout cela était, en premier, de faire partir les Belges et ensuite l'ONU. Les fanatiques avaient copié le texte des sinistres comédies qui s'étaient jouées en Bosnie et en Somalie. Ils savaient pertinemment que les nations occidentales n'avaient pas la volonté de perdre des combattants dans une opération de maintien de la paix se déroulant dans un pays lointain sans valeur stratégique. Lorsqu'elles font face à des pertes de vies potentielles chez leurs militaires, comme les États-Unis en Somalie ou les Belges au Rwanda, les forces occidentales fuient sans tenir compte des conséquences sur la population abandonnée.

Je suis resté debout pendant quelques minutes alors que Bagosora retournait au centre de la tribune. Je l'ai entendu dire son soulagement de savoir que la MINUAR restait pour les aider à traverser cette terrible crise. À la fin de la réunion, il s'est aussitôt faufilé au milieu d'une foule d'officiers qui s'étaient levés et rassemblés devant la tribune pour me saluer. Certains officiers supérieurs soutenaient mon point de vue. Parmi eux se trouvaient mon officier de liaison avec l'armée gouvernementale, le lieutenant-colonel Rwabalinda, et le directeur de l'École militaire, le colonel Rusatira. Comme je ne pouvais repérer Bagosora, j'ai entrepris Ndindiliyimana. Quel était le sort réservé à mes hommes au camp Kigali ? Il m'a répondu qu'il ne savait pas exactement ce qui se passait, mais que RTLM avait diffusé une information disant que les Belges avait abattu l'avion présidentiel. Alors les soldats et les anciens combattants avaient organisé une émeute à l'intérieur du camp. Lui et les autres officiers ont insisté pour que je les laisse organiser la libération des Belges. À ce moment-là, je n'avais pas saisi que ces soldats étaient ceux chargés de monter la garde et de servir d'escorte à la première ministre Agathe. Les officiers m'ont demandé de participer au sous-comité qui préparerait le communiqué à la nation, pendant que certains d'entre eux interviendraient pour récupérer mes soldats. Puis nous sommes entrés dans une salle de cours à côté de l'amphithéâtre. Je me suis demandé si le colonel Rusatira allait tenter d'unir les modérés. Quant à Ndindiliyimana, il a semblé sombrer dans une profonde léthargie dès le début de la réunion et n'a pas pris part aux conversations. Seuls deux lieutenants-colonels de l'AGR, que je ne connaissais pas, n'avaient pas l'air morose et hésitant. Ils n'arrêtaient pas de dire à Gatsinzi de se dépêcher. Il s'agissait, à coup sûr, d'intégristes mandatés pour surveiller ce qui se passait. Si les modérés présents dans cette pièce avaient eu l'intention d'aller à l'encontre des manipulations de Bagosora, cela ne se passerait pas facilement.

Il était un peu plus de midi. Je pensais à toutes sortes de scénarios, même si j'avais renoncé à l'idée d'une opération de sauvetage des Belges. Les unités de l'armée gouvernementale et tout particulièrement les gardes présidentiels occupaient des positions défensives. Ils avaient érigé des barricades au centre-ville et restreignaient tout déplacement aussi loin que l'aéroport. Le bataillon de reconnaissance et celui des commandos parachutistes avaient renforcé la garde présidentielle. Ils étaient bien armés, expérimentés et entraînés. Camp Kigali était assez vaste et encerclé d'un mur. C'était le foyer du bataillon de reconnaissance, de l'artillerie, des unités d'équipement et de transport, de l'Académie militaire, de l'hôpital militaire, d'un centre de convalescence et des quartiers généraux de l'AGR. De la propagande haineuse, diffusée à la radio, avait poussé tous ceux qui étaient à l'intérieur du camp à penser que nos Belges avaient tué le président.

J'aurais eu besoin d'au moins quelques centaines d'hommes appuyés de véhicules blindés légers et de mortiers pour avoir ne serait-ce qu'une chance d'entrer en force dans un camp aussi bien fortifié. Ma force de réaction rapide était encore terriblement inadéquate. La plupart des soldats du contingent ghanéen étaient dans la zone démilitarisée tout au nord et ne possédaient ni véhicules ni armements lourds. Eux aussi se trouvaient vulnérables. Les Ghanéens que nous avions déménagés en ville se trouvaient dispersés, car ils avaient pour mission de protéger certaines personnes et certains lieux un peu partout dans Kigali. Ces Ghanéens et les Tunisiens qui se trouvaient au CND auprès du FPR étaient légèrement armés, n'avaient aucun moyen de transport et avaient déjà des tâches essentielles à accomplir. Les Belges, eux aussi, étaient éparpillés dans Kigali. Toute tentative pour pénétrer de force dans le camp ou seulement dans une partie du camp se serait avérée une mission suicide. Même si nous avions pu rassembler une force d'intervention suffisante, pénétrer dans l'enceinte en forçant différents barrages et ressortir du camp avec nos hommes, nous aurions dû nous replier, en traversant la ville où nous attendaient d'autres barrages, vers l'aéroport, car nous n'avions aucun autre endroit qui nous aurait permis de résister de façon réaliste aux contre-attaques inévitables et aux obus des canons de 105 et de 120 millimètres de l'AGR. J'ai pensé à Mogadishu où, quelques mois plus tôt, les Américains –possédant les plus puissantes forces armées au monde – avaient complètement raté leur tentative d'enlever deux de leurs auxiliaires à un « seigneur de la guerre » somalien. Il y avait eu dix-huit morts et plus de soixante-dix blessés au cours de cette opération. Les Casques bleus malaysiens et pakistanais qui avaient voulu venir à la rescousse des Américains déploraient pour leur part quatre-vingt-dix morts et blessés. Et ces troupes étaient puissantes, bien entraînées et bien équipées.

Je devais continuer d'exercer de la pression sur les chefs de l'AGR pour qu'ils entreprennent de faire sortir les Belges du camp. Le travail de préparation du communiqué n'avançait pas. Cela faisait plus d'une heure et demie que j'avais laissé Robert et la voiture à la barrière. Je devais sortir de là. J'ai demandé au groupe qui préparait le communiqué de ne pas oublier d'y inclure notre engagement relativement aux ententes d'Arusha. Je me suis excusé et je suis sorti.

J'ai couru jusqu'au stationnement. Le capitaine Kodjo et les soldats ghanéens ont été soulagés de me voir. Je leur ai dit de retourner immédiatement dans nos secteurs. J'ai parlé à un officier de l'AGR et lui ai demandé de me fournir un moyen de transport pour que mes soldats puissent retourner à notre QG. Il n'a pas hésité un seul instant, nous accordant même une petite escorte. Le major nous attendait toujours dans la voiture. Maggen et moi avons été conduits par ses soins au ministère de la Défense. La route qu'il a choisie ne passait pas par le camp Kigali. Je devais trouver un téléphone. En arrivant au ministère de la Défense, j'ai demandé à Maggen de retrouver Robert et notre voiture, et de me les ramener.

Le Ministère était pratiquement désert. Quelques gardes m'ont regardé bizarrement, mais m'ont laissé passer. Après être entré dans un des bâtiments, j'ai demandé à un lieutenant si je pouvais avoir un téléphone et un bureau pour passer un coup de fil. Après quelques hésitations, il m'a conduit dans un bâtiment qui abritait le bureau de Bagosora et m'a fait pénétrer dans une pièce attenante. Où étaient tous les chefs? Où était le personnel? Le Ministère, tout comme le Q.G., aurait dû bourdonner d'activités. Il n'y avait aucun messager – normalement, il apportait les dernières informations – aucun officier ni civil à leurs bureaux. On n'entendait sonner aucun téléphone. À l'exception de quelques gardes et des sentinelles, l'endroit était complètement endormi. Existait-il un poste de commandement de remplacement? Si oui, où était-il et qui en était en charge? Opportunément, le ministre de la Défense était au Cameroun, loin de tous les événements. J'ai appelé l'officier de garde et lui ai demandé où était tout ce monde. Je ne m'attendais certainement pas à sa réponse: ils étaient tous sortis pour déjeuner.

J'ai téléphoné à notre quartier général et j'ai réussi à parler avec Henry. Il avait des nouvelles affreuses à me communiquer. La garde présidentielle et les milices avaient enlevé et assassiné les personnalités importantes protégées par la MINUAR – Lando Ndasingwa, Joseph Kavaruganda et beaucoup d'autres modérés – ainsi que leurs familles. Trente-cinq membres de notre personnel militaire avaient été capturés, à ou autour de Kigali, et avaient disparu. Beaucoup d'entre eux étaient en poste et assuraient la sécurité des personnalités enlevées. Luc et Henry avaient sauvé un politicien que nous protégions au quartier général, mais ils ne pouvaient me communiquer son nom au téléphone. Les personnalités importantes que Moustache avait accueillies dans l'enceinte du PNUD étaient la première ministre Agathe, son mari et ses enfants.

Henry avait entendu dire que des Belges avaient des problèmes au camp Kigali. Il pensait qu'il s'agissait de onze hommes, mais il était possible qu'il y en ait eu treize. Il n'avait plus aucune nouvelle de Luc, parce que notre quartier général était débordé par les demandes d'aide. Tiko et ses observateurs militaires avaient abandonné Kimihura et formé un convoi qui se dirigeait vers Amahoro, parce qu'un ensemble de barricades refermait son étau pour les isoler. Avant de commencer à se replier, ils avaient été témoins d'assassinats commis par la garde présidentielle et par l'Interahamwe ; les tueurs allaient de maison en maison, une liste à la main, pénétraient par la force et exécutaient des familles au complet. Ses observateurs non armés ne possédaient pas les moyens d'arrêter cette horrible série de massacres menée avec une efficacité démoniaque. Tiko n'allait pas risquer la vie de ses hommes et je ne lui aurais jamais demandé de le faire.

Nous n'avions aucune idée des lieux où se trouvaient des dizaines de membres de notre personnel civil, car ils n'avaient ni téléphone ni radio, et nous ne pouvions les rejoindre chez eux. Le face-à-face à l'aéroport et la situation concernant l'emplacement de l'écrasement n'avaient pas changé. Henry était en train d'essayer de sauver des Rwandais et des expatriés menacés et les faisait venir dans des locaux investis par la MINUAR, tels le stade d'Amahoro, le Méridien, l'hôpital King Faisal, l'hôtel des Mille Collines, le campement belge à l'école Don Bosco ainsi que d'autres lieux plus petits sous la direction des Belges ou d'autres éléments de la MINUAR. Tous ces lieux étaient devenus des endroits protégés par l'ONU pour les personnes à risque, et le nombre de gens qui cherchaient notre assistance grimpait de façon exponentielle. J'ai demandé à Henry s'il avait des nouvelles de Booh-Booh et de la situation politique, mais il m'a répondu qu'il n'avait pas entendu parler du RSSG depuis le début de la matinée.

Henry était totalement frustré à cause de l'attitude des soldats bangladais. Leurs véhicules blindés tombaient en panne de façon mystérieuse (nous avons découvert par la suite qu'ils les sabotaient en plaçant des chiffons dans les tuyaux d'échappement). Ou bien, il était impossible de les contacter (une de leurs tactiques, confirmée plus tard par plusieurs équipes, était de partir à une certaine distance du Q.G., d'éteindre la radio et de revenir en prétendant avoir été retenus à des barrages). Ceux qui finissaient par arriver là où on leur avait demandé de se rendre manquaient de zèle face à la mission qui leur avait été confiée.

Pendant ce temps, le stade d'Amahoro était entouré d'une foule de plusieurs milliers de personnes glapissantes, chauffées à blanc par les extrémistes qui bloquaient les entrées. Il y avait déjà quelques milliers de Tutsis et modérés dans l'enceinte. Henry n'arrêtait pas d'insister pour que les Bangladais ouvrent les portes, mais leur commandant ne répondait pas à ses ordres et obéissait à Dacca. Les deux véhicules blindés revenus au stade ne servaient à rien, alors que le secteur de Kigali les suppliait de répondre aux appels au secours émanant de personnel de la MINUAR et de Rwandais en péril. J'ai donné l'ordre à Henry d'informer le commandant bangladais que sa conduite contribuerait à la mort possible de Rwandais et de membres de la MINUAR et qu'il en serait tenu responsable. Cette nuit-là, j'ai découvert qu'il avait reçu des ordres venant de son supérieur à Dacca, qui l'enjoignaient de ne plus prendre de risques, de ne pas bouger, de fermer les barrières d'accès à leur quartier général et de ne plus transporter de Rwandais dans leurs véhicules blindés. Il a obéi à ces ordres, passant outre à ceux venant de la MINUAR, et ne s'est pas préoccupé des tragédies que ses décisions causeraient.

J'ai demandé à Henry de suivre les déplacements de notre personnel, de sécuriser nos postes et d'envoyer de l'aide à autant de personnes que possible à Kigali. Luc demeurait le seul à pouvoir décider si telle ou telle mission valait la peine qu'on en prenne le risque, car il était le patron des troupes opérant dans le secteur de Kigali et possédait le meilleur réseau de la zone sécurisée. Je voulais demeurer proche de Bagosora et de Ndindiliyimana. Henry devait rester près du FPR, et nous allions nous informer mutuellement.

Robert et Maggen sont arrivés avec notre véhicule alors que je raccrochais. Ce n'était pas le moment de pleurer les Rwandais déjà tués. Robert était demeuré à l'écoute du réseau de radios du Q.G. et obtenu deux informations importantes : la MINUAR avait pu sauver le premier ministre Faustin, qui se trouvait à l'heure actuelle au quartier général. C'était lui dont Henry n'avait pu mentionner le nom au téléphone. La seconde nouvelle – plutôt sinistre – était un message de Paul Kagame : « Je viens d'apprendre que des soldats de l'armée rwandaise entourent beaucoup de maisons de nos partisans. Leurs intentions sont évidentes. Je dois vous informer que nos forces doivent réagir pour protéger les nôtres. Je suis très sérieux et je veux vous informer. » J'ai immédiatement appelé mon Q.G. et, après quelques tentatives, j'ai de nouveau réussi à parler à Henry. Je lui ai demandé de contacter Ballis au CND et de transmettre clairement au FPR de demeurer en place, au CND et dans le nord, jusqu'à ce que j'aie l'opportunité de contenir la situation avec Bagosora.

Il était 13 heures lorsque j'ai raccroché. N'ayant eu aucun signe de Bagosora et de Ndindiliyimana, j'ai décidé d'aller avec Robert aux résidences du PNUD, là où madame Agathe et sa famille s'étaient semble-t-il réfugiés. J'avais peut-être encore une chance de leur venir en aide. Nous avons continué à entendre des coups de feu sporadiques venant du camp Kigali. J'ai laissé Maggen derrière, avec notre véhicule, pour s'occuper de la radio. Robert et moi avons emprunté le boulevard de la Révolution. Nous nous sommes arrêtés à la quatrième ou à la cinquième enceinte à notre gauche et avons cogné contre le portail en acier bleu onusien. Nous nous sommes fait connaître, et on nous a laissés entrer.

À ma grande surprise, le capitaine Diagne Mbaye, un observateur sénégalais, s'y trouvait avec un véhicule de la MINUAR. Lorsque le portail s'est fermé derrière nous, de quinze à vingt civils sont apparus en courant et en parlant tous en même temps. Le capitaine Mbaye a réussi à les calmer et m'a décrit les horribles événements de la journée. Il avait réussi à arriver jusqu'ici depuis l'hôtel des Mille Collines. Comme les civils, il avait appris que madame Agathe y cherchait refuge. Au moment où il était arrivé au PNUD, des soldats de la garde présidentielle et de l'armée capturaient la première ministre et son mari. Ils s'étaient rendus afin de sauver leurs enfants, qui se cachaient encore. Madame Agathe et son mari ont été exécutés sur-le-champ ; il y avait du sang sur le mur et des signes d'explosions par grenades à l'entrée de la maison ainsi que dans le salon. Pour une raison quelconque, les assassins n'avaient pas fouillé tous les lieux, et les quatre enfants étaient sains et saufs. On m'a conduit vers une pièce plongée dans l'obscurité ; ils étaient là, cachés dans un coin, derrière des vêtements et des meubles.

Depuis l'assassinat de leurs parents, les lieux étaient relativement calmes. Mbaye avait remplacé Moustache parti secourir d'autres membres du personnel de l'ONU. Le capitaine sénégalais craignait que la Garde présidentielle revienne et trouve les enfants. Je lui ai promis que des soldats de la MINUAR arriveraient plus tard dans l'après-midi avec des véhicules blindés pour chercher les membres du personnel de l'ONU et les enfants de la première ministre pour les mettre à l'abri. Il aurait été trop risqué de les faire voyager dans un véhicule ordinaire de la mission, surtout en passant par des barrages gardés par la garde présidentielle. Il a dit qu'il resterait avec les enfants jusqu'à ce que ceux-ci soient en sécurité (aucun véhicule n'a pu y aller ce jour-là, mais Mbaye et Moustache ont sauvé les enfants en les faisant sortir en cachette et en les transportant dans leurs propres voitures à l'hôtel des Mille Collines).

La mort de madame Agathe m'avait brisé le cœur. Elle avait aimé son pays et ses concitoyens, et elle avait voulu qu'ils vivent leur avenir dans un système démocratique. C'est pour cela qu'elle était morte. Je ne pouvais même pas m'arrêter pour ressentir sa perte. Trop de personnes se trouvaient en danger, y compris mes soldats au camp Kigali et partout ailleurs. Robert et moi avons, de nouveau, marché vers le ministère de la Défense dans l'espoir que les personnes responsables seraient revenues de leur déjeuner.

Personne ne s'était encore montré. Maggen nous a transmis un autre message de Kagame : la MINUAR devait faire diligence pour protéger tous les politiciens disparus ou arrêtés. Le plus tôt serait le mieux. J'ai appelé notre Q.G. Nos soldats se trouvaient en situation difficile et, bien que limité par les nouvelles règles d'engagement, j'aurais pu passer outre à l'interdiction d'intervention et utiliser la force là où se commettaient des crimes contre l'humanité. Je n'ai pas fait ce choix, car je n'aurais pu soutenir des opérations de combat ni garantir la sécurité des civils ou de mes troupes si la MINUAR était devenue le troisième belligérant. Je n'ai reçu aucune demande de Luc pour organiser une expédition de secours afin de récupérer les Belges au camp Kigali pour la bonne raison qu'il comprenait la réalité de notre situation aussi bien que moi. Si j'avais reçu une telle requête de sa part, j'aurais carrément refusé, ne serait-ce qu'en raison des risques trop élevés d'une telle opération. En fin de compte, si la stratégie de non-intervention limitait les possibilités que mes troupes soient prises pour cibles, cela signifiait également que nos forces n'étaient pas utilisées efficacement pour protéger les personnes en danger. Bagosora est revenu vers 14 heures, suivi de près par Ndindiliyimana. Je les ai arrêtés dans le hall d'entrée. Eh oui ! c'était bien vrai, Bagosora était sorti pour déjeuner, mais il m'a déclaré qu'il était allé se restaurer après avoir essayé sans succès d'entrer au camp Kigali pour sauver mes soldats. Ndindiliyimana a fait écho : les mutins avaient menacé et attaqué tous les officiers supérieurs qui avaient tenté de ramener le calme à l'intérieur du camp. Bagosora a ajouté qu'il rassemblait en ce moment les troupes nécessaires à faire cesser le chaos à l'intérieur du camp. Furieux et frustré, je lui ai annoncé que j'entrerais moi-même dans le camp. Il s'est arrêté net à la porte de son bureau, s'est tourné vers moi, m'a fixé et m'a ordonné de ne pas m'approcher du camp. Je devais lui laisser l'initiative de la situation. Je lui ai répondu qu'il n'avait pas d'ordre à me donner et lui ai fait comprendre que je le tenais personnellement responsable du sort de mes soldats et de leur libération.

Je suis retourné vers le téléphone et j'ai appelé Brent pour le prévenir de ce qui se déroulait. Il m'a passé Henry. Il avait reçu un troisième message de Kagame, un ultimatum catégorique. « Les meurtres qui se produisaient en ville devaient cesser immédiatement ou bien il ferait intervenir ses troupes. » Le message comportait six lignes brèves :

A. Le FPR était prêt à assurer la sécurité de Kigali.

B. Le commandant de la force de l'ONU ne devait pas se fier à son personnel belge.

C. La MINUAR devait retirer ses soldats de la zone démilitarisée pour renforcer Kigali.

D. Le FPR était prêt à assister le MINUAR.

E. Mais, si le CND était attaqué, le FPR entrerait dans Kigali.

F. De plus, si la situation n'était pas sécurisée avant la tombée de la nuit, le 7 avril, le FPR passerait à l'attaque.

Ce dernier point constituait la menace de Kagame. Henry m'a prévenu que Kagame et ses officiers d'état-major venaient de sortir de Mulindi. On les soupçonnait d'ériger un poste de commandement tactique plus près de la zone démilitarisée afin de pouvoir lancer leur offensive. Il ne s'agissait pas d'un bluff.

Au Rwanda, la nuit tombait aux environs de 18 heures. En clair, j'avais moins de quatre heures pour contrôler la situation, faute de quoi le pays sombrerait de nouveau dans la guerre civile. J'ai prévenu Henry que j'allais appeler le CND pour amener le FPR à parler à Bagosora, avec qui j'étais, afin que les deux négocient une fin aux assassinats de civils et s'entendent pour arrêter les actions des unités rebelles. Je voyais cela comme la seule action possible pour empêcher le FPR d'avancer vers le sud. Je venais de raccrocher lorsque Robert est arrivé avec un autre message de Kagame. Il offrait son appui à l'AGR en envoyant deux bataillons pour les aider à désarmer et contrôler les unités rebelles, tout spécialement la garde présidentielle. Il voulait ma réponse sur-le-champ.

Lorsque j'ai transmis l'offre de Kagame à Ndindiliyimana, il s'est révolté. Bagosora, quant à lui, a très mal pris cette proposition. Il était debout derrière son bureau, un portrait du président décédé sur le mur, dans son dos, comme si Habyarimana surveillait encore ses moindres mouvements. Le visage grimaçant, il a essayé malgré tout de faire bonne figure. Il m'a demandé de remercier le FPR pour son offre, mais de leur répondre qu'il lui était impossible d'accepter. C'était à lui de résoudre le problème. J'ai regardé Ndindiliyimana, qui savait si bien ménager la chèvre et le chou, dans l'espoir de le voir utiliser des soldats du FPR pour mener à bien, avec l'aide de l'AGR, un contrecoup d'État contre les extrémistes. Aucun espoir n'était à attendre de ce côté-là. Il était tout à fait d'accord avec Bagosora. Il devenait évident qu'à Kigali aucune unité n'était favorable aux modérés. Il en existait probablement au sud du Rwanda, mais ces gens ne se joindraient certainement pas au FPR pour renverser les formations sanguinaires de l'AGR. (J'ai appris plus tard que les unités stationnées dans le sud étaient infiltrées par des éléments extrémistes.) J'ai transmis le refus à mon quartier général et je leur ai demandé, une fois de plus, de dire au FPR de rester à l'intérieur du CND et au nord de la zone démilitarisée.

Si l'engagement de Bagosora vis-à-vis de l'accord d'Arusha était véritable, il aurait dû en principe s'adresser directement au FPR et prendre les garanties nécessaires pour éviter une reprise des hostilités. S'il était opposé à Arusha et à la paix, il ne pouvait avoir aucun intérêt à parler au FPR. Ou, peut-être bien continuerait-il à agir comme toujours : faire semblant de coopérer – une de ses supercheries – et masquer ainsi ses véritables intentions. J'ai encore affronté Bagosora sur le problème des unités rebelles qu'il devait à tout prix forcer à réintégrer leurs casernes et sur le problème des barrages routiers qu'il fallait supprimer. Assis à son énorme bureau en train de remuer des feuilles de papier, il apposait sa signature sur certaines d'entre elles. Il avait tout à fait le profil type du bureaucrate excédé. Le soleil entrait par la fenêtre et illuminait les murs fraîchement peints. Les téléphones ne sonnaient pas, et il n'y avait que très peu de visiteurs. De la main, il m'a fait signe de m'asseoir sur l'énorme sofa où Ndindiliyimana se trouvait déjà, apparemment décontracté, mais j'ai refusé. Il m'a proposé du thé ou du café comme s'il s'agissait d'une visite de courtoisie ordinaire, une journée sans histoire, en somme.

« La mort de la première ministre, madame Agathe, assassinée par la garde présidentielle, a été confirmée », lui ai-je dit. Bagosora m'a répondu que cela le désolait. Pour lui, il s'agissait simplement d'un autre exemple des difficultés auxquelles il devait faire face pour reprendre le contrôle des soldats indisciplinés qui réagissaient encore à la mort de leur chef bien-aimé. Je lui ai demandé pourquoi il n'avait pas résolu les problèmes existant à l'aéroport et sur le lieu de l'écrasement, et pourquoi il n'avait pas réussi à organiser la libération de mes soldats belges. Je lui ai rappelé qu'il devait garantir la liberté de mouvement des membres de la MINUAR. Bagosora m'a supplié de lui donner du temps. Il éprouvait, tout comme Ndindiliyimana, des problèmes de logistique et de transport. Il avait appelé et donné des ordres pour arranger la situation à l'aéroport. Quant au lieu de l'écrasement de l'avion, il m'a dit que la garde présidentielle agissait pour son propre compte. La garde présidentielle semblait être derrière toutes les agressions et tous les assassinats en ville, lui ai-je dit. Bagosora m'a affirmé qu'il était en négociations avec leur commandant afin qu'elle réintègre ses baraquements. Nulle panique, aucun sens de l'urgence n'animaient cet homme. Bagosora était soit la personne la plus insensible d'Afrique, soit la réincarnation de Machiavel en train d'exécuter un plan retors.

Je lui ai fait remarquer que s'il voulait éviter une guerre civile à grande échelle, il devrait sans faute parler directement au FPR et souligner les mesures qu'il allait prendre pour calmer la situation. Peu impressionné par cette mise en garde, Bagosora s'est enfoncé dans son fauteuil et a remis le nez dans ses papiers. Cependant, pour Ndindiliyimana, mon idée était bonne, et il m'a demandé d'organiser une rencontre avec le FPR. Je lui ai assuré que je ferais tout pour qu'elle ait lieu.

Je suis parti passer des coups de fil, mais les téléphones de notre Q.G. comme ceux du CND étaient saturés. En attendant d'avoir la ligne, j'ai aperçu un colonel laid et énorme de l'AGR entrer dans le bureau et fermer la porte derrière lui. Je ne l'avais jamais vu jusque-là et ne devais le revoir que des années plus tard, lorsque le Tribunal pénal international pour le Rwanda (TPIR) m'a montré sa photo. Il s'agissait d'un des chefs militaires responsables du génocide, et l'un des personnages les plus impitoyables à l'origine du futur massacre.

Lorsque j'ai réussi à joindre Ballis au CND, il m'a annoncé que le FPR avait essuyé des coups de feu venant de l'enceinte de la garde présidentielle ; les soldats du FPR faisaient tomber les clôtures les entourant, se préparant à réagir. Les Tunisiens se trouvaient en situation précaire, car ils étaient postés entre les belligérants. Ils avaient passé la majeure partie de la journée à maintenir les portes du CND fermées et à creuser des tranchées. Par l'intermédiaire de Ballis, j'ai demandé à leur commandant de diminuer la présence de ses hommes autour du périmètre et d'en réunir la majeure partie dans l'espace protégé qui leur était réservé à l'intérieur du CND et dans leurs tranchées, à l'extérieur. Au cas où le FPR prendrait la décision de lancer une offensive, tous les Tunisiens devaient pouvoir se replier vers un endroit sûr, sans qu'il y ait de confrontation.

Puis, j'ai demandé à Ballis d'aller me chercher n'importe quel chef politique du FPR et de me le passer au téléphone. Des personnalités importantes comme Pasteur Bizimungu et Patrick Mazimhaka étaient partis pour Mulindi quelques semaines auparavant, laissant derrière eux à Kigali trois politiciens de second ordre. La hiérarchie politique au sein du FPR me semblait plutôt vague. La personne avec laquelle j'allais le plus souvent négocier était Seth Sendashonga, celui qui s'exprimait avec le plus de véhémence. Ce Hutu qui avait fui le Rwanda et rejoint l'armée du FPR en Ouganda parlait couramment le français et un peu d'anglais. Ayant énormément confiance en lui, ambitieux et agressif, il essayait constamment de se mettre en valeur à l'intérieur du mouvement rebelle. Seth a pris l'appel et a reçu avec beaucoup de froideur ma suggestion de parler directement à Bagosora. Il m'a dit qu'il devait d'abord se renseigner et qu'il me rappellerait ensuite. Il agissait typiquement comme tous les chefs du FPR, qui se renseignaient toujours auprès de leurs pairs avant de prendre une décision. Le temps passait et nous rapprochait du délai imposé par Kagame.

J'ai appelé mon quartier général et j'ai dicté à Brent mes réponses aux six points soumis par Kagame, en pesant particulièrement mes mots quant aux explications du point F : « La MINUAR ne mènera aucune opération offensive, car son mandat consiste uniquement à être présente pour des opérations défensives de maintien de la paix. La MINUAR, la Gendarmerie et des éléments de l'armée demeurés loyaux au Rwanda essayent de stabiliser la situation. La MINUAR n'adopte pas une attitude offensive, et si le FPR entreprend ce soir une action au CND ou une offensive dans la zone démilitarisée, cela sera considéré comme une violation sérieuse du cessez-le-feu. Le mandat de maintien de la paix de la MINUAR sera intégralement violé. Je demande que vous reconsidériez ces actions compte tenu des forces restées loyales et de la MINUAR, qui tentent de rétablir l'ordre et de contenir toute agression à Kigali. »

J'ai demandé à Brent d'envoyer ce message à Kagame le plus tôt possible avec une copie au DOMP. Certain de ne pas rentrer de bonne heure à Amahoro, je lui ai aussi dit d'envoyer à New York notre rapport sur la situation. Il ne s'était rien produit sur le plan politique, et je n'avais aucune nouvelle de Booh-Booh, bien que les bruits de coups de feu soient devenus plus intenses à proximité de sa résidence. Henry avait prévu d'emmener Booh-Booh et son équipe à l'hôtel Méridien, qui était devenu un havre pour le personnel de l'ONU.

Je suis retourné au bureau de Bagosora au moment où le monstrueux colonel de l'AGR en partait après avoir reçu des instructions en kinyarwanda. J'ai de nouveau sermonné Bagosora et Ndindiliyimana à propos de la violence qui éclatait un peu partout en ville, sur la libération de mes soldats et sur leur indifférence apparente vis-à-vis de la catastrophe. Je voulais savoir quand le Comité de crise comptait remettre le contrôle du pays entre les mains des politiciens et qui étaient ces derniers, car beaucoup de ministres figurant sur la liste du GTBE étaient introuvables. Tous les ministres partisans de la ligne dure avaient disparu le soir précédent avant minuit. Madame Agathe était morte. Qui allait prendre la direction du pays ? Bagosora m'a répondu que les politiciens se réuniraient pour reprendre la situation en mains, d'ici un jour ou deux. J'ai demandé que Booh-Booh soit invité à participer à la réunion. Bagosora a refusé de répondre, et il a replongé les yeux dans ses papiers. Ndindiliyimana était à côté de moi, presque endormi.

Tout à coup, Bagosora m'a proposé une idée en me demandant de l'approfondir : il pourrait être bon de faire sortir les Belges de la MINUAR et du Rwanda à cause des rumeurs qui les rendaient responsables de l'écrasement de l'avion du président. Ce qui était arrivé au camp Kigali pouvait bien se reproduire avec l'ensemble des Belges si le Comité de crise continuait à éprouver les mêmes problèmes pour contrôler la situation.

Espérait-il que la meilleure unité de la MINUAR déserte le champ des opérations ? C'était la première fois que j'entendais de la bouche d'un des chefs du gouvernement Habyarimana que la présence des Belges n'était pas souhaitable. Si ces derniers se retiraient, New York ordonnerait sûrement le départ de toute la MINUAR.

Un peu plus tard, le téléphone a sonné dans la pièce adjacente que j'avais utilisée auparavant. Seth me confirmait qu'il allait parler à Bagosora. Je lui ai demandé de faire le numéro personnel de celui-ci, et je me suis dirigé vers le bureau du chef de cabinet du ministre de la Défense. Le téléphone sonnait au moment où je suis entré, et Bagosora a répondu. Rien dans sa voix ne démontrait qu'il avait l'intention de tout mettre en œuvre pour sauver son pays de la guerre civile. Après quelques échanges, il a passé le téléphone à Ndindiliyimana. Leur conversation a duré un peu plus longtemps, et il s'est montré légèrement plus aimable. Après avoir raccroché, Ndindiliyimana a annoncé qu'il n'y avait rien à faire. Le FPR insistait pour que les membres de la garde présidentielle soient arrêtés et emprisonnés, et que les assassinats cessent immédiatement. Ndindiliyimana avait répondu que tout était fait pour reprendre la situation en mains mais, vu la réaction négative de Seth, il en concluait que le FPR attaquerait bientôt. À l'annonce de cette nouvelle crise, le visage de Bagosora resta impassible. Il m'a annoncé que le chef d'état-major par intérim de l'AGR, le colonel Marcel Gatsinzi arriverait à Kigali à temps pour une réunion du Comité de crise qui aurait lieu au Q.G. de l'armée à 18 heures. Il m'a invité à y participer. J'ai accepté, mais je me suis demandé pourquoi Bagosora avait nommé Gatsinzi à ce poste. Gatsinzi était un Hutu du sud, de Butare, un modéré et un honnête homme.

À peine deux heures avant le coucher du soleil, nous venions de perdre l'unique chance d'éviter la guerre civile. Lorsque les hostilités commenceraient, nous pouvions nous attendre à ce qu'un nombre impressionnant de personnes innocentes soient massacrées, comme cela avait été le cas au Burundi lors du coup d'État du mois d'octobre. J'ai décidé de rester pour la réunion du Comité de crise qui n'allait pas tarder à débuter. Peut-être la présence de Gatsinzi encouragerait-elle Ndindiliyimana à prendre de l'ascendant sur Bagosora. Une demi-heure plus tard, Ballis a appelé pour dire que le bataillon du FPR venait de sortir en force de l'enceinte du CND et se dirigeait vers le camp de la garde présidentielle.

J'avais besoin de conseils politiques pour savoir comment parvenir rapidement à faire gérer la situation par d'autres que la clique militaire. J'ai décidé d'envoyer Maggen et Robert chercher le Dʳ Kabia. Je les ai attendus à l'extérieur, dans la fraîcheur de la brise du soir. Les arbres projetaient de grandes ombres, et la sérénité désarmante rompait l'écho de coups de feu au lointain. Un sentiment de désespoir m'a envahi soudainement. La route de la guerre et des massacres était grande ouverte. Il était temps de réunir mes soldats pour assurer leur sécurité, de faire ce que nous pouvions pour garder fonctionnels des refuges pour les civils des deux parties et d'essayer de rejeter la politique qui se manifestait en coulisse derrière les agissements de Bagosora. Qu'allais-je faire si les 450 Belges devaient être retirés sous la pression de l'AGR ou par leur propre gouvernement ? Il ne me resterait qu'un contingent de 1 100 soldats bangladais, très peu armés et à peu près inutiles, un excellent bataillon de 800 Ghanéens, dont la plupart étaient déployés dans la zone démilitarisée et ne possédaient ni équipement ni véhicules, environ 300 observateurs militaires désarmés et éparpillés un peu partout au Rwanda, et un Q.G. composé d'un personnel hétéroclite ébranlé par le départ des officiers belges et dirigé par des Bangladais qui obéissaient à leur commandant et non à moi. Les groupes de support et de logistique de mon Q.G. étaient constitués de civils qui seraient certainement évacués pour des raisons de sécurité. Que dire des milliers de civils qui se trouvaient sous notre protection ? Nos réserves en nourriture, eau et médicaments étaient à peine suffisantes pour mes hommes, sans mentionner les réfugiés. Mon côté professionnel et objectif me suggérait de réduire les pertes et d'assurer la sécurité de tous mes soldats. Mes tripes, mes émotions, mon sens du devoir me dictaient d'entreprendre tout ce qui était en mon pouvoir pour arrêter le massacre qui se préparait.

J'étais encore en proie à mes pensées lorsque le D$^r$ Kabia, Robert et Maggen sont arrivés en voiture vers 17 h 30. On les avait menacés et ils avaient dû faire demi-tour lors de leur première tentative pour passer à travers les barrages. Ils avaient demandé une escorte de la Gendarmerie pour leur deuxième tentative. À l'heure actuelle, des centaines de barrages s'érigeaient à l'intérieur de la ville, gardés par des milices, des gendarmes, des militaires et des civils, tous hystériques et armés de gourdins, de haches, de machettes, de fusils FN belges et de quelques mitraillettes AK-47. Dans la voiture, la radio crépitait et relatait en détail les assauts du FPR contre la garde présidentielle – un violent échange de coups de feu retenait le FPR à peu de distance du camp de la garde présidentielle.

Il était presque 18 heures, aussi nous nous sommes rendus à la réunion du Comité de crise. Pour la première fois cette journée-là, nous avons pu facilement entrer à l'intérieur du camp Kigali. Nous avons franchi les barrières, des rangées de chevaux de frise, puis nous sommes passés devant un véhicule blindé et un nombre important de gardes armés de mitraillettes. Où se trouvaient donc les fameux mutins ? J'ai laissé Maggen auprès de notre véhicule, pendant que le

D<sup>r</sup> Kabia et moi nous dirigions vers la même salle de conférences que la nuit précédente. Alors que nous arrivions en haut de l'escalier, le major général Gatsinzi, qui venait d'être promu, est venu pour nous accueillir, avec Ndindiliyimana à sa suite. Cela m'a fait du bien de voir Gatsinzi, et nos regards se sont croisés. Bagosora n'était pas dans les parages.

Au moment où la réunion a commencé, je me suis demandé si Gatsinzi et Ndindiliyimana n'étaient pas les marionnettes de Bagosora. Des deux, Gatsinzi était davantage en situation précaire à cause des intégristes tenants de la ligne dure : il avait fait partie d'un groupe d'officiers modérés de l'armée, qui m'avait prévenu de l'existence d'une troisième force dans leur lettre ouverte du 3 décembre. Pouvait-il vraiment contrôler l'armée ? Pourquoi Bagosora cautionnerait-il tout cela ?

La séance fut sinistre. La garde présidentielle avait capturé et, à la connaissance de Gatsinzi, exécuté tous les membres modérés du gouvernement qui n'avaient pas pu fuir. Il a lu la liste des personnes tuées ou disparues. Les deux survivants étaient Faustin Twagiramungu et Anastase Gasana, le ministre des Affaires étrangères, qui était à Dar es-Salaam parce que Habyarimana l'avait fait sortir sans cérémonie de l'avion pour laisser sa place au président du Burundi. Gatsinzi a également confirmé que le commandement en chef de l'AGR était aussi dans l'avion. Il m'a assuré qu'il respectait l'accord d'Arusha, qu'il ferait tout son possible pour contrôler la Garde présidentielle et la renvoyer ainsi que les unités de l'armée ayant causé le débordement dans leurs casernes. Il a insisté pour que j'informe le FPR qu'il voulait la paix, mais qu'il avait besoin de temps pour exercer le contrôle sur ses hommes.

Il fallait que je le croie, car c'était là tout mon espoir. Les soldats du Rwanda méridional étaient, pour la plupart, des modérés. Gatsinzi pouvait peut-être aller chercher ces soldats et nous débarrasser de la garde présidentielle, de l'Interahamwe et de l'occulte Troisième puissance. Je devais absolument parler à Kagame et obtenir qu'il temporise.

Puis, Ndindiliyimana s'est adressé à moi. La première question à son ordre du jour évoquait la haine diffusée par la station RTLM, l'humeur de l'armée et des citoyens de Kigali. Il me conseillait donc la prudence en faisant partir le contingent belge aussi vite que possible. Je lui ai répondu que je prendrais conseil au sujet de sa recommandation mais, qu'en tout premier lieu, je devais récupérer mes soldats belges. Le camp était calme à l'heure actuelle. Pourquoi n'avaient-ils pas relâché mes soldats? Ndindiliyimana a envoyé un de ses officiers pour connaître la raison.

La réunion a traîné et traîné, et l'officier ne revenait toujours pas. Le Comité de crise n'avait pas encore publié son communiqué de presse, une initiative qui devait apaiser la nation. Les Rwandais ne faisaient qu'entendre les constants messages de haine distillés par la station RTLM. Le seul signe concret qui aurait pu indiquer la bonne foi du Comité aurait été l'assignation à résidence des membres de la garde présidentielle dans leurs casernes, le retour à l'obéissance à l'accord sur la zone de sécurité de Kigali par toutes les unités et l'arrêt de tous les meurtres. Mais, personne au sein de ce groupe, malgré les bonnes intentions, ne semblait savoir comment atteindre ces objectifs et empêcher la guerre qui se profilait.

Tout à coup, tout le monde s'est levé, s'est étiré et a ramassé ses papiers. Ils se conduisaient tous comme s'il s'agissait d'une réunion ordinaire, un jour normal. À ce moment précis, je me suis mis en vraie colère. J'ai frappé du poing sur la table. «Ça suffit comme ça! ai-je crié. J'ai assez attendu. Je n'accepte plus aucune excuse. Je ne palabrerai plus. Si vous ne me rendez pas les soldats belges maintenant, je ne quitterai pas ce quartier général, et vous n'obtiendrez plus rien ni de moi ni de la MINUAR...»

Ndindiliyimana a repris le téléphone et a envoyé d'autres officiers d'état-major aux renseignements. Après vingt minutes de silence au cours desquelles je suis resté assis immobile et furieux, le téléphone a sonné, et Ndindiliyimana a répondu. Après une conversation à voix feutrée, il s'est tourné vers moi pour me dire que mes soldats se trouvaient à l'hôpital de Kigali, tout à côté. J'ai alors annoncé que nous irions immédiatement et tous ensemble à l'hôpital, et que nous nous occuperions de la libération des soldats belges.

L'hôpital n'était qu'à deux cents mètres. Quelques soldats et un certain nombre de blessés traînaient autour de l'entrée. Ndindiliyimana s'est alors avancé le premier et nous a fait passer au milieu de la foule qui était à l'intérieur. Nous avons pratiquement pénétré dans une salle d'opération dont les portes avaient été gardées ouvertes pour faire entrer un peu d'air frais. On entendait des cris et des gémissements, et on pouvait voir du sang sur les tables et les planchers ainsi que du personnel hospitalier dont les tenues étaient couvertes de sang. Le médecin qui se trouvait le plus près nous a demandé de sortir en grognant et sur un ton exaspéré.

Près d'une des portes arrière, un officier a dit à Ndindiliyimana que les corps des Belges se trouvaient à l'autre bout de la cour, devant la morgue. Le mot « corps » m'a frappé de plein fouet et en plein cœur. Je fus ébranlé pendant quelques instants. Des soupirs et des murmures d'incrédulité se faisaient entendre tout autour de moi. Oui, les soldats étaient tous morts. Nous avons cheminé le long d'un sombre sentier pour arriver à une paillote éclairée par une ampoule de vingt-cinq watts au-dessus de la porte. Il y avait encore d'autres blessés dans la cour ainsi qu'une douzaine de corps. Je ne pouvais croire que cette scène se déroulait aussi près de la salle de conférences où j'avais passé la soirée.

Au début, à la droite de la porte de la morgue, j'ai cru apercevoir des sacs de pommes de terre. Et puis, j'ai lentement compris qu'il s'agissait d'un tas de corps emmêlés et tâchés de sang, plus ou moins vêtus d'uniformes belges des commandos parachutistes. Les soldats avaient été empilés les uns sur les autres. Impossible de dire combien il y en avait. La lumière était faible, et il était difficile de reconnaître les visages ou de trouver des marques spécifiques. Nous les avons comptés deux fois : onze soldats. Finalement, il y en avait dix.

J'avais une envie folle de nous faire justice – œil pour œil, dent pour dent. Pour la première fois, je ressentais le besoin toxique de vengeance. J'ai ordonné à Robert de prendre les corps en photo et, pendant qu'il s'effectuait en silence, comme foudroyé, j'ai demandé aux commandants qui avait commis cela. Ils m'ont répondu que c'étaient des soldats rebelles et d'anciens combattants victimes d'amputations appartenant au camp Kigali. Je leur ai demandé ce qu'ils allaient faire. Rusatira m'a assuré qu'il enquêterait sur l'accident et que les responsables seraient traduits en justice. Je lui ai annoncé que j'allais immédiatement transmettre la nouvelle de ces meurtres à New York et que le Rwanda devait s'attendre à subir les foudres de la communauté internationale. Gatsinzi tout comme Ndindiliyimana étaient sincèrement affligés. Ils se sont répandus en excuses, ont offert leurs condoléances et leur compassion, et ils m'ont supplié de faire en sorte que ces morts n'empêchent pas la MINUAR d'aider leur pays.

Je leur ai dit de faire procéder à la toilette des corps, de les disposer convenablement et d'en assurer la garde. Des soldats de la MINUAR viendraient les chercher dès le lever du soleil. J'ai ajouté que je les tenais tous les deux responsables de la mort de mes soldats.

En me détournant, j'ai failli entrer en collision avec le D$^r$ Kabia qui semblait prier. J'ai pris le chemin de retour vers l'hôpital, où les gémissements des blessés et les éclats de voix des médecins et des infirmiers semblaient beaucoup plus forts que lors de notre arrivée. Maggen avait approché la voiture devant l'hôpital, et des soldats blessés et des civils formaient un petit rassemblement autour de notre véhicule. J'ai regardé Maggen, incapable de me souvenir s'il nous avait accompagnés à la morgue. Lui aussi avait traversé une journée effroyable pendant laquelle il avait fait preuve de courage.

Ndindiliyimana m'a offert une escorte de six hommes et un véhicule pour que nous puissions repartir en toute sécurité à Amahoro, et il leur a donné ses ordres en français, sans doute à mon intention. Il leur a ordonné de me défendre au péril de leurs propres vies. Nous sommes partis dans la nuit noire. La plupart des réverbères ne fonctionnaient pas. Et pourtant, je pouvais voir le visage de Robert, assis sur le siège arrière. D'une blancheur cadavérique, il ne bougeait pas. Très secoué par la mort de ses compatriotes, Maggen se concentrait sur la conduite. Nous pouvions apercevoir quelques incendies dans le lointain et entendre le bruit d'armes légères et d'explosion de grenades, par-ci par-là. La foule retournait chez elle, mais des miliciens agressifs gardaient de nombreux barrages.

Le FPR et la garde présidentielle continuaient à échanger des coups de feu sporadiques à proximité de l'hôtel Méridien. Nous avons dû réduire notre vitesse pour tourner à une intersection et nous sommes alors tombés dans une embuscade. Des rafales de mitraillettes et de balles traçantes rouge ont sifflé au-dessus de nos têtes. Les commandos parachutistes du camp Kanombe avaient quitté leur caserne et contrôlaient l'intersection. Le crépitement des balles était assourdissant. Mon véhicule blanc était pourtant bien visible. Il était orné de grandes lettres «ONU» peintes en noir et arborait à la fois le grand drapeau bleu des Nations unies ainsi que mon fanion de commandant de mission. Il était clair que nous étions visés. Des balles ont atteint la voiture. Les gendarmes dans le véhicule derrière n'ont que faiblement répondu aux coups de feu. J'ai crié et poussé Maggen à appuyer sur l'accélérateur et à se dépêcher de nous sortir de ce guêpier. Le moteur diesel ne répondait que difficilement et, pendant ce qui nous a paru être une éternité, nous nous sommes sentis comme des cibles de foire. Les balles avaient fait des trous dans la carrosserie, mais personne n'avait été touché. C'était la première fois que l'on me tirait dessus. J'avais connu bien des «premières fois» épouvantables au cours des vingt-quatre dernières heures. Personne n'a prononcé un mot pendant que nous roulions le plus rapidement possible vers notre Q.G.

On avait chassé la foule qui se tenait à l'entrée des barrières d'Amahoro et ces dernières étaient fermées et bien gardées par les soldats ghanéens. Une fois arrivés en sécurité, les gendarmes ont eu peur de retourner au camp Kigali pour aller chercher Ndindiliyimana et ils ont décidé de passer la nuit avec nous.

Lorsque nous sommes entrés dans le bâtiment, le bruit du centre des opérations était assourdissant. J'ai demandé à Maggen d'aller à son bureau et de contrôler ce que faisaient ses officiers de garde. Le Dr Kabia et Robert m'ont suivi en haut vers les bureaux de l'état-major, où Brent et Henry étaient en plein travail et où les téléphones n'arrêtaient pas de sonner. Fatigués, ils avaient les yeux rouges et étaient pratiquement aphones. Je leur ai demandé de réunir les officiers du Q.G., ajoutant que je m'adresserais à eux dans la salle de conférences, attenante à mon bureau. J'ai parlé en privé à Henry quelques minutes, pendant que Brent rassemblait les quelques officiers présents à notre Q.G. Je ne leur avais pas transmis par radio l'information confirmant la mort des Belges. Je me devais de leur livrer cette nouvelle personnellement. Henry a grimacé en apprenant que ses pires craintes s'étaient réalisées. Je lui ai annoncé que je n'allais pas renoncer. J'avais sans doute essuyé un échec pour prévenir la guerre civile. Cependant, je n'allais pas me planquer et abandonner ce pays dans cette situation. Nous allions sauver ce que nous pourrions sauver de l'accord d'Arusha. J'ai insisté sur le fait que Bagosora et le chef d'état-major de l'AGR voulaient que les Belges partent le plus tôt possible. Si ces derniers rentraient chez eux et si nous ne recevions pas de nouveaux contingents, les risques de la mission reposeraient sur les épaules des Ghanéens et Henry qui, debout devant moi, écoutait avec grande attention. Il était mon adjoint et mon chef d'état-major, mais il était également le commandant du contingent des 800 soldats ghanéens de la MINUAR, dont la majorité était dispersée dans la zone démilitarisée et, à l'heure actuelle, dans une position très vulnérable. Sans hésiter un seul instant et avec une détermination féroce, Henry a affirmé que les Ghanéens resteraient. Nous n'avions pas failli à notre mission, m'a-t-il dit. Il avait toujours douté du fait qu'il y avait suffisamment de bonne volonté et de désir de paix, de part et d'autre, pour que quiconque puisse réussir.

Ensuite, j'ai appelé Luc au quartier général du secteur de Kigali. Je lui ai dit que j'avais vu les corps mutilés de ses soldats à la morgue, et que j'avais compté onze morts. Il a prononcé un court et laconique « oui » et seule sa respiration rauque trahissait sa détresse. « Mais non, a-t-il repris, il doit y avoir dix corps… » Dix soldats avaient été envoyés pour protéger la première ministre Agathe, une section de mortiers commandée par le lieutenant Thierry Lotin ; seuls ces hommes manquaient à l'appel. Un peu plus tôt dans la journée, on l'avait prévenu que certains de ses soldats étaient probablement morts mais pas tous. Il ne pouvait pas croire la nouvelle que je venais de lui donner. Après lui avoir présenté mes condoléances, je l'ai assuré que les dépouilles de ses hommes étaient sous bonne garde à l'heure actuelle et que l'on pourrait aller les chercher au matin sous escorte de la Gendarmerie.

Luc a repris son sang-froid et m'a mis au courant de ce qui s'était passé depuis hier soir à son niveau. Je l'ai félicité pour avoir sauvé Faustin, puis lui ai donné mes instructions pour le jour suivant. Nous devions tous aider Gatsinzi et Ndindiliyimana à reprendre le contrôle sur la garde présidentielle et à stabiliser la ville. J'allais continuer à faire pression sur Kagame pour qu'il n'avance pas vers le sud. Luc m'a assuré qu'il travaillerait étroitement avec Ndindiliyimana pour que ses soldats et la Gendarmerie s'entraident afin de répondre aux demandes de secours sans cesse en augmentation. Je l'ai prévenu de la suggestion de Bagosora et Ndindiliyimana, c'est-à-dire qu'il serait sage de faire partir son bataillon. Luc m'a répondu que l'ambassadeur de son pays accaparait beaucoup de son temps en ce moment, à répondre aux besoins du corps diplomatique et des ressortissants belges. Il devait rassembler ses hommes autant que possible, améliorer ses positions défensives et continuer à apporter du secours à tous ceux qui étaient en danger. Mais une chose était sûre : nous n'avions pas l'intention de partir. Je lui ai une fois de plus présenté mes condoléances ainsi qu'à ses hommes, à son gouvernement et aux familles des soldats assassinés.

Ensuite, je suis allé parler aux unités de commandement : il s'agissait des mêmes officiers que ce matin. Ils faisaient encore tourner la machine parce que le reste du groupe était coincé à l'hôtel Méridien, pris dans les échanges de tirs entre le FPR et la garde présidentielle. J'ai donné l'ordre à l'équipe de se trouver sur le lieu de travail dès le lever du soleil. Henry était en charge de la coordination. Puis, je leur ai annoncé la mort des soldats belges. Cette nouvelle a frappé ces hommes déjà fatigués et a balayé toute leur énergie restante. Moen a réitéré qu'on avait retrouvé tous les autres soldats portés manquants. Les Belges qui se trouvaient à l'aéroport avaient été libérés, mais ne pouvaient toujours pas s'approcher des lieux de l'accident. Le FPR n'avait pas soulevé d'objection à ce qu'une équipe d'investigateurs vienne de l'extérieur et mène une enquête sur l'écrasement de l'avion présidentiel, mais l'AGR n'avait toujours pas répondu à ce sujet-là. J'ai alors émis quelques ordres pour le lendemain. Je voulais que le secteur de Kigali rassemble ses troupes et qu'il ait comme priorité la sécurité de l'aéroport. De même, nous concentrerions les troupes attachées au Q.G., dont la compagnie chargée de la logistique. Nous devions continuer à aider les Rwandais qui cherchaient un refuge, à soutenir notre propre personnel civil et tout autre personne en situation d'urgence. J'ai terminé la réunion en insistant pour qu'ils aillent tous se reposer un peu.

J'ai décidé de me promener à travers notre Q.G. Près de deux cents civils rwandais – hommes, femmes, enfants – dormaient sur le sol de notre cafétéria et dans les couloirs. Un peu plus tôt dans la journée, Brent avait ordonné que l'on ouvre les portes à ces personnes qui avaient fui pour sauver leur peau. Il m'a avoué que Henry était furieux contre lui, car il avait manqué aux règles de sécurité et qu'il voulait le faire passer en conseil de discipline (cela n'a jamais été plus loin). Les gens couchés ici faisaient partie des milliers de Rwandais qui avaient fui vers l'enceinte de la MINUAR des quatre coins de la ville. La plupart d'entre eux étaient des Tutsis, d'autres des Hutus modérés, mais tous avaient la peur au ventre.

Certaines de nos tentatives pour sauver des vies avaient réussi, comme pour le premier ministre Faustin, mais la plupart connurent l'échec. Des miliciens saouls et des jeunes hostiles bloquaient à tout bout de champ nos patrouilles. Au milieu de tout ce désastre, le quartier général du ministère de la Défense à Ottawa avait appelé pour exiger des rapports biquotidiens. Nos fonctionnaires n'avaient jamais démontré quelque intérêt que ce soit pour notre mission et n'avaient daigné répondre à aucun de nos rapports hebdomadaires au cours des six derniers mois. J'ai pensé qu'il était peut-être un peu tard pour se manifester.

Nous n'avions aucune réserve de vivres au Q.G., mais Brent avait déniché quelques tablettes de chocolat pour nous soutenir. Il avait également découvert un vieux matelas dans le sous-sol et avait déchiré des rideaux pour en faire des couvertures. Ainsi, il m'installa un lit de fortune dans mon bureau pendant que j'appelais New York. Il était plus de minuit à Kigali, et environ 16 heures dans les locaux de l'ONU.

J'avais en ligne Kofi Annan, Iqbal Riza et Hedi Annabi. Je leur ai raconté tous les déboires de la journée : la mort de mes soldats et des chefs politiques modérés, les meurtres systématiques, les échecs des réunions politiques, les offres de Kagame, les actions de Bagosora, la reprise des hostilités. Ils n'ont cependant pu me faire aucune suggestion pour arriver à remettre le génie maléfique dans sa bouteille. Je leur ai dit que nous avions des milliers de Rwandais appartenant aux deux groupes ethniques à l'intérieur de tous nos locaux, que le premier ministre Faustin se trouvait à notre Q.G. et que nous n'abandonnerions ni les uns ni les autres sans nous battre. Ils m'ont rassuré tout de suite en disant qu'une telle action faisait partie de mon mandat.

J'ai évoqué la possibilité que les modérés puissent s'unir à nous pendant la nuit, ce qui nous permettrait, peut-être, de contrôler la situation, au moins en ce qui concernait l'aspect militaire. Cela voulait dire que je devais leur montrer mon appui et leur donner le sentiment que la communauté internationale leur apporterait la sécurité. Ils m'ont répondu que non. Je devrais laisser les modérés faire les premiers pas, ne pas offrir le soutien de la MINUAR comme force de protection à l'une des deux factions. Cet ordre m'a déconcerté. Les modérés ne montreraient pas leur jeu sans que, d'abord, je montre le mien. J'ai insisté : là résidait peut-être notre unique chance de remettre le Rwanda sur le chemin de l'accord d'Arusha, et nous ne devions pas la laisser passer. Dans le cas contraire, nous permettrions aux extrémistes de prendre l'initiative, et nous ne deviendrions rien d'autres que les témoins d'un génocide. La réponse est arrivée sans que je puisse me méprendre : je ne devais pas prendre parti, c'était aux Rwandais de décider de leur sort. J'ai fait une remarque : tant que le FPR ne traversait pas la frontière de la zone démilitarisée, je pensais que j'avais encore un mandat. Personne n'a soulevé d'objection, mais ils m'ont rappelé de rester dans les strictes limites de ma mission.

Ils ont ajouté de ne pas risquer la vie des soldats de la MINUAR, de contribuer à assurer la sécurité de tous les civils de l'ONU ainsi que de leurs dépendants, de rester en contact étroit avec les expatriés et la communauté diplomatique, de mettre à jour mon plan de repli et d'être prêt à le rendre opérationnel. J'ai raccroché, un sentiment de colère m'avait soudainement envahi. Je me sentais vidé et absorbé par un conflit moral et éthique.

Il était 1 heure du matin. Avant d'aller me reposer, je suis allé voir Faustin qui avait passé la journée à écouter la radio après son sauvetage. La station RTLM avait fait des reportages sur les meurtres contre les modérés et leurs familles. Radio-Télé La Mort encourageait les personnes qui l'écoutaient à massacrer des Tutsis et réclamait la peau de tous les Hutus modérés, qu'elle considérait comme des traîtres. Ces déclarations étaient accompagnées de musique enregistrée interprétée par des chanteurs populaires. Ces chansons avaient pour but de provoquer la violence, avec des paroles telles que : « Je hais les Hutus, je hais les Hutus, je hais les Hutus qui pensent que les Tutsis ne sont pas des serpents. » D'après Faustin, l'apocalypse avait commencé. Que pouvais-je lui répondre ? Simplement qu'il était en sécurité à notre Q.G. et que nous allions tenter de retrouver les membres de sa famille qui avaient fui. Je l'ai quitté en proie à une affliction profonde.

Je me suis couché. Par la fenêtre ouverte, je pouvais entendre le bruit des coups de feu et des grenades qui explosaient dans l'est de la ville. Mon esprit était rempli de sons et d'images : les corps emmêlés de mes soldats belges, Hélène, Lando et leurs superbes enfants nous appelant au secours et qui, ensuite, s'étaient résignés à leur destin. Le sang coagulé et les cris à l'hôpital de Kigali. Le sourire trompeur de Bagosora. La garde présidentielle et les miliciens de l'Interahamwe aux barrages de rues, leurs visages assoiffés de sang. L'énigme que représentait Ndindiliyimana. La voix de la première ministre Agathe lorsqu'elle avait compris qu'elle ne pouvait se rendre à la station de radio pour parler à la nation. Ses enfants se cachant dans un coin sombre d'une chambre à coucher, s'attendant à ce que les prochains bruits de pas soit ceux des personnes venues les exécuter. Le choc exprimé sous la pauvre lumière qui l'éclairait par le visage de Robert à la morgue.

Moi, qui avais tant fait pour obtenir le commandement de la MINUAR, devais constater que la mission était un échec. Il m'était impossible de dormir.

Quelques-uns de mes soldats étaient morts en défendant la dignité et les droits de l'homme et non en défendant leur propre pays et leurs concitoyens. Était-ce vraiment cela le prix à payer pour la paix ? Était-ce le prix que les familles, les amis et les gouvernements de mes Casques bleus étaient prêts à payer ? La perte des dix soldats belges serait le facteur déterminant pour le reste de la mission : la communauté internationale allait-elle me donner plus d'appui pour arrêter cette folie ou, comme en Somalie, utiliserait-elle l'excuse de ces morts pour prendre la fuite face à l'adversité ?

Aujourd'hui serait certainement pire qu'hier. Si les massacres continuaient et si le FPR décidait de combattre l'AGR en dessous de la zone démilitarisée, nous allions recevoir l'ordre de quitter le pays ou alors recevoir des renforts. Cependant, je pouvais aussi recevoir l'ordre de rester sur place avec mes unités. Je n'allais pas battre en retraite devant cette terrible situation. Avec l'aide de Luc, de Henry, de Tiko, de Moen et de Yaache, j'allais repositionner mes hommes et tenter d'appuyer les initiatives des modérés de l'armée gouvernementale, j'allais demander l'aide de l'ONU pour arrêter les assassinats et mettre au point des cessez-le-feu pour renvoyer le FPR vers le nord. Je me suis levé et j'ai gribouillé quelques notes à ce sujet dans mon agenda, puis je me suis couché et me suis finalement endormi.

C'était la fin du premier jour d'une guerre civile qui devait durer presque cent jours et d'un génocide qui nous engloutirait tous dans un carnage inimaginable.

# Chapitre 11

# Partir ou rester ?

À l'aube, le 8 avril, je me suis réveillé au bruit de fusillades intenses. Brent avait réussi à me faire une tasse de thé; après l'avoir bue, je me suis lavé et rasé en utilisant un verre d'eau. Ce serait ma routine quotidienne pendant les cent jours suivants. La réserve d'eau de la ville avait été coupée, et nous devions économiser au maximum nos bouteilles d'eau de source. Pas un d'entre nous n'aurait la possibilité de se doucher ou de se baigner pendant plusieurs mois, et notre ration journalière pour nos ablutions était un verre. Pour laver nos uniformes à la main, bien souvent sans savon, nous avons commencé à recueillir l'eau de pluie. Nous dégagions tous une odeur désagréable et assez significative.

Le soleil se levait et, avec lui, les foules réapparaissaient dans les rues. On signalait des coups de feu aux quatre coins de la ville. L'attaque du FPR contre l'enceinte de la Garde présidentielle avait été repoussée, et le FPR regroupait maintenant ses troupes autour du complexe du CND. La journée précédente, des éléments de l'AGR et de la Gendarmerie avaient rejoint la Garde présidentielle et l'Interahamwe pour participer aux saccages. Il était apparu que le pouvoir de la Troisième force était beaucoup plus important que ce que l'on connaissait de ses unités extrémistes.

Dans les différents sites protégés de l'ONU, nous hébergions des milliers de Rwandais effrayés. New York devait clarifier mon autorité à protéger tous ces gens dont la situation critique occasionnait des dilemmes moraux et des problèmes de logistique. Comment pouvais-je assurer leur sécurité ? En attendant, nous gardions nos portes ouvertes à tous ceux qui cherchaient un refuge. Lors des premières « prières[17] » de ce matin de guerre, j'ai donné l'ordre de fouiller et désarmer toutes les personnes qui entraient dans nos locaux. J'ai également ordonné d'escorter, aussitôt que possible, au stade Amahoro, les centaines de Rwandais réfugiés au Q.G. de nos forces. Le manque d'eau et de nourriture allait faire beaucoup de victimes au cours des prochains jours et des prochaines semaines. Nous avons protégé ces citoyens d'une mort certaine aux mains des extrémistes ou de l'AGR, mais nous les avons vus ensuite succomber de déshydratation, de maladie et de faim. Beaucoup de mes soldats qui vivaient parmi eux tombèrent, eux aussi, malades : il était impensable pour eux de consommer les rares rations dont ils disposaient devant des personnes mourant de faim, tout spécialement des enfants. Ils donnaient alors leur nourriture au mépris de leur propre santé. L'aide humanitaire était encore bien loin.

Ce jour-là, j'ai aussi donné ordre que tous les officiers de mon état-major quittent l'hôtel Méridien en convoi pour venir au Q.G. de l'armée. Si j'avais pu traverser la ville sans protection, ils devraient bien trouver un moyen pour venir ici sous escorte. Il s'agissait d'une priorité. Pour être le plus fonctionnel possible, tout le personnel devait se regrouper. Tous les secteurs devaient faire le compte de leurs hommes et envoyer des patrouilles pour rescaper chaque militaire et chaque civil manquant. À la nuit tombée, je voulais que toute personne associée à la MINUAR se trouve dans des sites contrôlés et gardés par l'ONU. Nous subissions toujours la restriction imposée par Riza sur nos règles d'engagement. Par conséquent, nos tentatives de sauvetage relevaient davantage de la chance et du pouvoir de persuasion que de la force. Pour compliquer les choses, les téléphones à l'intérieur de notre Q.G. ont arrêté de fonctionner, alors que mes officiers commençaient à s'acquitter de toutes ces tâches.

---

17. Réunion du commandant et de ses principaux subordonnés en vue de la coordination des missions pour la journée ou la semaine.

Le jour précédent, jour de la mort des soldats belges, deux Uruguayens, un Bangladais et un Ghanéen avaient été blessés ; je savais que nous allions déplorer de nouvelles pertes. Malgré toutes les demandes de réapprovisionnement, même les armoires de notre hôpital de campagne restaient vides. Seul le contingent belge disposait de médicaments. Le Hercule belge qui n'avait pas eu le droit d'atterrir le 6 avril attendait au sol à l'aéroport de Nairobi. L'aéroport de Kigali était sous contrôle de l'AGR et restait fermé au trafic aérien. Les deux hélicoptères pour lesquels nous avions passé des contrats avaient disparu hier – les pilotes, tous deux des employés contractuels, avaient fui en Ouganda à la suite de l'explosion de violence. Qui aurait pu les blâmer ? Mais, résultat, nous étions confinés à Kigali sans aucune possibilité d'évacuer nos blessés. Toute personne blessée sérieusement pourrait fort bien décéder. Au cours des semaines suivantes, dans toutes mes décisions, je devrais évaluer le risque d'une opération militaire avec, en contrepartie, aucun réseau médical et un manque de munitions.

Robert et moi sommes partis à la résidence du RSSG des Nations unies. Le CND était la cible de tirs provenant de toutes les directions, et le FPR retournait autant de coup de feu qu'il en recevait. Une fois, nous avons traversé une scène de bataille dans notre quatre-quatre. Conduire sous un feu nourri dans un véhicule non blindé est – l'expression est faible – assez dérangeant ; toutefois nous allions vivre quotidiennement ce genre d'expérience.

À notre arrivée à sa résidence, Booh-Booh et son personnel étaient en état de choc. Je leur ai recommandé de partir à mon Q.G., où Booh-Booh pourrait mieux maîtriser la situation et avoir des communications sécurisées par satellite avec New York. Il était clair qu'il était déjà entré en contact avec l'ONU. Dieu sait ce qu'il avait raconté, ou si les gens qui l'avaient écouté étaient bien les bonnes personnes. Il a insisté pour demeurer où il était, même s'il était évident qu'il était totalement dépassé et qu'il n'avait aucune idée de la conduite à suivre. Je n'ai pas compris son refus de partir vers un endroit d'où il pourrait suivre ce qui se déroulait, surtout que je croyais pouvoir garantir son déplacement en toute sécurité. Un peu plus tard dans la journée, sa maison a été prise au milieu d'un échange de coups de feu entre le FPR et la Garde présidentielle. Les Belges l'ont déménagé avec son personnel à l'hôtel Méridien, mais ce poste de commandement était peu pratique. Booh-Booh se fiait à son conseiller politique, Mamadou Kane, pour lui faire faire la navette entre notre Q.G., ses chambres à l'hôtel et toutes les réunions politiques que nous organisions.

Je suis parti au CND. Je voulais que Kagame mette fin aux hostilités. Nous avons conduit dans ce qui était devenu le *no man's land* entre le FPR et l'AGR. Ballis est venu me rencontrer à l'entrée du bâtiment du CND. Il m'a murmuré à l'oreille que le FPR refusait d'écouter la voix de la raison. Ce dernier conservait sa position quant aux conditions préalables à toute négociation en vue d'un cessez-le-feu et se préparait pour une action militaire. Beaucoup de Tutsis, y compris des membres des familles du FPR, étaient pourchassés et massacrés – un argument irréfutable pour le FPR de prendre les armes. Cependant, si tel était le cas, cette offensive conduirait inévitablement à la guerre civile.

J'ai rencontré ce qui restait des chefs politiques du FPR dans le grand hall séparant l'immeuble de l'assemblée du complexe hôtelier. J'ai été accueilli par Seth Sendashonga, Tito Rutaremara, le D$^r$ Jacques et le commandant Charles qui se suivaient en ligne comme des dignitaires à une réception. Je les ai accompagnés dans une petite salle de conférences mal éclairée. J'avais un argument principal : si le FPR s'engageait de nouveau dans des hostilités militaires, les modérés ne pourraient pas rallier des éléments de l'armée et de la Gendarmerie à leur cause. Je les ai suppliés de tout faire pour conserver la paix, ce qui me permettrait d'organiser une réunion avec les modérés de l'AGR appartenant au Comité de crise. « Quels modérés ? » m'a demandé Seth. Le premier ministre et les autres chefs avaient tous été tués, et les extrémistes étaient en train de réaliser leur plan préparé de longue date. S'il existait des modérés encore vivants ayant un certain pouvoir, Seth voulait les voir, et vite. Le commandant Charles allait bientôt exécuter les ordres de Kagame, et il serait préférable que la MINUAR ne lui mette pas de bâtons dans les roues. Seth m'a laissé une mince ouverture. Si je pouvais faire le nécessaire, le FPR serait d'accord pour rencontrer le Comité de crise, qui relevait de l'armée et non du gouvernement. J'ai essayé de les persuader que, lors d'une telle réunion, il faudrait négocier la reprise du cessez-le-feu qui existait dans l'accord d'Arusha. Comme d'habitude avec ce groupe politique, les hommes en présence m'ont avisé qu'ils devaient se rapporter d'abord au Conseil supérieur du FPR. Je leur ai demandé d'au moins clarifier leurs conditions. Seth les a énumérées : 1. le massacre de civils innocents devait cesser ; 2. les tirs de l'AGR contre le CND devaient arrêter ; 3. la Garde présidentielle devait être désarmée, renvoyée dans ses quartiers et mise en état d'arrestation ; 4. le Comité de crise devait condamner les actions des extrémistes, et particulièrement celles de la Garde présidentielle ; 5. le réseau téléphonique devait être rétabli ; 6. le Comité de crise devait désigner clairement son chef ; 7. le Comité de crise devait produire un communiqué conjoint avec le FPR au sujet du véritable état de la situation et le diffuser à la nation ; 8. le Comité de crise devait expliquer la mort et la disparition de tous les notables. À ce moment-là seulement, le FPR serait ouvert aux négociations pour un cessez-le-feu. La réunion s'arrêta brutalement lorsque des morceaux de verres tombèrent du puits de lumière, à la suite d'un échange de rafales de mitrailleuses lourdes.

J'avais laissé mon véhicule à l'entrée avec Robert au volant qui, malgré tous les coups de feu, n'avait pas bougé de son siège. Après avoir dit un au revoir rapide à Walter Ballis – un officier supérieur fiable à qui j'avais enjoint de demeurer avec les observateurs militaires, où j'avais besoin de lui – et lui avoir souhaité bonne chance, nous nous sommes dirigés, à travers la ligne de feu, vers la route conduisant directement au ministère de la Défense. Je souhaitais rencontrer Bagosora et le Comité de crise. Cela nous a pris plus d'une demi-heure pour traverser les différents barrages routiers, dont une grande quantité attirait de nombreux spectateurs. Un peu comme si chaque barrière s'était transformée en scène de théâtre où se jouaient des actes de cruauté. Le pouvoir était entre les mains de groupes qui avaient l'œil sur tout. Plus près du ministère de la Défense, au centre-ville, la Garde présidentielle et le bataillon de reconnaissance montaient encore la garde aux différents barrages routiers. Nous n'avons vu aucun civil une fois passé le point de contrôle des Mille Collines. À chaque poste de contrôle, des soldats nous ont arrêtés, ont jeté un coup d'œil et nous ont laissés passer. J'ai eu l'impression qu'ils avaient reçu l'ordre de nous laisser nous déplacer librement, et j'ai espéré que tous les membres de la MINUAR auraient la même liberté. Je me trompais.

J'ai de nouveau surpris Bagosora en arrivant au Ministère, alors qu'il était assis à la tête de la table de conférence du ministre en train de présider une réunion de politiciens de différents partis. En ces hommes, j'ai reconnu des partisans de la ligne dure. Il s'est levé pour me saluer et m'annoncer qu'il présidait une réunion avec les différents partis politiques afin d'accélérer la transition entre l'état de contrôle militaire actuel et un contrôle politique. Sa nervosité était évidente : il donnait des signes d'impatience et tentait de me pousser vers la porte. Il n'aurait pas pu être plus explicite : il ne voulait pas de ma présence à cette réunion. Avant de me chasser et de me fermer la porte au nez, il m'a dit que le nouveau gouvernement serait assermenté le jour suivant, le 9 avril, probablement à l'hôtel des Diplomates. La plupart des hommes politiques et de leurs familles y avaient emménagé pour des raisons de sécurité.

Furieux, je suis allé directement au Q.G. de l'AGR retrouver Gatsinzi et Ndindiliyimana pour essayer de découvrir quels ordres ils avaient reçus de Bagosora. Des soldats nous ont ouvert les barrières défensives en acier et le portail. Des membres de la Garde présidentielle prenaient place à tous les points de contrôle, et il m'a semblé que les soldats de l'AGR leur étaient soumis. J'ai rencontré le général Gatsinzi près de l'entrée de l'immeuble qui abritait les bureaux. Il a paru soulagé de me voir, tout comme les officiers de son entourage. Cependant, il paraissait angoissé et fatigué. Il s'est de nouveau excusé de la mort des soldats belges et du fait qu'il n'était pas encore parvenu à contrôler l'armée. Quelques unités refusaient tout simplement de communiquer avec lui ; d'autres l'écoutaient et, ensuite, ne tenaient absolument pas compte de ses ordres. Dans le sud, il possédait quelques unités qui ne s'étaient pas compromises dans les massacres, mais qui, en revanche, étaient très infiltrées par des officiers fanatiques venus du nord. Ces unités étaient toutefois trop loin pour influencer le moindrement la situation à Kigali. Le général Gatsinzi était découragé par l'incapacité des modérés à rassembler une force ayant une quelconque cohésion. Il a mentionné la tentative de Ndindiliyimana de remettre sur pied les deux compagnies de choc pour parvenir à contrôler le reste de la Gendarmerie. Toutes deux éprouvaient de terribles problèmes de commandement et de contrôle. De plus, leurs radios n'étaient pas fiables, et le réseau téléphonique restait non opérationnel.

Étant donné que Bagosora ne m'avait pas laissé parler, j'ai transmis les conditions préalables à Gatsinzi en lui disant que le FPR négocierait uniquement avec le Comité de crise, et non avec les politiciens. Il a été d'accord pour rencontrer le FPR, mais en raison de son manque de contrôle sur l'armée, je savais que le FPR ne le trouverait pas très crédible. Je voulais rétablir la présence d'officiers de liaison entre nos Q.G. respectifs pour augmenter les communications directes et, dans ce but, j'ai promis d'envoyer une équipe d'observateurs militaires. Je souhaitais la même chose de sa part. Je lui ai ensuite demandé où étaient gardés les politiciens enlevés. Il ne le savait pas, même si je soupçonnais fortement Bagosora d'être parfaitement au courant. Gatsinzi m'a raccompagné à mon véhicule et m'a observé pendant que nous partions. Son visage affichait une expression que je connaissais bien : celle d'un commandant aux prises avec une mission impossible.

En retournant à Amahoro, j'ai décidé de m'arrêter au Mille Collines où un grand nombre d'expatriés, de Rwandais et de membres du personnel de la MINUAR s'étaient réfugiés. Le hall d'entrée, la terrasse et les chambres étaient remplis de civils en proie à la terreur. Ils se sont rassemblés autour de moi, me suppliant de leur dire ce qu'il se passait et de les protéger. Je leur ai recommandé de rester calmes et leur ai prodigué des paroles d'encouragement, mais je n'avais que des mots à leur offrir.

J'étais en train de chercher discrètement le capitaine Mbaye lorsqu'il est apparu, comme venu de nulle part, et m'a emmené à l'écart. Hier, alors qu'aucun véhicule blindé ne s'était montré, il avait rassemblé les enfants de madame Agathe, les avait enfouis sous des tas de vêtements à l'arrière de son véhicule et les avait conduits à l'hôtel. Aucun incident n'avait eu lieu pendant le trajet et, pour l'instant, les enfants étaient en sécurité dans une chambre à l'étage. Je lui ai dit que je ferais tout mon possible pour les faire sortir de là.

Sans aucun doute, des mouchards résidaient dans l'hôtel. Le capitaine devait absolument garder les enfants cachés dans leur chambre.

À l'extérieur, un groupe de l'Interahamwe érigeait un barrage devant l'hôtel. Je me suis arrêté pour savoir ce qu'ils étaient en train de faire. Les hommes m'ont répondu que l'hôtel abritait des traîtres, et qu'ils ne laisseraient sortir personne. Toutefois, quiconque voulait entrer au Mille Collines pourrait passer. J'ai eu la chair de poule. À l'intérieur, les personnes étaient parquées comme un troupeau, et il serait facile à l'Interahamwe d'y faire irruption pour les tuer. Après leur avoir dit que l'hôtel était maintenant sous protection de l'ONU, je leur ai donné l'ordre de ne pas y entrer. Ils ont ri à cette déclaration. D'un signe de la main, j'ai demandé à un groupe d'observateurs de l'ONU qui se trouvaient à l'intérieur sous le commandement du major congolais Victor Moigny de venir me rejoindre. J'ai ordonné au major de permettre l'entrée de l'hôtel à toute personne désarmée et de l'interdire à toute personne armée. Il m'a regardé avec incrédulité – comment allait-il pouvoir empêcher un individu armé d'entrer ? Mon ordre les mettait, lui et son équipe, en grand danger. Sa seule arme était sa capacité de bluffer jusqu'à ce que je puisse envoyer des soldats armés et, peut-être, des véhicules blindés à l'hôtel, au cœur d'une zone de Kigali contrôlée par les fanatiques.

En retournant à notre Q.G., nous avons entendu des coups de feu sporadiques, venant de plusieurs directions. Le restaurant Chez Lando était en flammes. Nous étions à la fin de l'après-midi. La foule dans les rues avait augmenté et des milliers de personnes bloquaient de nouveau les entrées du stade. À notre passage au beau milieu de tous ces gens, je ne pensais qu'à la possibilité de voir éclater un massacre à grande échelle, comme au Burundi après le coup d'État du mois d'octobre. Nous devions absolument trouver un moyen pour empêcher que des assassinats se produisent un peu partout.

À l'intérieur du Q.G., j'ai été mis au courant des derniers événements. Kagame avait lancé son offensive et pénétré dans la zone démilitarisée presque vingt-quatre heures après son avertissement. À l'intérieur de cette zone, presque tous nos soldats en fonction dans des postes isolés avaient pu se réfugier dans nos camps protégés et se trouvaient maintenant en sécurité. Des combats avaient eu lieu près de Ruhengeri, au nord-ouest, à Byumba, au centre, et à Gabiro, à l'est. Nos observateurs militaires avaient fait état d'une attaque sur trois fronts : il était évident que Kagame voulait que son ennemi se demande le plus longtemps possible d'où viendrait l'attaque la plus importante. Il avait massé ses troupes en préparation d'un assaut direct contre Kigali, pendant qu'il fixait un grand nombre de ses opposants sur les flancs, à Ruhengeri et Gabiro. S'il lançait une attaque déterminée, il pouvait écraser la garnison de Kigali, faire la jonction avec son unité en ville, prendre la capitale et contrôler le pays en très peu de temps. Cette fois-ci, il n'y avait pas de force française d'intervention pour lui mettre de bâtons dans les roues, et la MINUAR n'avait pas le mandat de le stopper.

Bon nombre de mes officiers étaient à leur bureau, et dans une pièce adjacente à mon centre d'opérations, Tiko avait organisé un nouveau Q.G. pour le groupe d'observateurs militaires. Toutefois, de nombreux officiers de mon état-major manquaient encore à l'appel. Il paraît que mon ordre de se rendre en convoi à notre Q.G. militaire s'était perdu en route, quelque part entre le secteur de Kigali et le Q.G. des Bangladais. Il me semblait que beaucoup de mes requêtes se perdaient au sein du bataillon bangladais. J'ai ordonné à Henry d'organiser personnellement un autre convoi le jour suivant en s'assurant que tous mes officiers d'état-major soient amenés à notre Q.G. Ils n'étaient utiles à personne en restant dans leurs chambres d'hôtel au Méridien. Comme nous n'avions plus d'eau ni de vivres, Henry était en train de préparer un autre convoi qui, lui, devait nous apporter de l'eau, du carburant et de la nourriture. Ces réserves venaient de la compagnie de logistique bangladaise qui ne pouvait se déplacer : elle avait refusé de bouger sans la surveillance d'une escorte armée ! L'électricité, tout comme l'eau et le téléphone, avait été coupée à Kigali. Sans carburant, impossible de faire fonctionner nos génératrices, et nous allions être privés de courant pour notre système de communication par satellite. Bref, nous serions totalement isolés du reste du monde.

À ce jour, environ 15 000 Rwandais avaient cherché refuge dans tous nos locaux, le plus grand nombre d'entre eux étant à l'hôpital King Faisal et au stade d'Amahoro. Possédant une bonne expérience des catastrophes naturelles, les Bangladais savaient très bien que la déshydratation et le spectre du choléra et de la dysenterie étaient imminents. Ils ont donné l'ordre de construire des latrines et de rendre leur utilisation obligatoire. Mais, même là, nous n'avions pas de chaux pour les assainir. Quoi que nous fassions dans les circonstances actuelles, les personnes commenceraient à mourir dans les jours suivants.

Je suis allé au centre des opérations pour que Moen et les autres officiers me donnent le pouls de la situation générale dans le pays. Pendant que l'on me mettait au courant, Brent m'a rapporté que l'officier de sécurité du Programme des Nations unies pour le développement (PNUD) avait rapatrié et mis en sécurité tout son personnel sans subir aucune perte. L'agente principale d'administration par intérim avait installé la majorité de son personnel et des civils locaux l'appuyant dans les Q.G. On n'avait pas signalé de pertes parmi les expatriés. Apparemment, les diplomates et les membres de l'ONU n'avaient pas été visés par les extrémistes. Notre personnel rwandais ne s'en était pas sorti aussi bien. Brent m'a rapporté que les patrouilles envoyées chez nos employés avaient trouvé des familles entières assassinées, et certaines avaient disparu. Notre personnel rwandais sous contrat, des Tutsis pour la plupart, avaient assuré le lien linguistique entre nous et les gens du pays, et leur aide s'était révélée capitale pour le bon fonctionnement de notre Q.G. Dans les heures qui ont suivi, nous avons pu en sauver quelques-uns, mais la majorité a été assassinée. Dès les premiers jours d'hostilité, ils faisaient partie des cibles prioritaires.

En possession de ces renseignements déprimants, j'ai appelé New York et j'ai parlé à Annan, Riza et Maurice Baril. Somme toute, ma mission était terminée. J'attendais des ordres pour savoir que faire avec les moyens dont je disposais. Je n'avais pas le contrôle de l'aéroport, notre seul lien avec le monde extérieur. Même si mes soldats étaient toujours présents là-bas, c'est l'AGR qui contrôlait le périmètre de l'aéroport et la tour de contrôle, alors que les pistes étaient fermées. Le FPR m'avait informé qu'il considérerait l'aéroport comme fermé et qu'il tirerait sur tout avion essayant d'atterrir. Il voulait éviter toute tentative des Français pour aider l'AGR.

J'ai parlé au triumvirat du désastre humanitaire qui se jouait à Kigali, alors que des milliers de personnes s'étaient placées sous notre protection. J'ai demandé deux bataillons et parlé de mon besoin urgent de support logistique. J'allais tenter d'étendre le contrôle exercé par la MINUAR hors des seuls lieux isolés les uns des autres où elle se trouvait maintenant, car cela représentait la clé de toute évacuation possible et de l'élargissement de la mission. À ce sujet, j'avais déjà fait un rapport verbal très détaillé et envoyé deux rapports écrits au DOMP[18]. J'étais persuadé que mes supérieurs étaient bien renseignés sur l'état de mes effectifs et sur la situation dans la zone visée par ma mission, qu'ils avaient une idée claire de ce qui se passait par suite des informations que je leur fournissais. Ils m'ont donné l'ordre d'établir une liste de mes priorités en ce qui concernait mes demandes en logistique et se sont engagés à les satisfaire. Kofi Annan m'a offert des paroles d'encouragement et a promis de m'appuyer, tout en me suppliant de garder le contact avec les belligérants pour essayer de négocier un cessez-le-feu.

À l'heure de la «prière du soir», la situation avait empiré. Kagame avait quitté Mulindi avec un Q.G. tactique, et le commandant des observateurs militaires du secteur l'accompagnait. Les soldats du FPR sortaient de leurs campements, prêts à la guerre, bien disciplinés et affichant un excellent moral. Ils donnaient l'impression de partir pour un exercice bien planifié et répété. Aucune violence n'était rapportée dans le secteur contrôlé par le FPR.

Dans la zone démilitarisée, le bataillon ghanéen, le corps de génie bangladais et les observateurs militaires prenaient des positions défensives dans leurs camps. On rapportait des assassinats dans le secteur nord, tout spécialement à Ruhengeri et à Gisenyi. J'ai donné l'ordre à Tiko de garder en place ses équipes aussi longtemps qu'il le pouvait. Si lui et ses hommes sentaient leur vie menacée à cause des combats en cours, ils devraient se diriger vers nos garnisons dans la zone démilitarisée, vers Kigali ou la frontière la plus proche. Tout était calme dans le sud, là où l'armée et la Gendarmerie étaient en position de force. La situation y était tendue mais calme, et nos observateurs militaires restaient en contact étroit avec les chefs

---

18. «Envoi du code câblé n° 8 d'avril 1994. Rapport supplémentaire sur les activités humanitaires de la MINUAR» et «Envoi du code câblé n° 8 d'avril 1994. Mise à jour sur la situation courante au Rwanda et sur les aspects militaires de la mission».

militaires, politiques et de la police. Tous déclaraient s'être engagés à faire respecter la loi et l'ordre, ainsi que l'accord d'Arusha.

À Kigali, tous les membres des bataillons belges et bangladais – la compagnie chargée de la logistique, la section de contrôle des mouvements de troupes, la section de la police militaire et l'hôpital – avaient été recensés et se trouvaient dans des lieux gardés. Les ambassadeurs belge et français faisaient pression sur Luc pour qu'il aide à mettre les ressortissants étrangers en sécurité. J'ai dit à Luc que les tâches concernant la MINUAR venaient en premier, que le plan d'évacuation intégré incluait les ressortissants étrangers et qu'il serait mis en place dès que nous en aurions reçu l'ordre. Jusque-là, notre responsabilité première restait le peuple rwandais. Les milices bloquaient plusieurs endroits à l'intérieur de la ville. Les soldats belges de Luc se faisaient physiquement malmener et essuyaient d'occasionnels coups de feu. La situation du bataillon bangladais empirait. Luc avait l'impression que cette unité au complet était quasiment inutile. Les Bangladais ne faisaient aucunement attention à ses ordres de mission, ou prétendaient avoir rempli leur mission alors qu'il n'en était rien. Leur commandant ne bredouillait rien d'autre que des excuses, et la plus grande partie du contingent vivait en crevant de peur dans des tranchées à l'intérieur de son campement.

Après la «prière du soir», j'ai pris une tasse de thé avec Faustin dans mon bureau. On n'avait pas encore réussi à localiser sa famille et il avait passé une grande partie de la journée à écouter la propagande diffusée par RTML. Une foule de commentateurs exhortaient la populace à la violence, diffusaient des chansons à caractère provocateur et allaient jusqu'à lire les noms des personnes à tuer en indiquant les endroits où les trouver. Au Rwanda, la radio avait carrément une puissance divine. Si elle appelait à la violence, beaucoup de Rwandais répondraient à cet appel, certains d'avoir été mandatés pour commettre de tels forfaits. Les chansons – véritables appels au meurtre – que Faustin avait écoutées avaient probablement été enregistrées. Cela signifiait que la RTLM était au courant depuis un certain temps des événements qui se préparaient et qu'elle y jouait un rôle clé. Un appel de l'AGR rappelant tous ses réservistes était également passé sur ces ondes criminelles. Malgré tout, Faustin restait persuadé que le FPR gagnerait cette guerre. Ses soldats se battaient pour une cause dans laquelle ils croyaient, tandis que ceux de l'armée gouvernementale rwandaise tuaient pour le plaisir de tuer, ne sachant ni ne voulant savoir pourquoi. Dans ce genre de conflit, les hommes qui se battent pour des principes dans lesquels ils croient doivent obligatoirement gagner.

Lorsque Faustin est parti, j'ai fait venir le colonel Moen et lui ai demandé de m'expliquer les performances du contingent bangladais au cours des 24 dernières heures. Il m'a déclaré que le commandant bangladais ne voyait aucun problème à risquer la vie de ses hommes pour sauver des ressortissants étrangers, mais pas pour sauver la vie de civils rwandais. Il m'a dit que le commandant en avait référé à Dacca pour connaître les ordres. Ses supérieurs lui avaient ordonné de ne pas mettre en danger la vie de ses soldats en protégeant des Rwandais ni de prendre de risques en transportant des ressortissants indigènes dans leurs véhicules. Mal à l'aise, Moen m'a déclaré que si j'émettais un ordre et que le commandant de son contingent considérait la vie de ses hommes mise en péril sans nécessité, je devrais consigner cet ordre par écrit.

Cette attitude m'a mis en colère. J'ai répondu à Moen que j'en avais assez du manque de courage des Bangladais et de leur manque de professionnalisme. Je m'attendais à ce qu'ils obéissent aux ordres. Je l'ai assuré que je n'avais aucunement envie de risquer la vie des soldats bangladais. Toutefois, ils devaient prendre les mêmes risques que les autres Casques bleus de la MINUAR. Ils n'étaient pas venus au Rwanda en touristes. Par l'intermédiaire de Moen, j'ai ordonné au commandant de son unité de sortir en force dès l'aube et de disperser la populace qui traînait autour du stade et de notre Q.G., et aussi d'ouvrir les intersections à la circulation. Je voulais que la MINUAR garde une attitude proactive. Chaque fois qu'une foule bloquerait une route, nous la dégagerions immédiatement. Ce genre d'opération devait être mené avec fermeté et grâce à la participation de chaque homme et de chaque véhicule blindé disponible, Le rôle du commandant de l'unité était de la diriger en personne. Moen a été d'accord et m'a assuré qu'il parlerait au commandant en question. Je plaignais Moen. C'était un officier expérimenté, diplômé du Collège du commandement et d'état-major de l'Armée américaine: le U.S. Army Command and General Staff College, de

Leavenworth. Je savais qu'il avait honte des performances de ses compatriotes. À titre de commandant de la force onusienne, je ne pouvais pas renvoyer un officier dont le grade était supérieur à celui de lieutenant-colonel – certainement pas un commandant d'unité –, sans obtenir la permission de New York. Toutefois, le commandant du contingent bangladais pouvait être poussé à agir si un officier d'un rang égal à lui et de même nationalité le talonnait.

Après le départ de Moen, Brent m'a encouragé à appeler Beth pour lui dire que j'allais bien. Je suis content de l'avoir fait. Un peu plus tôt, l'aumônier du régiment (5ᵉ RALC) était entré en contact avec elle pour lui offrir toute aide dont elle pourrait avoir besoin, et elle avait immédiatement pensé au pire. Elle m'a dit qu'elle et les enfants priaient pour moi et qu'ils tenaient le coup. Chaque jour que je passais sur le terrain, elle comme les autres femmes et les enfants des soldats de la MINUAR vivaient sur des charbons ardents et attendaient un coup de téléphone ou une visite leur annonçant que l'être aimé était mort ou blessé. À notre époque où la guerre est diffusée en direct à la télé 24 heures sur 24, nos familles vivaient les missions en même temps que nous – un nouveau phénomène qui les hantait, et nous avec.

Un peu avant minuit, j'ai fini de rédiger d'autres rapports pour New York et, encore sur l'adrénaline, j'ai quitté mon bureau pour marcher dans les couloirs obscurs. Ce jour-là, les Ghanéens avaient pris en charge la sécurité du Q.G., et j'ai décidé de jeter un coup d'œil sur le dispositif qu'ils avaient déployé. Je suis allé sur le toit du corridor joignant la rotonde, qui était notre salle des opérations, au reste de l'hôtel et j'ai rencontré deux soldats ghanéens qui montaient la garde à côté d'une mitrailleuse qui surplombait le stationnement. On leur avait également donné des roquettes antichar de moyenne portée, des M72, mais ils n'étaient pas sûrs de savoir comment les utiliser. Dans l'obscurité, je leur ai donné un bref cours sur le maniement de ces armes, puis je suis monté sur le toit de l'hôtel, où avait été installé un poste d'observation. J'ai fait tellement peur à la pauvre sentinelle ghanéenne qui s'y trouvait qu'il en a souillé son pantalon. Je me suis assis à côté de lui pour le rassurer et lui faire comprendre que tout allait bien. Puis, je l'ai envoyé se changer pendant que je montais la garde à sa place. La ville était calme dans sa presque totalité. Pendant que j'étais assis dans la nuit, observant la clôture qui faisait le tour de notre complexe, j'ai imaginé que des centaines d'extrémistes se dirigeaient vers nous dans l'intention de s'emparer de Faustin. Cette image m'a fait penser au film *Khartoum,* lorsque des nuées de derviches se précipitent dans l'escalier pour tuer le général Gordon et ses hommes. Les miens allaient-ils se battre sous pavillon de l'ONU pour défendre Faustin ? Pour la première fois cette journée-là, je me suis senti pris dans un étau et désespéré, sentiment que j'ai chassé immédiatement quand le jeune Ghanéen est venu me relever.

Peu après minuit, un officier du FPR et une section de soldats sont arrivés à notre barrière principale. Les gardes ghanéens ont appelé Brent pour parler à l'officier, qui arborait effrontément un casque bleu comme un trophée de guerre. Il voulait rencontrer Faustin. Brent lui a demandé d'enlever le casque, de laisser ses armes et ses soldats à l'extérieur. L'officier lui a dit qu'il était venu pour conduire Faustin en sécurité. Nous avons transmis l'offre au premier ministre désigné, qui a refusé de partir. Faustin souhaitait maintenir une certaine distance avec le FPR pour conserver sa crédibilité auprès des modérés et des Rwandais. Il a préféré demeurer sous notre protection.

Il était finalement deux heures lorsque j'ai été pris d'un sommeil agité. À environ 2 h 45, un appel téléphonique de Maurice m'a réveillé. Dans quarante-cinq minutes – à environ 3 h 30 – les Français, suivis des Belges, atterriraient avec des troupes à l'aéroport de Kigali pour assurer le rapatriement de leurs ressortissants. Je suis devenu livide, mais pas seulement à cause du délai extrêmement court. J'ai rappelé à Maurice que je ne contrôlais plus l'aéroport. Que se passerait-il si l'armée gouvernementale (ou le FPR, qui avait menacé d'abattre tout avion qui atterrirait) prenait l'appareil français pour cible ? Pourquoi m'informait-on de l'arrivée de l'avion quand celui-ci était déjà dans les airs et probablement à quelques minutes de pénétrer dans l'espace aérien rwandais ? Maurice a insisté sur le fait qu'il venait tout juste d'apprendre la nouvelle et il m'a donné l'ordre d'aider à l'évacuation des ressortissants.

Le réseau téléphonique étant mort, j'ai dû utiliser notre radio à la fiabilité douteuse pour demander à Luc de prévenir notre compagnie en poste à l'aéroport de l'arrivée imminente des Français. Luc venait de recevoir un appel du général Charlier, le chef d'état-major belge. J'ai envoyé un message radio à Ballis au CND lui disant de bien faire comprendre au FPR que les militaires français venaient uniquement pour évacuer leurs ressortissants, et de lui demander de n'entreprendre aucune action.

Toutes lumières éteintes pour ne pas devenir une cible de choix, je suis resté près de la fenêtre ouverte de mon bureau, attendant un coup de fil de Luc qui m'annoncerait soit un désastre, soit que les avions avaient atterri en toute sécurité. Une légère brise entrait par la moustiquaire. À un moment, j'ai cru entendre un gémissement humain, comme si des centaines de voix lointaines parvenaient jusqu'à moi, portées par le vent. Je ne me souviens pas combien de temps j'ai attendu là, debout, essayant d'écouter. Finalement, j'ai entendu le bruit bien distinct d'un avion en train d'atterrir à l'aéroport et, à mon grand soulagement, il n'y eut aucun de coup de feu, ni explosion.

Ayant décidé de ne pas m'allonger sur mon grabat à même le sol, je me suis reposé dans mon fauteuil pendant un certain temps tout en tentant de deviner comment les différents partis allaient percevoir cette action. L'AGR se montrerait méfiante, en colère et inquiète devant l'arrivée d'autres soldats belges. Devant les Français, le FPR serait dans les mêmes dispositions d'esprit. La MINUAR serait prise au milieu. Peut-être aussi que cette occasion me permettrait d'évaluer mon influence sur les deux partis, puisque que chacun d'eux devrait passer par moi pour s'adresser aux Français et aux Belges. La situation étant déjà chaotique, j'ai prié pour qu'il n'y ait pas de confrontation entre les Français et le FPR – ou entre les Belges et l'AGR. Le FPR avait des armes antiaériennes, des mortiers et peut-être même des missiles sol-air à l'intérieur du CND, bâtiment qui se trouvait à seulement quatre kilomètres de l'aéroport, bien à portée de tir. La tension était trop forte et, malgré moi, je me suis endormi dans mon fauteuil.

Le contingent bangladais n'a jamais pu se montrer à la hauteur du test que je leur avais préparé. Cette nuit-là, le FPR s'est installé dans notre secteur. À l'aube du 9 avril, il n'y avait plus ni foule, ni milice, seulement des soldats bien disciplinés et coopératifs du FPR qui avaient investi notre secteur, soit pour nous protéger (ils ont prétendu, par la suite, avoir intercepté un message radio ordonnant au commando parachutiste du camp Kanombe d'attaquer notre Q.G. et de capturer ou de tuer Faustin), soit, plus probablement, pour assurer la sécurité des milliers de personnes absolument terrifiées qui se trouvaient à l'intérieur du stade.

Au centre des opérations, l'officier de garde a confirmé que trois avions français étaient déjà arrivés, qu'il y avait trois cents parachutistes au sol à l'aéroport, et que d'autres appareils étaient en train d'atterrir. Les Français allaient-ils une fois de plus s'impliquer dans le combat ou étaient-ils venus tout simplement pour procéder à l'évacuation de leurs ressortissants?

Quelques minutes plus tard, Luc est arrivé pour m'annoncer triomphalement que Willy Claes, le ministre belge des Affaires étrangères, faisait pression à New York pour obtenir des renforts immédiats pour la MINUAR et un réapprovisionnement logistique d'importance. Si nous recevions un nouveau mandat et les soldats nécessaires, nous arriverions peut-être à ramener les deux partis à la table des négociations. Lors de la «prière du matin», j'ai demandé au Q.G. du secteur de Kigali de poursuivre autant de missions de sauvetage que possible et de garder nos portes ouvertes afin que quiconque puisse trouver asile. On m'a rapporté que la route servant à réapprovisionner nos troupes dans la zone démilitarisée était dorénavant coupée. Nous avions une décision à prendre : devions-nous ou même pouvions-nous les rapatrier à Kigali? Avec le peu de ressources à notre disposition, il nous était impossible de déménager ces soldats en une seule fois. Des allées et venues pendant plusieurs jours seraient nécessaires, et cet effort réquisitionnerait la plupart de nos véhicules et ferait aussi consommer beaucoup de carburant.

Mon premier arrêt de la matinée a eu lieu au CND. Je savais que la réception serait fraîche. En plus de l'atterrissage des Français à l'aéroport, la radio du gouvernement avait annoncé le rappel par l'AGR des soldats de réserve et la nomination du nouveau gouvernement. D'ailleurs, la liste des noms des futurs ministres avait été communiquée. Aux yeux du FPR, ces actions se révélaient être une déclaration de guerre en règle. Seth a déclaré de façon catégorique qu'il était hors de question de reconnaître quoi que ce soit provenant de ce gouvernement illégitime et extrémiste : cette crise ne constituait pas une réaction exagérée à la mort du président mais un coup d'État. Le FPR était prêt à ouvrir des discussions avec des militaires représentant l'AGR dans des domaines tels que l'arrêt des assassinats et l'arrestation de la Garde présidentielle, mais seulement après que le Comité de crise aurait rempli les conditions préalables. J'ai soulevé la possibilité de trêves locales pour permettre aux soldats étrangers et à la MINUAR de mener quelques opérations humanitaires, incluant l'évacuation des ressortissants étrangers. Seth s'est montré ouvert à l'idée mais à contrecœur. Il m'a fait comprendre que ces efforts humanitaires ne devraient absolument pas devenir des actions d'aide militaire à l'AGR. Si les Français, les Belges ou la MINUAR s'impliquaient de cette manière-là, le FPR utiliserait la force pour les arrêter. Je lui ai annoncé que je voulais une trêve de quarante-huit heures dans Kigali à partir de 16 heures. Nos adieux ont été sombres, méfiants et exempts de plaisanteries.

Je me suis dirigé vers le ministère de la Défense pour rencontrer Bagosora et avoir un peu plus d'informations sur ce « gouvernement par intérim ». La ville sombrait dans le chaos. Une grande quantité de personnes se dirigeaient vers les sorties de Kigali, transportant avec elles des ballots d'affaires personnelles. Des corps gisaient dans les rues au milieu de grandes flaques de sang noirci par la chaleur et le soleil. On aurait dit que les cadavres avaient été brûlés. Des groupes de l'Interahamwe et de soldats de l'armée se déplaçaient dans les rues entre les différents barrages. Ceux-ci pouvaient tout aussi bien être des amoncellements de pierres que des caisses de plastique entassées les unes sur les autres. Les gardes postés à ces endroits étaient agressifs, ressemblant davantage à des animaux prédateurs ayant goûté au sang frais qu'à des officiers chargés de la sécurité, cherchant, soi-disant, à contrer les « infiltrations » du FPR. À chaque barrage, des radios à transistor transmettaient la musique assourdissante et les exhortations de RTLM pour la foule de Rwandais de tous âges, paralysés par la peur et qui faisaient la queue pour montrer leurs papiers d'identité. Il était évident que de plus en plus de personnes étaient entraînées dans des actes de violence, comme si cette soif de sang croissait de façon exponentielle.

Les quelques gardes présents au ministère de la Défense m'ont dit que tout le personnel se trouvait à l'hôtel des Diplomates. Une fois arrivé là, j'ai rencontré un certain nombre de ministres et leurs familles qui faisaient leurs valises et mettaient leurs biens dans leurs véhicules. Personne n'a voulu s'arrêter pour me parler, chacun étant fort occupé à sortir de la ville. Plus tard, j'ai su qu'ils se dirigeaient vers Gitamara, à une soixantaine de kilomètres au sud de la capitale, pour se mettre en lieu sûr. Cette scène m'a fait davantage penser à la chute de Saïgon qu'à l'installation d'un gouvernement déterminé à prendre le contrôle du pays. Bagosora, lui, n'était nulle part.

Gatsinzi, Ndindiliyimana et les autres membres du Comité de crise étaient encore au Q.G. de l'AGR. Ils ont avoué que la mobilisation de la réserve s'était révélée une erreur terrible et qu'ils avaient envoyé des messages et des télégrammes à toutes les unités afin de la faire cesser. Je ne voyais pas quoi faire et eux non plus. Ils ne pouvaient garantir les conditions préalables exigées par le FPR. Le gouvernement intérimaire étant censé être en place – il s'agissait de l'œuvre de Bagosora, j'en étais certain –, le Comité de crise allait certainement être dissous. Mais de quel gouvernement parlait-on ? Les ministres avaient décampé, et il ne restait plus aucune infrastructure. Je leur ai demandé malgré tout une trêve afin que les Belges et les Français évacuent leurs ressortissants, une autre requête futile puisqu'il n'y avait personne au Comité de crise pour contrôler les unités de choc de l'AGR. Seul Bagosora avait ce pouvoir et, sans sa coopération, les opérations d'évacuation seraient remises en cause, tout spécialement à l'arrivée des troupes belges. Luc les attendait un peu plus tard au cours de l'après-midi.

J'ai vu d'autres corps en retournant à notre Q.G. On les avait jetés en bordure des rues comme de vulgaires sacs de chiffons, tandis que la foule passait au milieu d'eux, cherchant à fuir un sort identique.

Brent et une équipe d'observateurs avaient passé la journée à conduire des opérations de sauvetage avec un des véhicules blindés. Lors de leur première tentative, il avait ramassé quelques membres civils de l'ONU et leurs familles ainsi que la chargée d'affaires canadienne, Linda Carroll, qui a pu lui fournir la liste des adresses des ressortissants canadiens à Kigali[19].

Ce jour-là, Brent avait avec lui Mark Pazik et Stec Stefan, des officiers polonais. Ces derniers avaient été cantonnés brièvement à l'église paroissiale de Gikondo, connue sous le nom de mission polonaise, parce que les prêtres qui y étaient affectés venaient de Pologne. Pazik et Stefan n'avaient pas enduré trop longtemps le régime austère de la mission, mais deux autres observateurs polonais y étaient restés. Ce matin-là, ces hommes lancèrent un appel au secours à partir d'une faible radio dont les batteries étaient presque à plat. Brent n'avait pu comprendre qu'une chose : des meurtres s'étaient produits dans l'église.

Ne sachant pas à quoi s'attendre, Brent, Pazik et Stefan se sont armés et casqués avant de partir pour Gikondo en véhicule blindé avec un officier bangladais et trois hommes. En route, ils sont passés au milieu d'escarmouches entre le FPR et l'AGR, ont franchi des barrages contrôlés par la Gendarmerie et d'autres – toujours plus nombreux – organisés de manière chaotique par les miliciens. Près de ces postes de contrôle, ils ont aperçu des corps d'hommes, de femmes et d'enfants. Les civils se déplaçaient en très grand nombre. On avait l'impression que la population entière abandonnait Kigali.

Ils arrivèrent à l'église, s'arrêtèrent et sortirent du véhicule. Pazik et un soldat bangladais se dirigèrent vers le presbytère pour

---

19. En cette période de crise, Linda Carroll se révéla une diplomate vraiment exemplaire. À peine l'avion du président s'était-il écrasé qu'elle avertissait ses agents diplomatiques régionaux, calmait les uns et les autres par radio, retrouvait la plupart des Canadiens qu'elle connaissait à Kigali et s'arrangeait pour les regrouper à des endroits clés. Avec l'assistance de notre ambassade à Nairobi, Brent et son équipe ont organisé des dizaines de missions au cours des deux semaines qui suivirent pour sauver ou évacuer non seulement des Canadiens, mais aussi des Rwandais et des ressortissant d'autres pays. Linda rencontra une difficulté de taille. Selon les dossiers officiels, il ne devait y avoir que 65 ressortissant canadiens à Kigali, alors que nous en avons évacué 195. De nombreux voyageurs et expatriés ne prennent pas leur sécurité au sérieux et ne se sentent pas obligés de s'enregistrer auprès de l'ambassade ou du consulat qui les représente dans les pays où ils se trouvent. Cette négligence exige des efforts énormes et suscite une légitime inquiétude chez le personnel consulaire lorsque des conflits éclatent.

retrouver les observateurs polonais, tandis que Brent et Stefan aperçurent les premières horreurs du massacre. De l'autre côté de la rue, en face de la mission, une allée entière était jonchée des corps de femmes et d'enfants, à côté d'une école qui avait été abandonnée à la hâte. Au moment où Brent et Stefan tentaient de compter le nombre de morts, un camion rempli d'hommes armés est passé en vrombissant. Brent et Stefan ont décidé de se rendre à l'église. Stefan est entré, pendant que Brent restait à la porte pour le couvrir et pour garder en vue leur véhicule blindé. Sous leurs yeux s'étalait une scène d'une incroyable abomination – la première scène du genre dont la MINUAR a été témoin : l'évidence d'un génocide, bien qu'à l'époque nous ne savions pas s'il fallait parler d'une telle atrocité. Dans les ailes et à l'intérieur des rangées de bancs se trouvaient les corps de centaines d'hommes, de femmes et d'enfants. Environ quinze d'entre eux étaient encore en vie, mais dans un état épouvantable. Les prêtres donnaient les premiers soins aux survivants. Un bébé pleurait et essayait de téter le sein de sa mère morte. Pazik a trouvé les deux observateurs polonais. En état de choc et accablés, ils avaient du mal à raconter ce qui s'était produit. Le soir précédent, l'AGR avait encerclé le quartier. Puis la Gendarmerie était allée de porte en porte pour vérifier les identités. Tous les hommes, les femmes et les enfants d'origine tutsie avaient été rassemblés et envoyés à l'église. Leurs cris avaient alerté les prêtres et les observateurs de l'ONU, qui étaient arrivés en courant. Ceux-ci ont été capturés à la porte de l'église et poussés contre le mur, le canon d'un fusil contre leur gorge. Sous la menace, ils ont été forcés de regarder alors que les gendarmes ramassaient les papiers d'identité des adultes et les brûlaient. Puis les gendarmes ont laissé entrer un grand nombre de miliciens habillés en civil et portant des machettes, et ils ont remis les victimes aux mains des tueurs.

Avec beaucoup de rires et de vantardise, les miliciens ont avancé méthodiquement de famille en famille et les ont massacrées à coups de machettes. Quelques personnes sont mortes sur-le-champ, tandis que d'autres, avec des blessures horribles, suppliaient pour qu'on les laisse en vie, elles et leurs enfants. Aucun individu n'a été épargné. Une femme enceinte a été éventrée et son fœtus, arraché. Les femmes ont été abominablement mutilées. Les hommes frappés à la tête mouraient immédiatement ou agonisaient dans des douleurs atroces. Les enfants suppliaient pour être épargnés, mais ils recevaient le même traitement que leurs parents. Les organes génitaux étaient les cibles préférées des tueurs, et les victimes, abandonnées, mouraient d'hémorragie. Il n'y eut ni pitié, ni compassion, ni hésitation. Les canons des fusils contre la gorge, leurs yeux pleins de larmes et les cris des mourants emplissant leurs oreilles, les prêtres et les observateurs suppliaient les gendarmes de laisser leurs victimes. Comme réponse, on les forçait avec le canon des fusils à relever la tête afin de mieux assister à la scène d'horreur.

Tuer à coup de machette est un travail pénible. À un moment donné, pendant la nuit, les tueurs, fatigués par leur macabre labeur, avaient quitté l'église, probablement pour aller dormir quelques heures avant de repartir pour un autre endroit. Les prêtres et les observateurs ont alors fait tout leur possible pour aider les quelques survivants qui gémissaient et sortaient à quatre pattes de dessous les corps qui leur avaient servi d'abri.

Les deux observateurs étaient submergés par l'émotion lorsqu'ils ont raconté les événements de la nuit. L'un restait totalement silencieux, tandis que l'autre a admis que, même s'il avait été en mission dans des endroits comme l'Irak et le Cambodge, c'en était trop, il rentrait chez lui. Ces hommes avaient besoin de sortir de là, de regagner la sécurité de leur Q.G. et leur équilibre, et ils ont supplié les prêtres de les suivre. Ces derniers ont refusé prétextant qu'ils devaient rester avec les blessés trop nombreux pour pouvoir être transportés dans le véhicule blindé. Brent et les autres ont donné aux prêtres une radio et une batterie chargée, toute l'eau qu'ils avaient ainsi qu'une petite trousse de premiers soins. Ils ont promis de faire un rapport sur le massacre et de monter une mission de secours. Toutefois, comme on était déjà en milieu d'après-midi, ils les ont prévenus de l'improbabilité d'organiser immédiatement une escorte armée importante, des ambulances ou des moyens de transport conséquents. D'autant plus qu'il fallait réussir à traverser des douzaines de barrages routiers avant la tombée de la nuit. Mais les prêtres avaient confiance et pensaient pouvoir se cacher pendant la nuit, les miliciens et les gendarmes en ayant probablement fini avec eux.

De retour au Q.G. et après avoir envoyé les observateurs polonais se coucher, le groupe de la MINUAR avait l'impression d'avoir déserté. Le secteur de Kigali a reçu l'ordre de monter une opération de secours, mais, comme Brent l'avait soupçonné, il ne pouvait faire quoi que ce soit avant le lendemain matin – des douzaines d'autres missions étaient en cours. Tôt le lendemain matin, les prêtres ont utilisé la radio pour nous raconter que les miliciens étaient revenus pendant la nuit. Pendant la journée, notre véhicule blindé avait été repéré devant l'église et les tueurs étaient revenus pour éliminer toute trace du massacre. Ils avaient achevé les blessés, enlevé et brûlé les corps.

La décision d'abandonner les prêtres et les victimes avaient eu des conséquences désastreuses mais, en état de guerre, il en est ainsi des décisions prises par les soldats. Certains jours, ils font des choix et les personnes vivent ; parfois, elles meurent. Ces hommes, ces femmes et ces enfants innocents étaient des Tutsis, tout simplement. C'était leur seul crime.

Le massacre n'avait pas été un acte spontané. Cette opération bien exécutée mettait en cause l'armée, la Gendarmerie, l'Interahamwe et d'autres services civils. La carte d'identité avait été introduite pendant la colonisation belge. Cet anachronisme devait entraîner la mort d'une foule d'innocents. En détruisant les cartes et les inscriptions sur les registres d'état civil des communes, on avait effacé ces êtres humains de l'humanité. Ils n'avaient tout simplement jamais existé. Les individus qui avaient organisé ces horreurs savaient qu'il s'agissait de crimes et non d'actes justifiés par la guerre et qu'ils pouvaient en être tenus responsables. L'Interahamwe était revenu détruire les preuves. Les bureaucrates anonymes qui avaient fourni les noms aux milices et détruit les archives avaient également joué leur rôle dans ce génocide. Ce n'était pas une guerre avec d'un côté des vainqueurs, et de l'autre, des vaincus. Nous nous trouvions dans un abattoir, cependant il nous faudrait encore des semaines avant d'oser appeler cette guerre par son vrai nom.

\* \* \*

Je suis arrivé à l'aéroport vers 14 heures, en évitant les tirs échangés entre les commandos parachutistes de l'AGR et le FPR, au nord-est de l'aéroport, à moins de un kilomètre de notre Q.G. En route pour rencontrer le commandant français, je me demandais quelles avaient été la ou les raisons pour avoir mis autant d'efforts et fait preuve de tant de rapidité pour évacuer leurs ressortissants, et ce que cela représentait sur le plan de l'implication et de la présence de l'ONU. Évacuaient-ils les ressortissants étrangers afin de leur éviter d'être pris au milieu de futures interventions militaires dans ce conflit ou avaient-ils tout simplement l'intention d'abandonner le Rwanda ?

Ma conversation avec le colonel Poncet a été brève, et le commandant français n'a manifesté aucun intérêt pour coopérer avec nous. Cet échange malheureux a indiqué de manière exemplaire comment la force d'évacuation, l'opération Amaryllis, continuerait à se comporter vis-à-vis de la MINUAR. Poncet a déclaré que sa mission était d'évacuer la communauté des ressortissants étrangers dans les quarante-huit à soixante-douze prochaines heures. Les observateurs présents à l'aéroport nous avaient appris que les Français avaient déjà évacué un certain nombre de ressortissants rwandais et que douze membres de la famille du président faisaient partie de ce groupe. Toutefois, Poncet a insisté devant moi disant qu'il était là uniquement pour évacuer des expatriés et des « Blancs ». Je lui ai déclaré que d'ici deux heures aurait lieu une trêve, mais qu'il n'existait aucune garantie que l'AGR la respecterait. C'est alors que Poncet m'a demandé de l'excuser et, sans attendre ma réponse, il m'a tourné le dos et est parti. J'ai décidé que, dorénavant, Luc s'occuperait de tous les échanges avec ce grossier personnage.

Un peu plus tard dans l'après-midi, je suis allé rencontrer Booh-Booh au Méridien. Le poste de commandement du bataillon belge était maintenant installé à l'entrée de l'hôtel. Je me suis arrêté pour parler au lieutenant-colonel Dewez, que je n'avais pas vu depuis la mort de ses hommes. Je lui ai offert mes condoléances et l'ai félicité pour les efforts déployés par son unité pour faire régner la retenue et l'ordre.

Dans le hall de l'hôtel, j'ai été entouré par des centaines de civils travaillant pour l'ONU et de Rwandais qui voulaient des informations. Je leur ai parlé, leur précisant que le bataillon belge avait déménagé à l'hôtel pour assurer la sécurité à l'entrée du bâtiment.

Il y avait des vivres et de l'eau, et ils devraient se rationner. Je leur ai signalé que quelques évacuations avaient commencé et que mes observateurs continueraient à aider à la coordination des listes de personnes susceptibles d'être évacuées dès que nous jugerions pouvoir le faire en toute sécurité. Je leur ai demandé de rester calmes, de se reposer et de se tenir éloignés des fenêtres et des balcons.

La suite du RSSG se trouvait au dernier étage. Comme les ascenseurs ne fonctionnaient pas, je suis arrivé en haut légèrement hors d'haleine. L'aile de l'hôtel était vide et réservée à lui et à son équipe ; il avait demandé au directeur d'évacuer tous les civils de l'étage pour des raisons de sécurité. Assis dans un grand fauteuil, Booh-Booh était entouré par des officiers politiques, y compris Mamadou Kane. On ne m'a pas accueilli très chaleureusement. Une balle venait juste de pénétrer dans la pièce par une des fenêtres, et tous étaient pétrifiés de peur. Je les ai prévenus d'une chose évidente : il n'était guère prudent de demeurer à l'étage supérieur. S'ils souhaitaient y rester, ils devraient se montrer très prudents en se tenant loin des embrasures. Nous avons discuté de l'installation du gouvernement intérimaire. Booh-Booh a insisté sur le fait que ni l'ONU ni la communauté internationale n'allaient reconnaître ce gouvernement extrémiste établi de façon illégitime, même s'il était sage – comme je le lui ai conseillé – de garder des contacts avec ce dernier, ne serait-ce que pour connaître ses intentions. Je lui ai indiqué que le FPR n'accepterait de négocier qu'avec les chefs militaires du Comité de crise et lui ai fait part de ma recommandation à Bagosora et à Ndindiliyimana d'obtenir un tel mandat auprès du nouveau gouvernement. Augustin Bizimana, le ministre de la Défense, devait revenir du Cameroun le lendemain, et il redeviendrait probablement de nouveau leur chef politique.

De retour au Q.G., les nouvelles n'étaient pas extraordinaires. Beaucoup de nos équipes d'observateurs ne répondaient plus à la radio. Ils avaient été pris en otages, étaient morts ou encore avaient pris la fuite. Nous ne pouvions rien faire pour les aider, à part demander à New York de négocier avec les pays limitrophes pour que ceux-ci leur accordent le droit d'asile. On m'a aussi informé qu'un important convoi U.S., escorté par des observateurs militaires de la MINUAR et des soldats de l'AGR, avait quitté aujourd'hui la résidence de l'ambassadeur américain et se dirigeait vers le Burundi. La nuit précédente, Brent avait reçu un appel téléphonique d'un homme prétendant être un officier du corps des Marines des États-Unis, présent avec un groupe de ses compatriotes militaires à Bujumbura au Burundi. Il a déclaré vouloir seulement vérifier s'il avait le bon numéro de téléphone de mon bureau. Nous n'avons jamais plus entendu parler de lui. Par la suite, grâce à plusieurs sources, nous avons découvert qu'environ 250 marines américains s'étaient envolés pour Kigali et leur vol avait été détourné vers le Burundi. Ils croyaient avoir été envoyés pour renforcer la MINUAR et protéger les ressortissants américains.

Ce soir-là, j'ai appelé New York et leur ai décrit la situation. Ils avaient mon rapport entre les mains : en plus des assassinats politiques et des tueries aveugles, nous avions maintenant un exemple d'un massacre ethnique systématique à la mission polonaise, et quelque vingt mille Rwandais sous notre présumée protection. Mais, même si Kigali grouillait de soldats d'élite de différentes nations, aucun pays n'avait envie de renforcer nos forces, sauf la Belgique et quelques pays non alignés du tiers monde. À l'heure actuelle, 500 parachutistes français travaillaient à partir de l'aéroport et 1 000 paras belges à Nairobi. À ces hommes, je pouvais ajouter les 250 marines américains de Bujumbura. Ces militaires bien entraînés et bien équipés pouvaient facilement venir à bout des massacres. Cependant, cette option n'a même pas été prise en considération.

Le soir, en faisant le tour de notre Q.G., j'ai pu me rendre compte que tout le monde était épuisé, mais que le moral était incroyablement élevé. Il est important que le chef sache où en sont ses hommes aux points de vue moral, mental et physique, ainsi que ce qu'il peut en tirer de plus. Ce soir-là, j'ai eu la conviction que nous pouvions continuer. Lorsque j'ai fini par me retirer dans mon bureau, Brent m'a fait la surprise d'un plat de riz au curry qu'il avait réussi à chaparder aux Bangladais et de la promesse que les rations belges arriveraient le lendemain. Il s'était aussi rendu rapidement à notre maison de Kigali et avait attrapé ce qu'il pouvait, y compris un uniforme neuf pour moi et des articles de toilette. Le comble du luxe fut de pouvoir remplir le lavabo d'eau chaude, un incroyable privilège.

Le dimanche 10 avril, à mon réveil, les coups de feu avaient diminué, et l'odeur de la mort flottait dans l'air. J'ai donné ordre aux Ghanéens de ramasser les corps et de les enlever pour réduire les risques de maladie, pour nous ou pour les Rwandais que nous abritions. Ils ont trouvé quatre-vingts morts à quelques centaines de mètres de notre Q.G., dans la pente d'un dépotoir public. Ils ont empilé les corps, les ont arrosés d'essence et les ont brûlés. L'odeur terrible a persisté dans la chaleur. Je me suis demandé si ces personnes étaient celles que j'avais entendu gémir, à ma fenêtre, en attendant l'atterrissage des Français. Si tel était le cas, cette nuit-là, je n'avais pas entendu le vent mais bien des gémissements.

Je devais absolument prendre le contrôle de l'aéroport ; il s'agissait du seul moyen de soutenir et éventuellement de renforcer la mission. Les Français et les Belges s'y trouvaient à l'heure actuelle, mais ils allaient bientôt se retirer. Le seul stimulant possible pour le FPR et l'AGR était l'espoir de l'arrivée de l'aide humanitaire. Elle ne pourrait se faire que si la MINUAR assurait la sécurité de la seule porte d'entrée du pays. Cette réalisation a amené la naissance de l'Accord sur la sécurité de l'aéroport international de Kigali. Mais, en tout premier lieu, je devais faire en sorte que les deux parties acceptent l'idée.

Comme chaque jour, je suis parti pour tenter de rencontrer les chefs politiques et militaires, effectuant des allées et venues entre l'AGR et le FPR, et cherchant des moyens pour faire progresser les négociations. Le trajet vers le centre de Kigali était une route qui menait aux enfers, avec des milliers et des milliers de personnes qui avançaient, toujours plus de barrages et toujours plus de morts à ces contrôles. Ce qui m'a le plus choqué, ce fut la résignation de ces personnes attendant patiemment en file d'être désignées comme futures victimes.

Au Q.G. de l'AGR, j'ai appris le retour de Bizimana du Cameroun et me suis donc dirigé vers le ministère de la Défense pour m'entretenir avec lui. J'étais face à un autre homme, pas très heureux de me voir. Je lui ai expliqué que j'étais venu pour conclure une trêve qui devrait conduire à une négociation pour un cessez-le-feu élargi. Comme je l'avais craint, il m'a déclaré que le gouvernement par intérim était maintenant responsable de l'armée, et que le Comité de crise avait été dissous. Il pensait que d'ici le lendemain midi, le gouvernement et les autorités locales auraient le contrôle de la situation. Il a ajouté qu'il rencontrerait le nouveau premier ministre, Jean Kambanda, dans quelques heures. Je lui ai demandé de faire supprimer tous les barrages et d'ouvrir l'aéroport afin de permettre à l'aide humanitaire d'arriver et aux ressortissants étrangers de partir sans danger. Bizimana n'aimait pas les signaux envoyés par les départs précipités des ressortissants étrangers ; toutefois, il m'a assuré qu'il désirait, lui aussi, un cessez-le-feu et le retour aux règles de la zone de sécurité de Kigali.

Je l'ai quitté et me suis dirigé vers le CND, passant à travers des barrages routiers de plus en plus dangereux. Au moment où je suis arrivé, un échange de coups de feu était en cours. J'ai dû abandonner mon véhicule et monter à pied la colline jusqu'au complexe. On m'a introduit dans une pièce sombre où trois politiciens m'attendaient. Je leur ai transmis les paroles rassurantes de Bizimana et les ai félicités pour leur retenue en ce qui concernait les soldats français, mais ils ont laissé libre cours à leur ressentiment. D'un ton fâché, Seth m'a dit que les Français avaient utilisé des véhicules de la MINUAR pour transporter à l'aéroport des Rwandais connus pour leur passé extrémiste, les aidant ainsi à quitter le Rwanda. Il a également soutenu que les Français avaient plusieurs fois ouvert le feu à partir de ces véhicules. Il était totalement inacceptable que les Français utilisent la MINUAR de cette façon, que les troupes de la mission soient ainsi mises en danger et que le rôle des Casques bleus devienne confus aux yeux de tous. Je leur ai fait savoir que Luc discutait en ce moment de ce point avec le commandant français. J'ai fait dévier la conversation vers la trêve et les négociations en vue de la réouverture de l'aéroport. Ils m'ont répondu qu'ils transmettraient immédiatement ma demande auprès du major général Kagame. Je n'avais pas rencontré Kagame depuis la fin de semaine de Pâques et j'avais proposé de me rendre n'importe où au Rwanda pour le rencontrer. Le FPR voulait que les termes de la trêve soient clairement établis par écrit et signés par les deux partis, tout en se déclarant profondément outragé, avec raison, par les tueries qui avaient lieu partout.

Pour partir du complexe du CND, j'ai emprunté un chemin plus sûr, passant devant la salle de chirurgie improvisée où les soldats du

FPR et quelques civils se faisaient soigner. Cette pièce peu éclairée, aux murs vert foncé et aux meubles noirs, les cris et le sang, tout cela ressemblait à une scène de l'*Enfer* de Dante.

Je me suis rendu directement à la résidence de l'ambassadeur des États-Unis et suis arrivé juste à temps pour voir l'ambassadeur Rawson et son personnel installer la dernière valise dans un de leurs véhicules. Le diplomate était heureux de pouvoir me dire au revoir et m'a remercié pour l'aide qu'avaient fournie mes observateurs dans leur évacuation. Au cours des mois précédents, Rawson avait travaillé très fort pour tenter de rompre l'impasse politique et, au Rwanda, il était l'un des ambassadeurs les plus influents. Je dois avouer que son départ a éteint en moi une autre lueur d'espoir.

Ensuite, j'ai décidé d'aller voir l'ambassadeur belge, qui avait été nommé coordinateur du plan d'évacuation des expatriés. En montant la colline vers sa résidence, je suis passé devant un point de rassemblement où les Français faisaient entrer des expatriés dans leurs véhicules. Des centaines de Rwandais s'étaient rassemblés pour regarder tous ces gens d'affaires blancs, les employés des ONG et leurs familles s'en aller, la peur au ventre. En avançant dans la foule, j'ai aperçu les Français repousser de manière agressive les Rwandais noirs qui demandaient asile. Un sentiment de honte m'a envahi. Les Blancs, qui s'étaient enrichis au Rwanda, qui avaient engagé tant de Rwandais, abandonnaient aujourd'hui leurs serviteurs et leurs ouvriers. L'intérêt personnel et l'instinct de conservation primaire dictaient les conduites. Un grand nombre de Casques bleus belges se trouvaient dans le secteur de l'ambassade et à l'intérieur de la résidence. Des officiers français et belges s'occupaient des émetteurs radio et dirigeaient les évacuations. J'ai dit à l'ambassadeur Swinnons que nous espérions obtenir une trêve d'ici midi le lendemain, ce qui sécuriserait ses convois.

Je me suis dirigé vers notre Q.G. de Kigali pour trouver Luc au beau milieu d'une conversation par satellite avec les autorités à Bruxelles. En l'attendant, je me suis promené dans le quartier général. Les réseaux de radio grésillaient et des officiers d'état-major, fatigués et nerveux, mais encore efficaces, étaient constamment en mouvement. Après avoir fini son appel, Luc m'a mis au courant du statut de son unité ainsi que du travail accompli avec les Français.

Au fond, les nouvelles troupes belges assureraient la sécurité de l'aéroport et, pour des raisons évidentes, resteraient le plus possible loin des rues de Kigali. La MINUAR devrait organiser les convois pour aller et revenir à l'aéroport, et les soldats français garderaient les points de ralliement des personnes à évacuer et fourniraient les escortes. L'évacuation devait vraiment commencer le lendemain à dix heures.

J'ai parlé à Luc du fait que l'unité qu'il maintenait à l'aéroport avait été ôtée de mon commandement pour être confiée à l'opération Silverback, gérée par les Belges pour le rapatriement de leurs ressortissants. Il m'a répondu que ces ordres venaient de Bruxelles et qu'il n'y pouvait rien. Le DOMP n'avait pas pu faire grand-chose non plus. Un grand nombre de mes officiers belges n'étaient jamais revenus de permission, y compris Franck Claeys, mon officier de renseignements. Luc avait entendu dire que ces hommes ne reviendraient pas à la MINUAR et qu'ils avaient été réaffectés avec les troupes chargées de l'évacuation. D'un point de vue belge, cette tactique avait beaucoup de sens, mais m'enlever ces importants officiers à un moment critique de la mission m'a paru un acte irresponsable et dangereux. Luc m'a assuré que le reste des soldats belges se trouvait toujours sous mon autorité. Les jours suivants, il aurait à encaisser ma frustration devant le comportement des troupes belges.

Il faisait presque nuit à mon arrivée au Q.G. Mon nouvel officier de renseignements, le capitaine Amadou Deme, se tenait prêt avec un rapport détaillé sur les événements à l'extérieur de Kigali. L'étau du FPR autour de Byumba se resserrait et menaçait de cinq à sept bataillons de l'AGR. Byumba était la ville natale de Bizimana, et le ministre possédait d'énormes sociétés et des propriétés dans les alentours. La ville elle-même était indéfendable, et Bizimana allait sacrifier la vie de ses concitoyens pour sauvegarder ses biens personnels, une manœuvre stupide que Kagame ne manquerait pas d'exploiter. Selon le rapport de Deme, le FPR semblait s'être retiré de Ruhengeri et mettait tout son énergie à étrangler Byumba et à ouvrir un lien terrestre vers Kigali. Une colonne du FPR, qui avait quitté Mulindi à pied le 8 avril, était arrivée ce matin en chantant à la garnison du FPR, au complexe du CND, après deux jours et soixante kilomètres de marche en territoire ennemi à transporter de lourds bagages et des armes. Les combattants étaient pratiquement des enfants, des êtres jeunes, résistants et dévoués. Je ne doutais pas un seul instant qu'ils gagneraient cette guerre. Mais pourraient-ils sauver leurs concitoyens ?

L'autre offensive gagnait du terrain à l'est, dans la région de Kagera et vers Kibungo. L'armée gouvernementale détalait. Gabiro était tombé, et la MONUOR avait rapporté que la frontière Uganda-Rwanda était maintenant sous le contrôle du FPR à l'est. J'ai pensé que Kagame n'engagerait pas le combat à Kigali avant le départ des Français, ne souhaitant pas leur donner d'excuse pour intervenir. Il ferait étrangler les forces de l'AGR à Byumba et occuper la frontière avec la Tanzanie, pendant qu'il arrivait à Kigali par l'est. Il était peut-être l'un des grands tacticiens de l'histoire militaire moderne, mais son intelligence avait un prix. En effet, ses tactiques exigeaient beaucoup de temps alors que les assassinats de civils continuaient d'augmenter.

Jean Kambanda et le nouveau ministre des Affaires étrangères, Jérôme Bicamumpaka, ont désiré me rencontrer à l'hôtel des Diplomates. Nous y sommes partis en voiture dans l'obscurité presque totale. Il n'y avait que très peu de mouvements dans les rues, et un certain nombre de barrages n'étaient pas gardés. Une douzaine de feux brûlaient autour de la ville et l'odeur âcre de la fumée emplissait l'atmosphère. Je suis arrivé à l'hôtel peu après 19 heures. On m'a emmené dans une autre pièce obscure, où Kambanda et Bicamumpaka attendaient. Nous étions juste nous trois et, malgré leurs poignées de mains polies, ils ne masquaient pas leur hostilité. Je les ai avertis de ne surtout pas prendre ma présence comme une reconnaissance de leur gouvernement. Je n'étais venu que pour entendre ce qu'ils avaient à dire. Ils ont soulevé tous les vieux problèmes politiques, faisant comme si l'accord d'Arusha n'avait pas échoué, comme s'il n'y avait pas de massacres dans les rues. Dans leur monde faussé, le FPR avait pris l'initiative des hostilités en attaquant la Garde présidentielle, et la MINUAR devait être blâmée également pour avoir laissé sortir le FPR de son enceinte. En plus, où se trouvait Faustin ? Voilà ce qu'ils voulaient savoir. Je leur ai répondu que je n'en savais rien. La réunion s'est terminée de manière abrupte. Ma dernière phrase a été de les avertir de ne pas commettre d'erreur : la MINUAR n'avait pas l'intention de se retirer. Je les ai quittés, la surprise se lisant dans leurs yeux.

Cette nuit-là, un conseiller du secrétaire général m'a appelé pour me demander ce qui se passait. Ma réponse a été claire : si j'avais 4 000 soldats bien entraînés, je pourrais mettre fin aux massacres. J'ai téléphoné au DOMP vers 22 h 30. Maurice se demandait quelle était mon analyse des différentes options qui s'offraient à moi. Mon analyse d'options ? Allaient-ils nous enlever de là, me fournir des renforts, ou allions-nous rester ? Il me mentionna que six véhicules blindés étaient en route, en provenance des forces de l'ONU en Somalie pour nous donner plus de protection et de mobilité, et que la Division des opérations de terrain (DOT) travaillait intensément sur nos problèmes de logistique. Je lui ai exprimé toute ma colère concernant les gestes irresponsables des Belges et des Français, y compris le fait que ces derniers tiraient des coups de feu de nos véhicules, qu'ils nous avaient volés à l'aéroport. Une fois de plus, l'appel s'est terminé par des paroles d'encouragement qui n'auraient pas pu être plus inutiles. Maurice a promis d'appeler Beth. Lorsque j'ai raccroché, l'épuisement a pris le dessus sur moi. Je me suis glissé entre les rideaux qui me servaient de draps sur le grabat par terre, et j'ai sombré dans un profond sommeil.

Le 11 avril, cinquième jour du massacre. Le Conseil de sécurité et le bureau du secrétaire général ne semblaient pas savoir quoi faire. J'ai continué de recevoir des demandes de détails supplémentaires qui leur permettraient de décider d'une action concrète. Que pouvais-je leur dire de plus que tous les horribles récits déjà faits ? L'odeur de la mort sous un soleil écrasant ; les mouches, les asticots, les rats et les chiens errants qui pullulaient comme pour festoyer sur les cadavres. Par moment, j'avais l'impression que l'odeur de la mort s'infiltrait dans mon corps par tous les pores de ma peau. Mes croyances chrétiennes m'avaient toujours servi de cadre moral au cours de ma vie d'adulte. Mais où était Dieu au milieu de ces abominations ? Où était Dieu dans la réponse du monde ?

Ce jour-là, le retrait des Belges eut comme résultat que deux mille Rwandais perdirent la vie. Après le 7 avril, en compagnie de quelques expatriés, ils avaient trouvé refuge dans un camp belge installé dans l'école Don Bosco. Ce matin-là, des soldats français arrivèrent à l'école pour évacuer les ressortissants étrangers. Après le départ de ceux-ci, le commandant de la compagnie, le capitaine Lemaire, a appelé son supérieur, le lieutenant-colonel Dewez, pour obtenir la permission que sa compagnie aille renforcer les abords de l'aéroport. Il se garda bien de faire mention des 2 000 Rwandais que ses troupes protégeaient à l'intérieur de l'école. Dewez accepta et, dès le départ des troupes, l'Interahamwe fit irruption dans le camp et massacra presque tous les Rwandais.

Malgré mes rapports écrits et verbaux qui décrivaient une situation catastrophique et des événements tels que celui de l'école Don Bosco, à New York, il n'était toujours pas question de renforcement. À maintes occasions, Maurice m'avait très clairement fait comprendre que personne ne s'intéressait au Rwanda. Désormais, comme les risques augmentaient, l'intérêt pour ce pays s'amenuisait. Si, comme on me l'indiquait, toute possibilité de renforcement ne représentait pas une priorité, je voulais m'assurer que nous abandonner ne faisait pas partie du programme. Il y avait un manque évident de leadership à New York. Nous les avions inondés de messages et de rapports et n'avions rien reçu en retour : aucun équipement, aucun renforcement, aucune décision.

Afin que mes troupes participent à l'évacuation, j'ai signé cette nuit-là de nouvelles règles d'engagement. Elles leur donnaient la permission de désarmer les belligérants et d'intervenir par la force après avoir tiré des coups de semonce. Elles permettaient aussi aux commandants de secteurs de décider de la quantité de soldats nécessaires. La question qui se posait néanmoins était de savoir si j'avais le droit de changer mes propres règles d'engagement pour la période d'évacuation. J'étais sur place. C'est moi qui commandais, on m'avait donné cette mission, et j'ai pris la décision.

Ma priorité était l'accord pour la trêve, mais Bizimana ne faisait pas tellement le poids à l'intérieur du gouvernement intérimaire. Bagosora possédait les talents et la soif du pouvoir ; cependant, il était difficile à trouver. Cette journée-là, j'ai quitté le Q.G. à 7 heures du matin pour tenter de négocier la trêve. Cela a demandé huit réunions. À chaque fois, je passais et repassais devant les miliciens, de plus en plus en colère et saouls. Finalement, j'ai réussi à obtenir la signature du FPR à 14 heures 30, et celle de l'AGR le lendemain matin, à 6 heures. La trêve servait à faire évacuer les 650 expatriés de 22 pays en utilisant dix vols français. Deux cent onze membres du personnel de l'ONU sont partis grâce à trois vols sur des Hercule de l'armée canadienne. Une compagnie de fusiliers marins français est arrivée, et davantage de paras étaient prêts à intervenir à partir de Bangui. Huit vols ont amené la moitié de la brigade de parachutistes belges, ainsi que des motos et trois véhicules blindés.

Le 12 avril est un jour à marquer d'une pierre blanche : le monde qui, au départ, se désintéressait déjà du Rwanda, l'abandonnait à son sort. L'évacuation rapide des ressortissants étrangers fut le signal pour les tortionnaires que la route vers l'apocalypse était libre. Cette nuit-là, un sentiment de culpabilité lancinante m'empêcha de dormir.

Les soldats de Kagame avaient fini leur encerclement et préparaient l'assaut contre Byumba. Le major-général m'avait donné vingt-quatre heures pour sortir mes forces de la poche de Byumba, dans la zone démilitarisée. Après avoir informé le DOMP de l'impasse dans la zone et de mon plan pour une possible évacuation de mon contingent, New York m'a rappelé et notifié que seul le secrétaire général pouvait ordonner un retrait : nous devions rester en attendant les ordres. D'une part, on me demandait de ne pas prendre de risques inutiles et, d'autre part, on me donnait l'ordre de pas prendre de décisions tactiques au moment opportun. À cet instant précis, j'ai décidé de prendre moi-même la décision de faire bouger ou non mes troupes.

À mon intention de rester dans la zone démilitarisée, le chef d'état-major de Kagame a répondu officiellement : «Nous avons fait tout notre possible pour protéger la MINUAR. Jusqu'à maintenant, nous n'avons pas bombardé Byumba bien que notre ennemi nous ait pilonné. Nous avons tenu notre engagement.» Eh bien, voilà la réalité.

Ce jour-là, les combats autour de nous prirent de l'ampleur. Il y eut plusieurs échanges d'artillerie et de mortiers, les échanges étant plus intenses au nord et à l'est de la ville. Quelques bombes ont explosé autour de notre Q.G. et du poste de commandement du secteur de Kigali que Luc dirigeait. Quelques-uns des milliers de civils qui avaient trouvé refuge à Amahoro et autour de l'hôpital King Faisal ont été blessés. Des observateurs militaires de l'ONU encore en place nous ont envoyé des rapports relatant d'autres horreurs. À Gisenyi, une ville touristique au bord du lac Kivu, un observateur autrichien a rapporté qu'un véritable esprit de fête régnait chez les assassins. Ils semblaient inconscients du pandémonium et de leur abjection humaine alors qu'ils dépeçaient hommes, femmes et enfants dans les rues. À Kibungo, les soldats du gouvernement pratiquaient la politique de la terre brûlée envers les Tutsis et les Hutus modérés. Dans certaines parties de Kigali, on avait fait venir des bulldozers pour creuser des tranchées plus profondes aux barrages routiers afin de réduire la pile de cadavres qui s'y amoncelaient. Des prisonniers, sortis pour la circonstance de prison en uniforme rose, ramassaient les corps et les jetaient dans des bennes à ordures pour les emporter plus loin. Pensez-y un bref moment : les morts étaient si nombreux qu'il fallait les transporter dans des camions à ordures ménagères. Des secteurs entiers de la ville étaient complètement déserts. Seuls des chiens sauvages rôdaient.

Kagame faisait venir trois bataillons supplémentaires au nord de Kigali. Beaucoup de troupes se déplaçaient à l'est de la zone démilitarisée, vers le parc national de Kagera et l'axe routier principal nord-sud, le long de la frontière de la Tanzanie. À Butare, l'atmosphère était tendue en raison de la présence dans les parages de quelques gardes présidentiels. Cyangugu, Kibuye et Gikongoro avaient été la scène d'ethnocides perpétrés par des partisans du CDR et des soldats de l'AGR. Des équipes d'observateurs de l'ONU avaient établi des contacts avec un convoi humanitaire de la Croix-Rouge internationale qui venait du Burundi. Les Français avaient pratiquement terminé l'opération d'évacuation et commençaient à se retirer, les troupes de Luc prenant leur place à l'aéroport. L'ambassadeur de France avait fermé l'ambassade et s'était envolé.

Ce soir là, Brent m'a apporté une copie d'un *Communiqué du commandement des Forces armées rwandaises*. L'AGR demandait une rencontre entre Gatsinzi et Kagame sous la supervision de la MINUAR. Rusatira, Gatsinzi, cinq colonels et trois lieutenants-colonels de l'armée gouvernementale, y compris notre officier de liaison Ephrem Rwabalinda, avaient signé le communiqué. Ces officiers faisaient état d'un trop grand nombre de massacres et se soumettaient à une reddition sans condition à partir de midi le lendemain, 13 avril. Ils voulaient établir le gouvernement de transition à base élargie. Je me suis demandé pourquoi Ndindiliyimana ne l'avait pas signé, mais j'ai appris de sa bouche, le jour suivant, qu'il avait été coincé à Butare alors qu'il aidait quelques Tutsis à s'échapper, et qu'il n'avait pu revenir à temps. L'offre de ces hommes était bien sûr totalement inutile, étant donné l'élimination de tous les modérés et le manque de structure politique sur laquelle construire quelque chose. Comment les officiers pouvaient-ils même garantir que qui que ce soit accepte de se rendre ? Aussi naïve que cette proposition ait pu paraître, j'ai applaudi leur courage de la soumettre ainsi que leur désir de stopper la guerre et les massacres. Si Kagame leur donnait la reconnaissance et l'appui dont ils avaient besoin pour créer un mouvement d'opposition à l'intérieur de l'AGR, il existerait une possibilité qu'ils en viennent à éliminer le mouvement extrémiste.

Le communiqué était la dernière lueur d'espoir. Au même moment, Gatsinzi fut limogé, et le ministère de la Défense a annoncé la promotion du lieutenant-colonel Augustin Bizimungu, du régiment de Ruhengeri au poste de major-général, Sa nomination en tant que chef d'état-major de l'armée serait aussi confirmée. Tyran brutal et alcoolique, Bizimungu terrorisait pour se faire obéir. Il avait combattu le FPR dans divers conflits, et sa nomination était assurément un signe que les intentions du gouvernement intérimaire de mettre fin aux tueries ne restaient que des intentions. Il était évident que son rôle était de secouer le gouvernement léthargique et de l'envoyer au combat. À partir de ce moment-là, à chacune de mes tentatives de négociation avec le gouvernement, j'ai eu affaire à trois partisans extrémistes : Bizimana, Bizimungu et Bagosora. Quant à Ndindiliyimana, il s'accrochait à son emploi et ne pesait pas lourd face aux fanatiques. Quelques jours plus tard, tous les officiers signataires du communiqué ont été transférés à des postes symboliques et remplacés par des extrémistes connus. La dernière chance pour les modérés de prendre le contrôle du gouvernement s'était envolée.

Un peu plus tard dans la nuit, j'ai reçu un coup de téléphone d'Europe, d'un certain monsieur Gharekhan, un assistant spécial de Boutros-Boutros Ghali. Il m'a annoncé la décision du gouvernement belge de retirer ses soldats du Rwanda. Entre les brèves questions qu'il me posait sur le statut de la MINUAR et du Rwanda, et mes réponses tout aussi laconiques, il s'entretenait avec quelqu'un présent à ses côtés. Je crois qu'il s'agissait du secrétaire général lui-même. Je n'avais jamais rencontré ou parlé avec Boutros Boutros-Ghali, mais il était clair qu'il n'avait pas envie de me parler ce soir-là. Quant à son assistant, il m'amenait de plus en plus à considérer l'idée d'un retrait total de la MINUAR. Il m'a demandé d'évaluer les options qui s'offraient à moi, et il a raccroché.

Moins d'une heure après, Luc m'a téléphoné, affolé. Il venait de se disputer avec le général Charlier au sujet du retrait du contingent belge du Rwanda. Luc espérait avoir persuadé son chef que cette action constituerait une erreur monumentale. Il savait toutefois que Charlier était uniquement l'intermédiaire entre le gouvernement belge et lui. Je lui ai dit que nous devrions organiser une réunion, le lendemain matin, avec tous les commandants des différents contingents pour discuter des positions de leurs gouvernements respectifs. Aux dernières nouvelles, Willy Claes insistait pour renforcer la mission. Il était maintenant évident que les Belges avaient modifié leur position et l'avaient communiquée à Boutros-Ghali. À son tour, celui-ci avait ordonné à Gharekhan de me transmettre cette décision.

Il était tard et je suis monté sur le toit pour voir les balles traçantes et les petites explosions dans le ciel de Kigali, tentant d'apprécier un moment la fraîcheur de la brise nocturne. Bagosora et les extrémistes s'étaient attendus à mon retrait. Un de leurs hommes faisait encore partie du Conseil de sécurité et était au courant de tous les détails concernant ma mission. Comme je ne m'étais pas retiré, peut-être que ma vision d'un assaut contre mon Q.G. se réaliserait-elle; ils tenteraient de nous attaquer pour capturer Faustin et provoquer plus de pertes, ce qui nous pousserait à rentrer chez nous au plus vite. Nos défenses étaient faibles, mais il n'était pas question de leur livrer Faustin sans nous battre.

Cette nuit-là, Maurice a confirmé le scénario que j'avais prévu. Après avoir consulté le ministre des Affaires étrangères belge, le secrétaire général informerait demain par écrit le Conseil de sécurité de l'intention des Belges de se retirer unilatéralement du Rwanda. Selon Boutros-Ghali, ce retrait allait mettre la mission au complet en péril. J'ai voulu connaître la raison de cette volte-face, spécialement de la part de Willy Claes, mais Maurice n'en avait pas à me donner. J'ai bien fait connaître mon point de vue : je ne partirais pas. Nous n'abandonnerions pas les Rwandais au milieu de ce cataclysme, pas plus que nous ne laisserions sans protection les milliers de personnes réfugiées chez nous. De son côté, Booh-Booh avait conversé avec Riza et probablement avec Annan le même soir. Je me suis demandé quelle avait été la teneur de leur conversation, car, au cours des jours suivants, la position de Booh-Booh allait radicalement changer : il appuierait un retrait complet de la MINUAR.

Le lendemain, j'ai informé mon équipe du brusque revirement des Belges. Nous devions fournir un résumé des options offertes aux contingents en cas de retrait des Belges. Les commandants avaient besoin de communiquer directement avec leurs gouvernements pour savoir quels pays avaient l'intention de rester, ceux qui voulaient partir et les indécis. Au cours de leurs opérations d'évacuation, les États-Unis, la France et la Belgique avaient prouvé la possibilité de renforcer la mission. Ce n'était certainement pas le manque de moyens qui les empêchait soit de renforcer ma mission soit de la prendre sous leur commandement pour arrêter les tueries.

Un peu plus tard, au cours de cette journée, je suis parti à ma première négociation avec le FPR. Elle concernait l'offre de reddition inconditionnelle des modérés de l'AGR. Comme je l'avais prévu, Seth et les autres politiciens l'ont rejetée immédiatement. Seth s'est montré particulièrement arrogant. Son attitude me rappelait beaucoup la position inflexible du FPR pendant les négociations en vue d'installer le GTBE. Une fois de plus, il sautait à la gorge des extrémistes. L'AGR insistait pour obtenir un cessez-le-feu afin de redéployer ses troupes pour enrayer la vague de crimes. Le FPR insistait pour que les meurtres cessent avant d'accepter un cessez-le-feu. Jour après jour, nous tournions en rond, chaque partie défendant ses positions avec obstination, et aucune ne voulant plier.

De retour à mon Q.G., j'ai envoyé un autre rapport à New York qui incluait les options des différents contingents après le retrait des

Belges. Vous pouvez vous imaginer combien elles étaient sombres, mais j'ai soulevé un point critique : nous devions rester fidèles à l'image de la MINUAR, demeurer sur place pour être témoins des événements et poursuivre les négociations en vue d'un cessez-le-feu. À 6 heures 12, le 14 avril, j'ai reçu un nouveau message codé du DOMP me demandant d'examiner deux nouvelles options. La première consistait à dire aux deux parties que le secrétaire général acceptait de laisser sur place les contingents pendant trois semaines – à l'exception des Belges mais en bénéficiant d'une grosse partie de leur équipement – afin de permettre aux belligérants de reprendre et de mener à terme le processus de l'accord d'Arusha. Cette option ne se concrétiserait que si un cessez-le-feu était respecté pendant toute cette période de temps et si l'aéroport demeurait un territoire neutre. Si aucun accord n'était conclu d'ici le 30 avril, la MINUAR se retirerait totalement le 7 mai.

L'autre possibilité ? Si aucun progrès n'était réalisable, les deux parties seraient informées que la MINUAR partirait du Rwanda en même temps que les troupes belges. Booh-Booh et moi resterions avec une petite troupe d'approximativement 200 à 250 hommes pour continuer à travailler au processus de médiation. Le message spécifiait que les Belges demeureraient sur place encore quatre jours seulement. On nous donnait huit heures pour réfléchir à tout ça, pour élaborer la liste de nos besoins en équipements appartenant aux Belges et pour évaluer la viabilité des deux options.

En lisant la transcription de la réunion du Conseil de sécurité de la journée précédente qui était annexée au rapport, j'ai découvert que Riza avait soulevé un point des plus déconcertants. Il concernait les civils qui avaient demandé notre protection. Riza avait noté que le « Conseil [de sécurité] devrait examiner si les opérations de maintien de la paix devaient se voir confier de telles tâches ». Pour des raisons humanitaires ou morales, j'avais considéré la sauvegarde des civils comme allant de soi, et voilà que mes supérieurs remettaient en question ce concept même. Bien que ne possédant absolument pas les moyens de défendre les Rwandais, sinon par notre propre présence, la sécurité avait fonctionné plutôt bien jusqu'à maintenant. Un seul incident avait eu lieu au stade d'Amahoro : des soldats du FPR étaient entrés sans rencontrer aucune résistance de la part des

Bangladais et ils s'étaient emparés d'une douzaine de civils accusés par d'autres Rwandais présents à l'intérieur du stade d'avoir commis des atrocités. Ils furent exécutés sommairement à l'extérieur des murs d'Amahoro.

Au moment de la «prière», à l'annonce du retrait imminent des Belges, les officiers belges se sont sentis embarrassés, trahis, et ils étaient furieux. Ils se trouvaient à mes côtés depuis le mois de novembre et, la situation étant maintenant désespérée, ils recevraient l'ordre d'abandonner le Rwanda à son sort. Ce matin-là, la tradition militaire exigeant une loyauté sans faille envers les supérieurs a été mise à rude épreuve. J'ai donné à Henry la tâche de planifier la réorganisation de nos différents Q.G. sans les Belges. Puis, nous nous sommes pratiquement tous retrouvés au bord du désespoir lorsque j'ai souligné la nouvelle ligne de pensée du message codé, soit les perspectives de la MINUAR après le départ des Belges. Le seul point positif était le remplacement des officiers belges de notre équipe par des Canadiens. Trois d'entre eux seraient redéployés de la Somalie vers la MINUAR dans les deux prochains jours. On m'avait aussi promis l'arrivée de huit ou neuf officiers des Forces canadiennes dans les semaines suivantes. Pendant que certains pays abandonnaient le Rwanda, le Canada avait pris la décision exceptionnelle de renforcer la mission.

Ce fut aussi le jour où un magistrat belge est arrivé pour enquêter sur l'assassinat des dix parachutistes. J'ai donné des ordres afin qu'on lui fournisse les témoignages de tous les témoins et lui ai indiqué que les autres membres de la MINUAR se tenaient à sa disposition. J'avais déjà désigné une commission d'enquête présidée par le lieutenant-colonel Dounkov, de l'armée russe; tous les documents de cette commission devaient être remis aux enquêteurs militaires belges[20].

---

20. L'enquête de Dounkov était incomplète. Toutefois, le 14 juillet, j'ai signé son document et me suis retiré du dossier, car on y trouvait finalement assez d'informations permettant à l'ONU de dédommager les familles des militaires et le gouvernement belge. J'ajoutai toutefois que ce rapport avait besoin d'être suivi d'une enquête plus approfondie.

J'ai rencontré le ministre de la Défense cet après-midi-là. Bizimana exultait de savoir que les Belges allaient se retirer ; il prétendait que ce départ réduirait la tension parmi ses collègues, l'armée rwandaise et la population en général. Après la réunion, nous avons pris une autre route pour retourner à notre Q.G., car des fusillades intenses avaient éclaté autour du CND et, d'autres, plus sporadiques, dans différents quartiers de la ville. À mon arrivée, j'ai pris connaissance d'un appel de Katz Kuroda, du département des affaires humanitaires à l'ONU. Il offrait son expertise à ma jeune section humanitaire. Il m'a demandé une « estimation grossière » – j'allais apprendre à mépriser cette expression formulée par les organisations d'entraide – de la situation humanitaire afin d'en faire part à son département et au Conseil de sécurité. Il nous donnait les pleins pouvoirs pour utiliser tout le matériel et les vivres qui se trouvaient dans les entrepôts humanitaires de l'ONU (à l'origine, ces réserves étaient destinées aux réfugiés du Burundi et aux Rwandais déplacés). La difficulté était de pouvoir profiter de cette offre. À plusieurs reprises, nous avons tenté de prendre le contrôle de ces entrepôts, mais nous nous sommes fait tirer dessus des deux côtés, l'AGR et le FPR ayant décidé de les piller pour leur propre compte. À quelques occasions, nous avons répondu à leurs fusillades. Parfois nous sommes repartis avec des chargements de nourriture. Le courage était obligatoire et de rigueur. Je me souviens qu'un de nos véhicules blindés était revenu chargé de provisions après avoir essuyé une grêle de balles et avec un pneu à plat.

Les hôpitaux sont demeurés opérationnels pendant toute la durée du génocide, grâce aux efforts de Philippe Gaillard et du Comité international de la Croix-Rouge, appuyé par Médecins sans frontières et un médecin canadien et vétéran de la guerre de Somalie, James Orbinski. Mais à quel prix ? Cinquante-six Rwandais travaillant pour la Croix-Rouge ont été tués avant la fin du conflit, quelques médecins blancs et des infirmières ont été blessés, et des centaines de blessés rwandais ont été extirpés des ambulances et exécutés sur-le-champ. Au cours d'un trajet vers le centre-ville, j'ai aperçu en travers de la rue un camion de la Croix-Rouge criblé de balles. De la fumée sortait du capot, et toutes les vitres avaient été fracassées. De la porte du passager ouverte pendait un Rwandais portant une veste de la Croix-Rouge, le visage tourné vers nous. Du sang coulait d'une plaie à la tête formant un ruisselet lent mais continuel. Les portes arrière étaient ouvertes ; un corps se trouvait encore à l'intérieur sur une civière et un autre était appuyé contre le pare-chocs. Trois autres morts étaient emmaillotés dans des pansements rouges de sang. Un des corps n'avait plus de tête. Assis sur le trottoir, cinq jeunes barbouillés de sang fumaient des cigarettes à côté de l'ambulance, leurs machettes dégoulinantes à leurs pieds. Ils devaient avoir tout au plus quinze ans.

Le 15 avril, je me suis réveillé à 4 heures 30. Un câble codé venait d'arriver de New York ; nos câbles se croisaient au-dessus de l'Atlantique et rendait la discussion confuse. On m'informait que Boutros Boutros-Ghali acceptait les deux propositions concernant le retrait des troupes du Rwanda et les présentaient au Conseil de sécurité. Le DOMP avait ajouté une troisième option, un vrai exercice de finesse : dans ce plan, nous commencerions avec une force de 2 000 hommes pour ensuite réduire ce nombre à 250 si aucun cessez-le-feu n'était en place au bout de trois semaines. Boutros-Ghali préférait la première option : un cessez-le-feu immédiat comme condition préalable au maintien des 2 000 soldats pendant trois semaines. La France appuyait ce plan pour autant que l'on réévalue la situation dans cinq à six jours. Les Anglais ont adopté une position similaire à celle de la France. Le Nigeria, qui parlait au nom des pays non alignés membres du Conseil, a déclaré pour sa part qu'aucune de ces options ne l'intéressait et que le possible retrait de la MINUAR enverrait un message erroné. Le Nigeria avait besoin d'un peu plus de temps pour faire une proposition. Les États-Unis voulaient le retrait immédiat de la MINUAR. « Étant donné l'improbabilité d'établir un cessez-le-feu dans un avenir proche, le Conseil de sécurité devrait adopter une résolution stipulant "l'évacuation méthodique" de la MINUAR », affirmaient-ils.

Seul le président du Conseil de sécurité, le Néo-Zélandais Colin Keating, pensait que l'ONU devrait agir pour éviter cette catastrophe. Il avait réellement proposé que l'ONU « accroisse les effectifs de la MINUAR et [...] révise son mandat afin de lui permettre de contribuer à la restauration de la loi et de l'ordre, et à l'établissement d'institutions de transition, dans le cadre de l'accord de paix d'Arusha ». Au cas où je me serais réjoui trop tôt, Riza m'a précisé dans le câble que ni la proposition de Keating ni la résolution n'avaient été acceptées.

Plus tard dans la matinée, j'ai reçu un autre message de Riza. Je l'avais interrogé sur les procédures opérationnelles permanentes des Nations unies concernant les personnes placées sous notre protection. Selon lui, c'était à moi d'établir les priorités, la faisabilité et le type de réaction à accorder à ces requêtes. « Étant donné les circonstances anormales du moment, écrivait-il, on pouvait passer outre à ces ordres pour des raisons humanitaires, une initiative laissée à la discrétion du RSSG et du commandant en titre des forces. » J'ai eu la nausée en lisant ce message. Le matin du 7 avril, Riza m'avait ordonné de « ne pas tirer à moins que l'on nous tire dessus ». Maintenant, il me déclarait que le commandant des forces de l'ONU pouvait passer à l'offensive pour des raisons humanitaires.

Au bout de dix jours de tuerie, le capitaine Deme me résuma l'état de la situation concernant la guerre. Dans son rapport, il a écrit : « Il semble que le [FPR] mène une politique de pénétration profonde pour contrôler les routes principales d'approvisionnement de l'AGR, pour encercler les cibles principales et pour attaquer dès qu'ils seront prêts. À l'heure actuelle, ils ne portent aucun intérêt à l'aéroport. Ils gagnent du terrain lentement, calmement et froidement. De nombreuses cibles importantes, comme Byumba, sont encerclées. Ils installent des Tutsis dans des lieux déjà sous leur contrôle. » Lorsque j'ai questionné Seth et les autres politiciens du FPR à ce sujet, ils m'ont tout simplement répondu qu'ils laissaient les réfugiés tutsis rentrer chez eux. Il n'y avait aucun mal à ça, puisqu'il s'agissait là d'un des objectifs de l'accord d'Arusha. Une fois les Tutsis en place, le FPR garantissait la sécurité à quelques ONG humanitaires derrière les lignes de front. Ces organisations – que je considérais comme indisciplinées et exaltées – sont arrivées pour nourrir et aider ces soi-disant réfugiés. Bien sûr, le FPR contrôlait tous les points de distribution d'aide humanitaire et « récupérait » sa part auprès des personnes assistées par les membres des ONG. Cela constituait la preuve flagrante que les ONG soutenaient et secouraient un belligérant. Et de la façon dont je voyais les choses, il n'existait aucun moyen d'arrêter cette pratique, à moins que ce point soit spécialement négocié en vue du cessez-le-feu.

Les prévisions de Deme au sujet de l'AGR se réalisaient. Au front, les soldats recevaient très peu de renseignements tactiques et de directives ; certains désertaient pendant que d'autres pillaient pour se nourrir. Certains militaires désiraient la paix et avaient confiance en la MINUAR (après le départ des Belges), et un fossé était en train de se creuser entre certaines unités de l'armée et l'Interahamwe. Comme prévu, les soldats des premières lignes et les recrues de l'AGR, indisciplinés et désorganisés, ne seraient pas en mesure de soutenir le combat.

J'ai fait l'aller-retour entre le FPR et l'AGR, tentant de mettre au point une rencontre pour discuter des termes du cessez-le-feu. Ils ont fini par s'entendre sur le lieu de la réunion à l'hôtel Méridien. Le délégué gouvernemental devait être Ndindiliyimana mais, en arrivant en véhicule blindé et accompagné de quelques soldats bangladais, j'ai aperçu Marcel Gatsinzi à sa place. L'AGR a expliqué ce changement : le chef de la Gendarmerie était gardé pour la prochaine tournée de négociations, qui se promettait d'être plus sérieuse. C'est un Rusatira nerveux et plaidant pour un cessez-le-feu inconditionnel qui m'a rejoint dans le véhicule blindé. À chaque barrage, il retenait son souffle, et je sortais ma tête de l'ouverture du toit pour argumenter et faciliter le passage. Sortir de la zone contrôlée par l'AGR et l'Interahamwe fut long, mais, aux endroits contrôlés par le FPR, on nous faisait signe de passer rapidement. J'ai demandé au chauffeur d'amener le véhicule tout près des marches à l'avant de l'hôtel pour nous rapprocher le plus possible de l'entrée, et je suis sorti en premier pour couvrir la sortie de Rusatira.

La réunion allait se tenir dans la spacieuse salle à manger de l'établissement, avec deux murs couverts de fenêtres. Lorsque nous sommes entrés, les rideaux étaient grands ouverts, et mon premier réflexe a été d'aller chercher de l'aide pour les tirer. Une fois les portes et les rideaux fermés commença une longue après-midi, chaude et désagréable. Mamadou Kane était là et a pris en charge toutes les formalités. Cependant, le FPR, tout comme Booh-Booh, était en retard. Le visage de Gatsinzi a grimacé quand il a vu la petite délégation du FPR : seuls étaient présents le commandant Charles, du CND, et Frank Kamenzi, l'officier de liaison du FPR auprès de la MINUAR. Lorsque Booh-Booh est arrivé, flanqué de ses gardes du corps et accompagné du D^r Kabia, il s'est montré lui aussi déçu de la piètre participation du FPR.

Booh-Booh s'est tout d'abord tourné vers Gatsinzi. Celui-ci a fait de son mieux en livrant un plaidoyer exalté pour un arrêt immédiat des hostilités et des massacres. Les soldats qui tuaient les civils n'avaient reçu aucun ordre, ni de lui ni de son Q.G. Il fallait arrêter les éléments indisciplinés responsables. Il a terminé en disant regretter les terribles pertes humaines infligées à la MINUAR, et il nous a remerciés de rester au Rwanda.

En réponse, le commandant Charles n'a pas changé sa position. Il a tout simplement répété les conditions préalables exigées par le FPR pour la mise en place du cessez-le-feu : l'inexorable scénario de l'œuf et de la poule. Il fallait arrêter les massacres avant qu'ils puissent y mettre un terme. Je cite : « Toutes ces conditions ne sont pas négociables et doivent être exécutées immédiatement. » Il nous a même tendu des copies de la liste de ces conditions.

En tant que président de la réunion, Booh-Booh a fait un résumé de la rencontre. Les deux partis ont manifesté leur désir de paix, a-t-il dit. Peut-être, mais le FPR se montrait intransigeant. Il tenait l'AGR dans sa grippe et venait plus ou moins de demander que les modérés conduisent leur propre coup d'État. Nous risquions ainsi de nous retrouver avec une guerre civile à trois sur les bras, en plus de tous les massacres. J'ai eu de la peine pour Gatsinzi et un sentiment proche du mépris pour le prétentieux commandant Charles. Il était prêt à laisser faire les tueries, alors que sa faction se drapait dans une supériorité fantôme. À ce moment précis, comme un acte intentionnel, des bruits de coups de feu se firent entendre derrière l'hôtel. Derrière les rideaux, une porte en verre s'est ouverte avec violence. Tous nos cœurs ont cessé de battre. Puis, un officier belge s'est frayé un chemin à travers les rideaux pour nous dire que les tirs venaient d'un obsédé de la gâchette du FPR. Dans un climat encore plus tendu, nous avons achevé nos négociations, qui, une fois de plus, n'ont pas abouti. À la fin de la réunion, j'ai reconduit un Gatsinzi bien morose à son Q.G. Cette personne se démenait dans une bataille perdue d'avance contre les extrémistes. Après avoir mis sa tête sur le billot en participant à cette réunion et avoir été repoussé aussi fermement, il était devenu plus vulnérable. Le manque de progrès au cours de cette première séance de négociations officielles en vue du cessez-le-feu ne pouvait que donner du poids à l'option de retrait total préconisé par l'ONU.

De retour à Amahoro, j'ai appris que les délibérations du Conseil de sécurité s'étaient terminées par une scission : d'un côté, ceux qui appuyaient la première option (les pays non alignés – la Chine, la France et l'Argentine), de l'autre, ceux qui appuyaient la seconde (l'Angleterre, la Russie et les États-Unis, sous contrainte). Colin Keating avait conclu les discussions en disant qu'il n'était pas nécessaire de prendre une décision le jour même. Comme nous étions vendredi, il nous faudrait attendre lundi pour en savoir plus long sur notre avenir. Nous nous trouvions dans les limbes. La cavalerie n'allait pas surgir en claironnant de derrière les collines, comme dans les westerns… Combien de milliers de Rwandais allaient mourir pendant cette fin de semaine ?

Chaque journée apportait sa nouvelle tournée de négociations et de discussions pour placer l'aéroport de Kigali sous le contrôle de la MINUAR. Les meurtres allaient toujours en augmentant. De plus en plus de Rwandais demandaient notre protection. Des embuscades sans fin, des fusillades et des bombardements provoquaient de nouveaux morts dans tous les lieux placés sous notre protection. Des ressortissants étrangers perdus ou oubliés appelaient tous les jours pour que nous venions les sauver de circonstances impossibles et dangereuses. Chaque jour, nous devions nous battre pour faire venir de l'eau, des vivres et des fournitures bien ordinaires, comme du papier, d'une base d'approvisionnement à Nairobi, au Kenya, à plus de 1 500 kilomètres. Mes hommes étaient nerveux et épuisés, et rien ne pesait plus sur leur moral que les interminables chamailleries des diplomates.

Le 16 avril, j'ai reçu une lettre du directeur des Mille Collines me disant qu'à l'heure actuelle, plus de quatre cents personnes, des Tutsis pour la plupart, s'étaient réfugiées dans son hôtel. Il affirmait que les Tunisiens et quelques observateurs de l'ONU avaient fait un excellent travail en bluffant les miliciens et en assurant la sécurité de son établissement, mais, selon lui, ce n'était qu'une question de temps. Les miliciens ne tarderaient pas à donner l'assaut en demandant aux personnes réfugiées de sortir. J'ai ordonné aux soldats bangladais d'aller renforcer l'effectif de l'hôtel, mais leur commandant m'a fait parvenir une lettre officielle de protestation soutenant que la mission était trop dangereuse et qu'il avait transmis copie de cette même lettre à Dacca. J'ai annulé l'ordre. À quoi cela pouvait-il bien servir ? De toute façon, s'ils avaient obéi, en cas d'affrontement, ils seraient probablement partis en débandade. Pour le moment, je ne pouvais rien faire de plus. Faire déménager ces quatre cents Rwandais était bien plus dangereux pour eux. Il était préférable de maintenir un semblant de détente avec les miliciens.

Je ne parlerai jamais assez du courage des Tunisiens. Ils n'ont jamais failli à leur devoir et ont toujours fait preuve d'un très haut niveau de bravoure et de discipline dans l'accomplissement des tâches dangereuses et difficiles qu'on exigeait d'eux. Par exemple, ce matin précis, à l'hôpital King Faisal, des soldats tunisiens avaient eu maille à partir avec un peloton de soldats du FPR. Comme leur quantité de fournitures médicales était au plus bas, ces derniers proclamaient que tout le stock à l'intérieur de l'hôpital était à eux, un butin de guerre en somme, et ils étaient entrés de force avec deux sections d'infanterie. Le chef du contingent tunisien, le commandant Belgacem, les avait arrêtés net à l'aide de quelques soldats. Pour défendre les réserves de l'hôpital, il avait placé ses hommes à des endroits stratégiques et avait été très clair quant à ses intentions d'ouvrir le feu. Le peu de fournitures médicales du King Faisal était arrivé par avion et devait servir aux quelque sept mille blessés rwandais présents dans les locaux. Le commandant de l'hôpital de campagne bangladais s'était alors avancé et avait passé un accord avec le FPR. Les soldats se sont donc retirés sans qu'un seul coup de feu n'ait été tiré.

Environ deux heures plus tard, je me suis arrêté pour féliciter les soldats et j'ai fait le tour de l'hôpital. Des Rwandais blessés, malades et mourants occupaient chaque pièce et chaque couloir. Des familles entières se blottissaient autour d'enfants qui pleuraient, qui avaient faim ou étaient déshydratés. À l'intérieur des salles d'opération, les soignants dispensaient des soins avec le peu de pansements à leur disposition, au milieu de l'odeur de corps pas lavés, du sang coagulé et de la mort. Étant donné le manque d'eau, le choléra menaçait. En arrière du bâtiment, un grand espace était protégé par des clôtures. On y retrouvait des milliers de personnes de tous âges et un fouillis de petites tentes, de vêtements, de latrines et d'ordures. Cela ressemblait à un camp de concentration. Là agonisaient les personnes âgées ; quant aux nouveau-nés, ils devenaient une source d'angoisse pour des mères qui ne pouvaient plus les nourrir.

Il n'y avait pas d'eau, peu de nourriture, aucun moyen de faire cuire un repas et pas de bois pour allumer un feu. Alors que je marchais au milieu des malades, ils se mettaient à genoux pour me supplier de les aider, tirant sur mes vêtements et me tendant leur bébé. Je ne possédais rien pour soulager leurs misères. Des responsables m'ont guidé vers un endroit où un puissant obus de mortier avait explosé le jour précédent. Le sol lui-même avait été peu abîmé, très probablement parce que le détonateur avait touché des corps d'abord, ce qui avait fait exploser l'obus et éparpiller des shrapnels au niveau du plancher. Des débris de chair humaine, de cerveau et de sang recouvraient les endroits avoisinants. Des dizaines de corps en lambeaux avaient été enlevés et enterrés. Plus de cent survivants souffraient d'horribles coupures causées par les shrapnels. Il y avait eu un mouvement de panique quand tout le monde avait voulu entrer en même temps dans l'hôpital, et des enfants avaient été piétinés à mort. Des bagarres avaient éclaté pour des places à l'intérieur mais, en fin de compte, les survivants étaient revenus s'installer tant bien que mal au même endroit, car ils ne pouvaient aller nulle part ailleurs. S'ils quittaient l'enceinte de l'hôpital, la mort les attendait. Elle était partout autour d'eux et, désormais, elle commençait à tomber du ciel. J'avais envie de crier, de vomir, de frapper n'importe quoi, de sortir de mon corps, de voir disparaître cette scène horrible. À la place, je me suis fait violence pour me calmer : il le fallait pour toutes ces paires d'yeux qui m'observaient. J'ai remercié les équipes médicales pour leur travail et leur ai promis des fournitures médicales dès que j'en obtiendrais.

Avant de partir, le colonel Roman, le commandant de l'unité de parachutistes belges, m'a donné son numéro de téléphone en

Tanzanie. Il allait s'y établir avec sa brigade pendant deux semaines. Il m'a dit qu'ils y resteraient au cas où nous aurions besoin d'eux pour sortir du Rwanda, une fois que nous en aurions reçu l'ordre. Au cours des dix jours suivants, il m'a appelé deux fois pour me demander si nous nous retirions et si j'avais besoin d'aide. Chaque fois, j'ai répondu par la négative. Je soupçonnais les Belges de vouloir éviter que la MINUAR éprouve des pertes qui auraient pu être directement associées à leur abandon de la mission.

Les trois premiers officiers canadiens sont arrivés de Somalie ce jour-là. À peine débarqués, je les ai mis immédiatement au travail. J'ai demandé au major Michel Bussières de prendre en charge la gestion du personnel de notre Q.G. Bien que l'on m'ait dit à plusieurs reprises que toutes les personnes travaillant avec nous avaient été répertoriées, le service du personnel n'avait jamais réussi à me fournir une liste de leurs noms. Le major Bussières a effectué ce travail en vingt-quatre heures, travail qui valait son pesant d'or alors que nous réduisions nos effectifs. J'ai nommé le major Jean-Guy Plante au poste d'agent d'information et l'ai chargé d'escorter et de faire la coordination avec tous les journalistes qui venaient et repartaient de la mission. Je lui ai mentionné que je voulais au moins un reportage par jour sur les chaînes de télévision internationales, en collaboration avec le reporter de la BBC, Mark Doyle – un exploit réussi par le major Plante pour tenter d'éveiller la conscience mondiale. Quant à l'officier de marine, le capitaine de corvette Robert Read, je lui ai assigné la tâche d'établir une base de logistique avec les éléments en notre possession, de déballer, trier, emmagasiner et distribuer les équipements et les fournitures qui commençaient à arriver à l'aéroport grâce à deux Hercule des Forces canadiennes qui faisaient la navette avec Nairobi. Read a demandé à Brent ce que «base de logistique» signifiait. Puis, après avoir compris, il s'est mis à l'ouvrage et réussit en quelques jours à créer cette base. Ce premier jour, Brent était débordé de missions de sauvetage. Il avait demandé à Plante et à Read de l'accompagner dans un véhicule blindé bangladais pour sauver un Rwandais canadien qui se cachait au Mille Collines. Ce monsieur et sa famille étaient en vacances au Rwanda le 7 avril, et ils avaient fui la maison familiale. La populace avait attrapé et massacré sa femme et sa fille, mais il avait réussi à sauver ses deux fils et à les cacher. Plante et Read ont réussi à le faire sortir furtivement de l'hôtel et à l'amener au Q.G. Puis il a révélé l'endroit où étaient ses fils. Plante et Read sont repartis et ont secouru les garçons. Les survivants de cette famille ont été évacués vers Nairobi et au Canada, le jour suivant.

Cette nuit-là, le sort de tous ces Rwandais réfugiés au Mille Collines m'a empêché de dormir. Je savais qu'une attaque pouvait se produire n'importe quand. J'aurais voulu utiliser la force pour défendre tous les sites qui se trouvaient sous notre protection précaire, mais je n'en avais pas la capacité. Je pouvais seulement espérer que la milice ne découvre pas notre bluff. J'ai appelé Moigny, l'observateur militaire congolais qui commandait cet endroit, et lui ai demandé de me téléphoner tous les soirs pour me faire un rapport, surtout si une attaque se produisait. Pendant les nombreuses nuits qui ont suivi, je lui ai parlé et l'ai encouragé à la radio. Je ne pouvais faire guère plus. Au cours des prochaines semaines, il démontrerait qu'il était un chef hors pair, car, avec ses Tunisiens, il a réussi à repousser trois tentatives de pénétrer l'hôtel et à résister à quelques bombardements.

De plus en plus de demandes d'aide affluaient alors que les éléments indisciplinés de l'AGR et de la Gendarmerie s'étaient alliés ouvertement avec l'Interahamwe et les autres milices. Un appel lancé par le gouvernement intérimaire par le biais de RTLM alimentait cette alliance : il demandait à tous les citoyens ordinaires de prendre les armes partout au Rwanda et de monter des barricades ou des barrages routiers pour se protéger contre ce que Radio-Télé La Mort appelait « l'armée rebelle », qui était là pour s'infiltrer dans la population et tuer les Hutus. C'était une sorte de mobilisation générale de la population – avec, comme résultat, la participation à la bataille d'un troisième belligérant – vouée à l'extermination fanatique d'une ethnie au complet.

Notre neutralité de casques bleus ne nous épargnait pas les coups de feu. Dans peu de temps, mes soldats se trouveraient engagés dans des batailles contre des hordes de miliciens sanguinaires ou même contre une des deux ou les deux parties en guerre. Nous entrions dans une nouvelle phase du conflit dans laquelle nos bluffs seraient mis à dure épreuve.

Aux barrages routiers dans Kigali se tenaient beaucoup plus de jeunes, armés de machettes et de lances. Dix jours après le début du génocide (je n'avais pas encore commencé à utiliser ce mot pour décrire la situation, pour des raisons que je n'arrive pas encore à bien comprendre : peut-être un refus de ma part de voir ce nouvel holocauste se dérouler sous mes yeux), la majorité des rues restait déserte à l'exception des patrouilles de prisonniers sorties des prisons de Kigali pour charger les corps dans les bennes à ordures et les décharger dans d'immenses fosses communes à l'extérieur de la ville.

Mon souvenir de ces véhicules est indélébile. Du sang noir, à demi coagulé, suintait comme de la peinture épaisse des bennes. Un jour, j'ai vu une jeune fille hutue, vêtue d'une robe de couleur pâle et de sandales, perdre l'équilibre en glissant sur du sang, à côté d'un camion. Elle a violemment heurté le sol et bien qu'elle se soit relevée immédiatement, on aurait dit que quelqu'un avait peint son corps et sa robe avec une huile rouge foncé. En voyant cela, elle est devenue hystérique. Plus elle hurlait, plus elle attirait l'attention sur elle. Très vite, une centaine d'individus, dont plusieurs qui étaient armés, nous a entourés. Une telle foule pouvait, en quelques secondes, s'en prendre à n'importe qui. J'ai baissé la vitre de mon véhicule et les ai salués en kinyarwanda. Certains ont commencé à frapper le véhicule. J'ai gardé mes mains ouvertes, très visibles, en signe traditionnel d'amitié. Quelques personnes dans la masse m'ont reconnu et m'ont appelé par mon nom. D'autres m'ont souri, et j'ai pu lentement dégager le véhicule. Toute cette scène avait duré à peine quinze minutes, mais cela me parut une éternité.

Au cours des quatre derniers jours, en fin d'après-midi, nous avions envoyé nos comptes rendus journaliers par radio à l'ONU, comme demandé par le DOMP, ce que nous avons fait jusqu'à la fin. J'ai pensé que si l'ONU savait à quoi nous devions faire face chaque jour, quelqu'un pourrait encore désirer nous venir en aide. À la place, on utilisait mes rapports pour informer les pays ayant fourni des troupes du degré de danger auxquels leurs soldats étaient exposés. Ils finirent effectivement par effrayer les plus timorés. Nous avons terminé notre dernière estimation militaire ce soir-là et l'avons envoyée : à ce moment-là, il fallait être aveugle ou totalement illettré pour ne pas savoir ce qui se déroulait au Rwanda. Dans ce rapport, j'ai informé mes supérieurs que, dorénavant, comme tous les tenants de la ligne dure avaient une position d'autorité à l'intérieur de l'AGR et de la Gendarmerie, nous étions les témoins de la mort de tout désir de cessez-le-feu chez l'AGR. Au cours des derniers jours, le mouvement extrémiste s'était enhardi pendant la délibération du Conseil de sécurité. Était-il possible, ai-je demandé, que le gouvernement par intérim ait conclu qu'il n'y aurait pas d'intervention internationale et qu'il avait carte blanche pour exterminer les Tutsis ?

J'ai aussi rapporté que Kagame avait, de toute évidence, atteint son but, bien que sa campagne ait perdu de l'intensité. Trois jours auparavant, le FPR aurait pu s'emparer de Kigali en quelques heures, sinon en quelques jours. Ils ne l'ont pas fait soit de par la volonté de Kagame, soit parce qu'ils ont rencontré une résistance plus dure que prévu en raison de la mobilisation de la population par la station RTLM, ou tout simplement parce qu'ils manquaient peut-être de matériel. Si l'approvisionnement avait été le problème, l'AGR pourrait produire suffisamment de moyens défensifs pour arrêter le FPR et faire traîner cette guerre en longueur. Je leur ai écrit que, telles que se présentaient les choses, les meurtres iraient toujours en s'intensifiant, «toujours un pas en avant du FPR» et sous les yeux de l'AGR et de la Gendarmerie.

Je pressais la communauté des ONG, les agences et le département des Affaires humanitaires de l'ONU de se joindre à ma division des affaires humanitaires toute jeune pour répondre aux énormes besoins du Rwanda, mais nous faisions face à une situation embarrassante, car nous courions des risques. «La MINUAR se trouve rapidement entraînée dans un scénario de mise en application de la paix pour des raisons humanitaires, ai-je déclaré. Au cas où cette mission devrait se transformer et servir à stopper les massacres et sauver les civils menacés, il sera nécessaire de procéder à un changement de mandat et la mission devra être renforcée en hommes, en armements et en équipement.» J'ai ajouté : «[...] Les officiers subalternes [bangladais] ont déclaré très clairement que s'ils sont stoppés à des barrages routiers avec des civils dans leur convoi, ils laisseraient ces derniers se faire tuer plutôt que d'utiliser leurs armes pour tenter de les sauver [...]. La MINUAR doit se préparer à défendre l'aéroport avec un bataillon étant donné que ce lieu est vital pour nous et pour la survie des autres organisations humanitaires.»

En conclusion, j'ai écrit : «Nos forces ne peuvent tout simplement pas continuer à ménager la chèvre et le chou en face de toutes ces demandes moralement légitimées pour de l'aide et de la protection, pas plus qu'elle ne peuvent se lancer dans des opérations de type "chapitre VII" sans avoir l'autorité, le personnel et l'équipement nécessaires. Il est donc prévu que dans les vingt-quatre prochaines heures, plus ou moins, le commandant de la force recommandera une réduction du nombre de ses hommes jusqu'à un niveau cohérent avec les besoins pour assurer la sécurité à l'aéroport, celle du processus politique et des différentes tâches humanitaires, [...] une force de 1 300 personnes, ou bien le commandant de la force recommandera [...] le contingent de 250 hommes.»

Dimanche, j'ai reçu un autre câble de Riza. Il m'a fourni quelques surprenantes lignes de conduite à adopter vis-à-vis de l'intransigeance du FPR. «Il faudrait faire comprendre au FPR que sans un accord rapide pour un cessez-le-feu, même limité, d'ici mercredi [le 20 avril], on peut s'attendre à ce que le Conseil de sécurité décide de retirer la MINUAR du Rwanda. À ce moment-là, le FPR pourrait être blâmé de ne pas accepter le cessez-le-feu pour permettre aux discussions de commencer. Nous ne pourrons passer à l'étape de la création d'un cadre de travail pour revenir au processus de l'accord d'Arusha qu'une fois un cessez-le-feu établi... Veuillez, s'il vous plaît, bien leur souligner que, sans ce dernier, il est impossible de commencer les opérations d'aide humanitaire.»

Ce câble contenait également une nouvelle alarmante : « Votre plan consistant à entreprendre une réduction importante du personnel de la MINUAR est approuvé. Cela montrera également l'imminence du retrait de la MINUAR, si l'on ne parvient pas à un cessez-le-feu.» Je leur avais donné un argument en faveur d'un retrait et ils ont sauté dessus, bien que cela n'ait pas été dans mes intentions. Henry et moi en avons discuté tard cette nuit-là, ressassant l'évidence : les massacres et le sort du peuple rwandais ne semblaient aucunement influencer les bureaucrates, du moins si nous en jugions par les instructions que nous recevions. Peut-être estimaient-ils qu'un cessez-le-feu arrêterait automatiquement les massacres, réaction d'une grande naïveté compte tenu de ce qui se déroulait derrière les lignes de l'AGR. Je me sentais frustré et impuissant devant ce que j'avais vu jusqu'à présent, tout comme par mon incapacité à faire comprendre au DOMP, au Conseil de sécurité, au bureau du secrétaire général et au monde entier toute l'horreur vécue par le Rwanda.

Avant d'aller me coucher, je suis descendu passer un petit moment avec les six civils qui s'occupaient des communications. Ils avaient insisté pour rester avec nous après l'évacuation de leurs collègues. Malgré leurs conditions de vie sordides dans ce qui avait été l'arrière-cuisine de l'hôtel Amahoro, leur moral semblait remonter au fil des jours. Ils avaient déniché quelques bières, des Primus, et m'en ont offert une. Nous sommes restés assis ensemble, fatigués, entourés de fumée de cigarette et d'un tourbillon de paroles et de commentaires à voix haute quant au meilleur endroit où je pourrais loger le Conseil de sécurité et tous ses indécis, ainsi que tous nos vacanciers du «Club Med» à Nairobi. Pour parler de choses plus sérieuses, leur patron m'a fait remarquer que notre système principal de contrôle par satellite, qui se trouvait près du centre des opérations, n'était pas suffisamment protégé contre des fusillades nourries qui pouvaient venir des deux belligérants. Mentalement, j'ai noté de faire couvrir tout le système de communications avec des sacs de sable dès le lendemain matin, et je suis parti me coucher. Deux jours plus tard, une bombe a explosé à cinq mètres à peine de la barrière de sacs de sable. Le système a été endommagé et n'a pas fonctionné pendant dix-neuf longues heures, mais il n'a pas été détruit. J'ai déniché une bouteille de whisky pour remercier ces hommes pour leur conseil prémonitoire.

Le 18 avril, je me suis réveillé au son de tirs de mitraillettes et d'explosions de grenades. Notre Q.G. se faisait bombarder. Luc partait aujourd'hui avec le contingent belge. Il avait été un des premiers sur le terrain, et ses nerfs d'acier, son professionnalisme, la force de son sens moral m'avaient apporté un certain sentiment de confiance et même de sécurité. Il remettait la sécurité de l'aéroport entre les mains du colonel Yaache, le commandant du contingent ghanéen qui avait été en poste dans la zone démilitarisée. Yaache et moi avons rencontré Luc à huit heures du matin pour discuter des derniers détails. Il n'avait pas l'air en forme. La fatigue, le stress, la douleur physique et mentale ainsi que le poids écrasant qu'avait représenté le commandement du secteur de Kigali avaient fini par venir à bout de lui, et il se tenait debout devant moi, un peu voûté et le souffle court. Je pouvais lire dans ses yeux la honte, la tristesse et l'incertitude. Mais il s'est vite redressé et a repris le travail qu'il avait à terminer, c'est-à-dire transmettre tous les renseignements nécessaires.

J'avais voulu organiser une petite cérémonie d'adieu en l'honneur de Luc à l'aéroport, mais le FPR ayant opposé son veto, nous avons dû la faire au Q.G. de notre armée. Nous avons offert à Luc une statuette en bois représentant un guerrier rwandais traditionnel, un cadeau réservé habituellement aux personnalités importantes de la MINUAR. (Nous avions acheté ces impressionnantes statuettes avant la guerre. Par la suite, nous avons trouvé les sculpteurs tutsis assassinés dans leurs échoppes.) Je sais qu'avec mes mots je ne pouvais suffisamment le remercier pour les services qu'il avait rendus à la mission et au peuple rwandais.

Le gouvernement belge avait accordé l'asile à Faustin, et Luc avait déjà installé le premier ministre dans un blindé de transport de troupes. Avant que Luc parte, je l'ai pris à part pour lui dire en privé à quel point j'étais désolé de perdre le bataillon de Kigali et pour le remercier de nous laisser l'équipement, les armes, les fournitures et les munitions belges. J'allais lui dire combien j'étais fier de lui et triste de son départ lorsque des attaques au mortier et des tirs d'artillerie ont atteint l'enceinte de notre Q.G. et le stade. Du verre cassé s'est répandu tout autour de nous, et, dans Amahoro, les civils ont commencé à crier. La panique a régné un certain temps. Plus d'une douzaine de personnes ont été tuées et plus d'une centaine, blessées, y compris un Casque bleu ghanéen. Cependant, les exercices que nous avions maintes fois répétés en prévision de telles situations ont servi à calmer rapidement la situation.

Luc m'a fait des adieux rapides et il est parti.

Assis parmi la foule de militaires et de civils qui s'attendaient à recevoir une bombe ou à voir la fin du bombardement, j'étais ébranlé par son départ. Je ressentais en même temps une forte sensation de perte et quelque chose de plus amer. Dewez et ses deux cents parachutistes devaient partir le lendemain, eux aussi. Les anciens maîtres de cette colonie quittaient le combat, la queue entre les jambes.

Des personnes se pressaient dans tous les coins du hall d'entrée. J'avais réussi à avoir suffisamment de sacs de sable pour protéger le système de communications par satellite, mais nous n'avions pu abriter les portes et les fenêtres. Autour de moi, des jeunes enfants, les yeux pleins de larmes, faisaient tout leur possible pour avoir l'air courageux. Des hommes et des femmes à peine vêtus utilisaient leurs corps en guise de boucliers pour protéger leurs enfants, des soldats fumaient nerveusement, tressaillant à chaque explosion. Si une salve de tirs devait atteindre l'arrière du bâtiment, il se produirait un épouvantable fouillis de bras, de jambes et de cerveaux humains.

Le bombardement a duré une heure. Lorsqu'il s'est arrêté, Brent et moi avons fait un rapide inventaire des dégâts : des vitres cassées, une partie de la cuisine extérieure détruite, nombre de véhicules endommagés dans l'enceinte mais la plupart encore en état de fonctionner. En arrivant au bureau, Brent a remarqué, en regardant à travers une partie du toit fracassé, qu'un obus non explosé de 120 millimètres s'était logé entre des tuyaux. Il a demandé à un des officiers du Génie polonais d'enlever le projectile en toute sécurité. Il s'agissait de l'ingénieur témoin du massacre à la paroisse de Gikondo. Nous avons su par la suite qu'il avait tout simplement pris l'obus dans ses bras et qu'il l'avait transporté ainsi à l'extérieur du bâtiment et de l'enceinte jusque dans la rue où il l'avait déposé. L'engin aurait pu exploser n'importe quand. Brent a soupçonné l'homme de souffrir de troubles psychologiques et d'être possédé par un profond instinct de mort depuis la vision du massacre. Cet officier a été rapatrié peu de temps après. Il ne devait pas être la dernière victime psychologique de la MINUAR…

Les soldats de l'AGR bivouaquaient toujours à l'aéroport et au camp Kanombe tout à côté, mais des soldats étrangers bien armés les avaient empêchés d'entreprendre toute action militaire contre l'aéroport pendant les opérations d'évacuation des Belges et des Français. À l'heure actuelle, nous n'avions ni le mandat ni la puissance de feu de ces soldats et, depuis le départ des Belges, l'AGR était retournée à l'aéroport. Si cette dernière ne signait pas l'accord de neutralité de l'aéroport d'ici le 19 avril, nous allions devoir cohabiter avec elle, une situation côté sécurité qui irait de mal en pis. Sa présence à l'aéroport ne manquerait pas d'attirer les tirs du FPR. Nous serions placés, tout comme les vols des organisations humanitaires chargées de nous réapprovisionner et les vols d'évacuation, dans une position particulièrement vulnérable.

Ce jour-là, j'ai eu plusieurs rencontres avec l'AGR pour qu'elle accepte de laisser l'aéroport totalement aux mains de la MINUAR. Ce lieu deviendrait un terrain neutre pouvant servir à notre armée et à l'arrivée de l'aide humanitaire au Rwanda. L'AGR se disait d'accord avec cette proposition, mais uniquement si le FPR respectait la neutralité de l'aéroport. Entre-temps, le sort des deux derniers convois de nos soldats ghanéens en provenance de la zone démilitarisée me préoccupait. Au volant de véhicules lents qui avaient l'habitude de tomber en panne, ils roulaient sur une route propice aux embuscades et étaient très exposés. S'ils décidaient de s'arrêter pendant la nuit, ils arriveraient après le départ des derniers soldats du bataillon belge de Dewez.

Lors d'une réunion en vue du cessez-le-feu, un peu plus tard la même journée, Gatsinzi et Ndindiliyimana ont soudainement adopté la ligne dure, attitude qui était nouvelle. Avant, ils avaient tous les deux accepté la neutralité de l'aéroport, et même la participation du FPR dans une commission conjointe chargée de superviser l'application de l'accord. Voilà maintenant qu'ils rejetaient la proposition de neutralité et soulevaient des objections quant à la participation du FPR aux discussions. L'aéroport était une infrastructure nationale, disaient-ils, et devait rester sous leur contrôle. Ils étaient tout particulièrement sur la défensive à cause de la condition préalable du FPR exigeant la condamnation et l'emprisonnement de tous les gardes présidentiels ; Gatsinzi et Ndindiliyimana ont fait valoir que certains de ces soldats n'étaient pas impliqués dans les meurtres. Ce dernier a même insisté en soutenant que les massacres avaient considérablement diminué – une déclaration ridicule. J'ai soupçonné qu'on les forçait à jouer le jeu des extrémistes.

Les possibilités d'obtenir un cessez-le-feu s'amenuisaient. Quelqu'un avait manifestement parlé aux deux généraux. Quant au FPR monolithique, il était tout à fait clair qu'il ne voulait pas de cessez-le-feu. Mais pourquoi ? Ses membres savaient que les assassinats augmentaient, que nous nous trouvions diminués par le départ des Belges et encore plus limités dans nos mouvements et dans nos interventions à cause des milices. Ils savaient aussi que les modérés avaient perdu toute chance d'influencer le cours des événements. Pourquoi annihilaient-ils les négociations ainsi ? Cela signifiait que les meurtres ne s'arrêteraient pas et que toute aide humanitaire serait entravée. Je devais aller confronter Kagame.

Dans l'après-midi, j'ai reçu un message de Dewez. Il avait reçu l'ordre d'accélérer le départ du reste des troupes belges. Pour donner le temps aux Ghanéens de revenir de la zone démilitarisée, Luc Marchal avait ignoré les ordres de sa hiérarchie pendant trois jours. Maintenant, Dewez devait se replier, et les Ghanéens n'avaient pas encore pris les positions des Belges à l'aéroport. J'avais peur que, durant cette période creuse dans l'occupation du terrain d'aviation, l'AGR en profite pour s'y installer et en prendre le contrôle. Le dernier avion devait partir très tôt le lendemain matin. Ensuite, nous serions livrés à nous-mêmes.

Le câble codé 1173, signé par Riza au nom du triumvirat, est arrivé ce soir-là. Il avait pour titre « Le statut de la MINUAR ». Le message était fort simple : si le FPR et l'armée gouvernementale ne se mettaient pas d'accord sur un cessez-le-feu d'ici neuf heures du matin, heure de New York, le jour suivant, la MINUAR devrait commencer son retrait. Aucune autre option n'était mentionnée. On nous demandait d'évaluer les conséquences du retrait sur les personnes « réfugiées » dans nos enceintes. J'ai relevé l'utilisation subtile du qualificatif « réfugiées » par opposition à « sous la protection des Nations unies ». Le câble déclarait : « Nous estimons que les deux parties devraient négocier pour prendre en charge ces personnes. » Je ne comprenais pas que quiconque à l'ONU ait pu s'illusionner et penser que ces malheureux Rwandais seraient en sécurité aux mains de l'un des deux belligérants. Je me suis alors posé des questions sur le genre d'informations que Booh-Booh faisait parvenir à New York par son téléphone satellitaire.

Je n'avais pas d'autre choix que de demander à Henry, à Brent et à notre équipe de préparer notre évacuation. J'ai pris la décision de produire un rapport évaluant les risques qu'entraînerait un retrait total de la MINUAR et de l'envoyer au DOMP. En premier lieu, j'avais besoin de savoir si Booh-Booh et son équipe avaient participé à cette nouvelle politique et, dès l'aube, je me suis dirigé vers l'hôtel Méridien avec le D$^r$ Kabia. Il y avait beaucoup de pilonnage d'artillerie près de l'aéroport ; le FPR dirigeait ses tirs vers le camp Kanombe. Tout était calme dans le hall de l'hôtel. Les gens dormaient ou étaient tout simplement trop faibles pour se lever. Empruntant des couloirs et des escaliers encombrés de personnes, nous nous sommes retrouvés à l'étage supérieur pratiquement inoccupé et sombre, où un seul agent de sécurité de l'ONU montait la garde devant la porte de Booh-Booh.

Celui-ci avait l'air ennuyé. Quand j'ai commencé à passer en revue le contenu du câble, il était évident qu'il le connaissait déjà. Je lui ai dit qu'il était hors de question de procéder à un retrait complet – nous devions continuer à faire flotter le drapeau de l'ONU sur Kigali, ne serait-ce que comme témoignage de notre présence. Il m'a répondu que je devais arrêter de discuter et de me préparer à évacuer nos troupes vers le Kenya, comme j'en avais reçu l'ordre. C'est de Nairobi que la MINUAR pourrait poursuivre son action. Il s'ensuivit un va-et-vient de paroles entre lui et moi, pendant que Mamadou Kane épiçait le tout d'interventions en faveur de son maître, en m'accusant notamment d'être un marchand d'épouvante. En proie à la plus grande exaspération, Booh-Booh s'est tourné vers le D$^r$ Kabia et lui a demandé, à brûle-pourpoint, de donner son opinion sur ce sujet épineux. J'ai immédiatement compris que l'avenir de la MINUAR allait dépendre de la réponse du D$^r$ Kabia.

Il m'a semblé qu'il prenait une éternité pour répondre, mais lorsqu'il l'a fait, il a totalement appuyé ma proposition. Nous devions conserver une force réduite de 250 hommes à l'intérieur du pays. Nous ne pouvions pas complètement abandonner les Rwandais. Booh-Booh a accepté sans broncher son jugement, mais Kane m'a lancé des regards meurtriers. Le D$^r$ Kabia savait à quel point son appui avait été crucial. En retournant vers notre Q.G., couvrant le bruit du moteur, il m'a confié n'avoir aucun regret. Nous faisions ce qui devait être fait… et de notre mieux compte tenu des circonstances.

Avant que je parte ce matin-là pour tenter en dernier recours de persuader les deux belligérants de se mettre d'accord pour un cessez-le-feu, et comme pour prouver à quel point j'avais raison, Tiko a demandé de nous rencontrer Henry et moi afin de nous mettre au courant des événements de Gisenyi. La ville touristique au bord du lac Kivu avait été le théâtre de beaucoup d'assassinats de la part des extrémistes hutus depuis la nuit du 6 avril. Voici quelques notes du rapport du major Diagne, un officier sénégalais qui était une de mes nouvelles recrues[21].

> «[…] Vers midi, le 7, ils sont allés de maison en maison […] ils ont tué certaines personnes sur-le-champ et en ont fait marcher d'autres jusqu'à une fosse commune près de l'aéroport où, comme ont pu le constater les observateurs militaires de l'ONU, ils leur ont coupé les bras et les jambes avant de les achever. L'armée et la Gendarmerie n'ont rien fait pour arrêter ces meurtriers […]. Ils ont bouclé la frontière avec Goma, au Zaïre. Les observateurs militaires ont été menacés et se sont regroupés à l'hôtel Méridien, où des étrangers s'étaient réfugiés. Des témoins oculaires rapportaient des scènes de massacre dans toute la région. Un prêtre avait rassemblé dans son église environ 200 enfants pour les protéger, mais, après les prières, les assassins avaient forcé les portes et avaient massacrés tous ces jeunes… Une autre église avait été brûlée avec les centaines de personnes à l'intérieur. Ils ont massacré les enfants âgés de dix à douze ans, des mères qui portaient leurs bébés sur le dos. Ils lançaient les bébés en l'air les laissant s'écraser sur le sol. À Rsumbura, trois professeurs belges, deux hommes et une femme, ainsi que trois prêtres ont été tués. La nuit du 8, un convoi de ressortissants étrangers a eu le droit de partir pour Goma. Le 10,

---

21. Depuis le début de la guerre, le major Diagne a assisté à chaque réunion où je me trouvais. Il y prenait des notes et retranscrivait les minutes afin de les rendre lisibles. Un soir, alors qu'il était occupé à ce travail, il ressentit soudainement le besoin de prier. Il quitta son siège pour tomber à genoux sur son tapis de prière, face à La Mecque, telle que l'exige la foi musulmane. À ce moment précis, un énorme éclat d'obus de mortier traversa la fenêtre et l'espace qu'il venait tout juste de quitter. Le projectile tomba encore fumant aux pieds du major, qui venait d'échapper de peu à une mort certaine. Imperturbable et digne, Diagne signala les dommages occasionnés à sa fenêtre et reprit sa place devant son bureau pour poursuivre ses fastidieuses transcriptions, qui n'en étaient pas moins essentielles.

madame Carr, que l'on aperçoit dans le film *Gorilles dans la brume,* a quitté sa maison pour la première fois. Elle avait vécu au Rwanda pendant les quarante-cinq dernières années. Cette femme de quatre-vingt-cinq ans a déclaré avoir vu des choses horribles. Madame Carr et soixante-huit Américains, des étudiants pour la plupart, ont quitté le Rwanda. Les observateurs militaires ont réussi à fournir de l'aide et des vivres aux Rwandais, des Tutsis en grande majorité, qui s'étaient réfugiés à l'hôtel Méridien. Ils ont organisé quelques patrouilles, mais les routes et les rues étaient encombrés de cadavres et de barrages routiers. Nous avons reçu l'ordre d'évacuer le 13, nous avons passé deux nuits entre les postes-frontières du Rwanda et du Zaïre. Nous sommes finalement arrivés à Mkumba et, de là, à Kigali. Les communications étaient très mauvaises. »

J'ai écouté le rapport sans tressaillir. Ces horribles descriptions n'avaient rien de neuf; elles ne me choquaient même plus. À la lecture de telles informations, j'entrais plutôt dans un état second. J'en avais tellement entendu au cours des deux dernières semaines qu'elles semblaient s'accumuler dans mon esprit. Plus de réactions, plus de larmes, plus de nausées, aucun dégoût apparent. Cela ne faisait qu'entrer dans mon cerveau pour attendre d'être assimilé ensuite. Beaucoup plus tard, une fois revenu au Canada, j'ai pris des vacances avec ma femme et mes enfants. Nous étions en auto sur une route étroite qui menait à la plage. Les ouvriers qui avaient construit la route avaient coupé beaucoup d'arbres et avaient empilé les billots de bonne taille de chaque côté, perpendiculairement à celle-ci, pour venir les ramasser plus tard. La couleur des arbres coupés avait viré au marron, et les extrémités des troncs tiraient vers le blanc. Avec moult détails et sans pouvoir m'arrêter, j'ai décrit à ma femme un voyage que j'avais dû faire dans la zone contrôlée par le FPR. Les bas-côtés de la route pour aller au centre d'un village étaient jonchés de piles et de piles de cadavres de Rwandais qui séchaient au soleil, comme des billots, leurs os blancs transperçant la peau. J'ai été navré d'avoir raconté de telles horreurs devant mes enfants. Une fois arrivés à la plage, les enfants sont allés nager, Beth a pris un livre et, moi, je suis resté assis, prostré pendant plus de deux heures, me remémorant ces événements. Avec quelle terrible vulnérabilité nous sommes tous revenus du Rwanda!

Je suis arrivé au Diplomates vers 11 h 30. Je n'étais pas très optimiste quant à mes chances de faire une percée en vue de parvenir à un cessez-le-feu avec l'AGR. En effet, Bizimungu avait finalement remplacé Gatsinzi comme chef d'état-major et personne ne pouvait qualifier Bizimungu de modéré. En général, Bagosora était installé dans son bureau, d'où il avait une vue sur le hall de l'hôtel, là où des lobbyistes ou des hommes d'affaires faisaient la queue pour le rencontrer. Toutefois, on ne le voyait nulle part.

Bizimungu était un homme plutôt court et rondouillard, d'aspect agressif. Vêtu d'un uniforme impeccable, il est venu à ma rencontre dans le hall pour me saluer. Ses yeux vifs, presque brillants, n'exprimaient ni la confiance ni la maîtrise de la situation. Après les serrements de main et les politesses d'usage, nous nous sommes dirigés vers la salle de conférences, à gauche du lobby, et nous nous sommes installés, chacun sur un sofa. Dans mon dos se trouvait une baie vitrée donnant sur les jardins de l'hôtel, où patrouillaient des gardes présidentiels. J'ai été étonné qu'il me rencontre en tête-à-tête, mais rien de ce qu'il a dit ne m'a surpris. Il s'était assis sur le bras du sofa afin de paraître plus grand et s'est lancé dans une litanie de reproches. Il n'aimait pas que la machine de propagande du FPR manipule les médias et la presse internationale, et que l'armée gouvernementale et le gouvernement par intérim passent pour des méchants. Pourquoi n'était-il pas capable d'avoir une personne qualifiée pour rapporter les horribles massacres perpétrés par le FPR derrière ses lignes, tout spécialement celui de toutes les familles des officiers de l'AGR dans la région de Byumba, y compris celle du ministre de la Défense ? Bizimungu voulait être interviewé le plus vite possible, prétendant qu'il avait beaucoup de choses à dire. (En fait, le lendemain, j'ai emmené des représentants des médias assister à la réunion, mais il s'est montré sous le jour d'un faucon et d'un seigneur de la guerre, et non comme une source d'information fiable. Il ne pouvait vraiment pas modifier l'opinion publique quant à savoir qui étaient les « bons » et les « méchants » dans cette affaire.)

Lorsque j'ai insisté sur la fin des atrocités, le cessez-le-feu et la neutralité de l'aéroport, il m'a répondu qu'il n'était pas totalement *au fait* des événements, mais qu'il me donnerait sous peu la réponse du gouvernement. Je suis retourné très déçu à notre Q.G. Bizimungu n'avait fait que confirmer le scénario auquel je m'attendais : il allait se battre, les massacres continueraient, et l'ONU, prise entre les intérêts des puissances dominantes au Conseil de sécurité et un secrétariat qui tremblait à la vue d'un fusil, ferait tout pour nous enlever de là.

À mon retour, Tiko m'a appelé sur le réseau pour m'informer du sort des observateurs militaires et des religieuses qui se trouvaient sous sa protection à Butare. Une visite récente de Jean Kambanda et de la Garde présidentielle avait déclenché à Butare les plus ardents désirs d'élimination des Tutsis et des modérés. Le préfet local (un modéré) avait été atteint d'une balle et était probablement mort. L'Interahamwe massacrait sans discrimination, sous la supervision de la Garde présidentielle, qui était restée après le départ du premier ministre. La population locale avait prévenu les observateurs militaires que leurs vies étaient en danger, et ces derniers ont finalement demandé à être retirés. Cependant, ils avaient sous leur protection environ trente Rwandais, des religieux et des civils qu'ils ne pouvaient abandonner.

Au milieu de la conversation, Brent m'a fait un signe urgent. Je devais signaler à Tiko qu'un avion Hercule était en route pour Butare, où il arriverait une heure plus tard. Les observateurs militaires et les personnes à leur charge devraient se rendre au plus vite jusqu'à la courte piste d'atterrissage en terre battue et recouverte d'herbe, à l'extrémité de la ville. Tiko a bien compris le message et a coupé la transmission.

Voici la scène qui s'est déroulée à Butare : trois véhicules tous terrains, remplis à pleine capacité de personnes, traversent la ville à toute vitesse, renversent quelques barrages de peu d'importance et parviennent au bout de la piste d'atterrissage. Une foule hystérique les pourchasse et se dépêche d'arriver à l'aéroport dans le but certain de les exterminer jusqu'au dernier. Le petit groupe d'hommes et de femmes sans armes scrute le ciel, cherchant des yeux le Hercule, alors que l'angoisse les envahit. Au moment où la foule envahit l'aéroport, le bruit des quatre turbopropulseurs de l'avion se fait entendre. Ce dernier arrive à basse altitude et se prépare à un atterrissage d'urgence. L'énorme appareil de transport atterrit dans un bruit fracassant et parvient à s'arrêter en dérapant à environ deux cent mètres des fuyards. La poussière et la terre emplissent l'atmosphère, la rampe est abaissée, les moteurs tournent à un rythme assourdissant. Les observateurs militaires tirent les religieuses et les enfants par leurs vêtements et en portent certains jusqu'à l'avion en courant.

Les observateurs peuvent voir grossir la foule à l'autre bout de la piste ainsi que les traces des tirs de mitraillettes. L'avion est touché plusieurs fois. Se mettant à l'abri des balles qui crépitent autour de lui, le surveillant de chargement agite son bras violemment afin que les passagers se dépêchent. Les observateurs veulent emporter leurs véhicules, mais le temps manque pour installer la rampe ; leurs chauffeurs, furieux, les sabotent. L'avion a commencé à tourner et va rouler sur la courte piste directement vers la foule et les fusils, alors que les dernières personnes évacuées luttent pour attraper la rampe et être hissées dans l'avion. Que le Hercule ait pu décoller dans cette chaleur, avec ce poids incroyable, sur une piste ridiculement courte et non préparée, a tenu du miracle. On se retrouvait à Stanleyville avec la mission de l'ONU au Congo dans les années soixante. De telles scènes d'héroïsme se déroulaient d'un bout à l'autre du pays.

Juste avant le coucher du soleil, je suis parti à l'aéroport faire mes adieux à Dewez et aux derniers Casques bleus belges. La périphérie de l'aéroport était jonchée d'immondices. On y trouvait même des autos que des soldats italiens, venus prétendument aider à évacuer les Français et les Belges, avaient vandalisées. Dans le terminal proprement dit, toutes les boutiques avaient été pillées et détruites, les vitres fracassées, et l'endroit était partout rempli d'ordures. Seuls des soldats européens avaient utilisé le terminal depuis le début de la guerre, seuls des ressortissants étrangers, en majorité européens, y avaient transité. J'ai été stupéfait de voir le banditisme flagrant et le mépris dont ces gens avaient fait preuve envers ce que l'on pouvait considérer comme un trésor national pour un pays pauvre tel que le Rwanda.

Dewez et moi avons discuté un peu pour vérifier que tous les détails techniques d'ordre militaire et de passation de pouvoir avaient été réglés. Dans un état émotionnel terrible, il m'a décrit le sentiment qui l'avait envahi alors qu'il abandonnait la mission et nous laissait face à l'ennemi. Je ne lui ai pas facilité son départ quand il m'a salué pour la dernière fois et qu'il m'a quitté pour rejoindre l'avion belge qui attendait, moteurs vrombissant. La rampe s'est refermée dès qu'il a pénétré dans le ventre de l'appareil. Celui-ci s'est immédiatement mis à rouler pesamment sur la piste, comme une grosse oie claudicante, puis il s'est élevé dans le soleil couchant du Rwanda aussi parfait qu'une carte postale. Les bruits de la bataille que j'avais oubliés pendant quelques instants se sont intensifiés au fur et à mesure que l'avion s'éloignait à l'horizon.

J'étais hors de moi, et le son de la fusillade ne faisait qu'exacerber ma colère. Des images de mon père et de mon beau-père en treillis de la Seconde Guerre mondiale semblaient jaillir du ciel qui s'obscurcissait. Ils avaient l'air fatigués, sales et hagards alors qu'ils étaient en train de libérer la Belgique. Pendant que les Canadiens se battaient d'arrache-pied contre les Allemands, le roi Léopold III de Belgique et ses laquais impitoyables gardaient en servitude des millions d'Africains du Rwanda et de la région des Grands Lacs, et les spoliaient de toutes leurs richesses naturelles. Et j'étais ici, en plein cœur d'une des anciennes colonies du roi Léopold III et de son fils Baudouin, et je regardais les troupes belges nous abandonner au milieu d'un des pires massacres du siècle parce qu'ils avaient perdu quelques-uns de leurs soldats professionnels en service commandé.

J'ai regardé le ciel pendant longtemps. Cinquante ans après que mes guides spirituels se furent battus en Europe, on m'abandonnait avec une force symbolique pour être le témoin d'un crime contre l'humanité que les Belges avaient involontairement déclenché. Des bruits de fusillade et d'explosions de grenades se faisaient entendre au loin, et la nuit se refermait sur moi. Je me suis mis à haïr un pays qui non seulement avait perdu son courage pour rester au combat, mais qui, en plus, était prêt à sacrifier les noms et les réputations de ses propres militaires pour se libérer la conscience. Marchal, Dewez, Ballis, Van Put, Kesteloot, De Loecker, Deprez, Puffet, Van Asbroek, Mansel, Podevijn, Maggen, Dupuis, Claeys, De Weghe, Yansenne et tous les autres officiers et sous-officiers belges affectés à la mission seraient en définitive ceux qui sauveraient la face du gouvernement belge et de ses concitoyens. Et ils deviendraient aussi très vite des cibles à mépriser par ceux qui auraient dû leur donner des décorations, des accolades et leur accorder le plus grand respect. Sans aide, ils avaient su maintenir la dignité et la conscience sociale d'un pays qui, après avoir essuyé quelques pertes, avait tourné le dos au sort des 8,3 millions de Rwandais en péril et des 800 000 hommes, femmes, enfants et vieillards qui allaient mourir aux mains des extrémistes.

Je suis finalement retourné à mon Q.G. en passant à travers les lignes de l'AGR où quelques balles m'ont fait hâter le pas. J'étais décidé à ne pas entrer dans l'histoire comme le commandant qui s'enfuit. Pourquoi prendre la peine d'envoyer des soldats si, au premier signe de danger, on leur donne l'ordre d'abandonner la mission pour se protéger ? Je devais m'assurer que les Ghanéens, la seule vraie force bien organisée qui me restait, ne flanche pas. En passant, je salue Henry Anyidoho, qui, en prenant des risques personnels, a su garder son gouvernement à distance pendant toute la durée de la guerre et du génocide, afin que les soldats ghanéens restent avec nous. Cet excellent chef a bien servi la mission. C'est lui qui, la nuit du 18 avril, a raffermi ma résolution de ne pas m'en aller.

Brent avait attendu impatiemment mon retour afin que je puisse inscrire mes derniers commentaires dans l'évaluation militaire de la situation (MIR – 19) de manière à répondre aux câbles nous ordonnant de nous retirer si nous ne nous approchions pas d'un cessez-le-feu. Une fois de plus, j'ai exposé en détail la situation terrible dans laquelle se trouvait le Rwanda, tout en expliquant les raisons tactiques et morales qui exigeaient que soit au moins laissée en place une petite force. Un retrait complet de la mission serait à la fois dangereux et présenterait de nombreux obstacles : «La MINUAR ne possède pas d'artillerie lourde, de munitions ni même de moyens de transport pour assurer son retrait en toute sécurité. Si la MINUAR devait procéder à une évacuation en toute sécurité de son personnel, il faudrait prendre en considération des options telles qu'une trêve imposée sur le plan international ou un retrait appuyé militairement.» Notre retrait mettrait gravement en péril les personnes réfugiées sur nos sites sécurisés. Le mieux que nous pourrions faire serait alors d'établir des listes des noms de toutes ces personnes, et de demander à Philippe Gaillard et à la Croix-Rouge de surveiller comment les deux factions s'en occuperaient. Étant donné que les Rwandais seraient sans aucun doute maltraités et tués par une des deux parties, nous risquions de créer encore plus d'animosité et de récriminations entre les belligérants.

«La sécurité de notre retrait est étroitement liée au fait de rester sur place au Rwanda pendant au moins un temps assez court, ai-je fait valoir. Le commandant de la Force n'insistera jamais assez sur ce point. Nous attendons votre décision à ce sujet.» J'ai signé le message, et Brent l'a envoyé.

Quelques heures plus tard, mes nerfs ont été de nouveau mis à rude épreuve. Le 20 avril, aux petites heures du matin, j'ai été réveillé pour lire deux câbles en provenance du DOMP. L'un résumait les délibérations de la journée du Conseil de sécurité et contenait un fait étonnant. Une fois de plus, Colin Keating avait remis à plus tard la décision concernant la MINUAR en disant aux membres que l'ONU allait conduire des négociations avec les belligérants qui commenceraient très bientôt à Arusha, et qu'on ne pouvait prendre aucune décision avant de connaître les résultats de ces consultations. En quoi consistaient donc ces négociations à Arusha?

En gros, l'autre câble m'ordonnait d'*arrêter* le retrait de mes troupes, jusqu'à nouvel ordre. Le rapport ajoutait que trois autres propositions seraient faites au Conseil de sécurité: «Une des solutions à envisager serait de renforcer la MINUAR et d'étendre son mandat pour qu'elle tente d'imposer un cessez-le-feu aux belligérants, de rétablir la loi et l'ordre, et de stopper les tueries. Au cas où ce scénario serait pris en considération, on garderait à l'esprit que, pour le réaliser, il faudrait faire venir plusieurs milliers de soldats supplémentaires. (Note: peut-être 10 000 – un chiffre demandé par la MINUAR.) Il se pourrait aussi que la MINUAR reçoive des pouvoirs coercitifs.» Je n'avais, bien sûr, jamais réclamé 10 000 soldats supplémentaires. En lisant entre les lignes et à l'évocation d'une obtention possible de «pouvoirs coercitifs», que nul membre du Conseil de sécurité ne se hasarderait à confier à la MINUAR, j'ai soupçonné que cette option avait dû être inclue dans le texte uniquement pour les archives.

Une autre phrase de l'ébauche a attiré mon attention: «En fin de compte, seules les parties qui ont signé l'accord d'Arusha, en d'autres termes, le gouvernement du Rwanda (ou son successeur) et le FPR, doivent avoir la responsabilité soit d'apporter la paix à leur pays et à leur peuple, soit de leur faire supporter la violence.» Le problème était que le «nouveau» gouvernement au Rwanda n'était en aucune façon un des cosignataires de l'accord d'Arusha, mais le résultat d'un coup monté par les extrémistes. Cette distinction devenait cependant très nébuleuse, si l'on considère, parmi d'autres facteurs, qu'un Rwandais de tendance dure siégeait au Conseil de sécurité de l'ONU à New York. Cependant, le secrétaire général savait très bien que le FPR ne reconnaîtrait jamais ce gouvernement. Et les extrémistes n'abandonneraient pas leur position de force à un gouvernement modéré ou même modéré teinté d'extrémisme. Ainsi, quelle solution politique l'ONU pouvait-elle proposer pour résoudre l'impasse? Il n'y en avait pas. Il incombait au Conseil de sécurité de se secouer, de me donner un mandat et de me fournir les moyens d'arrêter les assassinats et d'établir une atmosphère de sécurité. Je devais absolument téléphoner au triumvirat avant que cette ébauche devienne officielle. J'étais là, en plein abattoir à Kigali, en train d'analyser les entrailles bureaucratiques de rapports mal conçus.

Le lendemain, vers la mi-matinée, j'ai été renseigné au sujet de la planification des négociations d'Arusha, prévues pour le 23 avril, et qu'appuyait fortement le secrétaire général de l'OUA, le D$^r$ Salim. Il s'est avéré que le vice-président du FPR était parti à Dar es-Salaam pour demander au président de la Tanzanie de réunir les deux parties. J'ai été incrédule à l'annonce de cette nouvelle. À quoi s'attendait donc le FPR, lui qui s'était montré si inflexible lors des négociations pour le cessez-le-feu? Comme Booh-Booh avait été invité, j'ai décidé d'envoyer Henry afin qu'il fournisse un avis militaire, qu'il soit un témoin et qu'il prenne des notes. Nous devions également fournir des escortes militaires pour l'AGR puisqu'ils n'avaient aucun moyen de se rendre là-bas. Deux points très importants devaient être travaillés parmi beaucoup d'autres: l'arrêt des massacres sous le contrôle d'une force constituée de la MINUAR et d'observateurs dans les sous-régions, et rétablir la loi afin de retrouver et de traduire en justice ceux qui avaient commis les massacres.

Entre-temps, nous devions essayer de voir comment rétablir un semblant de fonctionnalité à l'aéroport. Les Français pas plus que les Belges n'ayant laissé derrière des contrôleurs aériens, nous avons dû chercher du personnel qualifié. J'avais en poche l'accord du FPR disant qu'il respecterait la neutralité de l'aéroport, et j'ai envoyé une autre note à Bizimungu et au gouvernement intérimaire afin qu'ils m'envoient rapidement leur réponse. Pendant ce temps-là, mes observateurs ont retrouvé l'ancien directeur de l'aéroport au Mille Collines et l'ont immédiatement mis au travail avec de nombreux soldats pour le garder, car il mourait de peur – et avec raison : c'était un Hutu, et il aidait la MINUAR à se préparer pour l'arrivée (possible) d'une force d'intervention.

Le matin du 21 avril, j'ai dirigé une réunion spéciale avec mes commandants et les membres les plus importants de mon équipe au sujet du maintien de notre position. Les points à l'ordre du jour ont varié de la logistique jusqu'à la quantité de soldats qui resteraient et la capacité de nos troupes à maintenir leur action pour assurer la sécurité. Ils pensaient tous que nous devrions tenter de conserver plus que 250 soldats sur le terrain. Je leur ai répondu que le DOMP m'avait confié la tâche de décider ce nombre une fois que nous serions arrivés à environ 600 soldats, tous grades confondus. À l'heure actuelle, nous possédions 12 jours de vivres et d'eau, en comptant des rations minimales pour chacun. Le dernier convoi de Ghanéens avait fini par arriver du nord, tous assoiffés et très affamés. De plus, un certain nombre souffraient de malaria, à cause du manque de médicaments.

En ce qui concerne l'aspect militaire, le FPR continuait d'avancer et s'emparait d'une grande quantité d'équipement de l'AGR, y compris des roquettes abandonnées par les soldats en déroute. Tous convergeaient vers Kigali en vue d'une bataille importante, et les lourds échanges d'artillerie et de roquettes qui avaient eu lieu dans la ville au cours des deux jours précédents indiquaient une future confrontation. Après avoir pris Byumba, le FPR montait des embuscades répétées contre les soldats de l'AGR qui essayaient de retourner à Kigali. L'AGR faisait état de lourdes pertes, et les monts Kigali et Nianza, qui se trouvaient près de la ville, étaient le théâtre de combats acharnés.

Voilà donc quelle était notre position à l'aube des nouveaux pourparlers d'Arusha. La structure d'aide humanitaire devait rejoindre la mission. Le carnage se poursuivait sans relâche dans l'ensemble du Rwanda, et les deux parties se préparaient pour une bataille difficile et peut-être décisive pour le contrôle de la capitale. La situation était « normale ».

Après la réunion, j'ai préparé un câble codé pour le DOMP. J'insistais sur mon besoin de prendre une décision définitive quant à l'avenir de mes soldats sur le terrain. Je n'ai reçu aucun réconfort lorsque j'ai soulevé l'option de renforcement de la mission. Maurice et les deux autres ont tout simplement répondu que je ne devais pas m'attendre à ce que quiconque aille patauger dans le bourbier rwandais. Cette option ne verrait jamais le jour, un point, c'est tout. Pour obtenir des conseils, beaucoup de pays s'étaient adressés à la Belgique, en tant qu'ancienne puissance coloniale, et à son ministre des Affaires étrangères, qui savait se montrer persuasif. Et Willy Claes annonçait clairement que tous les soldats devaient être évacués avant de se faire massacrer. Tôt le matin du 24 avril, Brent m'a apporté une télécopie de Riza. La résolution 912 du Conseil de sécurité de l'ONU y était jointe. Le Conseil avait finalement voté pour l'option d'une armée pour le moins squelettique. Les phrases de cette résolution étaient de la pure langue de bois onusienne : « ... Tout bien considéré... Nous exprimons le grand regret... Nous sommes choqués... consternés... très préoccupés... Nous insistons... Nous sommes très inquiets... Nous condamnons... condamnons fortement... exigeons... décidons... réitérons... réaffirmons... Nous en appelons... Nous invitons... Saisis par cette question, nous avons décidé de lui accorder en permanence toute notre attention, etc. »

Au moment où j'écris ces mots, je suis en train d'écouter l'adagio pour cordes de Samuel Barber, la représentation en musique de la souffrance dans sa plus pure expression, expression des mutilations, des viols et du meurtre de 800 000 Rwandais, avec l'aide des nations membres de cette organisation internationale présumée impartiale. Ce monde, dirigé en fin de compte par les États-Unis, la France et le Royaume-Uni, a facilité et encouragé le génocide au Rwanda. Peu importe l'argent et l'aide que ces pays fourniront par la suite, ils ne parviendront jamais à laver le sang des Rwandais qu'ils ont sur leurs mains.

La résolution 912 étant en rédaction, j'ai ordonné l'évacuation rapide d'environ 1 000 soldats vers Nairobi. Ils devaient y rester durant trois jours, car si un accord de cessez-le-feu était conclu à Arusha, je pourrais peut-être les récupérer. Au milieu de l'après-midi, j'ai été informé que le personnel de l'ONU à Nairobi renvoyait ces soldats chez eux, le gouvernement du Kenya refusant qu'ils quittent leur campement à l'aéroport où les conditions étaient épouvantables.

Une fois rentrés chez eux, même s'ils étaient encore assignés à la MINUAR, ils disparaîtraient dans leurs garnisons, et il nous faudrait repartir à zéro.

Avec mes effectifs réduits, j'étais dans de beaux draps. Un grand nombre de mes soldats étaient épuisés et malades à cause du manque de nourriture et de médicaments; d'autres étaient de vrais zombis, après avoir vécu des expériences traumatisantes et épouvantables dans ce cloaque de tripes, de membres mutilés, de chiens dévorant la chair humaine et de vermine. Malgré tout cela, même si la plupart d'entre eux avaient fait preuve d'héroïsme, j'ai dû leur expliquer que le monde avait décidé de ne pas nous appuyer dans nos efforts, mais plutôt de retirer une grande partie des troupes et de les envoyer en lieu sûr. J'ai demandé aux officiers d'insister auprès de leurs hommes pour leur expliquer que ce retrait n'était aucunement honteux et qu'ils devaient se tenir prêts pour un retour possible.

À ma grande insatisfaction, plus tard dans l'après-midi, j'ai reçu un appel de Riza qui voulait savoir où en était le retrait. Il a déclaré que le *Washington Post* venait de publier en première page une photo de soldats de la MINUAR se dépêchant d'entrer dans un avion chargé de l'évacuation comme un troupeau de bêtes terrorisées. On racontait que certains d'entre eux embrassaient l'avion, alors que d'autres abandonnaient leurs bagages sur le tarmac pour monter dans l'appareil au plus tôt.

J'ai demandé à Brent de s'occuper de cette histoire. Quinze minutes plus tard, il m'a confirmé que, lors de la première évacuation de la journée, les officiers et sous-officiers bangladais, qui avaient abandonné leurs soldats afin que ces derniers prennent l'avion suivant, s'étaient précipités jusqu'à l'appareil de façon honteuse. Tous les autres vols s'étaient déroulés sans problème, et six cents soldats avaient été évacués sans anicroche. Que pouvais-je dire? Le mal était fait. Une fois signée la résolution de retirer nos troupes, l'image de la déroute de l'ONU avait été livrée en pâture au monde entier. Nous faisions figure de rats effrayés abandonnant un navire en détresse. Jusque dans leur façon de s'en aller, les Bangladais s'étaient effondrés et avaient fait passer les membres de notre mission pour une bande de minables aux yeux de ceux qui, dès le début, n'avaient vu en nous qu'une vaste blague.

J'allais devoir mettre les chefs du FPR et de l'AGR au courant concernant la diminution de nos effectifs et expliquer ma nouvelle mission. Je ne pouvais espérer bluffer plus longtemps en leur cachant notre capacité à protéger les quelque trente mille personnes qui avaient besoin de notre aide derrière chaque ligne de front. Je leur proposerais de les seconder pour transférer ces gens derrière leurs lignes respectives, ce qui nous éviterait de garder ouverts et de protéger nos sites.

J'ai commencé par rencontrer Seth au CND. Il voulait non seulement que nous commencions les transferts, mais, en plus, que nous sauvions les Rwandais en difficulté. Je lui ai répondu que, malgré mon impossibilité d'intervenir dans la guerre, je ferais tout pour les aider. Ensuite, j'ai rencontré Bizimungu au Diplomates, où Bagosora se tenait de nouveau au milieu de sa cour, des hommes préoccupés et bien habillés, avec des porte-documents à la main. La trêve à l'aéroport pour couvrir l'évacuation de la MINUAR ne lui causait pas de problème. Il devait recevoir l'assentiment du gouvernement par intérim au sujet du transfert des réfugiés et de la neutralité durable de l'aéroport qui, comme il l'indiquait, ne manquerait pas de se produire. Il m'a recommandé d'exposer ces problèmes au premier ministre en personne, le lendemain, à Gitirama. Kambada n'irait pas à Arusha. Il y envoyait cependant le colonel Gatsinzi, un personnage n'ayant aucun caractère, un béni-oui-oui. Ce choix restreindrait le pouvoir du gouvernement par intérim, car si Gatsinzi contredisait ses maîtres, sa vie et celle de sa famille ne vaudraient pas un sou. Les extrémistes annihilaient de façon évidente cette nouvelle tentative de cessez-le-feu, même s'ils prétendaient vraiment insister pour qu'elle se concrétise. D'autre part, le FPR restait sur ses positions. Une fois de plus, les belligérants avaient été plus malins et avaient déjoué les efforts diplomatiques régionaux et internationaux pour démêler la situation. Bizimungu a terminé la réunion en manifestant beaucoup d'émotion face à la présence du FPR au CND. Il a demandé que soient enlevés des sites tous les observateurs de l'ONU et les officiers de liaison. Je lui ai répondu que je n'en ferais rien tant que je ne saurais pas exactement quand se produirait une attaque d'artillerie ou autre. Mon personnel était crucial pour demeurer en contact avec les autorités du FPR.

Je l'ai quitté et me suis dirigé vers Mulindi, où Paul Kagame avait fini par accepter de me rencontrer.

La route qui conduisait à Mulindi était un champ de bataille. En roulant sur les routes secondaires qui passaient à travers de minuscules villages et des collines, j'ai eu la preuve flagrante de l'état désastreux de la campagne rwandaise. La plupart de ces endroits avaient été jusqu'à récemment aux mains de l'AGR, et des traces de combats, y compris des soldats morts, se trouvaient sur la chaussée et dans les fossés. Ils gênaient notre lente progression. Quelques villages avaient brûlé au complet, et les corps des victimes formaient comme un tapis de chiffons dans toutes les directions. Nous avons marché, chacun notre tour, devant les véhicules pour être certain de ne pas rouler sur des cadavres. Encore aujourd'hui, lorsque je trouve de vieux vêtements sur mon chemin, je les évite en tentant de contrôler ce besoin de vérifier qu'il ne s'agit pas de restes humains.

Des milliers de personnes de tous âges, transportant ce qu'elles pouvaient, marchaient à la file indienne sur la route de terre, se blottissaient près des rivières, construisaient des abris de fortune parmi les bananiers ou tout simplement restaient assises dans le plus profond désespoir. Partout où nous regardions, des enfants pleuraient, tandis que leurs mères et leurs sœurs essayaient de les consoler. L'odeur nauséabonde des corps en décomposition dans les huttes le long de la route ne faisait pas que pénétrer dans nos narines et dans nos bouches. Elle nous donnait aussi la sensation d'être envahis par quelque grasse viscosité. L'atmosphère que nous traversions pour nous frayer un chemin était pire que l'odeur. Pour écarter ces corps de la route, il était impossible de ne pas les toucher avec les mains. Sans aucune protection, nous nous trouvions au milieu d'une population infectée par le virus du sida de façon quasi épidémique. Chaque fois que nous bougions des corps, nos mains se couvraient de sang desséché et de lambeaux de chair humaine. J'ai eu l'impression d'avoir des traces de sang sur les mains pendant des mois.

Nous avons fini par arriver à la route principale, à environ vingt kilomètres au sud de Mulindi. Nous avons traversé à gué des ruisseaux plein de cadavres et des ponts sur des marécages qui avaient grossi du fait du nombre de corps qui s'étaient accumulés contre les piliers. Nous avons fait notre chemin centimètre par centimètre dans des villages où l'on ne rencontrait que des cadavres. Nous avons fait avancer nos véhicules au milieu de foules qui criaient pour obtenir des vivres et de la protection. Nous nous sommes frayé des chemins avec nos mains parmi les morts et les morts-vivants. Et nous avons vomi même si nous n'avions rien dans l'estomac. Mes hommes, des êtres débordants de courage, avaient dû patauger dans de tels endroits pendant des semaines pour sauver des ressortissants étrangers et des religieux. Pas surprenant que certains aient perdu le contact avec notre monde et laissé entrer l'enfer dans leur esprit. Et nous n'avions aucun médicament pour les aider.

La nuit tombait lorsque nous sommes arrivés au bureau de Kagame et à sa résidence, située au complexe de Mulindi, dont les défenses étaient efficaces – pratiquement imprenables à moins de posséder une puissance de feu considérable pour leur donner l'assaut. Kagame avait l'air en forme et impeccable au milieu des magnifiques fleurs tropicales de son jardin. Il n'avait aucun temps pour les mondanités. Je lui donc rapporté ce qui se passait au sujet de la réduction des effectifs, du cessez-le-feu, de la neutralité de l'aéroport et du transfert des civils. Il m'a répété qu'il ne tolérerait pas que la MINUAR mène une action qui puisse être interprétée comme une intervention. Je lui ai répondu que non seulement toute intervention était exclue de mon mandat, mais qu'en plus on m'avait privé de toute possibilité d'opération offensive. J'ai ajouté qu'en retour je ne tolérerais aucune action militaire, ni de ses troupes ni de l'AGR, qui menacerait les Rwandais sous ma protection. Il m'a promis d'entreprendre toutes les préparations nécessaires afin que les transferts puissent commencer dès que possible. Il a ajouté qu'il avait retardé son offensive contre Kigali justement pour permettre aux civils de quitter la ville avant la bataille. Il avait déjà repéré les sites où pourraient se rendre les réfugiés et m'a demandé mon aide pour y faire parvenir l'aide humanitaire. Je lui ai répondu que je réfléchirais à sa requête seulement si j'avais la certitude que cette aide n'aboutirait pas dans les véhicules ou dans l'estomac de ses troupes. Il m'a dit qu'il laisserait nos états-majors mutuels trouver une solution, ce qui ne m'a pas rassuré.

Puis, nous avons commencé à discuter de la situation de la bataille elle-même, et j'ai étendu ma carte militaire entre lui et moi sur le sol. Il était évident que Kagame avait bloqué, sans grand effort, un certain nombre de bataillons de l'AGR qui défendaient le cœur de la terre hutue, Ruhengeri. Cela lui permettait, une fois prises la ville de Byumba et la route principale se dirigeant vers l'est, de se rendre vers le sud, jusqu'à la frontière de la Tanzanie, et de boucler avec le fleuve. Il faisait aussi avancer son armée vers l'ouest, juste en dessous de Kigali, sur l'axe principal qui menait à la capitale. Il était clair que Kigali était encerclée et devait s'attendre à une épreuve de force. Après avoir insinué une possible consolidation de son armée le long du fleuve, dans une direction nord-sud, il a terminé la discussion de ses plans militaires de façon brutale et a détourné la conversation sur les négociations d'Arusha, qui devaient commencer le matin suivant. Il ne s'y était pas rendu, car il soutenait que la solution revenait aux politiciens. Pessimiste quant à l'issue potentielle de la réunion, il pensait qu'au départ les ententes d'Arusha – que j'avais le mandat d'appuyer – servaient exclusivement « à sauver la vie de militaires et non point celle de civils ». Une fois notre session de travail terminée, il m'a invité à dormir chez lui, car retourner à Kigali la nuit tombée était trop dangereux. Nous nous sommes serré la main avec force et nous nous sommes souhaité les meilleures choses possibles. Puis, on m'a escorté pour sortir de son bureau.

Le lendemain, à Arusha, les diplomates feraient leur numéro, mais le sort en était jeté : nous nous dirigions à la fois de façon méthodique et désordonnée vers une bataille importante pour la ville de Kigali. Au cours de notre entretien, j'ai demandé à Kagame pourquoi il ne sautait pas directement à la gorge de ses ennemis à Kigali. Il a complètement ignoré les implications allant de pair avec ma question. Il savait très bien que chaque jour de bataille dans la périphérie de Kigali entraînait la mort des Tutsis qui se trouvaient encore derrière les lignes de l'AGR.

J'ai retrouvé mes officiers et mon escorte en train de boire un verre à une petite cantine située à l'intérieur du camp. Pasteur Bizimungu (qui, après la victoire du FPR, deviendrait président du Rwanda) était là avec quelques politiciens, et je me suis assis à côté de lui près de la cantine, alors que mes hommes et ceux du

FPR paraissaient bien s'entendre et passer un bon moment ensemble, comme seuls des soldats arrivent à le faire. Pendant une heure, Pasteur et moi avons parlé de son passé, de la catastrophe que nous vivions, de Booh-Booh, le RSSG des Nations unies, de la communauté internationale et de l'avenir du Rwanda au cas où le FPR gagnerait. Puis nous avons remonté la colline et sommes entrés dans la maison où avaient eu lieu les réunions officielles. Un feu flambait dans la cheminée, car la température avait refroidi dès le coucher du soleil. Nous nous sommes assis autour d'une petite table branlante entourée de quatre chaises bancales, et nous avons posé entre nos assiettes ébréchées deux bols, un de haricots et un autre de bananes miniatures, sans goût et farineuses.

La nourriture chaude et la chaleur de la cheminée m'ont achevé, et je délirais presque de fatigue au moment où Pasteur m'a conduit à une chambre d'invités. Sur la table de nuit se trouvait une bougie à moitié consumée. Le lit militaire était fait avec des draps blancs propres et un superbe oreiller, le tout sous une moustiquaire. Je me suis déshabillé, me suis lavé comme d'habitude, sans utiliser beaucoup d'eau. Puis, je me suis couché, me sentant un peu coupable en pensant à mes soldats, à Brent, à Kigali, mais j'étais vraiment au comble de la joie à cause de l'odeur des draps propres, de la chaleur de la couverture et du repas convenable que j'avais mangé. Je me suis endormi, cette nuit-là, dans ce qui m'a semblé être un bref moment de paradis sur Terre. Je ne me souviens pas d'avoir rêvé.

# 12

# Une résolution hésitante

Dès l'apparition du soleil, je me suis levé pour repartir à Kigali.
La route du retour a été un peu moins longue mais non moins
horrible. L'odeur acide des feux matinaux faits de feuilles de bananiers mouillées et de quelques précieux morceaux de charbon de
bois s'ajoutait à celle de la mort, omniprésente et nauséabonde.
Vers 7 heures du matin, j'étais à l'intérieur de notre Q.G. pour les
«prières» matinales. Moen a présenté aux soldats le nouveau plan
des tâches après la réduction de nos effectifs. De suite, nous nous
sommes rendu compte que le chiffre à atteindre, soit 250 soldats,
serait carrément insuffisant pour pouvoir nous occuper des besoins
humanitaires, une fonction qui exigeait des moyens de transport, la
surveillance et la distribution de l'aide, ainsi que le transfert des personnes entre les lignes de combat. J'ai demandé au bataillon ghanéen
de se réserver un maximum de chauffeurs qualifiés. Les ordres ont
été transmis, et environ 200 soldats ghanéens qui devaient s'en aller
sont restés avec nous. À la fin de la journée, ma force se composait
de 454 soldats, tous grades confondus, et de notre douzaine de civils
de l'ONU.

Peter Hanson, le secrétaire adjoint aux affaires humanitaires
de l'ONU, devait arriver ce jour-là, accompagné de son équipe
d'analystes. Pour la première fois depuis le début de la guerre, un
cadre supérieur de l'ONU venait nous rendre visite. Il a fait le tour
de tous nos sites, et notre section humanitaire, dirigée par Yaache,

l'a mis au courant de la situation. Puis je lui ai fait part du point le plus important : la MINUAR devait demeurer le canal d'information privilégié et utilisé par les ONG et les agences humanitaires entrant au Rwanda. Nous devions absolument contrôler leurs mouvements. Je ne tolérerais pas que des organismes d'aide humanitaire fassent ce que bon leur semble sans avoir une excellente connaissance de la situation, car cela mettrait peut-être en péril les négociations pour le cessez-le-feu ou la sécurité de la mission. La meilleure chose à faire pour Hanson serait de m'envoyer une équipe d'urgence pour la jumeler à mon équipe humanitaire. Courageux, il a très vite compris la situation. Il a laissé une équipe sur place avec l'ordre de s'intégrer aux militaires de notre Q.G. et a promis de faire parvenir mon plan et mes directives aux agences d'aide humanitaire, même s'il ne pouvait garantir leur obéissance. Je lui ai demandé de faire tout simplement passer ce message : si l'une de ces agences aidait ou soutenait les belligérants en leur faisant parvenir de l'aide, même par inadvertance, je la chasserais du Rwanda et répondrais de cet acte plus tard.

Je suis parti pour Gitarama faire mon rapport concernant le nouveau mandat et la réduction des effectifs des soldats aux membres du gouvernement par intérim et à l'AGR. Ce trajet se révéla une nouvelle descente aux enfers. On peut surmonter ce genre de scènes pendant un certain temps, mais, au fur et à mesure que nous nous engouffrions dans cette masse humaine douloureuse qui cheminait lentement, ma tolérance vis-à-vis la brutalité diminuait, et j'oscillais sans arrêt entre la rage et les larmes, avec de brèves interruptions où je fixais le vide. Il m'était impossible de détourner les yeux. Tous ces regards qui nous dévisageaient. Des regards tristes, des yeux rouges, fatigués, apeurés, furieux, perplexes.

J'étais en retard à la réunion et, en pénétrant dans l'enceinte où le gouvernement par intérim s'était terré, le contraste entre cet endroit et les scènes aperçues tout au long de la route m'a vraiment frappé. Le lieu en question était la paisible cour de récréation d'une école moderne. Plusieurs hommes bien habillés et quelques femmes dans la quarantaine erraient sans but sous des avocatiers, au milieu d'un jardin plein de fleurs. Le premier ministre et le ministre de l'Information, particulièrement agressif, étaient dans leurs bureaux, mais personne d'autre n'avait l'air de faire quoi que ce soit et l'on ne remarquait aucun appareil d'État. Le gouvernement par intérim existait depuis plus d'une semaine, et il paraissait être encore en train de définir sa composition et ses tâches.

Kambanda était mal à l'aise, et personne n'a eu l'air content de nous voir. Je suis entré tout de suite dans le vif du sujet. Le premier ministre n'a pas réagi lorsque je lui ai annoncé la nouvelle de notre réduction d'effectifs et de notre nouveau mandat. Il a annoncé qu'il appuierait le transfert des personnes entre les lignes de combat et qu'il confirmerait au ministre de la Défense sa volonté d'une trêve chez les milices afin de permettre ces transferts. Lorsque je lui ai fait état des tueries impitoyables aux barrages, Kambanda a insisté en disant que les «personnes chargées de l'autodéfense» avaient un énorme travail à accomplir pour assurer la sécurité et trier «les infiltrations de rebelles». Nous avons passé en revue quelques autres points sur la liste, puis il a soutenu que la MINUAR «cohabitait» avec le FPR au complexe d'Amahoro. Comment pouvait-il accepter le concept de la neutralité de l'aéroport quand il savait que la MINUAR le quitterait si le FPR décidait de s'en emparer? Je lui ai répondu que nous ne cohabitions pas avec le FPR. Mon Q.G. se trouvait tout simplement derrière leurs lignes maintenant. J'ai dit que j'installerais notre Q.G. à l'aéroport pour garantir l'indépendance de nos actions par rapport à celles du FPR, ce qui a donné l'occasion au ministre de l'Information de se moquer ouvertement de nous.

Puis, le ministre m'a surpris en me demandant d'organiser des funérailles officielles pour le président assassiné. Je lui ai répondu que je ne pourrais rien faire à moins d'avoir accès à la résidence pré- sidentielle et au lieu de l'écrasement de son avion. Il fallait permettre la venue d'inspecteurs internationaux pour effectuer une enquête totalement indépendante. Kambanda et lui ont été d'accord et m'ont demandé quand les inspecteurs pourraient arriver. J'ai répondu qu'ils attendaient un appel de ma part. En dernier lieu, j'ai fortement pro- testé contre les abus verbaux et les informations mensongères diffusés par la RTLM à propos des Tutsis et de la MINUAR. Je voulais passer en ondes et livrer ma version de la situation. À ma grande surprise, le ministre a été d'accord et m'a dit qu'il s'arrangerait pour que cela puisse se faire dans les jours suivants.

J'ai quitté le petit bureau après avoir serré des mains de façon machinale et je suis passé au milieu de ministres et d'autres personnes pour me rendre à mon véhicule. Tout en marchant, je pensais à leur suffisance, à l'apparence soignée et à l'air dégagé qu'ils arboraient. Soit ils étaient totalement extérieurs au processus décisionnel, soit ils avaient des motifs secrets pour que se produise la catastrophe qui s'abattait sur leur patrie. Mais où était donc Bagosora?

Nous sommes arrivés au Q.G. vers 18 heures et, très peu de temps après, nous sommes passés aux «prières». Les nouvelles en provenance de la réunion d'Arusha nous apprirent que la délégation de l'AGR ne s'était pas montrée. Le FPR avait envoyé son secrétaire général, Théogène Rudasingwa, comme chef d'une petite délégation. Celui-ci a présenté la proposition de cessez-le-feu incluant encore les conditions préalables. Booh-Booh avait écrit dans son rapport à New York: «Ayant attendu en vain l'arrivée de la délégation gouvernementale et étant donné le départ de la délégation du FPR, je prévois quitter Arusha pour Nairobi... J'ai cependant pris avantage de la présence du secrétaire général de l'OUA et de la délégation tanzanienne, représentée par son président, pour échanger des points de vue sur nos efforts pour aider le processus de paix et pour préparer la proposition d'un cessez-le-feu qui, à mon avis, pourrait former la base de la fin des hostilités actuelles.» Non seulement Booh-Booh avait décidé de partir pour Nairobi, mais il est resté dans cette ville avec les adjoints politiques qui l'accompagnaient. Il ne fera par la suite que de brèves apparitions à Kigali. C'est ainsi que la moulinette politique s'est mise à tourner dans le vide. Ainsi, chacun pouvait raconter en rentrant chez lui qu'il avait fait de son mieux.

Le dernier des six vols qui transportaient mes soldats a quitté Kigali alors que nous terminions les «prières». Le quartier général allait devoir effectuer des rajustements pour la deuxième fois en deux semaines. J'ai conservé mon Q.G., un groupe réduit d'observateurs militaires, un peu plus qu'un peloton de soldats tunisiens et deux compagnies de Ghanéens. Les observateurs militaires étaient avec nous à l'hôtel Amahoro, dans notre Q.G. familier, protégé par les Tunisiens. J'ai basé le bataillon de Ghanéens à l'aéroport, mon Q.G. alternatif, avec la section médicale et le service de soutien (qui s'occuperait de la logistique), ainsi qu'une compagnie d'infanterie pour défendre les installations aéroportuaires. L'autre compagnie d'infanterie a été basée au stade d'Amahoro pour protéger les réfugiés.

J'avais également placé d'autres détachements dans des sites où nous protégions des personnes dans Kigali, et des détachements mobiles d'observateurs militaires faisaient la liaison entre ces endroits. J'ai donné les véhicules blindés aux Tunisiens qui, malgré le manque d'outils, de pièces détachées et de mécaniciens, ont réussi à augmenter le nombre de blindés fonctionnels de trois à cinq. Les «bazous», comme nous surnommions les vieux véhicules qui nous étaient arrivés du Mozambique en février, ne pouvaient tout simplement pas être mis en service, et nous les avons remorqués jusqu'à nos différentes entrées pour servir de bunkers.

Malgré tous les efforts des Tunisiens, les véhicules blindés de transport de troupes sont tous tombés en panne, chacun leur tour. À la fin, ils étaient tous hors de combat. Après maintes palabres, les États-Unis ont autorisé leur mission en Somalie à «prêter» à la MINUAR six vieux véhicules blindés qui dataient du début de la guerre froide. Ces modèles étaient dépouillés de tout équipement (ils ne possédaient ni radio, ni armement, ni outils). Un soir, Brent a reçu un appel d'un sous-officier du Pentagone qui lui a demandé pourquoi nous voulions de tels engins. Non sans éloquence, Brent lui a décrit la structure de notre force après les compressions de personnel, nos besoins désespérés sur le plan logistique ainsi que notre situation précaire sur le terrain. Il a terminé en disant: «Voilà qui donne un tout autre sens à l'expression "forces réduites", n'est-ce pas?» Le brave type à Washington lui a répondu: «Mon pote, vous allez les avoir vos blindés. Bonne chance, et que Dieu vous protège.» Nous avons reçu davantage d'aide, et avec plus de rapidité, de la part de ce sergent que du reste du gouvernement et de l'armée des États-Unis réunis.

Comment pouvais-je réveiller la conscience mondiale? Nous étions «diminués», mais déterminés à ne pas bouger et à continuer à raconter ce qui se passait au Rwanda. Je devais m'adresser aux bonnes personnes et le plus vite possible. Mes rapports semblant s'enliser dans les abysses de l'immobilisme new-yorkais, j'ai intensifié ma campagne médiatique. Aux politiciens et aux généraux qui ne font pas confiance à la presse libre et qui l'évitent, je puis certifier que les médias peuvent se révéler un allié et une arme aussi puissants que des bataillons sur le terrain. Les Belges étant partis, j'ai entendu dire que Mark Doyle, de la BBC, pourrait devoir partir. Je l'ai mandé à mon bureau et lui ai fait une offre impossible à refuser. Il allait pouvoir vivre parmi nous, sous notre protection, être nourri et entretenu par nos soins, et je lui garantissais un reportage par jour ainsi que les moyens (notre téléphone par satellite) de le faire parvenir au monde entier. Cela m'était totalement égal qu'il parle en bien ou en mal de la MINUAR. Je voulais tout simplement que son témoignage reflète la vérité et la réalité. Je voulais qu'il devienne la voix expliquant en direct les événements du Rwanda.

Mark a été d'accord, et il est vraiment devenu cette voix. D'autres agences de presse s'en sont aperçues, et les journalistes ont commencé à arriver en foule au Rwanda pour témoigner du massacre. Le major Jean-Guy Plante, un policier militaire canadien, travaillait avec eux et essayait de les aider au maximum. Sociable de nature, il s'est occupé des reporters déjà sur place et a établi un système de rotation des journalistes entre Nairobi et Kigali avec l'aide de l'équipe canadienne chargée des mouvements de troupes et des vols des avions Hercule. Plante a décidé de la durée des séjours des journalistes sur le théâtre des opérations afin de permettre à un maximum de médias et de reporters de relater les faits. D'autre part, je ne voulais qu'aucun d'eux se fasse tuer stupidement. Plante avait à sa disposition des fourgonnettes de l'ONU. Il a organisé l'hébergement des membres de la presse au Méridien, leur a procuré des bons de nourriture et des raccordements électroniques au sein même de notre Q.G. Il leur garantissait la sécurité, au moins un reportage par jour et la livraison de leurs reportages à Nairobi. Il arrivait que des observateurs militaires fassent ces livraisons. Ils emportaient les documents jusqu'à la frontière ougandaise, les remettaient à la MONUOR, qui, à son tour, les envoyait par hélicoptère jusqu'à Entebbe et, de là, aux destinataires.

J'ai également donné l'ordre à Brent de s'assurer que, chaque soir, tout journaliste souhaitant une entrevue me soit envoyé. Grâce à la CBC, le réseau anglais de Radio-Canada, Brent a pu obtenir des résultats très positifs dans ses démarches. Le réalisateur de *As It Happens*, une émission de radio très bien cotée sur le plan international et écoutée par des centaines de milliers de Canadiens, a finalement réussi à obtenir notre numéro de téléphone et a appelé pour programmer une entrevue en direct avec l'animateur de l'émission, Michael Enright. Brent a refusé de me mettre en ligne si Enright ne nous donnait pas les résultats des matchs éliminatoires de la Ligue nationale de hockey. Nous n'avions aucune nouvelle du Canada, mais nous savions que ces matchs avaient lieu à ce moment-là. Brent, un partisan confirmé des Maple Leafs de Toronto, et moi, un inconditionnel des Canadiens de Montréal, furent très heureux d'apprendre où en étaient nos équipes respectives. Dans les semaines qui ont suivi, nous avons toujours connu les résultats des matchs, et Enright a eu ses entrevues en direct. Dans nos conversations, Enright devint pour moi la voix de ma patrie.

J'utilisais les médias pour secouer la conscience mondiale et pour essayer d'inciter la communauté internationale à agir. J'allais jusqu'à risquer la vie de mes observateurs militaires pour m'assurer que les reportages sortent du Rwanda chaque jour.

Autant que je m'en souvienne, l'organisation non gouvernementale OXFAM a été la première à utiliser le mot « génocide », le 24 avril, pour décrire les événements du Rwanda. Le terme « épuration ethnique » ne semblait pas avoir la même portée. À la suite de nombreux coups de téléphone avec les employés de l'OXFAM, à Londres, nous avons interrogé New York pour savoir si ce que nous étions en train de constater au Rwanda pouvait porter le nom de « génocide ». À ma connaissance, nous n'avons jamais reçu de réponse mais, après le 24 avril, nous avons commencé à employer ce terme dans toutes nos communications. Je n'avais pas vraiment pris conscience de la controverse que l'utilisation de ce mot provoquerait à New York et dans toutes les capitales mondiales. Quant à moi, il m'a paru que nous nous servions enfin du nom exact.

Le 25 avril, Tiko m'a mis au courant des dernières décisions en arborant un grand sourire. Il était entré en contact avec tous les valeureux observateurs militaires de l'ONU qui avaient été forcés de fuir vers la Tanzanie, l'Ouganda, le Zaïre et le Burundi, et en avait repris le contrôle. Il avait sélectionné les officiers qu'il voulait garder au Rwanda et rassemblé ceux qui restaient à Nairobi jusqu'à ce qu'ils reçoivent de nouveaux ordres. C'était vraiment une bonne nouvelle à inclure dans mon rapport d'évaluation qui partait pour New York ce soir-là.

Dans le reste de mon rapport, j'expliquais que Bizimungu avait très clairement déclaré qu'il n'agirait pas sauf sur l'ordre du gouvernement par intérim. J'avais de la difficulté à savoir ce que ce dernier allait faire, car il avait refusé mes officiers de liaison (j'ai fini par les lui imposer, de toute façon). Bizimungu ne voulait pas non plus que les miliciens présents aux barrages les ouvrent pour permettre le passage des transferts de partisans du FPR. Le préfet de Kigali et lui ont réellement été très mal à l'aise lorsqu'ils ont parlé des milices, comme s'ils faisaient allusion à une puissance plus redoutable que l'AGR ou le gouvernement intérimaire.

Gatsinzi m'a envoyé un rapport selon lequel Ndindiliyimana se trouvait dans le sud du pays où il aidait des gens à s'enfuir. On y laissait aussi entendre qu'un certain nombre d'officiers de l'AGR étaient dégoûtés par la tournure des événements et pensaient que Bizimungu ne contrôlait plus l'armée. J'ai recommandé à New York que, si besoin s'en faisait sentir, nous devrions fournir une protection à ces modérés – une initiative qui pourrait toujours se révéler utile au cours de la période qui suivrait la crise. L'aide humanitaire se poursuivait de manière réduite, plus mince en fait qu'à la suite du massacre énorme qui avait eu lieu à Butare. Des membres du personnel de Médecins sans frontières et du Comité international de la Croix-Rouge avaient reçu des menaces très précises, et des membres de la Croix-Rouge locale avaient été tués. D'ailleurs, l'organisme Médecins sans frontières avait décidé de sortir du Rwanda pour se regrouper. C'est alors que j'ai écrit : « Étant donné les massacres de Butare, le retrait de Médecins sans frontières, le pillage des entrepôts de la Croix-Rouge par les milices, la situation concernant la sécurité et le manque de garanties offertes par les deux parties en cause, la Croix-Rouge internationale a décidé de cesser de se déplacer à partir d'aujourd'hui et elle n'offrira ses services qu'à son hôpital. »

L'aéroport étant devenu la cible des deux belligérants, les avions avaient cessé d'atterrir, et le Canada allait rapatrier ses Hercule cinq jours plus tard. Ajoutez à cela que le complexe d'Amahoro essuyait les tirs de mortiers des deux côtés. Cela augurait mal pour mon nouveau mandat et n'encourageait pas mes soldats à persévérer.

En dernier lieu, il semblait que nous étions en train de nous diriger vers un scénario ressemblant à celui de la « ligne verte » qui séparait Turcs et Grecs à Chypre. Il n'était pas impossible que la capitale se scinde en deux. Arrivant de l'est, le FPR faisait exprès de ralentir son avance, et, avec la présence sur le terrain de Bizimungu, l'AGR se battait mieux. Le vrai problème concernait non seulement les milices et les soldats qui se faisaient justice derrière les lignes de l'AGR, mais aussi les inconnus qui tiraient leurs ficelles. Nous pouvions proposer l'idée d'un arrêt temporaire des combats le long d'une ligne bien définie, grâce à la proposition d'un cessez-le-feu soumise par le FPR et l'aide de certains modérés, ainsi qu'en distillant d'une façon ou d'une autre la peur de la mort au sein du gouvernement intérimaire. J'ai écrit que si nous pouvions arriver à ce genre d'accord la situation se stabiliserait peut-être. Je me suis endormi au bruit que faisait Brent en retapant au propre à l'ordinateur une version révisée de l'évaluation.

Le jour suivant a été gaspillé en réunions supplémentaires au sujet d'un potentiel cessez-le-feu et en accusations émanant des deux parties pour savoir laquelle des deux se montrait la plus récalcitrante au cessez-le-feu. Cette nuit-là, vers 22 heures, Brent et moi étions debout sur le balcon de mon bureau et prenions un bref plaisir à respirer la brise légère du soir, lorsque nous avons entendu le tintement d'une petite cloche à vache dans la rue, en face du Q.G. Nous avons alors écarquillé nos yeux pour tenter d'apercevoir quelque chose à l'endroit d'où venait ce son. Nous avons assisté à une scène totalement surréaliste. Un peu plus tôt dans la journée, le FPR avait annoncé à notre cellule d'aide humanitaire qu'il avait l'intention de déménager ses sympathisants, réfugiés au stade Amohoro et à l'hôtel Méridien, pour les amener derrière ses lignes. Nous étions témoins de la marche de ces 12 000 personnes de tous âges dans une obscurité totale afin de ne pas déclencher les tirs de l'AGR. Nous avons à peine entendu un froissement lorsqu'elles sont passées. Des gardes du FPR les dirigeaient en agitant les bras et les mains, et ces personnes obéissaient sans émettre un bruit. Cela faisait penser à un défilé de fantômes. Baissant la tête, écrasés sous le poids de leurs maigres possessions, ils cheminaient dans la nuit noire vers une destination inconnue qu'ils savaient sécuritaire. Je les ai observés en ressentant un terrible sentiment d'inutilité qui me sapa le moral. En même temps, j'éprouvais un très grand respect pour eux. Malgré le manque d'eau et de nourriture pendant la plus grande partie des deux dernières semaines, ils possédaient encore la capacité d'avancer dans l'ordre et avec discipline. Pas un seul bébé n'a pleuré alors qu'ils circulaient devant nous.

Le nombre de nos hommes ayant été réduit, nous avons dû nous démener pour adapter le personnel aux tâches que nous attendions de lui. Henry est devenu la personne chargée de faire régner l'ordre et de s'occuper de la discipline militaire et de la gestion des troupes. J'ai passé mon temps à organiser l'aide humanitaire, ainsi que les négociations et les rencontres avec les deux parties dans l'espoir qu'elles arrivent à régler les problèmes de massacres et de cessez-le-feu. Nous étions souvent accaparés par des tâches ingrates. La fatigue, une mauvaise alimentation, des expériences traumatisantes, de longues heures de travail et l'absence de congés nous forçaient à surveiller d'un œil critique l'état général de nos hommes. J'ai commencé à en envoyer certains par avion à Nairobi pour des permissions de trois jours (ma demande à l'amiral Murray, le chef adjoint d'état-major du ministère de la Défense du Canada, de ne pas renvoyer les Hercule avait fait son chemin dans l'échelle hiérarchique pour arriver au premier ministre. Celui-ci ayant donné son accord, nous avions encore des vols). Une nourriture saine, des draps propres, quelques bières, l'absence de stress et un retour à la normalité remettaient nos bonshommes sur pied assez vite. Certains d'entre eux se sentaient coupables de passer un moment agréable hors du Rwanda et voulaient y retourner au plus vite : il n'en était pas question. Mon bureau recevait régulièrement des appels de l'agent d'administration principal, posté à Nairobi, demandant que mes soldats arrêtent de harceler son équipe à propos de leur manque d'équipement. Au moment où les derniers officiers canadiens sont arrivés, la semaine suivante, notre mission comprenait 463 personnes dont une douzaine de civils, ma secrétaire y compris. Il s'agissait de Suzanne Pescheira, qui s'était dégagée de l'emprise de Nairobi pour nous rejoindre. Elle a fait preuve d'énormément de cran en décidant de venir nous retrouver et elle s'est montrée une travailleuse acharnée, même lorsque nous nous faisions tirer dessus.

Vers la fin avril, vingt-trois jours après le début des massacres, la situation devenait de plus en plus mauvaise dans les campagnes comme dans les villes. Aucun des deux antagonistes ne fournissait de véritable effort pour arriver à un cessez-le-feu, et l'aéroport était devenu un champ de bataille important. Le bataillon ghanéen qui s'y trouvait était dans une position précaire : quelques hommes ont été blessés légèrement, et l'unique docteur du bataillon était débordé. Le gouvernement par intérim et l'AGR se plaignaient constamment. Étant donné que la guerre semblait me suivre en permanence, je devais être une sorte d'espion soudoyé par le FPR. J'ai expliqué à Bizimungu lui-même que ses soldats ne faisaient que battre en retraite et n'entreprenaient que peu ou aucun effort pour arrêter le FPR. Comme je faisais sans cesse l'aller-retour entre les deux parties, l'une d'elles pouvait très bien me prendre pour un espion, et l'autre, pour une sorte d'éclaireur.

Au fur et à mesure que le FPR avançait, il s'emparait de secteurs devenus de vastes charniers. Les fleuves de la région étaient remplis de cadavres flottant vers l'Ouganda et le lac Victoria. Jusqu'à maintenant, environ 40 000 corps avaient été retirés du lac. Les crocodiles s'étaient payé un vrai festin. Et, en quelques jours, pas moins de 500 000 réfugiés avaient traversé le seul pont entre Rusumo et la Tanzanie, ce qui provoqua un des plus importants exodes de population observés par le Haut-Commissariat des Nations unies pour les réfugiés et créa aussi un des plus grands camps de réfugiés du monde. Un certain modèle s'était établi dans ces camps, une organisation vicieuse qui devait réapparaître plus tard à Goma et à Bukavu. Les réfugiés ont été regroupés par village, par commune et par préfecture, et placé sous la férule des mêmes chefs qui avaient dirigé les massacres au Rwanda. Rémy Gatete, le préfet de Kibungo, avait établi son contrôle sur le camp en entier. Il menaçait et tuait, s'il le fallait, quiconque racontait à des journalistes ou à des organisations humanitaires les actions commises par les tueurs génocidaires au Rwanda. Il avait également exécuté les personnes qui tentaient de rentrer chez elles. De plus, il commençait à se servir de l'aide humanitaire pour soutenir la racaille à sa solde dans le camp. Le gouvernement tanzanien se montrait réticent à utiliser la force afin de démanteler le réseau de terreur. N'ayant pas de solution de remplacement, les organismes d'aide humanitaire renforçaient, bien malgré eux, ces abus.

Le personnel du bureau d'aide d'urgence de l'ONU au Rwanda – équipe laissée par Hanson – faisait un excellent travail sous la direction de Lance Clark. Yaache et lui ont uni leurs efforts sans grand problème et ont accompli d'importants progrès en compagnie du FPR pour faire parvenir de l'aide aux populations démunies. Clark, quant à lui, se trouvait aux prises avec des problèmes d'assurances personnelles : aucun assureur ne voulait miser sur quelqu'un évoluant sur la scène d'un génocide. Il y est demeuré malgré tout et a servi d'intermédiaire avec le plus gros bureau d'aide d'urgence des Nations unies à Nairobi. Nous nous efforcions d'obtenir la même collaboration de la part de l'AGR. Mais, à ce moment précis, celle-ci était tellement divisée qu'il était difficile de savoir quelles étaient les informations qui parvenaient finalement à ses chefs, et même qu'elle était l'identité de ces derniers. Bien qu'il exerçât encore une emprise chancelante sur l'armée et la Gendarmerie, Bizimungu paraissait laisser la milice et ses dirigeants agir comme ils l'entendaient.

À la fin du mois d'avril, j'ai reçu un message de Gatsinzi. Il déclarait que la garnison de Kigali avait perdu le moral et était devenue plus haineuse à la suite de l'avance du FPR, et que des jeunes officiers avaient décidé de partir en expédition pour effectuer des massacres sur nos sites. Pour renforcer nos positions, j'y ai déployé plus d'observateurs militaires et de soldats, mais je ne pouvais guère faire grand-chose d'autre.

Bagosora m'évitait, même lorsque je me présentais pendant qu'il était dans son bureau à l'hôtel des Diplomates. J'ai finalement réussi à le rencontrer vers midi, le 28 avril. Il était particulièrement irrité parce que la sous-secrétaire d'État adjointe américaine aux Affaires africaines, Prudence Bushnell – une femme par surcroît ! – avait appelé Bizimungu pour lui donner l'ordre de stopper les massacres et de signer les documents pour le cessez-le-feu. Ce dernier lui avait rétorqué ne pas être mandaté pour signer quoi que ce soit et lui avait fait savoir qu'il était outragé de se faire imposer une volonté étrangère. Bagosora a passé un certain temps à rejeter la faute sur Booh-Booh et sur les diplomates. Où en étaient les efforts politiques et les négociations pour le cessez-le-feu à Nairobi ? Il a continué en disant que tous les problèmes – la neutralité de l'aéroport, les réfugiés et les transferts – devaient être résolus dans le cadre des discussions de cessez-le-feu. J'ai acquiescé mais lui ai demandé ce que son gouvernement et lui offraient pour faire avancer les négociations. Il a énuméré ses réponses : 1) retourner aux positions d'avant le 6 avril ; 2) arrêter les massacres ; 3) organiser le retour des personnes déplacées et des réfugiés ; 4) accélérer l'établissement du gouvernement de transition ; 5) respecter un cessez-le-feu sous les auspices de la MINUAR.

J'ai voulu alors savoir ce que, selon lui, le FPR cherchait à faire au cours de cette guerre. Il a répondu que cette formation politique voulait s'emparer du pays au complet. Comme lui et son gouvernement feraient tout leur possible pour éviter cela, il y aurait des quantités de morts. Il a prétendu que son parti n'avait jamais refusé de partager le pouvoir avec le FPR et qu'à l'heure actuelle, c'était le FPR qui refusait de négocier avec le gouvernement par intérim.

Cette nuit-là, j'ai reçu copie d'un brouillon d'une déclaration du président du Conseil de sécurité demandant la fin de l'épouvantable massacre et des déplacements de personnes au Rwanda. Les membres non alignés de l'ONU, appuyés par l'OUA et la Croix-Rouge, soutenaient que l'on avait trop insisté sur les luttes, mais pas assez sur les massacres. Le représentant américain avait fait savoir que l'AGR achetait de nouvelles armes et qu'il était tout à fait inutile de penser à un embargo. Les membres non alignés voulaient une déclaration présidentielle allant dans le sens d'une action énergique, et ils voulaient avoir mes commentaires immédiatement.

Je ruminais le fait que les États-Unis savaient exactement ce qui se passait sur le terrain au Rwanda. Si cela faisait leur affaire, les Américains partageraient même des renseignements. Quelques jours plus tôt, Brent avait reçu un coup de fil du colonel Cam Ross, le directeur des opérations de maintien de la paix à Ottawa (il avait été à la tête de la première mission technique au Rwanda pour le compte de l'ONU). Il a raconté à Brent qu'une «puissance étrangère amie» (nous avons eu la confirmation un peu plus tard, par l'entremise de l'ambassadeur américain à Nairobi, qu'il s'agissait des États-Unis) avait eu vent d'une information selon laquelle je devais être assassiné dans les jours suivants. Il me recommandait d'avoir toujours assez de personnel pour assurer ma sécurité lorsque je devais quitter l'enceinte de notre Q.G. Brent l'a répété à Henry qui a choisi lui-même deux sergents ghanéens et une section de soldats pour ma protection. Un des sergents avait pris des cours de conduite spéciaux et avait été le chauffeur du président du Ghana pendant un certain temps, et l'autre était un tireur d'élite. Les soldats qui m'avaient été assignés étaient des hommes de taille imposante, à l'air le plus redoutable que j'aie jamais vu, surtout lorsqu'ils cachaient leurs yeux derrière des lunettes noires, ce qui arrivait la majeure partie du temps. Cette équipe ne m'a plus lâché et m'a escorté continuellement jusqu'à mon départ de la mission. Je pense que j'aurais dû être reconnaissant pour avoir reçu cette information, mais ma réaction a été surtout de penser que, si on pouvait obtenir des renseignements si pointus, comment se faisait-il que les États-Unis ne semblaient pas informés du génocide se déroulant au Rwanda?

Alors que mon équipe, principalement dirigée par Brent, préparait des réponses pour New York, Henry et moi avons fini de mettre au point ce dont aurait besoin la mission technique pour le Burundi, qui nous avait été confiée quelques jours plus tôt. La situation dans ce pays avait empiré. Le Burundi vivait une sorte de génocide beaucoup plus subtil. Dominée par les Tutsis, l'armée avait démarré des opérations militaires contre les rebelles hutus, et de nombreux villages avaient été incendiés. New York désirait que nous allions voir ce qui se passait. Je n'ai pas eu d'objection et j'ai donné à Henry, à Tiko et à quatre autres officiers choisis dans mon Q.G. et parmi les observateurs militaires l'ordre de se préparer à partir dans les vingt-quatre heures. Henry avait beaucoup réfléchi au sujet du Burundi et il ferait un excellent travail de reconnaissance. Toutefois, je les ai bien avertis qu'aucune des ressources destinées à notre mission au Rwanda ne pourrait être redirigée vers cette nouvelle entreprise.

Pendant tout ce temps-là, les missions de sauvetage continuaient. Nous réussissions à récupérer une famille par ici, quelques religieuses par là, un ressortissant étranger qui s'était perdu, une personne recherchée. Responsable des missions de sauvetage, Brent prenait note, chaque matin, des demandes provenant de toutes les capitales mondiales, des ambassades, de l'ONU et des autres agences à Nairobi, ainsi que des rumeurs qu'on lui rapportait. Il choisissait les opérations réalisables et celles que nous ne pouvions exécuter. Nous devions économiser et réserver nos faibles ressources pour des tâches bien spéciales. Je détestais tout particulièrement la façon dont les dirigeants mondiaux ainsi que les bureaucrates des gouvernements étrangers essayaient de me contacter directement, de me donner des ordres, de me menacer ou bien de m'intimider pour que j'aille sauver quelques Rwandais de leur connaissance. Pourquoi une personnalité importante aurait-elle eu priorité sur n'importe quel autre citoyen en péril ? Je laissais à Brent le soin de choisir. Il est devenu particulièrement doué pour le sauvetage des religieuses, ce qui lui a valu la reconnaissance éternelle de beaucoup d'ordres religieux dans le monde. Aux yeux de Brent, il n'y avait rien de pire que de retarder l'exécution d'une mission d'un jour ou deux, soit par manque de moyens, soit en raison d'un niveau de danger élevé à l'endroit en question, et de retrouver les personnes qu'on devait sauver récemment exécutées. Nous ne sommes que des hommes. Nous ne pouvons pas bien jouer au bon Dieu. Hélas ! Parfois, la situation exigeait que nous choisissions qui allait vivre et qui allait mourir.

Booh-Booh, le RSSG des Nations unies, est arrivé de Nairobi, accompagné de son équipe, tôt le matin du 30 avril. Le D$^r$ Kabia et moi l'avons rencontré dans son bureau au Q.G., où il nous a mis au courant des événements politiques régionaux de la dernière semaine. Il nous a montré la réponse officielle à la proposition du cessez-le-feu d'Arusha, signé par Bizimungu au nom du gouvernement intérimaire. Nous continuions à tourner en rond. Bizimungu insistait pour que le cessez-le-feu soit signé par le gouvernement intérimaire, ce qui était exclu du côté du FPR. Nous n'avions pas avancé d'un pas. Le FPR, qui remportait des victoires sur le terrain, ne serait jamais d'accord avec les demandes de l'AGR.

Ce matin-là, j'ai perdu Brent. Le jour précédent, je l'avais retrouvé couché sur son matelas au cours de l'après-midi. Brent ne s'était jamais reposé pendant la journée. Il m'a déclaré avoir mal à la tête. Cependant, à l'heure du dîner, il ne pouvait plus bouger ses doigts pour taper à la machine, et une forte fièvre le faisait transpirer abondamment. Mon nouvel aide de camp, le capitaine Babacar Faye Ndiaye, pensait avoir reconnu chez Brent les signes de la malaria et il l'a emmené à l'aéroport pour le faire examiner par le médecin du bataillon ghanéen. Brent et moi avions tous deux perdu nos médicaments contre la malaria en abandonnant notre logement le 6 avril. Le médecin a confirmé le diagnostic de malaria et lui a prescrit une grande quantité de médicaments et du repos. Revenu au Q.G., Brent s'est couché sous la surveillance du major Diagne.

Nous avons réveillé Brent régulièrement au cours de la nuit afin qu'il prenne ses remèdes. Toutefois, au lever du jour, il avait une mine de déterré. Je lui ai ordonné d'aller à Nairobi pour un examen, m'attendant à le voir revenir quelques jours plus tard. Une fois à Nairobi, les médecins ont découvert que ce n'était pas la malaria qui l'avait rendu malade au départ, et qu'ensuite il avait fait une réaction allergique aux médicaments. Ayant reçu l'ordre de rester en observation pendant quelques jours, il a choisi de demeurer à l'hôtel pour bien manger et pouvoir se doucher.

Deux jours plus tard, sa femme l'a appelé et l'a trouvé pratiquement paralysé de douleurs et délirant. Elle a contacté le Centre d'opérations des Forces canadiennes à Ottawa, qui, à son tour, a contacté un détachement de notre aviation posté à Nairobi. Ils sont allés le chercher, l'ont conduit à l'hôpital, et renvoyé au Canada le jour suivant. Il venait de passer à un doigt de la mort, et il aurait besoin de presque une année pour recouvrer la santé. Il a tout d'abord appelé de Nairobi, puis d'Ottawa pour annoncer son remplacement. J'ai eu l'impression d'avoir perdu mon bras droit. Après tout ce que nous avions vécu ensemble, nous étions désormais séparés, sans même avoir pu nous dire au revoir correctement. Son remplaçant était le major Phil Lancaster, un officier que je connaissais bien, car nous avions été condisciples au début de nos carrières. Il était parfaitement bilingue, expérimenté, très doué et entraîné à commander.

Je devrais me débrouiller d'une façon ou d'une autre en attendant son arrivée à Kigali.

Dans l'après-midi du jour où Brent a été évacué, j'ai eu la possibilité de rencontrer Kagame pour discuter du cessez-le-feu et de l'aéroport. Il m'avait promis que ses tirs n'atteindraient pas l'aéroport. Or, non seulement certains de ceux-ci avaient-ils touché la piste d'atterrissage mais, en plus, des salves d'artillerie et des tirs de mortiers délibérés avaient atteint le terminal qui abritait le bataillon ghanéen. Nous avions pu établir l'origine de ces attaques : elles provenaient des positions du FPR.

Alors que nous roulions vers Mulindi, ayant emprunté une route différente traversant les marécages et la brousse, au nord de la ville, les deux véhicules de mon convoi ont essuyé des tirs de mortiers à une intersection importante. Les premiers tirs ont été suffisamment proches pour que nos véhicules se couvrent de poussière, et deux autres tirs nous ont presque atteints alors que nous accélérions pour passer à travers l'embuscade. Dans ce cas précis, les deux partis pouvaient être coupables, la lutte pour le contrôle des intersections n'étant pas terminée.

Kagame m'attendait près de son Q.G. Nos salutations ont été brèves, et nous sommes rentrés immédiatement dans le vif du sujet. Je voulais qu'il s'occupe de la situation à l'aéroport. Il a déclaré qu'il demanderait à ses soldats de faire attention à la MINUAR, mais que, malheureusement, les combattants de l'AGR était nombreux dans leurs tranchées au camp Kanombe, juste au bout de la piste d'atterrissage. Pour lui, l'aéroport deviendrait inévitablement le théâtre d'une grande bataille. Je lui ai rappelé que cet endroit était la seule porte d'entrée de l'aide humanitaire et que si ce dernier subissait des dommages importants je ne possédais pas d'unité de génie ni de moyens pour réparer la piste.

Je lui ai fait part des points importants de la lettre que Booh-Booh avait obtenue de Bizimungu, et qui faisaient écho à l'énumération des conditions de Bagosora en vue du cessez-le-feu. Kagame m'a surpris en me disant que l'idée d'un retour des belligérants aux positions d'avant le 6 avril était une invention des Français. Il a ajouté que, la semaine précédente, le corps diplomatique en poste en Ouganda s'était réuni sous les auspices de l'ambassadeur français à Kampala. Le président Museveni y était également présent. Kagame avait envoyé un représentant qui avait été très clair en rétorquant qu'il n'était pas question de retourner à ces positions. Il était surpris que je revienne sur le sujet aujourd'hui et que, de toute évidence, je ne sois pas au courant de la réunion de Kampala. En ce qui concernait Kagame, j'étais le représentant des Nations unies aux Rwanda, et c'était à moi de démêler tout cela.

Il voulait aussi me parler d'un autre sujet. Il m'a annoncé que tout renforcement des effectifs de la MINUAR pouvant prendre l'allure d'une force d'intervention le mécontenterait. Comme le cessez-le-feu n'avançait pas et que ses succès s'intensifiaient sur le champ de bataille, il était évident qu'il n'envisagerait pas un tel renforcement d'un œil favorable.

Je lui ai immédiatement répondu qu'il n'avait jamais été question d'une force d'intervention provenant de la MINUAR et que si l'on avait considéré la possibilité de renforcer nos troupes, c'était uniquement pour contribuer à arrêter les massacres et ensuite travailler sur le cessez-le-feu et sur ses implications possibles.

Kagame m'a contredit : «L'ONU pense envoyer une force d'intervention pour des motifs humanitaires. Or, les personnes qui devaient mourir sont déjà mortes. Nous combattrons toute armée d'intervention qui viendra au Rwanda. Laissez-nous résoudre nous-même les problèmes du pays. Cette force ne sera bonne qu'à protéger les criminels au pouvoir, car la communauté internationale se montre incapable de condamner les massacres de centaines de milliers d'innocents. Elle présente les problèmes du Rwanda comme étant des questions ethniques, ce qui est inexact puisque les massacres ont été perpétrés contre les Tutsis et l'opposition. Tous les soldats qui sont sous mon commandement ainsi que moi-même avons tous perdu des membres de nos familles. Ma philosophie n'est pas de diviser notre pays mais de pourchasser les criminels où qu'ils se trouvent.»

Il a réprimandé la France et l'indifférence mondiale, puis a blâmé les Nations unies pour ne pas m'avoir donné le bon mandat au bon moment. Son coup final a été de bannir Booh-Booh : «Le représentant spécial du secrétaire général des Nations unies n'est plus le bienvenu au Rwanda, m'a-t-il annoncé. Nous ne reconnaissons pas son autorité et, s'il reste, nous cesserons de collaborer avec l'ONU. » Il est parti après nous avoir poliment offert, à moi et à mon équipe, des lits pour la nuit.

Il était déjà plus de 17 heures. Étant l'objet de menaces directes, je savais qu'il pourrait être dangereux de rentrer en ville de nuit dans nos 4×4 très repérables, aux couleurs des Nations unies, mais j'estimais de mon devoir de transmettre le verdict de Kagame à Booh-Booh ce soir-là et de contacter également le triumvirat. Il me fallait aussi réviser la première ébauche de notre réponse concernant l'avenir de la MINUAR.

Alors que la nuit tombait, nous nous faufilions pour rentrer, franchissant les collines et passant dans les profondeurs des vallées. Nos phares illuminaient des barrages routiers où des miliciens ivres et des soldats de l'AGR à moitié endormis montaient la garde. Au détour du chemin, nous sommes tombés tout à coup dans ce qui ressemblait à une nuée de lucioles, un cosmos en soi. Aussi loin que portaient nos regards, des milliers et des milliers de petits feux et de bougies scintillaient dans la nuit parfaitement tranquille. Ces lueurs prenaient d'assaut les pentes des collines jusqu'à une hauteur impressionnante. Nous étions entrés dans un camp de réfugiés. Nous avons réduit de beaucoup notre vitesse pour pouvoir avancer parmi la foule de gens qui circulaient encore à pied sur les routes. Nous distinguions à peine leurs silhouettes sombres au cœur de cette nuit profonde. Pendant ce qui nous a paru être des kilomètres sans fin, nous avons progressé lentement, nos cœurs battant la chamade, espérant ne pas attirer l'attention de personnes mal intentionnées. Soudain, de la même manière que nous étions entrés dans cette étonnante galaxie, nous en sommes sortis, nous retrouvant dans l'obscurité totale.

Lorsque, finalement, nous avons atteint notre Q.G., Henry a été très soulagé. J'ai fait part en privé au D^r Kabia des commentaires de Kagame à propos de Booh-Booh. Ensuite, j'ai appelé le triumvirat et l'ai mis au courant de ma mission. Brent étant parti, les brouillons des notes à envoyer avec le rapport au secrétaire général n'étaient pas prêts pour que je les examine. J'ai dormi pendant quelque temps dans le gros fauteuil, près de la fenêtre de mon bureau-chambre.

Une heure plus tard, on m'a réveillé : mon nouvel aide de camp, le capitaine Ndiaye, était allé à l'hôtel Méridien pour livrer quelques papiers à Booh-Booh et était tombé dans une embuscade à cinq cents mètres de l'hôtel. Une des balles avait éraflé le côté gauche de sa tête, lui provoquant une abominable migraine. Les soldats du FPR contrôlant ces lieux, ils étaient sans nul doute les coupables. Les hommes de Kagame avaient la détente de plus en plus facile, et il était temps que ce dernier fasse un tri parmi eux. Jusqu'à maintenant, les hommes s'étaient conduits plutôt bien. Il y avait eu un cas de viol traité de façon expéditive : le soudard coupable avait reçu une balle dans la tête. Nous n'avons pas été témoins de scènes de pillage. Bizimungu m'a rapporté que toutes les familles des officiers supérieurs avaient été massacrées à Byumba, juste après la chute de la ville. À Ramagana, un sous-officier était tombé par hasard sur les cadavres de ses propres oncles, tantes et cousins, tous assassinés à coups de machette. Il s'était déchaîné, tuant tous les Hutus qu'il croisait sur sa route, jusqu'à ce que l'on parvienne à le maîtriser.

J'ai rencontré Bizimungu, le lendemain matin, au Diplomates, à l'endroit habituel qui surplombait un jardin magnifique, désormais troué par des obus d'artillerie et de mortiers. Une fenêtre était cassée et éclaboussée de boue à cause des explosions. Après l'avoir mis au courant de ma réunion avec Kagame, Froduald Karamira, le vice-président du Mouvement démocratique républicain (MDR), est entré dans la pièce pour se joindre à nous. J'avais une proposition à leur faire. Je voulais qu'ils m'obtiennent une rencontre avec les chefs de l'Interahamwe. Si je devais donner mon approbation pour la future aide humanitaire et les transferts de civils, je souhaitais me faire ma propre opinion sur la réelle volonté des milices d'accepter ces interventions, car il serait impossible de traverser tous les barrages, de faire tous ces allers et retours sans avoir un engagement certain des chefs de la milice. J'avais besoin de leur accord personnel afin de pouvoir les rendre personnellement responsables si cela tournait mal. Je voulais aussi leur parler directement des transferts de réfugiés entre les lignes de combat, pour la bonne raison que Bizimungu refusait de le faire. Karamira et lui m'ont affirmé pouvoir arranger une telle rencontre le jour même, un peu plus tard.

Ensuite, je suis allé à l'aéroport rencontrer le lieutenant-colonel Joe Adinkra et son bataillon cantonnés au terminal. Les Ghanéens avaient fait un travail remarquable pour renforcer l'intérieur de celui-ci avec des sacs de sable et des panneaux qui avaient commencé à arriver à bord des deux vols quotidiens de nos Hercule canadiens. Bien que le bataillon ait été bombardé à deux reprises, cela n'avait occasionné que très peu de dommages à ce solide bâtiment. Les soldats avaient établi de bonnes lignes de défense contre tout assaut terrestre éventuel et possédaient d'excellents postes d'observation et de tir sur le tarmac. Ils avaient aussi installé une ligne téléphonique classique (branchée sur leurs téléphones de campagne) afin de communiquer avec le groupe de soutien qui se trouvait de l'autre côté du terrain d'aviation.

Puis, j'ai continué à faire le tour du reste des positions avec le lieutenant-colonel Adinkra, un excellent commandant de bataillon, solide et droit comme une barre de fer. Ses soldats lui étaient très loyaux et répondaient avec enthousiasme à ses ordres. Les troupes de soutien, dont la plupart des soldats faisaient partie de la fanfare du régiment, avaient construit une véritable forteresse qui pourrait, sans aucun doute, encaisser les tirs d'artillerie. Leur grand problème résidait dans le fait qu'ils n'étaient pas à l'endroit idéal pour bien observer le site et tirer au besoin. Ils n'aimaient pas creuser ni se réfugier dans les tranchées et, à cause de cela, peu de personnes montaient la garde à l'extérieur. J'ai emmené Joe et quelques-uns de ses officiers et sous-officiers pour voir les tranchées creusées par les Belges. Même si elles étaient bien disposées, leur réseau devait être agrandi et raccordé par des boyaux de communication ouverts ou protégés. Sans que je m'en aperçoive, une équipe de journalistes s'est jointe à nous. Ce reportage est passé aux nouvelles télévisées le jour suivant. On y voyait Joe et moi, les jumelles à la main et le doigt pointé vers quelque objectif, tous deux sur les anciennes tranchées. Je disais, dans un langage de cour de caserne : « Les gars, si vous ne creusez pas et n'installez pas une mitrailleuse lourde ici, les « tabarnaks » vont vous déborder avant même que vous ayez le temps de lâcher un pet. » Les commentaires étaient suivis d'une scène montrant des soldats qui, obéissant aux ordres, se précipitaient et sautaient dans les tranchées armés de pelles et de pics. On voyait ensuite de la terre projetée partout. Cela faisait du bien de se retremper dans la bonne vieille vie de militaire.

Un peu plus tard dans cet après-midi du 1er mai eut lieu ma première rencontre avec les chefs de l'Interahamwe. Non seulement Bizimungu était présent, et Bagosora l'avait organisée. J'étais parvenu au Diplomates en me frayant un chemin à travers les barrages omniprésents, les miliciens saouls et complètement cinglés, et les centaines d'enfants qui tournaient autour, énervés par les meurtres de la journée. On incitait ces pauvres gosses à jeter des pierres sur nos véhicules et à nous crier des injures lorsque nous nous arrêtions, à l'ouverture des barrières. J'ai tenté de m'anesthésier et de ne pas penser aux dimensions éthiques et morales de ma rencontre avec les auteurs du génocide, car j'avais conscience que, en cas de refus de leur part de nous aider pour les transferts, je ne pourrais même pas faire sortir une seule des personnes que nous protégions. En arrivant à l'hôtel, j'ai retiré les balles du chargeur de mon pistolet au cas où la tentation de tirer sur ces types aurait été trop grande, puis je suis entré.

Les trois jeunes gens auxquels Bizimungu m'a présenté ne présentaient aucun signe particulier. Je m'attendais sans doute à voir des monstres, la bouche écumante. Non, la réunion allait avoir lieu avec des êtres humains. Ces hommes qui, jusqu'à maintenant, ne s'étaient jamais montrés lors des réunions officielles avaient la réputation d'être des chefs de gangs, des punks et des criminels. Cependant, aujourd'hui, on leur avait demandé de me rencontrer pour discuter officiellement de sécurité. Ils semblaient matures et affichaient une certaine impudence en me saluant. Je me rappelle leur avoir souri, mon cœur battant si fort dans ma poitrine que j'étais sûr qu'ils pouvaient le voir. J'ai presque perdu mon sang-froid quand j'ai aperçu la chemise blanche à col ouvert, de l'homme se tenant au milieu, tachée de sang séché. Ayant remarqué d'autres marques de sang sur son bras droit lorsque nous nous sommes serrés la main, j'ai poursuivi les présentations avant de trop penser. Ces chefs singuliers étaient Robert Kajuga, le président de l'Interahamwe national, Bernard Mamiragaba, qui représentait le comité national de l'Interahamwe, et Ephraim Nkezabera, qui portait le titre de conseiller spécial.

Bizimungu, qui avait pris place à la fin de la file des gens qui m'ont salué, s'est montré poli. Nous nous sommes tous assis immédiatement. Kajuga, le plus vieux des trois, dont la mère était une Tutsie, a commencé à parler en disant à quel point il respectait, admirait et appuyait la MINUAR et les efforts qu'elle déployait dans le cadre du processus de paix d'Arusha. C'est alors que Bagosora a demandé à être excusé et qu'il est sorti si vite que nous avons à peine eu le temps de lui répondre.

Kajuga a continué et a offert d'aider la MINUAR. Il a proposé de nous donner quelques-uns de ses jeunes pour patrouiller les différents sites que nous protégions. Il a affirmé avoir ordonné que tous les barrages laissent passer la Croix-Rouge si elle se déplaçait pour une tâche humanitaire. Je me suis posé une question : quelles pouvaient donc être les autres activités de la Croix-Rouge ? « Nous sommes à votre disposition », a-t-il dit en insistant. Le type à sa droite l'a interrompu, déclarant qu'ils étaient prêts à s'occuper des détails des transferts. Il a également annoncé qu'il avait « sensibilisé » tous leurs membres afin qu'ils mettent un terme aux massacres. Je n'en croyais pas mes oreilles. Il venait tout simplement d'avouer être les auteurs de ces carnages. Un peu contrarié, Kajuga a repris la parole et a répété que l'Interahamwe n'avait rien contre la MINUAR.

Je les ai remerciés de leur appui, pour la façon dont ils avaient manifesté leur désir de coopérer. Je leur ai dit que j'étais enchanté de leur attitude positive et leur ai promis qu'à l'avenir je les consulterais sur des questions de sécurité. Ils ont tellement bombé le thorax de fierté qu'ils ont failli faire sauter leurs boutons de chemise. Je n'étais pas certain de la véracité de leurs intentions mais, de manière évidente, ils répondaient bien à la flatterie. Après environ vingt-cinq minutes de ce genre de dialogue, j'en avais plus qu'assez. Bizimungu, absolument enchanté par la tournure des événements, m'a remercié. J'ai fait de même puis ai serré toutes les mains.

Après cette comédie plutôt malsaine, je suis sorti de l'hôtel, passant devant les soldats de l'AGR qui montaient la garde. Mentalement barbouillé, je me suis ensuite rendu à l'hôtel des Mille Collines pour rencontrer en privé le vice-président du MDR, Froduald Karamira ; protégé par sa loyauté envers les extrémistes, il avait survécu au sort réservé aux collègues de son parti. Il m'a servi la même histoire que Bizimungu, sauf qu'elle sortait de la bouche d'un personnage politique du gouvernement intérimaire et non d'un militaire. Au moins, j'avais la preuve qu'ils chantaient tous la même chanson. Les liens entre l'armée, la milice et le gouvernement intérimaire étaient réels.

En retournant vers notre Q.G., j'ai eu l'impression d'avoir serré la main du diable. Nous avions même échangé des plaisanteries. J'avais été jusqu'à donner au diable la chance de se glorifier de son travail répugnant. Je me sentais coupable d'avoir commis des actions sataniques puisque j'avais négocié avec Lucifer en personne. À force de me questionner sur le bien-fondé de mon geste, je sentais naître l'angoisse dans mon estomac. Je n'aurais la réponse que lorsque les transferts commenceraient.

L'église de la Sainte-Famille est un point de référence dans le ciel de Kigali. L'enceinte qui l'entoure est grande ouverte et se trouve à mi-pente d'une des collines du centre-ville. C'est une cible idéale pour les tirs d'artillerie ou de mortiers. Il est impossible de la rater, même si vous essayez, et il est facile de l'éviter si vous ne voulez pas l'atteindre. Après mon retour de cette rencontre nauséeuse avec les chefs de l'Interahamwe, j'ai tenté de mettre de l'ordre dans le déluge de papiers qui s'étaient accumulés sur mon bureau. Brent me manquait terriblement, lui qui me triait si bien tout le travail à faire. Tout en travaillant, j'avais laissé ma radio allumée, suivant les échanges sur notre réseau. Vers 16 h 45, j'ai entendu un appel réclamant des soins médicaux à donner près de l'église de la Sainte-Famille. Des charges de mortiers étaient tombées dans le périmètre protégé entourant l'édifice du culte.

Cela m'a pris presque une demi-heure pour y arriver. La scène était chaotique. Plusieurs milliers de personnes étaient en état de panique. Elles essayaient de se réfugier dans l'école et dans la chapelle, se pelotonnaient contre les murs ou tentaient de fuir, même si cette dernière solution signifiait vraisemblablement la mort entre les mains des miliciens. Au milieu de la mêlée, j'apercevais les bérets bleus des observateurs de l'ONU, entourés de morts et de mourants. Des civils, appartenant certainement à la Croix-Rouge, s'occupaient de plusieurs douzaines de blessés. En sortant de mon véhicule, j'ai été littéralement submergé par des hommes et des femmes au comble de l'hystérie. Ils voulaient des réponses, du réconfort et du secours. J'ai dû les repousser et me battre pour me frayer un chemin afin de retrouver mes observateurs. J'ai fini par me libérer de la foule et me suis approché des points d'impact des projectiles. Ce n'était que membres amputés, têtes arrachées, enfants ouverts en deux. Les blessés vous fixaient de leurs yeux étonnés au moment précis où la vie les quittait. Une odeur d'explosifs brûlés se mêlait à celles du sang et de la chair humaine carbonisée. Et, au milieu de tout ce carnage, un éclair de dignité sur le visage d'un homme âgé résigné, qui voit sa mort arriver de façon inéluctable. Les observateurs et les membres de la Croix-Rouge travaillaient fiévreusement. Le chef des observateurs, couvert de sang, m'a dit qu'une de ses équipes était en train de finir les calculs reliés à l'analyse du cratère pour pouvoir déterminer la provenance des bombes. Il avait dû prendre ses mesures parmi les cadavres et les tripes à l'intérieur des trous d'obus.

Pendant ce temps, quelques-uns des chefs parmi les civils avaient réussi en partie à calmer la foule, et je me suis avancé pour parler à un maximum de personnes. Elles ne comprenaient pas pourquoi nous n'avions pas plus de soldats pour assurer leur protection. Elles appréciaient à leur juste valeur les patrouilles mobiles qui venaient vérifier si tout allait bien pendant la journée et le fait que certains de mes hommes non armés restent avec elles pendant la nuit, mais elles me faisaient sentir que c'était tout simplement insuffisant. Enserré par des centaines de personnes, je me souviens avoir tenté d'expliquer à un groupe de gens toutes les raisons pour lesquelles mes soldats étaient dans l'incapacité de se battre pour les protéger. Étonnés par la complexité de mes réponses, ils m'ont demandé de me débrouiller. Pourquoi était-ce donc si compliqué? Ces gens étaient menacés, et j'étais leur seul espoir.

Au moment de la «prière», le lendemain matin, nous avons eu confirmation qu'une équipe pourrait se rendre sur le site de l'écrasement de l'avion présidentiel et qu'un accord avait été conclu pour permettre une enquête internationale. C'est alors qu'a commencé le processus au bout duquel personne, à ma connaissance, n'a jamais répondu à ces deux questions: qui avait abattu l'avion et pourquoi?

Le rapport du bombardement de l'église Sainte-Famille est arrivé : plus de 120 morts et blessés, dont 13 morts, 61 blessés évacués vers l'hôpital de campagne de la Croix-Rouge et 15 blessés à l'hôpital King Faisal. Je n'ai pu m'empêcher de penser : « Dommage que ce massacre n'ait pas eu lieu dans un marché en Yougoslavie. Peut-être quelqu'un y aurait-il fait attention si cela s'était déroulé ailleurs qu'au Rwanda. » La vie est ainsi faite : le génocide au Rwanda avait du mal à battre les élections en Afrique du Sud et les tripotages criminels de la patineuse artistique américaine Tonya Harding pour occuper la première page des journaux. Les analyses du cratère ont démontré que les projectiles de mortier étaient de quatre-vingt-un millimètres et qu'ils avaient été tirés des positions du FPR. J'avais l'intention d'aller voir Kagame le lendemain et de l'accuser officiellement de cet acte. Dans mon compte rendu quotidien à New York, j'indiquerais que ces atrocités avaient été perpétrées par le FPR.

Ma demande d'interview à la RTLM a fini par aboutir, et je suis allé au Diplomates vers midi. La station de radio était de nouveau en ondes et plus virulente que jamais, bien que le FPR l'ait attaquée à coup de mortiers quelques jours plus tôt. Nous avons soupçonné qu'elle émettait à partir d'une unité mobile.

On avait installé les trois membres de la rédaction de la RTLM dans une pièce à un des niveaux inférieurs de l'hôtel. Il y avait un Blanc, Georges Ruggiu (qui déclarait être Italien mais qui, en fait, était Belge), une présentatrice très agressive et un technicien. L'entrevue allait être enregistrée et ne serait pas en direct comme je l'avais demandé. Cela signifiait qu'ils pourraient en faire le montage selon leur bon vouloir. J'ai décidé de prendre l'avantage en commençant à poser des questions. Quelle était leur opinion sur les buts du FPR ? La femme a répondu sur un ton venimeux : « Diviser le pays en deux, ce qui n'arrivera pas. Aucun Tutsi ne sera en sécurité dans son village. Le FPR a enterré Arusha. » J'avais déjà entendu ce genre de discours illogique, mais que cachait-il ? À ma question sur l'impact de l'assassinat de Habyarimana, j'ai obtenu une réponse pour le moins surprenante. Aux yeux des extrémistes, Habyarimana avait protégé les Tutsis. Comme le président avait été en faveur du FPR, ces derniers n'avaient pas voulu qu'il reste au pouvoir. Les extrémistes avaient voulu se débarrasser de Habyarimana, et ils me l'avaient pratiquement avoué.

J'ai poussé un peu plus loin en tentant de connaître leur opinion sur les massacres. Ils ont immédiatement répondu que le FPR était responsable d'avoir abattu l'avion et d'avoir commencé la guerre, et que la Garde présidentielle n'avait fait que riposter «pour liquider certains éléments qui avaient trempé dans la conspiration». Pour eux, il s'agissait d'une conspiration du FPR pour avantager les Tutsis. L'entrevue s'est terminée par leur mise en accusation des Belges mais, au moins, j'avais réussi à obtenir quelques renseignements.

Durant l'après-midi, j'ai reçu une lettre du gouvernement intérimaire signée par Bizimungu. Il déclarait être d'accord pour les transferts des réfugiés des Mille Collines et ceux du stade d'Amahoro. L'équipe de la MINUAR, conduite par Henry avec l'aide de Yaache et de deux autres membres de sa cellule d'action, les majors Don MacNeil et Marek Pazik (deux nouveaux arrivants canadiens), rencontrait concurremment les états-majors de la milice et de l'AGR pour régler quelques détails concernant le transfert prévu le jour suivant : nous commencerions par déplacer quelques individus pro-FPR des Mille Collines jusqu'à l'arrière des lignes du FPR, à l'extérieur de Kigali. Ce premier test permettrait de constater si les belligérants hutus contrôlaient vraiment la situation. Cet après-midi du 3 mai, il s'est produit une quantité incroyable d'échanges d'artillerie et d'attaques au mortier et même à la roquette sur tout Kigali. L'église Sainte-Famille a encore subi des bombardements mais, cette fois-là, les blessés ont été moins nombreux. Les hangars de l'aéroport ont été quatre ou cinq fois la cible de tirs, un peu plus tard dans l'après-midi. Trois soldats ghanéens blessés devaient être évacués. Cependant, les Hercule n'ont pu atterrir à cause du mauvais temps, et les blessés ont dû attendre le premier vol du matin suivant.

Cela ne fut pas le pire. La première tentative de transfert s'est compliqué juste à la sortie des Mille Collines, et ce problème a failli coûter la vie à soixante-dix membres de l'intelligentsia tutsi assis dans nos camions. Pour les protéger, Don MacNeil s'est placé entre les camions et les miliciens menaçants, manquant de se faire tuer comme tous les Ghanéens qui accompagnaient le convoi. Au moyen de la radio, j'ai rappelé à MacNeil qu'il pouvait utiliser la force. Il m'a déclaré préférer négocier avec eux afin qu'ils ne tirent pas. (Pour cette action, MacNeil a reçu une citation à l'ordre du jour du gouvernement canadien.) Ils ont dû battre en retraite aux Mille Collines, devenu de ce fait un lieu beaucoup moins sécuritaire puisque la milice et l'AGR connaissaient désormais l'identité de quelques personnages importants qui s'y trouvaient. Je craignais qu'on ne donne l'assaut à cet hôtel pendant la nuit. Au coucher du soleil, il a été la cible de bombardements mais, à part quelques fenêtres cassées et la destruction de l'emplacement de la piscine, les dommages avaient été minimes. Toute la nuit, j'ai gardé la ligne de radio ouverte avec le major Moigny, qui était à l'intérieur du bâtiment en compagnie d'une demi-douzaine d'observateurs et les Tunisiens.

Notre Q.G. a également été attaqué. Les obus qui ont atterri dans notre enceinte ont détruit quelques véhicules et brisé quelques vitres dans la rotonde où se trouvait notre centre des opérations. J'ai fait passer le mot que les gilets pare-balles et les casques étaient de rigueur jusqu'à nouvel ordre. J'ai été surpris de voir la quantité d'obus et de charges de mortiers gaspillée par les antagonistes pour obtenir, en fin de compte, peu d'avantages tactiques. Lors des actions de l'infanterie, aucun des tirs ne semblait être coordonné correctement. Les deux parties en présence semblaient plutôt préférer se positionner mieux à l'intérieur comme à l'extérieur de Kigali. L'AGR renforçait ses positions autour du camp Kanombe et dans la partie à l'est de l'aéroport. Le FPR manœuvrait plus au nord. Les combats s'étaient intensifiés dans l'espace compris entre le Q.G. et l'aéroport, et nous avons été atteints par des obus mal placés. Le dortoir de la patrouille, situé au bout du corridor de l'étage supérieur de notre Q.G., exactement sous le nid de la mitrailleuse du toit, a été atteint par une roquette anti-blindage, faisant un trou de un mètre trente sur un mètre soixante. Heureusement, les cinq soldats ghanéens qui avaient dormi là étaient sortis du dortoir quelques minutes avant l'impact, sinon il n'y aurait eu aucun survivant.

Je n'avais pas suivi de près l'évolution de la situation à New York et, avant la «prière» du matin, j'ai passé en revue les câbles arrivés au cours de la nuit. J'ai dû réprimer une colère noire à la lecture d'une copie d'une lettre du 2 mai que le représentant permanent du

Rwanda à l'ONU avait écrite. Il y déclarait que son gouvernement exigeait une action immédiate pour faire arrêter les massacres et la fin des combats pour des raisons humanitaires et qu'il « offrait sa coopération totale pour le bon succès de l'opération, que l'on devait envisager au plus vite, dans le respect du principe de souveraineté de l'État rwandais ainsi que de ses institutions. »

L'autre câble codé était un résumé des délibérations du Conseil de sécurité de l'ONU de l'après-midi précédent. Je suis resté perplexe en constatant le jeu qui s'était joué au cours de cette réunion. Les Français étaient en faveur d'une intervention venant soit d'un des pays voisins, soit de l'OUA, soit de l'ONU. Le Royaume-Uni disait que le Conseil de sécurité devait éviter des termes comme « action de force » et « intervention ». La Chine appuyait la position du Royaume-Uni. Pour la Russie, la seule façon de progresser était d'impliquer l'OUA. Quant à la Nouvelle-Zélande, elle insistait pour que soit conservé le terme « action de force ». Les États-Unis ont proposé qu'un groupe de personnes faisant partie du Conseil de sécurité se rende au Rwanda et obtienne directement les informations. Le Nigeria était contre un tel voyage qui ne ferait que retarder d'une semaine toute l'opération. Tous les membres appuyaient les actions humanitaires venant de l'extérieur du Rwanda et l'embargo sur les armes. Quelqu'un a évoqué la lettre de Boutros Boutros-Ghali, datée du 3 mai et adressée au président du Conseil de sécurité (comme celui-ci l'avait demandé à la suite du rapport du 30 avril préparé grâce à une foule d'informations de la MINUAR). Cette missive laissait entendre que le Conseil de sécurité avait « malencontreusement » pris la mauvaise décision au sujet du retrait des troupes. Ce qui me restait en travers de la gorge, c'était qu'à l'heure actuelle ils perdaient du temps en portant des accusations. À quoi pensaient-ils ? Comment pouvaient-ils même s'imaginer remettre le problème entre les mains de l'OUA, alors que ses soldats étaient pauvrement équipés et ne disposaient d'aucune aide stratégique ?

Les Hercule arrivant à l'aube pour emmener les soldats ghanéens blessés, je suis allé au terminal dire au revoir à ces derniers. Au moment où les avions faisaient demi-tour sur la piste d'atterrissage pour décoller, plusieurs tirs de roquettes ont atteint le grand hangar qui abritait la compagnie de soutien. J'ai reçu un appel radio désespéré me suppliant de retenir les Hercule parce qu'un autre ghanéen avait été grièvement blessé. J'ai passé le message à mon aide de camp afin qu'il demande à l'avion de rester quelques minutes supplémentaires.

Les pilotes étaient très ennuyés de ne pouvoir décoller, car ils connaissaient déjà ce genre de sauvetages périlleux de dernière minute. Ils ont laissé les moteurs en marche et leur rampe abaissée, en attente, en face du terminal. Un véhicule de l'ONU a fait soudainement son apparition sur le terrain et s'est précipité vers nous. Le soldat a été transporté à l'intérieur de l'aéroport pour que le médecin puisse l'examiner et stabiliser son état pour le voyage. L'avion était au sol depuis plus de vingt minutes lorsque deux autres tirs d'obus ont atterri de l'autre côté du terrain d'aviation. J'ai demandé au médecin de se dépêcher pour envoyer le blessé à l'avion où se trouvaient des infirmières canadiennes chargées des évacuations aériennes et capables de s'occuper de lui. Je ne pouvais pas laisser les autres soldats blessés périr avec l'équipage dans une immense boule de feu. J'étais en train d'avancer vers la porte pour faire signe à l'avion de partir et d'abandonner ici l'homme grièvement blessé lorsqu'une mêlée d'assistants médicaux en blanc et de soldats ont couru vers l'avion avec le blessé installé sur une civière de fortune. Ils l'ont presque échappé deux fois avant de le faire monter à bord alors que l'appareil roulait déjà sur la piste et que la rampe n'était pas totalement hissée. Tous les soldats blessés ont finalement pu être sauvés.

Je me suis rendu de l'autre côté du terrain d'aviation pour estimer les dommages. Il était évident que le hangar avait été la cible du tir de roquettes, et que les projectiles venaient du tentaculaire camp Kanombe, au bout du terrain d'aviation. Que voulait donc prouver Bizimungu? Ou plus exactement, quelles étaient les intentions de Bagosora et des commandos parachutistes cantonnés dans ce camp? Voulaient-ils que nous partions? Dans l'affirmative, quelle serait la suite? Bagosora devait connaître mieux que moi le jeu qui se jouait à l'ONU et savait que le Conseil de sécurité discutaillait une fois de plus sur le renforcement de ma force. Était-il en train de nous effrayer avant que l'ONU prenne la décision de renforcer la mission?

Le reste de la journée a été consacré à des patrouilles de routine dans tous nos lieux protégés, à aider la Croix-Rouge dans sa distribution de soins, à panser nos plaies attribuables au fiasco du transfert, le jour précédent, à écrire des lettres de protestation à tous ceux qui transgressaient les accords et à essayer de savoir ce que le DOMP nous réservait pour l'avenir. Le second Hercule de la journée ayant réussi à atterrir et à décoller sans encombre, j'ai découvert, à mon grand plaisir, une très grosse boîte pour moi. Elle venait de Québec, et on l'avait livrée à mon bureau. Beth et la femme d'un des autres officiers canadiens, Luc Racine, nous avaient acheté pour quelques centaines de dollars de beurre d'arachide, de Cheez Whiz, de confitures, de crackers, de tablettes de chocolat, de jujubes (mes préférés) et toutes sortes de gâteries du genre. Ensuite, Beth était parvenue à découvrir que le Hercule qui nous réapprovisionnait partait de la base de Trenton, en Ontario. Après maintes manœuvres, elle avait réussi à faire charger la boîte à bord de l'avion, et celle-ci était arrivée à Kigali sans problème. J'ai donc passé quelques heures à distribuer les gâteries autour de moi. Mon épouse étant une femme de militaire, elle savait que Luc Racine et moi partagerions. Aussi, elle avait mis un petit paquet spécialement pour moi – ma provision personnelle de beurre d'arachide. (Le beurre d'arachide est une friandise très prisée dans l'armée canadienne.) Nous avons savouré chaque cuillerée de ce précieux produit.

Le 5 mai se révéla la pire journée pour les attaques au mortier, aux roquettes et pour le pilonnage d'artillerie. Vers midi, les obus volaient dans toutes les directions, provenant des deux belligérants – au CND, au terminal de l'aéroport (ce qui a obligé un avion à retourner à Nairobi sans atterrir), aux Mille Collines, à l'église Sainte-Famille. Aucun de nos sites n'était suffisamment protégé, car nous manquions de tout pour nous défendre. Les nerfs de mes soldats étaient à bout, atteignant un niveau inquiétant. Ils étaient épuisés de se sentir inutiles et incapables de protéger toutes ces personnes des dangers qui venaient du ciel. Je me suis décidé à rencontrer une fois de plus tous ces chefs manipulateurs pour protester, encore protester, toujours protester. Nous étions la cible des deux parties, et pourtant les deux désiraient notre présence. Je ne voulais abandonner ni le terrain ni les personnes sous notre protection, mais que pouvaient faire des observateurs militaires non armés contre des bombes ?

Un peu plus tard ce jour-là, j'ai appris que José Ayala-Lasso, le haut-commissaire des Nations unies aux droits de la personne, arriverait à Kigali le 9 mai, avec une équipe d'enquêteurs. C'était là une excellente nouvelle. J'ai donné ordre à tous les commandants ainsi qu'aux membres du personnel de rendre disponibles tous ceux et celles qui avaient été témoins de crimes contre l'humanité, et de lui faire rencontrer Kagame, d'une part, et au moins Bizimungu, pour le gouvernement, d'autre part. Ayala-Lasso allait en entendre davantage qu'il ne le pensait.

On m'a également tendu une copie d'une lettre du ministre des Affaires étrangères belges – Riza me l'avait envoyée, sans doute pour faire un peu d'humour noir. Dans cette lettre, Willy Claes rappelait au secrétaire général que l'ONU devait fournir une protection adéquate aux hôpitaux rwandais et aux ONG, et s'assurer que les responsables des massacres ne restent pas impunis. Claes et son gouvernement n'avaient-ils plus aucune décence ? Ils venaient de perdre là l'occasion de se taire.

À la fin de l'après-midi, j'ai finalement pu signer notre « proposition pour un futur mandat et pour la composition des forces de la MINUAR », une analyse en profondeur de ce dont nous aurions besoin au cas où le Conseil de sécurité déciderait de nous envoyer des renforts, militaires, humanitaires et politiques. Je ne vais pas l'exposer ici mais simplement souligner que, par la suite, des experts ont étudié ce plan et se sont mis d'accord pour reconnaître que, s'il avait été exécuté, il aurait permis de faire arrêter les massacres et de rétablir la stabilité en Afrique centrale. Je ne peux qu'ajouter une chose : avoir envoyé ce plan m'a permis de vivre en espérant pour un bref moment que la communauté internationale agirait et ferait le bon geste. Cependant, rien de ce que j'avais souligné ne s'est produit. En envoyant ce rapport, j'avais alors pensé : « Maintenant, elle ne peut plus tergiverser. Mes soldats subissent un feu nourri de façon quotidienne, les politiciens ont un plan et une conception détaillés des opérations, et tout ce dont nous avons besoin, c'est l'accord du Conseil de sécurité. »

Toutefois, je l'avais expédié un jeudi. Le lendemain était un vendredi, puis arrivait la fin de semaine. Au mieux, ils ne s'en occuperaient que le lundi. Des dizaines de milliers de Rwandais seraient morts d'ici là, d'autres centaines de milliers seraient en marche dans les montagnes à la recherche d'un autre campement sous la pluie, au milieu de la boue et de l'horreur. Nous ne pouvions pas nous permettre de perdre une autre semaine. Lorsque j'ai fait part de mon désespoir à Maurice, celui-ci m'a répondu de me faire discret et d'espérer pour le mieux. Il ne possédait aucun pouvoir au sein de l'ONU. Il était le conseiller militaire du secrétaire général dans une organisation qui s'enlisait, qui sombrait sous le poids mort de sinécures politiques sans aucune utilité, de l'indifférence et des atermoiements. Entre l'intensification de la mission dans l'ancienne Yougoslavie, la débâcle en Somalie et la quasi-absence de financement et d'appuis du Cinquième comité (celui chargé des budgets et des finances) de l'ONU, la MINUAR n'était qu'un autre échec catastrophique qui ne faisait que s'aggraver.

Je savais que Maurice avait été personnellement témoin de la souffrance et de la destruction lors de précédents conflits. De plus, il avait failli mourir de la malaria alors qu'il se trouvait dans l'aire des combats. Était-il possible qu'il soit devenu si blasé? Je le tenais toujours en grande estime, même si nous avions eu de sérieuses divergences au cours des derniers mois. Mais où pouvais-je donc trouver les moyens pour pousser le monde à agir? Ayant à vivre avec l'odeur constante de la mort apportée par les vents – ces brises que j'avais trouvées si suaves à une époque – je n'avais pu m'empêcher de penser: «Quelle a bien pu être l'étincelle qui a agi comme détonateur de tant de dégradations et de perversités? Et pourquoi sommes-nous si faibles, si craintifs et si égocentriques devant toutes ces atrocités commises envers des innocents?» Je me suis réveillé le matin suivant, la tête posée sur mon bureau. J'avais émergé de ma stupeur en entendant le chant des oiseaux dans les arbres de notre complexe, avec une seule pensée en tête: d'autres Rwandais allaient mourir aujourd'hui.

Booh-Booh a envoyé un rapport à Annan faisant le point quant aux réunions sur le cessez-le-feu qui avaient eu lieu à Arusha, avec copie au D<sup>r</sup> Kabia (mais pas à moi). Quel cirque! On s'est aperçus qu'il y avait eu deux copies de l'accord de cessez-le-feu. La Tanzanie et l'OUA avaient signé les deux, mais le gouvernement par intérim et le FPR avaient apposé leur signature sur des copies différentes. Booh-Booh et les diplomates avaient tenté de faire signer au FPR la copie paraphée par le gouvernement intérimaire. Bien sûr, le FPR avait manifesté sa colère. Comment se faisait-il que toutes ces distinguées personnes de pouvoir ne comprenaient pas qu'elles n'arriveraient jamais à persuader le FPR à traiter avec le gouvernement par intérim? Le FPR aurait signé ce genre de document directement avec l'armée, mais Bizimungu était trop connu pour sa haine viscérale des Tutsis et même pour sa réputation de massacreur de cette ethnie pour laisser tomber le gouvernement par intérim et traiter directement avec Kagame.

Dans la deuxième partie de son rapport, Booh-Booh se plaignait amèrement d'avoir été accusé par le FPR d'être un allié du gouvernement intérimaire. Il m'a blâmé de ne pas l'avoir défendu suffisamment auprès de Kagame et soutenait que le FPR lui faisait porter le chapeau. J'ai fait savoir à Annan que lorsque je mentionnais le nom de Booh-Booh devant Kagame, cela déclenchait chez ce dernier des torrents d'injures. Telle était l'opinion que le stratège du FPR avait de Booh-Booh, et personne n'arriverait à lui faire changer d'avis.

On était le samedi 7 mai. Le FPR avait contourné Kigali vers le sud où il concentrait son armée. L'AGR, qui recrutait désespérément, avait repoussé plusieurs assauts à Ruhengeri et au nord de Kigali. Les combats autour de l'aéroport et du terminal étaient extrêmement violents, et j'avais eu suffisamment de promesses non tenues venant des deux parties comme quoi elles feraient tout pour «éviter» mes positions. Tous les hélicoptères de la MONUOR présents à Kabale avaient été mis hors d'usage, et les pièces détachées qu'on nous avait envoyées n'étaient pas les bonnes. Comme l'Armée nationale de résistance de l'Ouganda (NRA) faisait encore semblant ne pas avoir d'escortes disponibles pour accompagner mes observateurs, je ne pouvais que faire surveiller les cinq intersections les plus importantes. Le FPR et la NRA étaient ouvertement de mèche pour poursuivre cette guerre.

J'ai décidé d'aller jusqu'à l'aéroport pour encourager un peu les soldats ghanéens. Les tirs étaient tellement fournis que les provisions indispensables d'eau, de médicaments et de nourriture arrivées par l'avion du matin se trouvaient encore sur des palettes au milieu du tarmac. En retournant au Q.G., je suis tombé sur un nouveau barrage érigé par des miliciens à l'allure patibulaire. Je commençais à en avoir vraiment assez. Un accord avait été signé, assurant que la route qui conduisait à l'aéroport serait toujours ouverte. Après avoir ralenti pour jeter un bon coup d'œil dans les environs immédiats – il s'agissait d'une douzaine de jeunes qui traînaient autour de quelques caisses de plastique disposées au milieu de la route – j'ai appuyé sur l'accélérateur et j'ai traversé le barrage faisant tout sauter sur mon passage. Les caisses ont été projetées en l'air et les jeunes miliciens ont sauté en reculant de surprise. Tiko était au Q.G. et cherchait un peu d'action. Ainsi ai-je décidé de lui confier mon escorte pour aller régler le problème. Les miliciens outragés se sont très vite soumis lorsque Tiko s'est approché, suivi de mon escorte de costauds à l'air rébarbatif. Tiko s'est assis sur une des caisses de plastique et a ouvert un tribunal improvisé où comparaissaient des adolescents armés de AK-47. Ils ne devaient pas avoir plus de seize ans. Tiko a certainement réussi à se montrer persuasif car, après lui avoir serré la main et promis qu'ils ne reviendraient plus, les jeunes ont décidé de se replier. Ils ne sont jamais revenus. L'histoire m'a bien plu. Elle n'a fait que confirmer mon idée de départ : que n'aurais-je pas accompli avec 5 000 soldats et officiers du calibre de Tiko ?

* * *

Je suis retourné une fois de plus à l'hôtel des Diplomates, cette fois-ci pour rencontrer Augustin Bizimana, le ministre de la Défense, qui avait brillé par son absence de Kigali pendant la majeure partie du mois. Il m'a déclaré avoir été pris par les affaires concernant son ministère mais, en fait, je savais qu'il s'était occupé des pertes infligées à sa famille et à sa propriété de Byumba.

Après avoir entendu ce qui était devenu un rituel de doléances et de promesses, je lui ai parlé des nouveaux plans de la MINUAR et lui ai indiqué que, même si j'attendais des renforts importants, nous ne constituions pas une armée d'intervention. Sa réaction immédiate a été d'annoncer qu'il n'y aurait qu'un seul Rwanda, et non pas un pays divisé en territoire tutsi et en territoire hutu. Où avait-il donc bien pu pêcher cette idée-là ? Certainement pas de moi et encore moins de Kagame. Les seules personnes au courant de mes élucubrations sur l'avenir d'un Rwanda ressemblant éventuellement à Chypre se trouvaient au DOMP. Avait-on partagé ces idées avec le Conseil de sécurité où siégeait encore le représentant rwandais extrémiste ? Je ne saurais le dire.

J'ai promis à Bizimana que, une fois mes renforts arrivés, je déploierais un bataillon pour assurer la neutralité de l'aéroport. Selon lui, ce renseignement l'aiderait à convaincre son cabinet. Il a terminé l'entretien en cherchant à s'abriter des quelques tirs de mortiers qui commençaient à tomber dans le secteur. Une fois de plus, je suis sorti en pensant que les extrémistes étaient mieux informés que moi sur ce que mes supérieurs planifiaient.

Peu de temps après, je me dirigeais vers Byumba, pour un entretien avec Kagame. Je roulais dans la campagne avec mon escorte, évitant les tas de vêtements et de biens personnels abandonnés au bord de la route. Nous nous trouvions dans un territoire nouvellement conquis par le FPR, et les scènes qui se déroulaient sous mes yeux étaient tout aussi horribles que partout ailleurs. À certains endroits, des embuscades et des massacres plus anciens ne pouvaient être attribués au FPR ; cependant, quelques huttes finissaient de se consumer ici et là. Nous sommes arrivés à un gué pour traverser une petite rivière. Il y avait déjà eu un pont, mais il avait sauté. Pendant quelques instants, je me suis demandé pourquoi les soldats du FPR, qui gardaient ce lieu, pêchaient avec ce qui ressemblait à des cannes à pêche sans fil. Puis, j'ai remarqué, sur les berges de la rivière, de gros tas de corps bleu noir gonflés par l'eau. Les soldats avaient pour tâche de s'assurer que les cadavres ne bloquent pas le passage car, à cet endroit, le ruisseau était très peu profond. La puanteur était suffocante, et le repas que je n'avais pas encore digéré est allé rejoindre cette horreur. À cause de la fatigue ou par manque d'espace pour mettre les corps, les soldats tiraient ces derniers de l'autre côté du gué afin qu'ils flottent et descendent la rivière jusqu'au prochain confluent et, si possible, jusqu'au lac Victoria. Mentalement retranché derrière ma façade rassurante de commandant maître de la situation, j'ai fait plonger ma voiture dans l'eau. J'ai ensuite poursuivi mon chemin vers mon objectif, Byumba, où Kagame avait installé un Q.G. tactique, beaucoup plus simple à atteindre que son enceinte habituelle, à Mulindi.

J'ai fait part de mes inquiétudes au général à propos du sort des Tutsis et des Hutus modérés bloqués à l'hôtel des Mille Collines ; Bizimungu avait menacé de les tuer si le FPR n'arrêtait pas de bombarder les positions de l'AGR à l'intérieur de la ville. Kagame était pragmatique, l'image parfaite du guerrier qui sait garder son sang-froid. « Ils continuent d'utiliser leur éternel chantage, mais ça ne fonctionne plus, a-t-il souligné. Cette guerre sera la cause de bien des sacrifices. Si les réfugiés doivent être sacrifiés pour la bonne cause, on considérera qu'ils étaient inclus dans ce sacrifice. » Instinctivement, je lui ai demandé si son armée userait de représailles contre les Hutus que nous protégions à l'intérieur de nos sites. Il m'a conseillé de faire sortir ces civils de Kigali au plus vite, parce que les combats ne pouvaient aller qu'en empirant. Quant au problème de l'aéroport, il m'a répondu qu'il m'avait donné tout le temps nécessaire pour obtenir un accord pour sa neutralité, mais qu'il ne pouvait plus attendre ni changer les plans de ses futures opérations. Il ne prenait pas exprès les positions de la MINUAR pour cibles, mais il n'était pas impossible que mes soldats soient touchés dans le feu des combats. En fait, ils l'avaient déjà été. J'ai réaffirmé mon choix de rester à l'aéroport pour le protéger pour les besoins humanitaires et pour les vols de secours des Canadiens. Il n'a rien dit, restant assis, impassible, tellement calme que sa mince poitrine ne bougeait pour ainsi dire pas à chaque respiration.

Ensuite, je lui ai expliqué le concept de la nouvelle MINUAR. Il a écouté attentivement même si son représentant à l'ONU l'avait déjà probablement mis au courant de tous les détails. Sa réponse m'a stupéfié. « Aucune objection, m'a-t-il dit. Je suggère tout simplement que ces renforts soient suffisamment importants et prêts à se battre. » Il s'est levé rapidement, m'a serré les mains et a pris congé.

Le soleil déclinait vite, et nous nous sommes dépêchés, espérant atteindre notre Q.G. avant que l'obscurité ne tombe complètement. Même si le retour s'est terminé après le coucher du soleil, le trajet s'est déroulé sans encombre ni mauvaises rencontres. J'ai fini par m'asseoir ce soir-là à une table du centre d'opérations, dans la rotonde, avec une tasse de thé qui m'est arrivée de je ne sais où. Je devais étudier le brouillon d'un «document non officiel» préparé à l'intention du secrétaire général, et qui devait être envoyé à la MINUAR. Ce genre de document est en fait un moyen de l'ONU pour examiner un sujet sans le qualifier d'officiel car, si tel était le cas, cela entraînerait une résolution non moins officielle. Je croulais sous les cadavres, et les membres du DOMP en étaient réduits à présenter un document officieux pour recueillir un appui potentiel en vue d'un débat pour un mandat. Comment avaient-ils bien pu se mettre dans un tel pétrin? Ils avaient reçu tous mes rapports, toutes mes évaluations et mes estimations en besoins militaires, et plus d'analyses de la part de mon personnel qu'il n'était nécessaire. Toutefois, ils voulaient encore mes commentaires sur ce document officieux pour le lendemain matin.

Traitez-moi d'optimiste impénitent si vous voulez, mais j'ai estimé ce document non officiel comme une bonne chose. Il ressemblait beaucoup à mes recommandations. (En fait, il y ressemblait tellement qu'un des membres de mon personnel avait noté, non sans sarcasme, la remarque suivante: «Excellent. Allons-y!») Dans ma réponse, j'approuvais qu'ils proposent mon option de 5 500 soldats comme étant un «minimum viable»; cependant, ils décrivaient déjà les fonctions de ces hommes en désignant des actions prévues pour 8 000 soldats. Je les ai félicités d'avoir pris pratiquement en totalité ma façon d'envisager les opérations, mes plans et mes descriptions de tâches, et je leur ai transmis la nouvelle que les deux belligérants avaient accepté l'idée d'une MINUAR aux effectifs renforcés. J'ai insisté en disant que ce document non officiel soulignait la notion d'urgence: de nombreuses personnes se trouvaient encore en danger, et nous devions en sauver le plus possible. Ils avaient fait un certain progrès et recommandaient que l'on abandonne la façon normale de recruter des contingents. Les pays devraient fournir des troupes sous forme de brigades opérationnelles. Les pays en voie de développement ne pouvaient envoyer au Rwanda des unités de combat mal entraînées et mal équipées, même si certains étaient prêts à le faire. Ce document non officiel appuyait l'envoi de renforts sans qu'il y ait eu d'accord sur une signature de cessez-le-feu ou sur la neutralité de l'aéroport : rien ne pouvait me faire plus plaisir.

J'ai insisté en disant que la première tâche de la nouvelle MINUAR serait de s'occuper de la crise humanitaire. Le document non officiel parlait d'un mandat qui permettrait d'assurer la sécurité des individus et une livraison sûre de l'aide humanitaire, avec comme base l'autodéfense contre les personnes ou les groupes qui se révéleraient être une menace pour les corridors et les endroits sécurisés que nous établirions, ainsi que tous les autres sites déjà sous notre protection. Cela indiquait fortement qu'ils étaient prêts à soutenir l'idée d'une défense active et forte basée sur des unités très mobiles et puissantes. J'ai demandé à en savoir plus quant aux risques que seraient prêtes à prendre ces troupes. Je n'avais pas demandé de mandat selon les dispositions du chapitre VII, mais du chapitre VI et demi. Cela nous permettrait d'entreprendre des actions musclées pour empêcher les crimes contre l'humanité et également de nous défendre si nous étions attaqués. Je voulais que l'on colle le terme « sécurité assurée » sur tous nos locaux sécurisés de Kigali ainsi que sur les églises, les stades et les écoles dans tout le Rwanda. C'est là, en effet, que la population s'était réfugiée. Je pourrais ainsi assurer « une sécurité accrue de façon substantielle » à deux millions de réfugiés et de personnes déplacées. Plus je travaillais sur le document, plus j'exultais. C'est vrai, ce document était officieux mais, finalement, le DOMP avait l'air de vouloir me donner un juste mandat et les bons outils. J'ai signé le câble encodé le lendemain matin, après avoir envoyé une copie au D<sup>r</sup> Kabia et à Booh-Booh pour avoir leurs commentaires.

Mon moral allait mieux et est demeuré haut même après avoir rédigé une analyse tactique de ce qui se produirait si le FPR attaquait l'aéroport dans les jours suivants. Toutefois, je ne pouvais me débarrasser de ma peur de me réveiller un matin pour apprendre que toutes les personnes réfugiées au Mille Collines avaient été assassinées pendant la nuit. J'ai appelé Moigny qui m'avait déjà démontré plusieurs fois sa valeur en repoussant les soldats de l'AGR, les gendarmes et l'Interahamwe. Les miliciens avaient réussi une seule fois à pénétrer dans le bâtiment, en fracassant des portes à la recherche de Tutsis. Moigny et ses officiers désarmés, appuyés de quelques soldats tunisiens très décidés, étaient parvenus à les persuader de sortir de l'hôtel avant que ça dégénère. Il est vrai que l'aide habile et généreuse du directeur de l'hôtel, qui leur a offert de nombreuses bouteilles de vin, s'était révélée providentielle.

Des brouillons du mandat de la MINUAR de seconde génération traversaient l'Atlantique entre New York et nous. Le 9 mai, j'ai dû annuler les vols des Hercule, dont l'un d'entre eux devait amener Ayala-Lasso et son équipe d'enquête, parce que les tirs d'artillerie et de mitrailleuses étaient trop nombreux à l'aéroport ainsi qu'aux alentours. Le FPR a bombardé plusieurs parties de la ville ce jour-là, y compris les endroits sous notre protection. Au stade d'Amahoro, un soldat ghanéen allait rentrer dans sa chambre lorsqu'un obus de mortier a explosé à l'intérieur du stade. Des fragments de l'obus sont entrés par sa fenêtre et l'ont atteint à l'aisselle, endroit où sa veste pare-balles de l'ONU ne le protégeait pas. Un de ces fragments pénétra directement dans son cœur. Il était mort avant même d'atteindre le sol. Plusieurs civils ont également été blessés. Henry a immédiatement appelé ses supérieurs à Accra pour défendre la nécessité de conserver en place le contingent et de l'augmenter au plus vite.

Un peu plus tard dans l'après-midi, j'ai été appelé pour aller rencontrer le ministre des Affaires sociales à l'hôpital de Kigali. Lorsque je suis arrivé à la porte centrale de l'hôpital, il était totalement hystérique. Une véritable scène de chaos et d'horreur se révélait sous mes yeux.

Le FPR avait atteint les locaux de l'hôpital de quelques tirs d'artillerie. La fumée et les émanations des tirs planaient encore sur tout le site au point qu'elles filtraient la lumière du soleil et rendaient presque irréel le cauchemar qu'on y vivait. Une des bombes avait atteint le centre d'une grande tente érigée pour servir d'abri à environ trente blessés. Le personnel s'affairait à ramasser les morceaux de corps carbonisés et essayait de remonter les tentes aux environs de celle qui avait été atteinte. La pharmacie et le dispensaire étaient situés à l'intérieur d'un bâtiment tout proche. Un guichet en treillis métallique servant à répondre aux patients se trouvait dans l'embrasure d'une porte. Les patients attendaient en faisant la queue contre le mur pour aller chercher les médicaments prescrits par les médecins.

Ce bâtiment à un étage aux murs jaunes tenait encore debout bien que toutes les vitres aient été fracassées par l'explosion. Après avoir regardé un peu plus attentivement, je fus frappé d'horreur. Sur le mur se dessinaient les silhouettes d'individus, de femmes et d'enfants, des silhouettes faites de sang et de terre. Cette scène sortait tout droit d'Hiroshima. Plus de quarante personnes, debout contre le mur, avaient été prises entre l'explosion de l'obus et le bâtiment de pierre. Un des aides-soignants a rapporté que certaines personnes ont tout simplement explosé dans les airs. Personne n'a survécu.

Mon esprit ne pouvait assimiler un tel carnage. En tant qu'officier d'artillerie, j'avais déjà pu voir les effets des explosions sur une grande variété de cibles, mais je n'aurais jamais pu imaginer l'impact de tels bombardements sur les êtres humains. Pour ma part, le temps des « exercices » abstraits était terminé. Des centaines de personnes de tous âges pleuraient, criaient, et le personnel courait de tous les côtés pour tenter de s'occuper de tous les blessés. Le ministre des Affaires sociales, les yeux plein de larmes et gesticulant comme un fou, m'a hurlé que la MINUAR et moi étions complices de cette barbarie et qu'il espérait que je ne serai jamais capable d'effacer cette scène de mon esprit. C'est alors que mon aide de camp est arrivé avec la radio Motorola. C'était Henry. Notre Q.G. subissait une grosse attaque d'artillerie.

Nous sommes repartis et avons traversé la ville, faisant montre de très peu de patience aux barrages. La rage m'inondait tellement que les miliciens, après m'avoir jeté un coup d'œil, ont dû décider que m'arrêter serait risqué et que cela n'en valait pas la peine. Alors que nous nous approchions du Q.G., la fumée des explosions s'élevait encore et, au moment où j'ai franchi la barrière, une salve d'artillerie a atterri à environ trois cents mètres de là, soulevant une colonne de terre et l'envoyant dans toutes les directions. Quelques véhicules furent détruits et beaucoup de vitres de la rotonde, brisées. Deux salves d'artillerie ont atteint la limite de notre enceinte près de la rue, alors que je pénétrais dans le Q.G. Tout le personnel et les civils s'étaient blottis ensemble dans le hall central. Une autre salve a explosé à l'intérieur de notre enceinte, juste à côté de nos portes, alors qu'Henry était en train de me faire son rapport. Un peu plus tard, alors que je regardais des prises de vues de l'attaque parues dans la presse, j'ai été très surpris de voir qu'à chaque explosion de bombe tout le monde autour de moi grimaçait, mais que, très concentré, je demeurais immobile, en fait impatient que la séance d'information reprenne. J'ai donné le signal de fin d'alerte environ une heure plus tard. Il y avait beaucoup de débris à ramasser, mais, heureusement, cette fois-ci personne n'avait été blessé.

J'ai prononcé quelques mots de réconfort et renvoyé le personnel vaquer à ses occupations. J'ai ensuite demandé à Frank Kamenze, notre officier de liaison au FPR, de venir dehors avec moi. Loin des oreilles indiscrètes, j'ai mis les choses au point. Ponctuant mes paroles de jurons, je l'ai menacé d'un retrait immédiat ainsi que d'un scandale à l'échelle mondiale, et j'ai insisté pour rencontrer Kagame le jour suivant. Je ne ferai venir aucun soldat supplémentaire dans ce cloaque, à moins que ces actes scandaleux et déshonorants ne cessent immédiatement. J'ai ajouté qu'il ne devait pas revenir tant qu'il n'aurait pas réussi à m'organiser cette réunion.

Le jour suivant, à Byumba, Kagame a répondu à mon indignation concernant l'assaut contre la MINUAR et les morts à l'hôpital de Kigali par ses propres histoires d'horreurs, y compris l'extermination en masse des jeunes élèves tutsis à Gikongoro. Il a été d'accord pour exiger plus de discipline de la part de ses soldats. Il m'a affirmé qu'il parlerait personnellement à son équipe de liaison attachée à mon Q.G. et qu'il leur assurerait les moyens de communication nécessaires pour annuler les attaques illégitimes contre nous. Je suis parti environ une heure plus tard, voulant croire à ces paroles mais en demeurant fort perplexe.

Henry m'avait écrit officiellement pour me rappeler la mise en garde de Kagame selon laquelle il mettrait à exécution son plan tactique pour se saisir de l'aéroport. Devant une telle menace, Henry pensait que le fait de vouloir conserver notre position à l'aéroport n'apportait pas grand bénéfice à la mission. Lorsque nous nous sommes rencontrés, un peu plus tard au cours de la même journée, je lui ai rappelé que, en cas de retrait de la MINUAR de l'aéroport, le FPR nous empêcherait d'y retourner. Henry s'est montré d'accord avec moi sur ce point, mais il m'a fait part de la pression d'Accra pour qu'il sorte ses troupes de là. Il a passé une bonne partie de la journée suivante avec ses Ghanéens.

Mes derniers renforts canadiens sont arrivés ce jour-là, avec, à leur tête, le lieutenant-colonel Mike Austdahl, en qualité de commandant du contingent. Et Phil Lancaster était avec eux, une bénédiction pour un chef épuisé. Les autres officiers canadiens étaient le major John McComber, les capitaines Jean-Yves Saint-Denis, André Demers, Sarto LeBlanc et Nelson Turgeon. Quelques heures plus tard, je les avais mis au travail dans différentes sections de mon Q.G., où ils ont rendu des services inestimables pendant leur passage au sein de la MINUAR. Deux des trois officiers venus de Somalie, Bussières et Read, – le major Plante ayant choisi de rester – furent retournés au Canada, car leur année outre-mer tirait à sa fin. Avec tous mes remerciements pour leur travail courageux, ils sont partis à reculons. Le major Don MacNeil et le major Luc Racine étaient arrivés du Canada à la fin avril, juste avant que Brent ne tombe malade. Tous les deux m'ont fourni, ainsi qu'à mon remplaçant, une aide précieuse pendant l'année qui a suivi.

C'est aussi le même jour que le haut-commissaire des Nations unies aux droits de la personne, Ayala-Lasso, est enfin parvenu à Kigali, et nous l'avons mis au courant des faits. En visitant un peu partout, du mieux qu'il a pu, il a vu tous les endroits horribles. Depuis sa désignation pour ce mandat, il était en présence pour la première fois d'une catastrophe touchant les droits de la personne. Il lui fut impossible de dissimuler sa fureur et son dégoût. À la fin de sa collecte de renseignements, il a déclaré avoir vu au Rwanda un génocide. Son rapport a été un compte rendu exact des événements tels que nous les avions vécus jusqu'à aujourd'hui. Bien que très conscient du danger que cela comportait, il voulait aussi envoyer au Rwanda des observateurs des droits de la personne le plus vite possible. Kagame l'a encouragé à le faire, lui disant qu'il lui fournirait de l'aide. Moins enthousiaste, l'AGR a déclaré qu'elle lui en reparlerait.

Le mois de mai progressait. De plus en plus d'extrémistes au sein du gouvernement, y compris des ministres, encourageaient l'armement de la population hutue et demandaient plus de mesures aux barrages routiers pour démasquer les Tutsis et les rebelles qui s'infiltraient. La MONUOR nous a relaté que l'AGR recevait de l'équipement et des renforts par bateaux, par le lac Kivu, et par transport terrestre, de Goma et de Bukavu, au Zaïre. Des rapports de nouveaux massacres dans les villes provenaient d'un peu partout dans le pays. Philippe Gaillard a appelé pour nous avertir que des milliers de personnes avaient été massacrées au grand centre religieux de Kabgayi, juste à côté de Gitarama, où se tenait le gouvernement intérimaire.

Le D$^r$ Kabia est venu me voir pour m'annoncer que Booh-Booh venait de repartir pour Nairobi et qu'ensuite il irait à Paris rencontrer Boutros-Ghali. J'ai voulu connaître la signification de ce voyage, et il a répondu que de telles consultations ne sortaient pas de l'ordinaire. J'ai réitéré mon besoin de ses commentaires au sujet du dernier document officieux, tout spécialement parce que les États-Unis travaillaient avec zèle pour le démolir. Plutôt que d'établir, tel que je l'avais demandé, des sites sécurisés, basés dans les endroits où étaient concentrées les personnes déplacées au Rwanda, ils voulaient que j'installe une grande zone, comme ce qui avait été fait au Kurdistan, à la périphérie du pays, sous prétexte que les soldats seraient davantage en sécurité. Ce concept avait bien fonctionné au Kurdistan parce que le gros de la population kurde se trouvait déjà dans cette zone, qui, en général, était sûre. Au Rwanda, les personnes à risque ne pourraient même pas se rendre dans une zone sécurisée à quelque frontière que ce soit. Les miliciens et les civils armés installeraient un cordon à peu de distance de là et massacreraient quiconque serait assez fou pour s'y aventurer. Pour couronner le tout, le représentant britannique exigeait l'établissement d'un rapport plus officiel avant de prendre toute décision incluant une estimation budgétaire. Le DOMP rédigerait ce rapport, et le Conseil de sécurité l'examinerait ensuite. L'ambassadeur Keating a insisté en faisant remarquer que mon chapitre VI et demi ne me donnait pas assez de pouvoir. Selon lui, nous avions besoin du chapitre VII, ce qui incluait l'utilisation des armes pour nous imposer, et non seulement pour nous défendre, comme c'était le cas sous le chapitre VI. Je ne voulais pas intervenir dans cette guerre ni devenir le troisième belligérant. Je voulais simplement une autorité suffisante et la possibilité d'utiliser la force pour pouvoir m'occuper des besoins humanitaires en toute sécurité. Après une conversation avec le triumvirat, il a été clair que nous devrions intensifier notre lutte pour obtenir le nouveau mandat.

Pendant quatre autres jours, les Américains ont semé obstacle après obstacle. Les Britanniques, quant à eux, les appuyaient timidement. Les Français soutenaient la MINUAR 2 mais sous conditions. Pour leur part, les pays non alignés étaient furieux à cause des retards. Le FPR a fait publier une déclaration adressée au Conseil de sécurité qui ressemblait étrangement à un manifeste dirigé contre nous. Ses porte-parole soutenaient que la MINUAR de seconde génération arrivait trop tard pour arrêter les massacres et que, de plus, elle pourrait déstabiliser la lutte du FPR pour se hisser au pouvoir. En fait, il n'était pas trop tard, car les massacres continueraient pendant des semaines. Si j'avais été un tant soit peu soupçonneux, j'aurais pu établir un lien entre la position d'obstruction des Américains et le refus du FPR d'accepter la MINUAR 2 plus importante. Dans la période précédant la guerre, on avait pu voir l'attaché militaire de l'ambassade américaine se rendre à Mulindi de façon régulière. De plus, il existait en Amérique du Nord une diaspora tutsie importante qui appuyait le FPR.

Pendant ce temps, des odeurs de mort continuaient à imprégner la vie quotidienne en Afrique centrale. Nous avons préparé et envoyé des mises à jour de la situation, des clarifications sur le concept des opérations, des listes de nations acceptables susceptibles de nous aider en nous envoyant des troupes – listes vérifiées à la fois par le FPR et l'AGR –, mais cela ne suffisait toujours pas. J'ai intensifié mes entrevues auprès des médias, et Mark Doyle a continué d'alimenter la BBC, mais absolument rien ne semblait pousser le Conseil de sécurité à agir. J'ai ordonné que l'on tente d'apporter de l'aide humanitaire sous la protection de la MINUAR dans la zone contrôlée par l'AGR, d'une part, afin de répondre à l'accusation voulant que nous favorisions le FPR et, d'autre part, pour montrer à quel point nous étions vulnérables. Le Bureau d'urgence des Nations unies pour le Rwanda a organisé cette expédition, sous la direction de son excellent coordinateur, Arturo Hein, qui a emmené avec lui quatre journalistes. Ce convoi s'est dirigé vers Runda et ses camps de réfugiés (il n'existait pas moins de quatre-vingt-onze camps dans tout le pays). Les visiteurs sont tombés dans une embuscade dans la banlieue de Kigali. À plusieurs reprises, on les a fouillés aux différents barrages, et les journalistes se sont vus confisquer leurs films à deux reprises. Après avoir déchargé les camions au site prévu, les gens du coin, armés de machettes, de bâtons, de grenades et de pierres, ont entouré les camions et menacé l'équipe au complet. La foule avait commencé à extirper de force les auxiliaires des camions lorsque le sous-préfet est arrivé pour éviter un drame potentiel. Les observateurs militaires avaient fait de leur mieux ; cependant, la taille de la foule et son état de démence les avaient complètement désarçonnés. Sur le chemin de retour vers Kigali, l'équipe avait échappé de justesse à une attaque à la roquette. Nous avons envoyé un rapport détaillé de cette expédition au DOMP afin qu'il soit diffusé. La majeure partie des civils se trouvait derrière les lignes de l'AGR. Si nous ne parvenions pas à nous rendre jusqu'à eux, des milliers de ces personnes allaient agoniser sur les bords des routes et dans les camps de réfugiés. J'espérais que ce compte rendu prouverait exactement pourquoi l'aide humanitaire avait besoin d'être soutenue par des actions énergiques.

Tant de décisions pouvant entraîner la vie ou la mort tourbillonnaient dans ma tête que j'ai ressenti le besoin de trouver un point de référence stable afin d'y voir plus clair. Un beau matin, j'ai décidé d'aller à Kinihira, dans l'ancienne zone démilitarisée. Après avoir prévenu l'officier de liaison du FPR de mes intentions, mon escorte et moi sommes partis vers le nord. Nous avons emprunté la route principale menant à Gatuna pendant à peu près quatre-vingts kilomètres, puis avons ensuite bifurqué sur une route non macadamisée, à la lisière d'un village où des enfants nous saluaient alors que nous poursuivions notre route cahin-caha. La piste était abîmée par les fortes pluies, et conduire en essayant de passer d'un trou à l'autre avec mon tout-terrain représentait une gageure. Nous avons fait environ trente kilomètres dans ces conditions. Mon aide de camp, toujours poli, et le tireur ghanéen sur le siège arrière ne se sont pas plaints, mais je les avais énormément secoués. Nous sommes enfin arrivés au bureau de la commune situé en haut de la troisième crête d'une série de vallées, comme on en voit sur les boîtes de peinture. J'éprouvais un besoin urgent de me retrouver dans la petite école, sur ce sommet, où environ une centaine d'enfants avaient étudié avant que les massacres ne commencent.

De prime abord, l'endroit ne semblait pas avoir été touché par la guerre. Seule l'absence d'enfants jouant dans la cour de récréation était inhabituelle. Nous n'avons entrevu que quelques adultes qui jetaient un coup d'œil timide vers nous du pas de leur porte. En déambulant sur le terrain, sous l'escorte vigilante de mes Africains, défilaient dans mon esprit des souvenirs : je revoyais les enfants avec leurs joyeux uniformes bleu et beige, leurs professeurs débordés de travail mais souriants, les enfants un peu plus âgés traînant à l'école leurs petits frères et leurs petites sœurs afin de permettre à leur mère d'aller travailler aux champs, les garçons à la récréation courant derrière un ballon de soccer fait de feuilles de bananiers. Je me suis assis à l'autre extrémité de la cour d'école, observant les terres en contrebas. Les champs de thé et de café, autrefois si bien tenus, paraissaient en broussailles et avaient besoin d'entretien. Les mauvaises herbes envahissaient les centaines de jardins potagers qui couvraient les versants de la colline. Autrefois, le paysage avait été spectaculaire. Tous les vêtements étendus au soleil formaient des taches de couleurs sur les étendues de gazon vert entourant des huttes brunes aux toits de chaume. Tout cela avait disparu. J'ai regardé au-dessus des huttes brûlées dont quelques-unes fumaient encore. Des charognards tournoyaient dans le ciel. Des formes noires en haillons étaient entraînées par le cours de la rivière, tandis que d'autres s'accumulaient à l'un de ses méandres. Une immense sensation d'incompétence m'a envahi. J'étais venu vers un paradis en fleurs et, maintenant, je marchais le long de ces collines et de ces vallées, je traversais les ruisseaux et m'asseyais à l'ombre des bananiers en parlant tout seul, sans personne pour m'entendre, déchiré par les remords et un sentiment d'échec. J'étais venu à Kinihira à la recherche d'un peu de paix mais, là aussi, la paix avait été assassinée.

Mon aide de camp m'a rapidement ramené à la réalité en me tendant le Motorola. Le DOMP voulait notre réponse au plus vite, et on me demandait de réviser un autre document avant qu'il ne soit envoyé. Nous sommes rentrés en silence.

De retour au Q.G., Yaache avait des nouvelles pour Henry et pour moi. Le FPR avait tenu une réunion de coordination humanitaire avec le Haut-Commissariat des Nations unies pour les réfugiés et seize ONG à Mulindi. Personne ne m'avait informé de cette réunion, et nos observateurs militaires auprès du FPR n'en avaient rien su. «Les salauds», me suis-je dit. Étant donné nos immenses problèmes pour apporter de l'aide humanitaire dans les zones de l'AGR, les efforts déployés dans les zones contrôlées par le FPR se devaient d'être totalement transparents. Il n'était pas question que les troupes de Kagame siphonnent les ressources en aide humanitaire. À cet instant précis a commencé ma lutte contre le Haut-Commissariat des Nations unies pour les réfugiés, lutte qui a duré jusqu'à la crise qui était encore à venir et que nous avons vécue pour recevoir l'aide humanitaire aux camps de Goma.

Phil Lancaster a alors glissé sa tête dans mon bureau pour m'informer d'une visite imprévue. Le moment était mal choisi. Avant que Phil ait pu ajouter un mot, Bernard Kouchner – un des anciens ministres de la Santé du gouvernement français, un des fondateurs de Médecins sans frontières et, à l'heure actuelle, le président d'un groupe d'action humanitaire basé à Paris – a fait irruption dans mon bureau. Je lui ai demandé de retourner dans le couloir avant même qu'il ait eu le temps de se présenter. Une fois Henry et Yaache sortis de la pièce, Phil est revenu avec un des accompagnateurs de Kouchner. Ce dernier m'a expliqué en français et en parlant très vite qui était cet homme et la raison de sa venue. Je lui ai répondu que je me ferai un plaisir de le recevoir immédiatement.

Bien que très contrarié d'avoir attendu dans le couloir, Kouchner est entré en souriant et, de façon courtoise, m'a immédiatement arrêté lorsque j'ai commencé à lui présenter mes excuses. Il me fit remarquer que c'était à lui de s'excuser pour être entré de cette façon-là et s'être attendu à un traitement de faveur. Cela dit, nous nous sommes fort bien entendus par la suite. Il était venu de sa propre initiative, m'a-t-il confié, pour mieux connaître la situation et pour pouvoir nous fournir toute l'aide dont nous pourrions avoir besoin au cours des prochains jours. J'ai fait revenir Henry, et nous avons passé ensemble les heures suivantes à organiser son emploi du temps. Je lui ai demandé de venir avec moi rencontrer l'AGR et le gouvernement intérimaire pour les mettre au pied du mur en ce qui concernait les massacres, le manque de sécurité entourant l'apport d'aide humanitaire et le déplacement forcé de presque deux millions de personnes. Je lui ai fait savoir que je soupçonnais l'AGR et le gouvernement intérimaire d'avoir bien examiné la situation et réalisé qu'ils devraient effectuer un repli stratégique dans la région de Kivu, au Zaïre et, de là, s'entraîner pour une bataille ultérieure. Il fallait absolument qu'ils arrêtent de terroriser la population en leur racontant que le FPR étaient des diables dévoreurs d'enfants. Il m'a avoué avoir déjà rencontré le FPR, le jour avant, en entrant au Rwanda par leurs lignes. Il n'avait pas réussi à leur faire assouplir leur position.

Je l'ai alors questionné sur le but de son voyage. La réponse est venue, très simple : sauver un nombre d'orphelins se trouvant dans des lieux contrôlés par l'Interahamwe. Il voulait leur faire quitter la guerre, les emmener par avion pour les ramener au Rwanda une fois la situation calmée. Il m'a annoncé que le public français était en état de choc devant l'horreur du génocide au Rwanda et qu'il exigeait des actions concrètes.

Je lui ai exposé ma position : pas question d'exporter des enfants rwandais, qu'ils soient orphelins ou pas. On ne pouvait s'en servir comme porte-enseigne pour que quelques Français bien-pensants se sentent un peu moins coupables du génocide. Il m'a demandé d'y réfléchir davantage et a ajouté que, pendant ce temps, il allait affronter les extrémistes et visiter des orphelinats. Il voyageait avec une suite de journalistes qui étaient là pour l'aider à convaincre.

Le jour suivant, j'ai envoyé Tiko avec Kouchner rencontrer le gouvernement intérimaire à Gitarama. Tiko ne parlait pas français, mais il était intrépide, et j'ai pensé que leur voyage se passerait bien. Kouchner devait ensuite venir me rejoindre pour une réunion avec les chefs militaires. Alors que j'étais en train de me préparer pour aller à une réunion au Diplomates avec Bagosora et les deux chefs d'état-major, j'ai reçu un appel de la MONUOR : le ministre du Développement hollandais était entré au Rwanda par la zone contrôlée par le FPR à la frontière de Katuna et il s'était rendu à Mulindi pour discuter d'action humanitaire. Qu'arrivait-il encore ? J'ai demandé qu'il vienne à Kigali pour une réunion.

À l'hôtel des Diplomates, nous avons fait le tour des questions habituelles mais, à la fin, Bizimungu a fait part de sa volonté de commencer les transferts le jour suivant, et Bagosora a déclaré avoir pris les arrangements nécessaires avec l'Interahamwe, qui était d'accord pour donner un coup de main. Lorsque Kouchner est arrivé à l'hôtel, nous nous sommes tous assis. Il n'a pas mis de gants blancs. Même s'il était venu au Rwanda à titre privé, il leur a déclaré que la France et le monde entier étaient hors d'eux et dégoûtés par ce qui se produisait dans ce pays d'Afrique. Les tueries devaient être stoppées. L'ONU était sur le point d'approuver un nouveau mandat pour la MINUAR et allait clairement identifier cette catastrophe comme un génocide et non comme une guerre ethnique. Kouchner ferait un rapport de son voyage directement au secrétaire général, qui avait personnellement facilité sa visite. (Cela expliquait pourquoi ni moi ni le DOMP n'en avions été informés.) Bagosora et Bizimungu ont émis leurs protestations habituelles, et Ndindiliyimana a finalement été le seul à souligner qu'il était impératif d'arrêter les massacres, mais qu'un cessez-le-feu constituait l'indispensable premier pas.

Kouchner l'a interrompu. «N'attendez pas le cessez-le-feu, a-t-il dit, faites preuve d'un peu de bonne volonté et changez la psychologie de la situation. Montrez l'exemple, laissez-moi sortir ces enfants des endroits contrôlés par la milice pour les emmener en sécurité en France.» J'ai admiré son culot. Je me suis avancé en disant que la MINUAR pouvait collaborer, mais que j'avais besoin de garanties de sécurité. Si cette tentative se soldait par un échec, cela s'avérerait désastreux pour les enfants.

La réunion s'est terminée sur Bagosora et ses chefs promettant d'aider l'évacuation des orphelins, alors que Kouchner était à la tête de sa pléthore de journalistes. J'ai détesté l'argument de Kouchner qui estimait que ce genre d'action serait une excellente publicité pour le gouvernement intérimaire. Je n'aimais déjà pas l'idée de faire sortir du pays des enfants rwandais, mais se servir de ce geste pour montrer une meilleure image des extrémistes me donnait la nausée. Cependant, si cette action permettait à l'AGR et au gouvernement par intérim de signer l'accord sur un cessez-le-feu et sur la neutralité de l'aéroport, j'étais prêt à coopérer. Ayant vécu de nombreuses situations semblables, Kouchner avait la réputation d'être expérimenté en politique internationale. La manœuvre à laquelle il venait de se livrer et qui consistait à aider l'AGR et le gouvernement ne faisait pas partie du jeu qu'il m'avait dévoilé le jour précédent. J'ai pris mentalement note de bien observer les motifs qui l'inspiraient ainsi que les actions qu'il entreprenait.

Comme il me restait un peu de temps avant ma prochaine rencontre avec l'Interahamwe, j'ai décidé de m'occuper d'un problème auquel la Croix-Rouge avait eu à faire face à l'hôpital. Des miliciens empêchaient l'accès à l'hôpital aux personnes ayant besoin d'aide. Je suis arrivé à la barrière de l'établissement en roulant passablement vite, le puissant moteur diesel de mon véhicule tout-terrain grinçant et grondant alors que je gravissais la colline. Mon escorte était tout près derrière moi et, au moment où j'ai bondi de mon véhicule, trois de mes anges gardiens ont couru se mettre à mes côtés. Deux autres, assis sur les camionnettes Toyota, mettaient en joue les miliciens dans les collimateurs de leurs fusils mitrailleurs. Les miliciens observaient mes hommes avec beaucoup d'attention, tout en essayant de garder une attitude effrontée. Je me suis avancé vers celui qui semblait être leur chef, et je l'ai menacé des conséquences les plus graves s'ils continuaient à bloquer l'entrée de l'hôpital ou s'ils tentaient d'y pénétrer. Bien que mes gardes du corps ghanéens n'aient pas compris un seul mot de français, ils ont savouré pleinement cet instant et ont commencé à séparer ces brutes de la foule qui nous observait. Un changement d'atmosphère s'est produit immédiatement. L'Interahamwe a annoncé, avec respect, qu'elle ne se livrerait à aucune action belliqueuse et qu'en fait ses hommes allaient quitter les lieux. Après avoir échangé quelques mots avec les travailleurs de la Croix-Rouge à la barrière, je suis retourné au Diplomates.

Cette fois-ci, j'ai hésité un peu, au moment de me débarrasser de mon pistolet – cela faisait partie de l'étiquette pour ce genre de réunions. Mon hésitation fut assez longue pour qu'on la remarque, puis j'ai déposé mon arme sur le sofa. Je ne sais pas ce qu'ont pensé les trois chefs de l'Interahamwe de mon geste, mais j'avoue avoir combattu une envie redoutable de les abattre sur-le-champ. Ce n'était pas une envie fugace. J'ai vraiment mis mon pistolet de côté pour me protéger de moi-même. Pourquoi ne pas tirer sur eux? Un tel acte ne pourrait-il se justifier? Ils m'ont adressé des paroles de bienvenue et j'ai laissé échapper l'occasion de les exécuter. Je continue à me poser des questions sur mes choix à ce moment précis.

Les trois chevaliers de l'Apocalypse étaient tout sourires. Ils paraissaient même fiers que je sois revenu les voir. Kajuga, Mamiragaba et Nkezabera paraissaient confiants. Ils étaient bien habillés – aucune tache de sang cette fois-ci – et ont été très attentifs aux nuances de tous mes commentaires. J'ai cru comprendre que Kajuga lisait davantage dans mon regard qu'il ne m'écoutait. Il essayait d'y détecter tout signe de faiblesse ou de doute. Je leur ai parlé de mon désir de travailler avec toutes les forces en présence au Rwanda, eux y compris. Je leur ai annoncé que la MINUAR 2 serait une mission humanitaire et non une intervention armée. Une fois de plus, Kajuga m'a assuré de la coopération de son mouvement. L'Interahamwe s'est engagé à travailler avec zèle en vue de l'arrêt des massacres et la restauration de la paix. Je les ai prévenus que les exercices de transferts de personnes débuteraient dans les jours suivants, et que le monde entier observerait la suite des événements. Nous nous sommes quittés le plus poliment possible.

Dans les jours qui suivirent, j'ai appris que Yaache et son équipe avaient interrompu l'opération de sauvetage des orphelins de Kouchner, parce que l'Interahamwe avait continué à créer des problèmes. Les miliciens prétendaient que la MINUAR aidait tout simplement le FPR à enlever les Tutsis de la zone contrôlée par l'AGR en prévision d'une attaque. Ils ont fait savoir à Yaache leurs volontés : ils voulaient que je sois présent à l'endroit où les enfants seraient pris en charge. Puis, Bagosora a interrogé Yaache pour connaître la raison de l'annulation du transfert, car cette intervention était importante pour l'image de son gouvernement. Lorsque Yaache lui a parlé de l'intransigeance de la milice, Bagosora s'est excusé pour les problèmes soulevés par l'Interahamwe et a ajouté qu'il n'en avait pas été conscient jusque-là. Il a assuré que son gouvernement s'était engagé pour que le transfert des enfants se déroule bien et a demandé si les problèmes pouvaient être résolus dans les vingt-quatre heures, avant que Kouchner et sa suite de journalistes ne quittent la ville. Yaache a répondu qu'il devrait avoir une autre réunion avec ces chefs de la milice, apparemment très inconstants. J'étais pleinement d'accord avec lui pour ne pas agir avec précipitation. Selon Yaache,

Bagosora semblait désespéré et voulait que le transfert ait lieu sur-le-champ. En perdant l'occasion d'utiliser Kouchner, il perdait l'occasion majeure de montrer aux yeux des autorités françaises, de la population et du monde entier que les extrémistes tentaient vraiment d'arranger la situation.

Je carburais à l'adrénaline ce soir-là et j'ai décidé de jeter un autre coup d'œil au concept des opérations proposées pour la MINUAR 2. Faisant preuve de leur zèle habituel – je leur en serai toujours reconnaissant – les membres de mon équipe sont restés avec moi dans notre salle des opérations pour m'aider à formuler une réponse et une estimation justes. Le gouvernement par intérim, l'AGR, la Gendarmerie et même l'Interahamwe se montraient soudainement très coopératifs et semblaient ne parler que d'une seule voix, sous l'apparente direction de Bagosora. Cela devait avoir une signification, ou bien quelque chose avait changé dans la stratégie des extrémistes. Avaient-ils compris que le FPR ne se contenterait pas de la moitié du pays et avaient-ils choisi d'afficher une attitude positive vis-à-vis l'ONU et la communauté internationale tout en essayant de gagner du temps ? L'apparition soudaine de Kouchner avait-elle eu un effet quelconque ? Cette personnalité se trouvait très près du gouvernement français, et il pouvait fort bien avoir un plan en préparation, dont je n'étais pas au courant.

Je devais repenser au déploiement de la MINUAR 2, car chaque journée apportait toujours plus de chaos et de changements. Si je voulais encore avoir la possibilité d'influencer la situation, j'allais devoir présenter de nouveaux sites où les soldats pourraient se déployer et où les forces se concentreraient plus rapidement. J'ai de nouveau imploré l'envoi d'un sixième bataillon, espéré et demandé à mes chefs à l'ONU de considérer l'installation de terrains d'aviation en périphérie ainsi que de nouveaux centres de logistiques et d'opérations sécurisées. J'ai finalement décidé que c'était suffisant pour la journée. Quelqu'un a apporté une caisse de bières et nous avons tous bu une bière bien froide. D'où pouvait donc venir cette boisson ? Ce n'était pas l'horrible bière rwandaise Primus. Les Ghanéens devaient l'avoir apportée. Ils adoraient leur bière et s'arrangeaient pour qu'une provision d'urgence de ce jus de houblon local leur soit envoyée de temps en temps grâce aux vols des Hercule.

Je me suis couché et j'ai prié pour que viennent des jours meilleurs.

Le 17 mai. Henry a présidé la première réunion sur la mise en application du cessez-le-feu à l'hôtel des Diplomates. Les officiers de l'AGR étaient représentés par leur chef des opérations, un partisan bien connu de la ligne dure. Le FPR n'y a pas participé, car ses dirigeants prétendaient ne pas avoir eu suffisamment de temps pour examiner les procédures proposées. Pour faciliter autant que possible la progression des pourparlers, Henry a conclu que les prochaines réunions feraient mieux de se dérouler à l'intérieur de notre Q.G. – un terrain relativement neutre. Kouchner est parti ce matin-là, toujours aussi persuadé d'avoir apporté quelque chose de nouveau au Rwanda, mais furieux de l'échec qu'il avait essuyé dans sa tentative d'évacuation des orphelins. J'ai apprécié les efforts et le courage qu'il a déployés en tentant de venir à notre aide.

Un peu plus tard, au cours de la journée, j'ai reçu un câble codé d'Annan en personne. Y était jointe la copie intégrale, avec les changements de dernière minute imposés par les États-Unis, d'une résolution du Conseil de sécurité qui allait dicter notre avenir. La lettre d'accompagnement de Annan témoignait de la lourde main américaine. Le matin du débat final, les Américains avaient rendu visite au DOMP pour obtenir des éclaircissements « sur la nature et le concept des opérations d'une MINUAR élargie, l'emploi du temps du déploiement des forces, la disponibilité des soldats et le consentement des parties en cause[22]. Ayant pris comme base cette discussion,

22. Quelques hommes politiques américains ont appuyé de tout cœur la MINUAR 2. Le 5 mai, les sénateurs Paul Simon et Jim Jeffords m'ont contacté à Kigali et ont eu les renseignements de première main dont ils avaient besoin pour préparer une lettre qu'ils adresseraient à la Maison-Blanche. Ils demandaient un changement dans la politique de l'administration en ce qui concernait le Rwanda et la MINUAR. Dans les mois suivants, ces messieurs sont devenus mes meilleurs alliés au sein du gouvernement américain jusqu'à ce que, finalement, l'administration américaine se trouve tellement embarrassée par

les États-Unis ont désiré nous suggérer quelques modifications. » Maurice s'est mis en colère et a violemment accusé les États-Unis de tenter de gagner du temps de façon inadmissible. Néanmoins, les Américains avaient exigé des changements, comme le câble d'Annan l'expliquait : « Veuillez noter que le paragraphe 7 de la résolution implique que, lorsque les préparatifs de la seconde phase de l'opération élargie se dérouleront, sa mise en œuvre ne pourra avoir lieu tant que le Conseil de sécurité n'aura pas eu la possibilité de revoir la situation et de prendre les décisions supplémentaires qui s'avéreront nécessaires, sur la base d'un rapport devant être soumis préalablement au secrétaire général. Cette clause laisse ouverte la possibilité d'une révision des concepts des opérations au sujet desquelles, faut-il le rappeler, les États-Unis continuent d'exprimer des doutes. »

La résolution demandait le redéploiement de presque 200 observateurs militaires de Nairobi et l'accroissement du bataillon ghanéen à sa pleine capacité en plus d'être totalement mécanisé. Cela signifiait l'entraînement sur véhicules blindés de ces soldats avant que nous puissions pleinement les utiliser dans des opérations. Cela prendrait plus de sept jours. Quant aux bataillons de la phase 2, je ne devais pas les voir tant que l'estimation de la phase 1 n'aurait pas été étudiée par le Conseil de sécurité. Si les nations occidentales continuaient à refuser d'engager dès le départ des troupes bien équipées et motorisées pour la phase 2, le processus de déploiement de militaires venus d'ailleurs et des véhicules blindés, y compris le mariage de ces deux composantes par l'entraînement, prendrait au moins deux mois. Avec un tel calendrier, la phase 3 ne pourrait être déployée avant trois à quatre mois. Dans ce cas, le besoin en nouvelles troupes aurait certainement diminué car, d'ici là, le FPR aurait sans aucun doute gagné la guerre et se serait emparé du pays.

---

les médias et les gestes des sénateurs qu'elle a fini par organiser une mission humanitaire. Cette mission a sauvé la vie de millions de personnes – incluant la plupart des auteurs du génocide – mais, cependant, elle n'a pas prêté assistance aux victimes, pas plus qu'elle n'est arrivée à temps pour empêcher ou stopper les massacres. Je suis immensément reconnaissant envers Simon et Jeffords pour avoir au moins essayé de mettre le Rwanda sur l'écran du radar de la Maison-Blanche.

Je suis allé me promener autour de notre enceinte ce soir-là, me demandant ce que j'allais pouvoir faire avec ce mandat boiteux. Je n'aurais pas mes soldats. Devrais-je même persister? Mentalement, j'ai fait la liste des embûches qui se dressaient devant nous. L'AGR et le gouvernement par intérim tenaient un double langage et ne montraient pas de véritable désir pour un cessez-le-feu et un arrêt des massacres. Le FPR avait choisi de faire cavalier seul et voulait limiter la MINUAR à un statut de simple observateur. Le Conseil de sécurité nous avait une fois de plus trahi sous le poids de l'influence des États-Unis. Les Français semblaient être dans les coulisses, prêts à entrer en scène.

J'ai décidé d'attendre jusqu'au matin suivant avant de prendre une décision. Je ne voulais pas abdiquer, mais pouvais-je justifier ma présence?

# 13

# Comptabilité d'un massacre

Le 17 mai, le Conseil de sécurité approuva une version diluée de mon projet sous le nom de Résolution 918. Elle créait officiellement la MINUAR de seconde génération. Même si cette résolution approuvait le concept d'opération, la structure de la force d'intervention et le déploiement des forces, prévus sur une période de trente et un jours, elle demeurait plutôt vague sur le génocide et le rôle de la force pour y mettre un terme. L'ambassadeur néo-zélandais Colin Keating devait plus tard l'admettre lorsqu'il déclara : «Les États-Unis ont vidé cette résolution de tout contenu.» Même dans une telle situation, j'étais prêt à accepter une vague permission d'exécuter mon plan tant que l'on m'accordait des troupes. La résolution autorisait un changement immédiat du mandat de la MINUAR et le déploiement rapide de 5 500 hommes. Après presque une décennie à revivre les moindres détails de ces journées, je suis toujours persuadé que si l'on m'en avait donné les moyens, j'aurais pu arrêter la folie qui avait cours au Rwanda.

Mais les jours passaient, et les soldats n'arrivaient toujours pas. Il était clair que le Conseil de sécurité avait une fois de plus voté une résolution qui ne représentait pas véritablement les intentions de ses États membres. Dans ce cas, alors que la plupart des pays étaient d'accord pour dire que quelque chose devait être fait, chacun avait une bonne raison pour expliquer pourquoi il fallait confier cette tâche à quelqu'un d'autre. Aussi attendions-nous que l'un des pays respecte sa promesse. Nous en étions réduits au rôle d'employé de bureau en train de tenir une comptabilité du massacre.

Au cours des débats aux Nations unies, Madeleine Albright et sir David Hannay, l'ambassadeur britannique auprès de l'ONU, avaient pendant un certain temps hésité à utiliser le terme de « génocide », mais lorsqu'un déluge de rapports sur la situation au Rwanda balaya leurs objections, les États-Unis se retranchèrent derrière l'argument voulant que les problèmes de sécurité africains devaient être résolus par des forces militaires africaines. Un certain nombre d'États d'Afrique étaient prêts à fournir des militaires, entre autres, le Ghana, l'Éthiopie, le Malawi, le Sénégal, le Zimbabwe, la Tunisie, le Nigeria, la Zambie, le Congo et le Mali. Malheureusement, aucun de ces pays n'avait la capacité logistique de déployer et de maintenir ses troupes sans aide. Finalement, le Ghana, l'Éthiopie, la Zambie, l'Inde, le Canada et le Nigeria héritèrent du fardeau. À l'exception des Canadiens et, à un moindre degré, des Indiens, les contingents étaient trop faibles sur le plan logistique pour se déployer sans assistance des nations occidentales. Aucun des pays volontaires n'avait la capacité d'assurer le renforcement massif qui, face aux belligérants, aurait conféré quelque crédibilité à l'ONU.

Les États-Unis et le Royaume-Uni sabotèrent d'autres façons le déploiement de la force des Nations unies au Rwanda. Depuis longtemps, j'expliquais à New York pourquoi la station RTLM, qui n'était rien d'autre qu'une incitatrice de génocide, devait cesser d'émettre. Les Nations unies n'avaient pas la possibilité de suspendre les émissions haineuses par quelque moyen que ce soit – brouillage des émissions, bombardement de l'émetteur, interventions d'agents secrets – mais elles demandèrent officiellement aux États-Unis qui, eux, avaient les moyens d'intervenir, de faire quelque chose. Le Pentagone se pencha sur la question et, en temps voulu, se prononça contre cette opération pour des questions juridiques et pécuniaires. Faire voler un avion brouilleur au-dessus du pays coûtait 8 500 $ l'heure. De plus, les bandes de fréquences en usage dans un pays lui appartiennent en propre. Violer la diffusion d'une radio nationale revenait à violer la convention internationale sur la souveraineté des États. Le Pentagone décida donc que les 8 000 à 10 000 Rwandais massacrés quotidiennement au cours de ce génocide ne valaient pas le coût du carburant d'un avion ni la violation des ondes rwandaises. Le nombre de victimes, que l'on estimait à 200 000 à la fin d'avril, ne tarda pas à atteindre les 500 000 à la fin de mai et les 800 000 à la fin de juin…

Si nous voulions opérer efficacement au sol, j'avais estimé nos besoins à une centaine de véhicules blindés de transport de troupes. Le DOMP approcha 44 pays afin que ceux-ci donnent, prêtent ou louent ces machines aux pays africains qui maintenaient des troupes au Rwanda. Les États-Unis, qui possédaient de vastes réserves de ces blindés – reliquats de la guerre froide –, en accordèrent en fin de compte une cinquantaine. Dès que les États-Unis décidèrent de contribuer à cet effort, le DOMP cessa de rechercher d'autres donateurs éventuels. Puis, les mesures dilatoires commencèrent : le personnel du Pentagone se mit à hésiter avant d'envoyer les véhicules en Afrique centrale, semblant plus enclin à les laisser rouiller dans des dépôts situés en Allemagne. Il commença à bombarder le DOMP de questions qui m'étaient consciencieusement retransmises. Puis, les États-Unis décidèrent que les véhicules blindés de transport de troupes ne pouvaient pas être donnés à titre gracieux à la mission, qu'il valait mieux nous les louer et que les termes de cette location restaient à négocier. Finalement, les fonctionnaires décidèrent que cette location coûterait quatre millions de dollars, payables d'avance. Lorsqu'on souleva la question du transport de ces véhicules à Kampala afin de pouvoir former les Ghanéens à les utiliser, les États-Unis exigèrent six millions de dollars de plus pour les acheminer par la voie des airs. Après le financement du projet – un exercice interminable, comme on peut l'imaginer –, les véhicules furent expédiés à Entebbe par avion. Après de nombreuses négociations avec l'Ouganda, ils arrivèrent sans mitrailleuses, sans radios, sans outils, sans manuels d'utilisation, et j'en passe. En fait, les États-Unis nous livrèrent tout simplement des tonnes de métal rouillé. Nous n'avions pas de camions pour transporter les véhicules à Kigali et pas de chauffeurs pour les conduire.

Afin de ne pas être en reste avec les Américains, les Britanniques offrirent des camions Bedford – une fois de plus contre espèces sonnantes et trébuchantes versables d'avance. Ces Bedford dataient du début de la guerre froide. Nous étions en 1994, et ils étaient juste bons pour une exposition dans quelque musée militaire. Lorsqu'on me parla de cette offre qualifiée de «très généreuse», je demandai sur un ton sarcastique : «Fonctionnent-ils, au moins ?» Discrètement, les Britanniques annulèrent leur demande de paiement et nous fournirent malgré tout une partie de ces vénérables véhicules qui, l'un après l'autre, tombèrent irrémédiablement en panne jusqu'à ce qu'il n'en reste plus un seul en service. Nous devions vivre plusieurs transactions de ce genre, qui ne se limitèrent pas, d'ailleurs, aux grandes puissances.

Pendant que l'ONU et la communauté internationale tournaient en rond pour décider du sort de la MINUAR de seconde génération, à Kigali, sur le terrain, nous détections certains signes prouvant que le gouvernement intérimaire était prêt à lancer une contre-offensive bien calculée dans la ville. Les chefs de l'Interahamwe avaient confié à Deme, mon agent de renseignement militaire, qu'ils avaient tenu des réunions importantes avec Bizimungu et qu'ils en étaient venus à une entente avec le chef d'état-major. Elle permettait aux milices d'agir à leur guise durant la nuit, mais les enjoignait de travailler, pendant la journée, avec l'AGR au cours d'opérations de sécurité. Obéissant aux signaux de Bizimungu, la nuit venue, les milices continuaient librement à pratiquer le génocide.

À l'exclusion du centre-ville où les unités de la Garde présidentielle faisaient toujours la loi, nous vîmes d'autres gendarmes aux barrages s'activer de concert avec l'Interahamwe. Deme en déduisit qu'une décision avait été prise pour synchroniser toutes les forces, la Gendarmerie et les milices, de façon à lancer une contre-attaque. Un nombre important de forces gouvernementales se trouvaient toujours à Kigali. L'armée comptait sept bataillons, 4 000 soldats, des commandos parachutistes, des bataillons de la police militaire et de reconnaissance – les troupes les plus entraînées possédant les armes les plus lourdes.

Les chefs de l'Interahamwe expliquèrent à Deme que la milice était maintenant scindée en deux factions : les Impuzamugamis («Ceux qui n'ont qu'un seul objectif» en kinyarwanda), affiliés au CDR, étaient sans pitié pour les Tutsis. L'autre faction, représentée par les leaders que j'avais rencontrés, se décrivait comme la

« Troisième force » – ces éléments tenaient davantage compte de la situation. Les chefs admirent aussi que les chances de succès de nos transferts étaient minces, car ils n'étaient pas en mesure de garantir que l'autre faction respecterait toute entente prise avec nous. Même si Bagosora prétendait que les transferts fonctionneraient, les gens ne pouvaient pas promettre qu'ils collaboreraient. Aussi les chefs de l'Interahamwe ont-ils prévenu la MINUAR de ne pas négocier avec le gouvernement ou les militaires, car ils risquaient de mentir. J'accordais beaucoup d'importance à ce rapport de mon agent. Cela me confirmait qu'il allait y avoir un effort de dernière minute pour sauver Kigali et que l'Interahamwe faisait partie du décor. Négocier un cessez-le-feu passait au second plan : nous allions en effet continuer à regarder ces salopards poursuivre le combat, même s'ils jouaient aux interlocuteurs mielleux à la table des négociations. La mission première de la MINUAR de la seconde génération était de mettre un terme à la tuerie.

Deme avait également eu des nouvelles de l'autre faction. Le FPR était en train de recruter nombre de Tutsis derrière ses lignes. Après un entraînement sommaire, ces hommes étaient déployés en tant que forces de sécurité dans les secteurs déjà pris. Nos observateurs militaires commencèrent à rencontrer de nouvelles troupes derrière les lignes du FPR, et ils remarquèrent que certains de ces soldats ne parlaient qu'un dialecte swahili, la preuve qu'ils provenaient de la diaspora ougandaise. Nous reçûmes des rapports faisant état de massacres d'anciens agents et d'employés du gouvernement hutus et de leurs familles. Ces tueries avaient surtout lieu dans les régions de Byumba et de Ngarama. Selon Deme, un grand nombre d'orphelins hutus vivaient à Byumba, où Bernard Kouchner, de Médecins sans frontières, était allé vérifier s'il pouvait y faire œuvre utile. Pour corser les choses, le FPR avait imposé des restrictions quant aux endroits où pouvaient se rendre nos observateurs. La dernière ligne du rapport de Deme disait ceci : « Nous avons la preuve qu'on nous a imposé des restrictions afin qu'il [le FPR] puisse poursuivre ses activités, en particulier les massacres. »

Pendant le mois de mai, le FPR poursuivit sa campagne afin de faire de Kigali une poche et ainsi étrangler lentement l'AGR. À partir du nord et de l'est, le FPR progressait vers le sud en un vaste mouvement pour prendre l'ennemi en tenaille. Le 16 mai, la route entre Kigali, où se trouvait une importante garnison de l'AGR, et la ville de Gitarama, siège du gouvernement, se retrouva coupée. Cette opération séparait efficacement la tête du corps de l'AGR. Progressivement, le moral et la discipline des forces de l'AGR diminuaient pendant que l'apparition de patrouilles du FPR sur leurs flancs ou leurs arrières provoquait de nombreuses débandades. Ces retraites généraient du défaitisme et, inévitablement, un manque de rigueur. Nous recevions nombre de rapports stipulant que des soldats de l'AGR participaient au génocide, pillaient, désertaient et se mutinaient, et ce, alors que l'AGR procédait à des campagnes de recrutement et à une conscription massive. Les recrues étaient formées en trois ou quatre jours, puis on les jetait dans la bagarre contre les troupes aguerries du FPR. Avec comme résultat que les forces gouvernementales étaient facilement défaites, ce qui résultait en une nouvelle détérioration de leur moral et de leur discipline. À Gitarama, l'équipe de liaison d'observateurs militaires que j'avais finalement réussi à mettre sur pied avec l'approbation de l'AGR se faisait souvent menacer par des soldats démoralisés et ivres.

C'est vers cette époque que je découvris que Mamadou Kane avait réquisitionné un véhicule blindé de transport de troupes pour rencontrer directement le chef d'état-major de l'AGR. Je n'avais aucune idée de ce qu'il pensait réussir en s'adressant à Bizimungu à titre particulier, puisque, d'habitude, nous y allions ensemble. Lorsque je lui ai mentionné cette visite, Kane est même allé jusqu'à en nier l'existence.

Les pressions qui s'exerçaient sur nous tous étaient surhumaines. Les combats entre l'AGR et le FPR se déroulaient autour de l'aéroport, forçant les appareils de transport Hercule à réduire leurs vols, ce qui limitait de manière draconienne notre réapprovisionnement en fournitures urgentes. Nous manquions de nourriture et de médicaments mais pas de stress. Cette situation sapait la volonté et l'engagement de nos troupes. Jour après jour, je vis défiler des hommes se faisant porter malades, tout particulièrement à cause de la malaria. Je ne saurais décrire la nausée qui déferlait sur notre vie quotidienne. Ainsi, les chiens qui dévoraient les cadavres et sur qui nous tirions à vue n'hésitaient pas à attaquer les vivants. Un jour, je conduisais dans Kigali, et un chien solitaire se jeta sur la portière de mon véhicule. Si la vitre n'avait pas été remontée, cette bête m'aurait arraché le bras. Une autre fois, plusieurs officiers qui prenaient une brève pause-café, remarquèrent un chien bien singulier qui rôdait dans leur campement. Ils comprirent rapidement qu'il s'agissait d'un rat atteignant la taille d'un fox-terrier! L'un des officiers, un Ghanéen, expliqua alors qu'il avait déjà vu cela à la suite de certaines catastrophes naturelles dans son pays : les rats, alimentés par des provisions presque illimitées de chair humaine, se goinfraient et atteignaient des tailles phénoménales.

Nous n'avions plus du tout d'eau et étions incapables de trouver un endroit où nous en procurer dans le pays. J'appelai alors le nouvel agent d'administration principal à Nairobi[23], Allay Golo, un Tchadien, et lui demandai la raison de cette pénurie. Golo était un administrateur civil de carrière de l'ONU. Il répondit qu'il avait les mains liées par les règlements de son organisme. Malgré notre besoin d'eau depuis des jours, il devait lancer un appel d'offres et dûment procéder à une analyse de la grille d'évaluation des trois plus bas soumissionnaires avant de prendre une décision. Le devis minimum portait sur un million de litres du précieux liquide, mais réunir une telle quantité d'eau pouvait prendre des semaines. Je lui mentionnai que 28 000 litres feraient déjà notre affaire, mais il insista pour suivre scrupuleusement la procédure. Ne pouvant attendre, je me suis arrangé pour prendre de l'eau à la MONUOR. Malgré tout, chacun de nous, y compris les personnes que nous hébergions, se passèrent d'eau pendant deux jours de plus.

La RTLM intensifia ses attaques personnelles contre moi. Je savais déjà que j'étais la cible de menaces de mort par la «Troisième force», mais ce qui provoquait le plus l'hostilité de la RTLM, c'étaient mes efforts incessants pour négocier un passage sûr pour les Tutsis

---

23. Notre agent d'administration habituel, Christine de Liso, avait été relevée de ses fonctions au début de mai. Cette excellente personne avait fait tout ce qui était humainement possible pour aider la MINUAR, et ce, en dépit des monstrueuses tracasseries administratives que le Département des opérations de terrain (DOT) pouvait lui faire subir.

coincés derrière les lignes du FPR, le tout combiné à une insinuation vicieuse de conspiration en vue d'«exporter» des orphelins rwandais. Ces planteurs de haine semblaient faire peu de cas de mes transferts de Hutus dans l'autre direction. Le 18 mai, une émission de propagande de la RTLM décrivait l'initiative des Canadiens visant à «exporter» des orphelins comme une tentative inspirée par le FPR pour noircir le gouvernement des purs et durs. Cette station alléguait que Bernard Kouchner et moi faisions partie d'une cabale ayant pour objectif de libérer des réfugiés tutsis se trouvant à l'hôtel des Mille Collines ou au Méridien. Ils ignoraient que la plupart des gens au Méridien étaient des Hutus. Comme d'habitude, cette ignoble radio poussait au massacre : «En principe, nous ne nous opposons pas à la libération de ces réfugiés, mais nous devons d'abord trier les sympathisants du FPR qui n'auraient pas l'autorisation de s'en aller…» disait-elle. Les extrémistes étaient également hystériques à cause de l'insistance du Canada pour que la Commission des Nations unies sur les droits de la personne entreprenne une enquête afin de faire toute la lumière sur le génocide.

Nous étions donc les cibles directes des diffuseurs de propagande raciste, nous n'avions ni eau ni vivres, nous assistions à des massacres incessants autour de nous, à un réarmement intensif des deux factions et à des préparatifs très nets en vue d'une escalade des hostilités. Le 20 mai, Riza m'annonça son arrivée dans trois jours, en compagnie de Maurice Baril pour leur première visite de la MINUAR. Le but principal de leur visite n'était pas militaire mais humanitaire, disaient-ils. Il s'agissait d'expliquer le nouveau mandat et de faire progresser les négociations de cessez-le-feu. Mon premier travail consistait à arranger une trêve de deux autres jours, afin que Riza et Baril ne se fassent pas prendre pour cible en ma compagnie.

Les menaces se firent plus personnelles le 21 mai, le jour où la RTLM exhorta ouvertement ses auditeurs à «tuer Dallaire», que l'animateur décrivait comme «le Blanc à la moustache». Si l'on me trouvait, disait-il, il fallait m'arrêter et me tuer sur-le-champ. À partir de cet instant, je pouvais être la cible de n'importe quel Hutu armé d'une machette. Je pris personnellement bonne note de cette escalade verbale, mais cette sommation mettait également en danger tous mes observateurs militaires de race blanche portant une moustache. Je donnai immédiatement ordre aux intéressés de se retirer des opérations, mais, malgré cela, deux d'entre eux sauvèrent leur peau de justesse à des barrages. Si je les avais renvoyés sur le terrain, ils auraient risqué bien plus que le simple fait de se faire tuer.

Le FPR fit parvenir une communication qu'il avait interceptée entre Bizimungu et son chef des opérations : le chef d'état-major disait à l'officier que « l'ordre était d'éliminer Dallaire ». N'ayant aucun moyen de corroborer cette interception, je ne fis rien, car je n'avais pas de preuves tangibles. De plus, avec la diffusion sur les ondes de l'ordre de m'assassiner, le mal était fait.

Le stress que subissait Mamadou Kane eut, cette fois-ci, raison de lui. Il perdit littéralement les pédales un bel après-midi. J'étais dans mon bureau lorsque j'entendis des hurlements et un bruit de course sur le plancher du dessus. Apparemment pris d'une crise de panique, Kane dérailla complètement dans les couloirs et s'enferma dans une des pièces. Ses collègues des Affaires politiques durent défoncer la porte, et Beadengar Dessande, un homme corpulent, dut s'asseoir sur lui pour l'immobiliser. Le lendemain matin, nous l'avons envoyé en avion à Nairobi, où il fut traité pour dépression nerveuse.

Le jour où la menace a été diffusée sur la station haineuse, le Q.G. a subi une attaque d'artillerie nourrie. Certains de nos soldats furent blessés et des véhicules brûlés. Des éclats de verre étaient éparpillés un peu partout, et le centre d'opérations a été endommagé. Notre analyse des points d'impact nous a permis de déduire que l'attaque avait été lancée par l'AGR depuis le camp Kanombe.

Ma journée, avant cette attaque, avait ressemblé à un de ces marathons auxquels j'étais habitué. J'avais rencontré Ndindiliyimana à l'hôtel des Diplomates ; il avait finalement refait surface plus tôt dans le mois à une réunion politique à Gitarama. Il m'avait approché afin que je m'arrange pour le rencontrer seul à Kigali. C'est ainsi que Ndindiliyimana et moi avons publiquement pris place à la même table pour résoudre certaines des inquiétudes concernant les opérations de la Gendarmerie et discuter des transferts entre les lignes. Il semblait terriblement mal à l'aise mais bien décidé à dire ce qu'il avait sur le cœur. Il me prévint de me méfier du préfet de Kigali et me confia que Bizimana, le ministre de la Défense, était déprimé à cause de ses échecs sur le terrain, de la perte de ses propriétés à Byumba et de la mort de membres de sa parenté dans cette ville. Il me dit savoir que les factions modérées de l'AGR, y compris Gatsinzi et Rusatira, reprenaient du poil de la bête. Il ne put toutefois préciser davantage, sinon que leurs partisans avaient quitté Kigali et se trouvaient maintenant dans le sud du pays. (Plus tard, Deme découvrit que Gatsinzi avait abandonné la partie après avoir proposé au haut commandement le repli de l'AGR vers le sud et reçu des menaces de mort de ses propres soldats.)

La réunion avec Ndindiliyimana se poursuivit encore pendant plus d'une heure, et il fut pratiquement le seul à parler. Il me confia qu'il était devenu le protecteur d'un grand nombre de personnes autour de Butare. Il m'a raconté que beaucoup de gens se cachaient dans les plafonds, les murs et les latrines de leurs habitations et que, maintenant, elles mouraient de faim, de soif et pire encore, car personne n'était en mesure de leur venir en aide. Selon lui, il était essentiel de créer une force ou un mouvement qui, pour gouverner le pays, n'agirait pas selon des critères ethniques ou militaires. Il me fournit les noms de Tutsis importants réfugiés à l'hôtel des Mille Collines que nous devions sauver d'une mort certaine. Je lui répondis que ces gens étaient comme de la pâture pour des bêtes sauvages, risquant en permanence de se faire tuer et déchiqueter. Que jusqu'au renforcement de la mission, j'avais bien l'intention de faire mon possible. J'ajoutai que le cordon de troupes autour du site et le harcèlement incessant des observateurs militaires et des Casques bleus pour les forcer à livrer les réfugiés, les bombardements délibérés, les coups de feu des tireurs d'élite à travers les fenêtres, les rafales sporadiques du FPR contre les murs de l'hôtel étaient des actes suffisants pour décourager les meilleures volontés. Malgré tout, il était admirable que les gens de la Croix-Rouge parviennent à s'infiltrer pour soigner les blessés, aider les malades et acheminer de l'eau et des vivres.

Ndindiliyimana avait un dernier conseil à me donner : il me laissa entendre que les barrages routiers disparaîtraient si je recourais à la force. En effet, selon lui les brutes locales arrêteraient d'ériger des barrages si elles sentaient que les risques étaient sérieux de se faire attaquer par une MINUAR de seconde génération, plus forte et plus agressive. Il estimait personnellement que, si la MINUAR 2 arrivait en force, les extrémistes s'écrouleraient, et il les pensait incapables de se réorganiser. Tout au long de cet entretien, j'en prenais et j'en laissais, conservant toujours un scepticisme de bon aloi. Mais l'homme confirmait à cet instant précis le raisonnement caché derrière tous mes arguments en faveur d'une MINUAR de seconde génération. Si Ndindiliyimana faisait véritablement preuve de sincérité, je trouvais plutôt triste qu'il ne se soit jamais offert pour endosser la tunique de chef du mouvement modéré. Avec l'appui de Kagame ou même seulement le nôtre, nous aurions pu aider les modérés à ouvrir un autre front, ne serait-ce que pour balayer la sinistre illusion des extrémistes, qui s'imaginaient agir au nom de tous les Hutus. L'imbécillité, le manque de courage et d'engagement des modérés leur coûteraient cher après la victoire du FPR. Au moment de nous quitter, Ndindiliyimana avait l'air d'un homme qui s'était confessé sans avoir reçu l'absolution.

Plus tard cet après-midi-là, je devais retourner au même hôtel pour rencontrer Bizimungu. À cause des menaces de mort maintenant clairement exprimées, je me déplaçais habituellement en ville dans des blindés de transport de troupes, de vieux véhicules plutôt lents et d'une fiabilité douteuse. Les Tunisiens avaient réalisé des miracles pour les conserver en état de marche. Ils bricolaient leur mécanique avec du fil de fer et des morceaux de tissus. Ils m'assuraient que, sur mon véhicule, l'arme principale – une mitrailleuse lourde – fonctionnait et qu'ils savaient s'en servir. Ils n'hésitaient jamais à pointer le canon de cet engin dissuasif vers l'individu qui contrôlait le barrage, visant le haut de son thorax et le mettant en joue peu importe où il se déplaçait. Cela suffisait à décourager de nombreux membres de cette racaille se prétendant être des forces d'autodéfense.

En arrivant à l'hôtel et en descendant du véhicule, Diagne et moi avons dû faire face à plus de soixante miliciens installés dans des tranchées et des bunkers remplis d'armes lourdes, y compris des roquettes antichar. Mon cordial « bon après-midi » ne dérida pas leur mine renfrognée, mais ils nous laissèrent passer. En entrant dans le hall, je vis Bagosora à ma droite en train de parler à un officier que je ne reconnaissais pas. Dès qu'il m'aperçut, Bagosora se lança dans une tirade. Il me faisait porter le blâme de ne pas avoir réussi à évacuer les orphelins. Il se montrait si hostile que son corps était agité de spasmes. Il m'accusa de faire traîner les choses de manière que lui et le gouvernement intérimaire perdent la face devant l'opinion mondiale. Il me demanda pourquoi j'empêchais « délibérément » ces transferts.

Lorsqu'il s'arrêta pour reprendre son souffle, je lui expliquai que je n'étais pas entièrement convaincu de l'accord de la section intégriste des milices. Le visage de l'homme était à environ trente centimètres du mien, mais il crut nécessaire de hurler sa réponse. Il se mit à glapir que les véritables responsables des milices étaient présents à la réunion pour organiser les transferts des orphelins et que, devant lui, ils avaient promis de soutenir cette initiative. C'était ainsi et pas autrement. Il s'en alla en faisant vibrer le sol sous ses pas. Je l'avais déjà vu en colère dans le passé mais, cette fois-ci, cela frisait la démence. Je me demandais quelle mouche l'avait piqué.

Malgré tout ce qui se passait, je dormis plutôt bien la nuit du 21 mai. Peut-être étais-je quelque peu soulagé que les menaces de mort aient été enfin proférées ouvertement. Je m'étais plaint auprès de Bizimungu et du ministre de la Défense du bombardement subi par le Q.G., et j'avais planifié une rencontre le jour suivant pour parler de la trêve nécessaire de trois jours pour assurer la sécurité de Riza et de Baril. Bizimungu pourrait m'expliquer en personne ce que ses soldats espéraient bien accomplir en bombardant la MINUAR.

Phil Lancaster me réveilla vers 6 h 15 pour me transmettre un rapport des observateurs militaires en place à l'aéroport. Au cours de la nuit, l'AGR avait totalement abandonné ses positions à cet endroit et au camp Kanombe. Elle avait réussi à prendre le large par une brèche dans le cordon que le FPR avait installé autour du camp. Je lui demandais s'il y avait eu des accrochages à Kigali au cours de la nuit et tôt le matin. En effet, le FPR aimait pratiquer de telles ouvertures afin que ses ennemis s'y engouffrent, quitte ensuite à leur tendre des embuscades ou à les pourchasser. Phil me répondit par la négative mais me signala que, selon le rapport d'un observateur de Tiko, des canons se trouvaient dans la partie occidentale de la ville.

Je me décidai à me diriger vers le terrain d'aviation. Je devais m'assurer que nous tenions convenablement nos positions à cet endroit, puisque mon plan de déploiement rapide de la MINUAR de seconde génération sous-entendait que l'aéroport de Kigali demeure ouvert et sous notre commandement. Je me rendis là en quinze minutes en me déplaçant rapidement d'un poste de contrôle à l'autre. Ces postes, tenus précédemment par la milice et les forces gouvernementales, étaient désormais aux mains du FPR. À mon arrivée, un soleil matinal voilé montait au-dessus de la ligne d'horizon, et la brume s'élevait lentement sur le bord du plateau où se trouvait la piste.

Le lieutenant-colonel Joe Adinkra évaluait la situation avec quelques soldats à l'extérieur du bâtiment principal. Nous avons évoqué le retrait des forces de l'AGR et la nécessité de maintenir nos présentes positions. Je lui ai recommandé de se tenir prêt à défendre son territoire. Je fus surpris par l'absence d'effectifs du FPR et ai pensé qu'ils se concentraient peut-être au camp Kanombe.

En état d'alerte, la compagnie d'infanterie et de logistique occupait des positions défensives sur tout le terrain. Je me rendis immédiatement à l'ancienne tour de contrôle pour observer le champ d'aviation. Je ne pouvais pas voir le camp Kanombe, établi en dessous du niveau du plateau, en bout de piste. Alors qu'arrivaient des rapports sur la radio des Forces confirmant le rassemblement de l'artillerie de l'AGR et des bataillons de reconnaissance dans la partie ouest de la ville, la situation sur place était d'une tranquillité crispante. De retour près de mon véhicule au pied de la tour, je donnais des directives concernant les «prières» du matin, lorsqu'un observateur me prévint que des gens – ou étaient-ce des fantômes? – avançaient au bout de la piste.

Me dépêchant de monter sur le talus défensif le plus proche, je regardai vers l'est et aperçus ces êtres: des silhouettes filiformes avaient l'air de sortir de terre et de la brume matinale, au bord du plateau. Le soleil les éclairant de dos, ces gens semblaient tirés tout droit d'une vieille illustration de *Don Quichotte*. Le lieutenant-colonel Adinkra rompit le charme en lâchant un prosaïque: «C'est quoi, ça?» Je sautai dans mon véhicule et, accompagné de deux 4 × 4 transportant des observateurs militaires, nous avons parcouru la piste en zigzaguant à travers les débris de shrapnels, toujours dangereux pour les pneus. Les centaines de silhouettes ondulantes se précisèrent en s'approchant. Il s'agissait d'un groupe de soldats de l'AGR dont certains portaient leur fusil au-dessus de la tête, d'autres tenant par la main leur femme ou leurs enfants. Ils courbaient la tête, tout comme les civils hutus qui les accompagnaient, laissés en arrière lorsque le gros des troupes avait quitté le camp Kanombe. Le premier officier m'adressa la parole dans un français impeccable et m'expliqua que ces soldats – les reliquats des bataillons de l'AGR du camp Kanombe – désiraient se rendre à moi et à la MINUAR. Le major ajouta qu'il souhaitait que ses hommes et leurs familles soient traités en prisonniers de guerre. D'autres soldats ghanéens, sous mes ordres, étaient arrivés et ils escortèrent la petite troupe vers un lieu proche des bâtiments de l'aéroport.

J'avais un problème. En effet, ces militaires et ces civils – soit près de 800 personnes – venaient de se rendre à une force neutre. Techniquement, je ne pouvais pas protéger les soldats contre leur ennemi, même si je savais qu'en cas d'inaction de ma part, ils pouvaient se faire massacrer par des éléments revanchards du FPR. J'ai recommandé à Adinkra d'assurer la sécurité de ces groupes et de demander au médecin de son bataillon d'assurer les soins médicaux, car nombre d'entre eux étaient blessés. Ses Ghanéens et lui devaient les compter, prendre leur nom et attendre les ordres. Sous aucun prétexte, ces gens ne devaient tomber aux mains du FPR. Il fallait appliquer les nouvelles règles d'engagement de la MINUAR 2 sans hésitation.

Je quittai les lieux tandis que des patrouilles du FPR approchaient du terrain d'aviation. Je n'étais pas certain du statut des prisonniers, mais il était hors de question que le FPR s'occupe de ces gens sans que nous livrions bataille. Après m'être concerté avec Gaillard, Henry me rappela qu'aux termes de la convention de Genève, les prisonniers de guerre devaient être pris en charge par la Croix-Rouge. Plus tard, Philippe Gaillard se rendit sur les lieux avec une équipe, entreprit des procédures d'enregistrement officielles et s'occupa de prodiguer à ces personnes des soins médicaux et humanitaires. Il fallut plusieurs semaines et résister constamment aux menaces du FPR mais, en fin de compte, nous pûmes confier les soldats et leurs familles à la Croix-Rouge, puis au FPR selon les règles. Gaillard avait déclaré que nous pouvions faire confiance au FPR sur cette question, et je fus d'accord avec lui.

Le 22 mai, Yaache et son équipe humanitaire tinrent une importante réunion au Diplomates avec Bagosora et l'Interahamwe pour discuter des transferts de population. Cette réunion, qui fut filmée, est la preuve irréfutable que Bagosora, comme tant d'autres, avait la main haute sur le génocide. J'étais de plus en plus certain qu'il avait d'autres cartes dans sa manche, mais j'étais alors incapable d'imaginer comment il utiliserait ces transferts à son avantage.

La même journée, Bizimungu m'expliqua en termes ambigus qu'il s'était retiré du territoire de l'aéroport afin que nous en fassions une zone neutre. Comme le FPR avait occupé le terrain, la station RTLM fit de cet incident un autre scandale qu'elle attribua à la MINUAR. En d'autres termes, nous avions passé l'aéroport à l'ennemi. J'attribuais l'attaque d'artillerie du Q.G. à Bizimungu, qui déclara avec insistance n'avoir jamais donné un tel ordre.

Je devais désormais trouver une autre tête de pont aérienne, car je n'avais guère confiance dans le FPR pour respecter mes opérations. Les forces de Kagame faisaient dorénavant la loi à l'aéroport, et nous les avions trouvées très peu coopératives et très têtues quand elles voulaient contrôler la situation. Mon choix d'un nouvel aéroport pouvait se porter sur Bujumbura, Entebbe ou Goma. Pour cela, je devais entreprendre des négociations avec les gouvernements du Burundi, de l'Ouganda et du Zaïre, ces choix n'étant pas de tout repos. En effet, établir une tête de pont aérienne dans l'un de ces pays signifiait que toutes les troupes et tout le matériel qui y transiteraient devraient voyager sur une distance appréciable par voie de terre. Ce matin-là, à l'heure de la « prière », j'avais donné des ordres pour disséminer nos forces. Les Ghanéens de Henry avaient essuyé des coups de feu à l'aéroport, et notre Q.G. avait été bombardé la journée d'avant. Compte tenu des dangers de la situation à l'aéroport, j'ordonnai à mes officiers de dépêcher des troupes par voie terrestre. Même avec le nouveau mandat, rien ne garantissait que nous pourrions tenir. Nous courions déjà le risque d'avoir à nous battre pour nous dégager.

C'est donc en pleine incertitude que j'attendais Riza et Maurice dans la matinée. Le FPR refusait de leur garantir un passage en toute sécurité par la route la plus directe, celle de Kabale à Kigali. À la place, nous devions emprunter un circuit compliqué et plus long par le nord-est du pays. Si le FPR l'avait voulu, il aurait pu libérer la route. Je n'acceptais pas leur prétexte selon lequel l'AGR serait de tellement près cette voie qu'il n'y avait rien à faire. Cette situation présentait toutefois un aspect positif. En faisant passer nos visiteurs par ce chemin, à pas de tortue, ils constateraient les ravages causés par le génocide dans les régions ravagées.

Cette nuit-là, pour une fois, je ne me sentis plus seul. J'avais hâte de voir Maurice. J'espérais aussi que Riza, un diplomate qui avait le talent de trancher dans le vif, jetterait un nouvel éclairage sur les négociations. J'étais à court de solutions miracles, et j'avais besoin de la magie que ces deux émissaires m'apporteraient peut-être.

Lorsque Maurice et Riza arrivèrent le jour suivant dans l'enceinte, je fus plus qu'heureux de les voir. Depuis sept semaines, j'étais plongé dans le génocide et, pour la première fois, j'ai senti que je pouvais laisser transparaître les émotions contradictoires qui me submergeaient. En tant que commandant, devant mes subordonnés, je les gardais à l'intérieur de moi. Avec la venue de Maurice, j'avais soudain un pair à qui me confier. De nature plus cérémonieuse, Riza était aussi un collègue que j'appréciais. Dans un certain sens, les scènes qu'ils avaient vues à leur arrivée ne les avaient pas ébranlés. En effet, ces messieurs devaient s'occuper de seize autres missions. Ils s'étaient trouvés en Somalie au pire de la famine et des massacres. Ils avaient fait le Cambodge, l'Amérique centrale, l'ex-Yougoslavie. Jusqu'à un certain point, ils étaient vaccinés contre l'horreur, et ils l'avaient vécue. En la matière, ce n'étaient point des néophytes comme moi.

Nous les avons accueillis le mieux possible et avons dîné en consommant les affreuses rations de démobilisation, soit des saucisses en boîte, des sardines et des haricots. Au cours des deux jours suivants, les 24 et 25 mai, je suis resté en permanence avec eux et j'ai remarqué une chose particulière : en regardant la ville avec leurs yeux, j'ai constaté que Kigali était devenue une ville fantôme. Tout au plus vingt ou trente mille personnes vivaient encore là, parquées dans les pires des bidonvilles. Personne ne rentrait dans cette ville et personne ne s'en échappait. Autour de nous s'étendait non seulement une terre brûlée, mais un agglomérat d'êtres humains s'étiolant sous un soleil implacable. Le FPR était en train de conquérir un pays vide tout en perpétrant des exactions contre tout ennemi resté coincé derrière les lignes. Bizimungu expliquait la situation en ces termes : « Ils peuvent s'approprier le pays mais pas les gens… »

Et pourtant, les massacres se poursuivaient en ville. Les gens qui se cachaient depuis longtemps tentaient de se réfugier auprès du FPR, qui se tenait maintenant près de l'aéroport. L'Interahamwe et la Garde présidentielle parcouraient les rues en se faisant passer pour des partisans du FPR. Au lieu d'obtenir quelque aide, ceux et celles qui les approchaient pour rechercher leur protection étaient massacrés sauvagement. L'avance du FPR incita les extrémistes à reprendre leur macabre travail de manière féroce.

L'avance poussait aussi la population vers l'ouest, créant une nouvelle catastrophe humanitaire, des déplacements de personnes et des hordes de réfugiés. Horrifiés par les nouvelles diffusées par la radio haineuse à propos des atrocités du FPR, les Hutus se déplaçaient devant l'AGR en retraite. Et ils étaient nombreux : au moins deux millions de personnes. S'ils continuaient vers l'ouest et pénétraient au Zaïre par Gisenyi et Goma, au nord, et Cyangugu et Bukavu, au sud, on assisterait à un terrible désastre. En effet, ces régions sont escarpées, d'aspect rébarbatif, hostiles et appauvries. Dans le nord-est, où Kagame sécurisait la campagne, des membres de la diaspora tutsie revenaient, occupaient les terres et les cultivaient en vue d'une nouvelle récolte. Il s'agissait d'un problème humanitaire très complexe. Il n'y avait pas ce que l'on pouvait qualifier d'incidents isolés. Chaque événement, même le plus petit, avait des répercussions d'un côté ou de l'autre.

Je tenais à ce que Riza et Maurice prennent davantage conscience de la vulnérabilité de l'aéroport de Kigali et de la précarité de mes effectifs. Je voulais qu'ils m'aident à trouver une autre tête de pont aérienne. J'avais besoin d'un endroit pour apprendre à mes troupes à se familiariser avec le nouvel équipement avant qu'elles se rendent sur le théâtre des opérations. Les entraîner devant les belligérants n'était pas précisément le meilleur moyen d'impressionner ces derniers avec notre nouvelle capacité d'utiliser la force. Maintenir une bonne logistique à l'extérieur du Rwanda était devenu critique.

Je les informai aussi de la campagne délibérée du FPR pour saper notre crédibilité. Au cours des réunions, les chefs acquiesçaient à tous nos desiderata raisonnables, mais, ensuite, ils restreignaient nos mouvements, empêchaient mon personnel d'assister aux réunions et d'avoir des entretiens indépendants d'ordre humanitaire avec les ONG. En même temps, l'Armée nationale de résistance de l'Ouganda empêchait la MONUOR de faire son travail – ce qui n'était pas fortuit, c'est sûr. Alors que je leur rappelais ces réalités, l'AGR continuait à faire feu sur les installations de l'ONU, prétextant que le FPR avait établi ses positions autour de nous, et que nous nous trouvions sur leur chemin.

J'ai beaucoup apprécié l'approche franche de Riza. Au cours de la nuit du 24 mai, il parvint à nous convaincre. Si Maurice et moi tentions de négocier directement un cessez-le-feu, quelqu'un trouverait toujours une bonne excuse pour que cela ne se concrétise pas. Sa stratégie était de déposer une « déclaration d'intention de négocier un cessez-le-feu » que tout le monde pourrait signer et qui permettrait de balayer toutes les épineuses conditions préalables à une telle entente. Une fois sortis de cette impasse, nous pourrions progresser vers une véritable suspension des hostilités.

Au cours de ces deux jours, j'organisai quatre ensembles de réunions, car nous avions véritablement quatre groupes de joueurs, même si prendre en compte le gouvernement intérimaire comme l'une des parties en cause me rendait profondément mal à l'aise. Mon argument était le suivant : il était hors de doute que nous avions officiellement affaire à deux parties, mais l'une d'elles avait partiellement disparu. Le gouvernement intérimaire ne ressemblait en rien au gouvernement d'origine, même si c'était à lui que le représentant du Rwanda au Conseil de sécurité devait rendre compte. La majorité des membres du gouvernement soumis aux ententes d'Arusha, des modérés, étaient morts ou se cachaient. En faisant cas du gouvernement intérimaire, on prenait en considération l'importance de l'ethnie hutue. C'est précisément ce que les ministres du gouvernement intérimaire à

Gitarama dirent à Riza lorsqu'ils le rencontrèrent. Ils lui expliquèrent sans ménagement que cette guerre était une guerre ethnique. Le FPR soulignait le fait qu'il s'agissait d'une guerre avant tout politique, d'une bataille pour instaurer la démocratie au Rwanda, refusant de reconnaître que les politiciens de Gitarama tiraient les ficelles de l'AGR. On poussait Riza à négocier avec le gouvernement intérimaire, même si nous n'avions pas réussi à trouver comment recréer la façade politique de l'AGR de manière que cette formation *puisse* négocier selon les termes de l'accord d'Arusha. À l'exception de mes tentatives d'appuyer les membres modérés de l'AGR, personne ne se souciait de désigner un porte-parole politique plus modéré dans ces champs de la mort.

L'autre préoccupation de mes supérieurs était humanitaire. Le FPR insistait pour conserver le contrôle de la distribution de l'aide internationale dans sa zone d'influence avec, comme résultat, que les ONG soutenaient directement leur effort de guerre : quantité de vivres finissaient par nourrir les troupes du FPR en première ligne. Du côté de l'AGR, l'aide humanitaire se limitait à ce que la Croix-Rouge fournissait. L'immunité de cette dernière lui permettait en général de se déplacer relativement sans contrainte dans les zones contrôlées par l'AGR. Mais d'autres ONG désireuses d'aider les populations se faisaient attaquer, molester ou voler aux barrages routiers et, apparemment, il n'existait aucun moyen de garantir leur sécurité. Selon Riza et Maurice, j'avais décrit la manière d'avancer dans ce dossier dans mon concept des opérations pour la MINUAR de seconde génération : créer des havres de paix où les gens pourraient se réunir, être protégés et recevoir de l'aide. (Cela me procura une grande satisfaction d'apprendre que Maurice luttait encore contre le Pentagone pour leur faire accepter l'efficacité de mon plan opérationnel.)

Leur rapport final, façonné par ce qu'ils avaient vu, fut rédigé en langue de bois onusienne par des personnes beaucoup plus qualifiées que moi pour s'exprimer en des termes que l'organisation était prête à accepter. Il n'y avait rien de neuf dans ce rapport, mais il fut piloté par les soins d'un cadre supérieur de l'ONU et présenté au Conseil de sécurité le 31 mai, comme un rapport au secrétaire général. Dans ses propres termes, Riza y disait ceci : « Il serait insensé d'établir un cessez-le-feu tout en permettant la poursuite du massacre délibéré de civils dans la zone contrôlée par les Forces gouvernementales rwandaises. Si l'on ne met pas un terme à de tels actes, on court le danger que tout cela n'engendre un cycle de violence prolongé. Je le répète. L'arrêt des massacres de civils doit aller de pair avec le cessez-le-feu. Les priorités immédiates sont de soulager les souffrances des populations déplacées et les craintes des civils menacés.» De tels mots étaient comme une musique à mes oreilles. Ils remettaient en évidence le mouvement potentiel de masse, derrière les lignes de l'AGR, de millions de personnes effrayées jusqu'à la démence par le spectre d'un châtiment éventuel infligé par le FPR. «Cela exige des opérations organisées d'aide humanitaire. Elles ne peuvent être lancées avec l'ampleur souhaitable sans la mise en œuvre de conditions de sécurité adéquates, poursuivait le rapport. La MINUAR a déjà prévu des plans pour fournir de telles conditions, incluant la deuxième priorité, qui vise la sécurité des concentrations de civils en péril.» Il s'agissait d'une autre percée de taille : je possédais dorénavant l'autorité offensive pour enfin mettre un terme aux tueries.

Mais le problème (Riza, Maurice et moi ne le savions que trop bien) résidait dans le fait que les Nations unies n'avaient pas la possibilité d'atteindre leur objectif par elles-mêmes : la communauté internationale devait y mettre du sien. «Notre disponibilité et notre capacité d'action se sont révélées au mieux inadéquates et au pire déplorables, lisait-on plus loin. L'ensemble du système exige que nous renforcions notre capacité de réaction et j'ai la ferme intention de faire réexaminer toute la situation.» Le rapport devint le catalyseur de la Résolution 925 du Conseil de sécurité votée le 8 juin qui autorisait que les contingents des phases I et II puissent être réunis simultanément. Je fus surpris de constater que Boutros-Ghali et le Conseil de sécurité aient pu effectuer ce changement aussi rapidement après la visite des personnalités officielles de haut rang et la soumission de leur rapport. Que personne ne se soit présenté plus tôt relève du domaine de la sinistre farce.

Au cours des deux jours passés à mes côtés, Riza et Maurice purent prendre conscience de presque tous les dangers auxquels la MINUAR avait à faire face quotidiennement. Malgré une prétendue trêve de trois jours, on ne se gêna pas pour nous tirer dessus. Je me souviens encore de l'expression de leur visage lorsque nous avons tous grimpé dans un blindé de transport de troupes dans le cantonnement de la MINUAR pour traverser Kigali afin de rencontrer Bizimungu à l'hôtel des Diplomates – un voyage de trente à quarante minutes. Tandis que nous nous installions le mieux possible, et que Maurice et moi commentions les piètres aménagements intérieurs de ces véhicules venant des pays membres de l'ex-pacte de Varsovie, Riza demeurait silencieux. Maurice m'expliqua plus tard que Riza souffrait souvent de douleurs extrêmes, consécutives à d'anciens traumatismes lombaires. Bref, voyager dans cette boîte lui était pénible. Nous nous sommes sentis relativement en sécurité alors que nous nous déplacions en territoire du FPR, mais lorsque le chef de char m'informa que nous approchions du secteur de l'AGR, je sortis mon pistolet de son étui et l'armai. Le garde du corps tunisien à côté de la porte arma aussi sa mitraillette. Maurice et Riza parurent très surpris de me voir prendre de telles mesures alors que nous nous trouvions à l'intérieur d'un blindé qui, faute d'être d'un modèle récent, offrait tout de même des garanties de sécurité. En parlant fort pour couvrir le bruit qui régnait dans l'habitacle, je leur ai expliqué que les «groupes d'autodéfense» et les nervis de l'Interahamwe avaient coutume d'arrêter régulièrement les véhicules de transport de troupes et de regarder à l'intérieur. Le garde du corps et moi voulions être prêts si quelqu'un me reconnaissait et se décidait à jouer au héros en «tuant Dallaire».

Le voyage aller-retour à Gitarama les a mis face au vrai problème du déplacement de la population au Rwanda. Nous avons quitté mon Q.G. au milieu de la matinée dans mon 4 × 4, accompagnés d'une escouade de protection et des véhicules blindés de transport de troupes encore opérationnels. Les routes étaient encombrées de dizaines de milliers de Rwandais fuyant devant le FPR. Il nous a fallu trois heures, interminables et angoissantes, pour atteindre notre destination, avançant au pas pour fendre la foule. Nous étions témoins des souffrances des personnes trop âgées ou trop malades pour placer un pied devant l'autre, d'hommes écrasés sous le fardeau de leurs maigres biens en équilibre sur leur tête, de femmes désespérées parce que leurs enfants étaient incapables d'avancer et qu'elles étaient trop épuisées pour les porter. Mes Ghanéens demeuraient près de nous, mais nos transports blindés, peu puissants et plus larges que nos 4 × 4, traînaient en arrière.

Nous avons tenu notre réunion tout en sachant pertinemment que notre retour à Kigali devait avoir lieu avant la tombée de la nuit, sous peine de graves conséquences. À peine sortions-nous du cantonnement que les transports blindés firent enfin leur apparition. Ils reçurent l'ordre de faire demi-tour et de nous suivre.

Le déluge habituel de l'après-midi commença. La pluie était si torrentielle que les essuie-glaces ne suffisaient pas par moments et que nous devions nous arrêter. Nous avons perdu de vue les transports de troupes blindés, même si nous ne progressions qu'à pas de tortue le long de cette route où se traînait une interminable procession d'âmes en peine. Maurice émit un commentaire à propos des véhicules blindés retardataires. L'idée que nous ayons encore à passer par une quinzaine de barrages dressés entre nous et Kigali par des miliciens de l'Interahamwe à moitié saouls et totalement imprévisibles l'a peut-être effleuré, sans compter que les extrémistes de tout poil savaient à quoi je ressemblais et étaient prêts à me descendre à vue. Puis, au milieu de ce cortège interminable et inhumain d'êtres détrempés, souffrants ou à l'article de la mort, ma voiture percuta une de ces vaches à longues cornes que l'on trouve au Rwanda.

Même si j'avançais très lentement, j'avais bel et bien renversé l'animal. Je pouvais simplement m'imaginer les réactions de la personne qui avait réussi à se rendre aussi loin sur la route. Une vache représentait non seulement un bien précieux, mais aussi un symbole de richesse dans la communauté rwandaise. Si je l'avais tué, la suite n'augurait rien de bon.

La foule qui nous entourait s'arrêta, nous regardant d'un air menaçant. Nous étions trois messieurs blancs, vêtus de vêtements secs et voyageant dans un véhicule climatisé. Non seulement forcions-nous ces gens à quitter la route, mais nous les poussions jusqu'à ce qu'ils se rangent sur le bas-côté, une pente assez abrupte et boueuse. Et voilà qu'en plus nous venions de heurter une de leurs vaches !

Avant que j'ouvre la porte (me demandant s'il était bien prudent de faire ce geste), la vache passa devant nous en titubant, secoua la tête et s'appuya légèrement sur le capot. Puis elle entraîna son propriétaire vers le côté de la route surplombant le ravin, sous les rires nerveux de la foule.

Je pris quelques profondes respirations avant de redémarrer. Pendant l'incident, mes collègues avaient gardé le silence mais, bientôt, ils ne tardèrent pas, avec un humour grinçant, à raconter des histoires de ce genre qui s'étaient déroulées dans d'autres zones de conflits.

Une dernière note sur cette visite : Riza et Maurice ont dû repartir comme ils étaient venus, par des chemins détournés, car je ne pouvais garantir leur sécurité sur la route principale au nord de Kabale. Un hélicoptère les recueillit à la frontière ougandaise, et on les envoya à Entebbe où un appareil des Nations unies les conduirait à Nairobi, puis plus loin. Booh-Booh était désormais établi à Nairobi et se déplaçait dans tout le continent africain pour réclamer des soldats, même si c'était au DOMP à coordonner ce travail. Le représentant spécial du secrétaire général des Nations unies (RSSG) avait exigé que le personnel de Nairobi lui loue une maison digne d'un ambassadeur, mais on ne lui accorda qu'un adjoint pour l'accompagner dans ses différents déplacements. Riza et Maurice se trouvèrent temporairement coincés à Entebbe, parce que Booh-Booh avait réquisitionné l'appareil qui leur était vraisemblablement réservé.

Des négociations pénibles se déroulèrent à New York concernant les problèmes de pénurie d'équipement et le personnel que les nations étaient censées nous fournir. Ainsi, je fus surpris d'apprendre que l'Éthiopie était en mesure de nous envoyer des soldats, alors que ce pays sortait tout juste d'une guerre civile et que ses forces n'étaient pas formées pour participer à des opérations de maintien de la paix. Il s'agissait en fait d'une armée rebelle et non d'une armée professionnelle. (Dans cet esprit, Moen me communiqua ses inquiétudes : il était possible que les Hutus rwandais voient la présence des Casques bleus éthiopiens d'un mauvais œil, puisqu'ils accusaient fréquemment les Tutsis d'être génétiquement éthiopiens d'origine. En fin de compte, ni le gouvernement de transition ni l'AGR ne soulevèrent d'objection.) Malheureusement, les beaux jours où nous pouvions nous appuyer sur une douzaine de pays pour obtenir des soldats appartenaient au passé et, en désespoir de cause, de parfaits néophytes étaient parachutés dans l'une des opérations les plus complexes que les Nations unies aient eu à entreprendre. J'estimais que cela n'était pas seulement nuisible sur le plan technique mais, dans certains cas, plutôt amoral. En effet, Booh-Booh avait été chercher des troupes dans des pays où même les dirigeants auraient probablement eu du mal à épeler les mots « droits de la personne ».

Entre la visite de Riza et de Maurice et le 6 juin, j'ai envoyé au DOMP trois évaluations distinctes sur la manière dont les événements pourraient affecter la mission ou les futurs déploiements de troupes. Jour après jour, j'envoyais de nombreuses équipes de reconnaissance afin de rassembler tout renseignement possible sur le terrain. Je créais même une petite « cinquième colonne » composée de quatre équipes d'observateurs militaires choisis par Tiko, mais strictement sous mes ordres. Ces officiers exceptionnellement courageux se révélèrent d'un précieux secours quant à l'information opérationnelle. Ils accomplissaient aussi des missions délicates entre les différents antagonistes, y compris les modérés de l'AGR, Kagame et moi.

Une fois de plus, je fis part de mes craintes au DOMP : face à la possibilité d'un échec, l'AGR pourrait recevoir ordre de la part du gouvernement provisoire de replier progressivement ses militaires et ses forces de milice au Zaïre afin de pouvoir continuer le combat. En effectuant ce repli stratégique vers l'ouest, l'AGR pourrait poursuivre sa politique d'élimination ethnique tout en poussant le gros de la population hutue devant elle et en l'exilant dans les provinces avoisinantes du Zaïre. Nombre de membres influents du régime extrémiste vivaient grassement en France et en Belgique. Ils gardaient le contact avec le gouvernement provisoire, et même l'ambassadeur du Rwanda à l'ONU et les radicaux hutus restés au pays pouvaient compter sur leur appui. Un demi-million de Rwandais s'étaient déjà déversés en Tanzanie, où ils vivaient sous le contrôle tacite des extrémistes. Selon moi, nous pouvions nous attendre à ce que quatre ou cinq fois plus de gens envahissent la province zaïroise de Kivu. J'avais besoin d'informations à jour sur les mouvements massifs des personnes se déplaçant à l'intérieur vers l'ouest du pays, de manière à pouvoir les aider sur place et à éviter ainsi un exode massif. Mes demandes répétées auprès des nations occidentales pour obtenir des photos aériennes et prises par satellite sont restées lettre morte. (Plus tard, les Russes se firent fort de me vendre des images prises par satellite, mais je n'avais pas de budget pour une telle dépense et ne pouvais persuader personne de m'accorder des fonds pour cela.) Je n'avais donc pas d'autre choix que d'utiliser mes observateurs militaires. Je risquais chaque jour leur vie afin de connaître les agissements du gouvernement intérimaire et l'état des masses de Rwandais déplacés qui mouraient par centaines de faim, de fatigue, de maladie sur les routes de l'exil ou qui se faisaient tuer ou saigner à coups de machette par les extrémistes. Si les réfugiés parvenaient à atteindre le Zaïre, les extrémistes ne tarderaient pas à occuper le camp pour prendre leur revanche. Si un tel scénario se concrétisait, cela ne créerait pas seulement de l'instabilité au Rwanda pour des années à venir, mais toute la région serait déstabilisée.

Pourtant, pour un bref instant, je sentis comme si nous avions le vent en poupe. Le jour suivant le départ de Riza et de Maurice – ils emportaient un rapport approuvant toutes mes suggestions sur la manière de nous y prendre –, j'obtins copie d'un autre rapport de la session spéciale sur le Rwanda, organisée par la Commission des droits de la personne des Nations unies, qui s'était tenue à Genève. La session reconnaissait sans hésitation que le spectacle d'épouvante qui se déroulait au Rwanda constituait une violation flagrante des droits humains et que le monde devait faire quelque chose pour l'arrêter. Elle approuva l'envoi d'une équipe qui devait arriver au début de juin afin d'enquêter pour connaître les auteurs du génocide.

Je fus éberlué de découvrir qu'à la réunion de Genève (elle se tenait au moment même où Riza et Maurice étaient avec moi à Kigali), les États-Unis, la France, l'Allemagne et l'Australie avaient émis des déclarations prenant acte des horreurs survenant au Rwanda, mais qu'aucun de ces pays n'avait offert quelque aide concrète que ce soit. Geraldine Ferraro, qui dirigeait la délégation américaine, annonça officiellement qu'elle appuyait les efforts de la MINUAR. Les Français s'entendirent pour dire que le mot « génocide » n'était pas trop fort pour qualifier les événements du Rwanda. Lucette Michaux-Chevry, la ministre française des Droits de la personne, déclama aux diplomates rassemblés à cette occasion : « À la demande expresse de la France, le Conseil de sécurité a sensiblement augmenté les moyens de la MINUAR...» Flattant sans vergogne son gouvernement, elle ajoutait : «Toutes affaires cessantes, la France a fourni une *assistance exceptionnelle* aux victimes du conflit.» Nous ne saurions douter de la parole de cette personne : ceux qui ont bénéficié de cette aide étaient soit des Français expatriés, soit des membres de la famille Habyarimana...

Vers cette époque, nous avons reçu une télécopie de l'Association canadienne des études africaines à Montréal nous informant que des membres de la famille de Faustin étaient encore en vie à Kigali et nous demandant si la MINUAR était capable de faire quelque chose. Cette requête pouvait paraître peu ordinaire après sept semaines de génocide. Cependant, durant la dernière semaine de mai, le général Kagame m'avait envoyé un mot pour m'annoncer qu'une dizaine de membres de sa famille élargie se cachaient encore dans la ville. Comment se pouvait-il que lui, l'ennemi juré des extrémistes, puisse encore avoir des membres survivants de sa famille dans une ville fantôme aux mains des extrémistes ? Nous avons envoyé des observateurs militaires aux endroits où Faustin et les parents de Kagame se dissimulaient. Nous avons réussi à sauver le beau-frère de Faustin avec l'aide de la Croix-Rouge. Dans le cas de la parenté de Kagame, mes observateurs se rendirent à la maison indiquée, frappèrent à la porte, firent le tour, ne trouvèrent personne et décidèrent de revenir le lendemain. Lorsqu'il revinrent, ils ne trouvèrent que des cadavres gisant sur le plancher. De toute évidence, quelqu'un avait dû remarquer la visite des observateurs militaires, avait repéré la maison et fait éliminer la famille. Ce genre de situation nous donnait des cauchemars : parfois, bien malgré nous, nous mettions en danger les gens que nous voulions aider.

Tel que je l'avais deviné à la suite de mon entretien privé avec Ndindiliyimana, le mois de mai fut témoin du dernier sursaut des modérés. Un jour, je reçus au Q.G. une lettre de Rusatira et de Gatsinzi, qui me fut transmise en secret. Ils me racontaient qu'ils vivaient dans le sud avec d'anciens étudiants de l'École militaire. Ils me demandaient de dire à Kagame que, lorsque le FPR les rattraperait, ils ne voulaient pas qu'on les attaque car ils n'avaient pas l'intention de résister. Lorsque je transmis le message à Kagame, celui-ci ne fut guère impressionné. Pour lui, ces hommes auraient dû résister publiquement aux extrémistes dès le début du conflit et ils devraient donc supporter les conséquences de leur comportement, tout comme les rares survivants qui les soutenaient encore et leurs familles.

Le 27 mai eut lieu le premier transfert réussi, impeccablement organisé par Clayton Yaache et la cellule humanitaire. Nous avons déménagé des sympathisants du FPR de l'hôtel des Mille Collines vers une ville du sud-est de Kigali et les Hutus du stade Amahoro à un point de chute en dehors de la ville, qui était encore aux mains de l'AGR. Au total, on comptait environ 300 personnes. Je voulais faire partie de ce premier transfert et me joindre au convoi du FPR, car nous estimions qu'il pourrait fort bien se faire attaquer. Je m'assurai que tous soient au fait de ma présence et nous avons traversé les barrages sans incident. À notre arrivée à la ville où les réfugiés devaient être remis aux autorités, une foule les attendait pour les accueillir. Il y avait une telle explosion d'émotions contenues, tant de pleurs et tant d'étreintes que ces gens affamés n'avaient même pas encore touché le repas qui leur avait été préparé au moment où je suis reparti vers mon Q.G. (Ce même jour, de retour à Kigali, j'ai rencontré le petit garçon qui renforça si durement ma détermination d'aider les orphelins – je décris cette rencontre dans l'introduction du présent ouvrage.)

Le transfert dans l'autre sens s'avéra également une réussite, même si l'on tira sur le convoi au carrefour de Kadafi. Le FPR tenait les collines qui surplombaient le pont du côté est, et l'AGR s'était terrée en direction ouest. Il n'y eut aucune fête de bienvenue pour accueillir les réfugiés à leur point de chute, un lieu-dit sur la route de Gitarama, à sept kilomètres environ de Kigali. Le personnel de l'AGR demanda simplement d'avancer à ceux que nous leur amenions.

Nous avions un autre transfert prévu le jour suivant, mais nous avons décidé de le retarder. Nous avions besoin d'améliorer la protection sur les camions et de s'assurer que les observateurs de l'AGR surveillent la sélection de leurs gens au stade d'Amahoro pour être sûrs que le transfert se déroule librement et équitablement. J'aurais trouvé ironique d'avoir réussi à faire observer la trêve de transfert par les miliciens d'Interahamwe indisciplinés et que le FPR se mette à tirer sur les réfugiés au moment du transfert.

Mes observateurs militaires étaient occupés à combler tous les manques qui se faisaient jour au Rwanda et inspectaient régulièrement nos sites protégés. Dans deux régions du pays, nous ne pouvions toutefois qu'obtenir des informations très fragmentaires. L'une de ces zones d'ombre se situait aux alentours de Gisenyi, près de la frontière zaïroise. Cette région était importante, car, selon mes sources, le gouvernement intérimaire allait s'y installer. L'autre région était celle de Cyangugu, du côté ouest de l'immense forêt méridionale du pays. Par ouï-dire, nous avions appris que de grands rassemblements de Tutsis se cachaient dans la forêt et que des gens de cette ethnie avaient été massacrés. Il me fallait savoir où le gouvernement déménageait, et ce qui arrivait à la frontière près de Goma, car j'avais également entendu parler du transit de grandes quantités d'armes et de munitions à cet endroit-là. Dans le sud, je m'inquiétais principalement de conserver un certain contrôle sur la situation humanitaire. Je voulais aussi vérifier la véracité d'une rumeur faisant état de la présence de Blancs francophones dans la région de Cyangugu. Je me demandais si nous n'allions pas assister à un accroissement du nombre de mercenaires blancs au service de l'AGR. Pour obtenir des données plus fiables, j'envoyai dans ces deux zones deux imposantes équipes de reconnaissance composées d'observateurs militaires. Je découvris plus tard que l'équipe qui s'était rendue à Gisenyi avait dû traverser 38 barrages majeurs où les miliciens ne s'étaient pas donné la peine de dissimuler leur haine pour tout ce qui touchait de près ou de loin aux Nations unies. L'équipe qui alla à Cyangugu eut à subir les tracasseries de 52 barrages routiers.

Nous ne possédions pas assez d'effectifs pour protéger la plupart des sites autour de Kigali, où les gens se rassemblaient pour se donner un sentiment de sécurité. Plusieurs fois par jour, j'envoyais des équipes dans les orphelinats, les écoles et les églises pour vérifier la sécurité et apporter des vivres et des fournitures. En fin de compte, les besoins étaient si criants, en particulier dans les orphelinats, que je demandai aux observateurs militaires de veiller la nuit sur les réfugiés les plus menacés. J'espérais que leur présence découragerait les assassins, puisque cette technique avait semblé fonctionner à l'hôtel des Mille Collines. Nous avons aussi réussi à évacuer en toute sécurité 700 Zaïrois et Tanzaniens réfugiés dans leurs ambassades respectives et à court de vivres.

Le 30 mai, nous avons organisé à notre Q.G. la première négociation de cessez-le-feu destiné à obtenir un consensus fondé sur l'idée émise par Riza, soit une déclaration d'intention de cessation des hostilités. Comme d'habitude, ce fut un cauchemar sur le plan de la sécurité, mais nous avons tout de même réussi à placer les belligérants les uns en face des autres afin qu'ils manifestent leur bonne foi. L'événement le plus surprenant de la journée est venu d'Ephrem Rwabalinda, l'officier de liaison de l'AGR auprès de la MINUAR. Il m'a demandé si nous pouvions trouver des façons de réduire les tensions entre les factions, y compris en prenant des mesures contre la radio haineuse. Il déclara qu'il souhaitait que toutes les émissions de radio adoptent un ton plus modéré. C'étaient des paroles presque incroyables sortant de la bouche d'un représentant de l'AGR. (Plus tard, Rwabalinda fut tué dans une embuscade alors qu'il était en route vers les lignes du FPR.)

Toujours en ce 30 mai, j'ai appris que Brian Atwood, le sous-secrétaire américain à l'Aide étrangère, se trouvait à Nairobi. J'insistai pour le rencontrer. Son emploi du temps était serré, mais je parvins à le voir pendant deux heures dans le salon des « VIP » de l'aéroport de Nairobi. Je m'envolai donc au petit matin à bord d'un appareil de type Hercule, le premier que j'utilisais depuis mon arrivée au Rwanda. Mon uniforme était relativement propre et repassé, mais ne sentait pas très bon. Tout ce que je peux dire, c'est que je m'étais lavé le cou et les avant-bras.

Au décollage, au lieu de grimper, le Hercule se mit à descendre en bordure du plateau et dans la vallée. Les passagers, tous de la MINUAR, étaient entassés dans l'appareil, assis sur des vestes pare-balles et sur des couvertures. Certains portaient même leur casque d'acier pour se protéger des balles perdues. Assis dans le cockpit, je fus rapidement initié au vol en rase-mottes. Avant d'atteindre la frontière de la Tanzanie, nous avons suivi des vallées, au ras des crêtes des montagnes, ramassant pratiquement les bananes sur notre passage, puis nous avons volé vers le nord-est du Kenya à altitude normale. J'avais la nausée, mais les hommes installés à l'arrière vomissaient carrément. Les pilotes étaient de toute évidence très fiers d'eux. J'espère que c'était pour leur habileté et leurs tactiques d'évasion, et non pour le nombre de gens qu'ils avaient réussi à rendre malades.

À l'aéroport de Nairobi, j'ai pratiquement dû me battre pour entrer dans le salon des «VIP». Apparemment, il me manquait certains papiers dont on ne m'avait pas signalé l'utilité. Ce cafouillage ne fit que renforcer ma piètre opinion du personnel vénal de cet aéroport. Le mois d'octobre précédent, alors que je venais prendre le commandement de ma mission, j'avais dû soudoyer un employé avec des dollars américains pour être capable de monter à bord d'un appareil alors que j'avais mon billet en bonne et due forme.

Atwood arriva environ quinze minutes après moi, accompagné d'une suite impressionnante. D'emblée, j'ai déployé ma carte d'état-major sur la table qui nous séparait. Rien ne pouvait remplacer la puissance de la logistique américaine, et je ne doutais aucunement de la place prépondérante des États-Unis au sein du Conseil de sécurité. J'insistai auprès d'Atwood pour que son pays nous fournisse de l'équipement et un appui aérien pour la MINUAR de seconde génération. Ensuite, je lui décrivis en détail notre plan d'opération et émis, pour la première fois en public, l'avertissement que si les millions de Rwandais se déplaçant vers l'ouest pénétraient au Zaïre et au Burundi, le monde se retrouverait avec un problème régional désastreux et non plus seulement un problème rwandais. Je devais immédiatement prendre les moyens de prévenir ce vaste exode. Je lui appris que les combats se poursuivaient à Kigali, et que les munitions lourdes arrivaient encore au Rwanda, surtout chez les partisans de l'AGR. L'embargo décrété le 17 mai était inutile car non respecté. Atwood se montra cordial, décontracté, charmant garçon, mais les gratte-papier qui l'accompagnaient ne cessaient de me harceler pour obtenir des «éclaircissements».

Finalement, comme les Américains ont coutume de le faire, Atwood me demanda d'en arriver à l'essentiel. Je lui répondis: «Fournissez-moi le soutien aérien nécessaire pour amener les Casques bleus à pied d'œuvre, car, sans cela, la MINUAR ne peut rien faire. Sans un pont aérien stratégique assuré par les États-Unis, personne ne se rendra sur les lieux.»

Nous nous sommes serré la main et, en partant, il me promit de faire de son mieux. Je demeurai un moment dans l'obscurité du salon aux murs recouverts de boiseries avec le sentiment d'avoir subi un interrogatoire par quelque tribunal et d'attendre maintenant ma sentence. L'un des observateurs militaires s'était rendu à la cafétéria me chercher un sandwich, car je n'avais pas mangé de pain frais depuis près de deux mois. Je montai à bord du Hercule pour revenir à Kigali, en espérant que le sandwich resterait dans le fond de mon estomac.

Cette même journée, en plein après-midi, au milieu de la cacophonie que faisaient les armes légères et les tirs d'artillerie, j'ai complété ma réévaluation de la situation dans un rapport de trente-quatre pages et l'ai envoyé à New York. Puis j'appris que le capitaine Diagne Mbaye, un Sénégalais, avait été frappé par des fragments de projectiles de mortier tirés par le FPR contre un barrage de l'AGR, alors qu'il me ramenait un message de Bizimungu. Diagne mourut avant de s'effondrer sur le tableau de bord. Il s'agissait de l'observateur militaire qui avait sauvé les enfants de la première ministre Agathe et, au cours des semaines qui s'étaient écoulées, il avait personnellement sauvé la vie de douzaines de Rwandais. Bravant le feu direct et indirect, les mines, la populace hurlante, les maladies et autres aléas du genre, il acceptait toutes les missions dont l'objectif était de sauver des vies humaines. Dans notre Q.G., nous avons observé une minute de silence pour honorer sa mémoire et, le 1er juin, nous avons organisé un petit défilé à l'aéroport, à l'abri des sacs de sable avec, en guise de musique de fond, le roulement de l'artillerie. Son corps fut rapatrié dans son pays, enveloppé dans une bâche bleue de camp de réfugiés. Un autre héros du Rwanda. Comme le disait un de ses amis, observateur comme lui: «C'était le plus brave d'entre tous.» Mark Doyle, du réseau britannique BBC, qui considérait Diagne comme un ami m'écrivit: «Imaginez-vous la couverture monstre que l'on aurait accordée à un Casque bleu britannique ou américain du calibre de Mbaye afin de célébrer son courage. Mais Diagne a été complètement oublié…» (Plus tard, Doyle a écrit un article à ce sujet dans le magazine *Granta*.)

Le 1ᵉʳ juin, je décidai de demander l'aide de la Gendarmerie afin de trouver un chemin sûr pour sortir de la ville, une route qui m'éviterait de subir les tirs du FPR et de passer par le *no man's land* de l'AGR. Nous avons donc fait des détours par des pistes plutôt défoncées. La pluie tombait si fort durant la saison des pluies que l'eau n'avait pas le temps de s'enfoncer dans le sol. Elle érodait les routes, laissant derrière elle une épaisseur de boue gluante. Au cours de notre périple, nous sommes arrivés à un endroit où la piste avait glissé. Tentant néanmoins de passer, l'un de nos véhicules a dérapé et a dévalé la pente. Fort heureusement, personne ne fut blessé.

Nous avons abandonné le véhicule en enlevant la tête du Delco de façon à compliquer la vie d'éventuels voleurs. Environ une semaine plus tard, un de mes observateurs remarqua que le véhicule se trouvait aux mains du FPR. On l'avait maculé de boue afin de masquer le lettrage de l'ONU. L'AGR l'avait aussi constaté et conclu que la MINUAR avait trouvé une autre manière d'aider le FPR. À ce moment précis, huit de nos véhicules avaient été abandonnés dans différentes régions du pays. Je me devais d'entreprendre une tournée de négociations pour persuader le FPR de ne pas les utiliser.

Nous avons poursuivi notre voyage le long de pistes et de sentiers qui nous menaient souvent à des villages n'apparaissant sur aucune carte. Dans l'une de ces agglomérations, nous avons stoppé pour attendre que tous nos véhicules nous rattrapent. La piste sur laquelle nous nous trouvions était l'une de celles empruntées par les gens fuyant Kigali. Parmi les restes d'une barrière, nombre de personnes gisaient là, massacrées et jetées dans le fossé. Tandis que j'attendais, je me suis mis à observer les corps, qui, apparemment, n'étaient pas là depuis très longtemps. Soudain, j'aperçus celui d'un enfant qui bougeait. Je me demandais si mon imagination me jouait des tours, mais voyant qu'il remuait, je me mis en devoir de l'aider. Pendant que je me baissais pour ramasser ce petit être et que je tenais entre mes mains son corps frêle, à la fois tremblant et spongieux, je me rendis compte en une fraction de seconde que les frémissements étaient en fait causés par le grouillement des vers ! J'étais pétrifié. Je ne voulais pas jeter violemment ces restes au loin, mais je tenais à m'en débarrasser au plus vite. Je m'arrangeai pour déposer le cadavre, puis demeurai immobile, agité de tremblements, refusant de penser à ce qui était encore dans mes mains.

Nous avons poursuivi la reconnaissance de la route. Au début de l'après-midi, nous avons grimpé une colline et en haut, devant nous, s'étendait un gigantesque campement destiné aux personnes déplacées, des gens qui s'étaient arrangés pour franchir tous les barrages routiers fuyant Kigali. Le ciel se chargeait de nuages noirs, et une vague bleue de bâches, indicatrice de la présence d'un camp de réfugiés, se levait pour nous accueillir, comme si nous étions en train de contempler un océan de déracinés. Nous avons descendu très lentement la côte, puis, dans le camp, nous nous sommes dirigés vers le poste de secours situé au sommet de la prochaine élévation. Les gens étaient tellement serrés les uns contre les autres sur ces collines que le moindre mouvement se propageait à la manière d'une onde dans toutes les directions. La masse était si compacte que toute individualité s'y fondait. Tant de visages, tant de paires d'yeux ! Autrefois de couleurs vives, les vêtements enduits de poussière ressemblaient à des uniformes brun crasseux.

Les travailleurs de la Croix-Rouge étaient tous de la région. Je leur fis savoir combien leur courage était apprécié et combien la présence de leur organisme dans toutes les régions du Rwanda était impressionnante. L'un des hommes plus âgés de la foule qui nous entourait s'est mis à parler. Il m'expliqua que la plupart d'entre eux avaient dû s'enfuir si rapidement qu'ils avaient abandonné l'essentiel derrière eux. Depuis leur arrivée en ce lieu, ils avaient reçu de l'aide sous forme de maïs, puis il m'en montra quelques grains. Il s'agissait de céréales pour le bétail, reconnaissable à ses gros grains, durs et irréguliers. Le vieil homme m'expliqua qu'ils ne disposaient pas du nécessaire pour moudre ce grain : pas de marmites ni d'eau ni de bois pour le cuire. Bref, ce grain fourrager n'étaient pas comestible à moins d'être cuit, mais certains enfants affamés le mangeaient quand même. Ces grains dentelés leurs déchiraient les entrailles et ils mouraient d'hémorragies internes. Avec une infinie tristesse, ce vieillard me demanda ce que je pouvais faire pour les aider, mais je ne pus trouver de réponse. Rempli de honte, je retournai vers mon véhicule, et nous sommes rentrés à Kigali.

Le retour se révéla aussi difficile et plein de détours que l'aller, ce qui me donna du temps pour pester contre la lenteur du processus humanitaire. Rome, Paris, Genève et New York ne cessaient de me demander évaluations sur évaluations. Au lieu de venir en aide aux quelque deux millions de Rwandais démunis, la communauté internationale et les groupes d'entraide procédaient à de pointilleuses analyses des besoins. Ce soir-là, lors des «prières» du soir, je reçus un rapport de Yaache, ainsi qu'un autre du représentant du Bureau d'urgence des Nations unies au Rwanda (UNREO), un certain Charles Petrie. Ce dernier était désespéré par le flot de demandes d'évaluations dilatoires qu'il recevait. Je le priai de me citer dans sa prochaine évaluation : «Dites-leur de m'envoyer des vivres, du carburant, des fournitures médicales et de l'eau pour deux millions d'êtres humains, et que nous prendrons soin des détails de la distribution. Mais, pour l'amour de Dieu, dites-leur de commencer leurs expéditions tout de suite!».

Deux ans plus tard, j'ai eu l'occasion de rencontrer certains de ces décideurs et de ces quémandeurs d'interminables évaluations. Ils profitèrent de l'occasion pour m'affirmer que j'avais envisagé la situation de manière «simpliste»…

Le 1er juin, Bob Fowler, le numéro deux de la Défense nationale du Canada, ainsi que l'amiral Larry Murray, le troisième plus important personnage des Forces canadiennes, débarquèrent chez nous pour une visite de 24 heures. Fowler avait enseigné l'anglais à l'université de Butare dans les années soixante et avait un faible pour ce petit pays déchiré, coincé entre ses grands voisins d'Afrique. En qualité de chef des opérations, l'amiral Murray tenait à vérifier la situation en personne avant de faire des recommandations à son patron à Ottawa concernant la participation militaire du Canada. Étant donné le peu de temps dont nous disposions, nous les avons pilotés dans une suite de réunions au quartier général, puis je les ai envoyés visiter nos sites protégés, l'hôpital de la Croix-Rouge et parcourir la plus grande partie de la ville. J'ai également pris des dispositions pour qu'ils rencontrent Bizimungu au Diplomates. Question de nous mettre dans l'ambiance, plusieurs obus tombèrent près de l'hôtel où Fowler et Murray étaient descendus.

Ce soir-là, nous avons dîné de saucisses et de haricots, le tout arrosé d'eau. Nous étions assis sur des chaises dépareillées dans une petite salle de conférences, près du hall principal. Nous nous serrions autour de tables trop grandes pour la pièce, avec peu d'espace pour bouger. En revanche, nous avions plein d'air frais et des moustiques à profusion, suite à des trous que de précédents tirs d'artillerie avaient creusés et que nous ne pouvions pas boucher, faute de contreplaqué ou de bâches en plastique.

La conversation fut animée et l'atmosphère, chaleureuse. L'un des sujets qui revint à plusieurs reprises fut celui de l'estime que nous portions au travail exceptionnel accompli par nos aviateurs canadiens. J'expliquai à Fowler et à Murray que nous en étions rendus au point où le seul bruit d'un moteur d'avion nous redonnait résolument de l'entrain. Le spectre de l'isolement et de la vulnérabilité qui nous hantait tous à un moment ou à un autre s'évanouissait lorsque nous entendions le vrombissement de ces appareils. D'ailleurs, nous nous moquions parfois qu'ils soient chargés ou non. Je remerciai Fowler et Murray pour leur soutien aérien et ces équipages qui risquaient quotidiennement leur vie, comme en témoignaient les fuselages de ces bons vieux Hercule parsemés d'impacts de balles.

Les allocutions d'usage s'échangèrent. À la fin de l'intervention de l'amiral Murray, ce dernier me demanda de me lever pour me décerner la croix militaire du Service méritoire. Il épingla la décoration sur mon uniforme en la présence de mes plus proches frères d'armes, mais j'eus du mal à rester debout et à conserver un air de circonstance. Bien que très fier d'être ainsi honoré, j'étais en même temps honteux d'être décoré avant tous mes hommes. Des hommes de troupe et des officiers étaient morts au champ d'honneur, et plusieurs autres avaient dû être évacués à cause de blessures reçues au combat ou de maladies causées par le manque de médicaments. Et personne n'avait reconnu leur mérite. Un autre souvenir aigre-doux du Rwanda.

Cette nuit-là, nos invités durent s'accommoder de l'inconfort de notre Q.G. Nous avions prévu une visite au FPR pour le lendemain mais, le matin, nous n'avions pu sécuriser le parcours, la route étant sous le feu continu des belligérants. Nous nous sommes contentés de monter sur le toit où je leur ai montré un certain nombre de sites autour de Kigali et dans la ville même. Ils furent témoins d'un assaut du FPR dans un des quartiers situés à moins de deux kilomètres.

Le 2 juin, j'ai reçu un message de Kofi Annan qui me demandait d'accorder une protection supplémentaire dans un lieu nommé Kabgayi. Il s'agissait d'une très importante mission catholique, pas très loin de Gitarama. La Croix-Rouge avait signalé que 30 000 personnes s'y trouvaient, ainsi qu'un certain nombre de prélats et de prêtres. L'endroit était encerclé par le FPR, et Annan me signala que le pape en personne avait réclamé une protection supplémentaire pour ces gens-là. Je lui fis part de mon intention de continuer, autant que possible, d'envoyer des observateurs militaires à Kabgayi, mais que je ne pouvais faire davantage à moins d'obtenir des troupes.

À la réunion concernant le cessez-le-feu, que présidait Henry, les deux parties s'engagèrent une fois de plus à respecter la trêve afin de poursuivre l'évacuation ou le transfert des réfugiés. Le 3 juin, nous avons décidé d'essayer une fois de plus. Selon moi, il serait sage que Henry accompagne le convoi de l'AGR et se montre dans la région du carrefour de Kadafi pour voir si le FPR continuerait à tirer. Même avec Henry et un véhicule blindé portant le lettrage de l'ONU, les tirs de mortiers venant de la zone du FPR se poursuivirent.

Avec Phil, mon escorte et deux blindés de transport, j'ai décidé d'attendre, bien visible au carrefour, que le convoi revienne. Alors que j'étais là, à découvert, en train de discuter avec mes hommes, un garde de l'AGR sortit du fossé derrière nous. Il s'agissait d'un sergent, en loques et en piteux état, mais armé jusqu'aux dents, un soldat perdu dans ce *no man's land*. Il nous parla un peu et me montra la colline où l'AGR avait ses positions. Je pris les jumelles que je portais autour du cou pour vérifier. Je les avais apportées avec moi pour situer d'où partaient les tirs de mortiers éventuels du FPR. Mes jumelles fascinaient le soldat. Je les enlevai et l'invitai à jeter un coup d'œil. De toute évidence, il utilisait ce genre d'instrument pour la première fois. Puis, il regarda ma veste pare-balles et me demanda quelle impression cela faisait de porter un tel vêtement.

J'ôtai la veste, l'aidai à l'enfiler et lui accrochai mes jumelles autour du cou. Pendant un bref instant, il fut au paradis.

Je lui ai alors demandé de me rendre ma veste. Comme il s'exécutait, une charge de mortier tomba sur l'asphalte à une dizaine de mètres de nous. Des morceaux de bitume et de métal brûlant se dispersèrent dans toutes les directions. Instinctivement, tout le monde se jeta à terre, y compris le soldat de l'AGR. Immobile, je tenais toujours ma veste pare-balles à la main, tous les hommes aplatis au sol autour de moi. Dès qu'ils se rendirent compte que personne n'avait été blessé, ils coururent se réfugier à bord des blindés. J'aperçus un morceau de métal brûlant incrusté dans le tissu de ma jambe de pantalon, mais, calmement, j'enfilai ma veste pare-balles. Comme je me retournais vers le soldat de l'AGR pour récupérer mes jumelles, je m'aperçus de sa disparition. J'ai alors pensé : « D'accord... Il avait l'air de tellement les aimer, ces jumelles. Il peut bien les garder... »

Dans un langage assez peu châtié, Phil m'invita à me réfugier dans le blindé. À la place, je me rendis là où se trouvait le cratère. Il me suivit, et nous avons analysé le point d'impact. Il s'agissait d'une charge de mortier légère venant des lignes du FPR. Les équipes éloignèrent les blindés du carrefour, mais pendant les quelque cinq minutes nécessaires au convoi pour y arriver, je demeurai là, vulnérable aux tirs. Le convoi vide arriva finalement près de moi, et les coups de feu cessèrent. Au fil de la mission, nous avons rescapé dix mille personnes de cette façon, sans jamais savoir si, oui ou non, nous allions être pris pour cible.

* * *

Ce soir-là, Yaache m'envoya une lettre officielle rédigée par Don MacNeil m'informant que les soldats ghanéens et nos observateurs militaires considéraient ces missions de transfert des gens en danger comme non essentielles et pensaient qu'on les exposait à des dangers inutiles. Je comprenais leurs doléances, mais ne pouvais être d'accord avec eux. Non seulement les transferts constituaient-ils les actes les plus positifs à poser dans les circonstances, mais cela réduisait aussi le nombre de personnes que nous devions nourrir et loger. Cette lettre arrivait à point nommé à la suite des événements du carrefour Kadafi. Je l'accueillis de manière positive, parce qu'elle m'incitait à mettre fin aux transferts, du moins jusqu'à ce que le FPR reprenne ses esprits. J'étais également troublé de constater comment l'AGR traitait ceux et celles que nous leur remettions ; leurs différentes zones d'opérations étaient totalement chaotiques. D'autre part, nous vivions avec un autre problème : ceux que nous protégions ne voulaient pas tous partir et ne tenaient pas nécessairement à se mettre à l'abri auprès des leurs. Certains voulaient carrément quitter le pays. Pour les aider, nous devions nous assurer qu'ils avaient les documents adéquats. Sinon, les autorités de Nairobi ne se gêneraient pas pour les renvoyer. Toutefois, la majorité voulait rester auprès de nous, et je dois admettre la logique de ce choix. Les gens guère enclins à se parachuter dans l'incertitude totale recevaient au moins chez nous un peu d'aide et une protection minimale.

Cette nuit-là, j'écrivis une lettre de protestation plutôt corsée à Kagame au sujet du tir de mortier au carrefour Kadafi. Je lui fis clairement remarquer que son officier de liaison auprès de la MINUAR avait approuvé toute cette opération et que nous avions reçu confirmation de l'entente. Je lui ai rappelé que mes règles d'engagement me permettaient de riposter. Je terminai par ces mots : « J'insiste pour recevoir une réponse personnelle de votre part sur cette question. Dans le cas où nous déciderions d'échanger des personnes déplacées, nous nous déploierions une fois de plus au carrefour de Kadafi. »

Moins de 24 heures plus tard, je recevais une lettre pleine de repentance de la part du général. Il m'expliquait que le commandant du bataillon local n'avait pas suivi ses ordres et qu'on allait prendre contre lui de sévères mesures disciplinaires. Plus tard, nous avons entendu certaines rumeurs au sujet de ce commandant. L'une d'elles voulait qu'on l'ait puni et envoyé occuper un poste peu enviable à l'arrière. Une autre laissait entendre que ce commandant haïssait les Hutus de manière fanatique, qu'il avait déjà eu maille à partir avec Kagame en raison de trop grosses pertes ; on l'avait démis de ses fonctions et fusillé.

Depuis son départ de Kigali, Bernard Kouchner avait souvent été en contact avec la cellule humanitaire s'occupant des orphelins rwandais. En tant que président d'une ONG française, il nous a demandé notre permission et notre aide pour évacuer un groupe d'enfants très malades sur Paris. Nous lui avons finalement répondu que nous nous arrangerions pour les faire sortir du pays, s'il pouvait négocier une entente bilatérale.

L'évacuation de plus de 50 enfants commença le 4 juin. Le plan prévoyait que le Hercule canadien arriverait à Kigali le matin, avec des infirmières militaires canadiennes à bord et, après le déchargement, on embarquerait les enfants en direction de Nairobi. Là, un avion-hôpital de l'armée française les attendrait pour le voyage final vers Paris. Notre partie de l'opération se déroula convenablement. Tôt ce matin-là, les enfants montèrent à bord, et les infirmières les installèrent pour le voyage. Quelques-uns souffraient de graves blessures, et un grand nombre d'entre eux étaient terrifiés parce qu'ils montaient dans un avion pour la première fois.

Le vol arriva à Nairobi en début d'après-midi, mais l'appareil français n'était pas au rendez-vous, et les Kényans refusèrent de laisser descendre les petits passagers du Hercule. La journée était torride, une situation amplifiée par la chaleur qui se dégageait de la piste surchauffée. Les enfants restèrent dans l'appareil pendant plus de neuf heures, et leur santé en souffrit sérieusement. L'un d'entre eux mourut. Ce soir-là, l'avion-hôpital finit par arriver et emmena les enfants à Paris. Le vol arriva le jour suivant en France, à un moment de la journée garantissant une couverture médiatique maximum.

Le matin du 5 juin, on me remit une série de câbles codés. On m'informait que le bataillon dont on parlait pour la phase III du déploiement viendrait du Bangladesh. Que pouvais-je dire?

Henry se trouvait à Nairobi en train d'assister à une réunion préliminaire présidée par Booh-Booh, pour préparer un sommet qui aurait lieu à Tunis et organisé par l'OUA, où l'on négocierait les conditions d'un cessez-le-feu. Ce matin-là, à l'heure de la «prière», je demandai un état de la situation de nos propres ressources. Je voulais surtout savoir combien de véhicules fonctionnaient et la quantité de vivres et de carburant dont nous disposions. Nous avons recensé une douzaine de camions, et de 40 à 50 4 × 4 en état de marche, le

509

tout dépendant de l'ingéniosité des observateurs militaires. Nous avions un peu de carburant pour faire fonctionner les générateurs à Amahoro, à l'hôpital King Faisal et à l'hôtel des Mille Collines, mais il ne nous restait pratiquement rien pour les véhicules. Même si la situation était sûre, je ne pouvais envoyer un convoi de transfert par crainte de tomber en panne d'essence. (Le jour suivant, je demandai à Kagame un peu de carburant mais, au milieu de cette crise, la Croix-Rouge vint à notre rescousse en nous en prêtant pour effectuer un transfert de plus.)

Je m'inquiétais constamment de savoir comment galvaniser, motiver et entraîner mes troupes jusqu'à leur faire risquer leur vie, tout spécialement lors des transferts de population. La fermeté dont faisait preuve Henry influait énormément sur le moral de plusieurs militaires africains et, bien sûr, de ses propres soldats ghanéens. Il avait aussi tissé des liens solides avec Tiko, considéré comme une sorte de saint par les observateurs, parce qu'il n'en avait jamais laissé tomber un seul en situation précaire. Ensemble, Henry et Tiko étaient capables d'accomplir des miracles avec de tels soldats, pourtant déjà très sollicités et vulnérables.

La surprise du jour fut la visite du ministre italien des Affaires étrangères, dont l'arrivée était prévue le matin à l'aéroport et qui s'attendait à ce que je l'y accueille. Nous lui avons rapidement établi un emploi du temps et, vers 10 h, j'arrivai au terminal principal pour attendre son appareil. Nous avons finalement entendu les moteurs, et tous sortirent pour regarder l'atterrissage. Les Hercule ayant l'habitude de se poser sous le feu ennemi, leurs pilotes avaient mis au point une méthode : dès que l'appareil touchait terre, le pilote décrivait un cercle devant le terminal et sortait ses rampes de chargement en roulant pendant qu'il passait devant nous, un peu comme une oie pond ses œufs. Le Hercule venait juste de tourner, et son chef d'équipage avait à peine sorti les rampes quand de lourdes charges de mortier tombèrent juste derrière la tour de contrôle. Le grondement de l'appareil étouffa le bruit des explosions, mais lorsque je vis le panache de fumée s'élever, je fis signe au pilote de quitter cet endroit dangereux. Il réagit sur-le-champ, emballa ses moteurs et commença à rouler mais, au sol, le chef d'équipage relié à l'appareil par son casque téléphonique se trouva comme tiré par l'avion. Tandis que le mastodonte avançait, le chef tenta de replacer les rampes dans leur logement. Un de nos observateurs militaires canadiens, le capitaine Jean-Yves Saint-Denis, accourut instinctivement pour l'aider. Les deux hommes réussirent à faire rentrer une rampe, puis tentèrent de hisser la seconde. L'avion se déplaçait si rapidement que le chef d'équipage courait pour le rattraper sous nos cris d'encouragement. Finalement, les deux hommes y arrivèrent, le chef d'équipage sauta à l'intérieur, et l'appareil put bouger. Juste au moment où le Hercule atteignait la piste, une autre charge de mortier tombait à l'endroit où la cargaison humaine aurait dû débarquer[24].

Je demandai à tout le monde de se mettre à l'abri dans le terminal. Dans mon esprit, j'étais certain que l'appareil allait exploser. Je pensais que notre chance avait tourné et que j'allais être témoin d'une explosion massive, du sacrifice de cinquante ou soixante vies, y compris celle du ministre italien. Même si une autre charge explosa un peu trop près, le Hercule prit son essor en toute sécurité. Aucun doute à avoir: les charges visaient bien l'avion, car les bombardements ont cessé dès le départ de l'appareil.

Peu après l'incident, Frank Kamenzi vint m'apprendre que c'était l'AGR qui avait tiré sur nous. Ses gens avaient intercepté l'ordre du chef des opérations de l'AGR de tirer sur l'avion. Ce matin-là, lorsque je fis face à Bizimungu, il nia tout en bloc, mais admit cependant que l'AGR n'avait pas été prévenue de l'arrivée du ministre italien et n'avait donc pas très apprécié cette visite impromptue.

Je n'avais d'autre choix que de fermer l'aéroport jusqu'à nouvel ordre, nous plaçant exactement dans la situation que je craignais le plus: demeurer coincés à Kigali avec peu de moyens de réapprovisionnement rapide et aucune route d'évacuation.

Ce soir-là, avant de m'endormir, je me rendis compte que le jour suivant était le 50e anniversaire du jour J – le débarquement allié en Normandie. La semaine précédant le début de la guerre du Rwanda, j'avais prévu le 6 juin comme date butoir de la démobilisation. Ne parvenant pas à trouver le sommeil, je fis le bilan de la situation: nous

---

24. Le capitaine Saint-Denis reçut une citation du chef de l'état-major de la Défense nationale.

étions à court de vivres, transformés en cibles faciles, le génocide atteignait son apogée et toujours pas de cavalerie en vue derrière la colline pour nous secourir.

Le 6 juin, lors de la « prière » du matin, Yaache m'informa que le nombre de personnes qui envahissaient nos sites protégés – y compris le Mille Collines – avait augmenté par milliers au cours des derniers jours. Il avait beaucoup de mal à établir des listes de gens pour les transferts, parce que d'autres arrivaient et que certains changeaient constamment d'idée, ne sachant pas s'ils devaient rester ou s'en aller.

Le même jour, l'AGR lança l'une de ses seules offensives pour ouvrir la route de Kigali à Gitarama, mais le FPR l'a mise aisément en échec. (Cet incident mena à la chute de Gitarama à l'avantage du FPR dès le 13 juin, victoire qui força le gouvernement intérimaire à partir d'abord pour Kibuye et ensuite pour Gisenyi, dans l'extrême nord-ouest du pays, à la frontière du Zaïre.) Il me fallut faire un autre voyage pour rencontrer Kagame ce jour-là, cette fois pas à Mulindi mais dans un Q.G. situé dans un territoire récemment conquis. Lors de mon voyage, je fus témoin des mêmes horribles spectacles. Kagame me reçut sur la terrasse d'un petit cottage, entouré d'une trentaine de militaires. Patrick Mazimhaka, le conseiller politique senior du général, était aussi présent. La sérénité de ces deux hommes, assis sur leurs chaises de rotin, et le contraste de ce lieu avec mon quotidien et celui de mes troupes à Amahoro m'ont immédiatement frappé. Les vêtements de Kagame étaient propres et bien repassés, et il me reçut chaleureusement, avec une grande maîtrise de soi. Dans le cottage, l'ameublement était pêle-mêle et, sur le plancher, gisait dans du verre cassé le portrait de Habyarimana. Nous nous sommes assis sur un long sofa devant une table à café assez grande. Ne me déplaçant jamais sans mes cartes d'état-major, je les ai posées sur la table. Nous avons commencé à parler de l'évolution de la campagne et, à la lueur de ses minces propos, je tentais d'anticiper ses prochains mouvements. Lorsque je lui fis part de mon inquiétude concernant la marée humaine qui campait du côté de la forêt du sud-ouest, près de Butare, il me sortit sa vieille rengaine : son objectif était de mettre un terme aux tueries, peu importe où elles se produisaient.

Je demandai à Kagame quelle était son évaluation de la situation de l'AGR. Il se montra optimiste. La route entre Kigali et Gitarama était maintenant très dangereuse. Les meilleurs éléments de l'AGR s'étaient retranchés à Kigali, si bien qu'ils ne pouvaient pas se battre ailleurs. Kagame pouvait refermer la tenaille lorsqu'il le voulait et les éliminer. J'eus la nette impression que le chef de guerre jouait avec ses ennemis.

Je lui mentionnai ensuite l'initiative d'Ephrem Rwabalinda pour réduire les tensions entre les belligérants. Ce dernier pensait qu'une réunion entre Kagame et Bizimungu pourrait résoudre certains différends apparemment insolubles, mais Kagame n'en voyait pas l'utilité. Pourquoi devait-il rencontrer l'ennemi alors qu'il avait en main toutes les bonnes cartes ?

Le 7 juin, je me triturais les méninges pour trouver une façon d'accorder aux troupes un bref répit dans ce stress constant. Henry se trouvait immobilisé à Nairobi puisque j'avais dû fermer l'aéroport de Kigali. Dans notre isolement, nous souffrions tous de son absence. Ce soir-là, lors des « prières », le personnel me demanda s'il était possible de trouver un poste de télévision et une antenne pour regarder la finale de la Coupe mondiale de soccer, qui se déroulerait le 17 juin. (La MONUOR m'avait envoyé une invitation personnelle afin de suivre, dans leurs quartiers, à Kabale, le match de la finale, opposant Hollandais et Brésiliens – deux pays représentés dans ma mission.) C'était bien la moindre des choses. Je donnai à mon personnel la permission de dégoter un poste de télévision et de se rendre à mon ancienne résidence en se faisant remarquer le moins possible, afin de voir si l'antenne était toujours intacte. Dans ce cas, il leur suffisait de la remonter au Q.G. Avoir la télé contribua à rehausser sensible-ment le moral des troupes. Mais, arrivé au 17 juin, les événements s'étaient corsés, et nul membre de la MINUAR n'avait vraiment la tête au soccer.

Lorsque Henry découvrit la fermeture de l'aéroport, il bifurqua sur Kampala, entreprit la tâche herculéenne d'organiser un pont aérien logistique de Nairobi à Kampala et ensuite d'utiliser la voie terres-tre jusqu'à Kigali. En trois jours, il négocia et parapha des ententes avec les gouvernements kényan et ougandais, le Programme des Nations unies pour le développement (PNUD) à Kampala, le siège de l'ONU à New York, notre personnel administratif à Nairobi et, finalement, le FPR, afin de pouvoir ouvrir une route. Il emprunta des camions du Programme mondial de l'alimentation des Nations unies et conduisit personnellement le premier convoi avec des renforts ghanéens – autrement dit 50 soldats – à Kigali.

Lorsqu'ils entrèrent dans notre enceinte le 8 juin, nous avons applaudi et poussé des vivats. Il s'agissait du premier signal indiquant que, peut-être, la MINUAR de seconde génération pouvait enfin prendre forme (bien qu'avec 15 jours de retard et avec des soldats qui n'avaient pas la formation ni l'équipement appropriés, sans transports de troupes blindés), tout en donnant naissance à la voie que la logistique entreprendrait pour soutenir les réfugiés et nous-mêmes au cours des semaines et mois à venir. La coopération du Programme mondial de l'alimentation de l'ONU allait être cruciale au cours de ce processus : elle nous fournirait de gros camions et, de notre côté, nous établirions une route, assurerions la coordination et la sécurité nécessaires à l'acheminement de l'aide humanitaire au Rwanda. (Bel exemple de ce qu'il est possible de réussir quand une organisation d'entraide coopère avec une force de maintien de la paix, au lieu de lui mettre des bâtons dans les roues.)

Ironiquement, le même jour, le Conseil de sécurité des Nations unies vota la Résolution 925, qui allongeait le mandat de la MINUAR jusqu'en décembre et autorisait le déploiement de la phase II de ce qu'il était convenu d'appeler la MINUAR 2, concurremment avec la phase I. Quelle blague ! Vingt-trois jours s'étaient écoulés depuis l'approbation du mandat, et nous aurions presque dû avoir les forces suffisantes pour intervenir rapidement. Nous pouvions toujours acclamer les renforts ghanéens, mais cinquante hommes étaient loin de suffire à la tâche.

Le 8 juin, jour où Henry revint avec les Ghanéens, le major Luc Racine, à la tête d'une petite équipe d'observateurs militaires et accompagné par un journaliste français, entrait dans Nyamirambo, un faubourg de Kigali, pour effectuer une reconnaissance à l'orphelinat Saint-André, tenu par des Français. Cet établissement était l'un des lieux qui retenaient particulièrement l'attention de Bernard Kouchner, et la situation y était désespérée. Les enfants, des Tutsis pour la plupart, étaient entassés dans un immeuble avec peu d'eau et de nourriture, et ils pouvaient rarement s'aventurer dans la cour. L'orphelinat était entouré de gens agressifs, dont des miliciens.

Pour se rendre là, Racine dut négocier son passage à 21 barrages. Nyamirambo était l'un des rares quartiers à être encore peuplés dans la région de Kigali et grouillait de miliciens. Tous les barrages étaient proches de buvettes, et leurs gardiens étaient ivres à force de consommer de la bière maison à base de bananes. Les cases étaient si serrées sur les côtés de la route que circuler revenait à conduire dans un tunnel. Plus Racine avançait dans Nyamirambo, plus il lui sembla pénétrer dans l'antre de l'Interahamwe. Les gens de ces faubourgs étaient si pauvres, qu'ils ne pouvaient imaginer un quelconque avenir. Aussi étaient-ils réceptifs aux messages de haine diffusés par les Hutus extrémistes.

L'orphelinat était un immeuble carré, entouré par une barrière à laquelle s'adossaient des cases sur tous les côtés. Lorsque Racine et son équipe entrèrent dans l'enceinte de l'orphelinat et se stationnèrent près d'un gros arbre, le missionnaire français qui dirigeait l'établissement éclata en larmes. Toutefois, l'arrivée des véhicules des Nations unies avait attiré l'attention et, bientôt, des centaines d'habitants des environs grimpèrent sur le toit des cases avoisinantes, certains sautant même pour tenter d'apercevoir les enfants à travers les fenêtres de l'orphelinat.

À l'intérieur de l'édifice, deux des adultes qui avaient tenté de prendre soin des enfants n'étaient plus maîtres de leurs nerfs, à moitié fous de peur. Racine comprit qu'il n'y avait aucun moyen de faire sortir les enfants ce jour-là. La populace devenait vindicative et l'évacuation d'orphelins par les Nations unies, une situation potentiellement explosive. Il décida néanmoins d'évacuer les adultes souffrant de troubles nerveux. Il était très délicat d'emmener qui que ce soit, surtout au milieu des tirs de quelques miliciens en direction de l'orphelinat. Ils s'arrangèrent pour atteindre le couvert des arbres mais, alors que le journaliste français se dirigeait vers le camion, il reçut une balle dans la fesse. On dut l'empoigner, le jeter dans le camion et se sauver précipitamment.

Racine accéléra et se fraya un chemin à travers les barrages, passant avant qu'on ne l'arrête. Avant de revenir au Q.G. de la Force, il déposa le journaliste blessé à l'hôpital King Faisal et le confia au docteur James Orbinski. Après le passage de Racine et de son équipe, Nyamirambo explosa littéralement. Les miliciens de l'Interahamwe n'avaient aucun scrupule à tirer sur leurs propres gens lorsque nous refusions d'être leur cible. Le faubourg devint si anarchique que nous ne fûmes jamais plus capables d'y retourner jusqu'à la prise de Kigali par le FPR. Trois semaines et demie plus tard, même les troupes de Kagame eurent de la difficulté à contrôler ce secteur.

Cette mission avortée était typique des tâches que je demandais à mes observateurs militaires : apporter sur place des fournitures médicales, sauver, protéger et parfois évacuer des personnes innocentes. Comme il le faisait quotidiennement, cette nuit-là Yaache me mit au courant du travail humanitaire accompli jusqu'à présent. À ce stade-ci, nous avions reçu 921 demandes d'aide de l'extérieur pour nous rendre à tel ou tel endroit sauver une personne ou toute une famille, et 252 demandes pour rescaper des expatriés. Toutes ces personnes avaient des relations qui tiraient les ficelles pour elles à New York, ou encore nous appelaient directement. Même si Racine et son équipe s'étaient tirés vivants de l'escarmouche de l'orphelinat Saint-André, Racine fut taraudé par l'idée de ne pas avoir été capable de sauver les enfants. Il savait qu'après son départ les chances que les enfants aient été massacrés étaient grandes, car la populace les surveillait par les fenêtres et n'attendait que le moment propice pour fondre sur eux.

Cela prenait toute notre énergie, nos ressources et notre courage pour obtenir de bien minces résultats. Autour de nous, des milliers d'êtres humains étaient mis en pièces, et des millions d'autres essayaient de sauver leur peau. Parfois, nous faisions plus de mal que de bien. Après chaque mission manquée ou «réussie», je me demandais si j'avais le droit moral d'exiger de mes hommes un tel niveau d'intensité opérationnelle et de risque. Après mon retour du Rwanda, au fil des ans, je découvris lentement à quel point des pays comme la France, la Belgique, les États-Unis, entre autres, et des formations politiques comme l'AGR et le FPR avaient manœuvré de manière cynique. Je ne peux m'empêcher de penser que nous constituions une sorte de diversion, une victime à sacrifier pour que des hommes d'État montrent aux yeux du monde qu'ils agissaient pour mettre un terme au génocide. En fait, ce que nous faisions relevait du camouflage. J'ai touché le fond à la fin des années 90, après mon premier témoignage à Arusha, parce que j'avais enfin compris à quel point j'avais été dupe de cette comédie. J'avais poussé mes hommes à accomplir des choses qui, en fin de compte, avaient sauvé des vies humaines, mais qui, dans le contexte de cette grande tuerie, semblèrent presque insignifiantes. Et pendant tout ce temps, je pensais être la cheville ouvrière des efforts entrepris pour mettre un terme à la crise.

Par la suite, on nous a annoncé un massacre de taille à Kabgayi, cet endroit que le pape nous avait demandé de protéger. Un groupe de soldats du FPR – ils faisaient partie de la force ayant sécurisé la région – avait fait irruption dans le monastère et mis à mort un archevêque, trois évêques et dix prêtres. Ces troupes dissidentes se déplaçaient depuis des semaines et avaient partout été témoins des meurtres massifs perpétrés par les extrémistes hutus. Or, les soldats savaient pertinemment que l'Église était au mieux avec la famille de Habyarimana et les membres du précédent gouvernement. Ils avaient simplement assassiné les prélats par pure vengeance, leur discipline ayant été mise à rude épreuve par les atrocités dont ils avaient été témoins dans tout le pays. Lors des pourparlers de cessez-le-feu, le 9 juin, le FPR avait admis qu'à Kabgayi la discipline avait grandement fait défaut, et que seul un groupe dissident s'était rendu coupable du massacre sauvage des hommes d'Église, tous des Hutus. Henry eut la tâche de coordonner la logistique du FPR et de l'AGR afin de récupérer les corps et de les remettre au gouvernement provisoire qui devait en assurer l'inhumation. Ce soir-là, lorsque Henry envoya un câble à Maurice pour faire état de la situation, il termina en ces termes : « Nous apprécierions l'arrivée imminente de la cavalerie… »

\* \* \*

Ce matin-là, Henry était de service, car je devais me rendre à Nairobi. Je devais parler entre quatre yeux à Golo, le nouvel agent d'administration principal, afin de le persuader, y compris son personnel, de répondre à nos besoins de manière plus rapide. Je désirais aussi rencontrer la horde indisciplinée des représentants d'ONG et d'agences humanitaires qui se multipliaient à Nairobi et qui prétendaient connaître mieux que quiconque la façon de régler la crise au Rwanda. Alors que les agences les plus réputées, comme la Croix-Rouge et Médecins sans frontières, poursuivaient leur formidable travail sans se manifester bruyamment, les autres semblaient débordés par leurs «missions d'évaluation» et les bonnes occasions de faire des photos. Je voulais les persuader d'y penser à deux fois avant de conclure des ententes avec le FPR et les aiguillonner afin qu'ils cessent leurs sempiternelles «évaluations» de la crise et qu'ils passent enfin à l'action. Quant à la grande famille des organismes d'aide humanitaire des Nations unies, exception faite du Programme mondial de l'alimentation, d'après ce que je pouvais constater, peu d'entre eux se trouvaient sur le terrain.

Le loyal et imperturbable Amadou Ly pensait qu'il était enfin temps que je vienne pour m'adresser directement à la communauté internationale. Ce voyage avait aussi des avantages. Lors de son retour au Canada, l'amiral Murray avait décidé qu'il serait bon pour mon état d'esprit de prendre quelques jours de congé avec Beth, et il s'était arrangé pour l'envoyer me rencontrer à Nairobi.

Me rendant dans le nord en 4 × 4 sans incident notable à travers un territoire tenu par le FPR, je remarquai que la campagne était désertée et que les champs étaient roussis et non cultivés. De plus, un certain nombre de villages avaient été complètement brûlés. Le FPR refusait de laisser passer nos véhicules sur le pont de Gatuna. Je traversai donc à gué la petite rivière pour me retrouver dans une zone paisible et ensoleillée. Des observateurs de la MONUOR me recueillirent de l'autre côté du cours d'eau, et nous avons fait une brève halte pour que je rencontre mon commandant sur place, le colonel Azrul Haque. Il m'attendait avec une tasse de thé bien chaude et un rapport succinct sur la situation prévalant à la frontière. Pendant un certain temps, les Nations unies avaient voulu complètement démanteler la MONUOR en alléguant qu'avec l'embargo sur les armes qui sévissait, le rôle de la mission était devenu inutile. La journée précédant ce voyage, j'avais envoyé au DOMP un rapport dans lequel je soulignais vigoureusement à quel point l'embargo était une farce et que la mission devait se poursuivre. Hague me confia que la NRA (National Resistance Army ou Armée nationale de résistance de l'Ouganda) ne coopérait toujours pas et empêchait les observateurs de faire leur travail. Il avait toutefois déployé nos observateurs non loin des principaux postes frontaliers. Ils étaient de garde, même la nuit, et étaient témoins d'un trafic assez conséquent entre l'Ouganda et le Rwanda.

Je pris un hélicoptère pour me rendre à Entebbe et, de là, un appareil Hercule m'emmènerait à Nairobi. Je ne tardai pas à survoler le vieil aéroport d'Entebbe et, avant l'atterrissage, je me livrai à une inspection visuelle du terrain. Entebbe devait être ma base principale pour la MINUAR 2, et son vieil aéroport était encore relativement utilisable. Son tarmac pouvait accueillir un village de toile pour la formation du personnel ainsi que l'entretien et la réparation de l'équipement que nous attendions. Dans les semaines qui suivirent, je devais entrer en concurrence avec les organisations humanitaires pour parvenir à obtenir les véhicules plus que précieux – camions et autocars – qui devaient amener des troupes fraîches de Entebbe à Kigali. Cela prenait une journée de route, à condition que tout se passe bien. La nouvelle concernant cette pénurie d'engins de transport se propagea jusqu'à Mombasa et même Dar es-Salaam, et les frais de location de matériel lourd se mirent à atteindre des records. Était-ce le système capitaliste de l'offre et de la demande qui était à l'œuvre ou la rapacité de joyeux vautours?

J'avais approximativement une heure de battement avant mon vol pour poursuivre mon tour de l'aéroport. J'allai rencontrer les quelques observateurs de la MONUOR qui s'étaient déjà installés sur place. Toutefois, je ne tardai pas à oublier tout ça: Beth descendait du Hercule et se dirigeait vers moi. Je voulais courir vers elle comme le font les gens dans les films, mais, à sa vue, j'étais trop ébranlé. Mon foyer me semblait si loin. Nous sommes montés à bord du Hercule où l'on nous désigna des sièges dans la cabine de pilotage. Je n'avais pas grand-chose à dire lors de mon vol vers Nairobi, mais je me souviens que des larmes tombaient sur mes mains, même si je n'avais aucunement conscience de pleurer.

Comme il fallait s'y attendre, je n'eus aucun temps à consacrer à Beth en arrivant à Nairobi. Dès notre sortie de l'avion, on m'enleva littéralement pour me traîner dans une importante réunion d'information et de coordination avec tous les groupes humanitaires et le corps diplomatique. J'ai briefé l'assistance en détail sur la situation militaire et le génocide, puis j'ai décrit le concept de la MINUAR 2 et le nouveau rôle de ma mission, qui comprenait le soutien et la protection des agences d'entraide et des Rwandais en péril. Je les ai sérieusement prévenus de se garder de faire preuve d'initiatives personnelles dans la zone contrôlée par le FPR, leur expliquant qu'ainsi, ils aidaient et se rendaient complices de l'un des belligérants. Tant qu'ils transigeraient directement avec le FPR, l'AGR ne permettrait jamais aux groupes humanitaires d'avoir accès aux camps de personnes déplacées dans les territoires qu'elle contrôlait. Je quittai cette réunion mi-figue mi-raisin, me demandant si ces travailleurs humanitaires résolus prendraient bonne note de mon message et joueraient selon les règles du jeu.

Je passai environ une heure avec les médias internationaux en les accusant de manière presque candide de nous avoir lâchés. En ce qui me concernait, leur mission était de rapporter les faits et d'embarrasser sans réserve – dans leur propre pays – les politiciens timorés afin qu'ils n'oublient jamais le génocide rwandais. « J'ai besoin de troupes et ça presse, leur ai-je dit. Alors allez-y, foncez et aidez-moi à défendre la cause du Rwanda. » Faute d'autre chose, je peux au moins dire qu'ils m'ont prêté l'oreille.

Il était au-delà de 17 h lorsque je suis arrivé au Q.G. de l'ONU, situé dans une autre partie de la ville. La plupart des membres du personnel étaient rentrés chez eux après leur 9 à 5. Leur mentalité de rond-de-cuir m'enrageait, et seul le bon sens olympien d'Amadou Ly parvint à me calmer. Après avoir décrit une fois de plus la situation très critique qui sévissait à Kigali, et après avoir reçu des réponses bureaucratiques de Golo et des rares fonctionnaires qui avaient daigné rester pour me rencontrer ce soir-là, j'en vins à me montrer menaçant pour mon agent d'administration principal : « Je dispose de plus d'hommes armés que vous n'en avez, monsieur Golo, et je n'ai pas du tout envie de les voir débarquer ici », lui ai-je dit. Après m'être détendu un peu, je me rendis compte que tout ce que je pouvais bien raconter sur nos conditions de vie à ce personnel administratif tombait à plat. C'est pourquoi je décidai d'exercer des pressions afin qu'ils viennent sur place à Kigali sentir l'odeur fétide de la mort et de la famine, apprendre à manger des conserves à la date de péremption expirée et vivre avec la diarrhée qui s'ensuivait, sans papier hygiénique et sans eau courante. Après, et seulement après, ils comprendraient combien j'étais sérieux quand je disais que la loyauté de mes troupes était poussée au-delà des limites décentes à cause des conditions dans lesquelles on les forçait à vivre.

Je me présentai à une heure tardive à l'ambassade du Canada où l'ambassadrice Lucie Edwards avait tout organisé afin que Beth et moi soyons logés et bien nourris. Je ne saurais exprimer mon sentiment de me trouver enfin dans une maison confortable. Je dois confesser que j'ai dû me savonner trois fois sous la douche pour enfin me sentir propre.

Les deux jours suivants, j'allai me cacher avec Beth dans un hôtel de style colonial anglais situé dans l'un des parcs nationaux du Kenya. La deuxième soirée, alors que je dînais avec ma femme, on m'appela d'urgence au téléphone. J'en déduisis qu'un événement terrible avait dû se produire à Kigali. À mon plus grand mécontentement, j'eus en ligne l'ambassadeur de France au Kenya. Comment avait-il pu se procurer mon numéro? À ce jour, cela demeure un mystère. Sa priorité était les orphelins, et il voulait me rencontrer à ce propos, toutes affaires cessantes, dès mon retour à Nairobi. En allant rejoindre Beth, je me demandai pourquoi les Français étaient si obsédés par les orphelins. Pourquoi m'approchaient-ils directement plutôt que de passer par Kouchner? En me rasseyant, j'ai dit à Beth que les Français étaient en train de magouiller quelque chose et qu'il me fallait en savoir davantage. À cette époque, je n'aurais jamais deviné jusqu'à quel point le gouvernement intérimaire, l'AGR, Boutros-Ghali, la France et même le FPR travaillaient déjà derrière mon dos pour organiser une intervention au Rwanda sous couvert d'aide humanitaire. Mais qu'y avait-il de si nouveau, en somme? Je n'étais qu'un pion sur l'échiquier censé simplement réagir aux tripotages politiques de haut niveau auxquels des gens plus importants que moi se livraient.

Une fois revenus en ville, je ne vis presque plus Beth, car on m'envoyait de réunion en réunion. Jamais je n'ai rencontré l'ambassadeur de France, qui ne donna pas suite à son urgente requête concernant les orphelins. Avant le départ de Beth, madame Edwards, notre ambassadrice, nous invita à un dîner tranquille, le 14 juin, en compagnie de son mari et de membres du personnel diplomatique. Ce fut pour moi un choc culturel total : j'avais enfin des rapports humains normaux. Des conversations intéressantes, une nourriture savoureuse, un monde bien loin du Rwanda. Le moment était surréaliste. Intoxiqué par l'expérience brutale du génocide, j'appréciais cette soirée de mon mieux. Beth se montra adorable et parvint très adroitement à dissimuler son inquiétude quant à ce qui pouvait m'arriver ou aurait pu m'arriver. Plus tard, elle me confia que de très sérieux troubles intérieurs couvaient en moi, car je ne semblais pas être vraiment là, que ce soit avec elle ou avec les autres. Je me souviens d'une note plus légère pendant la soirée. L'ambassadrice me suggéra une cure pour l'insomnie chronique dont je souffrais alors. Elle m'offrit en guise de parfait soporifique un récent livre que son mari avait écrit sur l'industrie sylvicole canadienne. Il eut un air malicieux lorsque sa femme me remit l'ouvrage. Elle avait parfaitement raison. J'ai bien ouvert ce livre à plusieurs occasions désespérées, mais je n'ai jamais dépassé l'introduction.

Alors que je faisais mes adieux à Beth dans le tumulte urbain de Nairobi, je me trouvai pris dans un conflit émotionnel et mental qui se situait entre ce que j'appelle maintenant le « monde réel », c'est-à-dire le génocide qui se déroulait au Rwanda, et le « monde artificiel », soit le détachement et la stupidité dont faisaient preuve les riches et les puissants. Je me demandais constamment : « Pourquoi rester ? Pourquoi demander à nos troupes de le faire ? Pourquoi demander des renforts ? » Mais, chaque fois, je répondais de la même manière. Demeurer sur place et aider les Rwandais était un devoir moral, même si les résultats de nos actes semblaient dérisoires. Sur le chemin du retour, je pris le temps à Entebbe de faire une reconnaissance plus poussée. Je parcourus le terrain d'aviation, passant près de l'épave de l'appareil qui avait été détourné. Je m'imaginais l'héroïsme des Israéliens qui avaient donné l'assaut et, dans un autre registre, pensais à la générosité des gens que j'avais laissés à Kigali.

Pendant mon absence, Henry s'était démené sur tous les fronts pour obtenir de l'aide. Le rapporteur spécial de la Commission des Nations unies sur les droits de la personne, René Degni-Segui, était arrivé pour commencer son enquête formelle sur le génocide. Nous avons fait tout notre possible pour lui faciliter la tâche et pour organiser des réunions avec tous les témoins et tous les intervenants politiques et militaires. Son équipe et lui demeurèrent avec nous à Amahoro, l'endroit le plus sûr que nous avions pu trouver, ce qui, certains jours, ne voulait pas dire grand-chose. L'un des premiers documents qu'il nous a demandés de transmettre aux belligérants fut la réprimande monumentale qu'il leur administrait pour le massacre des religieux à Kabgayi. Les médias du monde entier reprirent la nouvelle, situation fort embarrassante pour le FPR, et Degni-Segui a prévenu Kagame à brûle-pourpoint qu'il entreprendrait en priorité une enquête à ce sujet. Aux négociations sur le cessez-le-feu, que Henry essaya de prolonger au maximum, les deux parties s'inquiétaient réellement des futures découvertes du rapporteur spécial. L'Interahamwe et l'AGR se faisaient vraiment du souci à cause de cette enquête – et pour cause !

Le 13 juin, Henry et la cellule humanitaire transféraient 550 personnes de l'église Sainte-Famille, de l'hôpital King Faisal, de l'hôtel des Mille Collines et du stade d'Amahoro vers une zone sécurisée. Ces transferts étaient de plus en plus l'occasion de crises. Les gens tentaient de monter à bord des véhicules sans suivre la procédure que nous avions établie, même si cette dernière était difficile à appliquer quand les réfugiés envahissaient nos sites protégés. Nous étions alors incapables de garder les listes à jour et complètes. Puis, une fois à bord, certains étaient terrorisés parce que l'Interahamwe érigeait des barrages routiers que l'on pouvait apercevoir des portes de notre site. Ils n'arrêtaient aucun convoi, mais les miliciens constituaient une menace réelle. La RTLM continuait à prétendre que la MINUAR ne se préoccupait que de sauver des Tutsis, même si les témoins savaient pertinemment que les transferts de Hutus étaient tout aussi importants. Il y avait même certains Hutus qui refusaient de quitter la sécurité – pourtant inadéquate – de nos sites. C'est ainsi que, le 14 juin, l'Interahamwe entra dans l'enceinte de l'église Saint-Paul, rassembla environ 40 enfants, les fit sortir dans la rue et les abattit, simplement pour montrer ce qu'ils étaient capables de faire. Les observateurs militaires qui avaient été placés là furent débordés. Comme ils n'étaient pas armés, ils durent se contenter de regarder les enfants se faire mener à l'abattoir. Il est possible que ces massacres aient constitué une réponse aux transferts massifs et réussis de la journée précédente ou encore un acte de défi s'adressant à René Degni-Segui.

Peu importe la raison de cette dernière atrocité, mon retour à Kigali en fin de journée, le 16 juin, fut bien accueilli par Henry. J'avais du rattrapage à faire cette nuit-là, non seulement au sujet des nouvelles locales, mais aussi au niveau international. Ainsi, je découvris que Booh-Booh avait remis sa démission le 14 juin, et que l'ONU l'avait acceptée le jour suivant. Et puis, une fois de plus, le gouvernement intérimaire du Rwanda essayait de me faire limoger en portant plainte auprès du secrétaire général, alléguant que mes «déficiences et ma partialité manifeste [envers le FPR] avaient largement contribué à l'échec de la MINUAR». J'étais heureux d'être de retour dans cette situation, peut-être un symptôme du fait que j'avais perdu le sens des réalités.

# 14

# L'invasion turquoise

L a bataille de Kigali fit rage tout au long du mois de juin. Kagame était un maître de la guerre psychologique et s'en servait pour compenser l'inégalité en armes et en effectifs entre ses forces et celles de l'AGR. Après une attaque éclair initiale visant à effectuer une jonction avec le bataillon du FPR déjà basé à Kigali, il avait entrepris une opération plus délibérée d'encerclement et de réduction des forces défensives. Il n'était aucunement intimidé par la Garde présidentielle, les unités d'artillerie et de blindés, les forces de défense civile et la milice qui étaient déterminées à défendre la capitale. Il croyait que ses adversaires n'avaient pas la discipline nécessaire pour combattre un ennemi habile et déterminé, et qu'ils gaspillaient leurs ressources en tuant des civils au lieu de concentrer leurs efforts sur la défense. Dès le début, il mobilisa toutes ses forces sur la tâche qu'il considérait principale : vaincre l'AGR sur le terrain.

L'histoire du raid à l'église Sainte-Famille illustre le niveau de compétence et d'audace des troupes du FPR. Des milliers de Tutsis avaient trouvé refuge dans cette église, située à l'est du centre-ville de Kigali. Une nuit, à la mi-juin, le FPR avait envoyé une compagnie à deux kilomètres à l'intérieur du territoire sous contrôle ennemi. Après avoir libéré 600 Tutsis de l'église Sainte-Famille et leur avoir fait traverser les lignes de l'AGR, elle les avait mis en sûreté. La mission avait commencé comme une simple opération clandestine pour finir en une bataille ininterrompue, qui recevait tout le soutien possible et l'appui soigneusement planifié de l'artillerie. Selon les normes de toute force militaire, elle se classait au rang des missions de sauvetage de première classe.

À mesure que les batailles de juin enlevaient à l'AGR des parties toujours plus importantes de territoire, le moral des défenseurs se mit à baisser. Une fois de plus, la station RTLM intensifia sa campagne d'attaques personnelles contre moi, diffusant de nouvelles accusations lancées par le gouvernement provisoire me désignant comme le responsable des malheurs des Hutus. Mais les forces extrémistes allaient bientôt recevoir un appui inespéré.

Au cours de l'après-midi du 17 juin, soit le lendemain de mon retour de Nairobi, j'étais à mon bureau attaquant vindicativement la paperasse, quand Phil se présenta à ma porte. Derrière lui se trouvaient Bernard Kouchner et un autre Français. Kouchner me présenta ce dernier comme étant un représentant du Comité de crise sur le Rwanda mis sur pied par le président Mitterrand. Je ne trouvais pas très prudent de leur part de venir ici, sachant que le FPR se trouvait à Kigali et qu'il n'aimait pas les Français. Par ailleurs, j'étais en partie heureux de revoir Kouchner, homme doué de beaucoup d'énergie et de présence, même si je ne savais jamais quand, ou si, son humanitarisme masquait les intérêts du gouvernement français.

Contrairement à son intervention mal à propos lors de notre première rencontre, Kouchner me demanda cette fois poliment de lui accorder environ une heure. Il m'expliqua qu'il agissait en tant qu'interlocuteur pour son gouvernement sur le terrain et qu'on l'avait envoyé spécifiquement pour me voir. Au moins, son rôle était clair. Kouchner débuta la conversation en faisant une récapitulation de l'horrible situation qui régnait et en déplorant le manque d'action de la communauté internationale. Je n'avais pas de difficulté à être d'accord avec lui. Mais ensuite, il me cloua sur place. Le gouvernement français, disait-il, avait décidé, dans l'intérêt de l'humanité, de se préparer à diriger des forces de coalition françaises et franco-africaines au Rwanda pour faire cesser le génocide et fournir de l'aide humanitaire. Ces forces viendraient en vertu d'un mandat prévu au chapitre VII des Nations unies et établiraient une zone de sécurité dans l'ouest du pays, où les personnes fuyant le conflit pourraient trouver refuge. Je lui répondis immédiatement « Non ! » sans lui laisser la moindre chance de poursuivre et me mis à proférer tous les jurons canadiens-français que peut contenir mon vocabulaire. Il tenta de me calmer en invoquant des raisons que, semble-t-il, il considérait nobles, mais qui, selon moi, étaient profondément hypocrites étant donné les antécédents de la France au Rwanda : les Français étaient certainement au courant que leurs alliés étaient les responsables des massacres. C'est alors que Phil Lancaster ouvrit la porte, interrompant Kouchner et réclamant mon aide immédiate.

Je pris congé en m'excusant et sortis pour voir quelle crise m'attendait. Il ne s'agissait en fait pas d'une, mais de deux crises.

D'une part, une patrouille d'observateurs militaires des Nations unies avait peut-être sauté sur une mine ou était tombée dans une embuscade dans les environs de Kigali, on ne savait pas trop bien. Phil avait reçu un rapport indiquant que l'un des quatre officiers était probablement mort et qu'un autre avait été blessé. Une "ambulance" (terme assez pompeux utilisé pour désigner la camionnette en question : l'intérieur vide contenait une trousse de premiers soins et une civière) avait été dépêchée pour les secourir, mais elle avait eu, elle aussi, de sérieux problèmes.

D'autre part, des négociations en vue d'un cessez-le-feu avaient eu lieu ce jour-là à notre quartier général, mais elles s'étaient transformées en un conflit pouvant dégénérer en prise d'otages. En effet, pendant la réunion, l'AGR avait tiré sur un convoi servant au transfert de Tutsis, empêchant ce dernier d'avoir lieu. En apprenant cette nouvelle par la radio, les représentants du FPR présents à la réunion avaient arrêté tous les membres de la délégation de l'AGR, y compris le général Rusatira. Mes officiers étaient intervenus mais étaient maintenant pris dans une bruyante engueulade. Phil me demanda de regarder par la fenêtre. Dans l'enceinte, une mêlée d'officiers hurlaient, entourés des escortes armées des deux camps. Malgré la présence de Henry et Tiko, la panique régnait, et il était clair que la violence éclaterait d'un moment à l'autre. Phil dit : « Général, vous feriez mieux de descendre ou vous allez perdre votre commandement ».

En fait, je ne me rappelle pas comment je me suis rendu dans l'enceinte, mais je me trouvai soudain en plein milieu de l'empoignade. Je donnai l'ordre à mes officiers supérieurs de sortir de là et de me rejoindre sur-le-champ au centre des opérations. Je repérai Frank Kamenzi dans un coin, en retrait, utilisant son Motorola. L'interrompant, je lui demandai de dire à ses supérieurs de cesser immédiatement cette absurdité, que toute tentative d'enlever ou de faire du mal aux officiers de l'AGR dans mon enceinte déclencherait une réponse énergique de mes troupes et que, de plus, je le mettrais aux arrêts sur-le-champ. Kamenzi avait rarement manifesté de l'émotion, mais il recula devant moi, les yeux écarquillés, et reprit sa conversation avec son appareil radio.

Au centre des opérations, je demandai à Henry et à Tiko, qui avait du mal à contenir sa rage, ce qui s'était passé avec la patrouille. J'appris que vers midi moins le quart un rapport avait indiqué que l'équipe d'observateurs militaires, dont le major uruguayen Manuel Sosa et le major bangladais Ahsan, avait apparemment sauté sur une mine à environ 31 kilomètres de Kigali. Notre seul médecin, un officier du Ghana, et une équipe d'observateurs montèrent en vitesse dans la camionnette-ambulance et partirent, accompagnés par un transport de troupes blindé, pour sauver les observateurs militaires blessés. Ils parcoururent avec succès 15 kilomètres de mauvaises routes et de barrages routiers, puis un des pneus creva. Le médecin et son équipe abandonnèrent l'ambulance et montèrent dans le blindé, mais ce dernier perdait de l'huile et il tomba aussi en panne.

Entre-temps, les deux observateurs militaires qui voyageaient juste derrière Sosa et Ahsan réussirent à informer qu'ils avaient aidé les deux victimes, mais que le FPR les avait arrêtés.

La situation était extrêmement grave. Le major Ahsan était blessé, et les soldats du FPR refusaient de croire qu'il était un soldat de la paix, bien qu'il portât sur son uniforme bangladais un insigne des Nations unies. Les majors Ahsan et Sosa n'avaient pas roulé sur une mine terrestre, ils avaient été atteints par une roquette, et quand Ahsan avait essayé de sortir Sosa de là, ils avaient tous deux essuyé des tirs. Les soldats avaient pris l'argent qu'Ahsan avait sur lui, et le sergent du FPR avait donné l'ordre de traîner l'officier bangladais plus loin et de le tuer. L'un des observateurs militaires de la deuxième équipe, le major Saxonov, s'était élancé et les avait suppliés de laisser la vie sauve à Ahsan, mais lui aussi avait été placé sous bonne garde. Ashan eut la vie sauve grâce à la dispute entre les soldats du FPR au sujet du partage de l'argent volé. Tout au long de la confrontation, personne n'avait eu la permission de s'occuper de Sosa, qui était grièvement blessé mais encore vivant. Après presque une heure, le FPR décida de les laisser tous partir.

Avec ses collègues blessés, Saxonov et son compagnon, le major Costa, arrivèrent vers 13 h 10 à l'endroit où le transport de troupes blindé était tombé en panne. Mais il était trop tard pour Sosa, qui mourut peu après en chemin dans les bras de Saxonov. Quand ils trouvèrent l'ambulance, ils passèrent quelques minutes tendues à réparer la crevaison. Au même moment, Tiko avait lancé une seconde équipe de sauvetage, dirigée par le lieutenant-colonel Mustafizur Rahman, mais la lenteur de leur blindé et les négociations interminables nécessaires pour franchir les différents barrages routiers la ralentissaient terriblement. Au nord du carrefour Kadafi, ils furent la cible de tirs constants et faillirent être atteints par un obus de mortier. Quand, enfin, ils atteignirent l'ambulance et le 4 × 4 de la MINUAR, qui se dirigeaient vers le sud, Rahman a envoyé une partie de son équipe pour tenter de récupérer le transport de troupes blindé tombé en panne et le reste des hommes directement à l'hôpital de la Croix-Rouge.

À l'étage supérieur de mon Q.G., Phil avait communiqué avec le détachement d'avions Hercule, à Nairobi, pour demander l'évacuation médicale immédiate. Ils acceptèrent de venir malgré la fermeture de l'aéroport et dirent qu'ils arriveraient dans environ trois heures. La confrontation au sujet des otages n'était pas encore tout à fait réglée, mais Phil avait réussi à obtenir des officiers de liaison de l'AGR et du FPR la permission que le Hercule atterrisse.

Au centre des opérations, je demandai à Henry de prendre la relève des négociations pour faire partir l'AGR d'ici, et à Tiko de reprendre le contrôle de son quartier général des observateurs. Nous avions encaissé un coup terrible, mais perdre la tête ne nous conduirait à rien. Malgré cela, je ne pouvais jeter la faute sur mes officiers. Ils étaient manifestement affectés par le stress, les tensions dues aux situations impossibles qu'ils devaient affronter tous les jours et par leurs conditions de vie. J'annonçai que je négocierais avec le FPR. Toujours avec sa radio, Kamenzi était encore engagé dans une conversation très animée. Quand je m'approchai, il m'annonça que le FPR abandonnait.

Assis dans des fauteuils sans ressorts très inconfortables, Kouchner et son collègue m'attendaient encore dans mon bureau. Je dis à Kouchner que je n'arrivais pas à croire l'effronterie des Français. D'après moi, ils se servaient du prétexte humanitaire pour intervenir au Rwanda, permettant à l'AGR de maintenir une bande de territoire du pays et un peu de légitimité face à une défaite certaine. Si la France et ses alliés avaient vraiment voulu faire cesser le génocide, éviter que mes observateurs militaires se fassent tuer et appuyer les objectifs de la mission des Nations unies – comme la France l'avait voté à deux reprises au Conseil de sécurité – ils auraient plutôt renforcé la MINUAR.

Mais Kouchner et son compatriote voulaient clairement que je cesse d'argumenter. Ils ne me demandaient pas de subordonner ma mission aux objectifs des Français, mais j'avais bien l'impression que c'est ce qu'ils souhaitaient. Selon eux, je devais m'efforcer de rendre la MINUAR 2 opérationnelle dans les zones sous contrôle du FPR au cours des quatre prochains mois, pendant qu'ils s'arrangeaient avec les territoires sous contrôle de l'AGR et leurs prétendues zones de sécurité. Je conclus facilement le but de leur visite : me faire accepter de subordonner les objectifs de la MINUAR à ceux de l'armée française. Ils n'avaient aucune chance d'y parvenir.

Je mis abruptement fin à la rencontre quand j'entendis le Hercule nous survoler. Kouchner voulait un peu d'appui de notre part pour sa rencontre avec le FPR. Je lui dis que nous l'appuierions de notre mieux malgré notre complet désaccord avec le plan d'action français. Je le croyais complètement fou d'essayer de défendre sa position sachant que l'armée rebelle détestait les Français. Ce que je ne savais pas alors, c'est que le gouvernement et les militaires français avaient déjà tenu des réunions de haut niveau avec les représentants du FPR en Europe à ce sujet, et que des membres de l'AGR, y compris Ephrem Rwabalinda, mon officier de liaison de l'AGR, s'étaient rendus à Paris pour discuter de l'intervention française en voie de préparation. Comme pour la culture des champignons, on m'avait maintenu dans le noir et alimenté de beaucoup de fumier frais au lieu de me fournir des informations.

À l'aéroport, les moteurs du Hercule tournaient pendant que l'officier blessé était hissé à bord et confié aux soins d'une infirmière militaire canadienne. Dans le salon réservé aux personnalités importantes de l'aéroport, nous avons procédé à une cérémonie solennelle, bien que courte, en témoignage de notre souvenir et de notre respect envers le major Sosa. Il était le douzième soldat des Nations unies à avoir été tué au Rwanda et, à mon grand regret, je savais qu'il ne serait pas le dernier. J'étais affligé pour lui et pour sa famille. Une fois de plus, un de mes officiers était expédié dans une bâche bleue de réfugiés, pendant que ma force, aux effectifs réduits et aux conditions de vie déplorables, avait du mal à accepter sa perte et aussi l'indifférence de la communauté internationale à l'égard des risques qu'elle prenait.

Ce soir-là, les médias français révélèrent le plan de la France de déployer de ses soldats au Rwanda. La nouvelle parvint à la station RTLM et aux autres postes émetteurs locaux, qui la rediffusèrent aussitôt dans tout le pays. À Kigali, les forces de défense étaient folles de joie à la perspective d'un sauvetage imminent par les Français. Ce renouveau d'espoir et de confiance eut une autre conséquence : il ranima la chasse aux survivants du génocide, augmentant ainsi le danger pour les personnes réfugiées dans les quelques églises et édifices publics qui n'avaient pas été affectés. Les auteurs du génocide attendaient désormais que les Français viennent les sauver et pensaient avoir carte blanche pour achever leur macabre besogne.

Je n'avais pas pu téléphoner au triumvirat au DOMP avant de me coucher, mais je m'assurai que des comptes rendus complets sur la situation décrivant les événements chaotiques de la journée, entre autres, la mort de Sosa, le fait qu'Ahsan ait été blessé et la réapparition de Kouchner, avaient été envoyés à New York. Parmi le lot de câbles codés reçus pendant la nuit, il y en avait un de Riza. En gros, il me demandait de ne pas m'exposer. « Dans la situation actuelle de danger grandissant, vous prendrez les décisions opérationnelles qui s'imposent, écrivait-il. Nous vous conseillons, de manière générale, de demeurer sur la défensive, d'éviter de prendre des risques et de subir des pertes jusqu'à la clarification de la situation. » J'avais fait exactement ce que mon mandat du dernier mois exigeait de moi. Riza me conseillait d'isoler la mission à Kigali et d'interrompre les efforts pour maintenir le contact avec le FPR et le gouvernement provisoire. Il me notifia de limiter les activités de la MINUAR à la garde passive de nos emplacements et des alentours de Kigali, jusqu'à l'arrivée des renforts, ce qui pouvait prendre deux ou trois mois.

Dans la même dépêche, il m'annonça officiellement le désir de la France d'envoyer des soldats dans l'ouest du Rwanda et me dit de décider du rôle que je jouerais dans cette intervention. Riza confirma que les Français étaient en train d'organiser une opération séparée, qui ne serait pas placée sous mon commandement et qui ressemblerait à l'opération « Restore Hope » (Faire renaître l'espoir) que les États-Unis avaient dirigée en Somalie. Riza ajouta que la nouvelle mission pourrait arriver sur le terrain avant même d'avoir reçu l'autorisation du Conseil de sécurité. « Vous devrez vous assurer que la MINUAR ne fournira que le degré de coopération qui s'avérera absolument nécessaire, et que les relations seront cordiales », écrivit-il. Cette périphrase signifiait, dans le langage des Nations unies, que pour couvrir le DMPO et le secrétaire général, je ne devais surtout pas trop coopérer avec les Français avant que leur mandat soit approuvé. Le problème était que cela signifiait également que je ne pourrais pas entrer en contact avec l'armée française avant qu'elle débarque. Le désastre humanitaire, déjà énorme, prenait encore de l'ampleur, les besoins étaient urgents et, sur le terrain, j'étais celui qui possédait les informations les plus complètes et les plus récentes, mais je devais ne pas froisser les susceptibilités en ne tentant pas d'éclairer les Français sur la situation.

D'une part, j'étais irrité par la mission surnommée « Opération Turquoise » par la France, et d'autre part, j'étais convaincu que de ne pas partager avec les Français les informations que je possédais était une erreur. Je me rendrais compte plus tard que plusieurs officiers ayant participé à l'Opération Turquoise avaient servi de conseillers militaires français auprès de l'AGR jusqu'au début de la guerre. Que devait penser l'AGR de leur présence ? Elle devait se douter que la mission des Français n'était pas purement humanitaire. Et quel incroyable encouragement pour l'AGR et les extrémistes de la Garde présidentielle que la présence de leurs anciens conseillers militaires ! Ils étaient déjà fous de joie dans les rues de Kigali. La présence des soldats français, autorisée par les Nations unies, allait rendre plus difficiles les négociations de la MINUAR auprès du FPR. Riza écrivit : « Les perceptions du FPR sur l'opération même détermineront son attitude, et nous espérons qu'elles n'affecteront pas ses relations avec la MINUAR ». Si je ne m'étais pas senti si abattu, je me serais mis à rire. Il était certain que tous les membres franco-africains de ma mission allaient courir des risques encore plus grands.

J'envoyai une dépêche au D$^r$ Kabia et à Henry, leur demandant à tous deux d'étudier nos options dans la situation « orwellienne » dans laquelle une force des Nations unies, en vertu des stipulations du chapitre VII, et une autre, en vertu de celles du chapitre VI, se trouverait face à un belligérant déterminé. D'une part, les troupes françaises avaient la réputation d'être agressives et, d'autre part, le FPR essayait de conquérir tout le pays. Deviendrions-nous, par défaut, une force de maintien de la paix entre les Français et le FPR ?

Les conversations téléphoniques soutenues entre le triumvirat et moi pour assurer le suivi étaient en quelque sorte rassurantes. Riza, Maurice et Annan jugeaient également que le scénario qui se préparait était totalement absurde et l'initiative française ne les emballait pas. Toutefois, ils me demandaient de bien comprendre le fait que l'intervention aurait lieu, peu importe ce que l'on pouvait en penser.

Comment allions-nous continuer ? L'embuscade de la veille m'avait profondément affecté. Il s'agissait manifestement d'une réaction excessive du FPR à ma mission, avant même l'arrivée des Français sur le terrain. Comme un message clair afin que je n'intervienne pas. Ce matin-là, Tiko, qui avait perdu un homme de son groupe d'observateurs si fortement unis, vint me parler de ses hommes. Ils étaient encore disposés à servir, mais la situation était devenue trop dangereuse pour poursuivre des activités de reconnaissance et de collecte d'informations. Tiko était le plus brave des braves. Ayant acquis une longue expérience dans les pires zones de guerre, il réussissait toujours à exécuter le travail qu'on lui confiait. Le fait qu'un soldat aussi valeureux que lui décide de dévoiler les sentiments de ses hommes donnait plus de poids à leur état d'esprit. Ils n'en pouvaient plus. Pendant des mois, ils avaient vécu des combats féroces, subi des pertes et été pris en otages. Ils avaient combattu des incendies, été l'objet de tirs et menacés par des extrémistes de l'Interahamwe soûls ou drogués. On leur avait demandé de partager leur logement et leurs rations avec des dizaines de personnes déplacées. En général, ils avaient essuyé les malheurs de la guerre. Pas surprenant qu'ils se sentent ainsi.

Selon moi, l'embuscade avait été aussi le résultat de mon erreur de jugement. Jusque-là, avant d'envoyer en mission une de nos patrouilles à travers les lignes, nos officiers de liaison avertissaient les belligérants. Mais la nuit de mon retour à Kigali, je n'avais pas réussi à contacter Kamenzi ou son assistant, ne les trouvant nulle part. Nous devions envoyer des patrouilles en reconnaissance à l'aéroport et pour communiquer avec le gouvernement provisoire. Bien qu'ayant donné l'ordre à mes observateurs d'arrêter et de rebrousser chemin dès qu'ils jugeraient les risques trop grands, il était clair dans mon esprit que ces patrouilles devaient avoir lieu. Les observateurs militaires avaient souffert des conséquences de ma mauvaise décision opérationnelle.

Cet après-midi-là, je tins une rencontre avec un groupe d'officiers supérieurs. Je leur dis que, effectivement, je leur avais demandé de prendre des risques extraordinaires, car nous avions besoin des liens vitaux qu'ils assuraient avec les belligérants et des informations qu'ils étaient seuls à pouvoir obtenir. J'ajoutai qu'à partir de ce jour, on n'exigerait plus d'eux de réaliser de telles opérations sans avoir obtenu le consentement préalable des deux parties. Je me pose encore la question : comment eurent-ils la force de réaffirmer leur engagement envers la mission ? Durant la réunion, ils avaient exprimé leur confiance envers moi et leur volonté de continuer à servir à mes côtés.

Je rencontrai séparément les officiers du contingent uruguayen. Je partageais leur douleur et je leur offris mon réconfort en tant que frère d'armes. Je leur dis qu'ils avaient servi avec bravoure et que, malgré les pertes qu'ils avaient subies, la mission exigeait encore du dévouement de leur part. Je leur fis également savoir que s'ils désiraient retourner chez eux ils pourraient compter sur mon appui total et que leur décision n'entacherait pas leur honneur.

Le lendemain, trois des officiers demandèrent d'être rapatriés en Uruguay. Le fait que ce nombre soit si réduit m'encourageait[25].

Avant de rencontrer Tiko et les observateurs militaires, j'allai voir Kagame. Nous partîmes, mon escorte habituelle et moi, prenant d'abord une route au nord de la ville, décrivant ensuite un cercle vers l'est avant de nous diriger vers le sud, et, finalement, tourner vers l'ouest, par des chemins de terre en direction de la rivière Nyabarongo. Nous roulâmes de village en village. Ils étaient tous abandonnés et certains, réduits en cendres, fumaient encore. Des ordures, des vêtements en lambeaux et des cadavres s'entremêlaient sur les lieux des embuscades ou des massacres. Nous traversions des barrages routiers abandonnés mais encombrés de corps, certains décapités, jetés pêle-mêle ou empilés méticuleusement près de piles de crânes. Sous le soleil ardent, nombre de corps se décomposaient rapidement, se transformant en squelettes d'une blancheur aveuglante.

Je ne sais plus à quel moment j'ai pris pleinement conscience de la perpétration d'un crime autre que les assassinats. Probablement par l'addition d'indices trouvés sur les corps qui gisaient dans les fossés et les fosses communes. Longtemps, j'ai mis de côté, dans un coin de mon cerveau, les signes de cette barbarie, m'efforçant de ne pas en prendre conscience. Devant mes yeux était pratiqué le viol à une si grande échelle que j'en fus profondément traumatisé.

Au cours du génocide, j'avais vu nombre de visages et d'expressions de la mort, de l'air innocent des bébés au désarroi des personnes âgées, de la mine de défi des combattants aux regards résignés des religieuses. Je les ai tous vus et je tente maintenant de me souvenir de chacun d'eux. Au début, j'avais inconsciemment installé un écran entre moi et les images et les sons afin de pouvoir me concentrer sur mes tâches. Pendant de longs mois, j'ai complètement effacé de mon esprit les masques de mort des filles et des femmes violées et sexuellement mutilées. Peut-être voulais-je me persuader que les

---

25. Je n'avais pas la moindre idée des conséquences que la mort du major Sosa aurait sur la situation politique en Uruguay. Le président sortant perdit presque les élections, car l'électorat ne comprenait pas que le gouvernement envoie ses officiers risquer leur vie dans des lieux si lointains.

horreurs qu'elles avaient subies ne me feraient jamais perdre mon équilibre.

Mais les preuves étaient là, y compris sur les squelettes blanchis. Les jambes étaient repliées et écartées et, entre celles-ci, traînait parfois une bouteille cassée, une branche ou même un couteau. Sur les cadavres récents de femmes et de filles ou à côté de ceux-ci, nous pouvions voir par endroits des amas de sperme. Il y avait toujours beaucoup de sang. Quelques cadavres mâles avaient les organes génitaux tranchés, mais on avait sauvagement découpé les seins et les organes génitaux d'une multitude de femmes et de jeunes filles. Ces personnes avaient été tuées dans une position de vulnérabilité totale, couchées sur le dos, les jambes repliées et les genoux très écartés. C'étaient les expressions de leurs visages morts, telle une longue frise révélant leur état de choc, leur douleur et leur humiliation, qui me tourmentaient le plus. Pendant plusieurs années après mon retour chez moi, j'allais chasser ces visages de mon esprit, mais ils y reviendraient beaucoup trop nettement un jour.

Nous nous trouvions sur le territoire nouvellement conquis par le FPR et déserté de tous, sauf des cadavres et des soldats rebelles. Le guide du FPR qui devait nous conduire auprès de Kagame semblait peu soucieux des chocs que subissait son véhicule en roulant sur ce chemin de terre parsemé de cratères d'obus et d'ornières. Le FPR disposait de mécaniciens et de pièces de rechange alors que je n'en avais pas. Désirant que mon 4 × 4 dure toute la guerre, je réduisis ma vitesse.

Nous atteignîmes la rivière. Sur la rive opposée, Kagame avait établi un nouveau quartier général temporaire, sur son terrain conquis. Le niveau de l'eau boueuse et opaque était haut et le débit, rapide. Les ingénieurs du FPR avaient construit un pont flottant, que les camionnettes légères pouvaient franchir en avançant avec précaution. En sortant de mon véhicule, je remarquai un certain nombre de soldats qui ramenaient des cadavres boursouflés sur la rive au moyen de longues perches. Ce spectacle, devenu si habituel, ne traversait pas encore mon écran protecteur.

Pour ne pas risquer de perdre nos véhicules, je décidai que nous traverserions à pied. Je vis alors des vêtements pris entre les traverses de la base flottante et m'arrêtai pour regarder sur le côté du pont. Je vis les regards fixes des cadavres à demi nus, coincés en dessous. Ils étaient si nombreux qu'à certains endroits nous marchions presque sur un pont de cadavres. Sur l'autre rive, des soldats essayaient de les détacher avec leurs perches pour éviter que leur poids disloque la construction. Soudain, mon écran intérieur se brisa, j'eus un haut-le-cœur et luttai pour garder mon sang-froid. Tout à coup, je n'arrivais plus à supporter les mouvements du pont, qui s'élevait et s'abaissait au gré du courant, sur les centaines de personnes massacrées.

Ma première question à Kagame, dès mon arrivée à son petit bungalow de commandement, portait sur l'embuscade tendue à mon équipe d'observateurs. Je l'avais immédiatement soulevée, même avant la diffusion des nouvelles sur l'Opération Turquoise. Il exprima ses sincères condoléances. Sa seule explication fut que nous avions abandonné un trop grand nombre de nos véhicules tombés en panne et que l'AGR les avait pris. Depuis, ses soldats se méfiaient des voyageurs non annoncés circulant dans des véhicules de la MINUAR. Je lui répondis que, dans ce cas, il devait faire un effort pour nous rendre les véhicules des Nations unies que ses propres soldats avaient réquisitionnés, puisque l'AGR devait sûrement éprouver le même sentiment envers eux. J'exigeai que son officier de liaison et son assistant restent dorénavant à mon quartier général et ne disparaissent pas au cours de la nuit, comme ils l'avaient fait le 16 juin. S'ils étaient restés, nous aurions pu obtenir les permissions requises pour le passage de mes observateurs. Kagame rétorqua qu'il s'engageait à ce que le FPR donne dorénavant une réponse le soir précédant chaque mission que nous comptions lancer.

Nous abordâmes ensuite la question des Français. Je l'interrogeai sur la possibilité d'une rencontre avec Kouchner. Kagame était insondable à ce sujet. Je lui fis part de mon inquiétude : je commençais à me rendre compte que moi et ma mission servions d'organisme de relations publiques pour détourner l'attention du public des projets secrets. Il nia totalement ces supputations. J'ajoutai que je ne cherchais aucunement la bagarre. Je m'étais attendu à une réaction conflictuelle de la part du FPR face aux Français, mais le triumvirat m'avait prévenu par la ligne sécurisée de téléphone que les États-Unis exerçaient une pression considérable sur le FPR afin que ce dernier coopère. J'affirmai à Kagame que je m'occuperais de la façon dont les Français consolideraient leur domaine d'opérations et que je l'en tiendrais au courant. Je servirais de liaison entre lui et l'Opération Turquoise. J'insisterais pour que les Français ne déploient pas leurs troupes à Kigali. En fin de compte, la capitale devrait être sous mon contrôle pour ne pas que les Français s'approchent le moindrement de ses forces. Kagame se contenta de me regarder un instant, puis me répondit, très sûr de lui, de ne pas m'inquiéter à ce sujet, que les Français n'entreraient pas à Kigali, et il me donna une raison très directe : « Dites à la France que Kigali peut accepter plus de cadavres que Paris ».

J'appréhendais la traversée de retour sur le pont de cadavres. Je l'entrepris en prenant garde où je mettais les pieds, évitant de regarder sur les côtés ou entre les madriers. Je ne parvenais cependant pas à chasser de mon esprit que je marchais sur des corps suppliciés.

Cette nuit-là, j'eus peu de données à ajouter au compte rendu de la situation, à part mes inquiétudes au sujet des événements beaucoup plus importants qui se déroulaient, sur lesquels je n'avais pas d'informations. Aux « prières » du soir, je demandai à Henry d'évaluer le risque de conflit dans et autour de Kigali, et d'établir une fois de plus des plans pour un possible retrait. La capitale pourrait bientôt devenir une importante zone de combats.

Le 19 juin, date où la MINUAR 2 aurait dû avoir déployé 4 600 soldats au Rwanda, ma force de combat était réduite à 503 hommes, et nous éprouvions les mêmes problèmes et pénuries que ceux vécus en avril. Cette journée-là, le secrétaire général écrivit au président du Conseil de sécurité pour l'informer que le déploiement de la phase I allait bientôt commencer. Toutefois, comme aucun pays n'avait fourni un bataillon entièrement équipé et entraîné, la MINUAR 2 ne serait pas opérationnelle pendant encore au moins trois autres mois. C'est dans ces circonstances – aggravées par une croissance exponentielle des problèmes humanitaires et par les pertes subies par la MINUAR alors qu'elle tentait de fournir un minimum d'appui au Rwanda – que Boutros-Ghali suggéra au Conseil de sécurité d'envisager la pertinence d'une opération multinationale commandée par la France, en vertu d'un mandat prévu au chapitre VII des Nations unies, afin d'assurer la sécurité et la protection des personnes déplacées et des civils vulnérables au Rwanda. Il demanda également aux gouvernements de maintenir leurs troupes jusqu'à ce que la MINUAR 2 soit assez forte[26].

Booh-Booh étant officiellement parti, je devais assumer ses tâches politiques. Le 20 juin, j'envoyai un document intitulé *Assessment of the Proposed French-Led Initiative in the Rwandese Crisis* (Évaluation de l'initiative proposée par la France au sujet de la crise rwandaise). Dans les termes les plus objectifs et les plus rationnels possibles, j'avais décrit les raisons pour lesquelles les Français ne devaient pas déployer leurs troupes, et ce qui arriverait, selon moi, s'ils le faisaient.

Je proposai trois options aux Nations unies. La première consistait à retirer complètement la MINUAR et à remettre la situation entre les mains des Français ; la deuxième, à établir une entente entre les deux parties concernant le déploiement français, mais à maintenir la MINUAR en tant que mission indépendante et à l'interposer entre les Français et le FPR ; et la troisième option, à redéployer la MINUAR dans un pays proche du Rwanda, à développer la MINUAR 2 et à revenir après la fin des opérations des Français. «Nous recommandons instamment que l'initiative dirigée par les Français ne soit encouragée que si le FPR accepte la présence de troupes françaises sur le terrain, ou si cette force arrive dotée de personnel non français et d'équipement mais d'aucun soldat français. Si cette option est impossible, continuais-je, il faudrait, pour éviter l'escalade du conflit, autant au Rwanda que dans la région [...], laisser l'initiative dirigée par les Français suivre seule son cours et permettre à la MINUAR de se développer dans un environnement sécuritaire... après quoi la Mission pourrait se redéployer avec les forces appropriées pour l'exécution de son mandat.» Si les troupes françaises devaient arriver sans que nous ayons obtenu l'approbation

---

26. La MINUAR 2 ne termina son déploiement qu'en décembre 1994, soit six mois bien comptés après la fin du génocide et de la guerre civile, c'est-à-dire lorsque ce n'était plus nécessaire.

des belligérants, je recommandais de choisir la troisième option. New York connaissait maintenant exactement ma position. Les messages des Nations unies se terminaient toujours par la formule *Best regards* (Meilleurs souvenirs). Pour la première fois au cours de cette mission, j'écrivis plutôt : « Au point où nous en sommes, le commandant de la Force trouve très difficile d'exprimer ses meilleurs souvenirs ».

J'éprouvais de profondes inquiétudes quant à la région que les Français allaient, en fait, occuper. Avaient-ils l'intention d'appuyer l'AGR jusqu'à la capitale ou comptaient-ils éviter la confrontation avec le FPR ? Personne ne le savait. La lettre de Boutros-Ghali au président du Conseil de sécurité disait simplement que les Français espéraient aider les « personnes déplacées du Rwanda », ce qui pouvait signifier n'importe où. Au cours des six jours suivants, les discussions que j'eus avec New York, Paris, Kigali, le FPR et la force française (je crois me rappeler que l'AGR ne participait pas à ces négociations) se concentrèrent sur le tracé de la zone française dans la partie occidentale du Rwanda.

Le 21 juin, j'envoyai à tous ces interlocuteurs une carte sur laquelle j'indiquais quelle était la disposition tactique du FPR à ce jour. À la suite de l'annonce des Français, le FPR avait accéléré sa campagne, et l'AGR, hâté son retrait vers l'ouest. Environ deux millions et demi de Rwandais se déplaçaient en avant d'eux. Même pendant l'attente par les Français de l'autorisation finale des Nations unies, le territoire sous contrôle de l'AGR continuait de diminuer, surtout dans le sud. Je finis par négocier une ligne de partage finale que le FPR et les Français accepteraient comme zone d'opération française. J'envoyai ensuite des observateurs militaires afin d'établir la liaison entre les deux parties et pour confirmer ce que ce tracé signifiait sur le terrain. Ainsi, comme je l'avais prédit, en plus de toutes les tâches qui lui revenaient déjà, notre petite force allait devoir effectuer les tâches de maintien de la paix prévues au chapitre VI des Nations unies, entre une force agissant en vertu du chapitre VII et les gagnants de la guerre civile.

Quand la nouvelle de l'intervention française fut diffusée au Rwanda, le FPR, comme je le craignais, usa de représailles contre mes officiers franco-africains du Togo, du Sénégal, du Mali et du

Congo. Ils furent volés, insultés et maltraités à un point tel que je dus les consigner dans le camp. Je négociai leur retrait de la zone de mission pour assurer leur propre sécurité et informai New York de ma décision. Le 21 juin, je pris congé de ces excellents officiers franco-africains, qui, depuis novembre l'année précédente, avaient tellement bien servi dans le cadre de la mission. Étant les seuls francophones de la mission, ils avaient dû assumer la plupart des tâches relatives au secteur de l'AGR et avaient été exposés à plus que leur juste part de danger. Certains de leurs camarades avaient été tués et d'autres blessés, la plupart d'entre eux étaient tombés malades au moins une fois et avaient été témoins de scènes qui reviendraient les hanter toute leur vie. Cependant, ils étaient tous restés, malgré les frustrations et les dangers. Cet adieu fut très émouvant.

À cause des risques d'altercations avec le FPR dans les zones situées à l'arrière, où les troupes étaient moins disciplinées qu'en première ligne, je chargeai personnellement Henry de diriger le convoi vers l'Ouganda. Tiko, qui voulait accompagner ses observateurs jusqu'au bout, partit lui aussi. À une douzaine de kilomètres à l'extérieur de Kigali, le FPR leur fit faire demi-tour et les conduisit au terrain d'aviation. Sous les yeux de Frank Kamenzi, qui n'intervint pas, les soldats du FPR procédèrent à une inspection « douanière » complète de chacun des quarante-quatre hommes. Ils jetèrent çà et là leurs effets et confisquèrent leur équipement électronique ; radios, magnétophones et autres appareils semblables. L'inspection dura environ une heure. Une fois terminée, ils demandèrent à nos hommes de ramasser leurs effets sur la piste, de remonter dans les autobus et de partir. Le fait d'endurer cette humiliation, après avoir risqué leur vie pendant tant de mois pour aider les Rwandais, provoqua en eux une telle colère que Henry se mit à craindre leur réaction à chacun des barrages routiers où ils étaient retardés. Quand je protestai auprès du FPR au sujet de ce traitement, des représentants me répondirent qu'il était parfaitement normal que les forces d'occupation fouillent toute personne essayant de quitter le pays, car il y avait eu, disaient-ils, beaucoup de pillage antérieurement.

Le départ des Franco-Africains me priva de la plupart de mes officiers francophones. Pour la troisième fois au cours de la brève histoire de cette mission, je devais rebâtir mon quartier général tout en poursuivant les opérations. Le fardeau, la complexité et l'urgence absolue des besoins créés par la mobilisation prochaine de la MINUAR 2 fondirent sur nous, nous submergeant de détails organisationnels sur les mesures à adopter pour obtenir toutes les fournitures nécessaires : ressources, équipement d'infrastructure, services de logistique, de formation, de gestion de la base de réception et de logistique du théâtre d'Entebbe, avions de transport, rations et eau. J'envoyai un message au DOMP afin de les informer que je faisais venir quarante-huit observateurs militaires de Nairobi pour remplacer les officiers qui étaient partis.

Les Canadiens devenaient ainsi les seuls de mon quartier général pouvant s'exprimer en français. Leur efficacité était cependant considérablement limitée parce que tous les Canadiens étaient l'objet de la haine suscitée par les émissions de radio, à cause de moi et de l'initiative de mon pays. Le Canada avait décidé d'entreprendre une enquête exhaustive sur les violations des droits de la personne perpétrées au cours de la guerre du Rwanda. Dans ma note au DOMP sur la venue des nouveaux observateurs militaires des Nations unies, je lançai l'avertissement suivant : « Le commandant de la Force sera également obligé de déplacer le contingent [canadien] si la situation ne s'améliore pas. Actuellement, il est sur le point de restreindre ses déplacements au territoire du FPR seulement ». Je terminai en écrivant : « Cette mission ne sera pas capable de maintenir son rythme d'activité et encore moins une augmentation quelconque des tâches... Le commandant de la Force ne peut insister plus catégoriquement sur ce point ». Dans les jours qui suivirent l'annonce du déclenchement de l'Opération Turquoise, j'étais sur le point de dire : « Retirez-nous d'ici, capitulons, nous ne pouvons plus continuer ». Mes soldats étaient mis à l'épreuve dans des conditions qu'ils n'auraient jamais connues dans le cadre d'opérations ordinaires de maintien de la paix, et ils avaient survécu à des situations dont ils n'auraient même pas voulu entendre parler. En servant à leur côté, j'étais constamment témoin de leurs actes extraordinaires de dévouement, de détermination et de courage absolu.

Le 21 juin, le bureau du FPR de New York émit un communiqué et une lettre au nouveau président du Conseil de sécurité, Salim Bin

Mohammed Al-Khussaiby. Le FPR demandait, au cas où le Conseil approuverait la mission française, « que l'on autorise simultanément le retrait du contingent existant de la MINUAR. Le Front patriotique rwandais est préoccupé par l'impossibilité de son personnel de toujours distinguer clairement la MINUAR des autres forces étrangères, en cas d'escalade des hostilités. Nous sommes malheureusement arrivés à la conclusion que le personnel de la MINUAR doit se retirer en territoire sécuritaire, du moins temporairement ». Les autorités ignorèrent la position du FPR et poursuivirent comme si de rien n'était. Le lendemain, le Conseil de sécurité des Nations unies approuvait la Résolution 929. Elle accordait à la France un mandat prévu au chapitre VII, qui lui permettait de constituer une coalition et d'intervenir au Rwanda. L'OUA commença par s'opposer à l'intervention mais, sous la pression des États franco-africains, elle changea d'idée. La Nouvelle-Zélande, le Nigeria, le Pakistan, le Brésil et la Chine s'abstinrent de voter. Le Conseil lia son approbation de l'Opération Turquoise à deux conditions : la durée de la mission devrait se limiter à soixante jours ; et le Secrétariat devrait faire son possible pour que la MINUAR 2 soit déjà déployée à la fin de ce délai. De son refuge en Belgique, le premier ministre désigné, Faustin Twagiramungu, émit une déclaration publique condamnant l'intervention française. Puis il ajouta que les Français étant en train d'y aller, il espérait qu'ils essaieraient d'atteindre les objectifs établis pour la MINUAR 2.

Cette nuit-là, je reçus un câble codé du DOMP, qui me donnait quelques orientations très sommaires. Les Français avaient promis d'éviter les lignes de front entre l'AGR et le FPR. La dépêche se lisait ainsi : « Nous ne croyons pas que les Français proposeront d'établir leur présence à Kigali, mais s'ils le font, veuillez nous en informer immédiatement afin que nous tentions de les persuader du contraire en évoquant la sensibilité du FPR et les autres problèmes qu'une telle présence pourrait causer ». Selon moi, les Français pensaient encore à entrer dans Kigali, et j'essayais d'imaginer ce qui arriverait si des parachutistes français débarquaient ici. Je devais finaliser nos plans de retrait. Le câble codé réitérait un ordre : je ne devais pas bouger de Kigali. Cependant, en lisant entre les lignes, je compris que le DOMP subissait d'énormes pressions des nations ayant déjà des troupes au sein de la MINUAR et que, en raison de nos récentes pertes de vie, il leur était plus difficile que jamais de réunir les soldats nécessaires pour le nouveau déploiement. (Maurice Baril me demandait aussi, très diplomatiquement, de modérer l'enthousiasme de mon officier de liaison auprès de la presse. En effet, pour assurer la transparence que j'exigeais envers les médias, ce dernier causait des problèmes, autant auprès du FPR que de l'AGR, en décrivant trop exactement les flux et les reflux des lignes de front.)

Et voici comment, dans le câble, mes supérieurs s'y prenaient pour me remonter le moral : « Il est cependant probable que vous aurez à affronter des problèmes imprévus, et que nous devrons dépendre de votre jugement éclairé pour les résoudre. Nous vous assurons donc de notre disponibilité pour une consultation à n'importe quelle heure ».

Le dernier paragraphe m'informait que le remplaçant de Booh-Booh, un diplomate de carrière pakistanais nommé Shaharyar Khan, effectuait, en se rendant à la MINUAR, « des arrêts dans plusieurs capitales pour procéder à des consultations » à la demande de Boutros-Ghali.

Maintenant des drapeaux français flottaient à chaque coin de rue de la capitale, et le cri de « Vive la France ! » s'entendait plus souvent à Kigali qu'à Paris. La station RTLM continuait d'annoncer à la population que les Français allaient se joindre à eux pour combattre le FPR. D'après moi, chaque vie sauvée par l'Opération Turquoise serait équilibrée par une mort à cause de la reprise du génocide.

Le 22 juin, l'attitude du FPR changea radicalement envers nous tous. Hostilité, grossièretés, menaces et attaques directes furent à l'ordre du jour, alors que le FPR nous accusait, en tant que représentants des Nations unies au Rwanda, de coopérer avec la force d'intervention française mandatée par les Nations unies. La position de Kagame était claire : nous devions nous retirer immédiatement parce qu'il ne pouvait pas garantir notre sécurité. J'ai dû m'y prendre à plusieurs reprises pour obtenir un rendez-vous avec lui. Quand, enfin, j'ai pu le rencontrer, je lui ai expliqué le but déclaré de l'opération française, aussi loyalement et directement que possible. Je pensais l'avoir persuadé que nous n'étions pas mêlés à une conspiration diabolique pour enlever la victoire du FPR ou pour protéger ou promouvoir le génocide. Par la suite, j'allais découvrir que le FPR, quoique publiquement opposé à une intervention française, en était venu à accepter désormais un déploiement français pendant que Kagame terminait sa campagne[27]. Que deux anciens ennemis aient pu établir entre eux une meilleure coordination, des liens plus étroits de coopération et un plus important échange d'informations que je n'avais pu le faire avec chacun d'eux me paraissait extrêmement byzantin.

Après ces événements, je me suis longtemps efforcé de comprendre pourquoi Kagame préférait l'Opération Turquoise à la MINUAR 2. Je ne peux que présumer ses raisons : puisque l'intention de la MINUAR 2 était de faire cesser le génocide et d'établir des sites protégés pouvant abriter les millions de personnes déplacées cherchant à fuir le FPR, j'aurais inévitablement affirmé que l'avance du FPR ne devait pas exacerber la crise humanitaire et que nous aurions protégé les réfugiés dans ces sites jusqu'à ce que la situation se stabilise. Il savait que cette tâche était mon principal objectif. Mais Kagame voulait tout le pays, pas seulement une partie de celui-ci. J'en vins à croire qu'il préférait que la situation ne se normalise pas avant qu'il ait remporté la victoire.

Manœuvrant dans un vide d'informations, je devais deviner de quelle manière les Français pénétreraient au Rwanda et comment ils dirigeraient leurs opérations. Je savais que le Burundi avait refusé aux Français l'autorisation de passer, et que l'Ouganda en ferait autant. La Tanzanie n'avait pas d'infrastructure à l'ouest pouvant servir aux Français. J'avais empêché l'entrée par Kigali. À New York, je fis savoir que si l'on permettait aux Français d'entrer par cette région, je quitterais mon poste de commandement, et que si les avions français arrivaient à l'aéroport, je ferais tirer sur eux, ce dont je ne touchai mot aux médias. Car c'était ce que j'étais prêt à faire dans une certaine mesure : si les troupes françaises atterrissaient au milieu de Kigali,

---

27. À une conférence tenue en 1997, l'ambassadeur du FPR aux États-Unis, Théogène Rudasingwa, m'a confirmé que lui et le représentant du FPR en Europe, Jacques Bihozagara, avaient été invités à Paris et avaient reçu des instructions sur l'Opération Turquoise avant que j'en sois informé.

une gigantesque bataille éclaterait avec le FPR, permettant à l'AGR et au gouvernement provisoire de continuer à fonctionner. Le DOMP m'avait assuré que cette tactique était hors de question.

Restait le Zaïre (aujourd'hui nommé République du Congo). À l'extrémité nord du lac Kivu, Goma avait un aéroport moderne qui, malgré un besoin de réparations, pouvait servir aux Français. Un autre terrain d'aviation était situé à Bukavu, à l'extrémité sud du lac. J'adoptai le raisonnement suivant : s'ils ne venaient que par Goma et Gisenyi, juste en dedans de la frontière rwandaise, leur but serait vraiment d'appuyer l'AGR. Je devais alors m'attendre à ce qu'ils combattent le FPR, qui alors exercerait des représailles directes contre la MINUAR et nous forcerait à nous retirer. Par contre, si les Français entraient par Bukavu, de l'autre côté de la frontière de Cyangugu, à l'ouest de la région où un nombre considérable de personnes en danger étaient en train de se rassembler, il serait possible que leurs motifs ne soient qu'humanitaires, ce qui nous permettrait de poursuivre notre mission.

Le 22 juin, avant que le Conseil de sécurité ait pris sa décision finale, les Français atterrissaient déjà à Goma, ce que j'appris par les comptes rendus des médias, le 23 juin au matin. L'argument selon lequel la communauté internationale n'avait pas les moyens de déployer rapidement la MINUAR 2 ne tenait plus debout. Le même jour, le FPR annonça qu'il ne s'opposerait pas à l'opération française, si celle-ci ne visait que des buts humanitaires. Avec le départ de nos Franco-Africains, l'hostilité contre la MINUAR se calma, et nous avons de nouveau commencé à déployer nos patrouilles hors de Kigali. Malheureusement, presque toute la population hutue, guidée par la station RTLM, l'AGR et les extrémistes de l'Interahamwe, se déplaçait maintenant vers l'ouest. Il y avait plus tragique encore : à mesure que la population se déplaçait, elle rencontrait les barrages routiers de l'Interahamwe, où l'on tuait non seulement les survivants tutsis mais aussi les personnes sans carte d'identité. Toute personne présumée être un « cafard » devait mourir.

Le 24 juin, les Français enfoncèrent des patrouilles au Rwanda. Les médias annoncèrent qu'ils étaient à Gisenyi, dans le nord, et à Cyangugu, dans le sud, et qu'ils continuaient à avancer au-delà de ces villes. J'étais sûr que si les Français se rapprochaient trop du FPR, des combats s'ensuivraient. Je devais aller rencontrer le commandant français, le général Jean-Claude Lafourcade, pour connaître ses intentions et échanger des officiers de liaison avec lui. Je n'allais pas attendre qu'il vienne me voir.

Je contactai New York pour demander au DOMP d'obtenir, de la part du personnel de la mission française, l'emplacement du quartier général de l'Opération Turquoise sur le terrain et un rendez-vous avec son commandant. Une fois de plus, le DOMP me dit de coopérer avec les Français, d'être patient et de comprendre la *realpolitik*. Je répondis que je n'attendais rien de positif de l'Opération Turquoise. Elle m'apparaissait n'être qu'un exercice cynique pour promouvoir les intérêts particuliers de la France aux dépens du génocide en cours. J'obtins de mes patrons la vague promesse qu'ils tiendraient compte de mon point de vue.

Le FPR s'étant apparemment calmé au sujet de la présence des Français, j'ai parlé à Henry de la nécessité de reprendre les transferts et d'organiser celui des prisonniers de guerre de l'AGR gardés à l'hôpital de la Croix-Rouge et à l'hôpital King Faisal. Je lui dis aussi que nous devions reprendre contact avec le gouvernement provisoire pour relancer les négociations en vue du cessez-le-feu – elles s'étaient terminées abruptement après la prise d'otages dans notre enceinte – et pour surveiller les relations de celui-ci avec les Français. Nous devions également rester en liaison avec le gouvernement provisoire de façon à pouvoir poursuivre nos efforts humanitaires. Les groupes d'aide, chargés de leur fardeau croissant de personnes déplacées, avaient besoin d'un point de transit vers les zones sous contrôle de l'AGR, dont la superficie rapetissait.

Cet après-midi-là, au Q.G., Don MacNeil présida une rencontre entre Frank Kamenzi et le Dr James Orbinski (chef de l'équipe rwandaise de Médecins sans frontières et directeur de l'hôpital King Faisal[28]). Des soldats armés du FPR envahissaient constamment l'hôpital pour voler des fournitures médicales, bien que le site

---

28. Médecins sans frontières retourna au Rwanda à la fin de mai, avec, comme responsable local, un praticien canadien, le Dr James Orbinski. Dès la mi-juin, James et son équipe avaient réussi à faire fonctionner l'hôpital King Faisal.

fût protégé par les Nations unies. Les Casques bleus stationnés là brûlaient d'envie de régler leur compte à ces types, en ayant recours à une « utilisation minimale de la force ». La situation était devenue très dangereuse.

Orbinski protesta auprès de Kamenzi : en vertu de la convention de Genève, que le Rwanda avait signée, il était interdit à ses soldats armés d'entrer dans l'hôpital, d'autant plus qu'il était placé sous la protection obligatoire de la Croix-Rouge. Kamenzi répondit qu'il avait des raisons de croire à la présence de membres de la milice et du personnel de l'AGR parmi les quelque 8 000 civils se trouvant à l'intérieur et que, pour s'en protéger, les soldats du FPR devaient être armés. Lors d'une vérification à un barrage routier pendant un transfert de blessés sous la bannière de la Croix-Rouge, le FPR avait découvert des grenades. D'après ce dernier, cet hôpital était le leur et celui du peuple rwandais. Ils étaient en guerre et en droit de prendre ce dont ils avaient besoin.

MacNeil signala alors que tout le monde avait besoin de ressources médicales, mais que les personnes déplacées à l'hôpital commençaient à s'inquiéter de la possibilité d'un massacre perpétré par le FPR. Le fait d'utiliser l'hôpital comme abri entravait le travail et les efforts de son personnel médical pour traiter le flux incessant des victimes. Il proposa d'utiliser un terrain de golf voisin comme nouvel abri pour les réfugiés, ce qui nous permettrait de procéder à une recherche systématique d'armes au moment du transfert de ces derniers. Cela éliminerait l'entrée des membres armés du FPR dans l'hôpital. Quand la MINUAR 2 serait mise sur pied et entrerait en service, nous aurions plus de fournitures médicales et un hôpital de campagne. Le FPR pourrait alors prendre le contrôle de l'hôpital King Faisal. Cette solution était acceptable pour tous.

MacNeil obtenait toujours d'aussi bons résultats dans le cadre de son travail humanitaire. Il ne manifestait pas sa peur (comme lors de l'incident survenu au cours du premier et si désastreux transfert) et faisait preuve d'imagination et de beaucoup de bon sens. Son indicatif sur le réseau de radio était *MamaPapa One,* et il se montra à la hauteur grâce à son dévouement et à l'exemple qu'il donna[29].

---

29. Le sobriquet « MamaPapa » avait été créé par Marek Pazik. Ce dernier, en tant que premier officier de la Cellule d'aide humanitaire (CAH), avait pour

548

Cette personne très engagée aimait aussi s'amuser. Son ardeur, associée à la détermination infatigable de son commandant, Clayton Yaache, souda la cellule d'action humanitaire de la MINUAR. Quels que soient les dangers et l'ingratitude associés aux tâches, d'autres personnes souhaitaient travailler au sein de cette cellule. MacNeil s'entendait particulièrement bien avec les officiers polonais, y compris avec Marek Pazik, le dur à cuire, armé en tout temps d'un fusil d'assaut AK-47, qu'il avait pris à un membre des milices. La chambre de Pazik devint un lieu de convergence où se tenaient des rencontres et des discussions, habituellement organisées par MacNeil. Ces réunions constituaient une véritable soupape de sécurité pour nos combattants humanitaires. Ces hommes affrontaient les milices pour transférer les personnes en lieu sûr, risquaient tous les jours leur vie au cours de confrontations tendues – elles auraient refroidi la détermination de n'importe qui – transportaient des personnes âgées, des femmes et des enfants couverts de sang aux stations d'aide. Tout comme Pazik, qui avait été témoin d'un des pires cas de génocide à la mission polonaise, ils étaient hantés par les expériences vécues mais poursuivaient leurs tâches.

---

tâche de demander aux agences d'aide humanitaire encore présentes à Kigali si elles avaient un poste de radio Motorola et de leur en fournir un, si cela était nécessaire. Ne connaissant pas l'alphabet phonétique utilisé par les forces militaires occidentales, il avait traduit ses initiales « M. P. » par « MamaPapa » (le sobriquet aurait dû être « MikePapa ») comme indicatif de radio grâce auquel les agences d'aide pouvaient le contacter. Le 3 mai, au cours de la tentative d'évacuation échouée de l'hôtel des Mille Collines, tous les membres du personnel de la MINUAR qui avaient syntonisé cette fréquence pour suivre les événements entendirent les communications radio et l'indicatif « Mama-Papa ». Les soldats ghanéens, en particulier, trouvèrent le nom excellent. On essaya de changer l'indicatif pour se conformer aux normes militaires, mais les soldats ghanéens ne voulaient rien savoir et continuaient d'appeler tous les membres de la cellule humanitaire MamaPapas. Le colonel Yaache en fut particulièrement consterné. Ce nom resta associé au réseau pendant toute la durée de la MINUAR et de la MINUAR 2, et plusieurs travailleurs de l'aide humanitaire servant ailleurs dans le monde après leur passage au Rwanda utilisaient l'indicatif « MamaPapa » lorsqu'ils voulaient communiquer avec la MINUAR.

Le FPR intensifiait son attaque contre Kigali avec une vigueur renouvelée. Ces derniers temps, je n'avais plus vu Ndindiliyimana très souvent, mais Kouchner et la Gendarmerie faisaient du bon travail en déplaçant et en protégeant certains des orphelins pris dans les zones de Kigali, sous contrôle de l'AGR. D'autres dirigeants modérés de l'AGR avaient disparu de la capitale au cours de la semaine précédente, probablement inquiets pour leur vie étant donné le regain de confiance des extrémistes depuis l'arrivée des Français.

À la suite du décès de son père, Henry dut se rendre au Ghana et y rester une bonne partie de juillet. Le 26 juin, je l'avais envoyé rencontrer Bizimungu à l'hôtel Méridien afin de préparer le terrain pour la reprise des négociations. Je voulais que Henry discute aussi des moyens à prendre pour que la station RTLM cesse d'inciter les milices et la population à me tuer. Je n'accusais pas directement Bizimungu ou l'AGR, mais il devait comprendre que les menaces n'avaient aucun effet sur moi. Je ne lâcherais pas et personne à New York n'était prêt à me rappeler. Si nous voulions progresser, les menaces de mort devaient arrêter.

Henry informa Bizimungu des raisons du renvoi des Franco-Africains à Nairobi et de la situation concernant les corps des religieux tués par le FPR à Kabgayi. Ce dernier avait lui-même enterré l'évêque et les prêtres, et il ne voulait pas remettre leurs restes au gouvernement provisoire. Il demanda aussi à Bizimungu et au ministre de la Défense de me rencontrer le plus tôt possible après ma prochaine discussion avec le commandant français, afin d'éclaircir exactement nos rôles. Henry signala aussi qu'en raison du décès de son père il s'absenterait quelque temps et que je le remplacerais pour poursuivre les négociations du cessez-le-feu.

À son retour à notre Q.G., Henry me parla de l'exceptionnelle bonne humeur de Bizimungu ; il s'était montré serein et même amical. (Cela constituait un grand changement par rapport à la semaine précédente, alors que Bizimungu agissait comme si sa cause était complètement perdue.) Les condoléances adressées à Henry semblaient sincères, ce qui étonna ce dernier étant donné l'indifférence apparente du chef de l'armée à l'égard des centaines de milliers de morts qui l'entouraient. Au cours de son entretien, Henry avait aussi eu la confirmation que le gouvernement provisoire se terrait à Gisenyi, et que certains ministres s'étaient rendus à Goma. Selon Bizimungu, mon prochain voyage à Goma afin de rencontrer le général Lafourcade était une excellente occasion pour discuter avec le ministre de la Défense, qui s'y trouvait également.

Mon quartier général bourdonnait d'activité maintenant que les éléments de reconnaissance des différents contingents de la MINUAR 2 commençaient à arriver par la longue route reliant Entebbe et Kigali. Les garde-frontières du FPR ne leur rendaient cependant pas la vie facile. Ils exigeaient une inspection des militaires et de leur équipement comme s'il s'était agi de touristes et non de soldats de la paix des Nations unies. La MONUOR aidait et guidait efficacement ces convois à travers les collines et le côté ougandais de la frontière ; après de nouvelles et interminables négociations, nous avons élaboré un protocole avec le FPR qui a amélioré cet état de fait. Le Q.G. de la Force était envahi par nombre de nouveaux venus. Des transports de troupes blindés et de nouvelles ressources en personnel militaire et humanitaire nous parvenaient de Kampala. À cela s'ajoutaient l'arrivée prochaine du reste du bataillon ghanéen dans environ une semaine, la présence sur le terrain des éléments de reconnaissance du Régiment canadien, des transmissions et du bataillon éthiopien, la venue proche des équipes de l'hôpital de campagne des parachutistes britanniques et de celui des Australiens, avec les noyaux précurseurs de leurs équipes de protection. On disait même que l'hôpital de campagne canadien pourrait venir. Nous n'étions plus seuls, ce qui était à la fois enthousiasmant et épuisant, car nous étions habitués à n'être qu'une poignée.

Rien n'était facile, évidemment. L'agent d'administration principal restait inflexible devant nos besoins, et les formalités bureaucratiques, toujours aussi compliquées. Des problèmes de logistique et d'infrastructure de toutes sortes exigeaient de longues négociations à la fois avec le FPR et avec l'AGR. La mission n'avait toujours pas obtenu de contrat de fournitures et de transport, ou d'augmentation de budget, et pas de ravitaillement suffisant en nourriture, en eau et en carburant. Les Canadiens, sous les ordres du colonel Mike Hanrahan, arriveraient entièrement équipés, comme le veulent les normes des pays développés dotés d'armées professionnelles. Pour surmonter les difficultés de la mission, nous allions devoir compter, au moins durant les six ou huit prochains mois, sur les ingénieurs, les logisticiens et les membres du personnel de soutien de ce contingent expérimenté et professionnel, ainsi que sur les Britanniques.

Le niveau de préparation des Éthiopiens penchait vers l'autre extrême. Ils venaient de sortir d'une guerre civile prolongée, et les éléments de reconnaissance, dont faisait partie le chef d'état-major de l'armée éthiopienne, étaient visiblement mal à l'aise dans leurs uniformes flambant neufs. Comme je l'ai déjà écrit, il s'agissait de leur première expérience en matière de maintien de la paix, et ils n'étaient pas équipés pour assurer leur survie et encore moins pour diriger des opérations. (Ils étaient cependant incroyablement débrouillards. Je les ai vus une fois ne se servir que de longues baguettes de bois pour contrôler la foule qui se précipitait pour traverser le pont, à Cyangugu, pour se rendre au Zaïre. Les baguettes étaient semblables à celles utilisées pour garder le bétail. D'autre part, ces soldats n'avaient aucun scrupule à aider les agriculteurs locaux à moissonner leurs maigres récoltes.) La situation de la plupart des autres unités africaines n'était pas meilleure.

Mes journées s'alourdissaient d'innombrables tâches administratives, alors que le personnel de mon Q.G. était moins nombreux qu'en novembre. Nous étions au centre d'un génocide en cours et ne pouvions pas abandonner. Alors que les éléments de reconnaissance arrivaient, je leur réitérai, à maintes reprises, l'urgence de la situation, au milieu de l'air âcre et souvent putride. Je leur disais qu'ils étaient déjà en retard, mais que nous avions tout le temps été en retard. Je sais que Mike Hanrahan, au moins, transmit au Canada ce sentiment d'urgence ; ainsi, le contingent canadien, au lieu de voyager en bateau comme l'avaient prévu ses commandants, ce qui aurait ralenti le déploiement, prit des vols commerciaux vers Nairobi pour arriver le plus tôt possible.

Deux incidents troublants étaient déjà survenus entre les Français et le FPR. Le FPR avait tendu une embuscade à au moins dix soldats de l'Opération Turquoise, qui avaient pénétré loin à l'intérieur de la préfecture de Butare. Personne n'avait été blessé, mais cet incident avait porté atteinte à la fierté des Français. Des forces spéciales avaient dû négocier la libération des soldats. Le second incident avait eu lieu sur la route de Kibuye à Gikongoro. Des coups de feu avaient été tirés, et deux soldats français en avaient réchappé grâce à leur gilet pare-balles. Les deux patrouilles s'étaient fait surprendre par le FPR et en étaient sorties humiliées. Cela ne dissuada aucunement les Français de vouloir appuyer leurs anciens collègues et de remettre le FPR à sa place.

Les médailles de la mission[30] nous étant arrivées, la parade de leur remise se déroula le 26 juin dans la cour située près de l'entrée principale du Q.G. de la Force entourée de véhicules 4 × 4 des Nations unies détruits par des tirs, en panne ou vandalisés. J'avais écrit au Canada pour demander que ce soit le chef d'état-major ou le ministre de la Défense qui remette personnellement la médaille à Brent[31]. Henry, Tiko et moi épinglâmes la médaille de la mission sur l'uniforme de membres du personnel du quartier général, observateurs militaires et soldats du contingent tunisien, alignés sur trois rangs, astiqués au mieux dans les circonstances et portant leur veste pare-balles. Pour réduire les risques de balles perdues, la cérémonie fut courte, mais alors que nous nous faufilions entre les rangs, regardant chaque homme dans les yeux et lui serrant la main, nous revivions tous, je crois, les plus sombres moments de la mission. J'épinglai les médailles sur les uniformes de Henry et de Tiko, et eux fixèrent la mienne sur ma veste.

Le lendemain, je rencontrai Henry à l'aéroport pour remettre les médailles au bataillon ghanéen. Avant la cérémonie, il présenta un troublant rapport de ce qui avait suivi sa rencontre avec Bizimungu. Le personnel de notre Q.G. s'était enquis auprès de la préfecture de Kigali de la reprise des transferts de personnes déplacées et d'orphelins. Une réunion avait eu lieu avec le sous-préfet, qui, de façon

---

30. Chaque membre d'une mission de paix de l'ONU reçoit une médaille de cette organisation s'il a servi un certain nombre de jours minimum déterminé par New York.

31. Cela n'arriva pas. Son commandant lui épingla la médaille de la mission et, plus tard, je réussis à la lui faire remettre, de façon plus cérémonieuse, par Louise Fréchette, vice-secrétaire générale des Nations unies, au cours d'une petite réception dans la salle de conférences du DOMP, au siège de l'ONU à New York.

très terre à terre, avait déclaré que le gouvernement provisoire ne considérait pas important de continuer les transferts puisque les forces françaises seraient bientôt dans la capitale et offriraient à tous une protection adéquate. Le sous-préfet avait aussi ajouté que, selon lui, à leur arrivée, les Français examineraient les personnes des camps et constateraient que les autorités de Kigali s'étaient souciées de leur bien-être. Il était clair que le gouvernement provisoire et ses subordonnés croyaient à l'avance des Français vers Kigali. Comme Henry me le murmura à voix basse, ils formaient «un groupe de gens très malades dans leur tête».

Nous continuâmes à avancer dans les rangs, épinglant des médailles sur les uniformes des officiers, des sous-officiers et des soldats ghanéens. Le sergent-major du bataillon faisait jouer des enregistrements de musique, mais les accents de la fanfare du régiment ghanéen, dont les membres avaient été évacués à Nairobi, me manquaient. Le lieutenant-colonel Joe Adinkra m'a promis qu'ils seraient dans l'un des premiers vols de retour.

Ce jour-là, avec l'équipe des opérations, Henry et deux officiers de liaison rwandais, je consacrai du temps à tracer, aussi précisément que possible, la ligne de démarcation des territoires sous contrôle de l'Opération Turquoise d'une part, et du FPR, d'autre part. Nous avions envoyé quelques équipes d'observateurs militaires des Nations unies pour procéder à la reconnaissance des principales routes et de la première ligne du FPR. Il était évident que Kagame se déplaçait rapidement mais prudemment vers l'ouest du pays, selon deux axes principaux: l'un dirigé vers Butare et la frontière avec le Burundi, et l'autre visant directement Ruhengeri, afin de faire le lien avec ses forces cantonnées là-bas (ces hommes du FPR avaient cloué sur place plusieurs bataillons de l'AGR en plein cœur du territoire contrôlé par les extrémistes). Les combats devenaient chaque jour plus acharnés à Kigali. Comme me l'avait dit Kagame, il comptait prendre la ville avant toute intervention possible des Français. Nous étions en train de perdre la bataille en vue de maintenir les personnes déplacées à l'intérieur du Rwanda, dans le nord. Elles s'enfuyaient à l'approche de Kagame. La zone potentielle de l'Opération Turquoise se réduisait considérablement dans cette région du pays.

J'avais l'impression générale que, finalement, nous progressions ou, du moins, nous titubions vers l'avant. Une même phrase ne cessait de tourner dans ma tête : « nous ne sommes plus seuls ».

La matinée du 28 juin fut occupée à mettre au point les derniers détails liés aux tracés de la zone de l'Opération Turquoise et de la ligne de front du FPR. La ville était en pleine ébullition et, dès que j'avais un moment libre, je montais sur le toit et scrutais les environs avec mes jumelles. Je distinguais seulement des traînées de fumée et quelques soldats du FPR qui se déplaçaient au grand jour. Je quittai Kigali vers 13 h, me dirigeant sous escorte vers la frontière de Merama, et traversai en Ouganda. Je voyageai ensuite dans un hélicoptère de la MONUOR jusqu'à Entebbe et pris un vol en Hercule jusqu'à Nairobi, où j'arrivai après le dîner. Mon aide de camp et quatre représentants des médias vinrent avec moi et, au cours du voyage vers Goma, nous fûmes rejoints par l'équipe de liaison d'observateurs militaires, constituée de quatre personnes. Ces dernières devaient devenir nos yeux et nos oreilles au sein de la force française.

Les tensions et la confusion augmentaient au sujet de l'autorité de la MINUAR pour coordonner l'aide humanitaire et les efforts de maintien de la paix dans tout le Rwanda. Yaache et MacNeil avaient, tout comme moi, une confiance absolue en Charles Petrie, qui travaillait désormais au bureau de Nairobi de l'UNREO (Bureau d'urgence des Nations unies pour le Rwanda). Ils m'avaient conseillé de l'emmener avec moi à Goma en raison de sa grande expérience et de sa capacité d'analyser rapidement les situations. L'aide humanitaire était encore réduite à son niveau minimum dans les régions de l'AGR, où la plupart des personnes tentaient de survivre tout en se déplaçant constamment vers l'ouest. Le 29 juin, à Nairobi, je dus me livrer à un pénible exercice de patience, de fermeté et de persévérance à répéter des choses, comme si mes paroles fussent tombées dans les oreilles d'un sourd. J'avais déjà froissé le ministre français de la Défense, François Léotard, en visite d'inspection de ses troupes : il avait, en effet, demandé à me rencontrer le même jour à Cyangugu, mais je n'avais pas été capable de m'y rendre, étant censé être à Nairobi. Il en fut assez contrarié, moi, en revanche, j'étais content.

Il voyageait entouré de représentants des médias, et le moindre signe de précipitation de ma part à cette occasion aurait permis au FPR de mettre en doute ma neutralité.

À Nairobi, je devais rencontrer la communauté diplomatique, le personnel de soutien de l'administration civile des Nations unies, les médias et les ONG. Comme d'habitude, les diplomates promettaient leur appui, mais évitaient de prendre quelque engagement spécifique que ce soit. Les médias se concentraient sur l'Opération Turquoise et voulaient que je profère encore des menaces à l'égard des Français afin de tourner quelques séquences marquantes pour la télévision (ce que j'évitai de faire). Le personnel administratif me présenta des excuses plutôt que des résultats, et les ONG réitérèrent leurs exigences d'indépendance et d'absence de liens avec les militaires pour des raisons de neutralité, tout en demandant, en même temps, la garantie d'une « atmosphère de sécurité » pour pouvoir travailler. L'UNREO avait progressé en obtenant l'accord des ONG et des agences afin qu'elles tiennent des réunions quotidiennes d'information, non seulement à Nairobi, mais aussi à Entebbe, Kabale, Goma, Bujumbura et Kigali. Et Petrie promit de s'établir de nouveau à Kigali, dans les prochaines semaines, afin de placer les groupes d'aide, alors à Nairobi, en plein cœur de l'action.

Avant de quitter pour Goma, je fis organiser une cérémonie de remise de médailles de la mission pour environ 80 militaires franco-africains, membres du personnel militaire et des observateurs militaires des Nations unies, qui avaient été évacués sur Nairobi. Nous avons procédé sur la pelouse avant du vaste Q.G. des Nations unies. Cette fois, sans crainte d'attaques au mortier ou de balles perdues, et en présence de représentants des médias, de diplomates, de cadres supérieurs de l'ONU, j'ai parlé de mes pensées et de mes sentiments. J'insistai sur le fait que les médailles étaient amplement méritées, mais que le travail n'était certainement pas terminé. J'évoquai devant mon auditoire les actes d'héroïsme et les horreurs, ainsi que l'indifférence du monde. Pendant mon discours, je soulignai que le carnage continuait au Rwanda. Je fis de mon mieux pour laisser une impression qui durerait au moins quelques heures, peut-être même jusqu'à l'heure de tombée des prochaines nouvelles, puis j'essayai de m'amuser à la réception organisée après l'événement.

La ville de Goma semblait avoir été peinte en couleurs grises et sombres. Vers 10 heures, le 30 juin, j'étais assis en avant, avec l'équipage, alors que nous procédions à l'approche finale de l'unique piste d'atterrissage. Nous avions fait escale à Entebbe pour prendre nos équipes de liaison et leurs véhicules, puis nous avions survolé le parc national Volcano, foyer des gorilles de montagne, menacés d'extinction. Dian Fossey y est enterrée parmi ses grands singes, après avoir été assassinée par un véritable boucher armé d'une machette, dans cette épaisse forêt de bambous. L'un des sept volcans du parc était instable et vomissait de la vapeur et des cendres.

Goma était déprimante. Alors que, avant le génocide, Gisenyi, située au Rwanda, de l'autre côté de la frontière, avait été une belle ville touristique, Goma me surprenait par son aspect de trou perdu, sombre et épouvantable, d'autant plus qu'il s'agissait de la capitale de la province de Kivu.

Je pouvais voir devant moi s'étaler la base principale de l'Opération Turquoise. En descendant, je remarquai des centaines d'enfants jouant à poursuivre les grands avions-cargos, qui décollaient et atterrissaient. Un seul faux pas ou une chute, et ces jeunes se retrouveraient sous les roues de ces monstres. Apparemment, personne n'avait pensé à construire une clôture autour du site. Tel fut le début de la première d'une série de visites à l'Opération Turquoise. Elle n'augurait rien de bon.

Les Français n'avaient manifestement pas lésiné en matière de moyens logistiques, de logements et de matériel militaire, et ils s'étaient déployés autour du terrain d'aviation et dans la ville. L'ampleur des dimensions du camp et son haut niveau d'équipement soulignaient encore plus le manque d'appui qu'avait vécu la MINUAR. L'argent et les ressources sont disponibles lorsqu'une puissance mondiale appuie de tout son poids une initiative. L'Opération Turquoise comprenait plus de 2 500 membres d'unités d'élite françaises telles que la Légion étrangère, les parachutistes et les fusiliers marins. Les soldats étaient équipés d'armes, de matériel de communications, de commandement et de surveillance. Le quartier général était des plus modernes, et le matériel comprenait plus de cent blindés, des batteries de mortier lourd, un escadron de chars légers de reconnaissance, des hélicoptères moyens de transports de troupes et même une douzaine d'avions à réaction d'attaque au sol et de reconnaissance. On avait déployé ces forces vers Goma au moyen d'une armada de très grands avions-cargos de type Boeing, Airbus, Antonov, Hercule et Transall, qui livraient du matériel de toutes sortes. De grandes citernes de combustible et d'eau étaient déjà fonctionnelles, et un village de toile recevait les derniers aménagements avant de loger le matériel et les soldats. Une équipe de commandement, ayant travaillé ensemble pendant des années et avec une vaste expérience en matière de conflits africains, dirigeait le campement.

Un petit groupe d'officiers supérieurs français nous attendaient à la limite du terrain d'atterrissage. De haute taille et en forme, ils étaient tous très élégants dans leur tenue de campagne aux tons gris-vert. Le brigadier général Lafourcade se présenta et nous fit connaître ses principaux officiers. Sa voix était grave, sa poignée de main généreuse et son attitude engageante. Je présentai mon équipe qui comprenait Charles Petrie, les officiers de liaison et les journalistes. Lafourcade nous invita à monter dans des jeeps pour faire un tour dans le centre-ville, où il avait établi son quartier général. Nous échangeâmes des propos sans conséquence alors que nous roulions à travers les rues presque impraticables, creusées dans un terrain recouvert de lave, bondissant dans toutes les directions et tentant d'éviter la foule des rues. Tout était recouvert par les cendres qui tombaient.

Vingt minutes plus tard, nous entrâmes dans une enceinte aux murs bas, avec, au centre, un édifice inachevé. Les véhicules de communication, les antennes, les soucoupes à satellites et les lignes terrestres étaient caractéristiques d'un Q.G. bien équipé, même si les portes et les fenêtres manquaient et si les salles étaient encore inachevées.

Nous nous réunîmes dans une salle spartiate, assis dans des chaises de campagne petites et droites. Les membres du personnel de Lafourcade avaient collé au mur quelques cartes de la région donnant un minimum d'informations tactiques sur le déploiement des troupes. Lafourcade était très intéressé par mes opinions concernant la ligne de front du FPR, et confirma qu'il avait envoyé des soldats vers

Butare et Ruhengeri. Au cours des derniers jours, son armée avait établi une seconde tête de pont aérienne à Bukavu, sur la rive opposée à Cyangugu. Son mandat, dit-il, consistait à protéger les personnes vulnérables mais pas nécessairement à désarmer l'AGR. Par contre, il enlèverait les barrières et désarmerait les forces d'autodéfense ainsi que l'Interahamwe. Il souligna qu'il resterait dans la région seulement jusqu'à ce que la MINUAR 2 devienne opérationnelle, c'est-à-dire au maximum deux mois. D'après son exposé, son plan d'action était dans l'ensemble plutôt modeste par rapport à tous les moyens dont il disposait.

Je fis à Lafourcade et à certains de ses officiers supérieurs un tour d'horizon sur le mandat, les concepts, le plan et le statut opérationnel de la MINUAR 2. Je leur montrai ensuite une carte signalant les cinq secteurs de déploiement dans tout le pays et la structure des forces proposées. Je les renseignai sur le statut de la bataille de Kigali et leur dressai un tableau du mouvement massif des personnes déplacées et des principaux emplacements des camps. Je me dirigeai vers le plan de Lafourcade et traçai la ligne qui, selon moi, constituerait la limite extrême de la zone sous protection française, à l'intérieur du Rwanda. Il fut consterné : il n'arrivait pas à croire que le FPR s'était déplacé à une telle vitesse au cours de la dernière semaine. Je lui dis qu'il ne lui resterait plus d'espace pour opérer à l'est de Gisenyi si les personnes déplacées se rapprochaient le moindrement de la frontière zaïroise. Au sud-ouest, le FPR était à environ vingt kilomètres de Karama, à l'est de Gikongoro, tenant un front dont j'ignorais la force, allant en ligne droite en direction de la frontière avec le Burundi. La ligne que j'avais tracée laissait un étroit *no man's land* entre l'emplacement de ses forces et les positions les plus avancées du FPR. Je dis clairement que Butare était essentiellement sous le contrôle du FPR. Réfléchissant toujours à mes révélations, Lafourcade proposa de faire une courte pause pour que nous prenions un lunch léger et revenions ensuite poursuivre l'étude de la carte.

Au cours du repas, je le trouvai plus authentique et équilibré que ses officiers. Alors qu'il discutait sur l'arrêt du génocide en cours, son personnel soulevait des questions quant à la loyauté de la France envers ses anciens amis. (On m'avait dit que la famille de Habyarimana avait des liens étroits avec le président Mitterrand ; un des fils de ce dernier possédait d'importants intérêts commerciaux au Rwanda.) Ils pensaient que la MINUAR devait aider à empêcher le FPR de vaincre l'AGR, ce qui n'était pas notre tâche. J'essayai d'alerter Lafourcade afin qu'il reste sur ses gardes concernant le gouvernement provisoire. Selon moi, ce dernier ferait probablement tout en son pouvoir pour susciter une confrontation entre ses forces et le FPR, afin d'obtenir l'appui ferme des Français. Je lui fis remarquer que les extrémistes étaient très rusés et désespérés, mais aussi furieux parce que, jusqu'à présent, les Français avaient enlevé quelques barricades et semblaient ne rien faire pour aider leur cause. Toutefois, mes interlocuteurs français n'étaient pas convaincus et continuaient d'exprimer leur mécontentement au sujet de la mauvaise prise en main des aspects militaires de la guerre civile par la MINUAR. Ils refusaient d'accepter l'existence d'un génocide et le fait que les dirigeants extrémistes, les responsables et certains de leurs anciens collègues fassent partie d'une même clique. Ils ne cachaient pas leur désir de combattre le FPR.

Certains de ces officiers étaient issus de la tradition coloniale qui consiste à intervenir militairement dans les affaires internes de leurs anciens États-clients. Ils ne voyaient aucune raison de modifier leur point de vue au sujet de ce qu'ils présentaient comme une autre querelle interethnique. D'autres citoyens français, comme Bernard Kouchner, paraissaient véritablement motivés par l'humanitarisme. Je crois que les Français ne se sont jamais entendus sur l'attitude principale que devait adopter l'Opération Turquoise. Il serait juste de dire que peu de soldats de cette opération avaient une idée précise de l'ampleur des massacres ou du degré de complicité du régime de Habyarimana dans le génocide. Bien que je ne sois pas enclin à être généreux dans mon interprétation des motifs des militaires français, je pense sincèrement que leurs rapports subséquents avec le génocide ramenèrent nombre d'entre eux à la raison.

Les médias français allaient bientôt diffuser des entrevues de soldats français bouleversés parce que c'étaient leurs alliés qui perpétraient des massacres et non le FPR, contrairement, selon eux, aux affirmations de leurs supérieurs. Certains militaires comprirent rapidement l'horrible responsabilité reposant sur des soldats de la paix dans une situation de génocide. Bien que leurs objectifs fussent humanitaires, les forces de l'Opération Turquoise étaient extrêmement mal équipées en camions, pourtant essentiels dans les opérations de secours. À Bisesero, des centaines de Tutsis avaient quitté leurs cachettes à l'arrivée d'une patrouille française afin qu'elle les sauve. Les soldats leur avaient dit d'attendre pendant qu'ils iraient chercher des véhicules et les avaient laissés seuls, sans protection. En revenant avec les camions, ils avaient trouvé les Tutsis massacrés par l'Interahamwe. À mesure que l'Opération Turquoise se poursuivait, un nombre toujours croissant de soldats français devenaient témoins d'incidents semblables et étaient indignés de leur rôle au Rwanda.

De retour après le dîner dans la salle de réunion, j'informai les officiers français des demandes du FPR : il voulait que je sois son intermédiaire avec l'Opération Turquoise, et que la MINUAR soit l'arbitre et le vérificateur de la ligne de démarcation. Nous nous entendîmes pour que Lafourcade désarme toutes les troupes autres que celles de combat, ainsi que toutes les personnes ayant commis des crimes ; il n'aurait cependant pas le mandat de désarmer l'AGR au Rwanda. Les forces sous commandement français devraient mettre fin aux massacres dans la « Zone de protection humanitaire » (ZPH) – expression que nous avions inventée pour désigner la zone du Rwanda protégée dans le cadre de l'Opération Turquoise. Lafourcade consentit à ce que ses forces ne dépassent jamais la ligne de démarcation. En outre, il engagerait le Bureau d'urgence des Nations unies au Rwanda (UNREO) pour la planification et l'exécution de l'aide humanitaire dans la ZPH. Nous serions ainsi tous impliqués dans le processus de prise de décision, et je poursuivrais le mandat de ma mission, même dans la ZPH, en coordination avec ses forces sur le terrain.

Je lui demandai de concentrer ses efforts à prévenir la fuite dans les forêts de l'ouest des deux millions et demi de personnes déplacées et effrayées par le FPR ; je mis l'accent sur les conséquences d'un tel débordement aux frontières du Zaïre. Finalement, je réclamai que ses relationnistes fassent comprendre dans la ZPH que l'Opération Turquoise n'était *pas* là pour renforcer l'AGR.

Notre rencontre prit fin sur une note amicale, mais j'étais certain que Lafourcade aurait à faire cautionner plusieurs de mes requêtes par Paris. En outre, même si j'avais trouvé ce commandant compétent et honnête, je quittai son quartier général sans éprouver ce sentiment réconfortant et diffus qui m'aurait dit que nous étions au diapason.

Vers 15 heures, mon équipe et moi décollâmes pour Entebbe, où nous passâmes la nuit au bord du lac Victoria, non loin du palais présidentiel qui avait appartenu au gouverneur général britannique. Le lendemain matin, jour de la fête du Canada, j'inspectai l'équipe de contrôle des mouvements et celle de liaison à l'aéroport. Notre camp de transition pour les contingents attendus au Rwanda n'était encore qu'à l'état de projet. Pourtant, le reste du bataillon ghanéen, qui devait arriver dans moins de sept jours, aurait bel et bien besoin d'être entraîné pour manœuvrer les transports de troupes blindés. La puissance de mes discours motivants de Nairobi n'accomplirait pas grand-chose.

Nous poursuivîmes notre itinéraire en hélicoptère vers Kabale et nous nous y arrêtâmes pour rencontrer Azrul Haque et la MONUOR, pour tenir une réunion avec les ONG qui étaient en train d'établir des points de transition avancés dans la ville et, événement à ne pas oublier, pour remettre les médailles de fin de mission à l'auberge White Horse. Dans mon discours de remerciements et de félicitations, je prévins les troupes que la situation se détériorerait avant de pouvoir s'améliorer, et je leur demandai de continuer le jeu efficace du chat et de la souris avec l'Armée nationale de résistance de l'Ouganda (NRA). Nous partîmes ensuite en hélicoptère vers les collines de Mirama afin de gagner le Rwanda et de rejoindre mon escorte.

La route à travers le parc national Kagera était magnifique, malgré les feux de brousse qui sévissaient à cette époque de l'année et les énormes nuages de fumée qui, par endroits, remplissaient le ciel. Nous franchissions une région fantôme – même si le FPR la contrôlait fermement. Il n'y avait encore aucun civil dans les villages désolés et jonchés d'ordures.

Cet après-midi-là, nous retournâmes au stade d'Amahoro, juste à temps pour les célébrations de la fête du Canada : des frivolités en plein enfer. À ce sujet, mon contingent canadien avait pris une décision. Comme tout le monde savait que nous avions les meilleurs joueurs de hockey au monde, une partie de hockey sur gazon serait sûrement la meilleure façon de célébrer. Henry accepta de rassembler une équipe ghanéenne, et nous décidâmes d'utiliser le stationnement du Q.G. comme terrain. Nos Canadiens, trop sûrs d'eux-mêmes, s'attendaient déjà à battre les Africains à plate couture. Nous devions jouer la partie en vestes pare-balles, étant donné les risques de bombardements.

Tout d'abord, soulignons que les Canadiens sont adeptes d'une variété de hockey très robuste. La partie commencée, nous dominâmes pendant environ une minute, jusqu'à ce qu'un Ghanéen terrasse le major John McComber. John était un officier d'infanterie, un fort gaillard, solide sur ses pieds, qui s'y prenait en compétition un peu comme au combat. La mise en échec qu'il venait de recevoir était le signe annonciateur de la suite de la partie. Je me joignis à la partie durant les quelques premières minutes, mais après avoir été mis en échec sur mon bâton, qui brisa immédiatement, et après avoir touché l'impardonnable asphalte, je dus céder ma place en boitant. Lorsque Henry, un homme mesurant plus de un mètre quatre-vingt (six pieds) et pesant près de 136 kg (300 livres), mit les pieds sur le terrain, l'équipe canadienne révisa son plan de match et se mit à jouer un style de hockey un peu plus européen. À mesure que la partie avançait et que le score augmentait – pas en notre faveur –, nous réalisâmes la supercherie. Le hockey sur gazon est le sport national des Ghanéens, et Henry avait constitué une équipe d'élite, composée de jeunes hommes en forme et talentueux, pour affronter les Canadiens, plus vieux et un peu moins vigoureux.

Malgré tout, il m'a semblé que nous avions réussi à mettre de côté, pendant presque deux heures, les difficultés de la mission. Plus tard, le colonel Hanrahan, qui dirigeait l'équipe de reconnaissance du Régiment des transmissions du Canada, écrivit : «Dans la soirée du 1er juillet 1994, l'équipe de reconnaissance invita le général Dallaire et six observateurs militaires canadiens à prendre une bière. Nous avions fait des provisions en Ouganda, afin de célébrer la fête du Canada. Cette fête fut surréaliste. Le général Dallaire et son équipe ressemblaient à des "zombies". Ils étaient dans la même salle que nous, mais pas leur esprit. Ces hommes étaient ailleurs, les yeux hagards, perdus dans leurs souvenirs. Le stress les rongeait».

Le même jour à New York, le Conseil de sécurité adoptait la résolution 935, qui demandait au secrétaire général de mettre sur pied un comité d'experts pour enquêter sur la « possibilité » d'actes de génocide perpétrés au Rwanda. Le monde n'était pas encore prêt à appeler ce massacre par son vrai nom. La RTLM ne perdit pas de temps pour dénoncer la résolution. Selon la radio, la Cour suprême du Rwanda avait toute la compétence et l'impartialité nécessaires pour faire le travail du comité de l'ONU. La station déversait un flot ininterrompu de mensonges à tous les Hutus capables de trouver des piles pour leur radio. Même un mois plus tard, lors de mes visites de camps de réfugiés et de personnes déplacées au Zaïre, parmi toute l'horreur, j'ai vu des gens mettre leurs radios portables à l'oreille pour écouter cette vile propagande. La radio était la voix de l'autorité, et plusieurs demeuraient incapables de s'en détacher. Parce que Médecins sans frontières avait dénoncé les extrémistes hutus, la RTLM déclara l'organisme protutsi et le mit sur sa liste de la haine, juste après les Blancs portant moustache et les Canadiens en général. J'ordonnai donc le resserrement de la sécurité autour de l'hôpital King Faisal, où James Orbinski (le chef de l'équipe de Médecins sans frontières – un Canadien de surcroît) travaillait.

Comme prévu, la création de la ZPH attira des masses de personnes déplacées du centre du Rwanda vers la zone française. C'était là le prix à payer pour l'Opération Turquoise. Les Français avaient déclaré publiquement leur volonté de protéger les Rwandais du génocide et durent porter le fardeau de leurs déclarations, que leur rappelait la présence d'une presse internationale dynamique : ils durent donc mettre sur pied l'aide alimentaire et les secours à la population. D'ailleurs, plusieurs journalistes qui me côtoyaient depuis des semaines comprirent l'énorme potentiel médiatique de la ZPH et ils se dirigèrent vers Goma et Cyangugu.

À Kigali, malgré l'arrivée imminente de renforts de troupes pour la MINUAR 2, nous demeurions d'un optimisme prudent. Mes officiers d'état-major coordonnaient les horaires de vol, se rendaient dans les États donateurs pour les renseigner sur la mission, organisaient l'accueil des troupes, bref s'attelaient à cette multitude de tâches nécessaires au déploiement d'une opération militaire. Mon plan était d'envoyer des troupes dès leur arrivée au Rwanda aux endroits où les Français et le FPR risquaient le plus de se heurter. J'essayais de ne pas trop penser à l'ironie de la situation : je dépêchais des forces, normalement vouées à la cause de la paix au Rwanda, pour prévenir une confrontation entre un des belligérants et une force de l'ONU. C'était là un des plus cruels renversements de la fatalité imposés aux Rwandais, éprouvés depuis assez longtemps.

La seule façon d'éviter l'enlisement total dans l'absurdité était, pour moi, d'effectuer la relève des Français par des forces de la MINUAR 2, à mesure que mes troupes seraient prêtes. Le piège dans lequel les Français étaient tombés se refermerait inévitablement, et ils devaient se retirer dès que possible – même avant l'échéance de soixante jours de leur mandat – sinon ils se verraient attribuer le rôle de défenseurs des auteurs d'un des plus horribles génocides de l'histoire. Compte tenu de l'importance des masses de personnes déplacées se dirigeant vers la ZPH et de la difficulté qu'aurait certainement le FPR à garder la mainmise sur des troupes victorieuses connaissant très bien l'étendue et l'horreur du génocide, il devenait d'une importance capitale de poster des troupes de la MINUAR 2 dans la ZPH, bien avant le retrait des forces françaises. Je fis bien comprendre à mon état-major que la relève des Français ne pouvait attendre. La tâche serait cependant dangereuse et délicate : les Rwandais réfugiés dans la zone française étaient pour la plupart hutus et ne nous pensaient pas capables de contenir les forces du FPR aussi bien que l'auraient fait les forces de l'Opération Turquoise. Il faut dire que leurs esprits étaient pleins de mensonges quant à la collaboration de la MINUAR avec leur ennemi et qu'ils étaient conscients de l'étendue de leur propre complicité dans la mort de leurs voisins.

Les combats étaient toujours féroces dans la ville. Malgré nos avertissements de demeurer à l'intérieur, un journaliste sortit sur son balcon de l'hôtel Méridien pour regarder les explosions et les traînées lumineuses que les balles traçantes dessinaient dans la nuit et il fut atteint d'une balle à une jambe (notre seconde et dernière victime parmi la presse). Il avait été naïf, bien sûr, mais même la prudence était une protection inadéquate désormais.

Vers cette période, je fis une dernière et mémorable rencontre avec Théoneste Bagosora. J'étais allé à l'hôtel des Diplomates rencontrer Bizimungu. Pendant que je l'attendais à la réception, Bagosora ouvrit la porte de son bureau et m'aperçut. D'une distance de presque dix mètres, il se mit à hurler et s'époumona en m'accusant d'être un collaborateur du FPR et d'empêcher les importants transferts des hôtels des Mille Collines et Méridien. Passant à côté de moi, il invectiva la MINUAR et moi-même pour avoir sabordé le processus de paix d'Arusha, puis il prit le long escalier qui montait en courbe jusqu'au deuxième étage du hall. Lorsque je répondis calmement que c'était son camp qui avait brisé la trêve pour les transferts, sa colère doubla. Il s'arrêta puis s'appuya sur la rampe pour me fixer dans les yeux. Tous les plis de son visage proféraient une menace et il promit de me tuer s'il me voyait encore. Il reprit sa course dans l'escalier, sans jamais cesser de pester jusqu'à sa disparition. Tout le monde dans le hall s'était arrêté pour écouter, et même plusieurs minutes après que la voix de Bagosora eut cessé, nous demeurâmes tous, civils et militaires, pétrifiés. Actuellement, il attend d'être jugé à Arusha en tant qu'architecte principal du génocide. La prochaine fois que je le verrai, ce sera au tribunal lors de mon témoignage contre lui.

Durant ces longues nuits du début de juillet, quand le FPR luttait pour le contrôle de la ville, je me laissais aller parfois à penser à la cruauté d'hommes comme Bagosora. Je tentais de comprendre comment les extrémistes hutus, les jeunes gens de l'Interahamwe, même des mères ordinaires portant leur bébé sur leur dos, avaient pu s'enivrer du sang versé de leurs voisins et se vautrer dans l'hystérie de leurs assassinats. À quoi pensaient-ils en fuyant le FPR et en traversant les massacres, les marées de sang et les amas de cadavres en décomposition ? Je rejetai l'idée que les auteurs de ce génocide ressemblaient à des êtres humains ordinaires qui s'étaient mis à commettre des actes mauvais. Selon moi, leurs crimes leur avaient enlevé le caractère d'humanité et les avaient transformés en machines faites de chair, imitant les mouvements des hommes. Chacun des criminels se « justifiait ». Chez les Hutus, le racisme et le sentiment d'insécurité avaient été diligemment transformés en haine et en sauvagerie. Quant au FPR, il était prêt à tous les combats pour gagner une partie mais, surtout, la rancœur de ses soldats contre le génocide les avait eux aussi transmués en machines à tuer. Et qu'en était-il de nous, les témoins ? Quelles raisons pouvaient bien nous animer ? Les scènes que nous avions traversées nous avaient-elles aussi ôté notre humanité pour nous changer en robots désincarnés ? Où pouvions-nous trouver les raisons de continuer ? Continuer était notre devoir.

Du matin au soir, jusqu'à tard dans la nuit, nous nous affairions à la résolution de problèmes. Quand Hanrahan retourna au Canada, il laissa parmi nous deux membres de l'équipe de reconnaissance. Ceux-ci mettraient sur pied une école de conduite de transports blindés pour le contingent ghanéen qui serait déployé à la mi-juillet. Les bataillons zambiens et éthiopiens étaient attendus pour la fin du mois, et nous devions trouver des traducteurs de l'anglais à l'éthiopien. Les Canadiens sous le commandement de Hanrahan devaient arriver dans les trois prochaines semaines. En fait, nos forces devaient compter quelque 2 800 hommes à la fin juillet, juste à temps pour mettre en œuvre mon plan énergique de relève des forces françaises dans la ZPH et, ensuite, ouvrir progressivement cette zone au FPR.

Lafourcade m'envoya une note réaffirmant son interprétation (de même que celle de son gouvernement) de nos discussions. Il écrivait qu'il n'avait pas le mandat de désarmer l'AGR, mais qu'il allait tout de même l'empêcher d'effectuer des opérations dans la zone humanitaire. L'Opération Turquoise ne désarmerait pas les milices ni l'AGR dans la ZPH, sauf si elles menaçaient les personnes sous sa protection, disait-il. Ainsi, les extrémistes auraient une quasi-liberté de mouvement dans la zone, sans interférence des Français, mais aussi sans risque d'affrontement avec le FPR, ni même de représailles de sa part. Toutefois, avant la relève de la MINUAR, je devais convaincre Lafourcade de désarmer tout ce monde. Dans le cas contraire, notre tâche serait pour le moins dangereuse. Si l'AGR et les milices n'étaient pas promptes à tirer sur les Français, il pourrait en être autrement avec nous.

La description que faisait Lafourcade de la ligne de démarcation le séparant du FPR situait cette limite légèrement à l'est de celle que je lui avais soumise, mais elle était beaucoup moins ambitieuse que celle proposée originalement par la France au Conseil de sécurité. Quand Kagame reçut cette description, il fit clairement savoir qu'il avait déjà des troupes postées à l'ouest de la ligne tracée par Lafourcade et qu'il n'allait certainement pas les retirer. Je dus intervenir. Et quelle journée ce fut ! Après un nombre incalculable de rencontres, de coups de fil et de télécopies, nous réussîmes à déterminer une zone qui ne comptait ni Ruhengeri, ni Butare, ni Gitarama, ni même une allusion quelconque à Kigali. Nous avions aussi un plan opérationnel avec Turquoise.

Ce soir-là, l'atmosphère au Q.G. était presque à la fête. Beth et les épouses canadiennes avaient fait parvenir par avion une autre énorme cargaison de gâteries, et nous nous divisâmes le butin. Dans l'entrée de mon bureau se trouvait une petite niche avec un comptoir, un vestige du temps où il faisait partie d'un hôtel. Je m'y tenais avec Henry quand quelqu'un, peut-être Tiko, apporta une bouteille de scotch et la posa sur le comptoir. J'allai chercher dans mon bureau une bouteille de vin, qu'une ONG m'avait gracieusement offerte, puis quelques bouteilles de bière apparurent de je ne sais trop où. J'apportai ma petite radio jaune de même qu'un lecteur de cassettes, et je fis jouer toute notre discothèque restreinte de Frankie Lane et de Stompin' Tom Connors. Nos cigares à la bouche, nous avons sûrement gardé tout le bâtiment éveillé, peut-être même le camp au complet, jusqu'à minuit passé. Nous célébrions bien sûr notre victoire pour la ligne de démarcation, mais peut-être plus. Je crois que nous célébrions notre survie. Henry, Tiko, Phil, Moen, Racine, McComber, Ausdall, toute l'équipe humanitaire et tout le reste de ma bande de combattants aux uniformes défraîchis, nous nous en étions sortis indemnes. La soirée fut entrecoupée d'épisodes d'extrême tristesse, mais elle fut aussi remplie de rires, d'allégresse et d'une intensité que j'ai rarement connus depuis.

Comme il fallait s'y attendre, Kagame et les Français allaient tester les limites de la ligne de démarcation. Deux incidents majeurs faillirent dégénérer en véritable affrontement entre les nouveaux belligérants, comme je les appelais dorénavant.

Tout d'abord, le FPR tendit une embuscade à un convoi français qui revenait de Butare avec quelques expatriés et plusieurs orphelins.

Le transfert avait été préalablement approuvé, mais un commandant du FPR laissa le convoi franchir quelques barrières, puis décida de lui tirer dessus. Les Français répliquèrent mais, heureusement, il n'y eut aucun blessé, et l'imbroglio fut réglé en quelques heures.

Le second incident ébranla davantage le semblant de neutralité de l'Opération Turquoise. Le colonel Thibault, un officier français qui avait été un conseiller militaire de longue date auprès de l'AGR, était responsable du sud-ouest de la ZPH. Thibault déclara publiquement qu'il n'était pas au Rwanda pour désarmer l'AGR ni les milices, et que si le FPR essayait seulement d'approcher des limites de la ZPH, il prendrait tous les moyens à sa disposition pour les défaire. C'était exactement le genre de propos que les extrémistes voulaient entendre de la bouche des Français, et les médias rapaces ne tardèrent pas à en faire leur une. De fait, la RTLM mit aussitôt les propos de Thibault à profit. Lafourcade se devait de tenir Thibault en bride, ce qu'il fit lorsque, tout à son honneur, il réprouva publiquement son subordonné. Il précisa la position de Turquoise dans une déclaration publique sans équivoque : « Nous ne permettrons aucune exaction dans la ZPH contre personne, et nous préviendrons l'intrusion de toute force armée ». Il fit parvenir une lettre d'explication à Kagame par mon intermédiaire ; celui-ci la reçut avec son scepticisme habituel. La question demeurait : « Qui, de Lafourcade ou Thibault, représentait les réelles sympathies de Turquoise ? »

La responsabilité de cette question politique incomberait au nouveau RSSG, Shaharyar Khan, qui devait arriver à Kigali le 4 juillet. Khan était connu comme un excellent gestionnaire de crise, et Maurice m'assura qu'il était tout à fait compétent et bien préparé. Cet homme travailleur avait acquis une solide expérience dans des situations aussi complexes que celle qui avait existé en Afghanistan à la suite de l'envahissement soviétique. Pour ma part, j'avais bien hâte de lui passer les rênes du fonctionnement administratif et politique de la mission.

Dès les premières lueurs de l'aube, au matin du 4 juillet, des nouvelles commençaient de nous parvenir : l'AGR s'était retirée de Kigali et avait fui sans heurt vers l'ouest. (D'après les indices que nous recueillîmes plus tard autour de leurs positions de défense, il semblerait que leurs munitions étaient épuisées.) À l'heure des «prières» du matin, la bataille de Kigali était terminée, et un calme inhabituel régnait sur la ville.

Nous passâmes la plus grande partie de la journée à accueillir le nouveau RSSG. Khan atterrit à Entebbe, puis se rendit à la frontière rwandaise par hélicoptère. Vêtu du gilet pare-balles bleu des Nations unies et accompagné d'un impressionnant cortège d'observateurs militaires de l'ONU, il prit la route de Kigali, qu'il gagna à 18 h. La garde d'honneur ghanéenne l'accueillit au stade, alors que quelques dizaines de milliers de personnes déplacées regardaient la manifestation avec perplexité, à travers les fils barbelés qui les entouraient encore. Dès notre première poignée de main, Khan m'apparut comme un dirigeant digne de confiance. Il ne broncha pas à la vue de la chambre à coucher qui lui servirait de bureau (et vice-versa) au Q.G., et il salua tous les gens avec chaleur et sincérité. Dans les semaines qui suivirent, il se nourrit comme nous des horribles rations allemandes et fit l'expérience du rationnement et des privations quotidiens. Khan était un homme d'idées, plein d'initiatives, qui ne tarda pas à laisser son empreinte sur l'équipe politique. Pour la première fois depuis des lustres, le D^r Kabia semblait heureux.

# 15

# Trop, et trop tard

Le 5 juillet s'amorçait une nouvelle phase de la guerre civile et du génocide. Kagame voulait me rencontrer le plus tôt possible, mais je passai une bonne partie de la matinée à donner des instructions au RSSG, pour ensuite l'emmener faire un tour de nos sites à Kigali. Shaharyar Khan raconte ses premiers contacts avec le génocide dans son livre *The Shallow Graves of Rwanda* : « Le long de la route empruntée par le général Dallaire, nous traversions des régions où les massacres avaient eu lieu ; des cadavres et des squelettes mis à nu par les chiens et les vautours gisaient un peu partout. C'était un spectacle macabre, surréaliste et absolument atroce. Le pire restait à venir. Nous sommes allés à l'hôpital de la Croix-Rouge où des corps étaient empilés dans le jardin. Il y avait des cadavres partout, des enfants mutilés, des femmes agonisantes. Les planchers étaient couverts de sang, et une odeur nauséabonde se dégageait de la chair décomposée. Les patients occupaient chaque centimètre de cet espace. Le jour précédent, au moment de leur départ, les forces gouvernementales (AGR) avaient lancé au hasard des tirs au mortier, et l'un d'eux avait atteint la salle des urgences de l'hôpital, tuant sept patients ». Lorsque nous sommes arrivés, le personnel continuait de ramasser les membres épars. Khan poursuit : « Je n'avais jamais été témoin d'une telle horreur, d'une telle peur muette dans les yeux des blessés ; je n'avais jamais respiré une odeur aussi putride. Je n'ai pas vomi, je n'ai même pas pleuré : le choc était trop violent. Je suis resté

571

silencieux. Mes collègues qui avaient vécu les massacres étaient plus endurcis ; ils avaient vu pire, bien pire encore ».

Le tableau était essentiellement le même à King Faisal. Cependant, la visite de cet hôpital incluait celle d'un pavillon fermé à clé. Lorsque Khan en a demandé la raison à James Orbinski, celui-ci a expliqué que le FPR avait identifié ces blessés comme ayant participé aux massacres, et qu'il avait décidé de les garder en vie afin qu'ils affrontent le tribunal, plutôt que d'être lynchés par la foule. Khan considéra cela comme un exemple de discipline convaincant de la part d'une force rebelle victorieuse.

Khan avait séjourné en Afghanistan au plus fort du conflit entre les Soviétiques et les moudjahidin. Enfant, en 1947, il avait vécu les émeutes qui avaient opposé les hindous et les musulmans. Dans son livre, il écrit : « Jamais, dans l'histoire contemporaine, de telles brutalités ne furent infligées gratuitement par des humains à leurs semblables [...] même les champs de la mort au Cambodge et en Bosnie deviennent en quelque sorte banals en comparaison de la démesure et de la monstrueuse dépravation des massacres du Rwanda ». Il choisit un exemple parmi bien d'autres pour illustrer son point de vue : « Les extrémistes de Interahamwe avaient l'habitude de tuer des jeunes enfants tutsis devant leurs parents, leur coupant d'abord un bras et ensuite l'autre. Avec une machette, ils leur pratiquaient alors une entaille dans le cou pour les laisser lentement saigner à mort. Pendant qu'ils étaient encore vivants, ils leur tranchaient les parties intimes pour les lancer au visage de leurs parents terrifiés, qui étaient à leur tour assassinés à peine plus rapidement ». Khan a tort quand il dit que les habitués du génocide s'étaient endurcis à force de côtoyer ces horreurs. Nous ne faisions que réprimer momentanément nos sentiments.

Kagame avait déplacé son poste de commandement dans une villa à l'intérieur du camp Kanombe et, après avoir gagné Kigali, il fit de son mieux pour se montrer magnanime. Il me dit comment, désormais, il appuyait entièrement la mise en place des forces de la MINUAR 2 qui aideraient à chasser les Français de la Zone de protection humanitaire (ZPH). Il me promit que l'aéroport ouvrirait dans les jours suivants et il était prêt à annoncer un cessez-le-feu unilatéral. Si l'AGR refusait ce cessez-le-feu, il jurait d'étendre le conflit jusqu'à la frontière du Zaïre.

Il m'informa que ses conseillers politiques et lui-même mettraient bientôt sur pied un gouvernement de transition à base élargie fondé sur le modèle proposé par les accords d'Arusha, avec, bien entendu, quelques modifications. Quiconque ayant participé d'une manière ou d'une autre au génocide en serait exclu et, bien qu'il eût demandé le cessez-le-feu, le FPR ne participerait pas à des négociations impliquant le gouvernement intérimaire. Le pays, observait-il, était divisé en trois : la zone FPR, la ZPH, que la MINUAR 2 devait surveiller et éventuellement occuper pour remplacer les Français le plus rapidement possible, et enfin, dans le nord-ouest, la zone relativement petite de l'AGR, qu'il n'aurait aucun scrupule à attaquer si les forces de l'ancien régime ne déposaient pas les armes. Nous avions dès lors le plan du vainqueur.

J'ai demandé à Kagame d'attendre jusqu'à ce qu'il puisse rencontrer le nouveau RSSG avant de rendre son projet public, de façon que la MINUAR ait le temps de réagir aux nouveaux événements, et il a accepté.

Je ne peux que rêver à ce que Shaharyar Khan aurait fait pour le Rwanda s'il avait dirigé la mission dès le départ. Il possédait cette caractéristique si précieuse pour un chef, la capacité d'anticiper les situations. Deux jours après son entrée en fonction, il avait déjà compris que le problème crucial était de ramener chez eux les réfugiés. Lors de sa première rencontre avec Kagame, le matin du 6 juillet, dans le salon d'attente détérioré de l'aéroport réservé aux personnalités de marque, il avait immédiatement saisi les enjeux de la position du FPR. Nous devions accepter un gouvernement intérimaire et Bizimungu le plus rapidement possible parce qu'il n'en tiendrait qu'à nous, par la suite, de les convaincre d'accepter le cessez-le-feu. Autrement, Kagame, à la poursuite d'une victoire totale, envahirait ce qu'il restait de territoire à l'AGR, et le désastre humanitaire serait complet.

Khan a réussi à tenir ses premières rencontres à Goma et à Gisenyi le jour suivant. Il est parti avec Tiko et un groupe composé d'employés civils et d'observateurs militaires des Nations unies.

Après avoir emprunté la route jusqu'à Kabale, ils ont continué le trajet en hélicoptère jusqu'au Zaïre. (Tiko accompagna Khan dans ce trajet et dans d'autres rencontres diplomatiques lors des premières missions périlleuses, alors qu'Henry était enfin au Ghana pour s'occuper des nombreux détails inévitables entourant les funérailles de son père. Tiko n'aurait jamais toléré que quelqu'un s'approche suffisamment de Khan pour le blesser.)

Lafourcade rencontra Khan à l'aéroport et lui fit un rapide exposé sur l'Opération Turquoise. Une escorte française accompagna Khan et son équipe pour traverser la frontière jusqu'à l'hôtel Méridien, situé à Gisenyi, où ils rencontrèrent le ministre des Affaires étrangères du gouvernement intérimaire, Jérôme Bicamumpaka, dont la tâche était visiblement de mesurer ce nouveau joueur. Pour être efficace, Khan devait convaincre les deux parties de sa stricte neutralité. Au cours des jours qui ont suivi, il rencontra d'autres figures importantes du gouvernement de transition à Gisenyi, tel Bizimungu, le chef de l'AGR. (Le responsable du personnel de la Gendarmerie, Ndindiliyimana, demeurait introuvable, et je ne l'ai plus jamais revu.) Les ministres qualifiaient leur fuite à Gisenyi de retrait stratégique, plutôt que de déroute. Lorsqu'ils se sont finalement mis d'accord sur le cessez-le-feu, j'ai soupçonné qu'ils négociaient avec les autorités locales zaïroises (il y avait possiblement collusion avec des officiers supérieurs français favorables, à l'intérieur des camps) dans le but de conserver leurs armes et leur structure politique, ce qui leur aurait permis d'organiser un retour en force quelques années plus tard, et de recommencer la guerre de plus belle.

Le FPR était certainement au courant de l'usage que ses ennemis pouvaient faire des camps de réfugiés au Zaïre et dans la ZPH de l'Opération Turquoise. Le 8 juillet, Frank Kamenzi demanda si j'accepterais de transmettre au président du Conseil de sécurité une lettre en provenance d'un nouveau groupe, «les forces démocratiques de changement». Bien que je n'aie pas reconnu les noms des signataires, le groupe était composé de dirigeants politiques modérés qui revendiquaient leur appartenance aux partis suivants: le Mouvement démocratique républicain (MDR), le Parti social-démocrate (PSD), le Parti démocrate-chrétien (PDC) et le Parti libéral (PL). La lettre exprimait leur vive opposition au maintien de la ZPH, qu'ils décrivaient comme une zone de protection et une route d'évasion pour les criminels. Le fait qu'ils se soient manifestés aussi rapidement après la chute de Kigali signifiait que le FPR aidait à la formation d'une coalition avec les anciens signataires des accords d'Arusha. Les efforts de la MINUAR pour identifier les politiciens qui auraient pu représenter la population hutue après la victoire du FPR – et qui auraient alors eu le droit moral de siéger et de participer aux discussions concernant la structure politique future de ce pays vidé de son sang – ont été, au mieux, sporadiques. Comme on pouvait s'y attendre, le FPR en a pris l'initiative. J'ai informé Khan et j'ai accepté de transmettre la lettre immédiatement.

Le FPR maintenait rigoureusement sa position, selon laquelle il refusait toute entente avec qui que ce soit ayant joué un rôle, de gré ou de force, dans le gouvernement de l'ancien régime. Le jour suivant, je recevais une déclaration ouverte des AGR modérés, alors terrés dans la ville de Kigeme, juste au sud-ouest de Gikongoro. (J'avais perdu le contact avec eux et je tenais pour acquis qu'ils avaient déjà fui au Zaïre.) Le document était un désaveu sans équivoque des extrémistes et l'annonce d'un engagement total aux décisions de cessez-le-feu, un plaidoyer pour la paix et la reconstruction du pays selon les accords d'Arusha. Neuf officiers modérés, avec à leur tête Rusatira et Gatsinzi, l'avaient signé. J'ai expédié la déclaration à Kagame avec une note mentionnant que l'acceptation de leur retour au Rwanda constituerait un véritable geste de réconciliation nationale qui favoriserait alors la reconnaissance internationale du nouveau gouvernement. Je n'ai cependant pas obtenu de réponse ferme. Kagame et ceux qui l'entouraient, tel Pasteur Bizimungu, l'intransigeant négociateur politique du FPR, n'avaient pas de temps à accorder à ces officiers.

Pendant ce temps-là, le flux et le reflux des contingents continuaient. Le 9 juillet, nous avons procédé à une petite cérémonie d'adieu à l'aéroport en l'honneur des Tunisiens. Plus tôt, au cours de la mission, j'avais confié, à cet exemplaire contingent, le drapeau de l'ONU que nous avions hissé à Kinihara, le 1er novembre 1993, pour marquer officiellement le début de notre mission. Les Tunisiens constituaient les seules troupes terrestres au moment où nous avions hardiment pris la relève pour la surveillance de la zone démilitarisée. Pendant qu'ils s'acquittaient de toutes les tâches dangereuses que je leur confiais, ils ont fidèlement gardé le drapeau avec eux. Sur le tarmac, devant la gueule béante d'un Hercule, nous nous sommes salués et serré la main pour la dernière fois. À leur demande, j'ai signé le drapeau. J'ai su qu'il continuait de flotter au-dessus d'une garnison, quelque part en Tunisie.

Le premier petit groupe de renforts ghanéens arriva à Entebbe alors que, malheureusement, notre centre d'accueil et notre site d'entraînement n'étaient pas fonctionnels (nous n'avions toujours pas de budget, rien qu'un millier d'excuses de la part du personnel de l'ONU). En fin de compte ils furent acheminés en autocar au Rwanda, et nous les avons installés dans une école militaire au camp Kigali, où ils se sont retranchés.

Plus tard ce jour-là, Lafourcade me fit parvenir un message urgent pour Kagame et me demanda de le lui transmettre immédiatement. Il était sérieusement préoccupé par la partie nord-ouest du pays, essentiellement contrôlée par l'AGR, de Ruhengeri ouest jusqu'à la frontière zaïroise. Il y avait là des centaines de milliers de personnes déplacées, agitées par la peur du FPR. Il voulait que Kagame arrête ses troupes. Un exode vers Goma compliquerait les affaires avec les autorités zaïroises et empêcherait les belligérants d'en arriver à un accord politique.

Kagame réagit comme si la lettre de Lafourcade confirmait tous ses soupçons envers le plan d'action de l'Opération Turquoise, qui, selon lui, défendait clairement des visées politiques et non pas humanitaires. Il me chargea de rappeler à Lafourcade que tout ce que l'AGR avait à faire pour arrêter son avance, c'était d'accepter le cessez-le-feu unilatéral qu'il proposait ; Kagame rappela qu'à la différence de ses opposants il ne prenait pas pour cible des civils. Selon lui, l'agitation des réfugiés était une réaction à la propagande des extrémistes et, par conséquent, ne relevait pas de ses responsabilités. Lafourcade était furieux.

Kagame acquiesça à la requête de déménager une équipe française de liaison dans le quartier général de la MINUAR. Il se rendit peut-être compte qu'il serait ainsi beaucoup plus efficace de se servir de moi comme intermédiaire entre lui et l'Opération

Turquoise. Le lieutenant-colonel Francis et le commandant Pierre sont arrivés le 11 juillet à bord d'un Hercule canadien, avec leurs véhicules et leur équipement. Ils furent immédiatement escortés à mon Q.G. où ils se sont installés non loin de mon bureau. Bien que les nombreux soldats du FPR présents à l'aéroport et tout le long de la route les aient observés avec curiosité, tout se passa calmement. Les deux officiers étaient sympathiques, coopératifs et respectueux, mais, comme mon Q.G. était situé dans le territoire contrôlé par le FPR, ils acceptèrent d'être confinés momentanément dans le Q.G., à la fois pour leur sécurité et parce que je ne voulais pas qu'ils mènent des activités de renseignement contre le FPR violant ainsi la neutralité de la MINUAR.

Au moment où le FPR était entré dans Kigali, la ville était presque abandonnée, sauf les quartiers peuplés par la milice, dans les banlieues les plus pauvres de la ville. De plus en plus de réfugiés commençaient à entrer dans la ville. Quelques-uns revenaient chez eux, mais d'autres squattaient les édifices. Il n'était pas inhabituel de voir des soldats du FPR chasser des individus d'une maison abandonnée pour y loger d'autres personnes. (Nous ne savions pas s'ils en étaient les véritables propriétaires ayant survécu au génocide ou simplement des amis du mouvement FPR.) Au fur et à mesure que les jours passèrent, un nombre croissant de réfugiés tutsis et de gens de la diaspora vinrent s'installer à Kigali.

L'afflux inquiétait Khan qui craignait la déstabilisation du pays. Je lui fis visiter tous les taudis. Ni lui ni moi ne souhaitions contourner les cadavres et les amas de guenilles abandonnés sur la route, sauf que les vestiges de la barbarie des milices se trouvaient partout. Bien que le stade d'Amahoro fut rempli, plusieurs des sites sous notre protection étaient désormais pratiquement vides ou occupés seulement par quelques centaines de personnes dans un état d'urgence extrême. Un orphelinat de la région de Burare logeait déjà plus de six cents enfants, avec un hôpital de fortune qui comptait trente-cinq blessés alités et de nombreux autres patients pouvant se déplacer. Un médecin allemand et deux infirmières dirigeaient le lieu avec l'aide des adultes les moins malades. Yaache et les MamaPapas étaient en contact avec l'UNICEF (Fonds des Nations unies pour la protection de l'enfance) pour organiser les livraisons d'eau et de nourriture. Beaucoup d'enfants étaient tellement affectés psychologiquement qu'ils ne bougeaient pas. Assis, éparpillés, ils ne réagissaient à rien, même pas aux centaines de mouches qui s'agglutinaient à chaque orifice de leurs corps frêles, sales et meurtris. Au creux de leurs petits visages, leurs yeux semblaient vous darder comme des lasers, projetant des rayons qui vous atteignaient droit au cœur.

Au cours de cette période, le peu de sommeil que me procurait la nuit fut bientôt complètement envahi de cauchemars peuplés par les yeux accusateurs de ces enfants ou par les scènes atroces que j'avais refoulées sitôt après en avoir été témoin, ou encore par les effroyables conséquences de mes décisions. Je revoyais souvent, dans mes rêves, le spectacle affreusement précis des cadavres des dix soldats belges empilés dans le sang à la porte de la morgue, dans cette sinistre cour d'hôpital.

La journée du 12 juillet commença avec l'arrivée d'un important communiqué du FPR, la *Déclaration du FPR pour l'instauration d'un gouvernement officiel*. Le document de trois pages présentait les modifications apportées aux accords d'Arusha qui favorisaient largement le FPR. Il adoptait les positions ministérielles et législatives autrefois défendues par les partis extrémistes. Aucune amnistie n'était prévue pour les partisans de l'ancien régime ni pour les militaires ayant participé au génocide ; tous devraient subir les peines prévues par la loi. Faustin Twagiramungu serait le nouveau premier ministre. Comme les chefs des autres partis politiques avaient été assassinés, il lui appartiendrait de proposer les remplaçants appropriés pour la consultation avec le président qui serait nommé par le FPR. Les dirigeants du FPR étaient pressés de former un gouvernement et une armée nationale qui légitimeraient leur mouvement. Même s'ils affirmaient que le nouveau gouvernement ne serait pas établi selon des bases ethniques, il devenait de plus en plus difficile de s'en convaincre, certains d'entre eux exprimant discrètement leur dédain pour les millions de Hutus désormais condamnés au statut de réfugiés ou à celui de pions dans une reprise de la guerre.

À son retour de Belgique, Faustin avait pris contact avec le comité de liaison de la MINUAR à Nairobi pour lui demander de le transporter à Kigali. Il est rentré au bercail le 14 juillet, par l'un de nos vols Hercule. Nous avions nettoyé quelques étages du Méridien pour recevoir le personnel de notre nouvelle mission. Lorsque Faustin nous informa qu'il n'avait pas de logement dans la capitale et que le FPR n'avait rien à lui offrir, nous lui avons réservé une suite qui lui servirait provisoirement à la fois de logement et de bureau. Nous lui avons fourni du matériel de bureau, une aide secrétariale, un service d'appels interurbains, de la nourriture et même du transport. Les survivants de sa famille étaient dispersés, et il devait se débrouiller pour manger, car le FPR ne l'aidait d'aucune façon pour le moment. Sa situation n'était pas unique. À mesure que les représentants rwandais qui avaient survécu regagnaient la ville, nous avions dû en loger plusieurs au Méridien. Tout, à Kigali, avait été incendié, détruit ou pillé. Comme le FPR lui-même tentait encore de s'organiser, ces représentants avaient besoin de notre aide pour ouvrir leurs bureaux. Même le juge en chef de la Cour suprême délibérait à partir de sa chambre d'hôtel au Méridien.

Les interventions rebondissaient sur tous les fronts. Yaache et l'équipe humanitaire rencontraient les plus hautes instances des ONG et des agences, tels l'UNICEF, le Programme alimentaire mondial (PAM), Médecins sans frontières et la Croix-Rouge, pour étudier les moyens de rétablir le système d'eau courante à Kigali. Comme l'espace et les services de communication étaient de qualité supérieure au Q.G. de la Force, le personnel civil des services humanitaires emménagea dans l'immeuble du PNUD (Programme des Nations unies pour le développement), au centre-ville. L'équipe MamaPapa déménagea deux cents réfugiés hutus dans nos sites sécurisés, pour leur protection. Notre observateur militaire à Entebbe avait de la difficulté à obtenir l'appui des autorités aéroportuaires, qui menaçaient de nous expulser de l'immeuble principal parce que nous ne payions pas nos factures. Les observateurs avaient aussi des discussions avec Brown et Root concernant l'état des véhicules blindés américains et le plan de soutien logistique du fournisseur à l'intention de nos bataillons qui devraient être déployés partout dans le pays. La note d'espoir nous vint de l'escouade de reconnaissance australienne, toujours sur place et affairée à trouver un site pour son antenne chirurgicale. Puisque nous avions convenu qu'elle devait servir les forces de l'ONU tout en fournissant le maximum d'aide à la population civile, elle s'intéressait au principal hôpital de Kigali. J'ai immédiatement signé une requête pour que le responsable de l'escouade de reconnaissance, le colonel Ramsay, communique avec ses dirigeants au pays et demande que lui soit accordée la permission d'occuper – en fait, de créer – le poste de médecin-hygiéniste en chef de la MINUAR. Ramsay était enthousiaste. Pour la première fois depuis le départ du responsable de l'hôpital de campagne belge, nous avions un programme médical professionnel avec les moyens nécessaires pour appuyer notre force. Les Australiens amenaient aussi une compagnie d'infanterie pour la protection rapprochée.

Le 14 juillet, aux « prières » du matin, mon officier des services de renseignement m'informa que le FPR dirigeait deux centres d'interrogatoire à Kigali et que des exécutions sommaires avaient lieu toute la journée. Il n'avait pu s'approcher suffisamment des centres, gardés sous haute protection, mais il croyait ses informateurs fiables. De plus, de nouvelles recrues étaient entraînées dans le camp Kanombe – nous en voyions de plus en plus aux postes de contrôle de la circulation. Dans le Rwanda oriental, des soldats parlant uniquement le swahili effectuaient des contrôles de sûreté et des patrouilles. Mon officier de renseignement pensait qu'il s'agissait de soldats du NRA en provenance de l'Ouganda.

Ce jour-là, au cours d'un voyage à Bukavu et à Goma, je rencontrai cinq des modérés de l'AGR qui avaient signé la déclaration « Kigame 9 », parmi lesquels Gatsinzi et Rusatira, que j'étais soulagé de voir de nouveau. Après leur déclaration qui avait fait d'eux une cible encore plus fragile pour les Hutus purs et durs, les Français les avaient évacués au Zaïre avec leurs familles, mais sans subvenir à leurs besoins. Ils me demandèrent si je pouvais leur donner de l'argent pour acheter de la nourriture. Ils voulaient revenir à Kigali et travailler à la reconstruction du pays ; ils insistaient pour dire qu'ils n'étaient pas des déserteurs de l'AGR, mais des hommes qui aimaient le Rwanda. Je promis de parler d'eux à Kagame. Cette fois, j'offris de me porter garant de leur conduite s'il les laissait rentrer au pays. Quelques semaines plus tard, nous les ramenions à Kigali, et le FPR les installa à l'hôtel des Mille Collines, où nous les nourrissions et assurions leur sécurité. Le FPR les a ignorés pendant un certain temps avant de les intégrer à la nouvelle armée nationale.

Alors que nous survolions Goma, je voyais les déplacements massifs des gens qui traversaient la frontière (théoriquement, Gisenyi tomberait aux mains du FPR le 17 juillet, mais elle avait subi des attaques du FPR avant cette date). Nous nous sommes rencontrés, Lafourcade et moi, pendant près d'une heure à sa base logistique. Il estima à environ 300 000 le nombre de personnes ayant déjà rejoint le Zaïre – parmi elles, des groupes de la Gendarmerie et de la milice – et qui avaient été dirigées vers des camps situés juste au nord de la ville. Ni lui ni le gouvernement n'étaient en mesure de les aider, et, selon lui, le nombre de réfugiés atteindrait bientôt le million.

De retour à mon hélicoptère, on m'a informé que nous ne pourrions décoller à moins de payer une taxe d'atterrissage de 800 $ US. En principe, les appareils de l'ONU étaient exemptés de telles taxes, et je me suis rendu à la tour pour négocier avec le directeur. Il me somma de payer en argent liquide, sans quoi nous n'obtiendrions pas la permission de décoller. L'aéroport était suffisamment entouré de gardes zaïrois armés jusqu'aux dents pour me signifier que sa menace était très sérieuse. Nous avons mis notre argent en commun, mais c'est Phil qui a fourni le gros de la somme. Il ne fut jamais remboursé : le directeur ne nous avait pas donné de reçu et l'ONU n'accepta pas notre justification de la dépense sous prétexte que nous aurions dû refuser de payer.

Tard cette nuit-là, Khan et moi avons reçu du DOMP un câble codé faisant état des délibérations du Conseil de sécurité à propos de la catastrophe humanitaire qui nous menaçait. Les Français avaient demandé qu'une pression soit exercée sur le FPR afin qu'il arrête sa campagne et signe immédiatement un cessez-le-feu pour des raisons humanitaires. À partir des documents d'information préparés par le premier conseiller de Boutros-Ghali, Chinmaya Gharekhan, ils semblaient tous croire à New York que les combats continuaient. Sauf que Ruhengeri était déjà tombé et l'AGR, en fuite. Il était trop tard pour arrêter la débâcle, mais davantage de soutien financier pour élargir la MINUAR 2 aurait pu éviter que le scénario concernant les réfugiés se répète dans le sud. Les Français avaient accepté de fermer la seule route qui traversait la montagne et les forêts du sud-ouest pour tenter d'endiguer le mouvement vers Cyangugu. Cette nuit-là, j'ai pensé que nous étions condamnés à voir cette opération échouer aussi radicalement que la précédente.

À ce moment-là, la tension due à mon absence et la nature de ma mission pesaient beaucoup trop lourd sur les membres de ma famille, et ils espéraient me revoir avant la fin de l'été, à tout le moins le temps d'un congé. Dans une conjoncture aussi critique, Boutros-Ghali ne voulait pas changer le commandement des forces et souhaitait que je reste à mon poste jusqu'à la date prévue, en octobre. J'avais proposé de prendre congé vers la fin du mois d'août, afin de passer un peu de temps avec mes enfants avant leur retour à l'école. Je retournerais ensuite au Rwanda jusqu'à la fin de septembre, moment où je laisserais mon poste à quelqu'un d'autre. Je désirais qu'Henry Anyidoho me remplace, et le DOMP appuyait unanimement sa candidature. Dans l'intervalle, j'avais proposé l'embauche d'un nouveau commandant adjoint et chef d'état-major pour seconder Henry, juste avant mon départ.

Trois jours après avoir présenté ma requête – j'avais confié à Maurice la tâche de l'expliquer –, le général de Chastelain acceptait ma proposition et appuyait ma recommandation qu'Henry me remplace. J'ai transmis la nouvelle à Khan, qui était au courant de ma demande de quitter Kigali quelques semaines plus tôt que prévu. Il regrettait mon départ, mais en comprenait certes les raisons, et il était convaincu qu'Henry serait un excellent remplaçant.

Un message en provenance de notre équipe de liaison à Goma nous informa que la situation était très tendue et que le flot de réfugiés ne cessait d'augmenter. Pour accroître la sécurité, l'armée zaïroise avait détaché un bataillon de parachutistes à Goma. Les Français nous apprirent que le FPR tirait à l'artillerie lourde à l'intérieur de ses positions avancées à l'est de Gisenyi et qu'eux-mêmes avaient riposté par une démonstration de force en utilisant leurs chasseurs à réaction à tir rapproché. Les Zaïrois désarmèrent finalement l'AGR à la frontière, dépouillant certains des hommes de leurs machettes et de leurs fusils ; mais l'armement lourd – l'artillerie, les mortiers lourds, les canons antiaériens et les armes antichars – fut acheminé et escorté au nord de la ville. Au moment de traverser la frontière, ni les Zaïrois ni les Français ne prirent les mesures nécessaires pour séparer les civils des milices, des gendarmes ou des soldats. Yaache passa la journée à Goma avec l'équipe de la Cellule d'assistance humanitaire (CAH), du Bureau d'urgence des Nations unies pour le Rwanda (UNREO) et de la cellule humanitaire de l'Opération Turquoise pour tenter de coordonner les efforts. L'UNREO confia officiellement au Haut-Commissariat des Nations unies pour les réfugiés (HCR) le soin des réfugiés à l'extérieur du Rwanda, ce qui m'embêtait. Avec les caméras de télévision rivées sur les déplacements massifs à la frontière, on accorderait encore moins d'attention aux survivants du génocide demeurés à l'intérieur du Rwanda.

La dégradation de la situation semblait avoir poussé l'administration américaine à réagir publiquement. Le matin du 16 juillet, je reçus un télégramme du DOMP auquel était joint un *Communiqué de presse de la Maison-Blanche concernant le Rwanda*. Le communiqué précisait que «l'administration Clinton avait fermé l'ambassade rwandaise à Washington et ordonnait à son personnel de quitter le pays. Les représentants du soi-disant gouvernement de transition devaient partir dans les cinq jours ouvrables suivants». L'administration Clinton déclara que le gouvernement américain «entreprendrait des consultations auprès des autres membres du Conseil de sécurité de l'ONU pour retirer le siège du Rwanda au Conseil au représentant du gouvernement intérimaire [...], [et que les États-Unis] avaient interdit tout accès à des avoirs financiers du gouvernement rwandais aux États-Unis». Le président Clinton ajoutait: «Les États-Unis ne peuvent permettre à des représentants d'un gouvernement qui appuie un génocide de demeurer sur leur territoire». Enfin, dernière des surprises, les États-Unis «ont accepté de jouer un rôle majeur dans la protection du peuple rwandais et pour lui procurer une assistance humanitaire [...]. [Ils ont] fourni 9 M$ d'aide, le Département de la Défense a exécuté une centaine de missions aériennes [...], a fermement soutenu et contribué à élargir la MINUAR, a transporté par pont aérien cinquante transports de troupes blindés à Kampala [...] et équipé présentement le bataillon ghanéen de maintien de la paix de l'ONU».

Les mensonges de Clinton m'ahurirent. Le DOMP continuait de se battre avec le Pentagone pour que les avions-cargos militaires déplacent du matériel. Le Pentagone avait en fait refusé d'équiper les Ghanéens parce qu'il considérait la facture trop élevée et que les Ghanéens étaient en train de les arnaquer. Et qui précisément avait reçu les neuf millions ?

Luc Racine et sa petite équipe étaient de retour d'une reconnaissance dans la ZPH, où ils avaient cherché des sites appropriés pour nos bataillons et consolidé les procédures pour la passation des pouvoirs avec les commandants locaux de l'Opération Turquoise et les autorités civiles. Ils avaient fait la tournée dans des véhicules français accompagnés d'escortes armées de l'Opération Turquoise ayant réduit au minimum leurs marques d'affiliation à l'ONU. La plupart des gens de la région étaient hostiles à la MINUAR ou craignaient que nous refusions de les protéger après le départ des Français. Luc recommanda que, pour leur protection, tous les observateurs militaires allant dans la ZPH voyagent avec les unités françaises et jugeait crucial qu'ils soient francophones pour gagner la confiance de la population. Comme peu d'aide leur parvenait, Luc suggéra de profiter de nos déploiements pour arriver avec d'importantes quantités de nourriture, de manière à prouver aux habitants que nous avions quelque chose à leur offrir. En dernier lieu, il affirma que le FPR devait arrêter son avance et cesser de venir sonder la ZPH, de sorte que les gens à l'intérieur de la zone se sentent davantage en sécurité.

Luc confirma que, dans toutes les aires à l'intérieur de la ZPH, l'AGR continuait de se déplacer avec ses armes. Dans un seul des trois sous-secteurs de la ZPH, les milices n'étaient pas armées. Dans un autre, ils portaient des bandanas et aidaient les Français au maintien de l'ordre. Il y avait toujours partout des barrages routiers, habituellement tenus par la Gendarmerie. Selon les meilleures estimations, plus de deux millions de personnes résidaient dans la zone, dont deux tiers étaient des réfugiés de l'intérieur ; parmi ceux-ci, environ 800 000 avaient déjà gagné l'ouest de la forêt, mais encore à bonne distance de Cyangugu. Des Tutsis étaient retenus en grand nombre dans au moins trois sites. Les Français avaient trois bataillons légers dans la zone et patrouillaient activement nuit et jour.

Je devais rencontrer le général Bizimungu à Goma à 11 heures, le matin du 16 juillet. Je voulais aussi reprendre contact avec les gouverneurs des districts de Goma et Bukavu pour vérifier moi-même leurs intentions concernant les réfugiés, plus particulièrement avec les militaires rwandais et, parmi eux, la milice. Je fus accueilli à l'aéroport par Lafourcade, qui me demanda d'être discret sur la façon dont la rencontre avec Bizimungu avait été arrangée – cela pourrait paraître suspect que le dirigeant de l'AGR soit à l'intérieur du camp militaire français.

Un officier d'état-major français me conduisit avec mon aide de camp, Babacar Faye Ndiaye, dans le labyrinthe des tentes de la cité Turquoise, puis nous laissa seuls à la rencontre du général. Bizimungu avait traversé la frontière le matin même, et il avait l'air affreux. Il était hagard, blessé au bras gauche et son uniforme était sale. Il était révolté que le FPR ne se soit pas arrêté avant Ruhengeri et n'ait pas proclamé le cessez-le-feu, ce qui aurait évité l'exode. Il n'avait rien avec lui, ni bagage, ni argent, ni nourriture, et il nous demanda si la MINUAR pourrait lui venir en aide. Je l'ai prié de communiquer avec mon équipe de liaison à Goma et de me fournir une liste de ses besoins. En partant, il demanda à mon aide de camp de lui envoyer des cigarettes et du savon.

Nous nous dirigeâmes vers Goma sous la garde d'une escorte française, passant devant des terrains cendreux, des cadavres abandonnés dans la rue et des foules qui suffoquaient. Nous avons attendu au moins vingt minutes à l'extérieur du bureau du gouverneur avant qu'il puisse me rencontrer. C'était un homme courtois, à l'air raisonnable. Je lui demandai ce qu'il pensait de cet assaut de réfugiés, du personnel de l'armée rwandaise et de la milice. Il me répondit qu'il avait besoin d'un soutien massif de la part des ONG et de l'ONU, que l'afflux avait affaibli les infrastructures locales au-delà de leurs capacités et que sa propre population en souffrait. L'eau et la nourriture étaient déjà rares. La famine et la maladie ne tarderaient pas à faire leur apparition.

Concernant l'AGR, il dit que leurs armes légères et lourdes avaient été placées dans des sites sécurisés à plusieurs kilomètres au nord des camps et de la ville, et que les troupes zaïroises assureraient la protection des réfugiés et des ONG à Goma. Je l'informai que la

MINUAR pourrait se trouver dans l'obligation d'aider au retour des réfugiés et d'escorter les convois d'aide. Il ne souhaitait pas que mes forces entrent dans son pays.

Alors que nous retournions à mon hélicoptère, le ciel s'assombrit même si nous n'étions qu'en début d'après-midi. Le volcan le plus proche crachait davantage de cendres qui cachaient le soleil. Soudainement, je devins claustrophobe, comme si cette atmosphère risquait de m'engloutir. Nous nous sommes échappés de l'aéroport sans avoir à payer de taxe d'atterrissage.

À Bukavu, le gouverneur exprima des préoccupations semblables à propos des troupes de l'ONU qui franchiraient la frontière. Il dit pouvoir s'occuper des 300 000 réfugiés qui, jusque-là, avaient fui vers sa province, mais il espérait que les Français retiendraient les autres de l'autre côté de la rivière. Je fus surpris de l'absence d'ONG et d'agences de l'ONU dans la ville, mais je savais déjà que l'organisation humanitaire de l'Opération Turquoise n'était pas solide. D'importants pillages avaient eu lieu à Cyangugu à la barbe des Français. Ce n'était pas de bon augure.

Après la chute de Gisenyi, le 17 juillet, des obus commencèrent à tomber dans les faubourgs de Goma, principalement sur la route d'évacuation, au milieu des contreforts des volcans. Lafourcade et les autorités zaïroises étaient révoltés. Quelques-uns des obus frappèrent l'aéroport, où les pistes étaient engorgées par le flot continu des arrivées et des départs. Paniqués, certains réfugiés commencèrent à s'éloigner sensiblement de la frontière. Que tentait de prouver le FPR? Je donnai ordre à Frank Kamenzi d'informer son quartier général de cesser le pilonnage. Il cessa un jour ou deux plus tard, mais l'effet psychologique produit sur les réfugiés avait été démoralisant.

Ironiquement, le cessez-le-feu unilatéral – un euphémisme pour signifier la victoire totale du FPR – fut annoncé le jour suivant. Toutefois, aucune foule n'envahit les rues de Kigali pour célébrer le retour de la paix. Je ne crois pas qu'aucun d'entre nous, sauf le groupe des humanitaires, ait éprouvé beaucoup de soulagement. Cependant, Yaache et les MamaPapas – soit ma cellule humanitaire – étaient heureux de pouvoir enfin négocier avec une seule instance pour coordonner les secours d'urgence, afin que les services médicaux, policiers, judiciaires, financiers et les infrastructures gouvernementales du pays soient sérieusement rétablis. Au Q.G., l'atmosphère était un peu plus détendue. Les combats et les massacres étaient officiellement terminés, mais la nature exacte des horreurs qui affligeraient bientôt les camps de Goma et les réfugiés de la ZPH nous attendait au prochain détour.

Le 19 juillet, Khan et moi nous mîmes en route vers le Conseil national pour le développement (CND) pour assister à la cérémonie d'assermentation du nouveau gouvernement à base élargie de l'Unité nationale. Ayant vu tant de tentatives échouer dans les mois précédant le 6 avril, je me sentais un peu mal à l'aise d'être assis au bout de la première rangée de dignitaires sur la pelouse de l'entrée principale du CND, protégé du soleil sous un auvent et sans autre responsabilité que celle de témoin. Le FPR s'était chargé de la sécurité. Les soldats bien armés qui se tenaient partout, au milieu des centaines de spectateurs, des officiels sous l'auvent et autour du périmètre du CND, troublaient la sérénité ou l'espoir qu'aurait pu inspirer l'assermentation d'un nouveau gouvernement. De manière générale, je pensais que plus les mesures de sécurité étaient apparentes, plus nous devions nous sentir en danger.

Ainsi, je surveillai la cérémonie, qui se déroulait selon un protocole solennel. Le nouveau président du Rwanda, Pasteur Bizimungu, un Hutu qui avait été torturé par le régime Habyarimana, fut assermenté et, à sa suite, les dix-huit autres membres du cabinet. Khan et moi ne comprenions pas un mot des discours, tous prononcés en kinyarwanda, mais Bizimungu avait presque l'air d'un souverain. Puis, Paul Kagame prêta serment comme vice-président et ministre de la Défense, suivi de deux autres Hutus, Faustin comme premier ministre et le colonel Alexis Kanyarengwe, comme vice-premier ministre.

Alors que la cérémonie tirait à sa fin, je pensais : « Après avoir passé près de quatre ans dans la brousse, ce sont eux, désormais, les responsables ». Je m'interrogeai encore à propos de la nature de ce cessez-le-feu unilatéral moins qu'achevé, à propos de la victoire et de Paul Kagame, si digne au moment d'accepter ses nouvelles fonctions.

Était-il hanté par le prix humain de sa victoire ? Lui-même, comme le reste des dirigeants du FPR, savait ce qui se passait derrière le front de l'AGR. En accord avec son mouvement, il avait été inexorablement inflexible à l'idée de faire quelque concession que ce soit qui aurait diminué la tension dans le pays, aussi bien avant l'éclatement de la guerre civile qu'après, alors que l'AGR était en fuite. Il avait été réticent à appuyer la MINUAR 2, dont la tâche précise était l'arrêt des massacres et les déplacements des populations. De plus en plus, nous apercevions dans les rues les voitures rutilantes des rapatriés burundais et les charrettes des réfugiés tutsis ougandais, alors que des membres de la diaspora élisaient domicile dans les meilleurs quartiers de la ville, jetant parfois à la rue les propriétaires légitimes qui avaient survécu à la guerre et au génocide. Kagame ne semblait pas faire grand-chose pour remédier à cela. Qui, au juste, avait tiré ses ficelles tout au cours de la campagne ? Je plongeai dans des pensées sinistres, me demandant si la campagne et le génocide n'avaient pas été orchestrés pour un retour du Rwanda au *statu quo* d'avant 1959, époque à laquelle les Tutsis dirigeaient tout. Les extrémistes hutus avaient-ils été plus dupes que je ne l'avais moi-même été ? Dix ans plus tard, je ne peux toujours pas éluder cette troublante question, surtout à la lueur des événements qui, depuis, ont eu lieu dans la région.

L'après-midi suivant, encore perturbé par mes réflexions à propos de la victoire du FPR, je rencontrai le vice-président Kagame, dans son bungalow fortifié au camp Kanombe, pour discuter des enjeux importants auxquels faisait face son pays nouvellement conquis. Il était d'accord avec tous les déploiements de la MINUAR 2 et avec la structure policière que j'avais prévue ; toutefois, l'un et l'autre, nous reconnaissions qu'il me serait compliqué de mener à bien mes tâches étant donné la lenteur des déploiements de l'ONU. J'ai aussi proposé que nous déplacions une partie de nos forces dans la région de Gisenyi, dans le but d'assurer la sécurité des camps de transition organisés pour les rapatriés à l'intérieur du Rwanda et pour être prêts à donner un coup de main à Goma le moment venu. Kagame comprit que pour arrêter l'exode des réfugiés de larges efforts d'aide humanitaire à l'intérieur du Rwanda seraient nécessaires et qu'ils serviraient d'attrait pour ramener les gens au pays. Il évoqua l'idée d'envoyer des membres du nouveau gouvernement dans la ZPH, pour expliquer à la population ce qui allait se passer et pour l'encourager à ne pas fuir à Bukavu.

Kagame avait besoin de notre aide pour réparer l'aéroport afin de persuader les compagnies aériennes commerciales de reprendre des vols réguliers vers Kigali. Il souhaitait un retour à la normale le plus rapidement possible. Il nous demanda de faire tous les efforts nécessaires afin de respecter la date du 31 juillet pour l'entrée de nos unités dans la ZPH, et il fut catégorique sur la date du 22 août pour le départ des Français. Il voulait que nous travaillions avec les Français pour mettre en place les infrastructures bureaucratiques dans la ZPH avant la passation des pouvoirs, de manière à éviter un manque d'autorité civile. Il voulait aussi que le Canada lui fournisse une équipe technique pour l'aider à reconstruire son armée, d'abord parce que nous étions réputés pour cette tâche et aussi parce que nos soldats étaient bilingues. Il souhaitait que j'entreprenne un autre travail délicat : persuader le gouvernement zaïrois et l'Opération Turquoise de renvoyer toutes les armes lourdes et tous les véhicules abandonnés au Zaïre. Je pourrais ensuite les retenir jusqu'à la stabilisation de la situation, mais il insistait pour que le matériel lui soit remis à la fin. Aux mains de ses ennemis, il constituait une menace constante pour la sécurité du Rwanda. (Cela n'eut pas lieu avant mon départ.)

Au cours de cette rencontre de deux heures, en buvant des boissons gazeuses, nous avons élaboré un programme pour les deux ou trois prochains mois, au moins. J'avais juste besoin de mes troupes et des ressources promises. J'ai rappelé à Kagame que nous recevions des informations selon lesquelles la famine et la maladie commençaient à faire des ravages dans les camps de réfugiés. Il n'y avait pas de temps à perdre.

Après la mise en place du nouveau gouvernement, ce fut la course contre la montre, ce qui n'était pas nouveau pour moi car la MINUAR avait toujours dû courir pour rattraper la situation. Les Français laissaient entendre qu'ils demanderaient l'autorisation de rester après le 22 août. Lorsque le FPR eut vent de ces rumeurs, il exerça une pression sur la MINUAR pour qu'elle remplace les Français et les fasse sortir du Rwanda. Notre logistique était encore mal rodée : nous manquions périodiquement d'eau, de nourriture et de carburant, et nous avions l'impression de ne jamais avoir suffisamment de véhicules, de radios ou de matériel pour faire les choses telles qu'elles auraient dû être faites. Dans bien des domaines, nous régressions au lieu de progresser.

La situation à Goma était réellement désespérée. À mesure que l'attention des médias convergeait vers l'afflux des réfugiés là-bas, l'opinion publique exerçait des pressions sur les gouvernements pour qu'ils agissent. Les ONG, affranchies des UNREO depuis que les camps débordaient au Zaïre, abandonnèrent la coopération et la coordination pour suivre les caméras à Goma, et commencèrent un exercice que l'on ne peut que qualifier de zélé. Pendant ce temps, à des centaines de kilomètres au sud, presque autant de monde à l'intérieur du Rwanda ne recevait qu'une aide dérisoire, et peu ou pas de médias rendaient compte de la situation.

New York continuait de discourir concernant les besoins minimaux de ma force. Des équipes de reconnaissance nationale étaient venues à Kigali, mais la MINUAR, soixante jours après l'approbation de son mandat et trente jours après la date prévue, n'avait toujours rien mis en œuvre. Je commençai d'en avoir assez de demander où étaient mes troupes.

La vie reprit peu à peu son cours à Kigali. Le stade d'Amaharo et nos autres sites sous protection se dépeuplèrent lentement après que le gouvernement fut assermenté. Une personne partit, puis une famille, et finalement tous ceux que nous avions protégés nous quittèrent à la recherche de leur parenté et de leur foyer. Trop souvent, les nouvelles étaient mauvaises. Chacun avait perdu un proche dans le génocide. Avec 10 % de la population d'avant-guerre assassinée en une centaine de jours, rares étaient les familles qui n'avaient pas perdu au moins un de leurs membres. La plupart en avaient perdu bien davantage. Parmi les enfants rwandais qui survécurent, on a calculé que 90 % d'entre eux avaient vu l'une de leurs connaissances mourir de mort violente.

Dans le cas des résidences et des commerces, l'AGR d'abord, l'Interahamwe et les citoyens ordinaires ensuite les avaient dégarnis de tout ce dont ils avaient pu s'emparer. Dans la maison que j'avais habitée avant la guerre, il ne restait qu'un ensemble de bâtons de golf – je les avais empruntés à l'attaché militaire belge – et une seule copie du magazine *Maclean's*. Les éviers, les robinets, les vitres, les luminaires, tout avait disparu.

Quelques nouvelles recrues de l'armée de Kagame s'adonnèrent aussi au pillage. Kagame avait promis de payer leurs arrérages après la victoire, mais il n'avait pas d'argent ; le gouvernement n'avait plus de réserves en devises dans la capitale, elles s'étaient envolées avec le gouvernement intérimaire. Ses troupes commençaient à se rétribuer elles-mêmes en prenant tout ce qui leur tombait sous la main ; les survivants du génocide et les rapatriés de la diaspora fauchaient eux aussi les articles ou les objets qu'ils trouvaient. On m'a rapporté que, des années plus tard, on pouvait encore acheter de la marchandise de Kigali dans les marchés en plein air, en Ouganda.

Je crois que Kagame fit de son mieux pour contrôler ses nouvelles recrues assoiffées de revanche et les rapatriés qui fouillaient partout. Il comprenait parfaitement que si le bruit de ces excès courrait à l'extérieur du Rwanda, il attirerait l'attention des médias et des politiques, risquant ainsi de faire échouer ses tentatives d'obtenir des prêts et de l'aide pour la reconstruction de son pays et, plus important encore, d'alimenter la propagande de l'AGR et la peur des Hutus de retourner dans le Rwanda contrôlé par le FPR. Le mythe du « double génocide » était à son paroxysme, et certains étaient vendus à l'idée que la guerre raciale avait eu lieu dans les deux sens. La dernière chose que souhaitait Kagame, c'était de renforcer ces allégations. Par ailleurs, nous ne pouvions malheureusement pas ignorer les rapports que nous recevions : ils faisaient état de meurtres, de vengeance, de pillages et de viols de la part d'éléments indisciplinés de l'arrière-garde du FPR et de rapatriés cherchant à exercer leur propre justice. Des rumeurs d'interrogatoires secrets, subis aux barrages par les réfugiés, rendaient les gens nerveux. Nous avons fait des recherches et dénoncé publiquement ces atrocités, tout comme nous avions condamné le génocide. La seule chance de réconciliation au Rwanda exigeait que chacun abandonne sa machette et s'en rapporte à la véritable justice pour condamner les planificateurs et les auteurs du génocide.

Le pays devait concentrer ses efforts sur la reconstruction. L'eau, cet élément essentiel à la vie, n'était pas buvable, et les installations d'adduction d'eau potable avaient depuis longtemps été sabotées. Les puits étaient à sec, et la seule autre source d'eau était les ruisseaux et les rivières qui coulaient à Kigali, et il ne fallait même pas penser à boire de cette eau. La nourriture était rare. Partout au Rwanda, les récoltes avaient pourri dans les champs parce qu'il ne restait plus personne pour les cueillir et les transporter au marché. Le système d'égouts de la ville, même pas acceptable avant la guerre, présentait un risque important pour la santé. Il n'y avait pas de carburant, pas d'électricité, pas de téléphone ni d'autres moyens de communication – la liste de ce qui manquait s'allongeait chaque jour. Les infrastructures gouvernementales qui auraient dû intervenir à ce moment-là n'existaient pas encore, même si les ministres avaient été assermentés. Kagame utilisait toutes ses ressources pour protéger la frontière avec le Zaïre au nord-ouest et pour accroître la pression contre les Français dans le sud-ouest, et qui aurait pu le lui reprocher ? Nous continuions de lui offrir le peu que nous avions pour tenter de mettre son gouvernement sur les rails, mais l'ONU ne nous aurait pas autorisés à prêter ou à donner aucune de nos ressources à l'administration civile rwandaise. Pendant que des millions de dollars d'aide humanitaire affluaient à Goma, il nous était impossible d'en obtenir quelques milliers pour aider Kigali. Nous avons souvent ignoré les bureaucrates et puisé dans nos propres poches quand nous le pouvions, gênés de ne pas disposer de plus de moyens.

La vie semblait impossible pour les Rwandais qui tentaient de survivre à l'intérieur du Rwanda en cette fin juillet, ce début août. La population démontrait toutefois une absence d'apitoiement sur elle-même et un courage admirables. Peu à peu, de petits marchés apparaissaient au coin des rues, des gens travaillaient la terre et cueillaient les rares récoltes tardives, les petits commerces réouvraient et parfois, si on écoutait attentivement, on entendait quelques rires. Il restait d'immenses problèmes à résoudre, mais nous avions bon espoir qu'avec un peu d'aide les survivants auraient le courage de rebâtir leur pays.

J'eus cependant à réfléchir au type d'aide offerte par le monde extérieur. À mesure qu'il devenait plus sécuritaire de s'aventurer dans le pays, des touristes inévitablement arrivèrent. Chaque jour, des délégations de politiciens, de bureaucrates, de collaborateurs des ONG, des célébrités, des acteurs, des chanteurs et le premier venu qui réussissait à passer au Rwanda (mon ton est dur, parce qu'il exprime ce que tout cela exigeait de nous) nous demandaient d'organiser leur visite, leur hébergement, leur transport et leur itinéraire. Ils mobilisaient notre personnel, notre temps et beaucoup de nos précieuses ressources. Bien que je reconnaisse l'appui essentiel de ces visites dans la bataille politique afin d'obtenir de l'aide pour le Rwanda et de permettre le déploiement des troupes de la MINUAR 2, j'ai gaspillé plus d'heures que je ne saurais me rappeler à expliquer sans arrêt, encore et toujours, l'horreur de la situation. Le moindre mot finit par m'écorcher l'âme. L'aspect humoristique de ces visites, c'était lorsque Khan et moi marquions un point en invitant nos distingués invités à un dîner composé de vivres allemands périmés. Peut-être était-ce enfantin de notre part, mais nous nous sommes vraiment amusés des visages ébahis à la vue de ces dîners d'État et des serrements de gorge douloureux au moment d'avaler l'affreuse nourriture qui était notre ration quotidienne depuis des mois. Au fil du temps, je me fis excuser de ces visites guidées sans fin, et Henry m'y remplaça.

À Goma, le 21 juillet, les États-Unis lancèrent un immense et spectaculaire pont aérien d'aide humanitaire qui impressionna tous ceux qui l'ont vu. Dans les trois jours qui suivirent l'ordonnance présidentielle autorisant l'aide, les premiers avions atterrissaient. Pour accélérer la distribution, les Américains avaient même tenté de bombarder des régions de quantités massives de provisions, à l'aide d'avions volant à basse altitude. Ils ont cependant mis fin rapidement à cette initiative, car trop de gens au sol étaient blessés par ces cadeaux venus du ciel. Cette opération avait réussi en Somalie, mais là, entre un terrain accidenté et ingrat et les masses grouillantes, il ne restait aucun espace pour effectuer de façon sécuritaire de tels parachutages.

Je me réveillai ce matin-là aux sons, devenus familiers, des marteaux, des scies et des pelles alors que le noyau précurseur du

1$^{er}$ Régiment canadien de transmission et quartier général était à l'œuvre pour réparer et remettre le camp en état en vue de l'arrivée prochaine du gros de cette force. Riza avait envoyé un câble codé à Khan demandant que la MINUAR «lui donne une meilleure idée des tâches à venir» dans la «situation qui se préparait». Nous avions déjà des directives opérationnelles pour assurer la mission dans la ZPH et pour celle qui visait à ramener les gens des camps du Zaïre en toute sécurité, opération baptisée «Chemin du retour». J'étais content que ce soit désormais le RSSG qui conçoive les grandes lignes politiques de la mission et que ce soit à lui d'aller à Dar es-Salaam et à Kampala afin de tenter de convaincre les pays voisins de participer aux efforts politiques et diplomatiques pour consolider le Rwanda et l'ensemble de la région. Khan accepta de fournir un avion au président Bizimungu afin qu'il puisse visiter le Zaïre et la Tanzanie, se rendre compte lui-même de la situation et engager des pourparlers avec ses homologues africains à propos de la présence des extrémistes dans les camps et de ses conséquences.

Mes priorités opérationnelles étaient claires. Premièrement, nous devions transférer les observateurs militaires de l'ONU sans Luc Racine dans la ZPH pour y préparer notre relève des Français; deuxièmement, nous devions avoir nos MamaPapas dans la région de Gisenyi et Gikongoro pour aider les réfugiés qui se trouvaient encore de ce côté-ci de la frontière, puis établir une liaison avec les Français, les forces zaïroises et celles de l'AGR pour calmer la situation dans ce coin de pays; troisièmement, il nous fallait continuer d'assurer la surveillance de la ZPH et décourager les opérations de sondage du FPR; quatrièmement, notre personnel devrait travailler à fond pour coordonner l'arrivée, l'entraînement et le déploiement des nouveaux contingents avec le matériel et les véhicules. Notre responsable de la planification, Mike Austdal, travailla fébrilement sur tous ces fronts et se chargea en plus du poste de chef à l'entraînement. Plutôt que de diriger les manœuvres sur papier, il plaça les nouveaux officiers et les sous-officiers, dès leur arrivée, dans une sorte de jeu de rôle pour vérifier leur compréhension de nos règlements. Je n'aurai jamais assez d'éloges pour le personnel de mon minuscule quartier général. Il est toujours resté à la hauteur, innovant ingénieusement pour répondre à l'urgence de la situation.

La communauté internationale doutait encore de la légitimité du nouveau gouvernement. Le rapporteur spécial de l'ONU sur les droits de la personne critiqua vertement les pays qui abritaient des auteurs du génocide, mais il condamna également les pillages, les massacres de revanche et les exécutions sommaires à l'intérieur du Rwanda que même Kagame avait été incapable de prévenir. Cela n'aida pas à rehausser l'image du nouveau gouvernement et, comme Kagame et Pasteur Bizimungu l'avaient craint, cela empêcha un certain nombre de pays d'offrir de l'aide. L'épidémie de choléra qui faisait rage à Goma continuait d'attirer davantage la compassion de l'opinion internationale que les réfugiés souffrant de la famine dans la ZPH ou les survivants tentant de restaurer la société civile à Kigali. Je me suis trouvé moi-même dans l'obligation ignoble de comparer la magnitude des horreurs : comment l'humanité pouvait-elle laisser les 3 000 morts quotidiennes de Goma éclipser les conséquences du génocide à l'intérieur du Rwanda et faire comme si les 1,7 million de gens à l'intérieur de la ZPH n'existaient pas ? (Finalement, comme je le soupçonnais, l'épidémie de choléra, qui tua 40 000 personnes, ne supporta pas la comparaison.) Toutefois, les hommes témoins de l'épidémie à son point culminant étaient bien loin de s'intéresser à de tels calculs. Le 25 juillet, le major Saint-Denis entreprit un voyage à Goma pour une concertation avec les Français. Des années plus tard, il me décrivit dans une lettre ce qu'il avait vu : « En circulant dans les rues, je n'arrivais pas à détacher mon regard des centaines de corps qui jonchaient la route. Tous […] avaient succombé au choléra. L'air empestait la putréfaction, et j'avais juste envie de vomir. Pendant un moment, nous avons suivi un camion-benne rempli de cadavres que les Français avaient ramassés […]. Je me souviens du regard des soldats ; il était sans vie et plein de tristesse […]. Sur le trajet du retour, je suis passé devant un hôpital et j'ai vu une scène des plus macabres […]. Un amoncellement de cadavres, empilés sur une hauteur d'au moins sept mètres, se dressait en face de cet hôpital. Quelques-uns avaient encore les yeux ouverts et j'avais l'impression qu'ils m'adressaient un regard d'une intensité insoutenable. J'ai dû détourner la tête ». Non loin de là, parmi un groupe de femmes et d'enfants épuisés, Saint-Denis a vu une mère qui prenait soin de son jeune fils. C'était le jour où sa propre mère célébrait ses soixante-quinze ans. La scène l'a secoué de façon inouïe. «J'aurais voulu m'arrêter pour leur offrir de l'aide, mais j'avais été prévenu que l'ONU n'était pas particulièrement bienvenue là-bas et que je ne devais m'arrêter nulle part avant d'avoir retraversé la frontière du Rwanda. Je suis parti en me demandant ce qu'il adviendrait de cette famille, si elle survivrait.» De retour au Q.G. de la Force, il réussit à obtenir une ligne pour téléphoner à sa mère, mais «[je] n'arrivais pas à chasser de ma mémoire l'image de ce jeune garçon et de sa mère. Je suis resté longtemps sans parler. Quand j'ai raccroché, j'ai bu à même le goulot d'une bouteille de scotch, ce que je n'avais jamais fait auparavant, mais je devais absolument me nettoyer la bouche de l'odeur fétide de la mort».

Radio Rwanda, alors aux mains du nouveau gouvernement, diffusait dans les camps de réfugiés à Goma, demandant aux Rwandais de revenir. Les annonceurs avaient cité une lettre de Boutros Boutros-Ghali, datée du 19 juillet, promettant que les grandes agences de l'ONU assisteraient les pauvres et les sans-abri. Il disait aussi qu'il avait lancé un appel aux agences pertinentes de l'ONU pour aider les victimes de la crise du Rwanda et que le responsable du Département des Affaires humanitaires (DAH), Peter Hansen, présiderait une conférence, le 2 août, à Genève, afin de formuler une réponse concertée de la part de tous les donneurs. Mais Hansen devrait d'abord se rendre au Rwanda pour faire sa propre évaluation.

Hansen était un habitué des crises humanitaires et sa visite fut une démonstration professionnelle de savoir-faire. Au moins une vingtaine de personnes l'accompagnaient, incluant les principaux représentants d'autres agences de l'ONU. Lors d'une rencontre avec Khan et moi-même, il reconnut la pertinence d'un rapatriement immédiat et accepta même l'idée que l'aide provienne de l'intérieur du Rwanda. Khan et lui rendirent visite au président et aux autres membres du nouveau gouvernement, puis ils entreprirent la tournée des camps de Goma et de Bukavu, sauf ceux des réfugiés à l'intérieur de la ZPH. À ce moment-là, les troupes de soutien de Lafourcade, principalement postées à l'aéroport de Goma, étaient totalement dépassées, voire paralysées, par des scènes semblables à celles décrites par Saint-Denis. Arrivé dans le pays avec de lourds effectifs de combat, mais avec peu d'outils pour les opérations de secours humanitaire, Lafourcade était bloqué dans ses projets par la progression du choléra et aussi conscient des risques auxquels il exposerait ses troupes en raison du taux élevé de Rwandais atteints par le virus du sida. La marge de manœuvre de l'Opération Turquoise était limitée.

La MINUAR 2 était toujours engagée dans la course aux ressources et au matériel. La Belgique avait accepté d'équiper une compagnie du Malawi, seulement après son arrivée à Kigali. Les anciennes puissances coloniales craignaient que leur matériel soit intercepté en route et utilisé pour des coups d'État ou pour armer des gardes de palais et consolider ainsi un éventuel nouveau gouvernement. Le site d'Entebbe était encore trop rudimentaire, et j'affectai davantage de personnel de la MONUOR et de matériel pour aider à le réaménager (la MONUOR était sur le point de terminer son mandat, et je perdrais bientôt son inestimable soutien). Nos installations étaient insuffisantes pour héberger les troupes avant leur déploiement. Les renforts n'étaient toujours pas arrivés. Fin juillet, j'avais au mieux six cents personnes de tous grades au sein de la mission.

À Kigali, mon personnel vivait toujours dans des conditions affreuses et était visiblement exténué, désormais en raison du stress de devoir négocier avec toutes les équipes qui voulaient nous venir en aide. J'ai failli affronter une seconde mutinerie à propos de la nourriture lorsque nous avons ouvert le second lot de victuailles allemandes qui embaumaient jusqu'aux confins de la Terre. Cette nourriture si généreusement prodiguée lorsque nous n'avions plus rien à manger était, à ce moment-là, périmée depuis longtemps. (La crise fut résolue avec l'arrivée du contingent canadien qui apporta avec lui un substantiel approvisionnement de nourriture solide que nous avons tous pu partager.)

Au quartier général, j'avais au total moins d'une trentaine d'officiers possédant des compétences et des connaissances diversifiées qui s'acquittaient d'une multitude de tâches opérationnelles. J'avais juré que la MINUAR ne serait jamais la pierre d'achoppement de la paix et de la stabilité au Rwanda, et le personnel s'est épuisé pour remplir cette promesse. Sauf dans quelques cas, je n'avais pas accordé de congé à mes principaux adjoints depuis le début de la guerre. Quelques hommes s'étaient transformés en auto-mates, abrutis et insensibles, et nous avons dû les renvoyer chez eux. D'autres devinrent irascibles et très émotifs dans des situations qui, pourtant, nous étaient familières depuis un certain temps. Comme s'ils avaient franchi une certaine limite, ils se mirent à tout inter-préter en s'identifiant totalement aux victimes rwandaises. Une fois habités par l'horreur, ils ne pouvaient plus accomplir sérieusement une nouvelle tâche. Nous les avons envoyés par Hercule à Nairobi, pour quelques jours de repos. Leur fatigue était une maladie médi-calement reconnue. Après avoir vu le médecin, ils s'installaient dans une chambre d'hôtel où ils se lavaient, mangeaient, dormaient et essayaient de se détendre un peu. Étant donné qu'il n'y avait pas de budget pour les malades non alités, ces périodes de repos et de récupération étaient aux frais des patients.

Ce qui commença véritablement à nous miner, ce furent les espoirs constamment éveillés puis anéantis. Voir le monde soutenir l'Opération Turquoise avec toute l'ambiguïté que cela engendrait en nous était une chose. Croire que les Américains finiraient par nous aider pour finalement être brutalement déçus en était une autre.

Le premier officier américain arrivé à Kigali fut le brigadier général Jack Nix; il correspondait exactement à l'image du solide brigadier général de l'armée américaine – la seule chose qui l'en différenciait, c'est qu'il ne fumait pas le cigare. À titre de commandant de la Force opérationnelle interarmées (Joint Task Force, ou JTF) en Afrique, Nix vint discuter avec moi de la conception américaine des opérations dans la région. Il m'informa que les Américains lanceraient leurs opérations à partir d'Entebbe, transféreraient ensuite leur matériel dans des avions-cargos, ensuite dans des camions qui iraient jusqu'à la MINUAR à Kigali, puis, de là, à Goma et vers toutes les autres régions. Je lui expliquai que le plus urgent était le matériel de déchargement et le personnel à l'aéroport, car il ne pourrait envoyer à Kigali qu'un Hercule à la fois, tant que nous n'aurions pas l'infrastructure nécessaire pour en recevoir davantage. Pour ce qu'il en savait, sa mission était de participer aux efforts de l'ONU à Goma et au Rwanda mais, avant d'entreprendre quoi que ce soit, il devait attendre une autorisation du commandant de toute la Force opérationnelle interarmées, le lieutenant-général Daniel

Schroeder, qui devait arriver dans les jours suivants. En partant, je lui ai rappelé que Goma ne devait être qu'une partie du travail et que c'était à l'intérieur du Rwanda que nous avions le plus besoin des Américains.

L'ONU fit sa part à l'aéroport. Vingt-quatre heures après avoir reçu l'appel du DOMP, une vingtaine de contrôleurs aériens des Forces canadiennes, en provenance de toutes les bases du pays, étaient déjà en vol. En descendant de leur Hercule, ils se rendirent directement à la tour de contrôle et au complexe. Ils ramassèrent les cadavres qu'ils trouvèrent (à Kigali, tous les immeubles abandonnés recelaient des cadavres), nettoyèrent à fond la place, installèrent leur vieil appareil manuel (qui ressemblait à un vestige de la bataille d'Angleterre) et firent claquer le drapeau canadien sur la tour, au-dessous de ceux du Rwanda et de l'ONU. Ils étaient prêts à travailler avant la tombée de la nuit.

Quelques jours plus tard, lorsque l'équipe américaine de déchargement au sol arriva suivie des médias qui rampaient derrière elle, les Américains, sans gêne, annoncèrent qu'ils avaient ouvert l'aéroport de Kigali. Sauf que la photo qui fit le tour du monde dans les journaux montrait une bande de nos contrôleurs perchés sur la tour et pointant le grand drapeau canadien. Les Américains eurent droit à bien des taquineries en travaillant de concert avec les Canadiens et les autres troupes de l'ONU afin de rendre l'aérodrome opérationnel et de remettre d'aplomb les contingents et la logistique dont nous avions si grand besoin.

Au cours de la dernière semaine de juillet, je dus me rendre au nord, en direction de la frontière ougandaise, pour rencontrer la baronne Linda Chalker, ministre britannique du Développement outre-mer, qui venait tout juste d'arriver à Goma et Mulindi, mais qui avait manqué de temps pour achever l'étape jusqu'à Kigali. (J'ai éprouvé une sympathie immédiate pour cette « touriste ». Elle ne s'en tenait pas au protocole et voyageait avec une petite boîte de biscuits à thé maison qu'elle partageait avec tout le monde.) Je l'ai rencontrée au Kilomètre 64, et nous avons poursuivi la route en direction nord, entrant en Ouganda par le pont Gatuna, pendant que je lui expliquais en détail pourquoi nous avions besoin que les Britanniques tiennent leur promesse de nous fournir des camions, des ingénieurs, un peloton d'entretien, un hôpital de campagne, un petit quartier général et des observateurs militaires. Elle envoya le colonel qui l'accompagnait en reconnaissance à Kigali et lui demanda de faire parvenir la liste de nos besoins au ministre de la Défense britannique. En partant, elle me promit d'accéder à mes demandes, me rappelant toutefois que son gouvernement ne soutiendrait le Rwanda et la MINUAR que durant six mois, comme cela avait été entendu.

À Entebbe, la présence américaine se faisait déjà lourdement sentir, la bannière étoilée flottant au-dessus du terminal de l'aéroport. Je visitai mon équipe dans son minuscule bureau au rez-de-chaussée, pour m'occuper ensuite de mon camp provisoire. Le peloton ghanéen avait monté ses tentes et ses latrines mobiles, les bancs et les tables, mais il n'avait pas de lits de camp. Il n'y avait ni électricité, ni eau courante, ni téléphone, et aucun appareil de cuisson. Les véhicules blindés étaient alignés, silencieux, à côté d'un amas de ferraille. Les mécaniciens de Brown et Root travaillaient fort, juraient à propos du manque de pièces de rechange et continuaient de repeindre les voitures aux couleurs de l'ONU. Malgré les efforts exeptionnels du représentant sur place du Programme de développement de l'ONU et du personnel civil de soutien à ma MONUOR, la base ne progressait guère. Je retournai auprès des responsables du mouvement des troupes de la MONUOR pour leur demander d'informer la mission et New York que la base d'Entebbe n'était pas fonctionnelle et que toutes les troupes qui devaient y transiter devraient plutôt se diriger directement vers Kigali où nous ferions de notre mieux pour les accueillir. Le temps pressait, car un gros contingent canadien sous les ordres de Mike Hanrahan devait arriver le jour suivant.

Je me dirigeai alors vers l'étage supérieur du nouveau terminal, où au moins une centaine de militaires couraient dans tous les sens pour installer le quartier général américain avant l'arrivée de Schroeder. Nix était en mission de reconnaissance à Goma. Ne voulant pas déranger les officiers subalternes, je retournai à Kigali, souriant ironiquement en pensant au confortable ameublement du quartier général américain – une démonstration des priorités et des capacités de la force impériale.

Bien entendu, Hanrahan ne reçut pas l'information à temps et, le jour suivant, 170 membres de son personnel atterrissaient à Entebbe.

Déjà engagée dans les opérations courantes, l'unité était prête pour un rare déploiement en tant qu'unité complète (habituellement, seuls quelques individus étaient envoyés pour accroître la force d'une mission). En scène quatorze jours exactement après la notification de leur mission, ils étaient fiers de leur rapidité. Hanrahan jeta un coup d'œil à l'aérodrome au camp d'Entebbe et loua un immense hangar et une série de chambres d'hôtel, le temps de pouvoir se rendre à Kigali. C'était le genre de promptitude et de flexibilité dont nous avions désespérément besoin de la part des contingents, mais que seuls les pays riches pouvaient se permettre.

La nuit précédant ma rencontre avec le général Schroeder, le DOMP nous envoya, pour la première fois, des coupures de presse de journaux américains. Le *Washington Post* rapportait que le gouvernement américain comptait envoyer au moins 2 000 hommes de troupe au Rwanda « pour organiser un réseau de secours qui inciterait les réfugiés hébergés dans les camps infects du Zaïre à rentrer chez eux ». Le lieutenant-général John Sheehan, directeur des opérations pour l'état-major conjoint américain, déclarait que « les opérations auront lieu de concert avec les forces de l'ONU en Afrique, et plusieurs pays y prendront part ». Selon les officiers interviewés par le *Post,* leur mission à Entebbe « serait d'établir des postes de secours avec de la nourriture et de l'eau pour prendre soin des réfugiés sur la route du retour au pays ». D'après Sheehan, « les équipes militaires américaines se déploieraient à partir de l'aéroport de Kigali jusqu'à la frontière du Zaïre », constituant, le long de leur route, des postes de secours munis d'eau et de nourriture qui formeraient l'infrastructure de soutien au retour des Rwandais déplacés. « L'établissement d'un quartier général multinational à Kigali se veut aussi un message aux réfugiés hutus : ils ne subiront pas de représailles. » Le triumvirat avait fait un excellent travail car, cette fois, les États-Unis semblaient avoir adopté entièrement ma conception des opérations. Nous étions enthousiastes. Apparemment, nous avions une organisation et les moyens de mettre fin à la catastrophe de Goma et de ramener chez elles les personnes déplacées dans la ZPH.

Encore une fois, la réalité m'a rattrapé aux « prières » du matin avec un compte rendu de notre officier de liaison à Goma. Des extrémistes avaient attaqué quelques réfugiés, rentrant un par un au Rwanda pour échapper à l'étroitesse de leurs camps infestés par la maladie. Certains avaient été tués, mais la plupart avaient été mutilés puis renvoyés au camp pour servir d'exemple – le supplice favori des tortionnaires était de sectionner le talon d'Achille à la machette, de manière que les victimes ne puissent plus marcher. À cette nouvelle, je me lançai dans une diatribe contre tous les pays et tous les organismes qui auraient pu nous assister et éviter ces horreurs, plus particulièrement l'Opération Turquoise. Mes vociférations dépassaient les limites de la bienséance et mirent mon propre personnel et les officiers de liaison français visiblement mal à l'aise. À la fin de mon réquisitoire, chacun retourna discrètement à ses fonctions.

Cela n'avait jamais été dans mes habitudes de vociférer et de m'emporter comme un général de bande dessinée. En fait, même au sommet d'une crise, un Q.G. canadien modèle se doit d'être mesuré, retenu et efficace. Je suis resté seul pendant un certain temps, fixant l'immense carte du Rwanda épinglée au mur. Je reconnaissais chez moi les signes et les symptômes qui m'avaient fait envoyer mes hommes à Nairobi pour prendre du repos. J'arrivais rarement à dormir et ne mangeais que du beurre d'arachide, reçu avec le dernier envoi de Beth. J'avais des sautes d'humeur et, aux moments les plus inopportuns, je me mettais à rêvasser. Je décidai de parler de mon état à Maurice puis me suis repris en main pour rencontrer le commandant américain.

Schroeder fut précédé d'un petit détachement de la police militaire dirigé par un colonel très tendu. Ils avaient obtenu un espace au terminal pour installer leur Q.G. préliminaire. Le général arriva dans un bimoteur de commandant. En posant mes yeux sur lui pour la première fois, j'eus l'impression de voir enfin arriver une aide réelle. Il se présenta à moi sur ce ton : « Général, je suis ici pour faire tout ce que je peux pour vous aider ».

Nous avons passé quelque temps ensemble à mon Q.G. à parler de la situation politique et humanitaire à ce jour et du plan des opérations à la fois à Goma et dans la ZPH, de l'état de mes forces sur le terrain, de mes capacités futures, de l'effort prioritaire dont j'avais besoin de la part de ses troupes (assistance technique pour l'aéroport, transport de matériel et d'hommes entre Entebbe, Goma et Kigali ; le déminage, des éléments pour la logistique et la sécurité aux postes de secours ; de l'eau et de l'électricité à Kigali ; et, si possible, la réparation du barrage hydraulique près de Cyangugu). Lui et sa petite équipe d'officiers prirent des notes. Quand Schroeder partit, la seule question non résolue à propos de l'arrivée imminente de l'aide américaine concernait l'attitude politique éventuelle de Washington.

Le matin suivant, le 29 juillet, je lisais les coupures du *Washington Post* envoyées pendant la nuit par le DOMP et accompagnées cette fois par une note du triumvirat m'avertissant que notre plan rencontrait désormais une sérieuse opposition. On rapportait que, selon le général Schroeder, le déploiement aurait lieu malgré les hésitations formulées à Washington. Il avait toutefois ajouté qu'il agirait avec prudence étant donné la situation à Kigali : « La chose que vous voulez éviter dans ce genre de situation, c'est de surcharger une infrastructure déjà submergée ». Quelle sorte de double discours était-ce ? Ses ressources étaient la solution à tous nos problèmes. De toute évidence, entre le moment où il m'avait quitté et celui où il avait donné son entrevue à Entebbe, ses supérieurs l'avaient repris. Apparemment, le Département d'État et le Pentagone ne s'entendaient pas et le Département d'État considérait prématuré de parler d'une présence à grande échelle à Kigali ou de désigner la capitale comme le lieu indiqué pour organiser les efforts de secours. J'ai examiné sommairement les coupures de presse pour découvrir que le secrétaire d'État américain à la Défense, William Perry, et le président des chefs d'état-major, le général John Shalikashvilli, devaient visiter la région la semaine suivante ; aucune décision politique concernant Kigali ne serait prise avant leur visite.

La cause du malentendu fut expliquée par un représentant anonyme du Département d'État. Selon lui, l'administration Clinton ne voulait pas que la présence militaire américaine au Rwanda soit perçue *de facto* comme une reconnaissance du nouveau gouvernement rwandais, instance qui n'avait pas encore convaincu Washington de son engagement envers la protection des droits de la personne. L'administration ne voulait pas non plus poster du personnel militaire au Rwanda tant que la sécurité de celui-ci ne serait pas totalement assurée. Alors que les autorités militaires américaines pensaient qu'il serait plus efficace d'agir à l'extérieur de Kigali, le général Shalikashvilli déclara aux journalistes que les autorités américaines s'inquiétaient de savoir comment elles pourraient assurer la sécurité des forces de participation si elles étaient à l'intérieur du Rwanda. Comme solution de rechange au plan des postes de secours le long de la route, Shalikashvilli dit que « les officiels, au Pentagone, envisageaient la possibilité d'un système de parachutage de nourriture et de fournitures de base pour les réfugiés en route vers leur foyer ». Dans l'administration Clinton, les grands défenseurs de la cause humanitaire refusaient toute affectation à l'intérieur du Rwanda risquant de causer des pertes américaines.

Schroeder s'était montré trop transparent et engagé lors de notre rencontre pour s'abstenir de prendre position. Je lui téléphonai à son Q.G. à Entebbe, mais il était déjà en route pour Goma. Un aide de camp m'a assuré qu'il me rappellerait plus tard dans la journée. Résultat : la MINUAR était une fois de plus seule.

Les Canadiens commencèrent à débarquer et furent dirigés vers le stade d'Amahoro. Demeurée intacte depuis que les derniers réfugiés l'avaient quittée, la place ressemblait à un égout qui aurait débordé. Dans les quelques heures qui ont suivi leur arrivée, le sergent-major Lebrun, qui avait été signaleur dans mon ancien régiment, avait ses troupes prêtes pour le grand ménage. (Ils furent tellement efficaces qu'une semaine plus tard le nouveau ministre de la Jeunesse, Patrick Mazimhaka, voulut les déplacer pour emménager à leur place. Golo refusa en disant : « C'est nous qui avons nettoyé la place et, en plus, c'est nous qui payons le loyer ».) Ceux qui n'étaient pas en devoir pour l'installation du système de communication ou du Q.G. récuraient, construisaient et remplissaient des sacs de sable. Nous avions l'impression d'avoir été envahis par des charpentiers, des plombiers et des électriciens. Pendant un moment, j'ai pensé que ma petite troupe de vétérans leur nuisait, mais les efforts des Canadiens nous ont rendus plus efficaces que jamais.

Les renforts de soutien qui, à ma demande, accompagnaient Hanrahan – une compagnie d'ingénieurs en construction, un groupe d'administration et de logistique, et un solide peloton de transport – se chargeraient bientôt de l'ensemble de la logistique et de l'administration, et agiraient de plus comme agents de liaison avec Golo et le personnel civil de l'ONU, ainsi qu'avec Brown et Root. Bavardant à la cantine avec les costauds ingénieurs en bâtiment, je les félicitai pour la somme de travail abattu en si peu de temps, mais ils n'étaient pas impressionnés par leurs résultats. En route, à la dernière minute, quelqu'un avait déchargé tous leurs outils électriques. Ils travaillaient donc avec des outils manuels et, même s'ils étaient fiers de leurs ampoules aux mains, ils considéraient qu'ils perdaient beaucoup trop de temps.

Les Canadiens avaient décidé de fournir un hôpital de campagne de deux cents lits, non pas sous mon commandement, mais à titre d'aide humanitaire à la section du Haut-Commissariat des Nations unies pour les réfugiés (UNHCR) de Goma. Je n'avais pas été informé de ce petit détail avant qu'ils commencent à arriver au Rwanda. Toutefois, après avoir examiné la question avec moi et le personnel du Q.G. de la MINUAR, l'hôpital canadien fut aménagé exactement où je l'avais prévu, le long de la route entre Gisenyi et Ruhengeri. Les Britanniques furent affectés à l'hôpital de Ruhengeri, et les Australiens à celui de Kigali, tel que convenu.

De plus en plus de contingents étaient accueillis par l'ONU, et les États-Unis firent enfin une proposition utile : ils déménageraient nos troupes et notre matériel par avion à Kigali. Les compagnies d'infanterie et les unités de l'Éthiopie, de la Zambie, du Malawi, du Mali et du Nigeria étaient prêtes pour le déploiement ; Kagame avait accepté le plan selon lequel l'Opération Turquoise transférerait ses soldats franco-africains sous mon commandement, afin que j'aie assez de troupes francophones sur le terrain au moment de prendre le relais dans la ZPH. Je devais composer avec le même cocktail onusien et avec toute la complexité inhérente aux rapports d'autorité, à la langue et aux types de compétences, et pratiquer le jeu de la roulette pour assigner des tâches à des troupes au potentiel inconnu jusqu'à ce qu'elles débarquent. Je commençais à mal supporter les frustrations, les délais et les occasions perdues d'être efficace, comme lors de la mise sur pied de la première MINUAR, au mois d'octobre précédent. Je devais aussi affronter des émotions plus complexes.

Aujourd'hui encore, j'ai de la difficulté à comprendre mes réactions envers les gens, pour la plupart bien intentionnés, qui vinrent à Kigali nous aider. Peut-être était-ce à cause de leur détachement apparent ou de la nonchalance avec laquelle ils ignoraient des impératifs que je jugeais urgents. Peut-être était-ce à cause de l'attitude de certains ou bien des photos qu'ils prenaient d'eux à côté des fosses communes, ou encore de la manière dont ils étaient capables d'enjamber les cadavres en semblant ignorer que ces gens-là avaient déjà eu une identité. La célérité, l'innovation, l'imagination et la compréhension des priorités d'opération étaient les ingrédients de base du succès. Trop de collaborateurs arrivés après le génocide étaient assujettis à des règles, des règlements et des procédures inadaptés à l'urgence de nos besoins.

Plus inquiétant que le conflit en vue était le sentiment que ces gens étaient des étrangers. Ils n'avaient pas été là au moment où nous aurions eu le plus besoin d'eux, ils n'avaient partagé ni le danger ni les épreuves. J'avais l'impression qu'ils portaient atteinte à quelque chose de privé, comme s'ils s'étaient introduits dans une rencontre de famille. Notre expérience des mois précédents nous avait séparés du monde, moi et ma petite troupe de guerriers, et nous avait tous faits, d'une certaine façon, prisonniers de nos souvenirs personnels trop intimes pour être partagés et trop difficiles à raconter en dehors de leur contexte. Peu des nouveaux arrivants montrèrent un véritable intérêt pour les événements passés, et plusieurs se souciaient plus de les balayer, pressés de faire les choses différemment, ce qui non plus n'aidait pas. Il est possible aussi qu'après avoir fonctionné à l'adrénaline pendant si longtemps nous n'ayons plus su comment agir une fois le danger écarté et les secours arrivés.

Je ne peux pas non plus ignorer l'hypothèse que mon ego ait démesurément grossi pendant la période où j'étais le centre d'attention de tous les médias. Il se peut qu'à l'instar des généraux de l'époque romaine il eût fallu que quelqu'un me souffle à l'oreille : « Souviens-toi, César, que tu es, toi aussi, humain ». La condition humaine n'est-elle pas une bataille sans fin pour contrôler les subterfuges de l'ego ?

D'autre part, je n'étais pas imperméable aux critiques qui s'infiltraient dans ma conscience. Évidemment, les Français avaient intérêt à jeter sur d'autres le blâme de la chute de leurs alliés et à faire semblant qu'ils n'avaient aucune responsabilité dans le génocide. Quoi de mieux alors que de prétendre que la faute en incombait à l'ONU ? Comme j'étais le commandant de la force de l'ONU, c'était facile pour les Français de laisser sous-entendre que j'avais en quelque sorte échoué. Ajoutez à cela la réaction horrifiée de la foule de ceux rattachés aux ONG qui, arrivés peu après le danger, avaient été incapables de composer avec le traumatisme de ce qu'ils virent sans trouver un bouc émissaire. Je ne blâme pas l'ensemble des ONG, et certaines critiques n'étaient pas entièrement injustifiées. Nous aurions pu faire davantage. Mais qui était le « nous » dans ce cas ? Pour une oreille envahie par le doute, ces murmures eurent un effet cuisant.

Je me souviens d'avoir coprésidé, avec Charles Petrie, l'une des premières rencontres d'aide à la coordination des ONG, qui avait eu lieu dans le centre de conférences du Programme des Nations unies pour le développement (PNUD). Yaache et MacNeil étaient encore sous le choc de l'effrayante tour de Babel qu'était devenu l'univers de l'aide humanitaire. La réunion avait duré une éternité. Il y eut tellement d'interventions, de programmes différents et de questions sur les ressources de la MINUAR que le compte rendu est devenu un énorme tas de papier. L'attitude qui m'irrita fut la façon dont la communauté humanitaire se rallia sans réfléchir à son premier principe : conserver à tout prix sa neutralité. À mon avis, dans cette nouvelle réalité qui était désormais la nôtre, elle défendait si étroitement son indépendance que souvent elle s'empêchait d'atteindre les buts qu'elle s'était elle-même fixés.

Exemple de cette neutralité mal comprise : un jour, les médecins et les infirmières de l'hôpital de campagne canadien qui envoyait régulièrement des équipes d'urgence pour recueillir les malades et les blessés tombèrent par hasard sur une petite station de secours d'une ONG où des centaines de gens attendaient d'être traités. Plusieurs des patients gisaient au soleil ou même mouraient à la porte de cet établissement submergé. Quand médecins et infirmières en uniforme portant leurs brassards de la Croix-Rouge offrirent leur aide, le personnel de l'ONG refusa. Il craignait plus de perdre sa neutralité que de perdre des vies à sa porte. L'équipe médicale canadienne rejeta toute objection, ramassa les laissés-pour-compte et les transporta à l'hôpital où le personnel soignant les attendait.

Que la Croix-Rouge soit restée résolument neutre au point de refuser de témoigner devant les tribunaux internationaux du génocide reflète sa position éthique constante ainsi qu'une interprétation frileuse de la *realpolitik*. Sauf que, dans des conflits où les militaires ont dû s'impliquer dans une crise humanitaire, la neutralité à laquelle les ONG s'accrochent a besoin d'être remise en question. Un homme comme Philippe Gaillard n'eut pas de difficulté à comprendre les nouveaux rôles.

Au cours des derniers jours de juillet, Khan et moi, accompagnés d'un petit groupe de collègues, avons reçu la chef du HCR, Sadako Ogata, pour un dîner de victuailles périmées à notre Q.G. L'agence d'Ogata était au centre de ce qui se déroulait à Goma, dirigeant les opérations et s'occupant du choléra et de la famine. Ogata possédait une intelligence vive et elle avait démontré sa compréhension de la situation dans les séances d'instruction et dans les débats que nous avions tenus. Au moment où elle nous quitta, Khan et moi pensions qu'elle appuyait notre projet de rapatrier sans délai les réfugiés mais, à son arrivée à Goma, elle annonça qu'un tel plan serait téméraire. Les réfugiés risquaient d'exporter le choléra au Rwanda en rentrant chez eux et de le répandre dans les montagnes. En outre, des miliciens pourraient s'infiltrer parmi eux et déstabiliser le nouveau gouvernement ou, encore, les magistrats de l'ancien régime effectueraient peut-être un retour furtif, ce qui causerait un désastre. Bref, pour elle, les réfugiés devaient rester sur place jusqu'au retour partiel à la normale au Rwanda. Khan fulminait et, une fois de plus, je perdis mon contrôle. Était-ce le sens du territoire qui motivait la décision du HCR de garder ces camps ouverts ? La crise leur permettait pour la première fois, hors de Genève, de tester réellement leur nouvelle structure de commandement et de contrôle. La décision d'attendre « un retour partiel à la normale » laissait plus de un million de personnes, tels des pions entre les mains des extrémistes, qui, comme on le soupçonnait, prirent le contrôle des camps, évinçant même les ONG qui ne leur plaisaient pas.

Après que j'eus retrouvé mon calme, Phil m'approcha. Il m'avait surveillé comme un faucon, essayant d'alléger les propos quand il me voyait devenir trop émotif. Il me rappela de considérer mon état personnel et celui de notre mission et ce, rapidement. Cette nuit-là, je passai plusieurs heures en silence à me demander où j'en étais rendu et ce que je pourrais réussir à faire avant de partir pour le bien de la mission et pour le mien propre.

Le 31 juillet, 400 hommes – les Ghanéens d'Henry sous le commandement du colonel Joe – quittaient Kigali, à titre de premières troupes de la MINUAR, pour prendre la relève de Français dans la ZPH. Vers 6 h 30, je me rendis en voiture, avec Phil et mon aide de camp, jusqu'à l'immense terrain de stationnement près du carrefour Kadafi, pour leur dire au revoir. Dans la lueur orangée du petit jour, les camions nous sont apparus, stationnés l'un derrière l'autre. Les soldats sont descendus et je les ai réunis autour de moi. Je les ai entretenus du sens de leur mission et de mes exigences envers chacun afin que règne le calme dans leur section de la ZPH. Ils étaient enthousiastes et débordants d'énergie. Je leur dis que, une fois de plus, comme au cœur du génocide, je comptais sur eux et leur demandais de former l'avant-garde de cette nouvelle mission. Je leur ai souhaité bonne chance en ajoutant que je n'attendais rien d'autre d'eux que d'obtenir le même succès que dans le passé.

Puis, à l'appel du sergent-major et après le salut des officiers, ils grimpèrent de nouveau dans leurs camions surchargés et se mirent en route comme une caravane de gitans. Des soldats étaient allongés sur des matelas, retenant chaudrons et casseroles. Quelques-uns étaient perchés au-dessus d'un chargement hétéroclite, allant des lits de camp aux chaises en osier. Des toiles couvraient certains camions, alors que d'autres étaient exposés aux éléments et transportaient quelques chèvres et des poulets. J'ai prié en silence pour qu'ils n'aient pas d'accident, cette unité ayant subi suffisamment de pertes et de malheurs. Au moment où ils disparurent derrière la montagne, je félicitai Yaache et lui dis qu'Henry eût été fier de voir cette courageuse unité partir pour prendre la relève dans la ZPH. Cependant, je venais presque de vider ma garnison de troupes entraînées alors que, pour assurer la sécurité et les tâches de la mission dans la capitale, j'aurais dû garder une centaine de ces Ghanéens auprès de moi. Je devais prendre ce pari face à l'insoutenable pression du FPR pour que les Français partent.

Au début d'août, le cinquième mois de cet absurde exercice de destruction humaine et d'immobilisation, nous reçûmes un communiqué de Goma nous informant que Lafourcade et ses troupes quittaient la ZPH plus rapidement que prévu. Les Français ne s'entendaient pas avec l'Interahamwe et n'arrivaient pas à relever le défi de la question humanitaire, sans compter que leurs relations avec le FPR étaient toujours tendues. Au même moment, le premier ministre français annonçait que les soldats de la paix de l'Opération Turquoise resteraient, même après notre arrivée dans la ZPH. Qui alors commandait la barque ?

La visite du premier ministre français à Goma et au Rwanda, le 31 juillet, avait été une comédie d'erreurs mal programmée. Il nous avait invités à le rencontrer à Cyangugu, Pasteur Bizimungu et moi, dans un délai si court et avec un tel manque de respect pour la nouvelle réalité politique du Rwanda que nous n'avions ni l'un ni l'autre envie d'accepter. Bernard Kouchner, alors député de l'Union européenne, était venu à quelques reprises à Kigali et avait critiqué publiquement le mépris affiché par ses compatriotes envers le nouveau gouvernement rwandais[32].

Les politiciens rwandais, tel Seth Sendashonga (aujourd'hui ministre de l'Intérieur), voyageaient de plus en plus régulièrement à Gisenyi pour essayer de persuader les réfugiés de retourner chez

---

32. Kouchner était arrivé sans prévenir, comme à l'habitude, et à la tête d'une délégation de l'Europe Unie venue au Rwanda nous offrir une centaine d'observateurs des droits humains pour ouvrir l'enquête exigée par le commissaire international des droits de la personne. Une enquête spéciale avait déjà commencé sous les auspices de l'ONU ; je me demandais pourquoi les Européens voulaient entreprendre un tel travail, et je les informai que leurs efforts étaient mal placés. Je dis à Kouchner que ce dont nous avions le plus besoin à cette étape critique, ce n'était pas d'une nouvelle enquête sur le respect des droits humains qui fragiliserait le FPR (les auteurs des crimes étant difficiles à capturer à l'intérieur des camps de Goma), mais plutôt d'une centaine de policiers professionnels pour aider la Gendarmerie naissante à faire régner la loi et l'ordre dans la capitale.

eux. Khan travaillait étroitement avec le gouvernement pour avoir accès le plus rapidement possible aux secteurs de la ZPH sous la responsabilité de la MINUAR. Nous fournissions des hélicoptères, du transport terrestre, du carburant et une aide humanitaire minimale au gouvernement rwandais, qui faisait de son mieux, partout dans le pays, pour soutenir ceux qui étaient restés et pour aider ceux qui y revenaient.

Après avoir rempli ses devoirs filiaux et revu ses enfants, Henry était revenu, prêt pour la bagarre. Le soir de son retour, nous nous sommes assis, lui et moi, pour parler de notre avenir dans cette mission. Si je devais partir, mes officiers et mes soldats méritaient le meilleur commandant de remplacement qui soit. Cette personne, c'était Henry Anyidoho. Il connaissait le terrain, les joueurs, les conditions, la stratégie et les tâches à accomplir – et malgré toutes les privations dont il avait souffert et les scènes dont il avait été témoin, il n'avait pas été usé. J'ai fait lire à Henry ma recommandation à mon chef d'état-major à la Défense et à Maurice, et lui ai dit que le triumvirat appuyait cette candidature. Une fois obtenue la permission de son gouvernement, tout ce qui manquerait, ce serait une confirmation officielle et le transfert.

Le 2 août, je me rendis à Entebbe pour rencontrer Schroeder à son Q.G. La visite de Perry, le secrétaire à la Défense, et du général Shalikashvilli ainsi que de leur immense délégation n'avait rien changé, bien que Khan et moi leur ayons expliqué en détail les impératifs de la région. Encore une fois, le général Schroeder fut très accueillant, et son personnel m'a rapidement mis au courant des derniers développements. La plupart de ses effectifs allaient déménager à Goma, où il avait envoyé Nix en semi-permanence. Il enverrait trois cents policiers militaires et du personnel pour l'aéroport, avec du matériel de déchargement à Kigali au cours des jours suivants, et je pouvais attendre les avions-cargos C5 pour le transport de mes troupes à partir du 6 août.

Comme nous étions entourés de gens affairés, de tables et de cartes, le tout sous le crépitement du système de communication, nous nous retirâmes pour parler en privé. Une fois seuls dans le bureau, je n'eus même pas à poser la question. Il m'informa qu'il avait reçu l'ordre de mener ses opérations à partir d'Entebbe, en consacrant le gros de ses efforts sur Goma. Son personnel à l'aéroport de Kigali ne serait pas autorisé à dépasser le périmètre de l'aérodrome. La pression politique l'obligeait à éviter à ses troupes tout risque d'accident ou de mort. En le quittant pour visiter mes observateurs militaires dans leur modeste quartier, j'étais révolté. Quant à Schroeder, qui avait critiqué l'attitude de ses patrons pour finalement se soumettre, il avait honte. Ses dirigeants politiques avaient les yeux rivés sur Goma pour une approche sans risques – l'ombre de Mogadishu planait encore sur tous. De telles actions contribuèrent à la prolongation du conflit dans la région.

Je grimpai au sommet du vieux terminal décrépi pour regarder par la tour criblée d'impacts de balles. Mon camp à Entebbe ressemblait à un petit camp d'amateurs comparé à celui bourdonnant des Américains. Je n'arrivais pas à comprendre que les gens de l'extérieur, qui arrivaient finalement en masse au Rwanda, s'apprêtaient à tout gâcher, et ce, pour les raisons identiques à celles qui les avaient empêchés, dans un premier temps, de réagir adéquatement au génocide. Je retournai à Kigali cette nuit-là, sachant que sans l'aide des Américains pour le projet « Chemin du retour », celui-ci n'irait probablement nulle part.

Ainsi, au cours de mes dernières semaines à Kigali, les Américains demeurèrent à l'intérieur du périmètre de l'aéroport et, bien qu'ils nous aient aidés de temps à autre à transporter nos troupes, ils ne firent pas grand-chose de plus. La criminalité continuait de faire des morts et des blessés à Kigali (la police civile de l'ONU travaillait d'arrache-pied avec le nouveau gouvernement, mais il restait encore beaucoup à faire) ; dans les champs, les gens tombaient par hasard sur des mines et sur d'autres pièces d'artillerie non éclatées. Sur le terrain, les Américains disposaient de plusieurs ambulances bien équipées avec du personnel médical, tandis que nous transportions les blessés dans des fourgonnettes, des petits camions, des 4 × 4 ou même dans des camions-bennes. Toutefois, lorsque nous demandions aux Américains d'évacuer d'urgence des blessés vers l'hôpital de Kigali, ils refusaient, évoquant leur ordre de demeurer sur place.

Il n'y avait pas d'eau. Avec l'aide des ingénieurs canadiens et britanniques, nous avions réussi à construire des stations de purification d'eau autour de la ville, mais nous ne possédions pas de camions-citernes pour acheminer l'eau jusqu'à nos postes et à la population civile. Il nous fallait donc voyager sans fin, gaspillant ainsi temps et carburant. Les Rwandais devaient parcourir chaque jour de grandes distances pour atteindre les points d'eau et remplir leurs bidons et leurs seaux. Un jour, des C5 atterrirent à l'aéroport et déchargèrent plusieurs énormes camions-citernes, dont certains étaient même peints aux couleurs de l'ONU. Même si nous étions au courant des restrictions, nous leur avons demandé s'ils pourraient, sous escorte et sous notre protection, nous aider à transporter de l'eau potable à des points de distribution, pour la population et la MINUAR à Kigali, mais ils refusèrent. Puis, nous leur avons demandé s'ils accepteraient de nous « prêter » les camions, car nous pensions qu'ils nous étaient destinés. Ils refusèrent de nouveau, affirmant qu'ils n'étaient pas autorisés à prêter les camions et que, non, ceux-ci ne nous étaient pas destinés, mais devaient plutôt partir pour Goma. Apparemment, ils avaient atterri par erreur à Kigali.

Le coût estimé pour la MINUAR 1 – les Américains s'étant engagés à payer cette somme à l'ONU, sans jamais le faire – ne devait pas dépasser 30 millions de dollars US. Celui de la MINUAR 2 était à peine plus élevé. En décidant de soutenir Goma, les États-Unis dépensèrent dix fois cette somme au cours des deux années qui ont suivi, soit 300 millions. D'un point de vue bassement matériel, ils auraient sauvé beaucoup d'argent en finançant la MINUAR. Comme pour nous donner une idée de la valeur de 800 000 vies dans le livre des comptes de Washington, nous reçûmes un appel choquant d'un Américain dont j'ai depuis longtemps oublié le nom. Dans le cadre d'une sorte d'exercice de planification, il voulait connaître le nombre de Rwandais morts, celui des réfugiés et celui des personnes déplacées à l'intérieur du pays. Il me dit alors que, selon ses calculs, il faudrait la mort de 85 000 Rwandais pour justifier de risquer la vie d'un seul soldat américain. C'était pour le moins macabre.

Un officier de transmission canadien attentionné m'avait trouvé un lit de camp pour remplacer mon vieux matelas aplati, posé à même le plancher, mais j'ai eu cependant de la difficulté à dormir après la rencontre avec Schroeder. J'étais hanté par l'idée que peu importe la célérité avec laquelle nous procéderions il nous serait impossible de mener à bien notre mission. À la « prière » du matin, ce jour-là, je constatai que le rythme de nos activités avait augmenté de façon exponentielle. Le nombre de mes tâches à accomplir était passé de quinze à quarante-neuf. Quand je relis ces listes quotidiennes, je vois que je me répétais souvent et que mes exigences étaient irréalistes. Je continuais de faire des colères.

Vers la fin des « prières », j'ai éclaté de nouveau à propos de la difficulté d'assurer l'essentiel de nos tâches, surtout celle du transport de l'eau. Le major John McComber, notre logisticien en chef, avait déjà résolu discrètement tant de problèmes, que certains d'entre nous le surnommaient « le travailleur miracle silencieux ». Lui et son jeune partenaire, le major Saint-Denis, avaient fait l'impossible pour boucler les étapes clés, sauf que la base logistique canadienne venait d'ouvrir, les contrats se négociaient encore, de sorte que nous n'étions pas en mesure de régler efficacement certains problèmes. McComber eut l'impression que je l'attaquais personnellement, mais il se tut. En regardant mes collaborateurs, je constatai que mes manières et mon sens de l'humour, deux qualités essentielles à un chef, ternissaient rapidement.

Après la « prière », je sautai dans mon 4 × 4 et partis sans prévenir personne. Ce n'était pas la première fois. Je commençais à étouffer à l'intérieur de mon Q.G., sous le flot incessant des difficultés et des demandes. Je m'inventais des voyages pour m'en éloigner, décidant que je devais voir les troupes sur le terrain, ou encore tout simplement pour visiter la campagne. Dans chaque village, le long de chaque route, dans chaque église et chaque école, il restait des cadavres sans sépulture. Les rêves de la nuit devenaient ma réalité, le jour venu, et j'arrivais de moins en moins à faire la distinction entre les deux.

Je ne cherchais même plus d'excuses pour dissimuler mon besoin de solitude. Je me faufilais et me promenais en voiture dans les environs, succombant aux pensées sombres que je ne me serais jamais permis de confier à quiconque, de peur d'affecter le moral de mes troupes. Sans que je m'en aperçoive, la mort se présenta comme une option. J'espérais rouler sur une mine ou tomber dans une embuscade, et simplement en finir. Je crois qu'une partie de moi-même souhaitait rejoindre les légions de disparus que je n'avais pas réussi à sauver. Je ne pouvais m'imaginer quitter le Rwanda vivant après la mort de tant de Rwandais. Au cours de mes randonnées à travers la campagne, je voyais toutes les routes et tous les villages déserts, comme frappés par une bombe atomique ou par la peste bubonique. Je pouvais conduire pendant des kilomètres sans apercevoir un seul humain ou quelque créature vivante que ce soit. Tout semblait irrémédiablement mort.

À l'occasion d'une de mes randonnées solitaires, j'aboutis à un couvent moderne qui appartenait aux sœurs du Bon Pasteur, à Québec. Il était envahi par les voleurs. J'ai alors dégainé mon pistolet, leur ordonnant de fuir, et ils se sont exécutés. J'ai sauvé la croix de bois de la chapelle pour la remettre aux sœurs. Bien que de nombreuses portes aient été enfoncées, les lits encastrés et les effets personnels des religieuses étaient intacts. Je suis retourné à ma voiture pour appeler le Q.G. du contingent canadien et ordonner à Mike Hanrahan de se présenter immédiatement. Il arriva quinze minutes plus tard avec Lebrun. Je leur demandai de s'occuper du couvent. Hanrahan téléphona à la mère supérieure, à Québec, qui donna sa bénédiction pour utiliser le couvent comme lieu de repos pour ses troupes, à la seule condition que la chapelle ne soit pas transformée en bar. Les signaleurs réparèrent le couvent et le protégèrent contre les voleurs. Quelques mois plus tard, ils le remirent aux religieuses, au cours d'une émouvante cérémonie de mutuelle reconnaissance. Un rare dénouement heureux.

Vers la fin du mois de juillet, j'avais demandé à mon escorte ghanéenne de m'acheter quelques animaux – un bélier, une chèvre et quelques chevreaux – pour apporter un peu de vie dans mon quotidien. Je prenais un immense plaisir à leur donner à boire, à les nourrir et à les regarder errer dans le stade d'Amahoro. Le personnel ne les aimait pas, parce qu'ils déposaient leurs excréments partout, y compris dans le centre des opérations. Un jour, mon ordonnance arriva en courant dans mon bureau et me demanda de sortir vite : une meute de chiens sauvages était en train d'attaquer mes chèvres. Sans réfléchir, j'ai dégainé mon pistolet, couru à l'extérieur pour tirer sur les chiens, que j'ai poursuivis sur le stationnement. J'ai vidé mon chargeur dessus. Je les ai tous ratés, mais ils ont fui, et j'étais satisfait d'avoir sauvé mes chèvres. En retournant à mon bureau, j'ai vu cinquante paires d'yeux, surpris et inquiets, qui me fixaient intensément : Khan, le personnel civil, mes officiers d'état-major et mes soldats. Ils restèrent silencieux, mais le message était clair : « Le général a perdu la tête ».

La nuit du 3 août, j'ai informé Maurice que je devrais être relevé de mon commandement plus tôt que prévu. Il en vérifia la possibilité avec Annan et Riza, qui lui suggérèrent d'en parler directement avec le secrétaire général. Plus tard, il m'avoua avoir prévenu Boutros-Ghali que, s'il ne me remplaçait pas, dans moins de deux semaines je serais mort. À mon insu, pour préparer Maurice et obtenir de lui une réponse rapide, Phil l'avait tenu au courant de la détérioration de mon état de santé. Il l'avait fait par affection et par loyauté pour son vieil ami et commandant. Lorsque des subordonnés proches constatent que leur commandant devient un handicap, passer l'information à la chaîne hiérarchique n'est pas de la déloyauté, mais, au contraire, la loyauté incarnée. Avoir des subordonnés qui ont le courage d'un tel geste est une récompense en soi.

Le matin suivant, j'ai informé Khan que je devais partir. Il le regrettait sans toutefois être surpris. La culpabilité que je ressentis alors était incommensurable.

Durant la nuit du 4 août, on me remit une copie d'un câble codé en provenance du DOMP, lequel contenait les notes du Conseil de sécurité sur les discussions qui avaient eu lieu le jour précédent. À quelques reprises au cours de la réunion, le représentant américain avait annoncé que le général Dallaire serait bientôt remplacé par un autre Canadien de grade équivalent. C'était la première fois que j'en entendais parler. Au pays, Beth était en voyage à Halifax avec nos deux plus jeunes enfants et, à son retour, le répondeur clignotait comme un arbre de Noël ; il était rempli de messages de la famille et des amis lui disant combien ils étaient heureux de mon retour. Aucun appel de la part de sources officielles cependant, ce qui ne surprit pas Beth. Elle téléphona elle-même au centre des opérations des Forces canadiennes, qui lui confirma la nouvelle.

J'étais extrêmement choqué qu'Henry Anyidoho, parti voir les Ghanéens dans la ZPH, n'obtienne pas le poste de commandant qu'il avait tant mérité. J'ai téléphoné à Maurice pour savoir ce qui s'était passé. Il m'annonça que le DOMP avait entièrement appuyé ma recommandation, mais que le bureau du secrétaire général avait rejeté la candidature d'Henry. Il me confia discrètement que les Nations unies voulaient un général bilingue, en provenance d'un pays occidental. À quoi correspondait donc ce type de critères ? À défaut de parler ou de comprendre le français, Anyidoho était extrêmement efficace avec les interprètes. Et en quoi ses origines importaient-elles, alors qu'il possédait toutes les compétences requises et qu'il connaissait mieux la situation que personne d'autre au monde ? La décision était sans appel. L'ONU s'était tournée vers le Canada pour un remplaçant. Flatté par l'occasion unique de fournir coup sur coup un commandant canadien à une force de l'ONU, le Canada acquiesça rapidement et affecta le major-général Guy Tousignant à mon poste.

Au retour d'Henry, je lui fis part de la mauvaise nouvelle. Il demeura stoïque et affirma qu'il continuerait de servir loyalement la mission à titre de commandant adjoint de la Force, si ses services étaient toujours requis. Il était seulement désolé et embarrassé d'avoir déjà demandé à son gouvernement de vérifier si le Ghana appuierait sa candidature et la promotion qui serait reliée au poste.

Le jour suivant, avec mon aide de camp, un chauffeur et un garde, je me rendis à la ZPH pour une dernière tournée. La température était belle, le ciel clair et ensoleillé. En ralentissant, au dernier contrôle avant d'entrer dans la zone, je remarquai un camion chargé de gens qui retournaient au Rwanda. Il bifurquait vers une petite route poussiéreuse menant derrière une colline entourée d'arbres. J'ai arrêté mon 4 × 4, puis je suis descendu pour demander où se dirigeait le camion. On m'a bredouillé une réponse évasive. Je décidai alors de le suivre.

Avant même que nos roues avant aient atteint la petite route transversale, des soldats du FPR nous flanquaient pratiquement leurs AK-47 sous le nez. Le soldat dont l'arme me touchait me hurla que nous n'irions pas plus loin. Je hurlai à mon tour, lui signifiant d'un geste d'appeler son supérieur. Nous sommes demeurés dans cette position jusqu'à ce qu'un sous-officier se présente. Il me dit alors que ses troupes effectuaient des contrôles de sécurité auprès des rapatriés, à la recherche d'armes, d'ex-miliciens et de soldats de l'AGR, et il refusa de me laisser passer. Il m'avertit que, Casque bleu ou pas, il était autorisé si nécessaire à utiliser la force.

Je me suis retiré. J'avais désormais la preuve que les contrôles de sécurité autorisés par Kagame auprès des rapatriés dépassaient les limites qu'il avait fixées avec moi, et je ne pouvais que m'attendre au pire. Au fond, je risquais la vie de mes hommes dans la ZPH afin que ses troupes puissent effectuer des purges parmi les Rwandais qui tentaient de retourner chez eux.

Nous continuâmes notre trajet à la rencontre de Luc Racine et du commandant français de la section locale, qui nous attendaient au bord de la route, près de Gikongoro. Selon eux, la sécurité était douteuse à cet endroit. Les Ghanéens s'installaient parmi les habitants et leurs patrouilles étaient généralement bien acceptées, mais beaucoup s'inquiétaient de savoir qui remplacerait les Français. Racine me pris à part et me signala avec insistance un urgent et énorme besoin d'aide dans cette zone, car la rumeur circulait que les gens étaient bien traités à Goma. Je promis à Yaache que l'équipe de la CAH concentrerait ses efforts ici, dès que les camions seraient disponibles (on attendait toujours la flotte qui devait arriver par pont aérien).

Ensuite, je poursuivis mon chemin avec une escorte pour visiter les Ghanéens. Le bataillon du Q.G. occupait une école abandonnée dans un village au sommet de la colline, avec une compagnie cantonnée tout autour. Les hommes se débrouillaient mais, l'acheminement du ravitaillement à partir de Kigali étant encore très insuffisant ils étaient obligés de s'approvisionner au marché local. La plupart des transports de troupes blindés étaient rangés parfaitement et, quand j'en ai demandé la raison, on m'a répondu que les chauffeurs nouvellement entraînés n'étaient pas sûrs d'eux avec ces véhicules dans les sentiers sinueux et montagneux du secteur. En insistant, j'ai su que, pour circuler dans les montagnes, ils avaient en fait besoin de jeeps blindées ou de camions d'une tonne.

Au retour de la ZPH, j'arrêtai dans un village pour attendre un groupe de journalistes qui, ayant découvert ma présence dans la région, voulaient un point de presse. Je m'étais éloigné de mon véhicule d'environ une vingtaine de mètres, quand des vieillards m'approchèrent. Nous avons commencé à parler. En l'espace de quelques minutes se forma un attroupement de plus d'une centaine de personnes, et la curiosité en attira bientôt d'autres. Les aînés s'inquiétaient du départ des Français et de l'arrivée éventuelle du FPR. Au début, la conversation fut amicale, quelques personnes posant des questions, les autres écoutant attentivement. Le cercle des gens se resserra autour de moi et les questions fusèrent de plus belle. Puis, la foule commença à s'agiter. Par moments, j'entendais des rires puis, en un clin d'œil, la situation s'envenima. De nouveaux interlocuteurs anti-MINUAR et anti-FPR se mirent à hurler. Je n'ai pas dégainé mon pistolet, mais j'allais le faire lorsque mon aide de camp, avec mon véhicule sur les talons, se fraya un passage parmi la foule pour me rejoindre. Personne ne bougea. Avec des mercis et des au revoir peu convaincants, j'ai brusquement avancé vers lui. Après l'avoir rejoint, nous nous sommes frayé un passage vers le 4 × 4. Une fois à l'intérieur, nous avons habilement battu en retraite. Je cherchais encore mon souffle quand nous avons rencontré les journalistes. Nous leur avons fait signe de nous suivre et, quand nous avons jugé être à une distance raisonnable de la foule, l'entrevue a eu lieu. Pendant des années par la suite, je ne pus supporter d'être coincé dans une foule.

Le 6 août, je fus invité à rencontrer le président Bizimungu. Sa nouvelle position et les tracas propres à un chef d'État semblaient l'avoir vieilli. Nous discutâmes de tout un éventail de sujets, de la manière de diriger des visites politiques dans la ZPH à l'approvisionnement en eau de la capitale jusqu'à la réparation des hangars à l'aéroport, et même du bon vieux temps. J'informai Pasteur des pressions énormes exercées par les responsables des droits humanitaires et par New York pour obtenir plus de souplesse et de transparence de la part de son gouvernement. Il connaissait la fragilité de la position de son gouvernement et le danger qu'il encourait si une reconnaissance officielle tardait à cause de certaines pratiques. Je lui expliquai clairement que si jamais la MINUAR devait déclarer le territoire du FPR dangereux à cause d'exactions, les réfugiés de la ZPH prendraient la route vers l'ouest en utilisant les moyens les plus rapides possible. La MINUAR, pour respecter son mandat de protéger les gens en danger, n'aurait alors pas d'autre choix que d'utiliser la force contre le FPR. Le Conseil de sécurité, fort probablement, demanderait alors aux Français de rester, et le gouvernement intérimaire en exil et son armée gagneraient la sympathie internationale.

Il avait appris que je devais partir sous peu. Il me dit le regretter et souhaita me revoir avant mon départ. Après avoir évoqué nos discussions à Mulindi, où nous causions entre amis, tard dans la nuit, nous avons terminé la rencontre de manière officielle, du personnel circulant un peu partout autour de nous.

Le lieutenant-général Gord Reay, le commandant de l'armée canadienne, vint au Rwanda du 6 au 8 août pour visiter les troupes, emmenant avec lui mon vieil ami, le lieutenant-colonel Ralph Coleman, officier aux relations publiques de l'armée. Au cours d'une conversation privée, le général Reay me confirma que mon remplaçant serait Guy Tousignant. Je connaissais Guy en tant que logisticien bilingue dont la compétence et l'expérience seraient certes utiles au Rwanda et à la MINUAR 2, mais confirmai à Reay mon appui pour la candidature d'Henry au poste de commandant. Reay m'apprit qu'à mon retour je serais nommé commandant adjoint de l'armée et commandant de la 1re division canadienne. J'étais content de rester dans un poste de commandement. Cependant, le commandant adjoint était parti à la retraite au mois de juin précédent ; le poste était libre depuis, et le commandant de l'armée cumulait depuis les deux fonctions. Reay voulait que je revienne au Canada le plus tôt possible. Il m'expliqua clairement les problèmes dont j'aurais à m'occuper, incluant la nécessité de prendre en compte les répercussions des événements survenus en Somalie, la réorganisation de l'armée due à d'importantes compressions budgétaires et réductions de personnel, en plus de supporter le rythme toujours accéléré des opérations. J'admets que je n'étais pas aussi heureux à la fin de la conversation qu'au début. J'étais physiquement et mentalement épuisé et j'avais besoin de m'arrêter. Je demandai un congé avant d'entrer dans mes nouvelles fonctions. Il accepta, mais son regard signifiait « pas trop longtemps ».

Tousignant devait arriver au Rwanda le 12 août pour une semaine de passation des pouvoirs. Je lui abandonnerais le commandement de la MINUAR le 19 août.

Jusque-là, je restai plongé dans le travail de façon ininterrompue. Le 8 août, notre contingent était passé de 600 à 1 000 personnes, mais nous n'avions encore que la moitié d'un bataillon et une compagnie d'infanterie, le reste étant des observateurs militaires, du personnel d'état-major et de soutien. De temps à autre, j'avais des sueurs froides devant l'imminente échéance du 22 août, alors que je serais au pied du mur. Les jeux se faisaient rapidement au Conseil de sécurité. Nous avions déposé un rapport trimestriel, une semaine auparavant, et Madeleine Albright opposait une forte résistance à la formulation du nouveau mandat « assurant » la stabilité et la sécurité au Rwanda. Le câble codé se lisait ainsi : « Selon elle, il vaudrait mieux parler de promotion de la sécurité sans s'engager avec le mot assurance ». Jusqu'où peut-on utiliser la force pour s'engager à promouvoir la sécurité sans devoir l'assurer ? Comment un officier subalterne comprendrait-il les nouvelles règles d'engagement qui résulteraient de tout ça ? Une fois de plus, nous terminerions avec des soldats morts ou blessés et des innocents sacrifiés parce que les subtilités des politicards n'auraient pas été parfaitement comprises. J'entretenais des sentiments terriblement partagés au sujet de mon départ, mais un télégramme de ce genre ou une autre réunion frustrante avec la bande des administrateurs suffisait pour me confirmer mon incapacité totale à accepter d'autres excuses, d'autres délais ou des réductions budgétaires.

Je me rendis voir Lafourcade pour le presser et l'assurer que nous étions toujours au filet pour la passation des pouvoirs et le retrait de ses forces. Il se sentait bousculé pour évacuer à temps ses hommes et son matériel, et des rumeurs continuaient de lui parvenir selon lesquelles son gouvernement pourrait lui demander de rester plus longtemps. Je lui dis que cela était hors de question – s'il restait, le FPR entrerait dans la zone et l'affronterait. Je lui ai promis de revenir la semaine suivante pour lui présenter mon remplaçant, et nous nous sommes séparés en bons termes.

Lafourcade me fournit une escorte et le transport pour rencontrer Augustin Bizimungu, qui avait demandé à me voir. L'ancien chef d'état-major de l'AGR vivait maintenant confortablement dans une maison sur une colline surplombant le lac Kivu, et il semblait tout à fait dans son élément. Il était entouré de quelques officiers supérieurs zaïrois, de quelques officiers français et, à ma surprise, du même énorme lieutenant-colonel qui s'était présenté au bureau de Bagosora, le 7 avril (son G-2, ou officier au renseignement, un homme que l'on disait largement impliqué dans le génocide).

Bizimungu me reçut en haut du grand escalier qui conduisait à sa demeure. Le lieutenant-colonel et lui portaient des uniformes impeccables, leurs bottes étaient bien cirées. Bizimungu semblait détendu, exubérant même, au moment où nous nous sommes assis. Il se lança bientôt dans son habituelle diatribe contre le FPR, l'accusant de génocide et de vouloir exécuter les officiers de l'AGR et leurs familles. Il ne me demanda pas comment les choses se passaient à l'intérieur du Rwanda, mais il me cassa les oreilles à propos de son désir d'y retourner pour y déloger, une fois pour toutes, le FPR. Avant qu'il se mette dans tous ses états – et peut-être avant qu'il révèle quoi que ce soit de ses projets futurs – le lieutenant-colonel s'interposa et mit fin efficacement à la rencontre. Nous nous sommes levés pour nous faire nos adieux. Avec un sourire ironique, Bizimungu me dit que tout allait bien pour lui et qu'il n'aurait plus besoin de rencontrer personne de la MINUAR. Ni l'un ni l'autre n'offrit de se serrer la main.

En arrivant au Q.G. de la MINUAR, après un bref arrêt à Entebbe et une visite au président Museveni (qui me regarda gentiment dans les yeux et me dit : «Général, vous avez vieilli au cours de cette dernière année»), je vis sur mon bureau une copie de la lettre envoyée par le secrétaire général au président du Conseil de sécurité. Mon œil se dirigea vers la phrase critique : «[…] son gouvernement a décidé de réassigner Dallaire à une fonction nationale […]. [Guy Tousignant] occupera son poste le 15 août 1994». C'était désormais officiel.

Le 13 août, Khan reçut un appel du DOMP lui demandant d'intercéder auprès du nouveau gouvernement pour retarder de deux semaines le départ de l'Opération Turquoise. J'avais discuté des raisons pour lesquelles c'était impensable, mais New York craignait sérieusement que mes paroles ne soient que fanfaronnade et que nous soyons trop peu nombreux sur le terrain pour conduire notre mission de façon sécuritaire. Khan rencontra d'abord Kagame, puis

Bizimungu; Kagame avait en principe accepté, mais Bizimungu était catégorique : aucun délai ne serait toléré, car les Français n'étaient pas fiables.

Guy Tousignant arriva selon l'horaire prévu, et nous avons fait la ronde, la «prière» et tenu la rencontre décisionnelle ensemble. Au moment de la «prière», un ou deux jours avant mon départ, le problème du manque d'eau avait été remis à l'ordre du jour. Je m'apprêtais de nouveau à formuler un commentaire acerbe envers le personnel administratif, mais Guy prit la parole pour dire qu'il y verrait. J'ai alors compris que j'avais véritablement perdu mon emploi.

Lorsque j'ai présenté Guy à Lafourcade, le commandant français évoqua l'idée de laisser quelques éléments de logistique à Goma pour assurer le soutien du bataillon franco-africain. J'ai répliqué énergiquement que l'ONU ne tolérerait aucun vestige de l'Opération Turquoise dans la région. Mon attitude autoritaire le décontenança, mais Guy m'appuya.

Je fus invité à déjeuner avec Kagame le 18 août, dans sa nouvelle maison de Kigali où il vivait avec sa femme et ses enfants. C'était un peu plus officiel que d'habitude : la conversation était légère, et il y avait de la viande au menu. Nous avons, somme toute, passé deux heures agréables. Kagame m'a souhaité bonne chance et m'a remercié très gentiment. Il a dit souhaiter que je revienne un jour au Rwanda.

J'espère y retourner très bientôt, dès que j'aurai terminé ma tâche de commandant des forces de la MINUAR, c'est-à-dire après avoir témoigné pour la poursuite au Tribunal international sur le génocide du Rwanda, à Arusha, en Tanzanie, au printemps 2004. Le lieu où fut signé l'accord d'Arusha – le même immeuble en fait – abritera désormais le tribunal qui jugera les extrémistes qui ont détruit cet accord.

Comment dit-on au revoir à des gens qui ont bravement traversé l'enfer avec vous ? La nuit du 18 août, toute la vieille bande, y compris Henry, Tikoka, Suzanne, ma courageuse secrétaire civile, Yaache, Khan, Golo et le reste du personnel, avait organisé pour moi une soirée d'adieu au restaurant délabré Chez Lando. Je ne veux pas penser à la besogne qu'ils ont dû abattre pour le nettoyer, puisqu'il était resté fermé depuis l'assassinat d'Hélène et des enfants. Ils avaient colmaté une large ouverture dans le toit avec les toiles bleues, celles servant d'habitude aux réfugiés. Le commandant de la base logistique canadienne avait trouvé un traiteur qui venait d'ouvrir sa boutique en ville. Il nous a préparé un repas comme aucun d'entre nous n'en avait mangé depuis des mois à Kigali. Quelques membres survivants de la famille des propriétaires de *Lando* étaient venus : la fête était aussi une manière de les aider à relancer l'entreprise.

Nous avons beaucoup bu cette nuit-là. Nous avons chanté et, pendant un moment, nous avons même écouté l'enregistrement de *Stompin' Tom Conners*. Quelques-uns d'entre nous s'en sont discrètement donné à cœur joie. Ce fut une fête exceptionnelle. Les émotions libérées traversèrent toute la gamme, du chagrin à la colère, des rires exagérés à des déclarations d'amour. Le terme n'est pas trop fort.

Le matin suivant, j'ai dit officiellement au revoir à mon personnel et, sous la pluie légère, nous avons procédé à la parade du changement de commandement, là où Henry l'avait jugé le mieux approprié, soit devant l'entrée principale de l'immeuble qui abritait le Q.G. Pendant que Guy, Khan et moi inspections les rangs et épinglions à la veste de chacun les médailles de la MINUAR, la musique du bataillon ghanéen joua pour nous. Je n'arrive pas à me souvenir de mon discours, seulement de mon soulagement que la pluie le raccourcisse. Selon la tradition militaire ghanéenne, Guy et moi avons échangé un bâton blanc de commandement.

Je fus alors escorté hors du dais vers un 4 × 4 découvert. Deux longs cordons avaient été déroulés devant le véhicule, le long desquels tous les officiers avaient pris place. Ils me tirèrent hors de l'enceinte au son de la mélodie de *Auld lang syne*. J'ai appelé Tiko, qui tirait sur l'un des cordons, afin qu'il me rejoigne. Pour une dernière fois, j'aurais besoin de son aide à la fin de cette course. Il a grimpé à bord avec moi et m'a appuyé comme un frère. Nous avons ri et hurlé après ceux qui tiraient sur les cordons, tout en saluant la foule rassemblée pour mon départ. À l'arrêt, Tiko m'a aidé à descendre du 4 × 4 pour partir vers l'aéroport. Après un débordement d'embrassades fraternelles, j'étais parti.

Phil m'avait précédé par avion à Nairobi pour mettre de l'ordre dans le terrible gâchis que l'ONU avait fait en mon nom. Avant de rentrer pour un congé avec ma famille, je devais passer par Amsterdam et parcourir l'ancien champ de bataille où mon père et celui de Beth s'étaient battus.

Le lendemain matin, Phil m'accompagna à l'aéroport. Ce n'était pas nécessaire de lui dire grand-chose. Il comprenait combien je me sentais coupable d'abandonner mes troupes avant la fin de ma mission, coupable d'avoir déçu tant de gens et que, à cause de cela, des Rwandais continuaient de mourir. Phil ne voulait rien entendre de cela. Je devais accepter d'être un blessé, me dit-il. Comme tous les autres blessés, j'avais besoin d'être évacué. Je n'avais pas à me sentir coupable.

J'ai quitté l'Afrique le 20 août 1994, presque un an jour pour jour après mon arrivée, plein d'espoir pour une mission qui devait assurer une paix durable dans un pays qui, autrefois, avait été un petit paradis sur Terre.

# Conclusion

Dans l'introduction du présent ouvrage, j'ai raconté ma rencontre avec un orphelin de trois ans sur une route bordée de huttes pleines de cadavres. Je pense encore à ce jeune garçon qui, s'il vit toujours, doit être adolescent au moment où j'écris. Que lui est-il arrivé, à lui et aux dizaines de milliers d'autres orphelins du génocide ? A-t-il survécu ? A-t-il retrouvé des membres de sa famille ou a-t-il été élevé dans l'un des orphelinats surpeuplés du Rwanda ? A-t-il trouvé quelqu'un pour prendre soin de lui et l'aimer, ou a-t-il grandi dans la haine et la colère ? A-t-il pu puiser au fond de lui la force de pardonner aux tortionnaires ? Ou a-t-il succombé à la propagande haineuse et au désir de vengeance, perpétuant ainsi le cycle de la violence ? Est-il devenu un autre enfant soldat des guerres locales ?

Quand je réfléchis aux conséquences du génocide rwandais, je pense d'abord à tous ceux qui sont morts en agonisant, cruellement exécutés à coups de machettes dans la chaleur accablante des églises, des chapelles et des missions où ils s'étaient placés sous la protection de Dieu, et où Lucifer leur a ouvert les bras. Je pense aux quelque 300 000 enfants qui ont été tués, et à ceux qui sont devenus assassins, travestissant de manière radicale l'idée que l'on se fait de l'enfance, dans toutes les cultures. Je pense alors à ceux qui ont survécu, rendus orphelins par le génocide et le conflit qui se poursuit dans la région : depuis 1994, nous les avons effectivement abandonnés, tout comme nous l'avions fait avec leurs parents dans les camps de la mort du Rwanda.

Quand nous évoquons le génocide rwandais, nous devons nous souvenir aussi de l'enfer laissé en héritage à ces enfants. Mon travail après le génocide m'a permis de connaître intimement les circonstances auxquelles les enfants du génocide et de la guerre civile sont contraints de s'adapter afin de survivre. En décembre 2001, dans le cadre de mes fonctions comme conseiller spécial pour les enfants victimes de la guerre auprès du ministre responsable de l'ACDI, je me suis rendu en Sierra Leone afin de recueillir des informations de première main sur la démobilisation et la réintégration des enfants soldats et des épouses de brousse. Enlevés à leurs familles, ils avaient alors combattu pendant plusieurs années pour les rebelles du jadis puissant Front révolutionnaire uni (FRU). Je me suis enfoncé profondément en territoire rebelle, près des villes de Kailahun et Daru, à l'extrémité orientale du pays. Je me souviens d'une visite au centre local de démobilisation avec ma petite équipe dont Phil Lancaster, major à la retraite, faisait partie. Assis au milieu d'un groupe de garçons d'environ treize ans, nous en sommes venus rapidement à discuter de tactique, de vie de brousse et des brutalités de la guerre civile. Ils n'avaient entrepris le processus de rééducation que depuis quelques jours, et ils espéraient ardemment – maintenant qu'ils avaient le droit d'espérer – avoir devant eux un avenir prometteur, dans un pays voué à la paix. Mais, en parlant avec eux, il apparut clairement que si les choses ne s'arrangeaient pas au camp, ils retourneraient dans la brousse, à la vie libre et violente du terrorisme, où ils continueraient à s'emparer par la force de ce qu'ils désiraient. La période de réhabilitation et de réintégration devait durer trois mois tout au plus, et ils voulaient savoir ce qui les attendait après. Qui allait s'occuper d'eux? Certainement pas leurs familles ou leurs communautés qui n'avaient pas encore accepté leur retour, ni leur pays dévasté où les enseignants, d'autres personnes éduquées et des chefs potentiels avaient constitué des cibles de choix pour les assassinats. Enlevés vers l'âge de neuf ans ou même plus jeune, plusieurs de ces garçons étaient devenus commandants de section au FRU: ils avaient treize ans d'âge mais l'expérience de quelqu'un de vingt-cinq ans. Si déposer les armes impliquait pour eux de rejoindre des milliers de leurs camarades dans les camps de réfugiés et de personnes déplacées dont le territoire était parsemé, ils ne le supporteraient pas. Certains d'entre eux administraient des camps à l'intérieur des camps destinés aux jeunes enfants ; si ces chefs aguerris ne pouvaient bénéficier d'une éducation supérieure et de programmes de développement social, ils retourneraient sûrement dans la brousse, entraînant les plus jeunes avec eux. L'enseignement habituellement offert aux enfants ne suffirait tout simplement pas à répondre à leurs besoins.

La situation des filles était pire encore, car elles étaient trop timides pour demander de l'aide. Plusieurs d'entre elles éprouvaient de graves problèmes de santé causés par le viol, les grossesses précoces et les accouchements sans assistance. Leur état de santé était épouvantable. Les adultes mâles de l'armée rebelle en avaient infecté un grand nombre avec le virus du sida, et ces filles étaient si marquées émotionnellement et si peu accoutumées à une vie « normale » que s'occuper correctement de leurs enfants leur était difficile. Où allaient-elles puiser l'amour à prodiguer à leurs bébés, alors qu'elles ne se souvenaient même pas en avoir reçu ? Avec le temps, la communauté finissait par réintégrer les garçons, mais les filles étaient souvent mises à l'écart et abandonnées car, dans cette culture phallocrate, on les considérait à jamais souillées par les gestes des soldats à leur endroit. Si elles tentaient de rentrer chez elles, on les mettait, ainsi que leurs enfants, au ban de la société. Si, en revanche, elles allaient dans les camps de réfugiés et de personnes déplacées, elles redevenaient des proies pour les hommes. Une partie des filles avaient assumé des responsabilités considérables au sein des forma- tions rebelles armées ; convenablement soutenues, elles pouvaient devenir des meneuses, des précurseures en matière d'égalité des sexes. Les camps de démobilisation et de réintégration constituaient leur plus belle occasion d'y arriver, possibilité quasiment inexistante si les organismes d'aide ne les appuyaient pas.

Voilà le sort qui guettait le jeune garçon sur le bord de la route rwandaise, le sort de tous les enfants du génocide rwandais. Ils n'y échapperaient qu'avec énormément de chance. Ces vies jeunes, désordonnées, violentes et jetables, ainsi que les conséquences de la perte de ces vies pour leur patrie et, inévitablement, pour le reste du monde, constituent les meilleures justifications d'une action vigoureuse pour prévenir d'autres Rwanda.

Trop d'observateurs se sont attachés à blâmer les autres, en dehors des auteurs proprement dits du génocide, et à en faire les boucs émissaires de notre échec collectif au Rwanda. Selon certains, l'exemple du Rwanda prouve que l'ONU est une institution inutile, corrompue et décadente qui survit malgré son inutilité ou son incapacité à résoudre les conflits. D'autres ont blâmé les cinq membres permanents du Conseil de sécurité, particulièrement les États-Unis et la France, pour n'avoir pas su voir au-delà de leurs propres intérêts nationaux ou simplement appuyer une intervention internationale en vue d'arrêter le génocide. D'autres encore ont blâmé les médias pour n'avoir pas rapporté les événements, les ONG pour n'avoir par réagi assez rapidement et assez efficacement, les Casques bleus pour n'avoir pas fait preuve d'assez de détermination et, moi-même, pour avoir échoué dans l'accomplissement de ma mission. En commençant ce récit, j'ai été tenté d'en faire un catalogue de mes échecs personnels, ce qui, je l'ai compris plus tard, m'aurait fait rater l'essentiel.

Depuis mon retour au Canada en septembre 1994, j'ai subi ma part de récriminations et d'accusations, et j'ai été témoin de comparutions devant des commissions d'« enquête » et des cours martiales motivées par des intérêts politiques, de séances de justification, de révisionnisme et de mensonges éhontés, mais rien de tout cela, bien sûr, ne ramènera les morts ni n'indiquera le chemin vers la paix. À la place, nous devrions étudier les causes du génocide, non pour pointer des coupables – il y aurait trop à faire – mais afin de déterminer les gestes concrets à accomplir pour empêcher la répétition d'une telle catastrophe. Si nous voulons pleurer les morts convenablement et respecter les vivants, nous devons parler de responsabilité et non de blâme. Nous devons faire disparaître de la surface du globe l'impunité avec laquelle les auteurs du génocide ont pu agir et réaffirmer le principe de la justice pour tous, de telle sorte que personne ne fera plus l'erreur, ne fût-ce que pour un moment, de désigner certains être humains comme étant plus humains que d'autres, erreur que la communauté internationale a soutenue par son indifférence en 1994.

Il n'y a aucun doute à avoir : l'extrémisme ethnique délétère qui a frappé le Rwanda était un mal incroyable et profondément enraciné, issu de la discrimination et de l'exclusion coloniales, des vendettas personnelles, de la vie de réfugié, de l'envie, du racisme, des joutes de pouvoir, *des coups d'État* et des fissures profondes créées par la guerre civile. Dans la guerre civile du Rwanda, les deux camps ont nourri l'extrémisme. L'extrême-droite fanatique des Hutus – concentrée dans le Mouvement républicain national pour la démocratie et le développement (MRND) et son aile brutale, la Coalition pour la défense de la république et de la démocratie (Parti radical hutu ou CDR) – était alimentée par un cercle fermé rassemblé autour du président, Juvénal Habyarimana, et son épouse. Les Tutsis avaient aussi leurs tenants de la ligne dure, entre autres, quelques-uns des réfugiés aigris de la révolution de 1959 ainsi que leurs enfants élevés dans la pauvreté et la règle du «deux poids, deux mesures» de l'Ouganda, le regard fixé en permanence au-delà de la frontière, sur la patrie qu'on leur refusait jusqu'à ce qu'ils la prennent par la force; des Hutus revanchards maltraités par le régime de Habyarimana se trouvaient aussi parmi eux.

Ces deux groupes d'extrémistes créèrent un climat propice à la préméditation du meurtre d'une ethnie entière – une tentative de détruire tous les Tutsis se réclamant du Rwanda, et menée par des Rwandais contre des Rwandais. Cet extrémisme violent fut alimenté durant des décennies de paix armée, mais il aurait pu être contenu ou même éradiqué avant que le pouvoir hutu n'applique sa «solution finale». À cause de notre indifférence, de nos disputes, de notre distraction et de nos atermoiements, nous avons laissé passer de nombreuses occasions de déstabiliser les auteurs du génocide et, ainsi, de le faire avorter. Il m'est facile de mettre en évidence les facteurs qui auraient pu assurer notre succès, à commencer par disposer d'un bon sens politique et d'une sensibilité culturelle qui nous auraient assuré la présence de militaires et d'une police civile efficace au Rwanda dès la signature de l'accord de paix d'Arusha. Il aurait fallu aussi fournir à la Mission des Nations unies pour l'assistance au Rwanda (MINUAR) des renseignements sérieux sur les intentions, les ambitions et les objectifs des ex-belligérants, afin d'éviter les tâtonnements; donner à la mission le poids politique et diplomatique permettant de contrer les tenants de la ligne dure et de pousser aussi le FPR à quelques concessions opportunes; doter la mission d'un soutien logistique et administratif suffisant; amener sur place quelques bataillons supplémentaires bien entraînés et bien équipés ; exécuter le mandat de façon plus généreuse et énergique et, pour couronner le tout, autoriser une augmentation du budget de 100 millions de dollars US.

Aurions-nous pu éviter la reprise de la guerre civile et du génocide ? En un mot, la réponse est oui. Si la MINUAR avait obtenu les faibles augmentations d'effectifs et de matériel militaires demandées durant la première semaine, aurions-nous pu stopper les exécutions ? Oui, absolument. Y aurait-il eu davantage de pertes du côté de l'ONU ? Oui, mais les soldats et les pays participants devraient être prêts à payer ce prix pour sauvegarder la vie humaine et les droits humains. Si la MINUAR 2 avait été déployée à temps et telle que requis, aurions-nous pu réduire la durée de la longue période des exécutions ? Oui, nous les aurions arrêtées beaucoup plus tôt.

Si nous avions choisi de renforcer la MINUAR de cette façon, nous aurions pu limiter les menées des ex-belligérants et bloquer l'agression assez longtemps pour démasquer et affaiblir la « Troisième force ». Je crois sincèrement que la pièce manquante du casse-tête fut la volonté politique de la France et des États-Unis. Elle aurait permis d'appliquer l'accord d'Arusha et éventuellement d'apporter la démocratie et une paix durable à ce pays en voie de s'effondrer. Sans aucun doute, ces deux pays détenaient la solution de la crise rwandaise.

Cela ne fait aucun doute : la responsabilité du génocide rwandais incombe exclusivement aux Rwandais qui l'ont planifié, commandé, supervisé et finalement dirigé. Leur extrémisme fut le fruit indestructible et horrible des années de luttes de pouvoir et d'insécurité entretenues habilement par leurs anciens maîtres coloniaux. Mais les morts rwandais peuvent aussi être attribués à Paul Kagame, ce génie militaire qui n'a pas accéléré sa campagne quand l'envergure du génocide fut manifeste et qui, en quelques occasions, m'a même entretenu avec candeur du prix que ses camarades tutsis auraient peut-être à payer pour la cause. Viennent ensuite, comme principaux responsables, la France, qui a bougé trop tard et qui a fini par protéger les auteurs du génocide et déstabiliser la région de façon permanente, et le gouvernement des États-Unis, qui a combattu activement la MINUAR et qui s'impliqua seulement pour aider les réfugiés hutus et les auteurs du génocide, tout en laissant les victimes survivantes se débattre et souffrir.

Je fais le *mea culpa* suivant : en tant que chargé de la direction militaire de la MINUAR, je fus incapable de convaincre la communauté internationale que ce pays minuscule, pauvre, surpeuplé ainsi que ses habitants valaient la peine d'être sauvés des horreurs du génocide, et ce, alors que les mesures nécessaires à la réussite n'étaient que relativement modestes. Jusqu'à quel point cette incapacité a-t-elle été le fruit de mon inexpérience ? Pourquoi m'a-t-on choisi pour diriger la MINUAR ? Si j'étais expérimenté dans l'entraînement des Casques bleus canadiens en vue de participer aux conflits classiques de la guerre froide, je n'avais jamais été moi-même Casque bleu sur le terrain. Je n'avais aucune compétence politique et aucune formation dans les affaires africaines ni n'étais familier avec l'enchevêtrement des conflits ethniques où la haine l'emporte sur la raison. Je n'avais aucun moyen de mesurer la duplicité des ex-belligérants. La formation professionnelle des officiers supérieurs en matière de missions de paix conventionnelles, sans parler des épais fourrés de leur version postmoderne (que je préfère appeler « résolution de conflit »), était réduite à précipiter les officiers dans le feu de l'action et à observer comment ils s'en sortaient. Bien que le nombre de pays pourvoyeurs de troupes dépasse aujourd'hui largement celui des participants traditionnels (parmi lesquels le Canada compte pour un joueur important), il n'y a toujours pas de formation ni d'entraînement préalables à ce genre de tâche. Alors que les conflits deviennent de plus en plus horribles et complexes, et les mandats flous et restrictifs, on se retrouve avec un plus grand nombre de commandants, comme moi-même, dont les limites techniques et le manque d'expérience sont évidents. Les missions conduites par l'ONU continueront d'être nécessaires, et elles continueront à croître en complexité tout en ayant un impact international accru. La communauté internationale se doit de mettre sur pied un groupe international multidisciplinaire et polyvalent constitué de chefs chevronnés aux valeurs humanistes et capables de s'acquitter de ces tâches de commandement.

Dans son essence, le génocide rwandais raconte l'incapacité de l'humanité à entendre l'appel à l'aide lancé par un peuple en danger.

La communauté internationale, dont l'ONU ne représente qu'un symbole, n'a pas réussi à dépasser son propre intérêt afin de secourir le Rwanda. Pendant que la plupart des pays convenaient de l'urgence d'agir, chacun se trouvait une excuse pour ne pas être celui qui bougerait. En conséquence, l'ONU n'eut pas à son service la volonté politique et les moyens matériels pour empêcher la tragédie.

Tout comme plusieurs gouvernements et ONG, l'ONU s'embourba durant les années 1990, cette décennie tumultueuse enlisée dans la prolifération des conflits armés différents des guerres précédentes, de nature plus conventionnelle. Le Canada, mon propre pays, fut entraîné par ses pulsions altruistes à participer à des missions dans des lieux tels que l'ex-Yougoslavie, la Somalie, le Cambodge et le Mozambique. Durant la guerre froide, les missions de maintien de la paix avaient pour objet de surveiller la mise en œuvre des accords de paix et d'empêcher que des incidents isolés ne conduisent à une reprise des hostilités. Dans les années 1990, la cible changea : le but des missions était désormais de ramener un semblant d'ordre, qu'il s'agisse d'apporter de l'aide humanitaire ou d'imposer des accords aux factions en guerre. La MINUAR démarra comme une mission classique de maintien de la paix dans le contexte de la guerre froide, mais elle se retrouva bientôt au cœur d'une guerre civile et d'un génocide. Dans toutes ces situations, une catastrophe humanitaire agissait comme catalyseur du problème sécuritaire à régler, ou en résultait. Les personnes déplacées et les réfugiés se mettaient en marche, en nombres presque inconnus avant, et devenaient la proie des extrémistes, des seigneurs de la guerre et des bandes armées. Plus souvent qu'autrement, les missions de maintien de la paix devaient fournir des réponses improvisées, mettre sur pied des tentatives tardives en vue de résoudre autant les conflits que les crises humanitaires.

Comment choisissons-nous nos champs d'intervention ? Le Canada ainsi que d'autres pays participant aux missions de maintien de la paix se sont habitués à n'intervenir qu'avec le soutien de l'opinion publique internationale – attitude dangereuse conduisant à un relativisme moral dans lequel un pays peut ne plus faire la différence entre le bien et le mal, un concept que certains joueurs de la scène internationale considèrent d'ailleurs démodé. Certains gouvernements considèrent l'usage même de la force comme le plus grand des maux. D'autres définissent le « bien » comme la promotion des droits humains et se résoudront à employer la force si ces derniers sont bafoués. Avec la fin des années 1990 et la venue du nouveau millénaire, alors qu'aucun signe n'indiquait la fin de ces terribles petites guerres, tout se passait comme si, avant d'intervenir, nous nous demandions si nous étions suffisamment « préoccupés » par le conflit auquel nous faisions face, ou si nous pouvions nous y « identifier ». Telle mission « valait-elle la peine » de risquer la vie de nos soldats et d'y consacrer nos ressources ? Comme nous en avertissait Michael Ignatieff, « la guerre sans risque menée en faveur des droits humains constitue une contradiction morale. Le concept de droits humains suppose que toute vie humaine possède une égale valeur. La guerre sans risque suppose que notre vie compte plus que celle de ceux que nous voulons sauver. » Sur la base de mon expérience comme commandant des forces au Rwanda, *j'accuse.*

Nous nous sommes retranchés derrière le critère de l'intérêt national afin de déterminer par quelle partie de la planète nous pourrions nous sentir concernés. Au XXI<sup>e</sup> siècle, il n'est plus possible de tolérer un seul État avorton, mené par un dictateur impitoyable et égocentrique, qui armerait et influencerait une génération de guerriers potentiels en vue de répandre le désordre et la terreur dans le monde. Le Rwanda constitue un exemple de ce qui nous attend si nous continuons à fermer les yeux sur les droits humains, la sécurité et la pauvreté extrême. Les dizaines de millions d'enfants de trois ans semblables à celui que j'ai rencontré sur la route rwandaise méritent qu'on leur donne la chance de vivre comme des êtres humains et non comme des esclaves, des vassaux, des objets ou des pions que l'on peut sacrifier.

Y a-t-il des signes indiquant que nous sommes prêts à emprunter la voie royale de la solidarité internationale ? Pas beaucoup. Considérez le conflit qui a englouti toute la région des Grands Lacs en Afrique centrale depuis le génocide. En septembre 1994, quand je suis retourné à New York pour faire mon rapport après ma mission, j'étais déterminé à argumenter une dernière fois en faveur de mon plan opérationnel, appelé « Chemin du retour », plan que je présentai personnellement au secrétariat de l'ONU, aux pays pourvoyeurs de troupes et aux médias. La MINUAR 2 était conçue en vue de favoriser le retour rapide vers leurs foyers de plus de 2 millions de réfugiés entassés dans les camps à moins de quelques kilomètres de la frontière rwandaise et de 1,7 million de Rwandais déplacés dans la zone de protection humanitaire. Les ONG, les organismes de l'ONU et le FPR devaient distribuer les ressources et s'occuper de la redistribution équitable des terres et des habitations, tandis que la MINUAR 2 garantirait la sécurité et coordonnerait le voyage de retour. Avec le soutien complet de Shaharyar Khan, j'ai exercé de fortes pressions afin de persuader mes auditeurs de la nécessité de l'opération : on ne pouvait permettre aux réfugiés de s'établir dans les camps où un désastre s'ensuivrait. Il nous fallait séparer les Rwandais déplacés des auteurs du génocide – arrêter les coupables et les traduire en justice –, puis reconduire les Rwandais au Rwanda.

Nous devions organiser cette opération ou en subir les conséquences, arguai-je. Les 2 millions de Rwandais réfugiés dans les pays voisins qui, dans des conditions horribles, croupissaient dans des camps de réfugiés dirigés par les auteurs du génocide, qui ne subsistaient qu'avec les restes octroyés par la conscience internationale, privés de voix et ne vivant que de peu d'espoir, ces réfugiés constituaient le carburant qui risquait d'enflammer toute la région des Grands Lacs d'Afrique centrale et conduire à une catastrophe de plus grande envergure encore que le génocide rwandais.

Lors de la rencontre avec les pays pourvoyeurs de troupes, l'ambassadeur de France à l'ONU se leva sitôt mon allocution terminée et déclara mon plan impossible à réaliser. Il partit sans écouter ma réponse. Son attitude contamina les autres pays, qui prirent peur étant donné le caractère manifestement risqué de la manœuvre. Ce fut cependant l'apathie des États-Unis, dont la conscience avait apparemment été apaisée par l'aide abondante prodiguée à Goma, qui, une fois encore, étouffa toute nécessité d'agir. De 1994 à 1996, les auteurs du génocide vivant dans ces camps lancèrent des raids au Rwanda, en Ouganda et au Burundi. En 1996, le FPR envahit le Zaïre en guise de représailles et força la plupart des réfugiés à retourner chez eux. Des centaines de milliers d'autres périrent sur les routes et dans les jungles de la région de Kivu, en fuyant encore le FPR.

Il s'ensuivit une guerre régionale qui perdure. Entre l'exode rwandais de 1994 et la résurgence du génocide en 2003, on a estimé que 4 millions d'êtres humains ont péri au Congo et dans la région des Grands Lacs et, jusqu'à tout récemment, le monde n'a rien fait à part envoyer une mission de maintien de la paix dotée de peu d'effectifs et de moyens. Il y a donc eu cinq fois plus de tués qu'au Rwanda en 1994 et, une fois encore, seul l'œil des caméras de télévision embarrassa suffisamment les pays et les força à agir, en dépêchant à contrecœur une mission temporaire afin d'essayer d'arrêter les exécutions. Pour les vétérans et les survivants du Rwanda, le spectacle des événements récents du Congo a constitué une reprise en direct et en pire de l'horreur vécue en 1994. Il est cruellement évident qu'une décennie après le désastre du Rwanda, nous assistons une fois de plus, et sur une grande échelle, à la destruction de vies humaines, et que cet anéantissement inspire au monde développé la même réaction à la Ponce Pilate. Une seule différence cette fois : les médias internationaux ont été beaucoup plus actifs qu'en 1994 (soit à cause du souvenir récent du génocide du Rwanda ou de la nécessité d'occuper le temps d'antenne des canaux diffusant des nouvelles en continu) et ont été en mesure de toucher l'opinion publique. Toutefois, dès sa conception, la mission a souffert des mêmes carences financières, logistiques et politiques que la MINUAR au Rwanda. Et tout comme au Rwanda, la France envoie des troupes prétendument pour maintenir la paix, mais en exigeant qu'elles soient maintenues hors de la structure de commandement de l'ONU. Les Français ne veulent pas être limités dans leurs actions et leurs initiatives sur le terrain par la structure de commandement militaire du Département des opérations de maintien de la paix (DOMP), trop restrictive et toujours improvisée. Je reconnais qu'ils font ainsi preuve d'une certaine sagesse, mais l'inconvénient, c'est que la nouvelle intervention de la France en Afrique centrale constitue un autre exemple de la tendance croissante des pays industrialisés à travailler en marge de l'ONU et à agir soit unilatéralement, soit de concert avec une petite coalition de pays afin d'imposer leurs vues aux autres. Cette conduite ne contribue nullement à réformer l'ONU et à renforcer sa capacité à résoudre les conflits qui menacent la paix et la sécurité internationales. L'autorité de l'ONU en matière de résolution de conflit en est diminuée et non renforcée.

Pourquoi cette marche solitaire de la part des pays développés ? Au cours des dernières décennies du xxᵉ siècle, l'intérêt national, la souveraineté et l'égocentrisme s'imposent en tant que critères principaux pour décider de l'envoi de la moindre aide dans les différents points chauds du monde. Si le pays en question revêt la moindre valeur stratégique aux yeux des puissances mondiales, il apparaît alors que tout, depuis les opérations secrètes jusqu'à l'utilisation d'une force massive, est de mise. Sinon, l'indifférence s'inscrit à l'ordre du jour.

Penser que ces mêmes puissances mondiales ont miraculeusement accédé à un nouvel âge de l'humanité (tel que Kofi Annan a baptisé son important discours du millénaire à l'Assemblée générale des Nations unies en septembre 2000) ne peut être plus éloigné de la vérité. Une volonté inflexible et des moyens spéciaux seront nécessaires pour passer du xxᵉ siècle, le siècle des génocides, au siècle de l'humanité.

Même souvent formulées dans la prose emphatique de l'aide humanitaire et du droit des êtres à être libérés de la tyrannie, les actions sans lendemain et les opérations de secours ont tendance à passer au second plan, dès que CNN passe à la diffusion d'un nouveau désastre aux heures de grande écoute afin de gagner le cœur volage de la communauté internationale. Même si je pouvais critiquer l'efficacité de l'ONU, la seule solution de rechange à cette apathie inacceptable et à cette attention sélective est une institution internationale revitalisée et réformée qui assume la responsabilité du maintien de la paix et de la sécurité du monde, et qui s'aligne sur les principes fondateurs de sa *Charte* et de la *Déclaration universelle des droits de l'homme*. Si elle veut contribuer à la résolution des conflits, l'ONU doit connaître une renaissance. Le secrétariat, son administration et ses bureaucrates ne sont cependant pas seuls en cause. Les pays membres doivent aussi repenser leur rôle et renouveler leur engagement. Sinon, l'espoir d'accéder véritablement à un nouvel âge de l'humanité mourra pendant que l'ONU poursuivra sa marginalisation.

Au centre des Forces canadiennes de formation au soutien de la paix, les enseignants utilisent une diapositive pour expliquer aux soldats canadiens la nature du monde dans lequel nous vivons. Si on représente toute la population de la planète par 100 personnes, 57 d'entre elles vivent en Asie, 21 en Europe, 14 en Amérique du Nord et en Amérique du Sud et 8 en Afrique. Le nombre d'Asiatiques et d'Africains augmente tous les ans, tandis que le nombre d'Européens et de Nord-Américains décroît. Près de 50 % de la richesse du monde est entre les mains de 6 personnes, et elles sont toutes américaines. Sur 100 personnes, 70 ne savent pas lire ou écrire, 50 souffrent de la malnutrition causée par une alimentation insuffisante, 35 n'ont pas accès à l'eau potable, 80 vivent dans des habitations insalubres. Et 1 seule personne possède une éducation de niveau universitaire ou collégial. La plus grande partie de la population du globe vit dans des conditions fort différentes de celles que nous tenons pour acquises dans les pays industrialisés.

Mais de nombreux signes nous avertissent que les jeunes du tiers monde ne toléreront plus de vivre dans des conditions qui ne leur donnent aucun espoir dans l'avenir. Ces jeunes garçons que j'ai rencontrés dans les camps de démobilisation en Sierra Leone, ces kamikazes de Palestine et de Tchétchénie, ces jeunes terroristes qui ont piloté les avions contre le World Trade Center et le Pentagone, nous ne pouvons nous permettre de les ignorer plus longtemps. Nous devons prendre des mesures concrètes afin d'éliminer la source de leur rage, ou nous devons être prêts à en subir les conséquences.

Le village global dépérit rapidement et, chez les enfants du monde, cela se traduit par la rage. Cette rage, je l'ai vue dans les yeux des miliciens adolescents de l'Interahamwe au Rwanda ; cette rage, je l'ai perçue dans les cœurs des enfants de la Sierra Leone ; cette rage, je l'ai sentie dans les foules au Rwanda. Cette même rage a conduit au 11 septembre. Les êtres humains privés de droits, de sécurité et d'avenir, sans espoir et sans moyen de subsistance forment un groupe désespéré qui accomplira des choses désespérées pour s'emparer de biens dont ils croient avoir besoin ou qu'ils pensent mériter.

Si les événements du 11 septembre nous ont appris que nous devions faire la « guerre au terrorisme » et la remporter, ils auraient dû aussi nous révéler qu'en ne nous occupant pas immédiatement des causes sous-jacentes (même si elles sont malencontreuses) à la rage de ces jeunes terroristes, nous ne gagnerons pas la bataille. Pour chaque poseur de bombes de Al Qaida que nous exécutons, mille volontaires de toutes les parties du monde seront prêts à prendre sa place. Au cours de la prochaine décennie, les terroristes disposeront d'armes de destruction massive. Ce n'est qu'une question de temps avant qu'un brillant jeune chimiste ou un contrebandier n'acquière des armes nucléaire, biologique ou chimique et ne les utilise pour déverser sa rage sur nous.

D'où vient-elle, cette rage ? Ce livre a révélé certaines causes. Un tribalisme exacerbé, l'absence de droits humains, l'effondrement de l'économie, les dictatures militaires brutales et corrompues, la pandémie de sida, les effets de la dette sur l'économie, la dégradation de l'environnement, la surpopulation, la pauvreté, la faim : la liste s'allonge sans fin. En bouchant l'avenir et la possibilité de sortir de la pauvreté et du désespoir, chacune de ces raisons et beaucoup d'autres encore peuvent conduire à la violence simplement pour survivre. Toutefois, le manque de foi en l'avenir est la cause première de la rage. Si nous ne pouvons apporter l'espoir aux masses innombrables du monde, l'avenir ne sera rien d'autre que la répétition du Rwanda, de la Sierra Leone, du Congo et du 11 septembre.

Plusieurs fois dans ce livre j'ai posé la question : « Sommes-nous tous des êtres humains, où certains d'entre nous sont-ils plus humains que d'autres ? » Nous qui vivons dans les pays développés, nous agissons comme si notre vie avait plus de valeur que celle des autres citoyens de la planète. Un officier américain n'éprouva aucune gêne à me dire que la vie de 800 000 Rwandais ne valait pas de risquer la vie de plus de 10 soldats américains ; après avoir perdu 10 soldats, les Belges déclarèrent que la vie des Rwandais ne justifiait pas de risquer la vie de un seul autre soldat belge. Ma seule conclusion est que nous avons désespérément besoin d'une transfusion d'humanité. Si nous croyons que tous les humains sont des humains, comment allons-nous nous y prendre pour le prouver ? Nos actions seules peuvent y arriver. Par l'argent que nous sommes prêts à dépenser afin d'améliorer les conditions de vie dans le tiers-monde, par le temps et l'énergie que nous consacrons à résoudre des problèmes terribles tels que le sida, par la vie de nos soldats que nous sommes prêts à sacrifier pour l'amour de l'humanité.

En tant que soldats, nous avons l'habitude de déplacer des montagnes afin de protéger notre souveraineté ou notre mode de vie. À l'avenir, nous devons être prêts à dépasser l'intérêt national, employer nos ressources et verser notre sang pour le bien de l'humanité. Nous avons traversé les siècles des Lumières, de la raison, des révolutions, de l'industrialisation et de la mondialisation. Peu importe que cela semble idéaliste, le nouveau siècle doit devenir le siècle de l'Humanité, et alors, en tant qu'êtres humains, nous nous élèverons au-dessus des races, des croyances, des couleurs, des religions et de l'intérêt national, et nous placerons le bien de l'humanité au-dessus du bien de notre propre groupe. Pour l'amour des enfants et pour notre avenir. *Peux ce que veux. Allons-y.*

# Lectures conseillées

Certains lecteurs seront peut-être intéressés à en savoir davantage sur le génocide rwandais. Voici une liste de livres et de rapports que je recommande pour leur exactitude, la qualité de leur recherche et la manière dont les faits sont présentés. Je tiens à souligner que ce choix personnel reflète mes opinions et ma façon de voir les choses.

Le meilleur survol de la crise du Rwanda et des circonstances qui ont mené au génocide est le fruit du travail d'un chercheur français du Centre national de la recherche scientifique (CNRS), le sociologue Gérard Prunier, qui a publié *Rwanda, 1959-1996 : histoire d'un génocide* (Éditions Dagorno, en 1997[33]). Gérard Prunier a vécu dans la région, a étudié le peuple rwandais et son histoire avec toute l'application et la profondeur propres aux universitaires sérieux.

Le meilleur exposé général sur les antécédents du génocide et sur l'échec des nations occidentales pour l'éviter est : *A People Betrayed : The Role of the West in Rwanda's Genocide* (*Un peuple trahi : le rôle de l'Occident dans le génocide rwandais*[34]) de Linda Melvern (Londres, Zed Books, 2000). J'ai fourni des informations

---

33. Ne trouvant pas d'éditeur en France, notamment parce qu'il critiquait l'attitude de son gouvernement dans l'affaire du Rwanda, Gérard Prunier a été obligé de publier d'abord son livre en anglais aux Presses de l'université Columbia, à New York, en 1995, sous le titre *The Rwanda Crisis: History of a Genocide*. *(N.d.T.)*

34. Les ouvrages en anglais suivants n'ont pas, à notre connaissance, été traduits en français. Leurs titres français ne sont donc que suggérés et pourraient être différents après leur éventuelle traduction. *(N.d.T.)*

à l'auteure et l'ai conseillée pour certains des chapitres, mais elle a effectué tout le travail d'enquête. Elle a découvert une foule de choses que nous ne connaissions pas. Son livre demeure l'une des meilleures sources d'information disponibles sur le sujet.

Je voudrais signaler deux travaux intéressants d'universitaires américains. Tout d'abord, *A problem from Hell: America and the Age of Genocide* (*Un problème infernal: l'Amérique au temps du génocide*), New York, Basic Books, 2002. Ensuite *Eyewitness to a Genocide: The United Nations and Rwanda* (*Témoin d'un génocide : les Nations unies et le Rwanda*), Ithaca, Presses de l'université Cornell, 2002. Prenant le Rwanda comme cas type, les auteurs permettent aux lecteurs de jeter un regard privilégié sur ce qui se passe dans les centres décisionnels, qu'il s'agisse du gouvernement américain ou des couloirs des Nations unies. Je recommande ces deux publications à tout esprit curieux qui voudrait savoir pourquoi personne n'est venu au secours des Rwandais en 1994.

Le meilleur compte rendu du génocide, un exposé très détaillé et très pénible à lire, est un ouvrage de la militante américaine des droits de la personne Alison Des Forges. Il s'appelle *Leave None to Tell the Story: Genocide in Rwanda* (*Ne laissez personne raconter cette histoire : le génocide rwandais*), New York, Human Rights Watch, 1999. Alison est une spécialiste de l'histoire des droits humains au Rwanda et s'est montrée une de nos meilleures alliées en 1994 en essayant de sensibiliser la communauté internationale pour la faire intervenir dans ce pays et en exposant sans fard ce qu'était vraiment le génocide. Elle a témoigné devant le Tribunal pénal international pour le Rwanda à Arusha. Elle est considérée comme une spécialiste de tous les aspects de ce massacre.

Le témoignage le plus troublant de la tragédie concernant le génocide est un document très personnel. Il s'agit du livre de Philip Gourevitch, *We Wish to Inform You that Tomorrow We Will Be Killed with Our Families: Stories From Rwanda* (*Nous désirons vous faire savoir que demain nous serons assassinés ainsi que nos familles : récits du Rwanda*), New York, Farrar, Straus et Giroux, 1998. Gourevitch a été l'un des premiers journalistes à pouvoir visiter le Rwanda post-génocidaire et à parler directement à des survivants du drame. Grâce aux informations qu'il a recueillies, il nous livre ici des textes qui nous bouleversent profondément.

Pour un portrait fidèle du Rwanda après le génocide, il faut consulter l'ouvrage de Shaharyar Khan, *The Shallow Graves of Rwanda* (*Rwanda – Des tombes à fleur de sol*), Londres, I. B. Tauris, 2000. C'est l'exposé le plus complet sur l'échec subi par la communauté internationale lorsqu'elle a dû aider les survivants du génocide. Khan était le représentant spécial du secrétaire général des Nations unies (RSSG) aux derniers temps de la MINUAR. Nous n'avons travaillé qu'un peu plus d'un mois ensemble, mais cela m'a suffi pour apprécier ses grandes qualités de diplomate, d'innovateur, de chef et d'être humain.

Le récit officiel des Forces canadiennes de la MINUAR a été écrit par Jacques Castonguay, un historien militaire qui a déjà été principal du Collège militaire de Saint-Jean et professeur lorsque je suivais des cours dans cette institution en qualité d'élève-officier. Dès le début, je voulais un compte rendu historique officiel de la mission, du genre de ceux que l'armée canadienne produisait à la suite des campagnes militaires passées. Jacques Castonguay a visité la région où se déroulait la mission, alors que les Q.G. étaient encore là, et a eu accès à des documents aujourd'hui disparus. Sa manière de parler du génocide immédiatement après les événements reflète ma façon de penser et celle de Brent Beardsley[35].

Deux officiers supérieurs ont écrit d'excellents livres sur la complexité du commandement militaire et les interfaces politiques qui ont eu lieu sur le terrain pendant la mission. Le premier l'a été par mon adjoint, le brigadier-général ghanéen Henry Anyidoho. Il s'appelle *Guns Over Kigali* (*La loi des armes à Kigali*), Accra, Woeli Publishing Services, 1997. Il y raconte la mission et son expérience en tant qu'officier africain et soldat de la paix. Henry a été sous mes ordres et sous ceux de mon successeur. Il s'est donc trouvé aux premières loges avant et après le génocide. Sa perception du commandement des combattants africains est particulièrement pertinente. Lui aussi est rentré dans une patrie en proie à la jalousie de

---

35. Jacques Castonguay. *Les Casques bleus au Rwanda,* Paris, L'Harmattan, 1998, 276 p. *(N.d.T.)*

ses collègues, dans un pays au gouvernement apathique. Les soldats ghanéens de la MINUAR n'ont jamais reçu la reconnaissance méritée, ni de leur gouvernement ni de leurs compatriotes, pour leur travail courageux au Rwanda. Je tiens également à mentionner l'ouvrage du colonel Luc Marchal, *Rwanda : la descente aux enfers : témoignage d'un peacekeeper, décembre 1993-avril 1994* (Bruxelles, Éditions Labor, 2001). Luc a été mon commandant de secteur à Kigali ainsi que chef du contingent belge. Il a produit là un compte rendu de première classe sur le commandement d'une mission de maintien de la paix en crise, une situation dans laquelle on peut se trouver déchiré entre la loyauté qu'on doit à sa patrie et celle dont il faut faire preuve envers la mission et l'éthique internationale. Il exerçait le commandement le plus difficile de la MINUAR : celui de la zone sécurisée de Kigali. Son livre constitue une réflexion extrêmement personnelle des complexités de notre époque de résolution de conflits. Il a accompli son devoir au-delà de ce qu'on attendait de lui. Ses actes et ses critères moraux très élevés ont permis à la Belgique d'être perçue comme un pays se comportant décemment dans les circonstances, alors que son gouvernement nous avait abandonnés sur le terrain et qu'il manigançait afin d'influencer les autres nations du monde à s'abstenir de nous aider. Pour remercier Luc Marchal de ses services, le gouvernement belge a vainement essayé de le démolir. Il n'existe pas de meilleur exemple des risques d'un commandement opérationnel.

Au cours du génocide, j'avais soumis un plan pour une intervention internationale de 5 500 soldats afin de mettre un terme aux massacres – un plan qui n'a jamais été adopté. En 1997, ce plan fut soumis à une analyse militaire à l'université de Georgetown, où le colonel Scott Feil, de l'armée américaine, étudiait grâce à une bourse d'études de la Commission Carnegie pour la prévention des conflits mortels. Des officiers de haut rang de plusieurs pays ont passé le plan au crible, et leur analyse a été publiée à New York par le colonel Feil, sous les auspices de la Commission, sous le titre *Preventing Genocide: How the Early Use of Force Might Have Succeeded in Rwanda* (*Prévenir le génocide ou comment l'utilisation de la force dès le début aurait pu réussir au Rwanda*). Ces militaires ont conclu que l'intervention que j'avais planifiée aurait, selon des prévisions optimistes, mis un terme à la tuerie et, dans une optique moins idéale, réduit de manière spectaculaire le nombre de victimes du génocide.

L'OUA et les Nations unies ont mené des enquêtes élaborées sur le génocide qui s'est déroulé au Rwanda en 1994. À mon avis, le rapport de l'OUA est le plus détaillé et le plus précis des deux. Le rapport Brahimi sur la réforme des opérations de maintien de la paix de l'ONU constitue une étude majeure et exhaustive des entreprises de maintien de la paix de l'organisme, effectuée par un groupe d'experts, sous la direction de l'ambassadeur Lakhdar Brahimi. Ce rapport est un condensé cohérent des leçons tirées par la MINUAR ainsi que d'autres missions des Nations unies ayant eu lieu plus ou moins au cours des dix dernières années. On y souligne les réformes dont l'ONU pourrait bénéficier afin de faire face aux complexités liées à la résolution de conflits et au maintien de la paix de nos jours.

J'ai probablement omis d'autres ouvrages de qualité et je prie leurs auteurs de m'en excuser. J'exhorte le lecteur à prendre connaissance de tout ce qui a provoqué la crise du Rwanda en 1994 en vérifiant tout ce qui s'est publié à ce sujet. Il y a plus important : je ne peux qu'encourager les jeunes auteurs, les journalistes et les universitaires à faire des recherches concernant les causes de cette tragédie humaine afin que nous puissions mieux comprendre les dimensions du génocide. Si nous ne comprenons pas le pourquoi de cette horreur, comment pouvons-nous être certains qu'elle ne se reproduira plus ?

La dernière lecture que je recommande est un rapport riche et original : *We the Peoples: The Role of the United Nations in the 21st Century* (*Nous les peuples : le rôle des Nations unies au XXIe siècle*), qui a formé la base d'un discours prononcé par le secrétaire général des Nations unies, Kofi Annan. Dans ce rapport, Annan fait appel à nous afin que nous puissions relever les défis d'un nouveau « millénaire humain » au cours duquel l'humanité réussira à maîtriser les conflits. Après tout ce dont j'ai été témoin, je crois également qu'il nous est possible d'atteindre un tel objectif.

# Glossaire

**5$^e$ Brigade** 5$^e$ Groupe-brigade mécanisé du Canada (GBMC). Unité entièrement francophone basée à Valcartier, au Québec.

**5$^e$ Régiment d'artillerie légère du Canada (5$^e$ RALC)** Régiment d'artillerie francophone de l'armée régulière canadienne basée à Valcartier, au Québec. Le général Dallaire en a fait partie et, ultérieurement, l'a commandé.

**ACABQ ou 5$^e$ Comité** Comité de l'Assemblée générale des Nations unies se réunissant lors de sessions privées pour établir et voter les budgets des opérations de maintien de la paix.

**ACDI** Agence canadienne de développement international.

**Adinkra, Joe (Lieutenant-colonel, commandant du groupe précurseur du bataillon ghanéen)** Groupe sélect d'officiers entrant en scène avant l'arrivée du gros du bataillon afin de s'occuper des questions administratives et opérationnelles qui faciliteront le déploiement de celui-ci.

**Agathe, madame** Agathe Uwilingiyimana, première ministre du gouvernement intérimaire.

**Agent d'administration principal** Fonctionnaire principal des Nations unies responsable de l'administration et de la logistique. Le premier agent de la MINUAR fut un dénommé Per O. Hallqvist, suivi de Christine de Liso et de Allay Golo.

**AGR** Armée gouvernementale rwandaise, dominée par les Hutus. Appellation adoptée pour le présent ouvrage. Appelée parfois FAR (Forces armées rwandaises) dans d'autres publications. Les deux langues officielles de cette armée étaient le kinyarwanda et le français.

**Aide de camp** Officier d'ordonnance d'un chef militaire de haut rang.

**Akagera, fleuve** Cours d'eau divisant le Rwanda de la Tanzanie. Se jette dans le lac Victoria.

**Akagera, parc d' (connu également sous le nom de parc Kagera ou A'Kagera)** Dernière réserve faunique d'animaux de savane du nord-ouest du Rwanda. Étant donné son isolement, on soupçonnait que le seul camp d'entraînement de l'AGR qui s'y trouvait, à Gabiro, était en fait un camp pour l'Interahamwe.

**Allard, Jean Victor (Général)** Héros de la Deuxième Guerre mondiale. Devient chef d'état-major de la Défense canadienne en 1966.

**Amahoro, stade d'** Complexe sportif de l'est de Kigali, comprenant un stade, des installations pour l'entraînement des athlètes, un hôtel pour ceux-ci, ainsi que des facilités de stationnement. Lieu d'installation du quartier général de la MINUAR. Amahoro signifie «paix» en kinyarwanda.

**Annabi, Hedi** Chef de la section africaine de la Division politique du DOMP.

**Annan, Kofi A.** Sous-secrétaire général des opérations de maintien de la paix (mars 1993 - décembre 1996) au DOMP, secrétaire général des Nations unies de janvier 1997 jusqu'à ce jour. Originaire du Ghana.

**Anyidoho, Henry (Brigadier général)** Commandant en chef adjoint des forces de la MINUAR du 21 janvier 1994 jusqu'après le départ du général Dallaire du Rwanda. Originaire du Ghana.

**APC** Abréviation anglaise de *Armoured Personnel Carrier* ou véhicule blindé de transport de troupes. Appelé parfois TTB (transport de troupes blindé) Sigle non utilisé dans ce livre.

**APR** Armée patriotique rwandaise, aile militaire du FPR.

**Arusha, Accord de paix d'** Connu également sous l'appellation «Accords, ententes ou négociations d'Arusha». Cet accord de paix, signé le 4 août 1993, a été conclu entre le FPR et le gouvernement du Rwanda. Composé de cinq protocoles ou accords, il mettait théoriquement fin à la guerre civile et enclenchait un processus de paix qui devait déboucher sur l'établissement de la démocratie et des droits de la personne.

**Austdal, Mike (Lieutenant-colonel)** Officier canadien de renfort. A servi comme commandant du contingent.

**Ayala Lasso, José** Haut-Commissaire des Nations unies pour les droits de l'homme. A visité le Rwanda en mai 1994 et a décrit ce qu'il a vu comme étant un génocide.

**Bagogwe, camp** Camp d'entraînement des commandos de l'AGR, situé dans le nord-ouest du Rwanda.

**Bagosora, Théoneste (Colonel)** Chef de cabinet du ministre de la Défense de l'AGR. Extrémiste hutu reconnu. Actuellement en attente de procès devant le Tribunal pénal international pour le Rwanda.

**Ballis, Walter (Lieutenant-colonel)** Officier d'état-major belge employé par la MINUAR comme chef adjoint des opérations.

**Barayagwiza, Jean-Bosco** Un des chefs du parti extrémiste CDR.

**Baril, Maurice (Général)** Conseiller militaire canadien auprès du secrétaire général des Nations unies et chef de la division militaire du DOMP.

**Bataillon** Idéalement, unité homogène composée de 800 soldats avec un quartier général, une compagnie de soutien et quatre compagnies de fantassins.

**Bataillon de commandos paras** Bataillon de commandos parachutistes belges.

**Bataillon léger** Unité d'infanterie non motorisée de taille variable.

**Beardsley, Brent (Major)** Assistant militaire canadien du général Dallaire. A été à la MINUAR de juillet 1993 au 1er mai 1994. Évacué pour raisons médicales. N'est pas revenu pour terminer la mission.

**Belgacem, Mohammed (Commandant)** Commandant de la compagnie tunisienne. A servi dans le groupe des observateurs militaires au sein des MINUAR 1 et 2.

**Béret bleu** Argot journalistique pour désigner les soldats de la paix de l'ONU, à cause de la couleur bleu ciel de leur coiffure. Utilisé plus volontiers par les anglophones. En français, le terme le plus courant est Casque bleu.

**Bicamunpaka, Jérôme** Extrémiste hutu du MDR qui a été nommé ministre des Affaires étrangères du gouvernement intérimaire. A entrepris, en Europe et aux États-Unis, une campagne de désinformation pour couvrir le génocide.

**Bizimana, Augustin** Ministre de la Défense hutu, extrémiste du MRND.

**Bizimana, Jean-Damascène** Ambassadeur du Rwanda auprès des Nations unies en septembre 1993. Membre du Conseil de sécurité à partir de janvier 1994.

**Bizimungu, Augustin (Lieutenant-colonel)** Promu major-général au début du conflit, chef d'état-major de l'AGR, a occupé ce poste à la fin d'avril 1994. Il remplaçait Marcel Gatsinzi qui, lui-même, avait pris la place de Déogratias Nsabimana, un extrémiste hutu, partisan de la ligne dure.

**Bizimungu, Pasteur** Conseiller politique hutu de haut niveau auprès du FPR, membre du comité exécutif de cette formation et commissaire pour l'information et la documentation. A été président du Rwanda de juillet 1994 à mars 2000.

**Blagdon, Paddy (Brigadier à la retraite)** Chef du programme de déminage des Nations unies.

**Bleim, Manfred** Chef de la Division de la police civile de l'ONU.

**Booh-Booh, Jacques-Roger** Représentant spécial du secrétaire général des Nations unies de novembre 1993 à mai 1994. Ancien ministre des Affaires étrangères et diplomate camerounais.

**Boutros-Ghali, Boutros** Secrétaire général des Nations unies de janvier 1992 à décembre 1996.

**Brahimi, Rapport** Étude interne sur les opérations de maintien de la paix de l'ONU effectuée après les événements du Rwanda. Il en a résulté des recommandations intéressantes permettant à l'organisme international d'améliorer la mise en œuvre des opérations de ce genre.

**Brigade** Formation composée de plusieurs unités sous la direction d'un quartier général de brigade. Les effectifs peuvent varier de 3 000 à 6 000 personnes, selon le pays et le type de brigade.

**Bucyana, Martin** Président national du parti extrémiste hutu CDR. Assassiné par les modérés près de Butare, le 22 février, en représailles pour l'assassinat de Félicien Gatabazi, le 21 février 1994.

**Bushnell, Prudence** Sous-secrétaire d'État adjointe aux Affaires africaines auprès du gouvernement des États-Unis.

**Bussières, Michel (Major)** Officier canadien transféré de Somalie au cours du génocide et employé comme directeur du personnel militaire.

**Butare** Préfecture (ville et circonscription) du Rwanda, située dans le centre-sud du pays. Lieu du quartier général du secteur sud de la MINUAR.

**Byumba** Préfecture (ville et circonscription) du centre-nord du pays. Lieu du Q.G. de la MINUAR dans la zone démilitarisée. Un camp de l'AGR était situé dans ce secteur. Port d'attache de Bizimana.

**Câble codé** (ou dépêche codée) Télécopie sécurisée entre le siège des Nations unies, à New York, et le quartier général de la MINUAR, à Kigali.

**CAH** Cellule d'assistance humanitaire, créée le 13 avril 1994, travaillant en coopération étroite avec le Bureau d'urgence des Nations unies pour le Rwanda (UNREO).

**Carroll, Linda** Chargée d'affaires canadienne qui mena avec succès l'évacuation de plus d'une centaine de citoyens canadiens.

**Casque bleu** Argot journalistique désignant un soldat de la paix de l'ONU (voir Béret bleu).

**CDR** Coalition pour la défense de la république. Parti extrémiste hutu. Groupe scissionniste du MRDN sous la direction de Jean Shyirambere Barahinyura, Jean-Bosco Barayagwiza et Martin Bucyana. La direction du CDR a refusé de signer l'accord d'Arusha et la déclaration morale qui l'accompagnait, aussi fut-elle exclue du gouvernement de transition. Le groupe est ouvertement et rageusement anti-tutsi.

**Chapitre VI, opérations de maintien de la paix** Opérations classiques de maintien de la paix. Terme utilisé pour décrire les opérations de maintien de la paix conduites en vertu des dispositions du chapitre 6 de la *Charte des Nations Unies*.

**Chapitre VII, opérations de maintien de la paix** Instauration de la paix. Terme utilisé pour décrire les opérations de maintien de la paix conduites en vertu du chapitre 7 de la *Charte des Nations Unies*.

**Charles, Commandant** Nom de guerre de l'officier commandant le bataillon du FPR à Kigali.

**Charlier, José (Général)** Chef d'état-major de l'armée belge.

**Chastelain, John de (Général)** Chef d'état-major de la Défense.

**Chef de mission** Personne désignée par le secrétaire général des Nations unies pour assumer la responsabilité de toutes les divisions au sein de la mission de l'ONU. C'est généralement le représentant spécial du secrétaire général qui occupe ce poste. Toutefois, durant l'existence de la MINUAR, le commandant des Forces en a hérité.

**Chef d'état-major** Principal officier d'état-major au quartier général, sous les ordres directs du commandant de la mission. Responsable du contrôle des services d'état-major comme le personnel, les opérations, la logistique, les plans, etc., dans l'accomplissement de leurs tâches.

**CICR** Comité international de la Croix-Rouge.

**Claes, Willy** Ministre belge des Affaires étrangères. A visité le Rwanda et la MINUAR en février 1994.

**Claeys, Frank (Capitaine)** Officier des commandos parachutistes et des Forces spéciales belges. Chef du service de renseignement de la MINUAR.

**CND** Congrès national de développement ou Conseil national pour le développement. Site de l'Assemblée nationale et aussi un hôtel de Kigali. La direction du FPR et le bataillon de sécurité logeaient dans la partie hôtel du complexe. La MINUAR occupait la portion réservée à l'Assemblée nationale et le périmètre de sécurité.

**Code d'éthique (appelé également déclaration morale)** L'accord de paix d'Arusha prévoyait que chaque parti politique désirant œuvrer au sein du gouvernement de transition à base élargie (GTBE) signe une déclaration morale. Chaque signataire devait contresigner la déclaration de son adversaire. Le CDR refusa de signer l'accord de paix d'Arusha ou la déclaration morale et, par conséquent, le FPR et les modérés refusèrent qu'il puisse jouer un rôle dans le GTBE.

**Collège militaire royal de Saint-Jean (CMR)** Collège militaire francophone. Le général Dallaire y fut élève officier et, plus tard, dirigea cet établissement.

**Commandant de contingent** Chaque pays qui prête des troupes à une force d'intervention des Nations unies nomme un commandant de ce contingent qui est responsable de sa discipline et de l'administration. Il assure un lien entre les troupes sur place et leur pays d'origine, et représente un contact unique pour le commandant de la mission pour les questions relatives au contingent en question. Cette activité étant considérée comme secondaire, le commandant de contingent est également nommé à un poste de premier plan ou à des tâches administratives au sein de la Force.

**Commandement et contrôle** Expression militaire signifiant la manière dont l'autorité est exercée par un commandant et son état-major en faisant appel à la voie hiérarchique.

**Commission militaire conjointe** Réunion de personnes comprenant le général Dallaire, les officiers supérieurs de l'AGR et ceux de la Gendarmerie, ainsi que le commandant du FPR. Cette commission a établi un programme de mise en œuvre des ententes et approuvé les propositions d'un certain nombre de sous-comités planifiant les détails du désengagement, du désarmement, du processus de démobilisation, de la réadaptation, de la libération et de la réintégration des forces de sécurité des deux antagonistes, tel que défini selon les termes de l'accord d'Arusha.

**Commune** Subdivision politique d'une préfecture suivant le modèle européen. Équivalant à « comté » au Canada.

**Compagnie** Sous-unité d'un bataillon. Compte approximativement 125 soldats.

**Compagnie Jali** unité spéciale anti-émeute de la Gendarmerie.

**Concept opérationnel** Description générale de la manière avec laquelle un commandant a l'intention d'accomplir la mission qui lui a été confiée.

**Conseil de sécurité** Corps décisionnaire des Nations unies, composé d'ambassadeurs représentant leurs pays respectifs et chargés de surveiller et d'assurer la paix et la sécurité internationales. Le Conseil reçoit des rapports du secrétaire général et, à son tour, le conseille. Le Conseil de sécurité émet les mandats pour les missions de maintien de la paix.

**Conseillers militaires** Titre des conseillers belges et français auprès de l'Armée gouvernementale rwandaise. Ils traitaient avec les officiers supérieurs de l'AGR.

**CS** Conseil de sécurité des Nations unies.

**DAH** Département des Affaires humanitaires de l'ONU.

**Dallaire, Roméo A. (Général)** Commandant canadien des Forces de la MINUAR et chef des observateurs militaires de la MONUOR, d'octobre 1993 à août 1994. Promu au rang de major-général, alors qu'il est au Rwanda, le 1er janvier 1994. Mis à la retraite à Ottawa, le 22 avril 2000, en qualité de lieutenant-général.

**DAP** Département des Affaires politiques de l'ONU.

**Delcroix, Léo** Ministre belge de la Défense nationale. A visité la MINUAR en mars 1994.

**Delporte, Eddy (Major)** Officier de la police militaire belge envoyé au Rwanda pour une mission technique. A analysé les structures de la Gendarmerie. A été transféré de la Mission des Nations unies pour le référendum sur le Sahara occidental (MINURSO) à la MINUAR, où il est resté jusqu'en avril 1994.

**Deme, Amadou (Capitaine)** Officier sénégalais ayant servi dans le secteur du renseignement de la MINUAR. A vu les caches d'armes en janvier 1994, est devenu chef de secteur à la suite du départ des Belges, en avril 1994.

**Demers, André (Capitaine)** officier canadien arrivé en renfort.

**Département des opérations de terrain (DOP)** Section du DOMP qui assure les services administratifs et logistiques (comme les communications, le transport, les finances, l'approvisionnement, la construction, les systèmes d'information, les services généraux, etc.) pour appuyer les opérations de maintien de la paix.

**Dessande, Beadengar** Ancien ambassadeur du Tchad et officier politique du RSSG.

**Dewez, Joe (Lieutenant-colonel)** Officier belge commandant la seconde unité de commandos parachutistes belges, du 1er au 20 avril 1994. A remplacé le lieutenant-colonel Leroy.

**Diagne, Major** Officiel d'état-major sénégalais de la MINUAR qui devint le secrétaire du commandant de la Force au cours du conflit.

**DOMP** Département des opérations de maintien de la paix de l'ONU.

**Don Bosco, École** Emplacement du camp belge à Kigali et site où les Belges ont abandonné des centaines de Tutsis qui ont été massacrés après leur départ. Connue également sous le nom d'École technique officielle (ETO).

**DOP** Département des opérations de terrain.

**Doyle, Mark** Reporter de la British Broadcasting Corporation (BBC) et seul journaliste à être demeuré au Rwanda pendant le génocide.

**Extrémistes** Appelés aussi partisans de la ligne dure, ils croient à la suprématie du pouvoir hutu. Ils ne sont pas préparés à rapatrier les réfugiés tutsis ni à partager le pouvoir dans une démocratie multipartite, multiethnique et respectueuse des droits humains. Ils sont principalement recrutés dans les rangs du MRND et du CDR, mais on en retrouve dans tous les autres partis, sauf le FPR.

**Felli, Joe** Conseiller politique auprès du groupe d'observateurs militaires neutres de l'OUA. Il fut plus tard représentant de l'OUA au Rwanda.

**Figoli, Herbert (Colonel)** Commandant de secteur dans la zone démilitarisée. Uruguayen. A quitté la MINUAR au milieu de janvier.

**Fowler, Bob** Sous-ministre de la Défense nationale du Canada.

**FPR** Front patriotique rwandais. Mouvement politique et militaire dominé par les Tutsis. Leur armée se composait de rebelles disciplinés recrutés parmi les Rwandais réfugiés dans les camps en Ouganda. Le FPR était appuyé par les Ougandais, ses membres parlaient anglais et étaient dirigés par Kagame. Fondé en 1979 sous le nom d'Alliance rwandaise pour l'Unité nationale (ARUN), il changera son nom pour FPR en 1987.

**Fréchette, Louise,** Représentante permanente du Canada auprès des Nations unies de 1992 à 1995. Secrétaire générale adjointe de l'ONU du 2 mars 1998 à ce jour.

**Gabiro** Camp de l'AGR, juste à l'est de la zone démilitarisée, près du parc national d'Akagera.

**Gaillard, Philippe** Délégué en chef du Comité international de la Croix-Rouge avant et pendant le génocide rwandais. Ce fut la seule organisation humanitaire qui demeura dans le pays durant toute la durée de la crise.

**Garde présidentielle** Unité de gardes du corps de l'AGR très entraînée, bien équipée et impitoyable. Cantonnée au centre de Kigali avec des détachements dans toute la ville, y compris près de l'aéroport. Groupe extrémiste hutu fanatiquement dévoué au président Habyarimana.

**Garnison** Camp où se trouve casernée une unité militaire.

**Gasana, Anastase, D$^r$** Hutu modéré et ministre des Affaires étrangères jusqu'au 6 avril lorsque le président Habyarimana l'empêcha de monter dans son avion. L'avion présidentiel s'écrasa ce jour-là. Le D$^r$ Gasana passa la majeure partie de la guerre en Tanzanie et reprit son poste une fois que le FPR eut gagné la guerre.

**Gatabazi, Félicien** Chef du Parti social-démocrate ou PSD ; Hutu modéré, bien connu à Butare.

**Gatsinzi, Marcel (Colonel)** Nommé chef d'état-major de l'AGR pour succéder à Nsabimana, mort le 7 avril 1994. Remplacé moins de deux semaines plus tard par le général Augustin Bizimungu. Officier hutu modéré, originaire de Butare, il est passé plus tard dans les rangs du FPR.

**Gendarmes/Gendarmerie** Force paramilitaire de 6 000 hommes. Police nationale rwandaise sous la coupe du régime cantonnée à Kigali et à Ruhengeri, dont les membres ont été formés par des conseillers belges et français. Ses structures sont inspirées de celles de la Gendarmerie française et son rôle est principalement policier. Toutefois, certaines unités étaient parfois mobilisées pour augmenter les effectifs de l'armée.

**Génocide** Nom : destruction systématique d'un groupe ethnique ; adjectif : qui pousse au génocide ou s'inspire du génocide.

**Gharekhan, Chinmaya** Sous-secrétaire général des Nations unies et conseiller politique de Boutros-Ghali.

**Gisenyi** Préfecture (ville et circonscription) située dans le nord-ouest du Rwanda. Ville touristique sur le lac Kivu et fief des extrémistes du CDR.

**Gitarama** Située approximativement à 40 km de Kigali, siège du gouvernement intérimaire.

**Golo, Allay** Agent principal d'administration de nationalité tchadienne. A remplacé Christine de Liso en mai 1994.

**GOMN** Groupe d'observateurs militaires neutres de l'OUA composé de quelques douzaines d'observateurs militaires et d'une compagnie d'infanterie légère tunisienne. Évoluait principalement dans la zone démilitarisée. Ce groupe a été absorbé par la MINUAR le 1er novembre 1993.

**Goulding, Marrack** Sous-secrétaire général aux Affaires politiques. Britannique. A remplacé James Jonah.

**Gouvernement intérimaire** Nommé le 7 avril 1993 par Habyarimana pour administrer le pays jusqu'à l'avènement du GTBE. Fonctionnait durant la MINUAR et était dirigé par madame Agathe, la première ministre, jusqu'à son assassinat. À compter du 7 avril 1994, il est dirigé par l'extrémiste hutu Jean Kambanda. Ce gouvernement intérimaire sera battu et chassé du Rwanda en juillet 1994.

**Grasshopper** (Sauterelle) Nom de code pour des événements exigeant un très haut niveau de sécurité.

**GTBE** Gouvernement de transition à base élargie. N'a jamais vu le jour à cause d'une impasse politique insoluble.

**Habyarimana, Juvénal (Major-général)** Président (dictateur) du Rwanda. Est arrivé au pouvoir en 1973 à la suite d'un coup d'État. Tué dans un accident d'avion dans la nuit du 6 au 7 avril 1994. Hutu originaire de Ruhengeri, il était le fondateur et le chef du MRND.

**Hallqvist, Per O.** Agent principal d'administration jusqu'à sa démission, le 14 février 1994.

**Hanrahan, Mike (Colonel)** Officier en charge du *1ˢᵗ Canadian Headquarters and Signal Regiment* (1ᵉʳ Régiment canadien, Q.G. et Transmissions).

**Hansen, Peter** Sous-secrétaire général pour les Affaires humanitaires des Nations unies. Première personnalité onusienne de haut niveau à visiter le Rwanda après le début du génocide.

**Haque, Azrul (Colonel)** Commandant adjoint de la MONUOR et commandant adjoint des observateurs militaires. Bangladais. Comme le général Dallaire était le chef des observateurs militaires de la MONUOR, commandait la MINUAR et vivait à Kigali, Azrul Haque était en fait le commandant de secteur. Il a remplacé le colonel Ben Matizawa en février 1994.

**HCR** Haut-Commissariat des Nations unies pour les réfugiés.

**Hein, Arturo** Coordinateur du Bureau d'urgence des Nations unies pour le Rwanda (UNREO).

**Hôpital King Faisal** Hôpital tout neuf donné par l'Arabie saoudite mais non utilisé. Réquisitionné par la MINUAR, puis repris par Médecins sans frontières.

**Hutus** Groupe ethnique majoritaire au Rwanda et comprenant environ 85 % de la population.

**Infanterie légère** Infanterie non motorisée.

*Impuzamugambi* «Ceux qui n'ont qu'un seul objectif» en kinyarwanda. Adhérents de l'aile jeunesse de la milice, formés, armés et dirigés par la Garde présidentielle et autres éléments de l'AGR très proches de l'Interahamwe. Ont participé aux tueries pendant le génocide.

*Inkotanyi* «Ceux qui combattent courageusement» en kinyarwanda. Unités du FPR.

*Interahamwe* «Ceux qui attaquent ensemble» en kinyarwanda. Jeunes gens militants de l'aile jeunesse du MRND, le parti au pouvoir, entraînés et endoctrinés dans la haine maladive des Tutsis, habillés de treillis de combat en coton aux couleurs rouge, vert et noir de l'ancien drapeau rwandais, armés de machettes et d'imitations de kalashnikovs et répandant la violence sur leur passage. Largement responsables des massacres pendant le génocide.

*Inyenzi* Blatte ou «coquerelle» en kinyarwanda. Terme méprisant utilisé par les extrémistes hutus pour décrire les Tutsis.

**Jacques, D<sup>r</sup>** Nom de guerre d'un officier politique du FPR au CND durant le génocide.

**Jean-Pierre** Informateur qui a dévoilé les caches d'armes en janvier 1994. Avait été commando, garde présidentiel et entraîneur en chef de l'Interahamwe.

**Jonah, James O. C.** Sous-secrétaire général aux Affaires politiques. Sierra-Léonais. A été remplacé par Marrack Goulding.

**Kabale** Quartier général de la MONUOR, situé dans la ville frontière de Kabale.

**Kabia, D<sup>r</sup>Abdul Hamid** Directeur exécutif par intérim de la MINUAR. A commencé à participer à la mission en qualité d'agent politique de la MONUOR. S'est installé plus tard à Kigali. Ce diplomate sierra-léonais et expert politique onusien possède une vaste expérience de terrain et de Q.G.

**Kadafi, Carrefour** Intersection critique de plusieurs routes importantes convergeant vers Kigali, au nord-ouest de cette ville.

**Kagame, Paul (Major-général)** Commandant militaire de l'Armée patriotique rwandaise, aile armée du FPR. Les médias tutsis l'ont surnommé le «Napoléon africain». Nommé cinquième président du Rwanda, le 22 avril 2000.

**Kajuga, Robert** Président de l'Interahamwe, responsable de la plupart des tueries pendant le génocide.

**Kambanda, Jean** Extrémiste hutu du MDR. Le 7 avril 1994, il devient le premier ministre emblématique d'un gouvernement encourageant les massacres. Reconnu coupable devant le Tribunal pénal international pour le Rwanda (TPIR), il a été condamné à la prison à perpétuité.

**Kamenzi, Frank (Major)** Officier de liaison du FPR auprès de la MINUAR.

**Kane, Mamadou** Conseiller politique du D<sup>r</sup> Booh-Booh, le représentant spécial du secrétaire général des Nations unies (RSSG).

*Kangura* Journal extrémiste rempli de propagande haineuse et anti-MINUAR.

**Kanombe, camp** Camp militaire de l'AGR installé à l'extrémité est de l'aéroport international de Kigali.

**Kant, Willem de (Capitaine)** Officier hollandais servant dans la MONUOR, choisi par le général Dallaire pour servir dans la MINUAR en qualité d'aide de camp d'octobre 1993 à mars 1994.

**Kanyarengwe, Alexis (Colonel)** Président du FPR. Hutu.

**Karamira, Froduald** Vice-président du MDR.

**Karenzi, Karake (Commandant)** Premier officier de liaison du RPF auprès de la MINUAR.

**Kavaruganda, Joseph (Juge)** Président de la Cour constitutionnelle.

**Kayibanda, Grégoire** Chef du gouvernement à prépondérance hutue issu du soulèvement et de l'indépendance, en 1961. Déposé et assassiné lors d'un coup d'État par Habyarimana, en 1973. Ancien président et premier ministre du Rwanda.

**Keating, Colin** Ambassadeur de Nouvelle-Zélande auprès des Nations unies. Président du Conseil de sécurité en avril 1994.

**Kesteloot, Henry (Major)** Officier belge pour les opérations du secteur de Kigali.

**Khan, Shaharyar M.** Diplomate de carrière pakistanais, nommé représentant spécial du secrétaire des Nations unies (RSSG) par Boutros-Ghali en juin 1994.

**KIBAT** Sigle désignant le bataillon belge de Kigali.

**Kigali, camp** Camp de l'AGR situé au centre de Kigali, où l'on trouvait le quartier général, le bataillon de reconnaissance, l'unité d'entretien du matériel de transport, un hôpital militaire et un centre de convalescence.

**Kigali, Hôpital de** Hôpital civil situé près du camp Kigali.

**Kigali, Secteur de** Quartier général installé dans cette ville, sous la direction du colonel Marchal, qui commandait aussi le contingent belge. Situé dans une enceinte près de l'hôtel Méridien, il faisait partie de la zone d'opérations de la MINUAR dans le cadre de la zone sécurisée de Kigali. Il se composait d'un bataillon belge (KIBAT), d'un bataillon bangladais (RUTBAT), d'observateurs militaires des Nations unies et, à l'occasion, d'une compagnie de Tunisiens.

**Kigali, zone sécurisée de (*Kigali Weapons Secure Area – KWSA*)** Entente signée le 23 décembre 1993, selon laquelle toutes les unités militaires présentes à Kigali devaient entreposer leurs armes et leurs munitions et ne devaient les déménager qu'avec la permission de la MINUAR et sous escorte de celle-ci. Le rayon de sécurité s'étendait à une vingtaine de kilomètres du centre-ville.

**Kinihira** Plantation de thé abandonnée au cœur de la zone démilitarisée. Plusieurs articles de l'accord d'Arusha y ont été paraphés. Kinihira a souvent été utilisé comme lieu de pourparlers.

**Kinyarwanda** Langue autochtone officielle du Rwanda. Commune aux Hutus, aux Tutsis et aux Twas.

**Kodjo, Apedo (Capitaine)** Observateur militaire togolais témoin de la première attaque lancée contre quinze soldats de la MINUAR, dix Belges et cinq Guanéens, le 7 avril 1994.

**Kouchner, Bernard** Ancien politicien français, fondateur de Médecins sans frontières. A entrepris deux voyages au Rwanda durant le génocide.

**Lafourcade, Jean-Claude (Général de brigade)** Commandant de l'Opération Turquoise, menée par les Français.

**Lancaster, Phil (Major)** Observateur militaire. A remplacé le major Brent Beardsley, en mai 1994.

**LeBlanc, Sarto (Capitaine)** officier canadien arrivé en renfort.

**Leroy, André (Lieutenant-colonel)** Commandant du 1$^{er}$ bataillon de commandos parachutistes belges (KIBAT) d'octobre 1993 à mars 1994.

**Liso, Christine de** Agente principale d'administration suppléante après le départ de Hallqvist, en février 1993. A été remplacée par Golo, en mai 1994.

**Lotin, Thierry (Lieutenant)** Chef de la section de mortiers du peloton de commandos parachutistes belges chargé de la protection de la première ministre, madame Agathe, assassinée le 7 avril 1994.

**Ly, Amadou** Représentant du PNUD. Ce Sénégalais a été une figure prédominante des Nations unies au Rwanda avant l'arrivée de la MINUAR.

**MacNeil, Don (Major)** Officier canadien de renfort employé par la Cellule d'assistance humanitaire (CAH) au cours du génocide. A contribué à sauver des milliers de vies. Connu par son indicatif radio : *MamaPapa One*.

**Maggen, Peter (Major)** Officier de service senior belge du centre des opérations du Q.G. des Forces de la MINUAR. Cet officier supérieur supervisait et formait ses homologues bangladais.

**Mamiragaba, Bernard** Chef du Comité national de l'Interahamwe.

**Marchal, Luc (Colonel)** Officier belge commandant le secteur de Kigali et responsable du contingent belge de la MINUAR.

**Marlaud, Jean-Philippe** Ambassadeur de France au Rwanda.

**Martin, Miguel (Major)** Officier argentin prêté à l'ONU, chargé de la MINUAR auprès du DOMP à New York. Il était concurremment chargé de plusieurs autres missions. Promu lieutenant-colonel en janvier 1994.

**Matériel défensif** Fournitures militaires comme le fil de fer barbelé, les sacs de sable, la tôle ondulée, le bois de construction, etc., pouvant être utilisées pour protéger et défendre un lieu donné.

**Matiwaza, Ben** Commandant en second de la MONUOR, chef adjoint des observateurs militaires de septembre 1993 à février 1994. Installé à Kabale, ce Zoulou du Zimbabwe était en fait commandant de secteur, étant donné que le général Dallaire résidait à Kigali.

**Mazimhaka, Patrick** (Souvent épelé Mazimpaka) Premier vice-président du FPR, ministre pressenti de la Jeunesse et des Sports au sein du GTBE. Après la victoire du FPR, on lui accorda un poste de ministre dans le nouveau gouvernement. A souvent joué le rôle de négociateur en chef pour sa formation politique.

**Mbaye, Diagne (Capitaine)** Observateur militaire sénégalais qui sauva la vie des enfants de la première ministre Agathe. Tué par un obus de mortier à Kigali.

**McComber, John (Major)** Officier canadien de renforcement qui a travaillé pour le commandant de la MINUAR en qualité de chef logisticien.

**MDR** Mouvement démocratique républicain maintenant connu sous le nom de Mouvement démocratique rwandais. S'opposait au principal parti d'opposition de Habyarimana, le MRND. Une scission au sein du MDR mena à une impasse politique. De nombreux membres se rallièrent à la politique du génocide, tandis que d'autres en furent les victimes.

**Médecins sans frontières** Organisme humanitaire indépendant dont l'objectif est de fournir des soins médicaux dans les zones éprouvées de la planète.

**Merama** Traversée de la frontière entre le Rwanda et l'Ouganda, proche de la frontière tanzanienne.

**Milice** Tous les partis politiques rwandais avaient une aile jeunesse qui servait de couverture à un service de sécurité chargé de protéger leurs dirigeants lors de manifestations publiques.

**MINUAR** Mission d'assistance des Nations unies au Rwanda.

**MINUAR 1** Créée par la résolution 872 du Conseil de sécurité, le 5 octobre 1993, pour aider à l'implantation de l'accord d'Arusha.

**MINUAR 2** Créée par la résolution 918 du Conseil de sécurité, le 17 mai 1994, afin de contribuer à la sécurité et à la protection des personnes déplacées, des réfugiés et des civils en danger au Rwanda.

**MINURSO** Mission des Nations unies pour l'organisation d'un référendum au Sahara occidental.

**Mission technique** Terme onusien désignant une opération de reconnaissance multidisciplinaire ou l'envoi d'une équipe de collecte d'informations dans une région à problèmes pour observer et faire un rapport au secrétaire général qui, à son tour, expose la situation au Conseil de sécurité.

**Modérés** Rwandais prêts à rapatrier les réfugiés tutsis et à partager le pouvoir dans un Rwanda multiethnique, sous l'égide d'un gouvernement multipartite respectueux des droits humains.

**Moen (Colonel)** Officier bangladais. Chef des opérations de la MINUAR.

**MONUOR** Mission d'observation des Nations unies Ouganda / Rwanda, considérée comme un secteur au sein de la MINUAR, avec son quartier général à Kabale. Son champ d'opérations se situait du côté ougandais de la frontière, entre l'Ouganda et le Rwanda, à l'opposé de la zone contrôlée par le FPR. Son travail, effectué par des observateurs militaires, consistait à surveiller la circulation d'hommes, d'armes et de matériel en provenance de l'Ouganda vers le FPR au Rwanda.

**Moustache** Nom de code de l'agent de sécurité du PNUD. Citoyen français.

**MRND** Mouvement révolutionnaire national pour le développement. Parti politique formé en 1975 par l'ancien président Habyarimana. Parti au pouvoir au Rwanda sous son régime. Le parti changea de nom pour devenir le Mouvement républicain pour la démocratie et le développement en 1993 – une formation hutue extrémiste.

**Mugenzi, Justin** Président du Parti libéral, partisan de la ligne dure, actuellement mis en accusation par le TPIR.

**Mulindi** Ancienne plantation de thé à 60 kilomètres au nord de Kigali, utilisée comme quartier général du FPR au Rwanda.

**Munyazesa, Faustin** Ministre de l'Intérieur. Extrémiste du MRND.

**Murray, Larry (Vice-amiral)** Sous-chef d'état-major de la Défense, responsable des membres des Forces canadiennes servant sur les théâtres des opérations.

**Museveni Yoweri** Président de l'Ouganda, président de la Nouvelle armée de résistance. Commanditaire et partisan du FPR.

**Mwinyi, Ali Hassan** Président de la Tanzanie. A facilité les négociations menant à l'accord d'Arusha.

**Ndasingwa, Landoald** Chef tutsi de la faction modérée du Parti libéral. Connu sous le nom de Lando. Il fut ministre du Travail et des Affaires sociales dans le gouvernement intérimaire et pressenti pour ce poste dans le GTBE. Marié à Hélène Pinsky, une Canadienne, et tous deux propriétaires d'un petit complexe hôtelier, Chez Lando. Assassiné ainsi que sa famille le 7 avril 1994.

**Ndiaye, Babacar Faye (Capitaine)** Aide de camp du commandant des Forces. Sénégalais.

**Ndindiliyimana, Augustin (Colonel, puis major-général)** Chef d'état-major de la Gendarmerie, sous les ordres du ministre de la Défense pour des tâches opérationnelles, de support et de logistique, et sous les ordres du ministre de l'Intérieur pour le travail de simple police dans tout le pays. Il devint major-général au début de mars 1994. Ce Hutu était membre du MRND, confident et partisan de Habyarimana. Actuellement mis en accusation par le TPIR.

**Ngirumpatse, Mathieu** Extrémiste hutu et président du MNRD.

**Nkezabera, Ephrem** Chef de l'Interahamwe et conseiller spécial.

**Nonce papal** Ambassadeur du pape au Rwanda, M^gr^ Giuseppe Bertello, qui a également servi en qualité de doyen de la communauté diplomatique de Kigali.

**NRA** Nouvelle armée de la résistance – en fait l'Armée ougandaise.

**Nsabimana, Déogratias (Colonel, puis major-général)** Chef d'état-major de l'armée gouvernementale rwandaise. Partisan inconditionnel du président

Habyarimana. Il périt avec lui dans l'écrasement de l'avion présidentiel la nuit du 6 au 7 avril 1994.

**Ntagerura, André** Extrémiste hutu et éminence grise reconnue du MRND.

**Ntaryamira, Cyprien** Président du Burundi qui périt avec le président Habyarimana dans l'écrasement de l'avion présidentiel la nuit du 6 au 7 avril 1994.

**Ntwiragaba (Colonel)** Chef du renseignement militaire de l'AGR.

**Nzirorera, Joseph** Secrétaire général du MRND.

**Observateurs militaires** Officiers militaires non armés prêtés par différents pays membres de l'ONU et regroupés en équipes multinationales. On leur confie des tâches de surveillance, d'observation et d'établissement de rapports. Aussi connus sous le nom d'Observateurs militaires des Nations unies.

**Officier d'opérations** Officier d'état-major responsable de la planification et du contrôle des forces militaires. Accomplit des tâches demandées par le commandant en chef.

**ONG** Organisation non gouvernementale. Le personnel lui-même.

**ONU (abréviation : NU)** Organisation des Nations unies (Nations unies).

**Opération Amaryllis** Évacuation des ressortissants français menée en avril 1994.

**Opération «Clean Corridor»** Opération destinée à préparer une route sécurisée pour un bataillon du FPR et des politiciens afin qu'ils puissent se rendre jusqu'à un endroit sûr dans Kigali. A eu lieu le 28 décembre 1993, selon les dispositions de l'accord d'Arusha.

**Opération Lance** Contribution des Forces canadiennes à la MINUAR 2 (1994-1996).

**Opération Passage** Opération des Forces canadiennes destinée à fournir de l'assistance aux réfugiés rwandais en 1994.

**Opération Silverback** Évacuation des ressortissants belges. A été élargie pour comprendre le contingent belge de la MINUAR, en avril 1994.

**Opération Turquoise** Opération controversée, sanctionnée par l'ONU et menée au Rwanda par les Français dans le cadre d'une intervention de type chapitre VII de l'ONU. S'est déroulée de juin à août 1994.

**Orbinski, D^r James** Chirurgien canadien ayant servi comme médecin à l'hôpital King Faisal à Kigali pendant toute la durée du génocide. Il a sauvé la vie de centaines – peut-être de milliers – de personnes.

**OTAN** Organisation du traité de l'Atlantique Nord.

**OUA** Organisation de l'Unité africaine, fondée en 1963 et localisée en Éthiopie. Son premier objectif est de promouvoir l'unité et la solidarité des pays d'Afrique. Ses autres buts et objectifs sont d'améliorer le niveau de vie en Afrique, de défendre l'intégrité territoriale et l'indépendance des États africains et d'encourager la coopération internationale ; 53 pays d'Afrique sur 54 sont membres de l'organisation. Le pays dissident est le royaume du Maroc, qui s'est retiré en 1985 à la suite de l'admission au sein de l'OUA du Sahara occidental, en 1984.

**Para-Commandos** Régiment de commandos parachutistes de l'AGR.

**Paras, bataillon de** Bataillon de parachutistes français cantonnés à Kigali. Ont quitté la ville en décembre 1993 et y sont revenus en avril 1994 pour en évacuer les ressortissants non africains.

**Partisans de la ligne dure** Argot local signifiant « extrémistes ».

**Pazik, Marek (Major)** Officier polonais qui a travaillé à la CAH. Son indicatif radio était *MamaPapa* (d'après ses initiales, M. P.).

**PDC** Parti démocrate chrétien. Parti modéré sous la direction de Jean-Népomucène Nayinzira.

**PDI** Parti démocratique islamique.

**Pédanou, Macaire** Observateur politique des Nations unies à Arusha.

**Peloton** Sous-unité d'une compagnie. Peut comprendre 35 soldats commandés par un lieutenant.

**Peloton de contrôle des mouvements** Groupe d'une trentaine de soldats entraînés pour recevoir, charger, décharger et répartir le personnel et le matériel transitant par aéronefs.

**Pescheira, Suzanne** Secrétaire du commandant de la MINUAR. Employée équatorienne de l'UNESCO, originellement en poste à Paris. Prêtée à la mission.

**Petrie, Charles** Coordonnateur humanitaire adjoint des Nations unies en poste au Rwanda et au Burundi.

**Plante, Jean-Guy (Major)** Officier canadien transféré de Somalie au Rwanda pendant le génocide, utilisé comme agent d'information auprès des médias.

**Pinsky, Hélène** Canadienne mariée à Landoald Ndasingwa. Assassinée le 7 avril 1994.

**PL** Parti libéral.

**PNUD** Programme des Nations unies pour le développement.

**Points d'importance vitale** (ou points stratégiques) Installations, propriétés, lieux considérés comme étant essentiels à la mission et méritant d'être sécurisés comme les aéroports, les centrales électriques, etc.

**Poncet (Colonel)** Militaire français chargé de l'opération Amaryllis.

**Positions défensives** Divers éléments, comme des tranchées et des bunkers, utilisés pour protéger et défendre un lieu donné.

**Poste de commandement** Q.G. de campagne d'une unité responsable du contrôle d'unités subordonnées, et responsable envers un quartier général principal. Utilisé principalement pour les communications, la planification et la coordination.

**Pouvoir hutu** Mouvement extrémiste désirant que les Hutus dominent dans tous les aspects de la vie au Rwanda. Se manifestait dans plusieurs des partis politiques.

**Préfecture** Division politique du Rwanda fondée sur le système colonial belge. En 1993-1994, le Rwanda comprenait 10 préfectures dirigées par des préfets et des sous-préfets.

**Préfet** Chef politique d'une préfecture, une division politique du Rwanda. Le préfet équivaut à une sorte de gouverneur.

**Préfet de Kigali** Tracisse Renhazo.

**Prière** Réunion de militaires où un commandant donne ses ordres à ses subordonnés. On parle aussi parfois de groupe d'ordres chez les militaires canadiens-français.

**PSD** Parti social-démocrate. Parti politique uni et influent de tendance modérée, connu sous le nom de «parti des intellectuels». Composé de Hutus modérés, il était dirigé par un triumvirat composé de Frédéric Nzamurambaho, Félicien Gatabazi et de Théoneste Gafarange et avait son port d'attache à Butare, dans le sud du pays.

**Q.G.** Quartier général.

**Quartier général de l'AGR** Situé au camp Kigali.

**Racine, Luc André (Major)** Observateur militaire canadien de renfort. Ses connaissances linguistiques et sa vaste expérience permirent au général Dallaire de lui confier des tâches particulièrement délicates. A travaillé avec les unités de reconnaissance comme commandant de secteur dans la ZPH et comme officier de liaison pour les questions de mission humanitaire.

**Radio Muhaburu** Station de radio exploitée par le FPR.

**Radio Rwanda** Station de radio contrôlée par le gouvernement.

**Radio-télévision libre des Mille Collines (RTLM)** Station de radio indépendante de Kigali très liée aux éléments extrémistes à l'intérieur et à l'extérieur du régime.

**Rawson, David** Ambassadeur des États-Unis au Rwanda. A quitté son poste au début de la guerre.

**RE** Règles d'engagement concernant l'usage de la force militaire au cours d'une mission et mises à jour suivant le changement des facteurs de risque.

**Read, Robert (Capitaine de corvette)** Officier de renforcement canadien transféré de la Somalie au Rwanda au cours du génocide et employé en qualité de chef de la base de logistique.

**Représentant spécial du secrétaire général des Nations unies (RSSG)** Chef politique de la mission nommé par le secrétaire général des Nations unies. Généralement nommé chef de mission. Les RSSG de la MINUAR ont été Jacques-Roger Booh-Booh, un Camerounais, de novembre 1993 à juin 1994, et Shaharyar M. Khan, un Pakistanais, à partir du 1er juillet 1994.

**Rivero, Isel** Agent politique du DOMP pour l'Afrique centrale. Citoyen cubain.

**Riza, Iqbal** Secrétaire général adjoint du DOMP. Diplomate pakistanais et fonctionnaire de longue date de l'ONU.

**Roman, Jean-Pierre (Colonel)** Commandant de la brigade de commandos parachutistes belges. Est venu au Rwanda en même temps que le ministre Claes.

**Ross, Cam (Colonel)** Au printemps de 1993, il dirigeait la première mission technique de l'ONU au Rwanda et recommanda le déploiement d'une force de maintien de la paix. Pendant l'existence de la MINUAR, il a été directeur des opérations de maintien de la paix au quartier général de la Défense nationale à Ottawa.

**Royal Canadien (Régiment)** Le plus ancien régiment d'infanterie de l'armée canadienne.

**Royal Military College (RMC)** Collège militaire royal situé à Kingston, en Ontario.

**Ruggiu, George** Mercenaire belge qui dirigeait la Radio-télévision des Mille Collines (RTLM), qui incitait la population hutue à massacrer les Tutsis.

**Ruhengeri** Préfecture (ville et circonscription) située au nord-ouest du pays. Région des montagnes de Virunga, château fort du régime hutu extrémiste. Endroit où se trouvaient l'école de Gendarmerie et les forces de réaction rapide.

**Ruhigira, Enoch** Chef de cabinet et confident du président Habyarimana et ancien premier ministre du Rwanda.

**Rusatira, Léonidas (Colonel, puis major-général)** Directeur de l'École militaire (ETM), colonel important de l'AGR, il fut plus tard nommé général. Ce Hutu modéré passa au FPR vers la fin de la guerre.

**Rutaremara, Tito** Pressenti comme candidat du FPR à l'Assemblée nationale. Extrémiste tutsi.

**Rwabalinda, Ephrem (Lieutenant-colonel)** Officier de liaison de l'AGR auprès de la MINUAR. Tué au début de juillet 1994.

**Saint-Denis, Jean-Yves (Major)** Officier canadien de renfort. Observateur militaire de l'ONU.

**Sainte-Famille** Vaste complexe composé d'une église et d'une école au centre de Kigali. Utilisé comme site protégé pour des milliers de personnes pendant le génocide.

**Salim, D$^r$ Ahmed Salim** Secrétaire général de l'organisation de l'Unité africaine. Tanzanien.

**Savard, Marcel** Ancien officier de logistique des Forces canadiennes, chef de la Division des opérations de terrain des Nations unies pour la mission technique.

**Schroeder, Daniel (Lieutenant-général)** Commandant du Groupe opérationnel conjoint américain en Afrique.

**Secrétariat, le** Support organisationnel administratif de l'ONU.

**Secteur de l'AGR** Quartier général à Ruhengeri, au sud de la zone démilitarisée, composé exclusivement d'observateurs militaires. Son aire d'influence s'exerçait dans les secteurs contrôlés par les troupes gouvernementales dans le nord du pays.

**Secteur du FPR** Quartier général à Mulindi composé exclusivement d'observateurs militaires, et situé dans les mêmes locaux que le quartier général du FPR. Son terrain d'opération était la région sous contrôle du FPR, dans le nord du Rwanda.

**Secteur sud** Quartier général à Butare, constitué seulement d'observateurs militaires travaillant sur le terrain des opérations, dans le sud du Rwanda, contrôlé par le gouvernement.

**Section** Une escouade ou un groupe de soldats comprenant généralement de huit à onze personnes, commandées par un sous-officier en début de carrière ou un sergent.

**Sendashonga, Seth** Chef politique hutu du FPR. A quitté le Rwanda pour se joindre au FPR en Ouganda.

**SG** Secrétaire général des Nations unies.

**Sindikubwabo, Théodore** Extrémiste hutu du MRND, nommé président du gouvernement intérimaire après l'assassinat de Habyarimana.

**Sites protégés des Nations unies** Endroits protégés pour personnes à risques (comme le stade d'Amahoro, l'hôtel Méridien, l'hôpital King Faisal, l'hôtel des Mille Collines, le camp belge à l'école Don Bosco).

**Sosa, Manuel (Major)** Observateur militaire uruguayen tué par une roquette.

**Sous-préfet** Adjoint politique au chef d'une préfecture.

**Swinnen, Johan** Ambassadeur de Belgique au Rwanda. A quitté son poste en avril 1994.

**Tikoka, Isoa (Colonel)** Observateur militaire des Nations unies au cours des négociations de l'accord de paix d'Arusha. Ce Fidjien surnommé « Tiko » devint plus tard chef des observateurs de la MINUAR.

**TPIR** Tribunal pénal international pour le Rwanda. Pouvoir judiciaire siégeant à Arusha, en Tanzanie, commandité par les Nations unies pour poursuivre les criminels de guerre.

**Triumvirat** Sobriquet donné par le général Dallaire au groupe formé par le major-général Maurice Baril, Kofi Annan et Iqbal Riza.

**Troisième force** Nom donné par la MINUAR à un groupe extrémiste dont l'objectif est de faire dérailler le processus de paix.

**Troute, Philippe (Caporal chef)** Ce commando parachutiste belge wallon était le chauffeur personnel du commandant de la Force.

**Tutsis** Groupe ethnique minoritaire du Rwanda représentant approximativement 14 % de la population.

**Twagiramungu, Faustin** Premier ministre de formation politique diversifiée, désigné pour le GTBE. Choisi à Arusha, membre du MDR. Hutu modéré au cours des événements de 1993-1994. Est devenu premier ministre après la victoire du FPR en juillet 1994.

**Twas** Groupe ethnique minoritaire au Rwanda représentant approximativement 1 % de la population, principalement des Pygmées.

**UNCIVPOL** Division de la police civile des Nations unies.

**UNICEF** Fonds des Nations unies pour l'enfance.

**UNITAF** Groupe de travail unifié sur la Somalie.

**Uytterhoeven (Général)** Officier supérieur belge. A visité le Rwanda en même temps que le ministre Claes.

**Uwilingiyimana, Agathe** Première ministre du gouvernement intérimaire. Cette Hutue de tendance modérée appartenait au MDR. A pris ses fonctions le 7 avril 1993 et a été assassinée le 7 avril 1994. Connue sous le sobriquet de « madame Agathe ».

**Valcartier** Foyer du 5ᵉ Groupe-brigade mécanisé. Célèbre camp militaire situé près de la ville de Québec.

**Van Putten, Robert (Capitaine)** Aide de camp néerlandais qui a remplacé le capitaine Willem de Kant, en février 1994.

**Waldrum, Butch** Général d'aviation canadien à la retraite. Employé par la Division des opérations de terrain à New York. A visité la MINUAR le 5 avril 1994. Immobilisé au cours des événements des 6 et 7 avril, a été évacué à Nairobi et a établi un pont aérien pour venir en aide à la mission.

**Yaache, Clayton (Colonel)** Commandant de secteur de la zone démilitarisée avant le 7 avril et, plus tard, après son installation à Kigali et pendant le génocide, chef de la cellule d'assistance humanitaire (CAH) au quartier général de la MINUAR.

**Zone démilitarisée** Située dans le nord du Rwanda pour séparer le FPR et l'AGR. Faisait approximativement 120 kilomètres de long avec une largeur pouvant varier de 100 mètres, dans sa partie la plus étroite, jusqu'à 20 kilomètres, dans sa partie la plus large. Lorsque le cessez-le-feu a pris effet en 1991, la zone démilitarisée était à la limite des armées antagonistes, qui n'avaient pas le droit d'y pénétrer. La zone se trouvait sous le contrôle d'un groupe d'observateurs militaires neutres (NMOG) et, plus tard, sous celui de la MINUAR.

**Zone sécurisée de Kigsali (KWSA)** Voir Kigali, zone sécurisée de.

**ZPH** Zone de protection humanitaire du Rwanda, sécurisée à la suite de l'Opération Turquoise, connue aussi en tant que « secteur 4 ».

# Index

Achevé d'imprimer au Canada en Janvier 2007
sur les presses de Quebecor World Saint-Romuald